品牌总论

INTRODUCTION TO BRANDS

谭新政　朱则荣　杨谨蜚◎著

知识产权出版社
全国百佳图书出版单位

图书在版编目（CIP）数据

品牌总论／谭新政，朱则荣，杨谨蜚著．—北京：知识产权出版社，2017.9
ISBN 978-7-5130-5072-2

Ⅰ.①品… Ⅱ.①谭…②朱…③杨… Ⅲ.①品牌—概论 Ⅳ.①F273.2

中国版本图书馆CIP数据核字（2017）第194702号

内容提要

《品牌总论》由谭新政、朱则荣、杨谨蜚三人历时十年撰写，首次将品牌研究上升到"品牌学科"的高度，并为繁复而庞杂的品牌研究建立了标准和分类法等系统理论。

《品牌总论》全书约70万字，分品牌概论（品牌学科基本原理）、品牌学科（品牌学发展趋势和研究纲要）、品牌技术（企业品牌实践所需要的系统技术和运用）、品牌文化（经济转型、消费升级所需的品牌文化价值发展和运用）、品牌再造（品牌周期规律和原理、系统、升级方式）五个篇章完整且系统地阐述了新兴的品牌学科全貌。

《品牌总论》为企业品牌发展所需要的实用技术提供了理论基础，对中国品牌发展实践有极大的实用性帮助，在世界品牌研究领域也属创新。

《品牌总论》既适合业内人士及感兴趣的读者阅读参考，也适合大众阅读。

责任编辑：荆成恭	责任校对：潘凤越
封面设计：京华诚信	责任出版：刘译文

品牌总论

谭新政 朱则荣 杨谨蜚 著

出版发行：知识产权出版社有限责任公司	网　址：http://www.ipph.cn
社　址：北京市海淀区气象路50号院	邮　编：100081
责编电话：010-82000860转8341	责编邮箱：jcggxj219@163.com
发行电话：010-82000860转8101/8102	发行传真：010-82000893/82005070/82000270
印　刷：北京嘉恒彩色印刷有限责任公司	经　销：各大网上书店、新华书店及相关专业书店
开　本：889mm×1194mm 1/16	印　张：26.75
版　次：2017年9月第1版	印　次：2017年9月第1次印刷
字　数：718千字	定　价：89.00元

ISBN 978-7-5130-5072-2

出版权专有　侵权必究
如有印装质量问题，本社负责调换。

前 言
从品牌立企走向品牌强国

> 推动中国制造向中国创造转变、中国速度向中国质量转变、中国产品向中国品牌转变。
>
> ——习近平

国务院办公厅发布《关于发挥品牌引领作用推动供需结构升级的意见》（国办发〔2016〕44号）文件，明确指出"品牌是企业乃至国家竞争力的综合体现，代表着供给结构和需求结构的升级方向"，这是我国首次正式将品牌上升到国家高度，以专门文件对全国品牌经济发展指出政策方向。2017年，国务院批准设立每年5月10日为"中国品牌日"，2017年5月10日是"中国品牌日"的第一个庆典日，中国商业联合会、中国企业联合会联合主办了首届中国品牌日座谈会，100多家协会、企业和媒体代表参加了会议。与会代表签名联合发布了"中国品牌日宣言"。

21世纪的中国，是开放的大国，是迈向全球市场的品牌强国时代，这是人类史赋予中国、赋予中国品牌最好的历史时间段，从企业坚定信心品牌强企，到中国发展建设品牌强国，诞生出第一批正式意义上走向世界、代表中国的国家品牌，时间将非常短暂，伟大的历史机遇也仅此一次。在全球公平竞争的环境中，摆在任何品牌面前的机遇都是一样的，那就是下大力气认真做好品牌本身，实干兴邦。

中国政府正在坚定地以"两个一百年"迈向强国的中国梦宏伟目标，各种结构性社会经济改革部署已经陆续公布，政府和企业界都已经深刻认识到品牌的重要性，特别是在社会发展和经济建设中，品牌已经上升到国家长远发展战略高度，随之而来的将是品牌全面发展、全面竞争的时代。

尽管中国的品牌起步较晚，远远落后于世界上主要发达国家的品牌经济，但中国人有骨气、有信心发展品牌、壮大品牌，用中国品牌在世界民族之林中争取到属于中国人自己的品牌意志、品牌精神与品牌荣耀。于是，从品牌国家标准上、从第三方品牌认证和品牌理论建设等方面，国家各主要政府部门、中国商业联合会、各合作机构和国内外品牌研究专家及企业都做出了许多努力，共同将品牌事业推动起来，从而为中国品牌走向世界筑基，切实负起责任，做出各种有意义、有价值的积极探索与努力。

2003年以前，中国的品牌一直依附于公关、广告、市场营销活动中，企业品牌实践只是营销层面，这种情况一直到现在过去了十几年也没有改变，品牌部门基本都依附在市场部下面，依赖于定位和策划的情况相当严重。

2003年品牌的研究开始剥离于市场营销，2009年国家标准化管理委员会（以下简称国家标准委）下达品牌评价国家标准起草任务，归口中国商业联合会。2011年，国家质量监督检验检疫总局（以下简称国家质检总局）、国家标准委正式颁布了中国第一部品牌国家标准《商业企业品牌评价与企业文化建设指南》，于2011年12月31日开始实施，品牌才正式上升到企业战略和管理的层面。

回顾中国品牌发展史，我国对品牌的认定，是一个与时俱、进不断再认识、更加规范与严谨的发展过程。2008年9月18日，国家质检总局公布第109号总局令，决定自公布之日起，对《产品免于质量监督检查管理办法》（国家质量监督检验检疫总局令第9号）予以废止，国家产品免检制度正式废止。

中国名牌产品标志于2012年9月被全面禁用，国家质检总局表示，企业不得在产品及其包装、装潢、说明书、广告宣传以及有关材料中继续使用中国名牌产品标志。2014年，新修订的《中华人民共和国商标法》规定，"生产、经营者不得将'驰名商标'字样用于商品、商品包装或者容器上，或者用于广告宣传、展览以及其他商业活动中"。此举将"驰名商标"回归立法的本意，引导企业和社会正确认识"驰名商标"并不是一个荣誉称号，也不适宜应用于商品的宣传推广。

在废止了国家免检产品、禁用中国名牌、不得宣传驰名商标等一系列政策之后，正式意义上的"品牌认证"时代来临，国家认证认可监督管理委员会（以下简称国家认监委）正式批准北京五洲天宇认证中心依据品牌国家标准实施品牌认证（英文简称EB认证），这是我国正式批准的第三方权威品牌评价认证机构。2014年10月起北京五洲天宇认证中心在全国范围内开展企业品牌认证工作，对符合国家品牌评价标准的企业品牌颁发星级品牌认证证书，鞍钢集团、中联重科、五粮液集团、国美控股集团、海尔集团、中国盐业总公司等先后通过品牌认证。按照法律规定，品牌认证标志可以使用在容器、产品外包装及宣传中，第一次让企业的品牌宣传有了公开的合法合情合理的正式"品牌身份证明"。

2017年5月2日，国务院批复国家发展和改革委员会（以下简称国家发改委）《关于设立"中国品牌日"的请示》之后，国家发改委官员表示："国家发改委将做好品牌发展顶层设计，完善协调机制，把市场决定性作用、企业主体作用、政府推动作用、社会参与作用有机结合起来，形成合力，培育壮大自主品牌，致力于培育一批独立的第三方品牌评价形成机制，代表市场力量，规范企业的行为，促进企业打造叫得响的品牌。"

2017年6月，国家工商总局叫停各级地方政府名牌评选，指出过去各级地方政府评比著名品牌、知名品牌，扭曲了政府和市场的关系，今后政府不再给企业品牌作背书、至此著名商标、名牌产品全面退出市场。

2014年6月，由中国商业联合会、中国保护消费者基金会、中国国际人才开发中心联合开展的首期首席品牌官、品牌总监培训在广州举办，从而拉开了中国国际品牌人才培养的序幕。

2017年1月，《品牌总论》（英文版）在美国及欧洲等国家出版发行，向美国及欧洲学术界、工商界和大学以及全球英文阅读者推出，这标志着中国品牌研究的系统理论已走入世界前沿。

综合自人类诞生以来全世界范围的品牌发展情况，品牌建设或品牌再造的重点在于品牌理论的突破上，没有系统科学的品牌理论，就无法指导企业品牌的实践，截至2017年8月31日，全世界范围没有完整意义上的品牌理论，特别是适应当今社会经济科技文化发展格局、未来全球市场竞争形式、满足企业长远未来品牌发展力水平的品牌理论，这是全球品牌理论建设上的空白。

中国的企业品牌要发展，中国的企业要走向世界，中国的企业家要与发达国家的企业家博弈竞争，就必须以先进的品牌理论支撑企业品牌发展的思想与骨架，用中国人自己的系统品牌理论来应对未来世界的竞争，为此——

我们通过数年努力，初步建立起这套品牌理论系统，以品牌学的学部学科建设角度，从品牌概论、品牌学科、品牌技术、品牌文化、品牌再造进行了结构性的品牌理论设计，提出了一系列的品牌科学规律、定律、理论、思路和方法，帮助企业以专业的品牌学角度深刻理解品牌竞争形态，掌握未来品牌竞争的要素，帮助企业家、品牌官和品牌从业人员以及高等院校、职业院校品牌学专业的师生放眼更长远的品牌未来。

中国企业对品牌的实践和了解才刚刚开始，这是一个全新的知识领域，也是决定未来竞争力的前沿科学领域，品牌本质上是应对未来的复杂系统工程，是企业中所有一切努力最终集结的符号，是未来全世界最具统领战略价值的专业学术研究和学科实践领域，只有运用专业系统的品牌学科学认识，企业将先进的品牌学技术运之于实践，才能有效应对未来复杂竞争，实现品牌的永恒经营。

我们深知中国的品牌已经到了集体进行品牌升级的关键时期，这不仅是来自于品牌长远治理、品牌战略发展规划层面的品牌组织结构升级，也是来自于品牌文化内涵挖掘、运用先进品牌管理技术系统的升级，这种品牌升级的需要将在中国越来越普遍，而这种升级本质就是中国品牌摆脱低层次的落后形态，以品牌强企的坚定信念，集体推动中国迈向品牌强国的民族自主品牌崛起时代。

知识是来之不易的，我们有信心与所有有志于系统学习品牌理论的学员们一起，坚定

前言　从品牌立企走向品牌强国

品牌强企的信念，把品牌的事情做好，为企业迈向未来、迈向世界打好品牌理论基础，推动品牌技术实践，培养品牌骨干人才，发展品牌梦想蓝图，为中国品牌赢得世界地位、赢得世界尊敬一起努力。

随着国务院正式设立中国品牌日，中国品牌大发展的时代已经到来，《品牌总论》作为我国国家品牌理论的重大突破，作为国家品牌理论研究、标准、认证、职业资质四位一体机制的重要组成部分，也迎接来了新的学习与应用的时代。中国商业联合会表示，将长期使用《品牌总论》作为全国企业首席品牌官和品牌总监培训教材，理论已经开创，学好用好《品牌总论》是政府部门、企事业单位宣贯品牌评价国家标准，推行品牌建设强企立企的重要方式。

将改革进行到底，我国经济领域和企业改革的重点必将落实在品牌经济体制改革上，对于最先觉醒的企业，品牌改革的号角已经吹响！

中国商业联合会会长姜明为谭新政、朱则荣、杨谨蜚颁发
"品牌总论研究系统理论开创者奖"和"品牌学系统奠基人成就奖"

中国商业联合会零供委
全国企业品牌评价组委会
2017 年 5 月 10 日

目 录

第1篇 品牌概论

第1.1章 品牌概论 ·· 1
1.1.1 品牌学绪论 ·· 1
1.1.2 品牌学的诞生 ·· 4
1.1.3 从品牌主张到品牌生态 ·· 8

第1.2章 品牌定义 ·· 10
1.2.1 品牌词源 ·· 10
1.2.2 品牌词性 ·· 11
1.2.3 品牌定义的发展 ··· 12
1.2.4 品牌定义的结论 ··· 13
1.2.5 企业品牌定义 ·· 15
1.2.6 品牌多象论 ·· 16
1.2.7 品牌意识的九层次 ··· 18

第1.3章 品牌标准化 ·· 20
1.3.1 人类标准化的结构 ··· 20
1.3.2 品牌标准化思想的形成 ·· 22
1.3.3 品牌标准的发展 ··· 23
1.3.4 品牌认证的发展 ··· 24
1.3.5 企业品牌标准化 ··· 25

第1.4章 品牌力 ·· 27
1.4.1 A理论：品牌思想力 ·· 27
1.4.2 B理论：品牌消费决策模型 ··· 31
1.4.3 品牌三元关系 ·· 33

第1.5章　品牌用户族群 ... 34

- 1.5.1　品牌社群 ... 34
- 1.5.2　品牌塔基 ... 37
- 1.5.3　品牌用户族群 ... 39

第1.6章　品牌性能 ... 41

- 1.6.1　品牌性能管理 ... 41
- 1.6.2　品牌感知性能 ... 42
- 1.6.3　品牌呈现性能 ... 42
- 1.6.4　品牌价值性能的设计与创造 ... 43
- 1.6.5　品牌价值性能的发现模式 ... 44
- 1.6.6　品牌实质性能 ... 45
- 1.6.7　品牌效用性能 ... 46
- 1.6.8　全球协同网络中的品牌性能 ... 47

第1.7章　前沿地位 ... 48

- 1.7.1　品牌发展方向 ... 48
- 1.7.2　品牌未来 ... 51
- 1.7.3　品牌前沿探测 ... 51
- 1.7.4　品牌前沿设计 ... 53
- 1.7.5　品牌实力 ... 55

第1.8章　决定性竞争力 ... 58

- 1.8.1　决胜思想 ... 58
- 1.8.2　品牌知识系统 ... 58
- 1.8.3　品牌管理设计 ... 59
- 1.8.4　品牌性能优势 ... 61
- 1.8.5　品牌路线图概念 ... 62
- 1.8.6　品牌全域作战能力 ... 63
- 1.8.7　品牌即时反应能力 ... 64

第1.9章　联网品牌时代 ... 65

- 1.9.1　联网品牌新媒体语境 ... 65
- 1.9.2　互联网到底如何改变品牌 ... 67
- 1.9.3　企业品牌媒体化结构 ... 68
- 1.9.4　企业级品牌媒体化运营系统模型 ... 71
- 1.9.5　21世纪互联网的第三个十年 ... 74

1.9.6　迈向全面变革：品牌运营属性的改变 ··· 75

第2篇　品牌学科

第2.1章　品牌史学 ·· 77
　　2.1.1　品牌史探源 ·· 77
　　2.1.2　品牌文明基因 ··· 78
　　2.1.3　品牌的孕育 ·· 81
　　2.1.4　品牌学本身的发展 ·· 84
　　2.1.5　从历史中发掘品牌 ·· 86
　　2.1.6　国际品牌史 ·· 87
　　2.1.7　明日品牌——即将到来的未来品牌史 ·· 88

第2.2章　品牌原理学 ·· 89
　　2.2.1　品牌原理学与品牌管理进步 ·· 89
　　2.2.2　品牌原理树 ·· 91
　　2.2.3　品牌能力评级 ··· 91
　　2.2.4　品牌利润金三角 ·· 93
　　2.2.5　品牌发展模型 ··· 95
　　2.2.6　箭式理论 ·· 96

第2.3章　品牌病理学 ·· 98
　　2.3.1　品牌病理学的提出 ·· 98
　　2.3.2　品牌病理学的重要性 ·· 100
　　2.3.3　对品牌流行病的专业化认识 ·· 102
　　2.3.4　品牌健康决策支持系统 ··· 103
　　2.3.5　品牌病理学样例：品牌帕金森 ·· 104

第2.4章　品牌战略学 ·· 105
　　2.4.1　企业品牌战略层次 ·· 105
　　2.4.2　品牌战略思维 ··· 106
　　2.4.3　品牌战略设计 ··· 111
　　2.4.4　品牌战略思想 ··· 114

第2.5章　品牌组织学 ·· 115
　　2.5.1　品牌组织的结构性行动 ··· 115
　　2.5.2　品牌组织生态化——群体转移 ·· 119

目 录

2.5.3	品牌生态组织的管理秩序	122

第2.6章　品牌消费学 …… 124

2.6.1	位于全球品牌生态链中的消费者	124
2.6.2	品牌生态链网集群中的消费者	125
2.6.3	品牌发展力：消费力决定生产力	126
2.6.4	品牌消费的生态秩序：购买力决定市场空间	126
2.6.5	品牌消费者理论	128
2.6.6	品牌消费发展理论：品牌消费需求发展的基本形态	128
2.6.7	品牌消费主权	129
2.6.8	品牌消费资本理论	130

第2.7章　品牌产品学 …… 131

2.7.1	品牌产品总体设计思想	132
2.7.2	经典产品设计思想	133
2.7.3	品牌产品发展设计思想	133
2.7.4	品牌产品发展机制	135
2.7.5	品牌产品发展结构	136
2.7.6	品牌产品化过程优势	137

第2.8章　品牌服务学 …… 139

2.8.1	品牌售后服务思想	139
2.8.2	品牌服务价值链	141
2.8.3	品牌服务的社会经济价值	142
2.8.4	品牌服务商业模式	142
2.8.5	品牌服务流系统设计	143
2.8.6	品牌服务学习	144
2.8.7	品牌服务智能	145

第2.9章　品牌质量学 …… 146

2.9.1	品牌质量科学与品牌质量哲学	146
2.9.2	品牌质量本位论	147
2.9.3	品牌质量立体表达形态	148
2.9.4	品牌质量失败论	149
2.9.5	品牌质量发展论	149
2.9.6	品牌质量系统设计	150
2.9.7	品牌质量过程	152

第2.10章 品牌体验学	152
2.10.1 品牌体验学的兴起	153
2.10.2 品牌感知哲学	153
2.10.3 品牌体验效益	156
2.10.4 品牌体验设施	156
2.10.5 品牌产品体验	157
2.10.6 品牌用户关系	158
第2.11章 品牌策划学	159
2.11.1 理性的品牌策划学发展	160
2.11.2 作为运筹学的品牌策划	161
2.11.3 品牌策划的策略与战术	162
2.11.4 品牌企划	164
2.11.5 品牌策划的文件文体	165
第2.12章 品牌新闻学	166
2.12.1 品牌新闻变革趋势	167
2.12.2 品牌新闻的社会地位	168
2.12.3 品牌新闻的企业价值	169
2.12.4 品牌新闻的发展结构	170
2.12.5 品牌新闻专业化报道	171
2.12.6 品牌新闻发布会	172

第3篇 品牌技术

第3.1章 品牌技术系统	173
3.1.1 全球管理技术族整体框架	173
3.1.2 品牌技术系统概述	176
3.1.3 品牌技术系统全球框架	177
3.1.4 品牌秩序层	178
3.1.5 品牌技术系统文件序列	181
3.1.6 品牌技术系统接入与部署	181
3.1.7 品牌技术系统成员	182
第3.2章 品牌技术准备	182
3.2.1 品牌战略资源储备机制	183

3.2.2	品牌技术准备规则	183
3.2.3	品牌技术准备要求	184
3.2.4	品牌技术准备阶段	185
3.2.5	品牌技术准备状态	186
3.2.6	品牌技术准备内容	187
3.2.7	品牌技术准备质量评级	188

第3.3章 品牌建设技术 ······ 189

3.3.1	品牌建设技术学习	189
3.3.2	《品牌建设方案》概述	189
3.3.3	《品牌建设方案》的正式编制	192
3.3.4	《品牌建设方案》编制要求	194
3.3.5	《品牌建设方案》的编制过程	196
3.3.6	品牌建设的六个科学步骤（六步法）	198

第3.4章 品牌分类技术 ······ 205

3.4.1	品牌分类技术	206
3.4.2	工匠品牌（Craftsman Brand）	208
3.4.3	专业品牌（Professional Brand）	209
3.4.4	可信品牌（Trusted Brand）	210
3.4.5	溢价品牌（Premium Brand）	211
3.4.6	潮流品牌（Tide Brand）	212
3.4.7	领导品牌（Leading Brand）	213
3.4.8	国际品牌（International Brand）	214
3.4.9	品牌分类技术的应用	215

第3.5章 品牌识别技术 ······ 217

3.5.1	品牌思想（品牌意识形态）	217
3.5.2	品牌形象识别	220
3.5.3	品牌印象识别	221
3.5.4	品牌识别系统	227

第3.6章 品牌管理技术 ······ 228

3.6.1	品牌管理技术	229
3.6.2	PAO管理诊断分析	230
3.6.3	PAO系统管理方法设计	233
3.6.4	品牌工具：管理技术的实践方法	234
3.6.5	品牌文件技术	236

	3.6.6	基于流程再造的品牌管理水平	238
第3.7章		品牌营销技术	241
	3.7.1	营销观念	241
	3.7.2	品牌市场设计	244
	3.7.3	品牌市场行动设计	248
	3.7.4	销售管理	251
第3.8章		品牌传播技术	254
	3.8.1	品牌传播学	255
	3.8.2	品牌市场行动	257
	3.8.3	品牌新闻专业化	260
	3.8.4	品牌自媒体	264
第3.9章		品牌协同技术	266
	3.9.1	品牌协同企业	267
	3.9.2	品牌协同心理契约	269
	3.9.3	品牌战略协同	269
	3.9.4	品牌业务协同	271
	3.9.5	品牌供应链协同	271
	3.9.6	品牌经营网络协同	272
	3.9.7	品牌服务商协同	272
	3.9.8	品牌用户协同	273
	3.9.9	未来电子商务协同	273
	3.9.10	品牌IT及移动管理协同	274
	3.9.11	协同技术的未来	274

第4篇 品牌文化

第4.1章		世界品牌格局	275
	4.1.1	品牌是物质文化与精神文化升华的最高境界	275
	4.1.2	品牌是科学与哲学的完美结合	277
	4.1.3	品牌是认知、认同、认可的必然过程	279
	4.1.4	人类享受和品牌的可持续发展	280
	4.1.5	世界品牌的市场地位分类法	281

第4.2章　品牌与企业文化 ······ 282
- 4.2.1　品牌和企业文化在组织中的属性 ······ 283
- 4.2.2　品牌文化的科学表达 ······ 285
- 4.2.3　品牌文化与企业文化的一致性与文化冲突 ······ 288

第4.3章　品牌意境 ······ 291
- 4.3.1　人类最终都会进步为品牌人 ······ 291
- 4.3.2　品牌精髓：品牌意境的追求 ······ 292
- 4.3.3　品牌理念：品牌价值观的哲学思考 ······ 297

第4.4章　品牌美学 ······ 298
- 4.4.1　品牌美学的设计思想 ······ 298
- 4.4.2　品位：品牌审美的心理距离 ······ 298
- 4.4.3　品牌流畅性：始终如一的要求 ······ 299
- 4.4.4　隐喻的品牌哲学 ······ 300
- 4.4.5　从品牌实验美学到品牌体验美学 ······ 301
- 4.4.6　品牌设计思想的完美表达 ······ 301
- 4.4.7　新未来：超现代概念品牌的美学 ······ 303
- 4.4.8　品牌引力的美学吸引规律 ······ 304
- 4.4.9　品牌审美的进步 ······ 304

第4.5章　品牌文化消费 ······ 305
- 4.5.1　社会文化演进 ······ 305
- 4.5.2　品牌文化的形成 ······ 306
- 4.5.3　品牌文化发展论 ······ 307
- 4.5.4　超级品牌消费主义 ······ 308
- 4.5.5　品牌消费文化大变革 ······ 309
- 4.5.6　品牌文化消费生命周期 ······ 310
- 4.5.7　品牌文化增强 ······ 311

第4.6章　品牌文化内涵 ······ 312
- 4.6.1　品牌冰爆周期 ······ 312
- 4.6.2　品牌文化内核的塑魂 ······ 314
- 4.6.3　品牌文化赋值 ······ 315
- 4.6.4　品牌文化消费溢价 ······ 316
- 4.6.5　品牌文化内涵原理 ······ 316
- 4.6.6　品牌文化内涵过程 ······ 319
- 4.6.7　品牌三元文化结构 ······ 320
- 4.6.8　品牌文化模移 ······ 321

第4.7章　品牌形象升级

- 4.7.1　品牌再造周期性提升 …… 323
- 4.7.2　品牌形象效应增强 …… 324
- 4.7.3　品牌形象总体升级 …… 326
- 4.7.4　品牌形象元素的塑形 …… 327
- 4.7.5　品牌形象设计原理 …… 329
- 4.7.6　品牌形象化规范 …… 329
- 4.7.7　品牌形象管理 …… 331

第4.8章　品牌艺术表现

- 4.8.1　品牌语境 …… 333
- 4.8.2　品牌境遇论 …… 334
- 4.8.3　品牌分层艺术形态 …… 335
- 4.8.4　品牌现代主义 …… 336
- 4.8.5　现代的新古典主义 …… 337
- 4.8.6　现代的时尚主义 …… 338
- 4.8.7　现代的大众文化和小众文化 …… 339
- 4.8.8　品牌工业设计与包装设计 …… 340
- 4.8.9　品牌艺术元素与创意组合 …… 341
- 4.8.10　21世纪超现实概念设计 …… 342

第5篇　品牌再造

第5.1章　DID品牌再造原理

- 5.1.1　品牌为什么是核爆力 …… 343
- 5.1.2　品牌梦想阶段（核潜力） …… 344
- 5.1.3　品牌诠释阶段（核子力） …… 347
- 5.1.4　品牌设计阶段（核运动） …… 358
- 5.1.5　品牌再造（核冲击波） …… 360
- 5.1.6　单品是品牌核爆力的重点 …… 361
- 5.1.7　品牌实践的执行力 …… 361
- 5.1.8　强势品牌时代：强势入市 …… 362

第5.2章　品牌组织再造

- 5.2.1　品牌再造：品牌组织的自我进步 …… 362
- 5.2.2　品牌崛起：创造式破坏 …… 363
- 5.2.3　品牌组织的再造 …… 364
- 5.2.4　品牌组织的价值观与价值创造 …… 367
- 5.2.5　品牌组织管理秩序 …… 368

5.2.6　品牌组织的事业文化 ……………………………………… 369
　　5.2.7　品牌组织的行动者网络 ……………………………………… 370
　　5.2.8　品牌敏捷组织再造 ……………………………………… 371
　　5.2.9　品牌文明形态 ……………………………………… 371
第5.3章　品牌管理系统再造 ……………………………………… 372
　　5.3.1　品牌战略级的管理再造 ……………………………………… 372
　　5.3.2　品牌科学化 ……………………………………… 374
　　5.3.3　品牌系统化 ……………………………………… 376
　　5.3.4　品牌知识化 ……………………………………… 378

习题及答案

课后习题 ……………………………………… 381
课后习题答案 ……………………………………… 390
总复习题 ……………………………………… 397
总复习题答案 ……………………………………… 402

《品牌总论》的理论设计方法、学习方法和系统解决的重大问题

《品牌总论》的理论设计方法 ……………………………………… 405
《品牌总论》的学习方法 ……………………………………… 405
《品牌总论》系统解决的重大问题 ……………………………………… 406

后记　为品牌强国的梦想共同奋斗

后记　为品牌强国的梦想共同奋斗 ……………………………………… 407

作者简介及内容简介

品牌理论学奠基人谭新政 ……………………………………… 409
品牌理论学奠基人朱则荣 ……………………………………… 410
品牌理论学奠基人杨谨蜚 ……………………………………… 411
内容简介 ……………………………………… 411

第1篇 品牌概论

第1.1章 品牌概论

品牌是人类创造品牌、运用品牌、发展品牌、消费品牌的一切人类发展力活动总称。品牌既是人类发展社会经济的核心能力，也是人类对精神与物质创造本能的极致追求体现，还是代表人类文明发展水平的进步标志。品牌既是人类科学、技术、艺术的发展引擎，也是人类面向未来发展的前沿科学，更是人类消费力和生产力发展的已知最高阶段，是人类创造高等文明的必然成就。品牌包括了人类品牌经济、国家品牌化战略、企业品牌生态组织三个结构性发展层次，是决定人类、国家、企业和每个人的决定性战略知识准备、能力储备与综合运用水平的发展力，是消费力决定生产力的人类发展方式，品牌改变了人类对分工、劳动、财富最基本的认识以及运用方式。

人类的品牌从哪儿来？人类该如何发展品牌？人类品牌的未来是什么？

在林林总总、扑朔迷离、错综复杂的品牌社会形态、品牌经济现象、品牌发展问题中，我们透过现象看本质，从而进一步认识品牌所存在的科学发展规律，发展我们的品牌思想，形成系统品牌学科，为企业品牌的发展寻找一系列更加清晰的实践指南和途径。

人类社会正在大阔步地迈向高度发展的品牌经济时代，而品牌经济特征将构成人类通过前沿、走向未来的基本社会经济发展结构。未来全世界的人口、科技、社会、经济、文化、资本、国家行动都将以前所未有的科学格局与文化环境架构于高度发展的品牌化社会经济基础之上。

美国、英国、法国、德国、意大利等早期发达国家在20世纪已经先行了一步，初步建立了以品牌输出国为特征的基本经济结构，日本、韩国等国家在20世纪下半叶奋起直追，通过国家整体的品牌强国行动最终成功迈入发达国家行列，中国、印度等发展中国家在21世纪上半叶正在努力向品牌强国迈进。在21世纪全球品牌经济深层次发展、高度品牌化发展过程中，以及建立以品牌生态为主体的人类高等文明发展结构中，全世界范围的国家与国家之间的品牌输出国竞赛、企业与企业之间的国际品牌联赛正在进行激烈角逐，放眼今天、明天、更长远的未来，品牌之于国家、之于企业、之于每一个人的意义、价值与财富正在飞速发生改变。

1.1.1 品牌学绪论

品牌是人类的商品交换和劳动分工发展到一定程度，必然出现的社会经济主导要素，品牌经济在人类史或一个国家能够繁荣发展需要具备四个基本条件：①商品供大于求，可供交易的商品供应超过人口的日常选择；②商品的高级形态出现，商品之外的附加属性如质量、性能、服务等供应和需求远远超出了商品作为生产资料的原始形态的价值，并大量发展出虚拟商品等非实体介质的交易品种，以此作为人类新的消费需求特征；③劳动价值得到了全面体现，人类从原始的劳动分工发展到高级形式，劳动价值赋能在购买价值中被有效体现；④进入人类高等文明发展阶段，文化艺术与商品全面结合发展出系统的高级感知需求，从而形成一系列新的品牌文化内涵消费形态。

当这四个基本条件具备时，品牌将取代商品成为人类新的供需形式，社会以超级品牌生态链被有机连接运转起来，标志着人类整体迈向了品牌经济时代。世界上各个国家的发展程度不同，当任何一个国家具备这四个基本条件时，意味着该国进入品牌经济时代，并初步具备孕育品牌、创造品牌、发展品牌的国家实力。

品牌具有双向作用，是建立在消费者与生产者之间的一种同步发展关系，也是人类在品牌经济时代平衡社会经济发展矛盾的秩序体——社会经济运转结构中所需的主体核心要素，是国家经济能力、社会财富、货币资产、金融资本、家庭财产中最重要的组成部分。

人类经历漫长的发展史，一直到19世纪，始终没有出现过像品牌这样的超级社会经济发展介质，直到20世纪品牌全面出现，并迅速以其强大的消费力和生产力承担了社会经济的主导性作用，在国家战略资本、国民财富增长和家庭财产发展方式中发挥了极为重要的前沿发展力作用，品牌最终才取代一切竞争形态，成为一个国家社会稳定、经济建设、企业发展和组织形态中最重要的决定性竞争力。

1.1.1.1　人类发展品牌的本能

人类发展品牌的本能是通过五个阶段的进步完成的，分别是：①人类从生存的本能进步到发展的本能；②人类文明的本能创造了品牌文明基因；③商品供大于求并繁荣发展的竞争促使了品牌的品牌文化模移作用出现；④文明复兴过程中重要意识形态的传承本能正式孕育了品牌，并使品牌密集地集中诞生；⑤未来品牌经济的高度发展持续动力来自于人类品牌化追求的本能。

品牌并不是人类原始生存的需求本能，人类的原始生存需求包括食物、水、衣服、住宅、交通工具等，这些基本需求随着发展演变到，成为人类对食品深加工、酒类、服饰、贵金属、建筑材料、艺术文化等多样化的物质与精神双重需求时代，人类劳动分工因此得到进一步发展，而需求的层次和水准也在持续提高，当原始生存需求已经脱离了生存的本质，商品交换的社会能力也升级到了商品交易的贸易属性，品牌和品牌经济的基本形态也就得到了进一步发展，人类为此耗费了长达420万年，才从古猿阶段原始生存时代成功过渡到了人类文明需求发展的时代。

但这并不意味着人类就产生了品牌，在接下来漫长的6000年人类文明进步中，品牌才从雏形和原始形态中得到了有效孕育，其孕育的主要母体是人类系统化的文明产生过程，当一种特有的文明形成并以某种风格的文明形态表现出来，品牌孕育的文明基因正式诞生。而接下来，品牌的诞生还需要等待一个很长的时期，只有当商品发展的种类和数量达到足以供大于求的时刻，人类经济发展与文明复兴的本能愿望达成一致，品牌正式诞生的时刻才会来临。

仅有品牌文明的基因是无法诞生品牌的，在商品匮乏时代，人们的需要只是满足生存，社会只需要生产商品，消费者基本是没有多少选择权的，品牌就会以过度需求的情况出现，人类也因此没有品牌的概念。当供大于求出现，消费者的多样化选择能力得以发展，生产者就必须考虑与竞争对手进行差别化竞争，让消费者在众多同类选择中快速找到自己，于是"brand"就以烙印的词源性质成为品牌的英文单词，商标法令的出现以及生产者寻求市场自我保护的本能得到了发展。

一个国家处于商品匮乏的时期越长，这个国家进入人类品牌经济的时间表也将推迟，我们注意到：一个国家商品饱和并达到高度繁荣是催生品牌的基本条件，该国集体诞生出品牌的时间，与这个国家进入发达国家的时间基本是同步的。一个国家之所以处于发展中国家，该国的经济形态主要是发展商品经济，暂时还无法进入品牌经济时代。

品牌是高度市场竞争的终极产物，竞争的加剧不断促使品牌创始人和品牌组织者们加大研发的投入，注重原材料、质量、设备、生产技术等品牌性能环节的持续改善，并因此发展出广告、公关、营销管理、市场调查、管理顾问、消费者研究、物流仓储等品牌配套服务领域，发展了以品牌商业模式、经营模式等为主的品牌运营系统，现代人类社会经济的发展，就是随着品牌遍及世界各个角落的步伐，创造性地形成了一个全球化的超级巨型品牌生态链。

这事实上也是人类一切本能选择的进步，选择不断在发生从而形成了多样化的品牌世界，最基本选择是——生存或发展。一部分企业追求生存，这使它们发展了市场和销售的能力，注重投入产出的利润比，并以所见即所得的经济回报方式来完成企业的进步，追求生存的企业永远发展不出品牌，而一个国家的企业主要以生存模式发展时，该国是无法孕育出品牌的。

另一部分企业追求发展，它们宁可损失暂时的利益，追求品牌所应达到的极致，为追求创造出最好的品牌，它们下工夫寻求最好的水源、最好的原材料、最好的做工、最好的技艺，品牌因此得到了发展。在这个过程中，一些人类早期文明中一代一代遗传的品牌文明基因对世界上第一批国际品牌的孕育产生了惊人的催生作用，世界上最初的品牌由此而来。

根据我们已经进行的国际品牌起源研究发现，从爱尔兰、苏格兰和高卢地区发展出的凯尔特文明是最早的世界品牌文明所形成的主要源头，世界上一半以上人们所熟悉的品牌、国家品牌象征来自于这个文明体的继承和复兴，这些品牌创始人主要来自这个文明体的后裔或受到深刻影响的国家和地区，凯尔特文明的工匠精神、自然生态意识、秩序网络形式、文化艺术创造风格等原生基因全面复兴就是世界品牌的主要起源，你完全可以从美国形象山姆大叔或宝洁、福特汽车、IBM、微软、XO等品牌创始人，或者好莱坞电影风格、音乐以及意大利设计、英伦血统、德国汽车制造业、瑞士制表业等现代品牌找到这种共有的品牌文明基因。

人类对品牌的追求是无止境的，随着收入的增长，人们不断选择更为上乘的品牌，随着竞争的激烈化，企业不断选择最佳品牌发展方式。当消费力的需求选择与生产力的创造需求选择达成一致平衡的发展力关系，一个国家良性运转的品牌生态也就形成了，并且这个国家和企业的品牌将融入全球品牌生态链中，成为其中活跃的一个品牌生态分支。

1.1.1.2 人类品牌经济的发展规律

人类品牌经济的发展，总体而言是人类不断改变自我、改变世界与未来的进步过程，是人类不断追求更加完美表达自我的进步过程，是不断完善自然生态发展规律的进步过程，是不断优化社会网络化服务功能的进步过程。这个伟大的进步过程创造了无比丰富的人类品牌财富，并不断将人类推向更高等的文明形态，而这个伟大过程是理论与实践、科学与哲学、想象与实证、精神与物质多层次双重价值发展关系完美统一的一致性进步过程。

理论与实践：人类任何一种文明形态的发展，都离不开理论与实践双重作用的进步。人类发展品牌的过程，是一个前仆后继进行品牌理论探索的进步过程，不断寻找、发现、总结、提炼出的品牌科学规律持续应用于品牌实践之中，从而使品牌的发展脉络最终得以专业化、系统化。如果说人类早期第一批品牌的诞生是一种无意识的自我探索，那么随着品牌系统发展到今天，今后的品牌发展则是理论指导实践的必然发展之路，实践过程的品牌创造需要与高度发展的品牌实践指导理论并行,人类的发展使人们对品牌理论的未来要求更高,不仅要求理论站在人类进步的高度来深刻认识品牌,更要与未来长远发展实践紧密地相结合,品牌学科的发展才能落到实处,从而源源不断地促进国家、社会、企业和家庭创造出品牌财富,进而对人类总体进步发展做出积极努力。

科学与哲学:科学与哲学双重价值的发展是品牌有别于一般意义上的商品或商品经济、劳动或劳动分工最重要因素。在科学上,品牌的发展不仅是旨在通过探索实践过程中为品牌科学原理、品牌技术的发展提供研究样本,更是遵循品牌发展科学规律的过程。哲学在品牌的形成中发展了品牌设计思想、经营哲学、意识形态、艺术表现的重要作用。人类对品牌科学与哲学的双重价值发展结构是完成人类品牌经济高度发展、深层次竞争所需要的思想、意识、使命、理念、创意和创作来源。科学与哲学两者兼具的重要使命感,进一步促进了人类为形成高等文明所付出的努力,促进了人的成长,提升了国家社会经济发展水平,是人类思想和行为得以进步的基本条件。

想象与实证:品牌是创造与表达的过程,是从想象到实证的科学发展进步过程,是想象科学与实证科学同步发展的必然结果。想象科学在品牌发展中占据了极大的比重,无论是品牌创始人在构想一个品牌轮廓、构思品牌发展前景,还是企业品牌官向投资者、合作伙伴及员工描绘品牌商业模式的未来,或者是品牌设计师们在抽象化地为品牌进行各种艺术化创作过程中,都是提出想象、运用想象、发展想象的人类创想、创造、创作过程。管理执行层和专业人才将想象转变为实际的现实品牌,品牌经营网络将品牌发展前景转化为实际的营收依据,从而完成从想象到实证,再从想象到实证的品牌往复渐进式发展过程,一波又一波的品牌想象与实证循环发展、一代又一代品牌作品的更新换代、一轮又一轮的品牌投资介入,使品牌发展出足以让人充满想象空间的可观前景以及可供证实的阶段性发展实力,品牌因而获得全面成长、成熟、发展。

精神和物质:品牌创造了精神与物质的双重价值结果,从精神中发展物质,又从物质中提炼精神,是人类对最美好事物追求的必然结果,也是无限创造人类丰富的精神财富与物质财富的双向发展过程。工匠精神、民族精神、事业精神、敬业精神、文明发展意识、社会服务意识、劳动价值意识、品牌价值意识、生态环境意识等精神和意识形态层面的人类精华被倾注于物质的创造、生产和形成过程中,从而奠定了人类源源不断创造出更具精神、文化、印象表达方式的物质产生形式,是人类丰富的品牌化物质产生的本源。反过来,人类在使用品牌化物质的过程中,又获得与品牌所有者一致的精神共鸣与意识感染,从而升华并发展了人类对物质之外的精神需求,这使物质获得了生命、灵魂、价值,从而使物质摆脱了其原始的物质形态,演变成高等文明的物质享受体验过程,这也进一步激发了物质创造者们的精神和意识表达愿望——努力创造出更美好的物质形态和精神状态,品牌在这个创造与应用循环中获得空前发展的长足空间。

1.1.2 品牌学的诞生

品牌的发展原本是作为一种社会现象和经济趋势出现的,这就使人类对品牌的理解形成了品牌概念化、品牌现象化的种种理论解释,但完整系统的品牌学科并没有因此发育形成,这涉及对品牌本质的各种科学解释,是透过现象看本质,从各种错综复杂的品牌现象、品牌问题、品牌趋势中寻找、发现、提炼、总结、发明、发展品牌科学规律的漫长过程,而这个过程是对品牌的长期科学化探索研究过程,是独立原创性地发展品牌学科、系统地建立品牌学科理论基础及品牌学结构性发展脉络的完整科学化进步过程。

天文学在金字塔、巨石阵的建造以及中国甲骨文的记载中,就已经在广泛发展,但直到哥白尼提出"日心说"、伽利略用望远镜观测星空、牛顿提出万有引力定律之后，天文学才正式形成学说系统，成为现代人类最重要的基础科学之一。

学科的形成过程，是人类在不断总结经验的基础上，发现科学规律，发展出学说理论、再从理论指导实践的系统化科学发展过程，一个学科的形成可能需要历经数百年、数千年才能最终孕育完成。而在一个学科从未正式开创形成以前，扑朔迷离的现象解释、所见即所得的事物分析、理论上的探索及概念提出，是学科孕育阶段的必经过程，一直到系统完整的学科结构出现，科学规律的发现、总结和提炼到达一定程度，一个学科才算正式发育完成，大量科学原理的提出是学科中最重要的组成部分，这是决定一个学科能否成为人类重要的基础学科最重要的标志。

品牌学科的诞生及发展与任何人类学科发展形成的自然规律是一致的，不可能逾越学科的发展形态，其贡献是属于全人类的，是人类一切智慧宝贵财富的集结。而品牌学科发展的未来，则同样是人类共同在理论和实践双向作用中互动、互补、互生的珍贵知识结晶，知识的产生原本就是来之不易的，尊重知识、珍惜知识是能否有效应用知识、发展知识的前提。一个学科知识系统的权重重要性和其科学贡献价值，最终取决于知识是否在人类广泛的实践运用与实际应用中发挥重要的作用。

1.1.2.1 品牌学的形态——以发展对象为主的学科

以品牌学为中心的管理学科，在学科发展方式上和其他各种人类学科所不一样的是，并不是以研究对象为学科发展方式，品牌学以及管理学是以发展对象为主的以想象科学、前沿探索、动态实时为主体的人类发展力科学，要解决的是未来方向、结构性治理、战略发展前景以及实时动态管理中出现的问题。

人类一般意义上的学科发展方式是建立在人类过去已知的知识基础上，是对人类有史以来的文献、历史形成过程、历史事实、已发生事例、可供参考案例为主进行研究的学科。但品牌学科的发展本质却不是这样的，品牌学是指导人类迈向未来、发展未来、实践未来的科学，不以过去历史、既成事实、形成案例为主进行理论与实践研究的主要依据，品牌学旨在为人类、国家、组织及企业的未来发展结构、发展方式、产品及服务的未来形态提供一系列的知识创想、知识结构、能力框架、科学规律以及前沿能力支持。

品牌学乃至整个管理学，都是一门迈向未来的科学。品牌学首先要指导人类、国家或企业向什么方向发展，以什么样的长期稳定治理秩序结构运行；品牌学决定了企业品牌战略走向，决定了企业选择发展什么样的品牌概念从而获得市场前沿地位，决定发展什么样的品牌性能从而获得市场决定性竞争力，决定发展什么样的品牌领域从而促进人类产业化变革并引发科学技术革命。品牌学决定企业发展什么样的品牌梦想从而集结人类一切人力资源，发展什么样的品牌行为从而创造出新的商业模式，发展什么样的品牌最终成品从而改变人类消费形态，以及发展什么样的品牌技术从而避免流程发展中可能遇及的管理问题，发展什么样的品牌艺术展现形式从而创造新的人类时尚文化潮流，发展什么样的品牌生态特征从而促进人类生活得更美好，等等，一系列问题。

品牌起源于此，品牌发展于此，品牌学科的奠基与成就也基于此，这是一门以发展力的创想、创造、创作为前提的科学，其发展对象是更广泛的人类未来社会经济变革，是对人类进步主要方式的伟大探索，是对人类日常生活、工作方式、营养健康以及社会秩序、人口从业、自然环境保护等一切生态系统、消费力与生产力平衡发展的总体思考、总体设计和总体理论，并且又是以每一个品牌生态单元的先尝先试、探索实践、进步发展为品牌发展力的活跃元素。

品牌学所发展出的正是人类未来多样化文明、多样化生活，是丰富的多样化消费形态与多样化物质财富的伟大创造过程。所有品牌的诞生和发展过程，以及所有国家品牌经济的形成和发展过程，都是从梦想开始，构建蓝图，并因地制宜、因需而异、因材展现的多样化品牌创造模式，世界上没有一个品牌的定义、使命、模式、方法、用户是完全相同的，都会在发展过程中形成或多或少的创造性变化，而品牌学优先鼓励的是原生、原创、开创性的品牌，这种品牌学科的科学发展性质就决定了一切历史、事实或案例本身，都不可能是以过去式研究作为品牌学科发展主力。

品牌学的发展对象是：社会经济的总体结构性变化，以及以企业品牌组织发展为特征的消费性生产力变化。其研究和发展的方法是：在不断动态发生变化的品牌世界演变中确立锚点，并以锚点进行多向开创性科学规律总结与研究，从而发明、发展出新形态、新未来的新学说理论来指导实践，因此品牌学科本质上是创造并形成一个结构性分布式动态知识发展的开放系统，是世界知识经济竞争中最先进、最发达、最具想象力的前沿科学。

1.1.2.2　品牌学的性质——作为前沿科学的品牌学

品牌学是一门前沿科学，囊括了世界上最多的前沿科学领域的发展，这与一般意义上的科学发展方式同样有着本质性区别。一般意义上的科学研究是以实验实证研究为基础，从研究到应用需要一个很漫长的科学研究、科学发现与科学应用的发展过程。

但品牌学本身是在全球市场竞争发生中最直接反映、反馈的应用科学领域。其发展速度、带动领域、辐射面积、应用效率都位居人类科学生产力排名的第一位。激烈的市场竞争促进以企业为主的科学研究和科学政策发展，品牌发展力的主体被放在产品化的研究、研发环节，发明专利等人类知识化过程被高度集中，同样放眼于人类更长远发展的实验室研究、非营利研究资助等科学活动也被带动起来，使人类有更多的资金用于支持多方面基础科学研究。

品牌化促进科技发明的同时，又进一步发展了生产技术、信息技术、物流技术、联网技术、服务技术、新材料发展等各种现代管理方式的进步，技术领域研究、发展和促进活动集中到现代管理上，使管理学脱离于传统意义上的"人治"及"法治"管理范畴，进步到以管理学与现代科学完美融合的"明日管理"阶段，企业不断进行管理技术装备的升级，积极探索新兴的社会网络中各种管理环节变革方式，从而使管理学的内容与形式以前所未有的方式着眼于明天，开拓性建立了现代意义上先进发达的管理科学。即将到来的明日管理所需的品牌化、系统化、网络化的高度需求在高度高速发展的同时，带动了科学技术本身日新月异的发展，并带动着社会化、信息化、专业化、规模化、产业化等动态社会经济发展发生急剧变化。

为满足品牌发展的目标，工业设计、包装、美学、音乐、影视、动漫、广告、新闻、公关、传播等各种品牌配套服务领域以前未有的方式发展起来，并带动电视、互联网、移动互联网、电子商务、文化产业、外包服务等各种业态形式多样化快速发展，从而形成世界上规模庞大的品牌产业以及品牌化衍生产业。酒店业、旅游业、银行业、医疗业、体育业、家庭服务业等各种公共生活业态也因人类需求的不断提高和收入的增长而发展起来，并且每一个领域又产生新的品牌进入新一轮的品牌化发展中。

让我们回到人类社会经济发展的一切原点——品牌，我们会深刻地发现并体会到品牌在人类整个发展历史上独一无二的进步作用、发展方式和创造形态。品牌作为人类经济发展的重要发动机引擎，在人类的过去、现在和未来之间架构起腾飞的桥梁，并以丰富、鲜活、奔腾的动态发展方式奠基了现代人类文明活力四射的生活场景。每一个品牌发展的过程，都为人类的消费形态创造了无比丰富的精神享受和宝贵物质财富。而品牌学作为前沿科学的性质，将为人类的未来发展创造出更为广阔的梦想场景、梦幻元素和极致生活体验，为人类的收入增长、家庭幸福和每个人的快乐创造根本性的发展价值。

1.1.2.3 品牌学的作用——品牌的科学、技术与文化

品牌学是综合运用科学、技术、艺术进行发展的科学，科学决定了品牌的发展结构，技术决定了品牌的实践方法，文化决定了品牌的表达方式。品牌的科学、技术与文化的共同协调发展决定了品牌在人类世界的主导地位，决定了品牌学在各个领域发展出的作用力，是品牌学产生作用、发展作用并逐步促进人类科学、技术和文化本身获得发展、发挥重大作用的同步进步生态系统。

品牌已经发展为一个庞大发达的学部，由多个专业纵深、交互支撑的品牌专业学科分支组成。品牌结构既包括了品牌学本身的学部和学科组成结构，也包括品牌经济的发展结构，还包括新兴前沿品牌在具体实践中的组成结构。品牌学发展到今天，已经成为一个复杂综合的学部领域，并包括了品牌史学、品牌战略学、品牌设计学、品牌质量学、品牌广告学、品牌传播学、品牌体验学等不同的品牌学科，这种学部学科化的发展结构对品牌学今后向纵深发展提供了理论研究、实践指导的学习发展基础，促进着品牌学的知识进步。品牌经济包括了人类品牌经济、品牌输出国、品牌经济体、品牌产能、社会品牌、人与品牌关系、品牌与人口发展、品牌劳动收入等社会经济领域的研究与发展，品牌组织包括了企业品牌在前沿科学和现代社会网络领域发展的前沿地位、决定性竞争力，包括了所需要的品牌要素、品牌性能、品牌能力准备。这一系列结构化的品牌学术研究、品牌化应用和品牌发展水平对品牌学发展发挥着主体支撑作用。

品牌技术是具体实施品牌化的过程，是企业品牌发展的科学准备、技术方法、工具和一切品牌实践活动的总和。品牌技术的发展首先是来自于品牌思想、品牌理论的发展，对各种人类社会间存在的品牌现象、品牌事件、品牌行为进行的科学总结、规律研究和技术发明，特别是对企业动态管理中随时随地遭遇的品牌问题进行集中搜集、荟萃分析，从而确定最新的品牌科学原理和技术实施要点，科学地预防、规避潜在品牌问题，有效地提升品牌性能，发挥高效品牌效应的技术。品牌技术在具体实践中，分为品牌秩序层、品牌技术层、品牌部门级三个有效的结构性品牌技术发展领域，分别解决企业战略层、品牌技术具体实施和企业间部门日常运转的品牌科学程式。结合未来社会网络发展所需，企业品牌需要升级到动态管理的品牌生态组织形态，以满足未来链式、流式的多网互联组织形态的发展。

品牌文化是具体完成品牌文化内涵表达和品牌艺术化表现的方式，是品牌终成品最终吸引品牌用户、感染品牌用户、发展品牌生态组织的文化发展和艺术再造过程。品牌文化具体表达在品牌形象设计、产品理念工业化设计、品牌包装设计、品牌推广识别艺术化设计、品牌广告设计等众多方面。品牌文化综合运用了文化艺术的表现手法，以文学、设计美学、音乐、影视、摄影、环境空间艺术等多种设计思考和表现方式，运用图像、声音、图形、形状、立体化表达，品牌在人类意境、美学、心灵之间产生天然创造力与创作灵感。人类对品牌艺术的表达具有设计要素化、民族化、美学追求时代化等典型特征，是建立在设计美学、艺术表达、传播呈现三者之间的互动发展过程，是

品牌设计者与品牌使用者之间的心灵互动。

1.1.3 从品牌主张到品牌生态

在人类发展史上,品牌的发展是"品牌主张——品牌主义——品牌生态"三位一体的循环发展史。每一个企业品牌本身,每一个国民或民族本身都有其自己的品牌主张,决定什么样的品牌方向,发展什么样的品牌形态,实现什么样的品牌使命,创造什么样的品牌理念,形成什么样的品牌美学表达,运用什么样的品牌表现手法,都在品牌主张中得到思考、诠释、实践、理解与运用。

如果说一些国家迅速发展为品牌强国,一些品牌能够成为享誉世界的国际品牌,一些品牌能够发展成为史诗般的百年品牌,还有一些品牌迅速成为受资本市场追捧的快品牌,与其坚定、独立、传承的品牌主张是密不可分的。尽管为发展或坚守这些早期并不一定会受到人们欢迎的品牌主张,品牌创始人、品牌领导人们经历了许多磨难和坎坷,但他们勇敢的冒险精神、坚定意志、始终如一的人生追求美德在品牌发展过程中发挥了极大的促进作用,并最终使品牌主张成为品牌的灵魂与信念持续下去,这种坚持、坚定的意志和毅力是成就人类百年品牌传奇的宝贵精神,因而品牌主张主要是人类与生俱来的精神、使命与责任之于品牌孕育和发展的基本基因组。

在品牌主张中,当一部分品牌所追求的理念趋于系统一致,品牌理念主张就发展成为一种共有的品牌主义,每当同类的追求者在人类多元化的品牌思潮、品牌设计潮流找到共鸣的品牌风格、品牌表达方式、品牌表现手法,就会使多样化的品牌主义获得发展,并成为人类对个性化文化追求的重要品牌风格形态。于是简约主义、时尚主义、自然主义、蓝色系列、紫色系列、绿色系列、经典怀旧风格、东方传统风格、未来科幻风格、现代科技风格、美式、韩式、日式、英伦血统、中国风等多样化、系列化、风格化的品牌主张构成了人类对品牌无止境的发展方式。而品牌主义,则是代表着人类在品牌文明模因的基础上,从品牌科学与文化追求方面所表达的品牌理念呈现方式,是人类在品牌哲学层面的具体发展表现,赋予了品牌精美绝伦的物质造型、完美意境式的现代设计思想以及美学感观的主题化表达走向。

任何一种品牌主张或品牌主义的发展都离不开在人类共同的超级品牌生态链中的稳定运行,这是人类对自然生态的回归,也是人类对社会网络的发展,更是人类谋求生态可持续性社会经济长久发展的共同价值主线。追求不同理念的国家、追求不同发展方式的企业、追求不同风格的人,在人类社会的共有生态网络中,组团成为不同的有机生态体,在交流、交互与互动过程中,形成了品牌的创造、生产、运营和消费的不同生态组织个体。国家和企业作为社会群体,人作为社会个体,依据各自不同的理解、意识、精神、追求、使命、爱好、兴趣,在人类总体的品牌生态链中不断创造、形成出品牌生态分支,各自既独立运行又交互运转的品牌,共同形成了特有品牌生态多网互联超级生态化组织。人类的大自然是有序运转的生态体,而世界上所有的品牌以及每一个具体的品牌,都在对自然的回归中,如同物种或生物的自然发展本质,遵循着自然生态发展规律有机地进行独立、组合、分解、协同发展。

1.1.3.1 社会网络中的品牌发展结构

社会网络包括了社会化、社会发展关系、人类和国家公民共有的社会形态、非营利的社会品牌组织以及互联网、移动互联网、物流网等多网互联的社会网络组织形态,其最本质的特征是基于人与人之间连接的人际网为基础架构的。无论社会、社区、家庭或社会化服务还是各种网络,其本质都是一致的社会网络化发展方式。随着现代科技的发展，社会网络的融合与发展必然是一体化的人类整体系统化网络结构，是作为个体的人——与各种社群作为群体之间的协同发展关系。因此对人类社会或网络发展的理解，必须放在同一层次和空间中进行综合处理。

品牌是基于社会网络发展的，并且随着社会网络的现代和未来发展，品牌在社会网络中的组织结构、运转形态、发展方式都将出现极大的改变。这种品牌化社会革命正在悄然诞生，在酝酿中发育，并逐渐走向清晰与成熟，是决定人类品牌未来发展力、国家品牌经济发展结构和企业品牌运行模式的关键战略性品牌能力准备。

具体而言，人类的品牌生态链是一个多元分支、独立且又组合协同发展、自适应循环的系统，社会网络是品牌赖以有机产生、纵深发展、分布式运营的交叉交互网络。品牌生态链＋社会网络＝高水平的品牌生态组织，是人类品牌化过程中最为真实的未来形态。最简单的例子是企业开始纷纷抛弃电视广告、纸媒报道，转向研究并发展基于互联网、移动互联网的品牌传播方式，并发展基于各种联网形式的社交网络、社会化服务和联网技术。而最终人类的社会活动、社区、社群特别是人与人的连接交互关系都搬上了多种网络介质，人类未来发展的必然——将是以高度社会网络化发展为前提的。

但我们需要注意的是，人类对网络的理解并不应仅仅是基于互联网思维或联网技术的发展，这显然是对社会网络发展的一个误区，而这种思考认识方式造成的结果是未来10年后互联网从业者的失业。因为互联网仅仅是人类网络发展过程中的一个技术和应用分支。人类社会发展的本质，原本就是以社会网络为主体结构运行的，而家庭、企业、社区、国家或人类社会都是建立在社会网络基础上的一种组织化发展进程中的产物，从人类3500年前的秩序网、2000年前的路网到铁丝网的发明，电视网的发展，未来星际互联网，等等，都是社会网络存在的原始或进步形态，它一直存在并高度发展着。只有这样去认识，一个品牌或品牌组织者才会真正在社会网络中有效发展起来，并始终保持其发展优势成为永恒的品牌。

1.1.3.2 人类对品牌的极致追求

人类对品牌的极致追求是使人类快速运用品牌、发展品牌、消费品牌的持续动力，也是人类对生活、生产、进步、发展的多样化追求所产生的人类综合文明成就。追求无止境，追求产生了人类对品牌最新、最潮流、最高级的需求，追求激发了人类对创造、生产和发展品牌的创造力。人类对品牌的追求极大地促进了人类在金融资本和商业活动领域的繁荣活跃，极大地促成了科学技术、文化艺术、生活形态等各方面的空前发展。而人类对品牌的追求，使人类对精神的追求、对物质的追求都保持了高水平的发展态势，从而形成了富强民主的国家、经济繁荣的市场、富裕幸福的家庭、丰富多彩的生活、灵动极致的精神享受和琳琅满目的品牌物质。

正是由于人类对品牌极致追求，使品牌的发展在过去100年以来、未来100年的深刻变化中扮演了极为重要的人类进步发展推动作用。认识这种作用有助于人类更好地发展品牌，更清晰地体会到品牌的价值，更准确地在人类发展力中突出发展未来品牌，进一步地创造品牌、运用品牌、发展品牌使国民经济建设、国民富裕程度、企业发展水平达到更高发展力水平。

品牌化作为人类在21世纪发展的主要结构化社会经济变革主力，将以前所未有的强度、深度在人类社会中深层次发展。高度的品牌化将促使人类在整个21世纪完成彻底的全方位品牌化，品牌是真正跨越国界，无止境、无边界、无角度的人类社会经济发展领域和全方位的市场覆盖，高度发展的品牌化将使一国之国力、一企之发展、一人之努力得到最完美的能量积蓄，使创造潜力得到最佳层面的全面释放。

从来没有一种社会发展方式、从来没有一种经济奇迹、从来没有一种人类进步发展的主题——如同品牌这样激发全球、吸引全民、促进全社会创造并爆发出高度发展水平的人类经济奇观，昨天、今天、明天——人类品牌发展的大潮与大格局必将呈现出更为壮观的宏大景象，而每一个品牌写就的史诗也必将记载于人类进步发展史的每一个页码，人类的未来一切消费——进而到一切发展力的变迁代表符号——都是由品牌组成的。

第1.2章　品牌定义

对品牌做出定义是一件相当困难的事情，这主要取决于品牌是一个在不断发展中的事物，且对人类产生的作用和价值越来越大，这使得品牌的定义处于不断演进变化之中，从最初"标识"的理解扩大到"产品"和"营销"的层面，再扩大到"经济""价值""社会"的层面，最终全球出现的品牌定义已经不下数百种。而对于品牌的理解也因人而异，每一个阶层每一个群体从不同角度都对品牌的多元理解形成了特有的品牌万象论。

我们对品牌定义的考察，从品牌的词源、词性、品牌定义的发展入手，以便更为直观地帮助人们理解、认识和运用品牌，全世界不同的人对品牌的不同理解构成了多层次的品牌意识，不同的品牌意识产生出了不同的品牌实践结果。对品牌的定义、认识、意识本身没有对错之分，世界上也没有统一的标准品牌定义，教育和学习的本质是因人而异、因材施教，我们在众多关于品牌的理解中只确定基本的品牌思想方式，但不会对品牌做出固定定义，正如我们所期望的一样，人类对品牌的发展都应该建立其自身对品牌的理解，从自己对品牌的认识出发，以自己认为正确的品牌定义或品牌意识来发展自身的品牌实践，这是人类多样化品牌意识产生人类多样化品牌世界的品牌规则共识。

1.2.1　品牌词源

品牌由英文单词"Brand"直译而来，词源来自于古挪威语"brandr"（印欧语系日耳曼语族古斯堪的纳维亚语——Old Norse，冰岛语、丹麦语、瑞典语、挪威语等北欧语言的祖先），中文意思为"燃烧"及"烙印"，它曾经是指：在马等牲畜身上打上烙印，以此来标识财产所有权。

品牌词源的形成过程：

从4000年前到公元1世纪，整个不列颠的原住民是凯尔特人，即便在罗马统治时期，整个不列颠都很盛行原生的凯尔特语言。尽管凯尔特文明是已知的品牌文明基因组、品牌思想以及最终孕育和诞生人类品牌的最主要文明体，但并不是今天英语中品牌一词的来源，英语的起源从公元前700年左右凯尔特语正式开始发展，但后来发生了重大改变。

从公元450年到1066年，古英语发生了第一次巨大变化。《盎格鲁撒克逊编年史》记载，公元449年左右，不列颠群岛国王伏提庚（Vortigern）邀请"盎格鲁亲戚们"来帮助他对抗皮克特人，于是他赐予盎格鲁族东南部的领土作为回报。随后他又进一步寻求支援，来自德国北部和日德兰半岛的早期日耳曼人部落（盎格鲁族、撒克逊族、朱特族）移民到英格兰，统合了当地的凯尔特族语言，并逐步形成正式的"古英语"。

公元 9 世纪，斯堪的纳维亚人大规模进入英国北部，到 9 世纪末几乎占领了整个英国的东半部，斯堪的纳维亚人说的是北日耳曼语，这使大量斯堪的纳维亚语（以古诺斯语 Old Norse 为代表）的词汇进入了古英语的词汇，古诺斯语和古英语有很多同义词汇，因此古诺斯语词在许多英语词汇里往往取代古英语词，"品牌"一词就以新加入的词汇进入英语。

1066 年英语发生第二次重大变化，是以诺尔曼征服（Norman Conquest）为代表，在诺曼底公爵威廉 1066 年征服英国后 300 年内，英格兰的国王只讲法语，一大批法语词汇又进入了古英语。16 世纪的文艺复兴，英语中大量吸收和借用来自古希腊语、拉丁语中的词汇，随后发展演变为今天的英语，是多种语言融合的产物。

在英语的形成过程中，古斯堪的纳维亚语"brandr"作为新加入的词汇演变为"Brand"，成为今天人类对品牌所使用的主要词汇，和真正意义上的品牌有着巨大的差别，如果仅从"Brand"字面意思上理解品牌，必然造成品牌认识落差。

1.2.2 品牌词性

品牌是一个发展演变中的词汇，并非一成不变。通过对品牌词源的来源分析，会发现"Brand"是英语中一个新加入的词汇，并不是原本意义上对品牌的真实理解，而这一点恰恰造成了一种错觉，认为品牌就是标识、是 LOGO 或 VI，因此许多人对品牌的理解仅仅是停留在"标识"层面，更深一层的理解就是在消费者心灵中打上"烙印"或建立消费者"心智印象"方面的扩大理解。

而事实上，这些都不是品牌原本的真实意义，通过《品牌史学》对品牌孕育、诞生的探源研究，我们清楚品牌事实上是凯尔特文明体孕育的基本产物，并随着整个不列颠的原住民凯尔特人，以及凯尔特后裔随着古代和近代历史上的迁徙，在爱尔兰、苏格兰、美国、法国、意大利等地区与时俱进发展出的高等文明形态，这与凯尔特式"符号—象征—文化演绎（诗歌、游吟诗人、音乐、影视）—重复强化识别"的品牌化系统习惯息息相关。

而文明体本质是以一种以文明秩序、社会结构、从业规则、民族意志、精神遗产、道德约束、发展观念、劳动价值等为主构成的一种文明形态，是这种共有的文明形态最终使人类发展出了品牌经济。这一点从 20 世纪下半叶的品牌经济后起之秀日本、韩国品牌发展中也能观察到品牌的文明体竞争属性。

如果偏离了对文明形态的整体理解，不分析品牌词源，只从字面上去理解品牌是什么，是无法发展出品牌的，对品牌理解的思维意识只有在有效的认识和深刻理解事物本质的情况下，才能准确对品牌所发展出的事物做出准确判断，单个词义或只从个体上理解品牌永远是无法发展出品牌的。

正如工匠精神的发展，已经被证明是品牌思想中的重要一环，其本质是要建立起以工匠技艺文明系统的文明形态和基本的社会伦理结构，形成社会中人人尊重工人、人们重视技术工人的社会发展基础环境。技工愿意在技艺上努力进取，用自己双手的辛勤劳动，努力成为更好的工匠，制作出最精湛的作品，从而以劳动价值的付出获得收入的增长。但如果希望成为一名技术工人的心愿不是社会主流思想形态，人们不愿当工人，就无法发挥出工匠精神，就无法发展出统一的、系统的、高度发展的工业品牌文明，也就不能衍生出高水平的强大工业品牌经济力量，一国之制造品牌精髓始于这种普遍意义上的基本认识。

对品牌性质的考察，其本质上是反映了品牌的竞争根本不是一个品牌或另一个品牌之间的竞争，一个商业精英和另一个商业精英之间的博弈，更不是一个企业或同类企业之间的战场，它是人类文明体对文明体的竞争，是社会文明秩序结构意识形态之间的竞争，其性质是国家与民族、社会与企业、生产者与消费者共同促进发展、一致协调的结构性竞争，是理性社会、积极意识形态发展的必然结果。

改变可以来自某个人、某个企业、某个组织或某个国家的积极态度和实际行动，在国家主流意识形态、民族志气与毅力、社会发展与人类进步的总体形态中，品牌自然会诞生，品牌集群会诞生，品牌输出国也会诞生。

1.2.3　品牌定义的发展

正是人们对"品牌（Brand）"的理解不同，品牌定义的发展出现了标识论、职能论、经济论、价值论、社会论五种认识，从而诞生了官方或非官方各种对品牌的不同定义，这是随着人类进步、社会经济发展特别是品牌经济发展过程，随着品牌在社会经济中扮演角色的不断提高，以及人类在本身的进步发展过程中对品牌认识的不断提升，从而形成了阶梯性的品牌认识观，这极大地丰富了品牌定义的内涵，并使品牌的定义不断发展，从最初古斯堪的纳维亚语的"烙印"开始发展到今天日渐丰富的品牌理解，品牌的定义不断被扩大，成为一个不断发展演变的重要经济术语。我们现在来考察人类发展历程中不断出现的一些典型品牌定义，寻找其中的共性发展规律。

1.2.3.1　标识论

美国市场营销协会（AMA）颁布的《营销术语词典》（1960）中把"品牌"定义为：用以识别一个或一群产品或劳务的名称、术语、象征、记号或设计及其组合，以和其他竞争者的产品或劳务相区别。

菲利普·科特勒：品牌是"一种名称、术语、标记、符号或设计，或是它们的组合运用"。

威廉·D. 佩罗特和麦卡锡：品牌意味着一种名称、术语、标志或设计的使用，或者是这些因素的组合，并以此来认知某一产品。它包括品牌名称、商标以及从实用角度上所有可以帮助产品认知手段的使用。

1.2.3.2　职能论

《牛津大辞典》："品牌用来证明所有权，作为质量的标志或其他用途。"

奥格威：品牌是一种错综复杂的象征，它是品牌的属性、名称、包装、价格、历史、声誉、广告风格的无形组合。品牌同时也因消费者对其使用的印象及自身的经验而有所界定。品牌是在营销或传播过程中形成的，用以将产品与消费者等关系利益团体联系起来，并带来新价值的一种媒介。

原达美高广告公司大中华区董事长林俊明：品牌是一个名称、名词、符号、象征、设计或其组合，其作用在于区别产品或服务。对一个消费者而言，品牌标志出了产品的来源，并且它同时保护了厂商和消费者的利益，可以防止竞争对手模仿。

1.2.3.3　经济论

百度百科：品牌（Brand）是一种识别标志、一种精神象征、一种价值理念，是品质优异的核心体现。

百度百科：品牌指公司的名称、产品或服务的商标，和其他可以有别于竞争对手的标示、广告等构成公司独特市场形象的无形资产。

亚历山大·贝尔：品牌权益是财务人员发明的词汇，用来反映品牌的财务价值。在品牌权益（财务价值）的背后是品牌特许权、品牌忠诚等概念。

1.2.3.4 价值论

联合利华董事长迈克·泰斯库：品牌是消费者如何感受产品，它代表消费者在其生活中对产品与服务的感受而滋生的信任、相关性与意义的总和。

艾丰：品牌的直接解释就是商品的牌子。但在实际运用中，品牌的内涵和外延都远远超出这个字面解释的范围。品牌包括三种牌子：第一种是商品的牌子，就是平常说的"商标"；第二种是企业的名字，也就是"商号"；第三种是可以作为商品的牌子。这三种就是人们所说的品牌。

何君和厉戟：品牌不仅仅是不同企业产品的标识，更多的是营销价值资讯的载体。特定品牌往往代表特定的产品品质、产品风格、流行时尚、服务水平等方面的资讯，这些资讯逐渐被市场广泛了解和接受，在消费者心中就成为特定的消费价值、消费情感的代表。

1.2.3.5 社会论

莱威：品牌最后的结果是变成商品的公众形象、名声或个性。品牌中的这些特征比产品中的技术因素显得更为重要。

莱斯利·德·彻纳东尼：从本质上说，品牌是一系列功能性与情感性的价值元素，把它们视为功能性和情感性价值的归集，它保证顾客能迅速将品牌与某种功能性收益相连，或与为数很少的几个功能性收益相连。

1.2.3.6 品牌国家标准中的品牌定义

2011年，中国国家标准《商业企业品牌评价与企业文化建设指南》（GB/T 27925—2011）标准中对企业品牌的定义：企业品牌（enterprise brand），企业（包括其商品和服务）的能力、品质、价值、声誉、影响和企业文化等要素共同形成的综合形象，通过名称、标识、形象设计等相关的管理和活动体现。

1.2.4 品牌定义的结论

人类对品牌定义的发展史，是从标识论、职能论、经济论、价值论迈向社会论的发展史，是人类在社会经济活动中对品牌不断加深印象、进行理解所形成的发展演变过程。早期人类对品牌的理解停留在标识上，随后逐步扩大到了对品牌的作用、财务角度看法、价值意识，并最终发展到对社会性和人类进步的认识上。品牌定义的扩大，也意味着人类对品牌的理解逐渐加深。

定义本身没有对错之分，是人类在不同历史时期、不同国家、不同品牌经济现状中对品牌的真实理解，是对品牌事物的普遍看法，是对品牌在人类社会进步发展中的作用所做出的具体表达，并随之引起一系列品牌实践向不同领域和深度扩展的深刻变化过程。

品牌定义一般由四类人士提出，第一类是科学家，他们从人类发展及科学自然发展规律的角度分析总结了品牌的定义，其定义最为准确，是最终代表人类进步发展过程中对品牌学科走向做出的准确判断，也是最终统一人类对品牌学认识的重要概念奠基者。第二类是社会经济领域的研究学者，他们会从管理、营销等社会经济活动中对品牌提出看法，其定义较为准确，他们是品牌定义的主要提出者，他们需要在提出品牌定义基础上来发展和完善自己的学术研究和论文，但他们也可能是从现象中观察品牌，从而只解决了一个阶段所需的品牌定义，并随着时间消逝。第三类是分析师，他们会从经济、证券、金融、财务、广告、营销等具体的一个角度来判定品牌，从而使品牌定义带有某一领域或一个国家的明显特征，有时这些品牌定义在一定时间内只能适用于某一个领域。第四类是企业家，他们会从企业发展战略、组织结构、生产经营特点上对品牌做出不同的定义，由于他们的定义将主要用于指导他们自己的品牌实践，从而使企业更偏向于企业经营和商业活动领域，但正是由于他们本身可能成为媒体上经常出现的明星企业家，他们对品牌的定义在一定程度上会形成较大的影响力，成为更多企业家、创业者们效仿的目标和理解的程式。

上述四类人士对品牌定义的不同解释，使品牌的理解多样化，并进而形成了更多种类型、不同社会角色、不同人群对品牌的不同理解。截至 2015 年年底，人类对品牌定义的总体理解体现在以下几个方面。

①一个品牌可以采用多种形式，包括名称、标志、符号、色彩组合或口号来代表不同的产品和市场特点，品牌用来告诉人们这家公司提供的一种或几种不同的产品叫什么，以便于与市场上的同类产品进行区分。例如，麦当劳是一个企业一种品牌名称的统称，海飞丝和飘柔是宝洁公司以及洗发水市场上两个不同的品牌。

②品牌的定义在不断发展中变化，包括了人们对标识的认识，对企业的影响，以及产品或服务个性产生的识别性变化，对社会传播的理解。

③品牌会形成一种直观的看法，从最初的客户发展到用户，通过品牌让你的用户或潜在用户识别这个产品或服务是好是坏。

④品牌是一种抽象的概念，将具体的产品形态或服务用品牌来区别，如牛奶，不是一种特定的产品，无法显示其服务、业务或环保特征，人们在有购买牛奶这种需求时，需要用不同的品牌识别，让人们产生与该品牌特征相关联的联想。

因此，最终我们从人类科学自然规律以及人类社会经济进步发展的立场，对品牌做出一个结构性的定义：品牌是具有发展力的人或组织，通过劳动赋能和文化赋值过程完成的产物，是人类消费欲望的最终体现。

上述定义的结构性扩展定义是：品牌是具有发展能力的人改变自我、改造自然与社会的人类本能，是通过劳动赋能、文化赋值过程所发展出的精神与物质成果，以具体的产品和服务形态、性能、识别要素和感官体验来完成表达过程，是人类迈向高等文明的标志。在市场中，品牌是触发消费欲望的快速识别方式，是用户立即或以后产生安全消费决定的能力。

该扩展定义进一步强调了人类进步和市场发展两个层面的品牌意义，并强调了品牌所有者特别是创造者的贡献、劳动价值、品牌创造与实践发展过程中的价值体现，强调了文化内涵在物化过程中，以文化模因、模态方式进行模移科学规律，确立品牌在人类文明发展中的特殊地位。最终人类一切品牌结果会落实到市场层面，是人类对更高、更完全水平消费欲望的消费力和购买力的体现，这一定义是基于对人类创造本能、人类劳动价值、人类劳动过程和人类文明发展过程所表达的敬意。

该定义只是我们在研究和发展品牌学科过程中形成的一个总体概念化的结构性定义，仅做抛砖引玉，并不代表品牌最终的科学定义。人类科学术语定义的发展，是人类在自我进步发展过程中不断理解和认识社会与事物的一种本能，我们相信以后会有更准确的定义出现，所以品牌定义本身属于全人类，最终是整个人类的集体贡献和人类最宝贵的精神物质财富。

1.2.5 企业品牌定义

品牌定义是一种非常特殊的双向结构性定义，在人类品牌意识形态中，品牌定义用于界定品牌究竟是什么，如何理解及运用，在企业品牌中，品牌定义则是企业品牌概念的重要组成部分，是代表一个商业模式生命力、灵魂、发展方向的综合浓缩性定义，企业的品牌定义用来界定：它是谁，是做什么的，未来的发展方向是什么。

这个品牌定义通常会出现在企业商业模式第一段品牌概念的第一句。用来确定、明确、清晰地讲清楚一个品牌究竟是什么，要做什么。品牌定义也通常出现在企业品牌新闻报道的第一句，是高度概括、总结、浓缩一个品牌市场角色、发展方向，供社会公众和潜在用户进行快速准确识别的核心描述。

我们考察过市场中主要的高影响力国际品牌，它们之所以能够获得投资、得以发展或被用户信赖，其主要原因是它们能够直截了当地告诉用户它们是谁，使品牌用户以及一切潜在用户快速找到它们、识别它们、记忆它们。

我们也发现市场中不被人们注意或业绩一般的企业，特别是许多新诞生的企业，它们一个主要特点是没有用一句话说清楚它们到底是谁，在做什么。它们没有清晰的品牌描述，甚至根本没有品牌描述、品牌简介等任何能够快速了解它们的文字资料。这使它们的发展之路从一开始就不清晰，经历着漫无方向的发展道路，发展到一定程度就彻底迷失了方向，最终消亡或维持现状，既无法扩大，创始人和员工也渐渐失去动力和热情。

品牌定义是对人类需求进行的重新划分，以确定在某一个领域或解决某一问题、发展某种消费偏好时用品牌来界定，从而重新完成人类对需求的认知。企业品牌借助这种人类对品牌认知作用的扩展，在消费需求增长的同时获得品牌发展契机。

企业中的品牌定义的具体实践包括以下三个方面：

一是以品牌代指人类某种需求，例如，可口可乐代指碳酸饮料、微软 Windows 代指计算机操作系统、英特尔代指计算机中央处理芯片、Facebook 代指社交网络、Google 代指搜索引擎、邦迪代指皮肤创伤简易处理。品牌在这些应用领域因发明、发展了这些人类新需求，且成为这些需求领域的专业级市场地位主要领导者，其品牌定义已经成为人们约定俗成的需求代表词汇。

二是以品牌代表人类某个需求类别的某种层次、品牌风格主张或特定需求，例如，特斯拉、法拉利、劳斯莱斯、路虎尽管都是汽车品牌，但品牌之间有着明显的应用领域和品牌主张区别。无论是在化妆品、洗发水、口腔护理或互联网品牌中，不同的品牌甚至是属于同一企业品牌集群的品牌，都尽可能不断重新做出品牌定义以便与已有竞争品牌进行有效区别，分解出更为独特的品牌专业市场。

三是在商业投资领域，对商业模式中的品牌定义。品牌创始人为获得持续的品牌投资者关注并完成有效的品牌投资，需要在"商业计划书"，特别是"商业模式"介绍及路演中，以品牌定义为主体，有效运用品牌概念来描述品牌独特的价值主张和市场前景、发展方向、发展机会和可能的发展空间。这使得品牌定义从以往对产品或服务的定义中被前置，演变成许多新兴企业的创业第一件事，并在今后成为贯穿一个企业从诞生到未来的关键发展主线，决定着一个品牌的品牌方向、投资价值、品牌市值。

1.2.6 品牌多象论

人类在品牌实践、品牌消费及品牌使用过程中，发展出了不同角度、不同方式对品牌的理解和看法，这主要是社会各界在长期的人类实践过程中累积而成，并且因社会阶层、生活方式的不同，对品牌的理解也就千变万化，从而形成品牌多象论，这是人类对品牌直观理解和感受体验的世界观。

1.2.6.1 消费者看品牌

①先看国别，与一个国家的发展水平、质量保证模式、产品和服务一贯的性能特征关系密切，与品牌消费安全性、流行程度、卫生执行标准相关，来自越信任的国家品牌溢价水平越高，首次购买时的信任程度越高，反之国家品牌溢价水平越低，首次信任度低。

②由使用者发言，用户最有发言权。购买前会通过打听或了解使用者的意见再决定是否购买，消费者之交流最多的是对各种品牌的购买及使用体验。欧洲90%的消费者对从未听说过的品牌不愿购买，中国76%的消费者对从未听说过的品牌售后服务持怀疑态度。

③买大品牌的产品放心，对小品牌存在各种购买顾虑，因此在购物和消费时尽可能选大品牌或自己熟悉的品牌。

1.2.6.2 企业和投资者看品牌

大企业看品牌：品牌是企业统一的外在形象、是企业所有成员一致努力的目标，需要从采购、研发、生产、质量、设备、服务、经销渠道各个环节去保证。不能在任何环节出问题，时刻警惕危机公关的发生。

大企业的员工看品牌：能够在一个有一定知名度的企业工作，是一种荣耀，因此我们的身心从属于这个品牌组织，尽可能为其贡献力量。

小企业主看品牌：品牌是大企业的事情，我们更侧重稳定的销售，以及在投入产出比上的平衡，尽可能将有限的资金和资源投放在能够转化为营销效果的方面。

小企业的员工看品牌：看不到公司的发展前景，也不知道一直待在公司我们会得到什么发展机会。我们每次只能向别人说我们公司是做什么业务的，如我们公司从事电子商务、服装加工、物流企业，除非别人非要问我们公司的名称是什么，我们才会说出我们公司叫什么，因为我们根本不是品牌。

创业者看品牌：我们有信心挑战世界上任何一个品牌，在我们所专注的领域，我们一定会有超过那些目前市场上最红火品牌的机会。但至于品牌是什么，如何具体做品牌我们也不清楚，我想和投资者给予我们投资的额度、市场扩大速度有关吧，我们规模够大就是品牌了。

潜在的国际品牌创始人看品牌：我们每天睡觉醒来的第一件事，就是思考我们的用户，如何为用户提供更好的产品和服务，我们有能力改变世界，即便只是从微不足道的细节上进行改善，我们希望更好地服务于社会。

发达国家投资者看品牌：我想知道这个创业者的心有多大，这个项目是否拥有足够广阔的发展前景，它是一个足够新的新事物，这个品牌究竟能够做到多大。

发展中国家投资者看品牌：这个品牌有多少竞争者，别人做得怎么样，市场对此类需要是不是很集中，有没有已经成功的案例，以便我们顺势成功。

设计师看品牌：如何体现品牌最美的一面，我们有很多想法和创意希望运用到品牌上，我想人们一定会喜欢他们，但人们究竟会不会最终喜欢他们？看来，我还需要继续提升我的设计水平和创意能力。

工人看品牌：现在的人在消费时都格外注重选什么品牌，其实我们想说——除了品牌设计、核心技术等高端领域，我们自己生产出的产品并不差，我们希望人们能够更为理性地看待品牌，有更多的选择，这样我们的劳动才更有价值。

技师看品牌：我们花费了许多年致力于成为一流的技师，我们很希望在新的产品上运用我们的技术，能够让我们的技术得到更广泛的承认和认可。但我们更希望的是我们的客户能够体会我们来之不易的技术价值，希望他们珍惜和尊重我们的劳动成果，我们追求更好的技艺，还希望以后凭借我们的技术，带来更好的市场回报。

1.2.6.3 社会各界看品牌

政治家看品牌：品牌是国家（地区）经济实力的重要代表，是国家（地区）形象的直接体现，核心代表性品牌是开展全球文化经济外交和国际国内商业贸易活动的重点。

社会学家看品牌：品牌是全球和国家（地区）社会发展水平的重要标志，是民族文化自信的体现，是国民收入增长、城市发展方式和社会购买力的研究重点。

经济学家看品牌：品牌是全球和国家（地区）经济发展的重要标志，是全球经济活动（经济趋势、经济热点、经济发展水平）的衡量标杆，是经济结构的研究重点。

艺术家看品牌：品牌是艺术追求的完美体现，品牌形象宣传需要美术设计、文学、音乐、舞蹈、电影电视艺术创作等多种艺术形式的创作和表达。

学者看品牌：品牌现象值得研究，品牌科学规律值得总结，由于繁荣的品牌发展局面在当今社会经济中日益重要，更多学者的研究领域和对各种问题的假设、解释、研究重点转到品牌上来。

公务员看品牌：我们的家庭中有一部分开支用于品牌，但我们更希望当地出现好的品牌，我们会尽可能支持当地品牌并优先采购。

军人看品牌：军营的生活使我们不得不远离社会，这是人生一个不大需要品牌的时间段，除了日常所需，我们有时会考虑采购一些当地的特色品牌寄给家人，所以我们更会关注在服役地区的特色品牌。

农民看品牌：我们远离城市，生活相对简单一些，因此许多时候我们可以自己动手来完成许多需求，在经济条件许可下，只要可能我们会尽可能选购一些品牌。其实，我们很希望我们手中的农作物、农产品或农庄、农田也能够品牌化，这将促进我们提高收入水平，购买并使用更多的品牌。

律师和财务人士看品牌：品牌是重要的企业无形资产，是可以作价和估值的重要资本组成部分。

高收入家庭看品牌：我们享受生活、快乐生活、追求生活也是追求极致品牌的享受之旅，我们不认为奢华品牌一定代表什么，那只是我们优雅生活中正常的组成部分。

中等收入家庭看品牌：我们有条件生活得更好，我们注重在吃、穿、用各个方面的国际品牌，以便更好地体现我们的生活水平和享受方式。

低收入家庭看品牌：我们始终希望购买得起那些品牌，但在有限的收入中，我们会尽可能削减这方面的开支。但为了让我们的孩子也能和其他孩子一样开心快乐地成长，我们会注重少量地购买孩子们要使用的流行品牌，希望他们以后能改变自己，长大以后能超过我们现在的生活，当我们最欢迎那些价格便宜又能让人放心购买的大众品牌，这将使我们的生活尽管简单，也会幸福快乐。

年轻一代看品牌：我们是"月光族"，将我们每月的工资和一切收入都花费在购买各种自己喜欢的品牌上，尽管许多国际品牌我们现在还买不起，但我必须熟悉它们，热衷于它们，这让我可以在我们年轻的伙伴中拥有谈话的资本。我们还年轻，有一天我们一定会买得起那些看起来奢侈的品牌。

小资看品牌：拥有一切国际品牌是我们的梦想，我们会留意最新的时装款式和更优雅的生活品牌，以便让我们拥有足够的体面生活和优雅生活方式，我们喜欢这种氛围和环境。

大学生看品牌：我们即将步入社会，需要多了解一些品牌，尽管我们现在还没有足够的消费能力购买那些国际品牌，但我们会努力拥有它们。如果同学间拥有最新流行的手机或背包，我一定也尽可能要拥有一个，这样看起来会更合群，我更希望能够在同学中间获得大家羡慕的目光。

中小学生看品牌：我喜欢这个品牌，衣服和背包能不能用某某品牌的？

60岁以上人口看品牌：我们即将退休或已经退休，我们更多的时间将是休闲的生活，有什么怀旧的品牌吗？我还记得年轻时某个品牌的味道，那个品牌还在吗？这个品牌从小伴随着我长大，我已经用了50年，我还会继续用下去。这个品牌适用老年人使用吗？我可以尝试一下。

45岁左右的人看品牌：我们通过20年的努力，终于完成了财务自由，这个时候我们可以开始享受品牌了，我们会支出更多的费用购买品牌让自己和家人生活得更好。

30岁左右的人看品牌：我们现在需要努力发展，尽可能提高收入，以便拥有更好的生活，对国际品牌可以适度了解，在有条件的情况下尽可能购买，但前提是必须遵循一定的开支计划优先保证自己家庭的日常需要。

1.2.6.4 每一天的品牌生活

众多不同角度的需求，体现了人们对品牌的深刻理解，品牌与每日生活的日常所需越来越接近，进而全面品牌化。如果以一张家庭的图示来表达品牌，会发现一个家庭的房间中，从食物到图书，从服装到桌椅，从餐具到小家电，几乎所有的一切，都是由各种生活中的品牌组成。而这种情况我们每天都很熟悉，在家中或在办公室，在交通工具上，我们放眼生活、工作、娱乐中的一切环节，都由越来越多的品牌点缀。人类对品牌的多样化需求，与企业对品牌的多样化供给，共同编成人类生活中的每一天。

人类品牌的供给与需要，对品牌的认识、看法与行为，是由消费欲望、消费能力和消费支配方式决定的，人类对品牌消费的基本欲望，是形成品牌溢价水平和企业发展品牌的原动力，当人均中等年收入达10000美元，一个国家或地区将从生产力发展转移到消费力发展上，人的需求普遍进入品牌消费时代，而品牌消费能力就开始获得发展。消费支配方式是决定品牌消费需求的最终实际购买力，品牌经济更重要的作用是要体现在劳动人口的稳步收入增长上，收入的增长则意味着人们有足够的消费实力在消费支付决策中消费各种品牌，否则过多的品牌欲望得不到满足时，各种社会矛盾、社会问题将会多发。

1.2.7 品牌意识的九层次

品牌意识主要体现在品牌所有者对品牌的基本认识上，与其他各种品牌认识所不同的是，当有限公司作为人类最基本的商业形态，一个企业以什么样的品牌意识来发展产品、服务、组织，并进而迈向未来，就决定了一个企业发展力的关键，所有的生产力资源，无论是以人才为中心的人力资源还是员工整体意识水平、原始生产资料的质量等级、生产装备的运用，或者是其经营网络的发展，所有一切都是以企业领导人（或企业主）的品牌意识决定的。我们将品牌意识分为九个层次，来考察不同品牌的发展方式与发展极限。

经济意识：持有经济意识的企业领导人，没有或少有品牌意识，其发展企业的首要目的是获得明显的经济收入，不从事发展品牌的事业。在特殊情况下，当持有经济意识的企业领导人为获得投资者注意，或通过招商加盟等形式作为主要经济收入来源时，品牌会作为包装性的噱头出现，但通常仅限于此，实际上不会发展品牌，他们对品牌的理解仅仅局限于更多的曝光机会、让经营成果看起来好看，以便成功获得投资或加盟收入。

产品意识：持有产品意识的企业领导人，有初步的品牌意识，但通常容易将产品视同为品牌，这是人类对品牌认识的基本本能，他们会将重点放在研发、生产等环节的质量保证模式上，从不或极少开展品牌层面的工作。这类品牌会出现两个极端，一是最终产品成为当地特色的畅销品牌，但无法成为全国品牌或国际品牌，以家庭、家族式持续经营下去；二是品牌获得某种发展机会后，可能成为国际品牌，但通常只覆盖一个很小的特定市场领域。但能够做好产品，已经相当不错了，是提高家庭收入、家庭持续经营、小众化品牌发展的主要方式。

营销意识：持有营销意识的企业领导人，有初步的品牌能力，但通常品牌的发展会集中到市场行动和销售环节，企业家、首席品牌官或品牌总监通常来自于市场领域。这类品牌因其扩大的市场观念，容易成为市场中的短期热门品牌和收入增长较快的品牌，但更容易成为市场中的泛品牌，并且品牌在很短的时间内就消亡了。这些品牌对产品、服务、管理本身的关注都很低，这使品牌缺乏持久的生命力。

服务意识：持有服务意识的企业领导人，是现代品牌发展的主力军，尽管他们本身从事制造业、科学技术研发性事业或贸易，但他们将自己定性为服务型企业，他们突出发展他们在服务领域的品牌形象，并可能创建优质服务品牌形象。这些品牌企业能够获得较为长足的发展，特别是在现代服务业高度发展的21世纪，拥有服务意识的企业品牌将是现代市场竞争的主角。

社会意识：持有社会意识的企业领导人，在发展品牌的过程中注意社会价值的体现和为社会做出积极贡献，他们以服务社会大众为己任，他们创立的很多品牌带有非营利性质，或者追求金钱以外的价值发展，这类品牌容易获得普遍的社会尊重和公共信任，并可能形成足够的社会威望，品牌发展具有持久性特点。

组织意识：持有组织意识的企业领导人，注重品牌信念的建立和发展，这些品牌企业将升级为品牌生态组织，注重品牌在用户网络中的自适用传播和扩散，与未来人类的网络化发展是一致的，即便这些品牌没有刻意使用现代科技来包装自己，但其品牌生态链的自我发展足以使该品牌稳步扩张，进而发展为最受欢迎的国际品牌，并拥有持续经营能力。

国家意识：持有国家意识的企业领导人，注意国家和民族的特征，在国家民族意识集中强烈的国家和地区，此类品牌会拥有良好的发展机会成为受尊敬、受欢迎的品牌，由于高度的国家品牌溢价水平，此类品牌容易在世界范围被接受，并有良好的发展空间。但在国家民族意识匮乏的国家和地区，此类品牌的发展将会相当困难，这是由于人口意识的去民族化所影响的，而且容易受国家品牌溢价水平较低的影响，对品牌的发展将极为不利，但坚持发展民族品牌也正是他们勇敢奋进的宝贵精神，无论这些品牌发展得是好是坏，其美德和精神理应得到全人类的尊敬。

全球意识：持有全球意识的企业领导人，其主要以改变世界的世界观为主要思考方式，将品牌遍及世界各地为发展目标。拥有全球意识的企业，会以全球视野、国际化风格、多元文明为主要发展特征，它们会注重其品牌在世界各地的受欢迎程度、全球传播方式、产品和服务在全球的适应性，它们会格外注重世界领先意识、世界先进技术和趋势的发展，它们也会格外注重储备领导人的培养，因为它们需要数量众多能够与它们保持同样远见的潜在人才，以保证它们的品牌在全球运转所需要的国际化人才储备，全球意识是发展国际品牌最主要的力量。

人类意识：持有人类意识的企业领导人，他们的远见驱动他们去创造一切不可能，其眼光主要着眼于创造下一代产品、开创未来新的变化，甚至颠覆人们已有的认知水平。世界上影响力最大的品牌通常来自这些品牌创始人或品牌再造者原生的创造精神、野生的冒险精神和改变世界的颠覆力。他们通常会创造全新的产品形态，改变产业发展水平，由于他们所具备的人类意识是站在人类进步发展的总体立场，他们所发展的品牌就拥有超越时代、超前思考、超出现实的特殊品牌价值，也因此他们会成为人类新世界品牌生态的主宰，他们所开创的品牌最终大多会成为推进人类进步发展的重要里程碑。

无论每一个人处于什么层次的品牌意识，其本质都是发展更好的产品和服务，让人类生活得更好。心有多大，就走得有多远，无论决定去发展什么样的品牌意识，开创一个什么样的品牌，思考都发展于大脑，方向都在前方，路就在脚下。

第1.3章　品牌标准化

品牌标准化，是以建设、促进和发展品牌标准为主体的标准化过程，是人类实践和发展各种标准的终极标准化，涵盖了人类众多领域的标准实践。无论何种标准或标准化工作，其最终目标都是在建立以发展品牌为社会经济特征的标准制定、标准推行、标准应用过程。

品牌标准化是人类品牌化过程中的一个重要组成部分，是通过标准的方法和手段，将一切生产资料、生产资源、企业发展形态、消费方式高度统一起来，建立一致性的规则和方法，促进各种资源、思考和行为以更高效的方式集约发展的重要人类活动。

在人类众多品牌标准化实践中，国际品牌标准和国家品牌标准以其特有的权威性、社会性、普遍性特征，是社会影响力最大、传播面积最高、应用程度最高的主要标准发展方式。

1.3.1　人类标准化的结构

人类标准化的发展过程，是人类在社会经济实践过程中，不断总结提炼、思考加深、实验再总结的一个人类思考产生过程，而人类从野蛮迈向正式文明的标志，就是以标准化的出现为代表，人类最早的生存形态并不是以国家出现的，是以人类文明形成的重要族群为代表，被命名为不同的文明，每一种文明在发展过程中，都以战争形态出现过文明兼并，以文明消灭野蛮，以较高文明战胜次等文明的人类战争征伐历史。

人类文明早期的集中发展发生在公元前2000年前到公元1世纪的2000年中，这一时期是欧洲、亚洲、非洲同时繁荣发展人类文明的集中时段。"秩序"成为人类发展文明过程中最早出现，并延续至今，在人类社会经济中扮演最重要支配性角色的标准化，这是人类正式进入文明时代的标志。

1.3.1.1 以秩序为主的标准化

人类早期是以文明体的形态为进步的主要方式，这是从社会群体演变为文明体的过程，不同的国家（作为较小的单元）依附于主要文明体存在。在此时，建立文明秩序比建设国家更为重要，如《汉谟拉比法典》《古埃及法》、凯尔特神话中的第一个德鲁伊阿莫金、中国的周公制礼作乐订立典章制度等，都是以建立文明秩序、治理结构、社会运转规则、等级划分、法律形式、国际多边关系的第一个人类标准化过程，此时文明体的范畴明显大于国家意义，国家是文明体下的一种具有一定自由发展空间的"国家法人单元"，世界观、天下观是这一阶段普遍性人类发展观念。

随着人类的发展，国家主权形态的突出，直到19世纪和20世纪人类近代史发展历程中，国家作为人类世界的主权单元作用才最终显现出来，并使世界以国家进行分布，文明体的作用才逐步消失。在全世界纷纷建立国家的过程中，秩序的建立重新成为人类世界文明发展后一个重点，但由于现阶段的人类以国家观念取代了文明体观念，以民族意识取代了天下观，因而秩序作为标准化发展的方式就被弱化了，而这在一定程度上也抑制了新的文明发展速度，以国家建立的秩序形态明显地处于狭小空间内，也就近一步削弱了国家文明复兴的力度和速度。相反，能够保持文明体形态存在的一些国家，则以文明体为纽带连接起来，合作共处，其发展速度加快，能够在较短时间内迎接世界、拥抱世界，奠定在世界的地位。

1.3.1.2 以优化为主的标准化

在公元前2世纪到公元前1世纪，人类的标准化发展出现了第二个阶段，这是以短暂的生产方式最优化发展为基本形态的标准化，以中国秦代文明的标准化和欧洲罗马文明时期的标准化为代表，而恰好这两个标准化形态的文明，都被称之为"大秦"，一个位于东方，一个位于西方。

不幸的是，这两个严格意义上的标准化文明，都曾被历史中断，中国秦代的灭亡以及罗马的消亡，使珍贵的标准化历史遗产深埋于地下，或者因文明的中断使大量珍贵史料永远消失在人类历史长河中，历史最终停止了对人类标准化起源的记录，甚至最终人类忘记了还有这些标准化。

直至近1974年以来的考古发现，在考古现场、出土的历史文物和侥幸留存下来的文字记载中，人们才重新发现了标准化的真相，而中国秦代标准化由于早于罗马标准化，最终被世界承认，成为今天人类标准化的正式起源。这些标准化是通过反复实验和实践研究，将许多事物优化到最佳状态，再进行固定，以标准化生产为标准化主要方式，以法律和数字要求进行标准化的发展特征非常明显。

1.3.1.3 以规范为主的标准化

以规范为主的标准化是20世纪人类发展史上重要的标准化发展阶段，以1906年成立的世界上第一个国际标准化组织IEC（国际电工委员会）、1918年成立的美国国家标准学会、1947年成立的ISO（国际标准化组织）为代表，标准化的工作重点是以规范各个生产、经营、服务、安全、环境等环节管理体系及具体某个领域的制造标准、工作接口等为主的一体化供应配套服务关系。

随着发展，国际民航组织、国际海事组织、各国国家标准化委员会及各个领域的标准化技术委员会、技术联盟、企业标准化纷纷建立起来，全球范围的标准化得到了全面普及和发展，在人类快速发展的经济活动、日渐繁荣的市场及生活工作的各个领域，形成了全方位的标准化发展趋势和应用潮，对人类生活水平和企业发展水平的促进产生了积极影响。

一个简单的标准化例子是生活中经常使用的电池被分为5号、7号等标准型号，是由IEC制定的标准。国际民航组织多年以来制定的飞行安全标准有效保证了民用航空安全，使飞机成为人类最主要的安全性交通工具之一。

1.3.1.4 以评级为主的标准化

1860年普尔从《铁路历史》及《美国运河》开始发展的标准普尔评级，以及1909年约翰·穆迪为投资者设立的证券相对信用质量等级系统逐步使评级成为全球标准化的重要组成部分，并推动了全球以评价、评级、指数等为主的标准化活动发展。

评级的作用是在不同领域，根据质量、水平、信用等评级要素规定出等级，对国家、企业、个人等是否达到某一级等级程度，由产业组织或第三方进行中立客观地评估，以确认其达到的实际水平。

在生活领域，今天人们比较熟悉的评估是法国葡萄酒产区评级和美国电影协会的电影分级。在认证认可领域，各种评价、评级的认证有效地促进了企业管理水平的提升，在企业的产品、服务等许多具体应用方面，企业可以根据自身条件，不断提高其实际发展水平以获得更高的评级，为社会提供更优更好的产品和服务。

1.3.1.5 以系统网络为主的标准化

以系统网络为主的标准化早期就建立在人与人、国家与国家、事物与事物之间，直到计算机软件系统和网络的出现，人们才逐步意识到系统和网络所代表的标准化趋势，并逐渐将标准化的重点放在以系统和网络组成的社会组织发展实践之中。

系统是指由一系列自适应规则组成的运转结构，最早出现在植物学领域，随后发展到医学、物理以及武器、设备等各个领域，呼吸系统、电气系统、光电系统、声控系统、计算机操作系统的大量出现，使系统不仅成为现代科学技术发展的重点，也是人类迈向未来无人控制科技和自然生态发展方式的重点。而网络则经历了秩序网、人际网、路网、铁丝网、电报网、广播网、电视网、经销网、互联网、移动互联网、车联网等一系人类活动的网络化发展结构演变至今，最终使网络成为人们最熟悉的生活和工作运用方式。

人类发展的未来，必定是建立在系统和网络高度发展的时代基础之上，人们对系统网络的不断深入理解将全方位促进人类未来的日常生活与工作、产品和服务、组织和用户各种组合形态发生急剧变化，是人类迈向高智能、高科技、全面自然生态未来生活的主要途径，而系统和网络本身的发展也将极大地扩充现代标准化的内容。

1.3.2 品牌标准化思想的形成

品牌标准化思想的形成是人类在发展实践过程中，所发展出的一种重要的劳动分工方式，并在生产、经营各个环节加以运用的一种人类基本发展思想。

考古发现在公元前2世纪中国的秦代就已经出现标准化制造的武器和武装力量，其数量、制式、尺寸、公差都达到严格意义上的标准化量产和零部件互换要求。1900年可口可乐的原浆灌装生产经营方式、1908年亨利福特发展的T型车生产线、1940年发展起来的麦当劳特许连锁经营方式等，都是现代标准化生产经营方式的一系列开创，并使标准化成为企业品牌发展的重要内容，也是工业化规模生产和社会服务规模化发展的必要前提。

工业人是指拥有规模化生产、服务和商业模式运营思想的人。工业人是现代品牌的发展主力军，他们通过规模化的发展方式，把品牌的运营结构转变为以标准为中心的品牌标准化，并通过多方面研发和发展各种标准，不断提高品牌的性能，扩大了品牌的产能、供应量，发展了新的品牌化运营模式。正是凭借工业人的未来，以及从工业人发展出的品牌标准化思想，使标准在市场中被大规模广泛应用，成为品牌的重要组成部分，并极大地促进了人类品牌的全面发展。

但并不是每一个人都是工业人，人类品牌的发展事实上是以手工业人、工业人、个性化工业人三种品牌标准化思想为主要发展脉络的人类品牌进步过程。首先是手工业，其发展时间最漫长，从人类早期用手工制作各种陶器和贵金属制品，到今天工业中的钳工工种或乐器的作用，都凝结了机器无法取代人工的人类智慧精神，其品牌标准化的发展重点体现在原材料使用、设计思考、制作手段等过程中，通过不断优化各个细节上的标准化，发展为现代手工业，并将始终在人类品牌发展史上占有重要地位，手工业品牌的复兴是有别于现代工业发展的一种重要发展方式，在任何时候工业都不可能完全取代手工业，相反手工业在解决就业特别是一个国家在发展品牌经济的过程中还将发挥重要的劳动价值。

随着工业革命和标准化的规模生产出现工业人，其后是个性化工业人的发展。个性化工业人是指既拥有手工业思想又拥有工业人思想的品牌标准化思想，是现代品牌多样个性化需求发展的必然结果。工业品牌会更多地成为大众品牌的发展范畴，而人类对品牌个性需要又将促进工业向敏捷制造、自定义订单、按需生产等方式进行发展，使人类的工业化结构再次发生重大改变。科学家们曾一直试图解开中国秦代兵马俑的制作秘密，为什么数以万计的兵马俑本身是规模化量产的结果，但每一个又能以独立的个性形态存在，没有两个完全重复的兵马俑，这是个性化工业人在生产方式上的一个典型品牌标准化案例，最新的研究探索已经提出兵马俑是以独特的生产组织形式来完成的，这种发现有助于为个性化工业人品牌标准化思想的发展提供借鉴意义。

1.3.3 品牌标准的发展

在全球企业竞争层面，以发展标准实施品牌标准化的方式已经成为全球企业实施竞争的主要方式，麦当劳以制定标准而闻名，是全球企业中较早实施并高度发展品牌标准化的国际品牌之一。

尽管进入21世纪，全球企业之间的企业品牌标准发展已经相当活跃，但国家层面的品牌标准却一直没有得到广泛发展，这主要是由于全球经济活动一直注意的是贸易层面，在品牌国家标准发展方面一直没有重要的突破性进展。直到2014年，ISO品牌评价国际标准化技术委员会秘书处在中国设立，才标志国家与国家之间的品牌标准国际化发展进入日程。

2011年12月31日，中国国家质检总局、国家标准化委员会正式颁布了《商业企业品牌评价与企业文化建设指南》（GB/T 27925—2011）国家标准，这不仅是中国，也是世界范围的首个国家级企业品牌评价标准，品牌国家标准的确立对企业品牌的具体实施有着重要的指导意义。

今天在中国，一个以品牌国家标准为中心，以服务、企业文化、商务策划、酒类流通行业、建材家居行业、珠宝首饰行业等具体企业经营管理范畴、主要行业经营规范为主要支撑的国家标准、国内贸易标准系列，构成了基本完整的品牌国家标准族，这一系列标准的起草、颁布和正式实施，已经对中国社会经济发展产生积极影响。而这种大规模、完整系列的品牌国家标准开发项目，在世界品牌发展史上是相当罕见的，为进一步的全球企业品牌化发展奠定了理论和实施、引用和采标的事实根基。

GB/T 27925—2011 品牌国家标准是一部评价性评级标准，该标准从品牌的能力、品质、声誉、企业文化和品牌影响力方面进行了评价指标分解，为企业品牌的具体实践工作提供了明确的多层次分级评价指南，给出了操作的建议、步骤和基本要求。该标准正在向国际标准发展，以尽可能适应全球范围的各国品牌发展实际情况。全球品牌发展的最新趋势、先进技术、领先概念和品牌化行为方式，也促进着品牌标准本身的定期更新工作。

品牌标准的发展和人类事物的发展存在同样的自然发展规律，是从自发走向混乱，再从秩序再造走向有序多元开放系统的发展格局。美国信息化发展历史上曾因自由发展出现标准不一、接口不一、技术不一致的情况，为此耗费了巨额财政经费开支，直到最终统一标准，按标准结构秩序的一致性要求实施信息化方使国家信息化水平全面提高。全球企业品牌的发展同样离不开标准化的一致性规范要求，在互用性、互通性、兼容性方面的发展，是缓解跨国跨地区跨产业之间品牌概念、品牌技术以及品牌能力发展差异矛盾的基础，避免企业和企业间无规则、重复或失效品牌发展方式为企业带来潜在经济损失的解决途径。

在全球品牌发展实际过程中，全球投资者投资的 70% 创业项目是失败的，全球新成立的新兴企业超过 50% 无法生存到第二年，而全球企业每年高达 5000 亿美元的品牌推广经费支出中超过 50% 是低效率的，这些失败或企业经济损失的产生与是否具有正确的品牌发展思想有关，也和各种品牌服务商的服务水平有关，品牌标准的发展为减少无效品牌行为、提高品牌发展效率提供了新的契机，也为进一步的全球品牌化发展提供了方向上的重要参考。

1.3.4　品牌认证的发展

2014 年，中国政府首次批准了第三方企业品牌认证的正式实施，中国国家认证认可监督管理委员会批准北京五洲天宇认证中心扩项"商业企业品牌认证"。

在全球第三方认证中，首次出现的品牌认证为全球认证认可大家庭增加了新的认证种类，认证的依据是中国第一部品牌评价国家标准《商业企业品牌评价与企业文化建设指南》（GB/T 27925—2011），企业通过认证，可获得二星、三星、四星、五星四个等级的星级品牌评级。

品牌认证的出现，是中国在品牌国家标准宣贯方面做出的重要实质性推进，也是全球品牌标准化发展史上一个重要里程碑，为品牌标准在企业间的应用奠定了新的高度、新的发展格局。

截至 2017 年 5 月 10 日，随着海尔、中国盐业总公司、鞍钢、五粮液、德力西、中国南车、新疆国统管道、新疆乡都酒业、梦金园、新时代、江铃汽车、澳柯玛、安德物流、龙马环卫等 300 家左右的中国大中型企业取得第三方星级品牌认证证书，品牌认证在中国已经进入全面发展阶段。

在全球品牌竞争的关键时期，品牌认证不仅在中国，在美国、欧盟及其他国家也将逐步展开互认，从品牌标准到品牌认证的发展，是从企业品牌发展结构到发展水平实施全面品牌标准化的重要推进标志，代表着全球品牌标准化发展的最新趋势、发展特征、国际水平和世界潮流。

无论品牌标准，还是品牌认证，都是实施消费者保护的重要措施，也是企业在发展品牌过程中体现品牌发展水平的有效实证。品牌无国界，全球品牌无论其总部或产地位于哪个国家，所面对的都是同样的全球消费者，都需要服务于同样的全球品牌用户，这使品牌标准和品牌认证本身具有全球普遍适用性特点。

美国是世界上拥有国际品牌最多的国家，也是全球企业品牌角逐的主要市场中心，品牌标准和

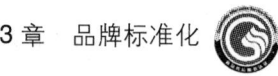

品牌认证在中国取得的发展成果，正加速促进美国成为一个新的全球品牌认证中心，进而促进美国及北美、欧洲更大范围的第三方品牌认证全面发展，为世界各国品牌取得国际品牌认证，开拓全球市场做出积极贡献。

品牌是一种重要的前沿发展力，是世界各国企业品牌在全球范围的先进竞争实力，目前全球竞争热点之一的品牌价值评估主要是以财务数据作为评估依据，有一定的局限性，从人类品牌的孕育诞生开始，品牌的发展原本就不是建立在财务数据基础之上的，品牌更重要的发展机制是以原生品牌思想的运用、原创的品牌创造力、品牌科学与哲学发展价值、品牌性能、品牌管理流程、品牌之于社会贡献等非财务杠杆的发展水平来代表的，这使得品牌价值的确认方式和品牌认证的作用倾向于劳动价值、文化价值和消费者认知层面，这种品牌价值认知关系的变化不仅会改变人类对品牌价值的进一步认识，也会使品牌认证与企业的实际实践需求结合起来，拥有更广阔的发展空间、更积极的进步意义、更具价值的认证评价方式。

1.3.5　企业品牌标准化

随着品牌标准、品牌认证的发展，企业品牌标准化的发展迈上了新的发展阶段，以有效的品牌规则、品牌能力范围、品牌用户服务、品牌开拓进取方式、品牌公共认知识别形成一致性的品牌发展方式共识，适用范围也进一步扩大为全球范围、覆盖多元化的全球产业品牌领域，这为企业实施品牌标准化提供了新的发展方向、运营逻辑和星级评价依据。

任何企业的品牌标准化，都离不开品牌发布、品牌化、品牌再造三个重要阶段，首先是品牌发布的意义：

从企业诞生开始，当企业决策者希望将品牌从原始的经营形态发展为一个明确的品牌时，品牌发布就成了企业发展的第一件事。品牌发布是一个企业从成立之后就要准备进行的一项重要仪式，通过仪式正式向世界、向社会、向企业内外相关关联群体宣布品牌的正式诞生，发布《品牌宣言》，进行全员品牌宣誓。这个仪式是企业决定发展品牌时所必须进行的洗礼，从这一天开始，企业的一切生产经营活动都正式以品牌的形态问世。这个过程不可逾越，全世界超过95%的企业，之所以无法最终成为品牌，从一开始它们就没有举行品牌发布仪式（或品牌启动仪式），没有正式宣布它们是品牌，从而一直停留在非品牌状态的产品阶段中，甚至员工和客户、供应商也不认同自己在为某一个品牌服务。

如果有条件，企业应举行正式的品牌新闻发布会，这是通过新闻媒体正式对外发布品牌的重要仪式。纵观全球主要品牌的发展史，都离不开一次又一次的品牌新闻发布会，通过对品牌整体概念、子品牌、新产品及新产品版本更新所举行的新闻发布会成为全球品牌新闻报道的主角，因此衍生出了庞大的品牌公共关系、新媒体品牌传播等媒体市场，是全球报业和新媒体业务发展的主要支撑力量。

1.3.5.1　品牌化过程的品牌标准化

品牌标准化的重点发生在品牌化过程，品牌化不仅是国家战略、产业战略，对企业而言，是企业一切品牌发展行为的主体。品牌化覆盖了企业从品牌产品的研发、采购、生产、质量、设备、市场、经销网络、服务全过程，是每一个流程每一个节点持续优化、不断发展的品牌改善改进过程，是将产品的无规则发展方式升级到标准化生产及服务成熟稳定运营的规模化过程，也是制定标准、运用标准、发展标准的规范过程，是进一步将品牌发展成为自适应的品牌生态组织的前提条件。

实验室状态是企业进行研发活动的主要状态，实验室状态包括了产品研发和测试过程、生产和装备准备过程、产品用户体验过程、管理流程运行过程的全面实验和研究。实验室状态是发现标准性、产生标准源、提炼总结并提出标准、实施标准最核心的品牌标准化环节，科学地进行实验研究，是及早发现产品隐患、预防管理问题的关键。当一个企业的规模越大，其全球研发中心的投资、规模和等级就越高，实验状态所研究的范围就越广，一切不成熟的市场因素都应该在实验室状态下完成。这些标准的形成，将包括产品化阶段的产品具体形态、产品性能设计、产能设计、经营模式设计、服务方法设计，也包括各品牌要素，如品牌形象、品牌包装、品牌卖点设计、品牌推广方法，从而形成一系列文件化、手册化的标准"图纸"。

试制过程、试运营过程都是扩大的实验室状态，是为了发现问题、制定标准所做的积极努力。当标准化的"图纸"完成，无论采购、生产、质量、经营任何环节，都是具体的标准执行过程，而这一阶段也是重要的标准补充调整阶段，通过不断的市场开拓发展中进行继续的提炼总结，以各种管理问题、市场问题为中心梳理流程，发现问题、发展标准，从而促进标准尽快完善起来，并成为一种恒定的品牌发展力，通过品牌标准化的有序运转服务于市场。

尽管品牌化的初级阶段产品化已经成熟运转起来，产品化完成，但品牌化并没有因此结束。品牌化意味着在用户可能接触的任何一个品牌接触点上要发挥一系列重要作用，在品牌价值的输出方式和用户对品牌价值的识别上做出一切努力，品牌化的发展重点要侧重于品牌生态化（品牌形象化、具体化、直观化、生动化、互动化），也需要经历快品牌、轻品牌、大品牌至集团品牌集群的发展过程。现代国际品牌的发展，早已脱离了原本的具体产品形态、产品质量等基本元素，品牌化的内容和发展程度是以用户为中心的多元动态生态发展结构，品牌用户自我学习系统、品牌用户价值发现系统等非实体性现代品牌技术正在取代营销，使品牌更加注重品牌吸引能力建设，这使企业品牌标准化的内容和形态已经发生了本质性的改变。

1.3.5.2　品牌再造过程的品牌标准化

任何品牌都希望一直存在下去并永续经营、永恒发展，但人类的时代变化速度越来越快，促使产品瞬间就会因失去竞争力而被淘汰，品牌老化周期大大缩短。企业一方面在不断地推出新产品以抗衡市场竞争，另一方面尽可能发展并维护品牌用户群体。"与时俱进"已经成为全球品牌竞争的普遍规律，为保持前沿地位和决定性竞争力，企业每过一定时期（10年到30年）就要进行一次大规模的品牌再造，以全新品牌形象和新的品牌领导者姿态展现新的发展力。

如果认真研究全球主要品牌的品牌史就会发现，LOGO的变迁、重要产品的阶段性推出，特别是以互联网发展方式的版本升级形态，大量出现在各种品牌的历史档案中，全球品牌发展史与其说是一部记录史实的历史，更确切地说，是一部连续实施品牌再造的动态演变、运动性演进的历史，这是品牌史的本质。

每一个品牌每一次大规模的品牌再造，不仅仅其全球LOGO及品牌形象可能全部改变，其已经形成的品牌标准也会大规模进行整体性的改造，或彻底性地全部重新实施品牌化，从而形成新一代的品牌标准系列。

无论是新品牌发布、品牌化，或者品牌再造，最终我们可以揭示的结论是：人类品牌标准化的发展，是以品牌再造为核心规律所进行的一次次重复发布、发展、再造过程，这是企业品牌发展的自然规律，也是品牌标准、品牌认证等全球品牌标准化具体实践标杆所蕴含的基本运行理论逻辑，掌握品牌标准化的运动规律，是企业有效实施品牌标准化的重要依据，企业正是通过一次又一次的品牌再造运动过程来完成其发展、升级、整体进步，从而迈向更长远的长久未来，让品牌生命之树常青。

第1.4章 品牌力

品牌力本身要作为一种重要的力学进行研究，品牌力是品牌发展过程中出现的"力"学效用变化，解释了力与力之间发生的组织效应，从而形成高价值的品牌。品牌力由 A 理论（品牌思想力模型）和 B 理论（品牌消费决策模型）共同组成，通称为 AB 理论。AB 理论在品牌科学原理中位居主导地位，是发展品牌科学原理的重要理论应用与理论发展依据。

1.4.1 A 理论：品牌思想力

品牌思想力是形成独立品牌思想的重要品牌力学发展过程，品牌思想力由品牌意识力（高度）、品牌组织力（深度）、品牌引力（广度——品牌吸引力的通称）三大品牌力学结构组成。品牌思想力是三种品牌力量高度一致、协调发展的结果，其发展结构是以品牌意识力、品牌组织力的代表纵向的持续上升以品牌引力进行广度上的贯穿组成，其形态是一个品牌组织发展所需的稳定持续的"A"字形形态，以"A 理论"进行命名，详见图 1-4-1。

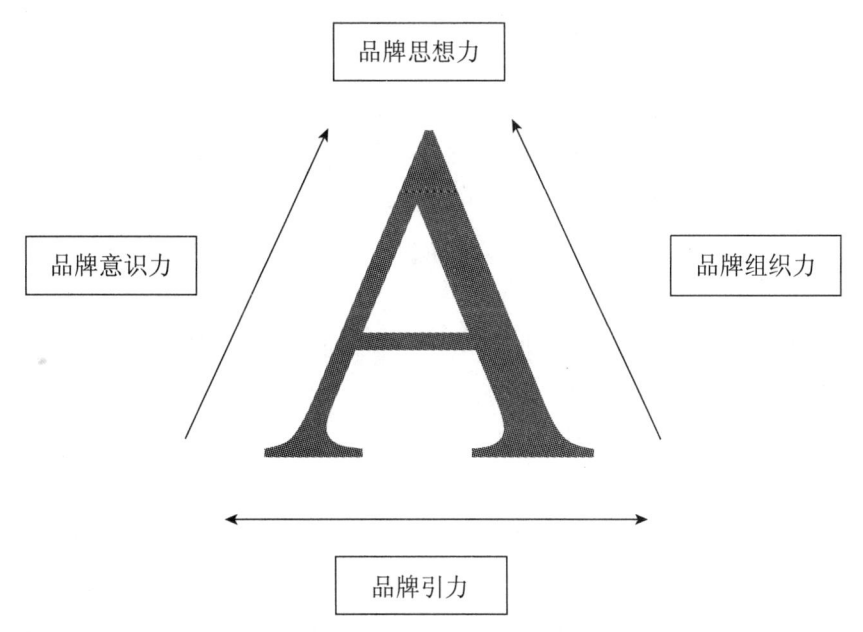

图 1-4-1 品牌思想力力学模型

品牌过程中力学运用：

品牌意识力：①通过远景唤起梦想，②通过号召赋予意义；

品牌组织力：③通过组织化采取行动，④通过品牌组织过程提供交付物；

品牌引力：⑤通过品质和品牌感官体验获得信任和喜爱，⑥通过品牌用户群体现自我扩散过程取得用户基数。

品牌力和一般的管理力学、物理力学所不同的是，品牌力是指导和实践企业品牌的重要力学原理，品牌思想力是企业在发展品牌过程中所到达的一种高度、一种思想状态和思想程式，高于一般意义上的思维思考活动和创造力，是品牌经过一定时期的酝酿诞生、发展实践、总结提炼并最终形成的一系列独立原创开创性品牌思想智慧的结晶。

纵观全球品牌发展史，任何品牌都不是一开始就成为对人类影响力深远的品牌，而是历经千锤百炼，通过无数思考、反复探索、实践与研究之后最终形成的——具有独立风格、意识形态，并最终成为产生重大影响力的人类经典终极品牌形态。与其说品牌思想是人类最宝贵的智慧成果，倒不如说品牌思想是人类为追求完美、追求真理、追求价值贡献而最终达成的品牌境界，从而诞生了伟大的品牌、经典的品牌作品，并因此产生了巨大的社会影响力，这是付出者的收获——伟大的品牌成就与世界荣誉。

人类总是要有追求的，为明天为未来为生命为事业，而人类对品牌孜孜不倦的追求精神，是能够产生品牌思想、发展人类品牌的真正原动力，这种宝贵的精神、珍贵的美德是促进人类品牌不断超越，不断从平凡迈向伟大，从而造就品牌传说、品牌神话、品牌潮流的奔腾动力，正是这种前仆后继的品牌追求精神鼓舞着全人类不断向前，开创出一个又一个品牌杰作，创造出无比丰富的人类品牌财富。

1.4.1.1 A 理论主张

（1）品牌思想力的形成是一个伟大的人类智慧创造过程

品牌思想力是品牌力学发展的高级法则，是品牌追求的最高思想境界。思想的形成是人类在追求真理过程中，从生活、生产经营活动中不断思考、总结提炼最终形成的一种思维高度，是意识、能力、水平到达一定思想境界后产生的一系列科学原理和哲理的最终总结成果，品牌思想力是人类知识经济的更高阶段——思想力经济的重要产物。

（2）品牌思想是创造世间万物的基础

品牌思想的伟大意义就在于思想能够创始万物，能够轻而易举地改变品牌产品原有的生态、形态、方式、方法，并以一系列的思想支撑发展出人类可能从未出现过的品牌新事物，从而使品牌具有颠覆人类思考认识方式、颠覆产业竞争结构、颠覆产品存在形态的高度竞争力。

（3）品牌思想力创造了人类需求

品牌思想的作用是创造人类需要，并非为解决某一种问题、迎合某一种市场需要、满足某一部分用户所作出改变或改善。品牌思想会创造出前所未有的一系列人类新需求，这种需要的特征体现在创造性上，如果品牌思想没有完成创造，人类发展形态上可能没有也不会产生这种需求，品牌思想的原生创造力使人类产生了新的需要。

（4）品牌思想力是品牌意识力、品牌组织力、品牌引力高度协调发展的必然结果

品牌思想力并不是原始或单一存在的巨大改变力量，则是国家或企业组织在品牌意识、品牌组织力、品牌吸引力高度上发展、一致性协调的终极产物，是历经战斗与荣耀的品牌发展过程中累积起来最终升华的思想智慧结晶，是代表品牌在高度、深度、广度方面高度协调并发展为格局性的总体品牌思想总结和总体品牌设计思想运用。

（5）品牌思想力是人类社会经济发展的重要里程碑

品牌思想的重要性在于品牌思想所繁衍出的品牌，在一定程度上是对人类生产力发展方式、产

品形态、商业模式、经营思想所做出的重大创造性改变，这种改变会重构人类对商业发展的基本认识和形态，在群起效仿、全球认同、普遍适用的品牌化效应中，对社会经济的发展爆发出强劲的推动力，因而品牌思想本身，是代表着人类经济发展水平的一个又一个发展阶段的里程碑式标杆，是人类进步发展过程中一个又一个新的坚实脚印。

（6）品牌思想力是一种宝贵的人类精神追求行为

品牌思想的形成与发展，是人类在精神追求方面源源不竭的前进动力，而追求过程带动了人类对品牌新的理解、新的认识，并带动了人类对思想进行新的思考方式转变。追求过程发生在品牌思想形成的各个过程、各个环节、各个阶段、各个节点，有对科学发现上的追求、有对技艺水平的追求、有对知识系统的追求、有对物质创造的追求、有对美学表达方式的追求、有对人生真理的追求、有对人类贡献价值的追求，而种种追求是推动人类发展的重要进步力量，是人类对生存发展形态的全方位科学认识，是个体美德与集体美德的集中展现。

（7）品牌思想力是人类不可多得的核心发展力

品牌思想的形成并不是天生、偶然或以原生原始形态形成的，品牌思想本身是一种极为稀缺、稀少、罕见的关键性战略思想成果，并通过品牌释放出其思想成就。人类思想家本来就屈指可数，而品牌思想家形成的数量也是极为少见的，由于品牌思想力在一定程度上将改变全球或国家的产业经济、生活生产方式、社会经济发展方式，且这种改变不是短期的，是长期稳定并持久的改变，也因此，品牌思想力的发展是一个国家全球市场竞争水平的制高点。

1.4.1.2 品牌意识力

品牌意识力是决定品牌发展意识形态的思考方式、思考能力、思维水平的总和。人类意识的产生并非先天性的，是人类在不同的生活环境中，接触事物、发现事物本质、探索自然发展规律、研究事物形成形态到达一定程度而发展出的思想觉悟水平，这一点否认了"企业家是天生的"这一假设。没有人是与生俱来就具备意识形态的，意识都是人在自然和社会环境中发展累积形成的开创性智慧成果。

人人都会做梦，但很少有人将梦想植入品牌，世界上每一个人都存在幻想的一面，但多数人都只生活在现实中。品牌意识的形成首先是人类中一小部分拥有发展能力的人——对品牌梦幻力量的发挥和运用，他们经历着从"成像——概念——蓝图"到"战略——行动——成就"这两个意识发展和行动发展的必然过程，坚决地完成了品牌梦到品牌成就的最终实现。

品牌意识力是人类对品牌进行科学与哲学双重价值的理性发展，是人类思维意识水平和感官体验运用水平达到一致后产生的一系列大脑智慧集成反应。可能某种品牌热已经或正在引发全球关注的目光和全社会的购买热潮，但品牌热不是一种现象，任何品牌热现象的背后，都有其固定的形成逻辑、科学脉络、发展规律，但这些科学规律需要进行发现、发展，并综合运用到新企业、新品牌的发展之中。

随着全球市场竞争和全球品牌全面发展，取得世界瞩目的品牌成就已经不是一种偶然现象了，不是某个天生的企业家一不小心偶然发现或创造出的成果，更多的是企业家掌握先进品牌知识系统、发展品牌科学研究、持续更新最新品牌研究成果的知识提取及知识运用过程，只有确保自己的思考随时保持在一个持续动态更新的品牌知识系统中运行，企业家的思维才能与时俱进并及时触发出新的思维，对品牌思想的形成产生重要的触发源价值。在知识经济时代，企业家的远见和思维水平取决于知识的获取方式、速度和知识价值能量。

品牌意识的形成与提升，还取决于企业家对品牌的真实理解，将品牌作为一种使命追求的本能，作为责任体现的表达都对品牌意识的提高发挥了重要作用。人永远都处在发展中，无论所生活的环境或所遭遇的困境，都无法阻挡努力进步的人向前迈进，当人的境界水平在提高，从发展美德到体现公德，从尽职敬业到发展到全力为社会服务的意识，品牌意识水平也在同步提高，最终形成的宝贵品牌思想所创造的是伟大的公司、最受尊敬的事业、最能改变世界的思想、最让人类受益的产品。

品牌意识力的发展还有一个持续性问题，品牌意识力并非一成不变，能够永远处于上升高度的一种品牌力，相反，只有品牌意识始终处于上升状态到达一定高度时才会出现品牌思想，但品牌思想可能只停留在一段时间——取决于其品牌创始人（或领导人）在位的短暂时间，如果品牌思想力因品牌继任者的关系，不能继续持续上升、中止上升或溃散，品牌意识力将可能失效，因而全球主要品牌都非常注重品牌继任者的培养问题。

1.4.1.3 品牌组织力

品牌组织力是一个品牌在全社会中的组织能力体现。人类事实上是一种矛盾体，既希望自己创造属于自己的成就，又希望参与一个共同的事业中经历过程、参与贡献，既不喜欢被人管理受到各种约束，又希望被人领导，加入到一个纪律严明的组织中。

人总是在个体和群体关系中进行转移，员工时而是个体，时而是群体，用户时而是群体，又时而是个体。而品牌组织的作用，就是对内对外，形成重要的组织群体转移过程，将游离在外的个体转移到群体中，形成巨大的组织力。

因此品牌并不是单指企业——法律上所指的有限公司所发展出的产物，品牌是当一个企业升级为品牌组织时，形成品牌生态化的组织状态时发挥的组织群体力量，品牌组织是稍纵即逝的特定形态，只有在企业发挥出组织力时才会出现，当组织力消失，品牌组织自动退化到原始的企业形态中。

品牌组织力既是一个品牌管理问题，又是一个企业文化问题，存在双重协同的问题，品牌组织力本身是一种作用力具体体现在品牌组织中，但力量的来源很大程度上取决于品牌文化和企业文化力的发展，是企业中形成事业组织状态的秩序体，企业全员意识发展到一定程度的组织行为体现，从格局上看，品牌组织力和企业文化力同属于组织发展学范畴，这样定性有助于品牌组织发展力高度协调一致并发挥出重要的力学作用。同时，要注意企业文化抗力对品牌组织和企业文化力的瓦解作用，这会削弱品牌组织力，阻碍品牌思想力的发展。

劳动赋能和文化赋值是品牌组织力的发展关键，在一个积极活跃、活力四射的品牌组织中，人们对物质和金钱的需求将会下降，取而代之的是希望劳动价值得到体现，发展出特定的文化形态，这是人类从自我发展走向共同发展的本能，品牌组织对人类劳动价值的尊重、承认与合理的回报至关重要，"人人赋能、人尽其才"是品牌组织力发展的理性理想状态，也是在一个品牌组织中人与人之间进行协调发展的公平环境基础，劳动价值赋能和文化内涵赋值方式的协调发展程度——决定了一个品牌组织力的最终发展水平。

1.4.1.4 品牌引力

品牌引力是品牌获取品牌用户基数，形成品牌塔基规模，发展出品牌用户族群的能力总合。品牌用户的获取是一种主动吸引模式，是品牌组织在自适应市场发展过程中，吸引到并拥有的——主动而来的品牌用户数量和质量，信任程度与扩张速度，成熟而稳定的品牌用户规模。

与推销或营销所不同的是，品牌所建立的是一种特有的品牌引力模式，在品牌发展过程中，人际网作为社会网络最基本的形态进行品牌的传播与扩散,在这个过程中,互联网、移动互联网等发挥了品牌用户自我学习、自我确认、自我购买、自我认识的消费过程,也发挥了品牌的自我应用价值传递以及最重要的品牌用户对产品价值的自我发现过程,多层次、多渠道、多网络的跨网、跨域、跨群体连接,使品牌组织成为一个扩张的品牌触发、品牌自响应及品牌传播生态系统网络,品牌巨大的吸引力由此而来。

品牌组织所要做的是加大品牌接触点的部署,通过品牌接触点触发一系列品牌用户的自我过程和价值发现过程,从而完成品牌引力的重要发展方式。在现代社会网络环境中,社会化、系统化、网络化、互动化、公民化等一系列变化促使企业在发展品牌时必须注重品牌吸引力的科学发展。

品牌能够产生吸引力既是一个社会网络化过程,同样是一个重要的品牌产品和服务发展过程,品牌意识力决定着品牌产品和服务所到达的经典程度、具体形态、受欢迎程度,促使品牌不断升级、发展并产生出特有的使用魅力,品牌组织力决定着品牌组织的形态、劳动价值赋能水平、文化内涵赋能水平及用户对品牌价值的对等发现水平,促进着品牌以更加积极、活跃的方式吸引全社会注意的目光。

最终,品牌意识力与品牌组织力分别在高度和深度上的发展,促进了品牌引力在公众和用户端产生强烈的吸引力、强劲的作用力、强大的用户兴趣引导,使品牌用户依附于品牌——形成自适应、自影响、自传播并持续放大的品牌效应。

品牌意识力、品牌组织力、品牌引力三者之间保持高度一致、协同发展,通过品牌意识发展高度、品牌组织在社会中的渗透深度、品牌引力在广泛程度上自动扩张影响,为一个品牌能够发展出一系列前所未有的先进品牌思想、发达领先的品牌行为、举世瞩目的品牌成就做出了使命与责任、发展与进步、追求与荣耀的历史性品牌力学价值。

1.4.2 B理论:品牌消费决策模型

(1) 术语(Terminology)

品牌决策力:品牌决策力是触发消费欲望的快速识别方式,品牌消费者立即或以后完成消费决定。

(2) 理解(Understand)

——消费者只能识别品牌,不能识别商业类型和企业。

——品牌满足的是某种消费欲望,消除价格敏感。

——消费者对品牌会做出快速购买决定,立即发生或以后发生。

——品牌并不只是大企业的事情,任何企业从创立的第一天起,就已经在进行品牌准备。

(3) 趋势(Trend)

21世纪的人类大脑意识由品牌组成,品牌伴随着人们的成长,并终生消费这些品牌。

B理论(B Theory),详见图1-4-2,又称品牌消费决策模型,是从市场层面解释消费者:"①因何购买品牌?②何时购买品牌?③购买品牌时发生的消费行为反应"的一组科学模型。

1.4.2.1 B理论要点

①品牌是对消费欲望的期待,是消费者愿意花费更多货币购买的一种欲望,这种购买必须在安全消费的前提下完成。

②当欲望大于需求时,品牌消费者会加价购买,当欲望低于需求时,品牌消费者会对品牌的安全性提出疑问,并可能降低价格购买。

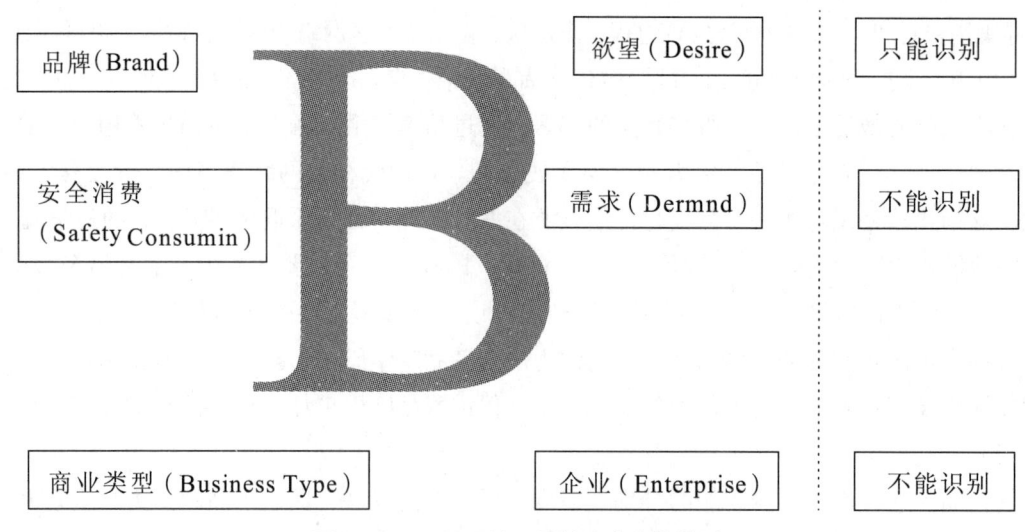

图1-4-2 B理论 品牌消费决策模型

③品牌消费者只能识别品牌和自己的欲望，不能识别安全消费环境和本质需求，也不能识别商业类型的企业名称。

1.4.2.2 B理论主张

（1）品牌是人类对某种欲望发生的安全消费行为

品牌是人类的一种欲望刺激、欲望触发，为满足某种欲望需求而发生的消费行为，这种消费在确保安全的前提下发生。

（2）人类会为品牌支付更高的消费代价

欲望需求高于正常需求，当这种欲望被品牌经营者触发，消费者愿意支付更高的金钱来购买，降低或彻底消除价格敏感。

（3）品牌所满足的欲望是某种特定需求

欲望代表某种身份、地位、特权、荣耀、消费能力的象征，代表概念领先、优秀品质、高品位的设计、购买可靠、质量稳定、技术成熟、服务保障、潮流流行元素、文化范畴、消费安全等特征。

（4）品牌具有消费等级，人类极力完成这种消费过程

品牌与欲望是等值的，当消费者有能力消费时会立即购买，当消费能力不具备时会极力或在以后尽力满足条件时购买。

（5）人类对品牌非常依赖，并强烈排斥其他品牌

购买行为多数情况下是排他性的、先入为主的，消费者对某个品牌的指名购买信念越强，消费者对某个品牌依赖感越强，对同类其他品牌的排斥性就越强。

（6）消费者从不识别品牌所属的商业类型，从来不会识别企业

品牌、商业类型（商品类型、行业类型）、企业，三者之间本身没有任何关系，消费者记忆的只是品牌，与品牌经营者（品牌拥有者、品牌经销商）发生购买关系，甚至与品牌生产者是谁无关。

(7) 消费者很少购买新品牌，只接受可靠信息来源的推荐

当消费者在一个领域没有记忆的品牌时，会通过网上查询、关注品牌新闻，或通过亲友同事寻找新品牌，通常不会主动购买未知的新品牌，除非这种品牌得到可靠新闻或朋友确认，然后完成安全消费。

(8) 消费者通常对新品牌的购买只是试探性购买，并怀有强烈的消费安全防范心理

即便有可靠来源推荐，消费者对从未使用过的新品牌的最初购买通常也只是试探性购买，消费者怀着安全防范心理成为初期用户，当安全的微妙心理被打破，消费者从此就会中止对该品牌消费。

(9) 激烈的品牌竞争通常发生在中等品牌能力企业中，品牌能力越弱消费要求越苛刻

当欲望无法被满足，或品牌同质化，消费者会降低品牌期望性诉求，转而进行品牌对比，对产品性能、功能、外观、款式、感觉、质量稳定性、服务保障性、接触态度、使用习惯等进行多方面多角度反复对比，艰难地进行选择，并最终完成购买决定。品牌能力越弱，消费者对价格、使用条件的要求选择越苛刻。

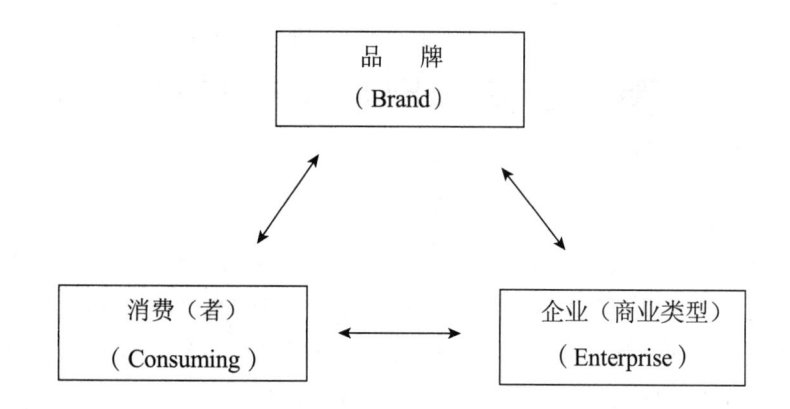

1.4.3 品牌三元关系

品牌三元关系（Ternary Relation），是对 B 理论的一个延伸，界定了品牌、消费、企业三者之间的共生关系。品牌三元关系示意，详见图 1-4-3。

图 1-4-3 品牌三元关系

以下为品牌三元关系主张：

(1) 企业认为自己拥有品牌，并从属于某种商业类型（某个行业、某种商品）

示例：宝洁公司持有洗发品牌海飞丝、护发品牌沙宣、口腔护理品牌佳洁士、清洁用品品牌舒肤佳、护肤品牌 OLAY、妇女卫生品牌护舒宝、织物护理品牌汰渍、剃须品牌吉列、电池品牌南孚等，中国香港的和兴则持有快餐连锁品牌吉野家、冰激凌零售品牌冰雪皇后、狮球唛食油品牌，不同品牌用来占领不同的特定市场。

(2) 当一个领域有品牌，消费者只会识别品牌，并非识别商业类型及企业

示例：消费者要明确购买的是百事可乐，并非可口可乐，并非饮料或碳酸饮料，也并非百事可乐公司制造的产品，百事可乐由当地合作代工的工厂生产。在打算购买洗发水时，为满足头发柔顺的期望，消费指名购买飘柔，并非海飞丝。

（3）当一个领域没有品牌时，消费者会识别需求，而非识别企业

示例：消费者会寻找最好的牙医，寻求最好的办公家具制造商，完成消费。而非识别医疗行业或家具行业，不会寻找任何可提供牙科服务的诊所，不会寻找任何可提供办公家具的制造企业。

（4）消费者很少购买从未听说过的新品牌，只信任可信的推荐来源

欧洲14国调查：90%消费者不会购买从未听说过的品牌；中国的调查：76%的消费者怀疑新公司、新品牌的质量和售后服务，不会购买。可信来源仅包括：媒体报道、朋友推荐。超过50%的消费者在听到一个新品牌时，会在网上查询该品牌的信息，当没有媒体报道证实时，该品牌则不会被信任；另一个可靠来源是朋友推荐，在确认朋友使用过或证实过的信息后，进行购买。

（5）价格因素并不是品牌竞争的诉求

示例：即便月收入不到2000元，年轻人也希望尽快购买到一部4700元的iPhone。宝马汽车是许多人的梦想，宝马与桑塔纳同属汽车品牌，但不是品牌竞争对手，购买桑塔纳的人希望有一天购买宝马，而有能力购买宝马的人则不会购买桑塔纳，对品牌的欲望决定了购买行为。

（6）企业通过经营消费者对品牌的欲望，加速消费，获得利润

示例：品牌经销商通过经营进口法国红酒品牌获得利润，家具商通过引进意大利家具品牌满足市场高消费欲望，eBay及淘宝中来源不明、无品牌的竞争者被动通过低价格战获取微利。品牌经营者主要通过品牌设计、品牌影响、品牌传播、品牌许可、正品行货来源等获得高利润。

第1.5章 品牌用户族群

品牌用户族群是一个品牌成熟发展之后，品牌用户数量累积形成的品牌发展事实基础，是一个品牌在未来很长一段时期得以存续发展的基本保障和永恒经营的魅力精华。

品牌用户族群经由品牌社群、品牌塔基、品牌用户族群三个发展阶段来实现。在品牌发展过程中，只有当一个品牌拥有足够数量、足够规模、足够稳定的常客户，品牌的发展状态才能基本成熟稳定下来，这意味着一个品牌拥有了良好的发展前景和可持续发展的生态未来。

1.5.1 品牌社群

任何品牌一开始的发展是不稳定的，这种不稳定性主要体现在品牌在发展之前并没有积累足够数量的用户基数，且用户带有临时属性。世界上的许多品牌在发展之初，都会遭遇这个发展难题，由于初始品牌用户量不足，企业需要在激烈复杂的竞争环境中存活下来，就必须将主要的精力放在早期品牌用户的争取上，但也正是由于人们对新出现的品牌不了解和不信任，用户常常会带有强烈的防范抵抗心理来看待新品牌。

品牌风险存疑原理：人类与生俱来的品牌消费安全感对人进行的一种自然保护，人类对一切未知事物一开始都会保持警惕，一旦发现即便非常微小的风险，人们也会停下前进的脚步，这种防范心理在品牌创始早期的发展过程中会表现得相当明显，这也促使品牌从一开始需要注意这个重要的过程。

全世界的人类普遍对新品牌所采取的是一种相对保守的防御姿态，一些数据显示，在欧洲，

90%的消费者不会购买没有听说过的新品牌，在中国76%的消费者会怀疑一个新品牌的售后服务。在未知风险尚未解除以前，只有极少数的用户愿意在风险可承受范围之内尝试新事物进行试探性购买，一个品牌在发展之初遭遇用户增长困难是显而易见的，也是极为正常的一种自然发展规律。

早期品牌用户数量不足的问题，几乎困扰着全世界每一个新成立的企业，全球企业从成立之日起普遍都会遭遇这一问题，其中高达50%的新企业会因早期用户的数量严重不足导致企业在九个月内关闭，结束运营。即便勉强存活下来，40%的企业只能维持一般的日常经营活动，缓慢地进行发展，或者发展成为一切以"销售"活动为主的市场生存型企业。

在所有新成立的企业中，只有不足10%的新成立企业因市场机遇、资金充足、优势产品等竞争因素较快地发展起来，少量成为高成长企业。但并不是所有的高成长企业一定就是品牌，也不是所有的慢成长企业就成不了品牌。

品牌的形成，并不是总与市场发展关系相结合的，相反，品牌是作为一种特定的发展状态决定的，是一个企业从创立开始，创始人就决定的发展方式，他选择以品牌化的发展方式实现梦想，还是以经济利润方式发展一个成功经营的企业。在所有新成立的企业中，只有不足1%的企业从创始之日起就拥有坚定的品牌梦想。

无论是经历艰难的市场开拓过程，还是平稳或快速的发展阶段，其发展品牌的初衷都不会因遭遇市场逆境或顺境而改变，这类只有明显品牌意志的企业不足新成立企业总数的1%，而能够最终发展成为品牌的企业占全球企业总体的0.01%，无论这些品牌最终或大或小，都能在全球市场或本地市场中保持永续竞争优势，并得以长期存活下来，拥有持续数十年、上百年恒定的品牌发展特征，随着时间的推移，成为人类品牌发展史上璀璨夺目的繁星。

因此品牌社群，对于这些希望更加顺利地进行品牌化发展的新兴企业来说，就显得相当重要了，品牌社群的存在，将极大地缓解一个品牌早期用户储备量不足的问题，为一个品牌的发展消除早期不稳定因素，是一个品牌建立早期创始过程中平稳过渡的安全周期。尽管品牌社群也适用于其他任何一切希望早期尽快发展壮大的企业，但由于品牌社群本质上是一种企业发展战略问题，但并不是所有的企业都愿意付出精力和成本来完成这种跨越，并且还应当清楚，建立品牌社群的目的是为了最终培育发展出拥有强大发展力水平的品牌用户族群，品牌社群在一定意义上属于胚胎阶段，当一个品牌建立起坚实的品牌塔基以后，品牌社群的作用就应该消失了。

1.5.1.1 组建品牌社群

品牌社群本质上是一种社会化组织方式，是以"先发展社群，再发布品牌，然后发展产品"的科学发展路线形成的，并不是"先发展社群、再发布产品，然后再升级为品牌"形式，前者会发展成为强品牌，后者会发展成为弱品牌，其品牌效用和品牌价值是不一样的，前者从一开始就会拥有极强的品牌吸引能力，获得稳定的品牌化用户并尽快发展出品牌塔基，而后者尽管一时可能获得较快的市场扩张性增长，但品牌化过程却是缓慢的，在品牌根基不稳时往往已经失去品牌化发展动力，还没有来得及发展品牌就已经消亡了。根据我们对一些品牌发展过程的实地考察发现，许多最后能发展出品牌的企业，在迈向品牌的道路上是极为曲折坎坷的，充满了无数的无奈与来回摸索的反复发展过程，这主要是企业不遵循01法则所引发的品牌帕金森疾病所导致的。

为拥有更稳定的品牌发展基础，品牌创始人首先要做的事情是组建一个品牌社群，进行早期品牌用户的储备，为顺利争取到第一批品牌用户做出积极准备。在这一阶段，品牌的主要力量将致力于建立一个潜在的用于积聚潜在品牌用户的社群，通过互联网和各种渠道对潜在用户进行搜寻、捕获,使一个个潜在的个体因一种兴趣偏好和使用需求凝聚起来,完成品牌组织的早期群体转移。

品牌一开始建立的社群,并不一定是以自有品牌为社群名称进行社群集结的,相反可能使用通俗易懂的名称——如滑雪俱乐部、音乐发烧友网站、创客公社、天然咖啡论坛等,这样便于通过搜索引擎和朋友圈的作用,让一切潜在用户尽快找到"组织"。直至第一批用户沉淀下来,并形成了有组织的社群关系,潜在用户群体就会形成一个对某一类需求相当集中的"虚拟"社群。一些品牌也可以使用"试用"等形式,进行早期品牌社群的用户积累,并在这一过程中通过社群成员的普遍参与、互动、响应,逐步发展成为一个相对稳定的品牌生态组织雏形,品牌的第一批用户就隐藏其中。

按照品牌利润"金三角",任何一个品牌的品牌用户,都会进行"用户、客户、常客户"之间的群体转移关系,并且将循环发生"常客户推荐客户"的科学组织过程,而这一过程的完成标志着品牌社群发挥出了早期应有的价值,能够稳定地保障一个品牌有效缓解早期用户开发困境,并得以有序发展起来。

无论一个品牌或大或小,都可以通过组建品牌社群的方式获得早期稳定的发展基础,一些较大的品牌,如美国的Facebook、中国的小米都是由于从一开始建立品牌社群的社会化网络发展方式,获得了空前发展契机,并因此发展成为了一种特有的商业模式。在互联网和移动互联网及每一种需求偏好中,都很容易发展出一定数量的品牌社群,如爱尔兰音乐爱好者、竞技体育爱好者、无人机爱好者或者csa社区支持农业,以及打火机的收藏爱好者,这些社群的发展为许多新兴品牌的早期发展做出了不可磨灭的贡献,许多品牌也因此平稳渡过了早期不稳定时期的发展风险。

1.5.1.2 品牌社群的运营

品牌社群事实上解决了品牌早期与消费者之间的"陌生感"问题,通过社群化转化作用,使用户从防御状态发展为友好状态,并通过购买时的首次信任设计和良好的互动体验,使用户放心购买并成为首批首次用户,通过社群间的互信推进和相互响应,将帮助品牌顺利累积第一批常用户,品牌因此拥有了自我生态的品牌独立发展基础。

通过社会化的社群,早期的兴趣偏好者从个体被转化为早期品牌用户的群体,用户因此对一个品牌产生了信任,群体间的互信也进一步放大了信任的基础,品牌通过与用户的良好互动,增加了用户黏性,扩张了社群关系网络,发展了友好的品牌用户关系,相对而言,这种投入成本较低,在品牌发展早期资金有限的情况下能够顺利完成品牌社群向品牌塔基过渡。

有效的组织是品牌社群发展的基本保证,为使品牌社群有效、稳定地成长起来,组织者可能需要投入一定的精力、人力和物力,建立一系列的社群基础设施,这包括发展社群所需要的软件系统、第三方网络系统、线下聚会场所、召开成员会议的场地、为骨干社群成员提供的责任奖励、为发展社群所需要的活动奖励、为鼓励社群成员互动或晋升准备的物质和资源等,具体的组建形式因人而异、灵活掌握。

任何一个品牌未来发展的最高阶段是发展成为品牌生态组织并保持组织状态,品牌组织化的特征从组建社群开始时就已经显现出来。企业世界的品牌竞争中,其主要价值是品牌的组织化竞争,即一个品牌到底能够发展出多大的有效组织规模,将社会一切力量集结组织起来,因而品牌组织本身是以社会化组织为核心发展方式的超级产业生态组织,组织发展水平、组织能力建设、社会化组织状态是组织建设的重点。

对此,品牌社群的发起人、组织者——个人或企业都需要从一开始就保持品牌社群组织的正常

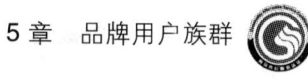

化，建立品牌社群的社会化组织骨干团队，建立相应的组织规则，发展相应的组织机构及分支机构，建立组织中的晋升机制、服务机制、工作协调机制和活动机制。有效的组织发展能力是相当重要的，组织发展学大于一般意义上的企业管理方法，是品牌文化、企业文化、互联网链式和流式管理的学科基础，也是一个品牌能够脱离于一般意义上的企业发展方式，获得超常规发展能力的社会化组织保障，特别是在以多网互联的社会网络时代，无论全球化或本地化的品牌都需要高度依赖这种以社会化为特征的网络组织形式，而品牌社群实际上架构在人类最基本的网络形态——人际网基础上的，因此社会化特征将更为明显，集约经济发展能力更强，网络组织发展方式更为深层，更符合明日社会化网络科学发展规律。

1.5.2 品牌塔基

品牌塔基是指以"Tagee"为主体发展的品牌用户族群，是构成一个品牌早期发展、市场扩张、长期稳定可持续经营的基本保障和品牌基业长青的事实基础。品牌组织发展所需建立的品牌引力模式，正是奠基于品牌塔基的稳定发展基础之上。

品牌塔基的概念："Tagee"一词是一个网络用词，由"Tag"+"ee"组成，是指按照Tag标签分类的人或专家，并表明Tagee是所有高塔的基础。

品牌塔基是以"Tagee"为发展逻辑构建的具有可奠基、可扩张、可持续性发展的品牌用户族群整体，并强调了品牌组织从一开始就要注意到品牌用户塔基的基础建设，这与人们所说的"粉丝经济"是一致的。

在互联网中，当一个品牌的粉丝达到1000人时，一个品牌的自扩散就开始出现，进入到品牌循序渐进的自媒体传播、自服务响应、自用户扩张过程中。而品牌用户的塔基建立在这样一个过程中，即：每100个潜在用户中必然产生1个有效付费用户，每100个付费用户中必然有1个最活跃的常客户为品牌带来大量"客户推荐客户"的品牌骨干用户效应，每当一个品牌拥有100个品牌骨干用户时，品牌塔基就会建成，并进而发生规模性的品牌用户族群自扩张。

这是品牌建立其塔基的基本方式，特别是在品牌早期尤其关键，企业所需要做的事情就是加大推广面积，广泛增加其潜在用户的吸引量并进行品牌用户的批量转化。

1.5.2.1 品牌塔基原理

品牌塔基中的"Tag"，原指互联网中的标签，又叫"自由分类""分众分类"，是互联网用户根据自己对事物的理解所添加的描述词，又被广泛应用于互联网搜索引擎和用户访问目录中。传统目录是将固定的目录与事物进行对应，而"Tag"是自由标记的标签，为管理、搜索、查询提供了方便，也给互联网的应用带来了极大的灵活度和可扩展的应用空间。

而品牌，是以品牌用户族群进行划分的，每一个品牌发展到一定程度，都有其固定的品牌用户族群——集结品牌骨干用户、品牌常客户、品牌客户、品牌用户的兴趣偏好、风格、特征的典型品牌用户集群。但如果品牌是初次建立的，就必须强调品牌塔基作为品牌发展最初事实基础的建立过程。

正如"人以群分，物以类聚"，品牌塔基是建立在兴趣偏好、文化风格、关心话题、注意焦点、使用特点上的品牌用户划分，是品牌能够准确地捕获潜在消费者的特定需求，并赋予其喜欢的最佳形态，将公众之中某种或某一系列潜在需求有效转化为品牌市场经营基础的用户转化行为。

品牌塔基中的"ee"，是指被动的人群或专业人士，在品牌塔基中特指品牌骨干用户群体，是受到品牌引力吸引后，从被动转为主动，他们以原生的热情和志愿的行动，长期支持品牌发展、为品牌推荐客户、扩散品牌影响、传播品牌理念的贡献品牌用户群体，他们的集群式发展是品牌从诞生到扩张、从发展到持续永续经营的核心保障，是构成品牌塔基最稳定最坚实的"地基"。

当品牌达到A级水平阶段，品牌吸引公众的速度很快，人们自发地传播该品牌，希望让自己身边的每一个人都能长期消费该品牌，并愿意支付更高的费用来消费，企业因此获得足够数量的大规模高利润，客户转移成本极高，常客户一生钟情于消费该品牌。而在这种情况下，品牌塔基就开始形成，品牌进入一种高质量的品牌吸引阶段，即便遇到该品牌被指责的事件发生，消费者会自发而起，群起维护该品牌，品牌形成成熟稳定的自适应生态系统。

此外，品牌利润金三角原理也解释了"用户、客户、常客户"三者之间的转化关系，企业所需要做的只是在早期阶段扩大首次接触尝试型品牌用户的数量和密度，在用户中会自发产生出第一批付费客户，当客户开始重复消费后演变为常客户，他们的特点是经常付费，经常付费的客户会常常推荐身边的人成为新的付费客户，企业在完成早期用户准备后，就进入到"客户到常客户"的往复转移扩散阶段，此时所要做的就是稳定品牌塔基结构，企业享有品牌持续消费所产生的足够品牌利润，反复循环在"客户—常客户"之间发生，从而达到品牌基业长青。

1.5.2.2　品牌塔基科学规律的运用

企业品牌要根据所需要发展的品牌用户属性，在哪些重点区域布点，对哪些品牌用户族群进行精确部署，从而完成企业指挥链、企业文化流等链式和流式管理的垂直系统覆盖，重点市场、精确的品牌用户族群构成了企业品牌真正发力所需的塔基。

重点市场塔基示例：中国的《华夏时报》舍弃传统"都市报"概念，做出战略调整，主打北京泛CBD区域（商务中心区），覆盖北京，辐射全国，确立了"综合性日报+商圈社区报"的办报定位，全力打造"中国第一份商圈社区报"，塔基区域锁定在北京国贸、建国门、朝外、燕莎、王府井、西单、金融街、三元桥、大望桥等九大商圈组成的泛CBD"金钥匙商圈群"，目标读者为该区域内收入较高的写字楼人群。北京泛CBD"金钥匙商圈群"聚集了国内外众多的知名企业、跨国公司，这些读者具有超强的消费能力和辐射带动作用。经过一年的打拼《华夏时报》成功完成塔基覆盖，被称为"纯写字间生活读物，CBD人的精神咖啡"。

品牌用户族群塔基示例：在中国的结婚潮中，有一句千古名句"愿得一心人，白首不相离"2000年来被反复传唱，青年情侣也对"1314""520"等数字与相当重视，当婚礼的品牌集中在这些环节，就形成了品牌塔基——有某种特定需求的品牌用户族群。这些品牌用户族包括：对"愿得一心人，白首不相离"这句千古名句深有感受的年轻人，对卓文君感兴趣的人，对"1314""520"这样的数字情有独钟的人，对梦幻蓝色包装喜爱的人，对卓文君祈福仪式热衷的人……以上每一种特定需求就是一个品牌用户族，而所有品牌用户族加起来就是族群，品牌的设计和传播只需要针对这些经过特别挑选的特定用户，即便每种用户族群只有1万个特定需求者，整个品牌用户族群加起来也只是几种有特定需求的用户所构成的塔基。品牌用户族群塔基是一种文化唤醒、文化激发、文化心灵响应，使具有某一种特定文化需求的人"找到组织"。与这些塔基不相关的人并不是我们所需要的品牌用户，也不需要去扩大额外的市场投放。

品牌企业文化流塔基示例：星巴克是典型的以企业文化流建立的品牌塔基，星巴克的咖啡文化与每个追求品质生活的城市白领进行了文化对接，在中国市场上的星巴克成为一种品味生活的文化象征，企业文化流在人际网络中进行流动，不断有追求品味生活的常客户推荐、带动、引领身边的

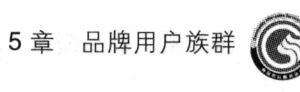

同事、朋友融入星巴克文化。星巴克的网点一般部署在写字楼商业区，使之成为一个又一个的现代城市人口流动的文化群聚中心，并向写字楼进行密集扩散。你可以仔细观察，会看到许多写字楼中的年轻人把每天一杯星巴克当作每天工作中的生活方式，特别是在公司会议时，或许 1/3 在开会的员工在桌面上摆着星巴克，事实上人们需要的并不是咖啡本身，更重要的是星巴克的文化属性，在共同饮用星巴克的同事中，还存在一种共同的文化共鸣，与不喝星巴克的同事形成了一种"我们和他们"的文化隔离。

1.5.3 品牌用户族群

品牌塔基的构架为一个品牌长足稳定的发展奠定了事实依据，一个品牌发展中所需要真正意义上的用户价值，不在于用户规模数量的多少，关键是常客户的保有量及保有率。

常客户是指一年以内至少三次以上对一个品牌进行重复购买或者推荐三名以上新用户成为付费客户的特定客户。一个品牌真正意义上的发展前景和品牌利润主要来自于品牌的多次重复性消费，这与一个市场是否热门或冷门无关。

用户转移率是连续三年常客户总量中没有发生转移行为的用户比率，保有率越高，说明一个品牌拥有了极强的用户转移壁垒，用户不会因为市场中出现其他同类竞争产品而发生转移，也不会因为品牌发展规模或大、或小、或顺利、或挫折而远离这个品牌。

只有常客户的保有量及保有率才是一个品牌在全球市场上或本地市场上的战略投资价值，即便这些品牌永远不上市，也能保持良好的投资红利收益。对一个品牌来说，足以证实这个品牌有足够的持续发展实力，能够将一个品牌稳定成熟地发展下去，许多品牌因此成为百年品牌。

而品牌用户族群，就是这些品牌中最具价值的情感用户，建立这种购买、交付、转介绍、自传播关系的重点是品牌用户与品牌之间多次接触、多年以来形成的品牌情感，这种强烈的情感是高度的互信，是用户将品牌视之为一生中值得信赖的"朋友"，是日常生活或人生发展过程中不可或缺的基本物质及精神条件。

这也可能在一个家庭中会产生继承的品牌消费血缘，子承父、女承母、孙承祖，家庭中的一代代人口，将一个品牌视之为家庭中物质精神"成员"，可以出现重复消费、依赖、保存或收藏等情感化行为。而这种特征使品牌用户族群在全球品牌发展过程中、在所有人类品牌发展史上体现出了前所未有的价值和意义，也使品牌超脱于充满投资活动的资本金融市场之外、脱离一般意义上的金钱特质关系，使品牌获得永恒发展的生命特征，使品牌上升到一种完美的价值呈现和精神追求，真正的品牌也因此得以诞生。

1.5.3.1 品牌用户族群的特征

品牌用户族群是品牌社群、品牌塔基发展到一定程度时出现的品牌用户发展高级阶段，其具备了品牌消费血统传承、特定的品牌文化特征。这包括了一系列的品牌情感维系和继承，品牌历史成因、品牌使用习惯、共同的品牌偏好、品牌哲学、品牌艺术等。

当没有品牌消费血统产生时，品牌的传承是不完善的、不牢固的，无法形成一种固定的持久凝聚力，也不能产生持续性、可靠性的品牌文明发展模因，其特定的品牌文化属性未能形成时品牌就无法超脱于一般意义上的商品，表达出具有特定吸引力的品牌表现属性。因此只有同时具备这两点条件时，一个品牌的用户族群才会形成并持续发挥出积极作用。

品牌用户族群具有极强的一致性认同感，通过对同一品牌的长期偏好认同频谱，人与人之间就会瞬间产生熟悉感,例如,一个爱喝可口可乐的人听到另一个人说他也爱喝可口可乐,两个同样喜欢星巴克的人,或者共同喜爱墨西哥龙舌兰酒的人,在陌生的环境和陌生关系时,同样的品牌喜好将直接拉近两个人的距离,瞬间消除陌生感,共同的偏好和话题激活了品牌用户族群的特定效应。

尽管人类有着不同的人种来源,也有不同的民族血缘和不同的语言,但品牌用户族群跨越了国家与国家、历史与历史、时代背景和经济条件等一切因素,这既是国际品牌能够享誉世界——其市场遍及世界上每一个角落的原因,品牌用户族群借助人们对物与物、偏好与乐趣、习惯与经历、精神与享受等稳定的情感化因素,在人与人之间发挥了连接的纽带作用。

品牌用户族群中强烈的一致性认同感对同类竞争产品构成了稳定的防御线,族群的作用压倒了价格、感观、信任等基本的人类物质和精神选择特征,这种高度的信任和使用偏好情感是长期以来人与品牌之间形成的,是一种先进的、发达的、强有力的社会化组织,以品牌为中心被集约发展、高度协同一致性地发展力形式,是发展中的科学。

品牌用户族群间的传承关系和相互影响保持了一个品牌长期稳定的发展基础,它使人对一个品牌产生了强烈的拥有和保护意识,人们因熟悉自己历经多年使用、喜好的品牌,使品牌形成了稳定的发展脉络、正统意识和文明属性,而这些共同的社会属性所产生的品牌共振频谱,进而持续增加着人们对品牌的决定性购买力,因相互依赖所产生的品牌安全感保护了品牌用户自己,以此来消除社会高速发展中一切不确定的因素——特别是消除了对新品牌的购买风险、对同类竞争品牌中存在的选择性不安全感。

1.5.3.2 品牌用户族群的发展

品牌用户族群产生的基础是人类在发展中形成的一定固定经验知识系统,由于长期对各类品牌的试验和使用,每一个人都会在一生中沉淀下最重要的品牌选择,抛弃不稳定、不安全的品牌,并因此成为一种人类自身发展的本能,每一个人的大脑都会存储一些固定的品牌,在需要处理某项需求或实施某种解决方案时,就是提取这些固定的品牌甚至年代版本号——以"固定成熟的使用习惯"来完成人的日常生活使用和发展。

这是建立在品牌原生论、品牌本能论基础上的。品牌原生论是指人对品牌选择时,是以原生的固定选择形态、原装正统意识、品牌消费血缘关系进行品牌选择的,只有已经被长期固定下来的品牌才会以品牌用户族群的特定形态存在。原生还体现在原装意识上,只要力所能及,一个品牌用户族群中的用户就会尽可能购买并使用原装的配件和服务,因为这被认为是安全的消费、习惯的购买和固定的使用方式。这一点保护了品牌得以通过原生形态、原装部件消费发展成为一个足以自适应、自运行、自发展的品牌生态链。

品牌本能论是人类在生命及流动过程中,对一个品牌所构建起来的固定历史性使用习惯,人的生命都是有限的,在有限的生命中任何人都不可能什么品牌都去尝试,他(她)必须节省时间并防范风险,因此将品牌的选用和使用都建立在可靠信息来源的推荐基础上,并且一旦稳定成熟的使用某种品牌,就会固定下来,这种可靠信息的传递是构建在一切可靠事实经验基础上的信任传递。

另外,人在世界上是处于不断流动的,不同生命周期的人可能在不同的地点工作、出差、发展,世界上密集的多样化交通工具如此繁荣,其本质是人的流动性决定的,尽管不断有新的品牌希望参与到市场竞争中,但人的本能还是会决定最终使品牌成为人们根深蒂固必然选择本能,这种发展作用力使品牌在人类世界上架构起了具备高度竞争力和自然发展秩序的品牌用户族群,它超脱于品牌本身,发展为人类未来对品牌认识和购买的——最基本的品牌本能。

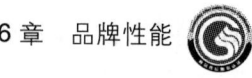

品牌用户族群的发展是我们一直强调的品牌组织发展形态，由于品牌用户族群所具有的模因共振和遗传使用作用，产生了深层的品牌文化，品牌本身也会具有历史起源、精神、象征、荣誉、仪式等可供传承发展的一系列特有文明体，也会因为人们所形成的品牌长期使用相同偏好，包括经常不断使用的品牌印迹、熟悉的品牌风格特征、相似的品牌使用知识、相同的语言叫法等因素，最终使品牌用户族群在完成构建以后就能长期稳定并固定下来。

世界上最大的品牌用户族群可以拥有几亿到几十亿人口的亿级族群规模，如好莱坞电影、可口可乐、迪士尼，也可以拥有更小的几千人、几万人到几百万人的万级或百万级族群规模，如中国龙井茶叶和云南白药、法国娇兰化妆品、韩国正官庄红参等。

第1.6章　品牌性能

品牌性能是现代及未来企业品牌在发展过程中所必须注重的品牌发展方式，当一个企业上升到较大型企业组织形态时，品牌性能就日渐成为企业运转的核心，企业组织越大，与现代化发展方式结合越紧密，市场对品牌性能的要求也就越高。

品牌性能由品牌感知性能、品牌呈现性能、品牌价值性能、品牌实质性能、品牌效用性能五种基本性能和全球协同网络中的品牌性能共六种组成。企业在发展品牌的过程中，需要选择各相关品牌性能的侧重点进行重点发展，并且是企业品牌升级到品牌组织所需的基本性能状态。

1.6.1　品牌性能管理

品牌性能管理是综合性对品牌各项性能进行总体设计、分布式设计、评估、优化的一切活动总和，现代品牌的发展早已脱离了原有的产品质量性能等实质性能，演变为以社会网络组织为中心进行运转的品牌敏捷生态组织，大量的IT化技术投入到品牌日常运营管理之中，企业与品牌用户以最直接的连接关系进行发展，企业对品牌服务的特点是"多对一"，即企业多个部门、多供应商多服务商、多点多元与任何一个品牌用户进行对等服务。特别是企业中的许多部门或供应商尽管没有直接面对用户，但其工作的结果将直接或间接反映为品牌性能的具体程度，或在品牌用户端发挥相应的品牌作用。

品牌性能需要进行总体设计，与一般意义上的产品性能检测、能力分析、故障排除、维修维护等不同，品牌性能是扩大的品牌组织总体运行水平，是现代品牌组织架构中位于核心竞争力的动态品牌全程保障系统。

品牌性能以具体的单个品牌为主，通过发展企业的品牌思维水平，在品牌感知性能、价值性能、效用性能等各方面形成一个品牌性能的结构性功能网链，并随品牌性能发展建立新的价值链，挖掘潜在的品牌价值能力，从外对内进行品牌感知传感，从内对外进行品牌价值传输，按照品牌性能热图实施品牌性能优化、分配品牌生态的供给和补给资源，最大限度地发挥品牌效应。

品牌性能管理要求任何品牌都要做好首次信任设计，保持质量稳定性和品牌安全可靠属性，在品牌生态组织的系统运行过程中，精确分析系统资源占用情况，保证最佳品牌性能，减少品牌系统资源占用。品牌性能的发展，正在向 IT 网络智能化方向发展，成为系统设计更为复杂但系统应用更为简便的中央品牌化操作系统，特别是需要在品牌生产或服务高峰，保持最佳敏捷生产能力、服务响应能力，在品牌生产和服务低峰减少资源空置。

1.6.2 品牌感知性能

品牌感知性能是指品牌用户对一个品牌的多维感知能力，这是建立在品牌反向反应模式基础上的品牌用户感知水平、感知程度、感知方式、感知响应的探测研究、感知测量、数据分析和报告过程。品牌感知性能已经不再是传统意义上容易模糊混淆的顾客满意度测量或市场调查，是品牌组织在对品牌用户进行探索研究发现过程中，了解到的品牌用户对一个品牌整体及其产品、服务、管理、商业模式、企业文化、市场相近竞争产品、比较竞争产品的分析与认同。

品牌感知性能完全建立在品牌用户方，不以企业能提供什么品牌产品或服务的性能为准，它所探测研究的是市场中的用户到底是如何看待一个品牌及其产品的，什么被认为是好的，具体到为什么用户喜欢市场上的相似竞争产品，喜欢的理由是什么，具体喜欢某一个或某几个细节，用户愿意为某种品牌性能的安排（匹配）支付多少费用。在不同的区域或局部市场，用户是如何看待一个品牌的，他为什么信任或不信任，是什么影响了购买决策，用户认为什么样的品牌值得立即购买，什么因素导致用户在选购一种品牌时存在购买犹豫的障碍心理，用户具体的顾虑是什么。

品牌组织通过建立这一系列的品牌反向反应模式，完成建立在用户对一个品牌的认识和理解上，反向侦测用户的喜好和偏好，对发展品牌性能有着突出的显著作用。品牌反向反应模式的特点是反向感知，如同人的右脑控制左半身，左脑控制右半身，完全建立在用户认识和理解水平、方式、基础之上的品牌性能管理，会极大地提升品牌生态组织发展水平。

品牌感知性能还有一项重要的作用，是识别用户对品牌性能的混淆环节，发现用户对一个品牌的错误理解、认知误差、习惯性感知偏离，纠正和校正市场用户对品牌的价值发现水平、品牌价值传输水平、接触点设置、品牌用户自我学习方式等重要品牌性能的表达、体验与流式过程，对提高品牌溢价和品牌效应有着极为重要的关键价值。

以往全球品牌在发展过程中，企业注重从内到外的产品性能和品牌价值卖点设计，并不注重从品牌用户方面展现出的品牌认识、理解与感知体验，全球超过 75% 的品牌产品滞销是因此造成的，100% 的企业品牌同质化竞争是因为没有进行品牌感知性能的研究而发生的，使企业没有从品牌性能的差别波段发挥出独有的竞争优势，从而建立起拥有较强品牌性能区的价值化决定性竞争力和市场防御保护机制。

1.6.3 品牌呈现性能

品牌呈现性能反向决定了品牌价值性能，品牌价值性能最重要的问题以最佳方式和角度直观立体地呈现品牌价值，无论品牌大小，品牌一开始就要清楚：究竟要给市场和用户呈现哪些性能特征，从品牌性能区中提取哪些关键品牌性能告之公众和用户。全球企业以往在做品牌市场推广时，极少使用良好的品牌呈现性能方式完善表达品牌，致使公众和用户无法分清该品牌与同类竞争产品之间到底有什么区别，忽视了相近品牌之间——在原材料、生产、工艺、服务等具体环节中巨大的品牌实现过程中的差别。

由于品牌在实际的研发、生产、提供和服务过程中，为体现更完美的品牌追求，企业会在不同的环节使用不同的材料、生产工艺、技术发明、科技运用或服务设计，而这些过程作为耗费成本及影响品牌最终性能的关键环节，并不会被市场中的品牌用户直接感知到，特别是在手工业品牌和工业化品牌之间，成本差距是惊人的，但如果不能展现出这些品牌过程中的重要付出，市场中的用户永远也不清楚其间价值区别，在市场购买价格体现上也无法拉开双方之间的价格带差距，因此如何向品牌用户讲好这个故事，讲清这些独有的品牌性能环节就显得极为重要了。

我们发现只有少数的企业注意到了品牌呈现性能的良好表达，它们会通常展现品牌细节、周边与氛围，如通过具体逐个展示核心环节的材质、做工、纹理、质感特征，或者展现整个品牌研发或制造的故事，展现设计师的设计理念、美学表达、技师工作态度、服务者的生活状态等方式，从而良好地将品牌的各种特有属性和品牌价值感知感应传递给任何正在选择的用户。

例如，品牌在生产过程中的品牌科学技术运用、品牌哲学思想，品牌宣传画册中对品牌产品淋漓尽致地完美表达，都是生活化、艺术化、格调化演绎品牌价值的重要呈现方式，企业在发展品牌，特别是期望让品牌用户通过各种直观的宣传介质感应出品牌价值时，必须注重通过各种介质，让品牌价值直接与用户的心灵对话，以此触发品牌用户对价值的认定、感知水平、感应态度和感知反应。只有用户在被触发的瞬间，感受到了品牌确实值这个钱，品牌的价值才能真正得以正确体现。所以对任何品牌来说，如何表达好品牌，将品牌以最完美的方式呈现给一切潜在用户是相当关键的，这是品牌在市场营销发展水平中能够被称之为最高阶段的——品牌引力特征所应达到的品牌认识水平。

1.6.4 品牌价值性能的设计与创造

品牌呈现性能与品牌价值性能所不同的是，前者主要解决以最佳方式和角度呈现品牌价值的问题，而后者则是品牌价值的发现、设计、创造与发展力水平问题。

企业的价值性能体现在价值发现和价值链发展两种具体性能，并以多网互联为介质进行交互传递，流经企业的所有工作流程就是对用户的所有吸引、传递、服务流程化过程，其核心是品牌价值设计和品牌价值发展水平。

品牌价值设计要求品牌组织从设计品牌开始，就基于品牌知识发展系统建立起价值发现系统和品牌价值链系统，既要求实现无缝衔接、面向工作流和服务流的价值链闭环，又要求实现多网贯穿、面向一切用户开放发展的价值网络，即系统设计、价值链系统、价值发现系统三者之间的协同一致，满足同步发展水平的先进发展力要求。

品牌价值的总体系统设计决定了整个品牌组织未来发展所需的性能结构、设计性能、性能评估，要具有前沿发展眼光，预留协同接口，采取中央化、信息化、动态化、交互式、分布式、互联式设计方式进行总体设计。品牌性能的结构性设计是重点保证管理学底层结构设计要求，满足品牌未来可持续性生态发展需要，为灵敏感知、敏捷探测用户的需求和偏好的报告和反馈做好积极准备。设计性能是总体体现一个品牌当前及未来发展所需的具体性能要求，是企业具体实现各项性能体现的总设计要求，是为品牌管理升级、续代研发、产品版本更新、改善改进所做的性能逻辑要求。性能评估则是企业在实践品牌价值发展方式的过程中体现出的品牌是否满足、达到或超过品牌性能原始设计要求所采取的保障措施。

品牌价值链系统是企业品牌实际运行中升级为品牌组织的全面发展过程，价值链的特征是任何一个人在价值意识、研发行为、工作步骤、服务过程、竞争产品研究,或以其他方式明确思考时,对价值链所做出的改进、延伸或细节延展,从而更好地向社会或特定品牌用户整体输出的价值。品牌组织的全体员工、供应商和服务都是品牌价值链的创造者,在任何环节都可能发展出新的价值。

例如,正在流经汽车生产流水线上的汽车喷漆防剐蹭技术、客户服务人员在电话解决客户问题过程中意外发现的一种实质性需求卖点、供应商启用了新材料来提高产品零部件使用寿命、管理顾问公司为企业品牌数据收集提出的一切建议。这些工作的本质并不仅仅是提供新想法或新建议,也不是说得有道理,其实质都是从各方向、各环节为品牌创建了新的价值思考方式和价值表达方式,使每一个人都在一个有序发展、尊重每一个人的价值创造体中发现价值、发展价值、提升价值、贡献价值,为品牌价值链的完整输出增强了产品美感度、价值推荐要点、品牌实质性能增强、市场数据侦测分类甄别识别等价值。

明日品牌的发展正是基于这些价值的有序创造、价值尊重、价值认可、价值延伸所建立的,每一个人都是价值链上一位宝贵的价值创造者,价值创造、价值提供、价值发展也必须与公平的价值性收入提高、价值分享统一起来,从而发展出人人创造价值、人人受益于价值的稳定价值生态发展环境。

1.6.5 品牌价值性能的发现模式

企业品牌在品牌价值链上的设计、创造与提供过程使品牌价值链可以稳定有序地向外输出品牌价值,但这并不意味着对等网络中的品牌用户就一定能够有效感知、体验或识别到企业品牌输出的所有价值。

我们必须注意品牌向用户的价值输出并非一个对等网络,品牌的价值发展水平之所以无法发展到品牌与用户对等价值网络级别的原因主要是三点:①品牌价值输出方单方面感觉良好,有品牌价值链,没有建立用户端的品牌价值发现系统;②品牌价值链与品牌价值发现系统不一致,价值输出信息混乱混淆,少输出或超许诺性输出,品牌价值输出功率低质低效;③基于多网互联的品牌价值发现系统不够发达,设计能力不足,发展水平低。

我们在这里继续使用品牌反向反应模式反向建立品牌用户的价值发现系统,才能有效保障品牌用户端互联网、移动互联网、物联网等各种网络介质间平稳输出品牌价值。所有的品牌价值,只有"被用户自己发现"才有价值,任何人通常只会相信自己的发现,即便来自他的人际网中推荐的品牌价值,也只有他进行过自我探查、自我学习、自我了解并自我确认后,才能真正完成价值的有效转化。

因而,品牌价值性能的另一个总体设计思想环节,就落实在品牌用户端的价值发现结构性设计和价值发现能力的整体发展水平上。今天和未来的多网互联环境,体现的都是多对一的品牌组织用户关系,是企业品牌从"研发到交付再到服务的所有人+品牌所有供应商服务商+所有品牌经营网络及售卖介质、售后服务环节",将所有人的努力付诸每一个人独立存在的、个性自我的、感官灵敏的——完全以自我为中心的网络用户。同时,每个人每小时接触的任何信息来自四方八面、世界各地,每一秒钟每一个人都以多网互联的方式向全世界传出信息,既是多样化信息的最终接受者,同时也是感官情绪信息的对外传输者、放大器,用户的各种反应瞬间发生、瞬间传播、瞬间影响到整个品牌组织的生死存亡。

品牌价值发现系统的部署在这里就显得相当重要了,该系统是现代企业在发展互联网品牌化,实施多网互联过程中最重要的一项行动和必备措施，只有基于品牌用户在各种网络介质中全面建立价值发现机制，通过广泛部署全网、全频实时动态的接触点，以价值触发、用户自响应、用户自确认、用户自传播，并发挥系统的灵敏传感网络作用，品牌组织才有可能建成发达现代的品牌价值链与品牌价值发现系统，达到高度一致的对等网络价值传输关系。

任何价值只有被用户发现才有价值，用户发现不了就不会成为价值系统的组成部分，在多网互联中，品牌价值发现系统主要是通过内容营销、全网营销、全程感知进行部署的，前提是科学系统的设计并建立品牌价值发现系统，否则品牌生态组织的价值网无法发挥出应用的价值，这是一个容易被企业视而不见并严重低估的高价值品牌发展领域，全世界只有不到1%的企业能够重视，并有效发展运用这种品牌价值能源，"经典、灵敏、精确"是对全域全网性部署品牌价值发现系统的总体性能发展要求，品牌价值发展水平是决定未来全球企业品牌发展力、发展结构、自然生态发展秩序中最重要的前沿地位和决定性竞争力，应引起企业间的相当重视，明日品牌必将架构于此。人类在基于多网互联环境下的品牌价值性能发展，一切都是从用户端的品牌价值发现形成的，这是消费力决定生产力的人类发展力时代的未来发展格局。

1.6.6 品牌实质性能

品牌实质性能是全球企业普遍关注到的产品性能、服务性能、工业设计及包装设计等直观性能的设计与性能满足，并按质量、产能设计、视觉审美要求达到实质性能来实现性能的发展，科学家、工程师、设计师、美学顾问等职业在品牌实质性能过程中发挥着极其重要的价值贡献，这是一个产品从构想到完成研发及生产的过程、从交付再到服务的供给过程、从采购到订单完结的运转过程。

由于品牌实质性能在企业中显而易见，因此会被格外重视，企业对实质性能价值投放的多少，取决于研发水平、材料等级、设备加工制造能力、质量保证模式、交易安全性、交付便捷性、订单准确性、服务响应性等各项要求之间的工作质量要求、管理水平要求和投入产出利润核算要求，高超的品牌实质性能发展方式和品牌技艺要求则包括了品牌概念、品牌设计理念、研发先进程度、材料选用考究、产品制作工艺性能水平、流程现代化、质量稳定性、设计美观性、服务水平等超出一般企业意义上的品牌追求。

我们可以观察到全球企业的品牌发展，主要以品牌实质性能满足和品牌实质性能追求两种形态存在，这就促进企业形成了不同程度的品牌化水平，尽管互联网或移动互联网产品的发展在一定程度上改变了这个发展过程，但其发展原理是一致的，都处于这两种原生的品牌发展思想之内，改变的只不过是产品更新换代所需的发展速度和发展形态。

在过去，当一个产品的品牌以实体实物方式发展时，会格外强调产品生命周期，一个产品从构想到发展起来进入成熟期，一般需要一两年的时间才能研发试制完成，在市场中经历试销、再调试的反复发展过程，等一个产品能够成熟运营发展起来已经至少经历了两三年的时间。但企业需要的是，当一个企业决定采取品牌实用性能满足模式时，企业对研发和制造能力、对制造者和服务人员、对供应商和服务的一致性要求是——合格，满足用户对一个产品的基本物理性能要求条件和可普遍接受的最低感官要求条件。

合格绝对不是优秀，而这些企业品牌会陷入中等收入陷阱，在同质同价竞争、同水平发展方式及同等物质资源创造条件的基础上，在市场中进行有限度的自由发展。在许多市场领域，如汽车、手机、家电、IT、食品、餐饮等方面，都密集地云集着相互激烈竞争的中低端品牌，或者在国家或地区经济保护政策内会存在"一家独大"的特定垄断性非竞争企业，这类企业并不重视将要给市场提供什么样的好产品，重视的是"人有我有"的市场策略。仅靠"合格"是产生不了优秀品牌的，无论其对市场判断能力有多敏锐、技术有多先进、投入资本有多大、其实力有多强，都属于 B 级中等品牌水平的企业。这些企业并不是没有发展，发展速度可能还很快，主要是借助于资本力量、速度优势和"先入为主"方式在公民的普遍需求建立了其现有的发展模式，只有在同一个领域中没有出现优秀企业品牌时，该品牌暂时在市场中领先。

1.6.7 品牌效用性能

品牌效用性能包括了品牌的功能、使用效果、使用频率、使用结果、应用场景、效用提升、效用解决方案延伸、服务开发方面的效能、效用、应用和评估，既是一个品牌从构想、研发阶段的起始设计思想，也是品牌的用户端实际应用及后续价值的终极体现，对某些品牌而言是其可持续性收入的来源，甚至是其最根本的商业模式和品牌长期利润终极来源。

品牌功能是品牌最基本的设计要求，也是其功能在用户端实际使用的功能体现，任何一种产品无论其虚拟或实物，都有其最基本的功能属性，或者是解决某一问题，或者是增加某种感受，也会是多种新功能的集成，任何产品都会注意功能的开发，但功能的使用效用如何——却被 75% 的企业严重低估。

我们需要注意品牌的三个使用效用，分别是使用效果、使用频率、使用结果。

使用效果是品牌用户在使用一个产品解决问题时的功效发挥情况、性能应用效率、操作简易度，是建立用户好感的第一线，有 75% 的品牌产品在这个环节是失败的，不仅无法在打开包装或购买后的第一时间建立起好感，在这些购买用户中有多达 25% 的用户在购买后将在这一瞬间宣告放弃以后再次使用该产品，这是多方面因素造成的，包括与同类产品对比功效不明显、与用户偏好不一致、使用性能不稳定、使用偏差、操作不便等，但通常用户不会直接与品牌商交流这些感知，用户丢弃性决策在瞬间就已经完成了。

使用频率是用户对一个品牌产品的使用权重，是频繁使用还是偶尔使用，是作为品牌用户日常使用的各种品牌中的主品牌，还是只在解决某一问题时使用的主品牌，是可替代品牌或偶尔才想起使用的品牌，对使用频率的研究决定了一个品牌在全球市场或某一专业市场中的实际可支配性市场地位，尽管部分品牌成立较早或拥有足够的资金或资源暂时占据市场主导地位，但一旦某一个新品牌成为某些人甚至几个人生活和工作中的主品牌，那么品牌的自适应自扩张就会发生，并进而很有可能在某一天发展成为市场中新的领导品牌，取代原来的主导品牌，这种实际在用户端发生的主品牌地位支配性研究，不在于其现有用户多少，重点是用户对一个品牌的使用选择权重。好的品牌在市场经由人际网的自传播会自动扩张起来，现代资本市场中天使投资、风险投资都在集中寻找这些潜在的优质品牌，新品牌成为快品牌飞速成长扩张的速度本身就是极快的。

使用结果是品牌用户对一个品牌所做出的终极判断，这是一个品牌的寿命周期结束所做出的决定，或者因质量不稳定使用一段时间后该品牌产品因损坏失效，或者因消费结束该品牌使用完毕，或者在经历一个较长时期的使用后该品牌寿命自然结束，用户此时都会对品牌产品做一次综合性的终极判断，决定是继续再购买、推荐朋友购买、中止再次使用或重新选择其他品牌。

应用场景既是品牌组织明显或暗示品牌用户在什么环境、什么条件、哪些应用领域使用该品牌时所应获得的效用，也是用户在使用过程中在不同场合、不同应用领域发现的品牌效用感知，品牌组织应经常研究、收集并分析这些应用场景，应用场景的扩展是品牌实际给用户带来的价值——"使用好处"，这些应用价值被表达为在不同场合（如机场、酒店、度假、高收入人际圈、婚礼现场、农场）、不同产品领域（如工业、农业、餐饮业、计算机安全领域）。

应用场景与效用提升、效用解决方案延伸是对应的，由于品牌应用场景的研究，使品牌在高端定制、个性制造、性能升级、特定环境的专有产品性能研发、不同领域的分层解决方案专业服务等领域发展出新的盈利空间，不仅可能因此拓宽品牌业务、提高品牌溢价能力、增长品牌收益，也会因此增加用户黏性甚至使用户对品牌产生依赖，并因用户的重复消费或持续消费增长成为稳定发展的商业模式。

服务开发并不仅仅是为用户提供售后服务，事实上包括了从用户了解一个品牌的服务方法、服务解决方案、服务响应方案、从咨询到交付再到完成即时服务全过程的服务性能，也包括首次服务响应（安装、调试、原装配件清单），以及服务升级（维护时间增长、服务要素升级），包括原装配件及耗材的购买、重复购买常客户计划、服务智能系统、用户对服务的自推荐、服务外包等。有效的服务开发既是品牌的新利润来源，也是发展常客户计划增加持续收益的重要来源，品牌用户对服务的不适感或服务中断可能意味着品牌费力吸引的一个重要用户消失，永远都不会再回来。

品牌效用功能可能成为一个品牌非常重要的商业模式，特别是互联网和软件品牌的版本升级、性能升级、服务升级模式，会使吸引品牌用户的成本降低，将业务重点放在免费吸引用户以后产生的对特定付费用户进行高层次的适用性业务开发上，这意味着以用户的特定需求为中心，衍生出任何新的可能性产品项目或服务，增加产品和服务供给。品牌效用功能也可能应用在产品研发上，让用户从一开始就参与到研发过程，然后购买自己参与研发设计的产品。一些电子产品或计算机设备也可能运用这种方式，降级产品的首次销售价格，如打印机或汽车，后期通过持续的耗材消费、原装配件或售后服务来提高品牌收益。

1.6.8 全球协同网络中的品牌性能

首先我们必须确认，全球品牌发展至今，任何品牌都已经成为全球品牌生态链上的一员，并以自己的品牌为中心形成自己的品牌生态链，这是任何品牌在地球上所存在的基本形态，即：任何品牌不是某个人、某一个企业独立完成研发、创造或服务，它必须是在不同的人、企业和组织间进行互联、互动、互生的品牌生态链，区别只是参与组合一个品牌生链的人或组织的结构性层次是什么、规模有多大、数量有多少，你可以从大自然中的食物链来理解这一点，即便再小的品牌也是这种生态结构。

这样就得出一个新的结论，即全球品牌都是以一种协同网络性质存在的，不同的角色：创想者、实施者、组织者、研发者、服务者、供应商、服务商、经营者、用户等共同参与了这个过程，但还需要注意的是，随着互联网、移动互联网、物联网、车联网等各种网络形态的多网互联发展，品牌基于联网化运转的属性变得更为明显，并且是大势所趋。当所有的品牌，无论传统的、现代的、超前的，都演变为联网品牌时，品牌都需要以高知识性、高智能性、高灵敏性、高伸缩性、高可靠性等性能要求来进行运转，并让涉及品牌管理及品牌产品或服务的各种性能要求，都无缝衔接起来，一致性地架构于全球协同网络中。

今天的这种协同效应已经相当明显了，无数的 OA 软件、ERP、CRM 等管理系统在公司内网或公网上运行，这是可见的部分，而品牌在多网互联中的流动方式和用户过程目前是不容易被识别的，人们只能识别那些已知并可控的部分，如注册人数、数据统计、接通率等，但多数未知领域如触发理论、服务流等更为先进的互联网品牌运营基础还未被部署起来。但至少，人们已经知道品牌协同的存在，也运用品牌联合、众创众包、全网营销、信息化改造、数据对接、开放系统等协同作用来具体实施品牌协同，这是未来品牌性能发展最基本的条件和要求。

而进一步的要求，则是基于任何潜在用户在多网互联中的感触行为、价值发现、效用应用等一切用户使用行为上的品牌感知逻辑，研究其发现品牌、使用品牌的运动规律来进行总体性的品牌性能设计，对用户在联网中的运动轨迹的研究、对用户在不同选择节点上的决策行为进行研究是未来品牌发展的重中之重，品牌组织需要基于这种用户对品牌性能的感知和使用来建立新的联网化柔性组织。当然在对软件或硬件的部署上，还需要注意基于多网互联的 IT 系统本身的性能设计、性能测试、性能分析和性能控制，7×24 小时的稳定运转同样是重要的品牌性能技术支撑。

第 1.7 章　前沿地位

品牌是面向未来的，品牌创造或再造的目标是确立前沿地位，这是针对品牌发展方向、品牌未来前景所做出的最重要的战略选择，也因此决定了一个品牌未来的最终成就。没有确立前沿地位的品牌，通常会成为弱品牌，或不久就会在市场上消失。

当任何一个企业决定经由品牌化发展为优势的品牌企业，必须确立企业未来的品牌目标——品牌战略向哪个方向发展，在哪一个具体市场占据领导地位，消费者如何快速清晰地识别这个品牌，如何体现品牌实力，当消费者存在某种需求时，该品牌就会成为首选品牌。

1.7.1　品牌发展方向

品牌发展方向是确定品牌战略未来走向的重要决策，在任何一个新品牌诞生或品牌进行再造时，首先需要决定品牌方向的问题，即品牌未来将在哪个方面突破，朝什么方向发展，人们如何认识理解该品牌。

品牌发展方向的决定权是董事会集体决议，品牌决策的建议权在于 CEO 或首席品牌官，由于 CEO 或首席品牌官决定着品牌将具体如何发展，采取哪些市场行动，实施哪些品牌管理技术，因而当董事会决定发展品牌时，应认真审议 CEO 或首席品牌官的具体建议。必要时，CEO 或首席品牌官应提交一份正式的品牌战略前沿报告交由董事局审议，该报告应包含：战略目标、主要策略、发展路线图、品牌市场预算等内容。

理想情况下，任何一个公司的董事会和投资者在规则上是不参与企业日常经营的，CEO 或首席品牌官是执行品牌方向最核心的人，是总规划师、总设计师和总执行官。对于任何理性的董事会和投资者而言，他们只需要知道这个企业的未来如何发展、向什么方向发展，他们并不需要了解过多的细节信息，具体的决定权取决于 CEO 或首席品牌官提出的科学建议。一旦董事会和投资者通过决议，接下来的事情是 CEO 或首席品牌官大刀阔斧按自己既定的事业构想大干一番的时刻了，一切伟大的品牌都有可能在这个过程中创立。

1.7.1.1 重大变革——决策品牌发展方向

决定品牌方向通常是企业高层集体做出的重大决定，也考验了一个企业从董事长、董事到 CEO、首席品牌官的集体决策水平。特别是在新市场探索、市场饱和、产业面临转型的重要阶段，决定品牌方向几乎是企业唯一也是必须进行的重大决策。董事会和投资者通常会高度重视品牌未来的方向如何确定，以便企业至少在未来 10 年走出一条新路，成为拥有特定市场的成功品牌。

独创、前沿、专业、拥有良好市场前景的品牌方向有可能在这一时期获得全票通过，并得到董事会全体成员的大力支持；相反，没有鲜明特征、市场前景不明显的品牌方向可能会遭到否决。当旧的产业市场遭遇的竞争压力越大，一些具有原生的、野生的、冒险企业家精神的品牌战略方向报告越可能获得强力支持，具有雄心和野心的企业家和投资者们希望通过大胆创造成为独一无二的优势品牌企业，这是容易在产业竞争中出现新的商业巨头的奔腾狂野时代。如果产业市场平稳，董事会倾向于选择较为安全、市场和投资风险较小的战略方向稳步的发展，这是一个相对竞争优势不明显的品牌同质化竞争时代。

董事会希望决定未来战略方向，投资者希望有新的商业模式，用户希望专业品牌——"做什么和具体怎么做"就成为整个品牌方向上要集中解决的核心问题。一旦决定下来，企业可能面临重大重组，市场可能面临重大变动，因而整个决策过程本身是相当审慎的，需要综合多方面因素。

在许多存在保守谨慎思想股东的董事会里，大幅度的变革和大胆的创造性发展思想可能得不到支持。而且市场相关人士可能因看不清方向也会提出许多质疑和反对意见，变革者需要保持坚定的信心耐心地说服董事会和投资者，甚至可能采取小规模实验的方式取得实证性的阶段变革成果，从而促进董事会最终做出重大决定。

至于市场观察人士的看法，由于并不了解公司实际情况，不一定能够提出客观、科学的、可预见的有效建议，无论如何，承担品牌方向变革的 CEO 或首席品牌官应保持足够坚定的信心，以强大的魄力带动公司实现战略方面的完美变革，即便在一家企业或多家企业未能成功实现变革，努力期望进行变革的 CEO 或首席品牌官也不应丧失信心，一旦时机成熟或寻找到更能支持自己的董事会，伟大的变革迟早都会发生，CEO 或首席品牌官所需要的只是在一个恰当的时机、一个恰当的企业中完成自己最有魄力的远大变革，证实自己的水平与能力，机会总是留给有准备的人。

1.7.1.2 科学分析品牌发展方向

需要提醒的是，决定品牌方向并非是凭空想象、思路构想、方向感觉，这些都是不科学的。真正决定品牌方向的是经由科学分析，掌握产业前沿走向、产业运转规律、市场竞争态势、企业实际情况，一些分析需要根据对产业数据的分析、前景论证、可证实的人口及消费数据来获得。

CEO 及首席品牌官应从 3 个方面着手，以便做出科学分析：①产业走向，未来该产业将如何发展，如何实施变革以改变产业竞争形态，企业的客源市场是哪些市场，是否针对客源市场跨越产业界线实现纵深发展；②独有机会，未来的新机会将是什么，目前市场上有哪些专业市场没有强势品牌，且该市场具有足够规模的市场容量，一旦决定品牌方向，可否在该市场中获得长足发展。市场容量过于狭小或专业市场识别不清，通常是品牌方向决策失败的主要因素；③有哪些数据可以支撑品牌方向，人口统计数字、消费倾向统计数据、市场需求变化的重大趋势和可证实的类似商业模式已经取得的重大市场成就等，都可以成为实证性数据，而小规模的市场探测或市场调查数据也可以用来佐证对市场方向的判断。

接下来，需要从3个方面仔细研究，确定该市场的主攻策略，从而完成对品牌方向进行科学的规划设计：①该市场当前存在的种种弊端，弊端包括了产业难点问题、困扰产业发展的弊病、经销商最担忧的问题、客户最常投诉的环节，从互联网和图书馆中可以找出许多类似的问题，综合分析后可以找出一定的产业规律，从人们最担心的难点痛点入手进行新的品牌方向市场设计；②该市场最新竞争趋势和当前经济中最热门的商业模式，研究产业内企业普遍关注并采取行动的最新竞争趋势，研究当前经济最热门的模式，其目的是避开现有竞争、合理结合新商业模式创造新的商业竞争形态，未来市场永远属于新的颠覆者；③研究品牌用户的选择习惯，仔细研究当前市场上存在的品牌用户是如何选择一个品牌的，他们最关心哪几项品牌特征，在不同的市场用户中，用户的选择重点是不一样的，只有仔细研究用户的选择规律、消费规律才能够合理设计出最容易受到品牌用户欢迎的强势品牌。

1.7.1.3 最终决定品牌发展方向

只有当任何一名CEO或首席品牌官对未来将进入的品牌市场进行认真科学的分析之后，才有权提出自己的品牌方向构想，进而设计出有效的品牌方向战略。这些研究数据要列入报告，作为研究清单提交董事会，用以证实品牌方向决策的准确性。

品牌战略前沿报告一般应包括品牌概念（品牌方向、品牌文化、品牌广告语）、品牌概念运用结构、市场竞争格局设计（一组计划实施的重要策略现状、决策、竞争优势）、总体市场规划、进度时间表、投资预算表、任务分解等重要环节。

其中，品牌概念运用结构是一组围绕该企业品牌进入市场所需的品牌概念系统，集中几个重点的突出概念，作为品牌发力点。

市场竞争格局设计包括了一组主要采取的竞争策略，例如拉高策略、单品策略、文化策略、客源策略、新闻策略等，集中围绕当前市场中存在的现状难点，找出决策建议，突出本品牌的竞争优势。

总体市场规划是界定较长一个时期，一般至少为5~10年的发展规划，界定每个阶段或每年所要达到的市场目标、市场重点。

投资预算表在这份报告中相当重要，当一个公司决定实施品牌再造，发布新品牌或实现品牌市场扩张性发展，都必然会投放相应的启动资金和资源，根据不同企业的情况不同，这笔投资资金的准备从几十万美元到几千万美元不等。承担品牌再造的CEO或首席品牌官要与董事会或投资者协商总投资额，并合理地对这笔启动资金的投资进行预算，提出各项合理开支，争取以最小投资代价获得最大的经济效益。

除了启动投资预算，CEO或首席品牌官还应从长期业务经营中划拨出一定比例的销售收入列为品牌管理经费，用于持续进行品牌建设的基金、品牌市场投入费用。在一个新品牌或经品牌再造后发布的品牌，前期品牌管理经费一般不应低于总销售收入的5%。这项建议一般会获得董事会的通过。

如果CEO或首席品牌官对品牌和市场进行了捆绑发展，使品牌效应与市场销售效果统一起来进行归口管理，CEO或首席品牌官可以向董事会提出更高销售收入的划拨比例，用于品牌和市场的全面运营，随着销售收入总额的增长，划拨比例最高可能占销售总额的15%~30%，既前期加大投放比例，后期随着销售总额增长，比例同比降低，但销售收入基数在增大，CEO或首席品牌官也会

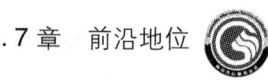

因此获得较高的个人收入奖励，责任、付出、收获通常是同等的，勇于付出就会获得可观的回报。正因如此，一个足够优秀的 CEO 或首席品牌官可以在掌握高水准的品牌再造技术后，有相当大的概率每年收入百万美元以上。

1.7.2 品牌未来

品牌要解决的是企业未来问题，必须对董事会、投资者、员工和用户解释"品牌未来是什么"这一深刻命题。

在品牌经济层面，无论全球品牌框架制定层面、国家或地方或产业集群的品牌经济体中、在怀有梦想的新兴品牌企业或计划实施品牌再造的成熟品牌企业中，都需要向关联企业、投资者，乃至整个品牌组织明确地解答"品牌的未来是什么"这一命题。

人们也迫切地想知道自己所投身服务贡献的组织和企业——其品牌的未来是什么，任何组织和企业都必须清楚地回答这个问题。事实上，所有人都会问这个问题，无论是品牌经济体组织的成员、品牌投资者、骨干、员工还是品牌用户，都迫切地想知道这个问题的答案，他们反复询问这个问题，他们也在反复思考这个问题，并反过来用自己所得到的解释和理解思考一个品牌的前景和未来，以便做出更进一步的决定，投资、留下、一起成长，还是厌倦或转身离开。

我们始终坚定地认为，品牌本身是未来的、是前瞻的、是预感的、是领先的一种前沿思考方式和预判思维，品牌需要解释本组织或本企业的未来，品牌需要勾画出壮观的前景，品牌需要点燃起所有人的梦想，品牌的未来需要感染所有的品牌用户，品牌领导人、品牌官、品牌投资者、企业管理者们同样需要清楚如何有步骤地、有条理地、系统地、科学地通向品牌未来之路，从而切实将品牌发展问题落到实处。

对于用户而言，品牌将创造出什么新价值——某种环境、某种生活方式、某种感觉感观体验、某种品味品质、某种地位象征或美好寓意，就是品牌所赋予的价值，品牌赋值最终以货币杠杆来衡量，成为品牌溢价的主要环节。品牌通过创造某种新价值，获得品牌溢价能力，这是品牌面向未来的勇敢探索，能够带给用户以未来，向用户解释"品牌的未来是什么"。

在面向 21 世纪、22 世纪、23 世纪甚至更长远的人类未来，不断有品牌在描绘未来，不断有品牌创造未来，从而构成新的国际品牌不断出现在世人面前，不断有国际品牌通过持续的品牌再造永恒发展，长久地保持朝气蓬勃的青春，活跃在人类史上。

1.7.3 品牌前沿探测

前沿探测是为了让企业品牌拥有前沿地位所进行的前沿思考、前沿发现、前沿实验、前沿研发、前沿带动。从而完成对品牌前沿地位发展所需要的一系列信息、数据、知识等的准备。这种准备是非常必要的——是不可逾越的前沿准备。

前沿探测是为了确保占领未来竞争所进行的各种构想组合，基于未来竞争可能出现的战略方向、竞争对手做出各种假设，并合理设计满足企业品牌未来发展所需的各种品牌性能，以保持决定性竞争力。

任何企业都必须放眼于未来，充分认识到企业未来竞争所可能遇及的各种挑战。这些挑战包括但不限于：①为了防御市场竞争，从一开始就设立品牌市场保护壁垒，避开各种可能出现的竞争；②为了有效占据市场优势地位，对市场实施的压制性强势品牌行动；③为做透品牌市场所进行的专业级市场研究和市场地位占领行动；④为保证品牌竞争地位所采取的品牌联合行动；⑤为抗击任何潜在对手突然发起的品牌市场冲击，品牌必须能够快速应对。

竞争无处不在，商战胜于兵战，当企业决定以品牌制胜，从一开始就要站在前沿立场，跨越当前企业普遍竞争形态和最新趋势，大胆向前更进一步，以全球前沿探测为行动目标，发现全球最前沿的趋势需要，创造全新趋势。

1.7.3.1 前沿探测的重要性

在21世纪、22世纪、23世纪甚至更远的未来，不断会出现新的品牌挑战前沿领域，创造全球流行的新趋势，这些品牌最终会流行一定时期或长存于历史。

前沿探测是为保证企业建立前沿地位所做出的第一步行动，在面对未来复杂竞争情况的趋势和变化中，企业必须充分认识到只有创造趋势才能成为流行品牌，才能取得长足市场效应。

并不是每一个人都能够敏锐地捕获前沿趋势，也并不是每一个人能够创造出前沿地位，但对于一位优秀的CEO和首席品牌官来说，创造前沿地位就是实施品牌再造的目的所在，这也是对董事会、投资者和品牌用户做出的最大承诺，所应肩负的重要责任和使命。

前沿探测是为接下来的前沿设计所做出的事实准备，经由前沿探测，CEO或首席品牌官应能够对品牌的未来做出深入思考、发现前沿趋势出现的一切可能、对前沿假设展开一系列实验获得实验分析数据，着手新的品牌产品的研发，如有可能，带动更多的前沿配套企业与合作伙伴一起致力于前沿设计的落实。

前沿探测既需要假想能力，又需要把假想描述成现实可能实现的一系列图像模拟描绘，与董事会、投资者、骨干员工、配套企业、合作伙伴一起来实施，进而达到目的。由于这些未来知识或未来图像只存在于CEO或首席品牌官的大脑想象中，将想象转化为现实可证实的产品、服务与事实则考验了一个CEO或品牌官的思维水平。

1.7.3.2 品牌前沿探测的行动

前沿探测可以通过个人思考、小组讨论、科学实验、对比分析、荟萃分析等多种方式完成，可能至少需要经历三个月的探测过程。

这些探测需要充分释放大脑的思维能力，CEO或品牌官日常所积累的远见、知识和分析能力在此时起到了决定了作用。前沿探测具体而言，重点包括以下五个方面。

前沿思考：创造者首先要对全球最新的各种产业数据、市场进入方向进行各种研究，以决定品牌产品的形态、进入市场的方式、服务方式、价格因素、防御竞争对手的市场保护能力等重点因素。从而初步对品牌产品竞争方式勾画出基本轮廓，它是什么、哪些颜色、服务于什么特定市场、存在哪些品牌价值特征、用户为什么一定会买这个品牌，与竞争对手相比品牌拥有那些独一无二无法复制的竞争优势。

前沿发现：创造者完成前沿思考后，需要对市场上的产品、竞争企业进行一定范围的调查，包括市场现场观察、购买样品进行研究、对包装设计与外观进行分析、对用户色感需求进行市场调查、对重要的产品亮相进行规划并调查验证、用户关心的细节问题、品牌史的价值发现，发现的范围包括自己最钟情的其他品牌到底为什么好，前沿发现也包括对新商业模式的思考与论证。

前沿实验：根据需要，要进行一定范围的小规模探测实验，通过实验数据确定、证实或修改发现，这些实施可能包括色感实验、口感实施、触觉实验、接触点实验、物流防碰撞实验、耐压力实验等，有些实验在前沿研发过程中进行，结合实验修正产品研发成果。

前沿研发：通过前沿思考、发现、实验，进入前沿研发阶段，这一阶段的重点是将经过科学分析、科学思考、科学发现的产品模拟图像转化为产品实物的过程，通过向设计师描绘完成设计稿，通过各种工艺技师完成品牌产品成品。但这个过程并不轻松，品牌产品是经过千锤百炼的精湛品牌作品，一般需要经过多个设计公司、多个配套企业和本企业的产品研发实验室进行多轮、多层次的设计、打样、实验，最终才能完成，这个过程一般会耗费一大笔昂贵的资金。由于品牌官通常是一名完美主义者，品牌官要替市场用户把关，在这个过程中是最严格的，近乎苛刻，所有环节要求精益求精，对每一个环节进行微观调节，重复修改、试制、实验，直到完美作品的完整完成，期间还会伴随着重复进行的前沿思考、发现、实验进行品牌的持续修正。

前沿带动：在研发过程中，CEO或品牌官还应具备强大的带动能力，带动上下游的合作企业、配套企业、各种市场资源，以及本企业的骨干和全员一起致力于品牌再造梦想的实施，CEO或品牌官必须不断为企业内外描绘梦想、唤醒全员的事业热情、鼓励企业内外一切人士为公司的品牌再造而全力努力。品牌创始或再造过程实际上也是一个针对企业内外品牌骨干进行强传播的过程，从而形成第一批品牌骨干，再将品牌传输到更多领域，影响到更多的人。新的品牌骨干可能是以前并不认识的人，但他们基于对这一品牌的信心，成为对品牌热心关注、服务或帮助的人。而品牌组织的形成，正是这样一个持续扩散、发展品牌骨干、传递品牌价值流的传播过程，从而形成强大的品牌信念，赢得市场。

1.7.4 品牌前沿设计

任何企业要想成功实施品牌创始或品牌再造，都必须注意品牌所决定的根本不是今天的市场现状，品牌是一种未来产物，是企业为5年、10年乃至100年以后的发展所进行的整体化市场设计。品牌所描绘的是一系列的市场远景，是足以引人心动的未来竞争形态，是一场能够带动许多人为之梦想、为之奋斗的人生舞台。品牌也因此吸引越来越多的品牌用户关注并持续扩大用户基数，最终完成品牌路线图所界定的品牌市场地位。

为实现前沿地位，企业需要做出许多努力，在前沿探测的基础上，不断提高前沿预测的准确性，使用预判思维，实施前沿设计，从而突出产品的性能和服务的价值。前沿设计本质上是针对企业未来发展所需进行的全域市场设计，前沿设计能力决定了企业最终获得的品牌竞争能力。

前沿设计的主体是满足企业为获得前沿地位所进行的一系列市场化设计，这些设计包括了市场规模预测、市场启动方式、市场进入战略、市场渠道设计、市场行动设计、市场覆盖方式等一系列重要的全域竞争能力准备。

1.7.4.1 品牌前沿预设计

前沿预设计是在前沿探测基础上最终完成的准确预测性设计，以报告形式汇报完整的品牌表达方式，前沿预设计内容包括了产品设计、文化设计、服务设计、市场设计，以更翔实的数据来表达。这些预设计将是品牌进入市场时所需做出的基本准备，当这些初始化设计完成实施，品牌就可以准备全面进入市场了，在市场中进行校验并进行纠错完善，最终在市场上成熟起来。

产品设计主要是通过色感、手感、口感、质感、体积、表面等多种品牌感知和产品表现形态的探测研究，完成对品牌产品的理想设计图，并交付实施完成。为提高预测准备性，每一个阶段的试制品还需要进行一定范围的小规模市场测试，以检证预测准确性。由于产品终成品不一定能够一次性满足市场渴望的最佳形态，产品设计可以分阶段以升级方式进入市场，以第一代产品、第二代产品、第三代产品……不断进行产品的升级换代，探索更多可能的最佳设计，达到产品性能和感观设计的最佳状态。

文化设计主要是通过赋予产品一定的文化内涵、表达寓意、象征符号、品牌传播网络等特定文化属性，这些文化属性可以来自品牌史的历史挖掘，可以来自于品牌文化的创造，也可以是一系列特定企业文明的综合表现，可以是一种新生活方式的缩影。经由文化设计后，使品牌脱胎于产品的基本形态，被赋予一定的特有文化属性，让品牌更易于识别，价值含量更高，为品牌获得定向的品牌用户族群提供了文化表达依据。

服务设计主要是针对服务形式所做出的一系列预测，包括服务智能系统建设、电子化服务设计、首次信任设计、交付设计、物流设计、客户服务、服务流程、增值服务等一系列服务组成，通过合理的服务部署，服务设计将进一步提高品牌溢价。

市场设计包含了一系列的市场战略所需要的市场能力部署，品牌采用什么方式发布进入市场，品牌主要占领哪些人群、品牌主攻哪些新渠道，品牌主要采取哪些市场行动，品牌在市场上最终达到什么目的，品牌要实现的销售规模等，市场设计本身是一系列在市场上处于运动状态的市场行动，特别是对于新品牌和经由品牌再造后发布的品牌，一开始就必须集中一切力量，动用一切资源，通过高密度的强势市场进攻完成市场占领，达到市场预期设计目标。

1.7.4.2 品牌传感网

任何品牌并不是一开始就能够让足够数量的品牌用户接受，当品牌进入市场，必须经历一个阶段的市场磨合期，在这一阶段，也是品牌组织部署的品牌传感网发挥积极作用的重要阶段。品牌传感网是任何新品牌进入市场时所需进行的探测部署，品牌传感网的部署周期一般为6~12个月，随着品牌传感作用的完成，品牌传感网将升格到高级阶段——品牌人际网。

品牌传感网的部署——品牌传感网是随着品牌正式发布，品牌全面进入市场时随同部署的一个市场前沿探测传感系统，由市场分析师和管理分析师组成。品牌组织需要在经销商网络中训练一定比例的人员成为市场分析师和管理分析师，在每一个经销服务网点，都应该至少有一名兼职的市场分析师和一名兼职的管理分析师，他们被要求工作职责中的一部分内容为市场分析和管理分析，如有可能就可升级为MA学组。

市场分析师的任务是发现当地市场的品牌需求改善点，收集当地市场及消费者对色彩、包装、款式、流行文化、风格、价格、寓意等各个环节的建议，研究本地化客源市场开发策略、市场行动计划、客户服务包等内容，研究分析意见以报告形式向品牌化委员会汇报。管理分析师的任务则是发现终端管理、人员管理、人员培训、物流、配送、货品摆放、经销商管理问题等各种终端管理环节的问题及建议，以报告形式向品牌化委员会汇报。

对每一个经销服务网点所部署的由市场分析师和管理分析师组成的传感网，事实上是面向市场进行大规模探测的一种传输感知探测系统，也是品牌动态管理知识系统的早期阶段，经由朋友圈荟萃分析，从而确定出更加准确的市场预测和产品服务改善报告。为强化传感网的作用，在品牌进入市场后第3个月、第6个月，品牌化委员会还需要大幅扩大品牌经销商委员会、品牌用户关系委员会、品牌质量工作委员会三个二级委员会的成员数量，鼓励经销商、品牌用户、质量建议人士大批加入这些委员会，通过对各个委员会成员间的MA学组荟萃分析活动，进一步完成市场探测和管理分析数据的搜集。通过传感网的部署及委员会的分析活动，企业品牌就会在第一时间获得所有涉及产品、服务、管理流程等各方面的改善报告，从而加快品牌的市场化成熟过程。

1.7.5 品牌实力

为达到品牌完成前沿地位这一战略目标，品牌组织必须从一开始就注重前沿地位设计，从而从一开始就体现品牌实力，品牌从进入市场到市场运动过程本质上是为树立前沿市场地位所做的一切努力，只有在一个特定市场中牢牢占据主导品牌地位，品牌创始或再造才能最终成功完成。

围绕品牌实力的前沿地位设计包括了品牌背书、前沿表达、首选品牌、品牌印象感知、市场表现、品牌地位等内容，是为实现品牌获得前沿地位所需要的一种心理定势过程——即潜在的品牌经销商、一切潜在的品牌用户是如何来看待这个品牌的，从他们的内心如何理解这一品牌，它是一种埋植在每个人内心的心理作用，是每个人内心对一个品牌的基本品牌印象、认识和轮廓。

1.7.5.1 品牌背书

对一个新品牌而言，初次进入市场，市场还不了解，品牌没有指名购买率，此时需要把品牌背书放在首位。品牌背书是通过一系列可被证实的品牌实力组合，完成品牌进入市场时的首次认知，由于全球超过90%的人口对新品牌持有不安全的购买心理阻碍，品牌再造前消费者也会存在对同业品牌认知落差，任何新品牌和经由品牌再造的品牌都应注重在进入市场前做好品牌背书。

品牌背书是指通过一系列的战略合作、品牌组合、品牌行动综合为品牌做出具有实力的初步证实。

品牌可以与一系列重要的组织进行战略合作，如产业内的权威经济组织、重要新闻媒体、众所周知的重要技术研究组织等进行广泛合作，借用专业力量提升人们对品牌的初次信任和基本认知，尽快为品牌进入市场扫清认知障碍。

品牌组合则是与市场上已经拥有一定影响力的企业品牌或个人品牌进行强强联合，通过品牌借力达到人们初步了解该品牌时的信任度。通过某种明示或暗示强化品牌关联，并有可能借助已有品牌的市场和品牌影响力完成品牌初期市场发展。

品牌行动则是通过一定高影响力的市场行动，例如，品牌全球宣言、重大品牌活动、重要品牌事件等，突出品牌进入市场的强大实力。

1.7.5.2 品牌前沿表达

品牌前沿表达是通过品牌识别系统、品牌产品设计理念、品牌技术实力、品牌创造能力等多方面因素对市场展现出的表达方式，从而使品牌从一开始进入市场就被人们认为是代表前沿科技、前沿时尚、前沿概念的全新产品，科技和时尚元素的设计被认为是品牌最佳的表达能力。

品牌识别系统的表达：品牌故事、品牌寓意、品牌象征的表达以及LOGO展示方式等能够瞬间带给人们一定的表达感觉，而画册、品牌形象物品等各种表达展现形式也将进一步延伸品牌给人的感觉，国际化的、领先科技的、时尚潮流的、阳光的、青春的表达感能够带动人对品牌的积极感应，反之将给来人落后的、陈旧的、老化的品牌感觉。

品牌产品设计理念的表达：设计理念通常是品牌产品设计思想的完美诠释，通过外观设计、质感体验、口感风格等具体化的产品细节环节展示，品牌官或设计师可以向人们表达出先进的、潮流的、意境化的品牌设计思想，容易让品牌受众进入梦幻与追求的更高品牌享受境界。

品牌技术实力的表达，则主要通过技术前沿展现、技术领先程度、技术性能等多种方式，展现技术水平、历史传承、技术环境、细节做工等各方面的精湛技艺，或表达前沿科学技术研发所能表现的科学效应，为用户理性的品牌选择提供了先机。

品牌创造能力的表达，主要体现品牌的非凡创造力，一般是独立研发、科学研究、前沿创造、时尚外观等与众不同的颠覆式创造力展现。新趋势、新模式、新形象有助于品牌占据某个领域的前沿领袖地位。特别是在拥有重大前沿趋势的产业领域，拥有高超品牌前沿创造力的品牌，更容易脱颖而出，以产业前沿领袖地位倍受媒体和市场的狂热追捧。

1.7.5.3 首选品牌

首选品牌是企业品牌为获得前沿地位所做的一种重要战略选择，即假定自身品牌足以成为某一领域的首选品牌，为品牌所做出的一系列市场准备和市场行动。

并不一定是当前市场中已经占据最大市场份额的品牌能够成为首选品牌，新的品牌竞争者在不断出现，品牌市场颠覆者随时现身，所以首选品牌本身是一场激烈的争夺战。新品牌的创造者或经品牌再造的品牌在重新进入市场时，都可能以颠覆者的姿态改写旧市场的规则，郑重宣布自己是新的首选品牌，通过强势市场行动迅速摆正首选品牌的前沿地位。

新的强势竞争者在进入市场时，通常会对旧的品牌市场组合进行研究分析，从而制定出有别于旧市场的一系列新规则，改变的方式是外观、口感、配方、性能、渠道、消费者对品牌的识别方式等各种可能的方面，从而制定出对市场发生逆转的颠覆性市场设计，新竞争策略的采用、新商业模式和新管理技术的应用将大大提高任何市场的产品颠覆速度。

新的巨头随时可能诞生，新的颠覆性创造者随时出现在市场上，这是今后全球产业竞争的主要竞争形态，特别是在产业重大变革时期，各个企业都会实施一定幅度的变革，无非是变革的程度快与慢、变革的强度大与小，通过品牌再造进行彻底性变革的企业成为首选品牌的概率已经空前提高，正如风险投资界的观点，恰恰是一些存在争议的让人看不清楚的商业模式，才会极有可能取得最大的投资回报。

首选品牌同样是品牌组织确立前沿地位的一个重要缩影，从一个品牌经由品牌创始或再造准备进入市场的第一天起，首选品牌的战略目标就已经被确定，接下来的就是进行一系列的大规模变革，这些新品牌将肩负在消费者内心建立起首选品牌定义的目标，从一开始就确定了对消费者要根植的心理定势效应，通过市场行动完成从构想到落实的伟大裂变过程，而当这些品牌举行新闻发布会正式发布时，对市场产生的强烈颠覆性变革其实早就已经开始了，充足的准备和战略部署通常是在太阳升起前的黎明完成。

1.7.5.4 品牌印象设计

品牌印象通常是企业品牌在发布品牌前，为品牌的前沿存在所做出的积极准备，从而在品牌正式发布时，就已经基本完成品牌印象的整体布局。今天的品牌印象并非单方面的产品设计，它是由媒体传播介质、品牌印象感观、品牌概念爆点对市场及消费者给出的一种综合印象效应。

第一，人们获得品牌的途径将主要是互联网和移动互联网，新的品牌必须以互联网品牌化的方式向人们展示其基本印象，重要媒体的关注率、品牌新颖程度、人们获知这个新品牌的途径都格外重要，新品牌的发布必须优先通过媒体化部署完成品牌进入市场前的准备，经由互联网和移动互联网进行搜索、点击网页或移动端获得该品牌的一切潜在人士部署互联网品牌的综合印象。当然，进一步的互联网品牌设计本身需要对互联网怀有深刻的品牌思想理解和运用能力。

第二，品牌印象感知的设计，必然是由外到内进行的，首先人们从互联网、移动互联网、人际网等各种接触环节首次听说、无意间了解、无意间见到等情况首次产生品牌印象，接下来会通过进一步的接触点或自我学习了解该品牌，这些接触过程通常是从未见到过产品实物的过程，但极有可能已经做出购买决定。在见到产品实物时的接触也是从外包装开始的，直到使用或使用一段时间后才会彻底完成对品牌印象全面感知，也代表一个新的品牌用户完成了品牌试探性购买过程。基于这些过程，必须对品牌进行一系列的互联网品牌接触点设计、品牌传播流设计、品牌知识自适应学习系统设计、首次信任设计等新流程，从而加速用户购买选择和全面信任，这是任何企业品牌要升级为品牌组织所应做好的重要环节。

第三，品牌概念爆点的设计是品牌在强势进入市场前，针对新闻媒体、潜在经销商、潜在品牌用户、互联网人口所需要部署的重要品牌概念，以这些品牌概念爆点为主，引爆新闻记者和目标品牌用户群体对该品牌的强烈关注。现代品牌的发展在本质上都是经由最基本的人际网传播的品牌，无论数字网还是互联网，都离不开人与人之间的传播，新品牌必须快速进入人们关注的视线，从注意力经济中获得初期品牌效应，进而深耕人际网，获得品牌深度发展所需的品牌塔基。

1.7.5.5 品牌市场表现

新品牌或经品牌再造后的品牌，需要在市场上表现出强劲的市场攻势，即高速高频的市场运动状态，品牌还应为全域作战做好市场预备方式。从而在媒体和公众看来，品牌在市场非常活跃，由于品牌印象的产生通常是叠加效应或猛然效应，企业应该运用好这两种效应充足表现出强大的市场运动实力。

市场运动表现：新品牌必须在市场上表现出始终处于高频率运动状态，运动状态一般是由分阶段的市场行动、高影响力的市场计划来代表，即海潮定律，这些行动和计划应保持一定的市场频率。市场行动一般拥有一些行动代号，是品牌组织每3个月或6个月采取的一种强势市场进入方式，如经销商招募行动、客情关系行动、目标市场攻击行动等，动作和幅度要大，影响力要高，媒体报道随时跟进。计划一般是重要的中长期计划，一般体现为格局大、层次高、对社会发展具有一定积极意义，传播社会正能量。

海潮定律对新品牌的要求是至少每三个月都应该拥有一个引发市场关注的重大爆点行动或计划，轮番进入市场并持续产生强烈的关注效应。速度、强度、力度、影响力、社会进步性决定了市场运动表现能否取得最佳品牌效应。在高速竞争的时代，市场发展迟缓的品牌容易被新的强势品牌取代，各种琐碎的市场活动策划由于层次低、覆盖范围小，缺乏结构性品牌战略化设计，通常难以引发市场关注，在品牌化早期反而是极为不利的，可能贻误战机，错失良机。

市场表现效应：市场表现效应是通过叠加效应或猛然效应来实现的。叠加效应是指在一个较短时间范围内（一般为1周至3个月），某一个新的关注者（潜在投资者、经销商或用户）无意间从不同的认识媒体或渠道见到一个品牌的频率，当从不同的3个以上认识环节发现一个品牌时，该关注者就已"激活"对该品牌的关注属性，该关注者会记忆该品牌，并可能进一步了解该品牌，成为有关注意识的正式关注者。猛然效应是一个新的关注者通过可靠推荐渠道或有意识的关注被触发后，猛然发现一个品牌的强大实力，从而自我主动寻求对一个品牌的关注。

任何人任何时间都可能成为一个品牌的关注者，关注者的主要关注方式是自我搜索品牌信息、通过人际网了解，关注过程本身是对品牌的自我学习过程，一些关注者转化为品牌用户，一些关注者则成为品牌的推荐者。未来品牌的成功主要取决于关注者的基数，关注者越多，人际网中的互动传播数量就越大，品牌实力就会被反复相互确认，品牌效应就越强。

第1.8章 决定性竞争力

企业必须通过不断的品牌再造来发展其决定性竞争力，其本质是确立并始终保持在全球市场中的关键性决定性竞争优势，以满足到达下一次品牌再造周期内的关键竞争能力。在品牌再造时，企业应从多个角度，做出积极的准备，将建立决定性竞争力放在首要位置。尽管一个企业在品牌战略上会做出许多选择，出现很多品牌能力元素和竞争力发挥的环节，但只有尽快确立出决定性竞争力，才能分清主次，剥离不必要的环节和动作，使资源和力量更集中，发挥出强大竞争力。

企业应活用品牌科学原理和品牌再造技术，集中发展决定性竞争力。有些企业会采取多元市场策略，但显然多元化并非品牌创始或再造早期的理想状态，这将造成品牌识别在用户端出现极度混乱的情况，相反会削弱决定性竞争力。为保持清晰明确的决定性竞争力，企业有必要高度聚焦市场，积极寻找品牌、产品、服务的市场竞争关键，早日确立企业决定性竞争力。

任何品牌要试图获得决定性竞争力，就必须清楚决定性因素有哪些，决定性因素包括决胜思想、知识系统、管理设计、概念路线、品牌性能优势、全域作战、即时反应七种典型的竞争实力，综合成为品牌决定性竞争力，而当品牌全力运用这些力量时，也将迅速转化为品牌组织化的竞争实力，因此在本章中，企业品牌可能升级为理想状态中的品牌组织。

1.8.1 决胜思想

决胜思想是指董事会、投资者、CEO及首席品牌官等高层对品牌再造一致的预见和决心。企业特别是高层应清楚为什么要进行品牌再造，应有勇气彻底性实施变革，完成创始或品牌再造。

品牌再造作为企业每隔一个品牌运转周期就必须进行的再造行动，需要放眼于品牌的前沿未来，从根本上重新且彻底地实施品牌再造，其目的是完成品牌和市场的重大改变。

企业高层长远预见和坚定的决心决定了品牌再造的成功率，也决定了品牌再造最终所能取得的成就。品牌本身是具有感染力的，这种品牌感染力从上到下，从内到外，强有力的预见和决心决定了品牌感染力的强度，也因此，高层通常是用思想来影响所有人，而品牌感染力扩张的结果，就是使品牌企业正式升级为品牌组织，从而在市场中产生强有力的终极影响力。

品牌再造最终在市场上所展现的是从思想、设计、决策等各方面快速行动的力量，经由品牌重心运动向市场释放的强烈品牌进取信号。随着越来越多的品牌成员被吸引，主动加入，品牌组织处于无限扩大状态，从而使企业品牌升级到品牌组织状态，为取得重大市场成就获得充足的保障。这样的品牌看起来更安全，更容易让人信任，也因此品牌得以长足发展。

1.8.2 品牌知识系统

品牌发展的核心是其独立独有知识系统的建立，在现实情况下极少有企业将品牌竞争的主力放在知识竞争上，事实上品牌知识系统的竞争才是品牌发展的关键竞争力。

我们来观察一个品牌从诞生到壮大并持续保持决定性竞争力的过程：从品牌梦想出发，在品牌创始人形成构想、完善构思的过程中，其实已经在为一个品牌建立其可供生存及发展的生态系统，品牌创始人必须考虑品牌将如何发展、市场突破集中的环节和市场防御壁垒的建设，这张"品牌蓝图"已经包含了品牌知识系统的初步结构，而接下来的品牌实践，则是实际发展品牌知识系统的过程。

品牌在创始过程中，将集中凝结所有品牌参与者的贡献，所有来自不同领域的知识向品牌中央系统进行集中汇集，并进而形成品牌从研发、原材料采购、生产、质量、服务等全过程的知识化构建，所有所需发展的品牌能力、品牌性能研究实验结果、品牌流程管理方法、品牌加工制作经验、品牌体验数据、品牌外观设计思考、品牌实际用户研究都会被汇总起来，成为企业品牌珍贵的知识档案和品牌文件化操作序列，从而完成品牌知识系统的初步结构。

在接下来的品牌定型、品牌规模化发展过程中，品牌需要以稳定、成熟的方式运行，而这个重要过程是品牌知识系统持续进行更新、荟萃分析并优化固定的过程，基于各种不断动态发生的品牌问题，都需要现场解决并使之形成专业化、系统化的知识，品牌知识系统在这个过程中完成了有序排列和知识分工，从而形成了品牌知识树。

品牌发展过程中的所有一切努力，都是以知识为形态产生发展并最终被固定下来，进行有机的重复使用、知识再造、知识扩展或知识更新的。这些知识包括研发过程的各种具体实验报告和论证结果、品牌原材料采购过程中的检测、品牌制造过程中的工序设计与测试、对品牌质量的研究发现、品牌服务过程中的客户问题反馈意见等，任何一个品牌无论其大小，都因其掌握了某一种发展能力上的知识系统而使之获得长足发展，对知识掌握的程度、深度、广度以及知识趋势探索的先进性、知识研究的专业性、知识发展的水平、知识运用的效果都决定了品牌知识系统本身在全球市场竞争中整体的知识先进水平和发达程度。

一个品牌与一个品牌之间的竞赛，其本质上是品牌对知识掌握程度和知识发展水平的竞争，谁掌握知识，谁就拥有未来。全球企业的品牌发展，并非一时或偶然的行为，是不断创造知识、继承知识、发展知识、发挥知识的重要知识化进步过程。品牌组织需要不断进行内训或外部培训，聘请顾问、专家和分析师，来协助企业发展出更高级、更先进、更发达、更专业、更具竞争力的动态品牌知识系统。

在全球新兴企业中，知识已经成为决定性竞争力，特别是在一切新兴的领域，由于潜在或未知的各种研究领域、应用方式随时在面对挑战或发生变化，发展知识的速度全面加快，全球5%的新兴企业将因具有知识研究发展能力处于竞争前沿，有1%的企业将因品牌知识系统的高度发展成为全球市场中的领导者，品牌知识系统不仅能够有效保护市场、防御竞争，也是足以占据市场地位的竞争实力。

在传统的企业中，知识同样是决定性竞争力，极少一部分企业在某一个具体领域所掌握的知识，即便是很小的小企业也因掌握专有知识足以成为百年品牌永恒经营，其竞争本质来自于该企业的知识发现、知识发展、知识继承。例如，美国杰克丹尼威士忌坚持使用糖枫树烧成的木炭过滤威士忌酒是其保持品质的特有知识，而日本有超过10000家以上百年长寿企业，其发展本质也是其自有品牌知识系统的持续运用。

1.8.3 品牌管理设计

管理设计决定了品牌组织最终所能实现的经济规模，许多品牌之所以在市场上表示不佳，并不是因为品牌没有良好市场前景,也不是品牌没有充足的投资或一流的人才队伍,决定品牌规模的决定性因素是管理设计能力,即管理是否能支撑一个品牌所能达到的规模。

管理设计是从一开始就在进行的一项重要设计,任何一个品牌想要取得规模经济效应,首先要从管理技术上至少为品牌按数亿美元级的市场规模进行管理设计准备,如果希望取得更大规模的市场,那么要按10亿美元级、100亿美元级市场规模进行管理设计准备。

我们在市场调查中发现,多数企业从一开始并没有注意管理技术的全面设计,一个创业企业从几个创始人开始建立,或者一个品牌项目从100万美元的投资起步,但多数情况下,这些品牌最终并没有在市场中取得成功,甚至不久就消失了,从创业启动到创业失控再到创业失败的速度通常很快,而市场上更多的企业则由于没有良好的管理设计只能维持生存,永远被限制在小型企业的经营规模上,无力成为高成长品牌。

1.8.3.1 品牌管理设计能力

管理设计能力从两个方面体现,一是管理系统所能支撑的市场规模量,二是管理设计人才本身的能力。

要保持一个新品牌或经由品牌再造发布的品牌拥有未来几年迅速扩展到数亿美元甚至数百亿美元的市场规模,管理系统的支撑能力就显得格外重要,组织结构设计、人力资源大纲、薪酬结构设计、管理流程设计、产品生产设计、批量服务设计等都属于重要的管理设计环节,由于明日管理本身是复杂的,市场流经的渠道和范围过多,采取市场行动的环节范围包括多网互联等多种环节,这就决定了管理设计本身是一种复杂形态下对不确定变动因素的预设计,从管理预知的不可控状态转变为有效可控状态是管理设计必须突破的重要设计过程。

管理设计第二个重点问题,是管理设计人才本身的稀缺问题,全球没有一所商学院进行管理设计人才的培养,因此目前能够从事管理设计的人才主要来自于经验丰富的CEO或者管理咨询公司,而这种职位的身价或管理设计服务本身的价格是极其昂贵的,并不是一般企业所能够承担得起的开支,也因此形成全球企业中的大企业在企业总量中的比重极小,多数小企业无力发展成为大型企业的局面,这是管理设计能力本身的资源稀缺性决定的。市场中经常可以看到为小型企业提供管理咨询、管理培训的机构和人员占主导力量,而能够为大型企业提供管理技术服务的机构和讲师寥寥无几。

最终,品牌规模是高度依赖先进的管理技术、顶尖的管理设计来实现的,如果缺失这个决定性竞争因素,没有先进系统的管理技术支撑,品牌梦想的实现概率是很低的,这也造成只有少量的企业在市场竞争中成长壮大起来,许多国家的新兴财富明星数来数去也只有少数的几个人,管理基础决定品牌规模,也决定了品牌的最终成就。

1.8.3.2 迎接未来复杂管理的设计

明日管理将会变得更加复杂,这主要取决于管理技术系统设计将大量取代人工决策和工作,科技智能环境对企业管理提出更高要求,消费者对可选品牌机会大量增多,这些变化要求新的品牌领导人、品牌管理人员必须从一开始就注重管理技术的运用。

管理技术系统的变化,当管理界定为管理技术,就会出现大量的管理科学原理被发现,使管理从"人为决策"转向"科学决策",管理的技术性要求增多,且更加严谨,管理技术系统化将全面取代旧式的管理体系。在科学技术升级问题上,管理技术更容易无缝升级为先进的计算机网络化技术系统,升级成为无人智能系统,先进的管理技术将无处不在。当然,复杂管理技术的设计并非仅仅采取信息化，或开发软件那样简单，管理技术系统最重要的是运用管理技术前沿设计能力进行技术部署，管理学的原理、设计、分析是主导管理技术系统设计的决定性竞争力。

科技智能环境将对企业管理提出更高要求，人机互动，或各种联网状态的产生，使科技智能占据了未来管理环境的大量内容，为数不少的品牌也将形成自适应发展的品牌生态系统，品牌用户的需求也将应需而变，我们可以断言"科技、时尚、环境"将是未来品牌发展所必须依赖的三项重要竞争因素，这些特征将要求品牌领导人、企业管理人员拥有更高级的知识，当无法满足这些知识需求时，许多原有的企业以及许多企业管理人员将因知识老化而逐渐退出市场竞争环节。

消费者的选择机会大量增多，由于全球企业不断在创造新的品牌，国际品牌和专业品牌的数量将大幅增长，越来越多的领域将出现专业级品牌，而原本占据市场主要地位的大品牌将因此沦落为"泛品牌"——非专业品牌。这种未来品牌竞争趋势正在加快发生，预计到2041年，泛品牌将会被市场大量淘汰，取而代之的是在各个市场领域，数量繁多且专业的专业级品牌活跃在全球市场上。

我们强调管理是面向未来的，而品牌同样是面向未来的，由明日管理所支撑的明日品牌，必将以更强的市场进取能力、市场占有能力大大加强品牌竞争优势，未来的决定性竞争力事实上取决于今天的努力，只有放眼于未来的品牌领导人和管理者才能为成为取得品牌成就的明日总裁。

1.8.4 品牌性能优势

品牌性能优势是对品牌产品、服务、文化所提出的性能化要求，这些性能包括了物理属性、科技属性、自然属性、文化属性、管理属性比等多种性能比较，通过比较优势以确立品牌产品本身的决定性竞争优势。

对品牌用途而言，品牌性能是以往容易被忽视的重要问题，通过以优势进行表达，例如，好品牌、好产品、好寓意、好原料、好形象、高质量、更安全、国际化、有品位等是品牌用户对识别该品牌的特性需要，但究竟好在哪里，为什么好，品牌组织需要认真针对品牌所需要的识别性能做出科学分析、有效论证，并提供可供信服的数据、概念或属性描述。

除了一些关键性能会影响消费者的品牌决策，品牌性能还需要品牌组织认真挖掘、分析、发现，以寻找出更多对目标市场更有针对性、更有说服力的品牌性能，随着人类生活水平的提高和生活方式的变化，品牌性能也脱离于产品性能本身的要求，出现了更高的需求，品牌组织要善于发现并总结创造新的性能需求，例如，汽车的性能包括座椅舒适度、每公里节油量，婚纱摄影外拍和住宅的品牌性能还将包括洁净的空气，而研发过程经历的众多实验数据也是品牌性能表达中的一个要点。

正是由于一些企业重点发掘了关键品牌性能，从而使品牌性能成为改变市场竞争、改变消费者品牌选择习惯的秘密武器。品牌性能通常也是通过前沿探测过程发现、感知并确认的，由于品牌组织有效发现品牌性能的一些特殊需要，从而改变了包括品牌款式、型号在内的命名，进而直接改变了品牌在市场中的竞争方式，从品牌性能出发，一些品牌组织创造出一系列独创的又有市场特定需求的经典品牌作品，从而成功实现新品牌与现在市场竞争品牌的差距化竞争，获得独一无二的空前市场。

多项品牌性能由于存在发明专利、技术许可保护，也可能因独有的文化内涵或制作工艺，从而成为难以被市场复制、模仿的专有市场强势竞争能力，为品牌发展成为拥有品牌决定性竞争力的特有品牌或市场主导品牌奠定了根基。

最佳管理性能比是品牌性能的企业级能力，是指管理的投入产出比，包括科学性能比、知识性能比、人力资源性能比、质量性能比、产品性能比和服务性能比。

1.8.5 品牌路线图概念

路线图是品牌组织为生态可持续性发展所界定的系统能力发展路线，概念明确了在未来竞争中品牌组织所应采取的竞争策略。

路线图是为了实现品牌组织长远发展所需要的实践路线设计，路线图将为品牌组织提供广阔视野、更为直观的品牌前景和可供连续实施的阶段性目标，从而将前沿思考所描述的愿景用可实现的方式表达出来。路线图的主要理念是为了持续行动、持续学习和分析总结所建立的基础性战略程序。

路线图的重点是根据前沿地位部署各阶段的能力配置，每隔一定时间可根据实际竞争态势感知评估修正路线图，以确保路线图与市场竞争需求、市场行动、技术更新保持紧密联系，与时俱进，并能够保持更为领先的地位。

根据路线图的编制要求，概念提出并解决一系列的未来发展问题：①在未来竞争环境中，品牌组织将如何行动保持决定性竞争力；②在复杂多变的市场竞争中，品牌组织如何高效运转抵御随时可能出现的新竞争者；③为了满足未来发展需要，品牌组织要重点发展哪些能力，如何实现未来管理系统一体化。

品牌组织提出的新概念通常是应对市场竞争并保持决定性竞争力所需的市场策略，是在分析未来竞争环境的基础上，与竞争对手展开差别竞争的主要方式，也为品牌组织的发展确定未来发展方向、中心思想、解决方案以及一系列行动支撑思想。

1.8.5.1 品牌路线图

路线图的跨度至少为5年至10年，甚至是30年或100年，根据路线图所需经历的能力目标将路线分为几个发展阶段，每个阶段又可以分为若干个子阶段。这些路线阶段和子阶段明确了品牌组织的发展思路、能力储备、产品研发、前沿准备、市场行动、机构设立、人才储备、人员训练等能力建设要求。

路线图将充分利用日新月异的科技变化和前沿时尚、热点趋势，编制有利于品牌组织长远发展的决定性竞争能力组合，在进一步减少投资风险的同时大幅提高品牌组织的成功率。其远期意义在于明确整个品牌组织的发展战略，将资源和力量的注意力集中在关注品牌组织的决定性竞争力上。

路线图始于前沿构想，在路线图基础上，将进一步提出概念系统，用以配合路线图的分阶段实施，一组概念的提出有助于企业员工上下深入了解能力要求、行动目标、行动方式。从而在有效进行目标识别、进行任务指导、行动指挥、工作指导、流程控制和对应的管理技术演进。

综合而言，路线图对实施品牌组织的前沿地位目标、决定性竞争能力组合提供了四项关键能力：①清晰明确指明了品牌组织的行动方式，对总体战略目标进行了任务分配、处理、开发、分发和进度控制；②降低了品牌发展过程中的各项风险特别是市场波动周期中的投资风险；③减少了因发展不确定性造成的工作负荷，优化了人力资源；④提高了品牌组织的运转效率，为品牌组织的长远发展精心准备了各项战略级决定性竞争力。

1.8.5.2 品牌概念系统

概念系统是品牌组织整体运用前沿思想所设计的一系列有效竞争策略，这些策略包括了对未来的构想、对现状挑战的决定、对市场分化的策略，作为每一个阶段每一个时期的主导思想，完成品牌长远发展所需的思想和行动支撑。概念本身是一系列的高度品牌化意识形态，用于指导品牌组织行动的中心思想和行动路径。

任何概念的提出是基于未来市场竞争的基本假设所设定的思维模式，是对当前任务、新兴竞争威胁、潜在市场布局、未来竞争环境的特征进行研究分析后明确的先进思想。

概念通常包括任务式思想、竞争策略思想、行动支撑思想等一系列概念，概念根据时效的不同，可持续时间长短不一，由品牌组织自行决定。任务式思想通常是提出明确发展任务，集中在一段时期以内为赢得市场决定性竞争优势创造有利条件，通过任务的指挥、原则、规则集中相关资源，快速对市场制造新的竞争变化，改变旧的市场竞争规则。竞争策略思想是为品牌组织塑造良好的竞争环境所提出的概念，要求全员掌握并学习，以便集中资源、集中思想、集中各项能力，发挥组织集体竞争优势从而形成决定性竞争力。行动支撑思想是为采取市场行动所建立的一系列辅助概念，明确具体行动所需要的思维方式、行动方式和行动规则，并进一步增加行动能力和全员凝聚力。

由概念系统组成的意识形态应具有系统性、先进性、连续性、可追溯性要求，是由品牌组织整体提出，通过企业文化再造具体实施的，落实为企业员工的思考模式与行为方式上。

1.8.6　品牌全域作战能力

"海、陆、空、天、网"是人类表达现代全域发展能力的一个科学纵深范畴，大型品牌组织需要在全球范围跨域、跨网、跨文化、跨人群、跨空间进行运转，就必须发展并掌握高水平的品牌全域作战能力。

市场即战场，品牌市场行动通常是一场大规模的全球协同作战，为了在复杂多变的现代及未来全球市场竞争中保持高速市场发展状态，大型品牌组织不仅要发展高度敏捷、灵活自由的指挥链，更要随时做好进取准备，在全球全范围发展品牌高速市场运动能力。

跨域是指跨地区、跨市场领域的品牌行动指挥协调能力及一致性的行动准备能力；跨网能力是指品牌组织在互联网、移动互联网、物联网、媒体网、数字网、卫星网等多网互联环境中的纵深发展能力；跨文化是指品牌组织在国际多元文化环境中的稳步发展能力及文化冲突解决能力；跨人群是指品牌所发展的主攻人群和辐射人群的多样性用户穿插能力，现代社会的多样文明产生了不同人群之间的意识观念剧烈变化，同一类型的品牌用户也被分裂成不同分支的喜好偏好群体；跨空间能力是指品牌发展的环境已经不再局限于二维或三维空间，品牌购买渠道、使用条件、应用方式已经发生极大变化，跨空间能力对品牌产品或服务本身提出了更高要求。

在高速发展的全球竞争环境中，企业品牌所连接的区域、领域、网络、文化、人群和空间已经发生了极大的改变，这进一步促使了品牌再造的周期提前，促使企业技术研发速度、技术装备更新速度、生产制造能力、服务意识水平、供应链协同关系、品牌用户响应方式都在发生动态的急剧变化，企业品牌组织发展所涉及的内容和形式日益复杂，迫切需要企业有机组合各种资源，在高度指挥与协同一致的发展环境中谋求品牌发展的重要时机，通过集中发展品牌全域作战能力，有备而来，在市场大趋势和竞争机遇之间伺机主动发起市场挑战，以强品牌的高速市场运动能力造势、顺势、成势。

1.8.7 品牌即时反应能力

品牌即时反应能力，是大型品牌在全球市场高速竞争中所需具备及所需发展的即时反馈、即时响应、即时反应能力，分别承担品牌市场的预警、机动、速反作用。

即时反馈能力是品牌为自身构筑的安全警戒线——快速预警机制，特别是处于现代网络自媒体迅速发展的时代，任何用户不满都可能造成品牌危机事件，并迅速通过网络媒体放大N倍，成为媒体和公众集中关注的焦点。即时反馈能力还体现在对潜在竞争者所保持的警戒性关注、同一领域学术和技术最新研究动向，以及可能改变战略格局的跨产业跨领域新知识新技术，这些环节的变动都可能导致品牌产品形态和服务方式、商业模式、竞争产品战略战术发生重大改变。因此，即时反馈的预警机制需要保持相当灵敏且具备战略层面的观察、分析和评估水平。

即时响应能力是品牌在出现预警以后第一时间完成快速应急机动反应的响应机制。大型品牌组织应常设新闻发言人，第一时间对市场敏感信息特别是即时反馈的预警信息进行快速甄别，即时做出书面响应，应避免口头表达或多人多角度解释，新闻发言人更要注重以尽职调查、可证实的事实数据为依据。任何品牌的危机公关都不是企业品牌组织的发展核心，品牌组织的重点应放在对日常用户反馈信息的有效处理与即时答复上，尽心服务于每一个用户，为品牌用户创造最佳产品和服务体验。

而即时响应的另一个重点是对市场竞争产品、产业趋势动向等重要信息的即时响应上，首先是要保持品牌自信，其次是在保持主见的同时会理性地吸收各种市场改进意见和改善措施。任何品牌从一开始进入市场都不会是完全完美的，都会存在这样那样的问题，但品牌化的重点是以完美的品牌追求精神来发展品牌，必要时的归零管理或推倒重来都是值得的，为谋求尽善尽美的完美品牌体现贯穿着品牌化全过程，是在独立自主、自我创造、自强自信的基础上进行的发展，不能人云亦云，品牌即时响应中最令人担心的事情是缺乏主见，不能以审慎、理性、冷静的科学态度分析问题从而解决问题，因而快速机动机制的设计以及承担即时响应领导人的用人机制是此中关键。

即时反应能力是品牌组织在即时响应的快速应急机动之后，所采取或展开的一系列适应需要的措施——迅速反应（反击）行动，需要品牌组织从战略到战术，从管理到市场，从产品服务全方位的把握，可能涉及品牌组织的结构调整、产品线调整、市场行动部署或市场措施的发布，是企业全球全员第一时间能够实施的有效调动能力和协调能力。

快速反应的本质既包括了反应行动，也包括了市场反击行动两个不同强度的市场行为，采取哪一种行动具体由董事局或高层会议根据企业所具备的反应条件、资源准备和储备情况、市场中的竞争产品冲击速度和程度、企业市场受损情况、供应链和经营网点的应急快速反应协同能力综合决定。企业有必要从快速反应机制着手，倒推即时响应机制、即时反馈机制，从而建立起品牌组织系统的即时反应能力，并进行一定程度的资源储备、机构设置、系统设计和定期预演，以训练、磨合、强化企业品牌综合战略发展水平。有些国家政策以及产业或市场中的重大变化，可能导致瞬间出现市场消亡、产品淘汰、企业倒闭的情况。

第1.9章 联网品牌时代

企业迈向多网互联，然后品牌全面联网化，未来所有的品牌都是联网品牌，并将根据其发展形态演绎出电子商务品牌、数字品牌、在线品牌、移动品牌等多元环境多网连接的品牌化系统。在21世纪互联网发展的第三个十年，是企业全面基于联网进行品牌再造的时代，从研发状态、管理流程到服务提供方式全方位联网化再造，万物互联，万网交互，彻底成为以联网为中心的品牌化社会企业、品牌化电子商务企业，5%的企业会成为高度发展的联网化品牌组织。

联网品牌以结构性发展方式进行发展，并在新媒体环境中运行，其实质是以企业品牌市场、业务为中心，以部门级的发展向外连接延伸的多元开放式系统，联网品牌需要有效地与各种多网互联解决方案组合起来，强大品牌运作所需的基础。

1.9.1 联网品牌新媒体语境

新媒体是与传统媒体进行区别的媒体形式，其形式载体、内容制作、传播方式、价值体现是以互联网、移动互联网为主体的媒体发展形态，主要使文字、图形、视频等数字形式通过多元媒介和终端进行媒体化传输。

新媒体的出现，是以互联网的出现为载体的，互联网和移动互联网的快速发展激发了内容表达展现形式的发展，扩大了报刊及广播电视、出版物等传统媒体的应用范畴，个性、交互、自传播等属性，建立了新的泛媒体化传播形态，使媒体的发展方式被彻底改写，从而形成全新的全网媒体发展力结构和发展方式。

新媒体的出现是互联网发展的必然，当越来越多的计算机、移动和数字终端被连接起来，传统的媒体就逐渐失去权重，改变为人与人之间、人与品牌之间、人与社会之间全面交互发展的社会化系统网络，人们获取信息的通道、交流的方式、提出的意见、讨论的问题便转变为典型的互联网应用形式，新媒体充当了人们交流、交互、交易的新介质。新媒体既是联网生活的沟通必需品，又是每个人以自我为中心的社会网络连接交互中——信息与内容的主要表达方式。

1.9.1.1 企业品牌在新媒体时代的挑战

全球化的新媒体飞快崛起，其直接作用是改变了人与人之间的连接方式，使"人际网"——这种人类最根本意义上的人与人之间的互联关系，在多网互联的形式上发生变化，但其本质永远不会变，任何网络的连接关系其本质都是人际网的衍生，只不过是远程还是直接，是连接技术还是社交关系，是应用新兴科技还是发展人类文明的内容与形式上的变化，人与人之间的交往、连接、参与、互动、陌生、信任、支持、依赖、友情、亲情、信仰、偏好、情绪、社会关系、投资活动等一切模因形态的组合性变化，就演变成了多网互联的事实基础，于是所有的网络都基于人际网架构起来，并演绎为多样化的人类文明社会。

全球化的新媒体大潮改变了世界各地人与人之间的沟通方式，它使人们可以自由地以网站、APP、微信、视频、图片等任何可能的媒体形式表达自己，它也缩短了人与人之间的距离，使所有人处于不同场景环境的虚拟世界中，这种社会化大变革同时促进了新媒体技术、新媒体形式以及企业应用新媒体的方式发生了一系列重大改变。

企业品牌需要更加直接与品牌用户沟通的渠道，这意味着传统意义上的电视或报刊媒体广告开始被缩减，企业并没有减少他们用于品牌营销的支出，只不过从传统媒体上缩减了广告的开支，又将这些支出转移到以互联网和移动互联网等多网互联介质上来，用联网方式更直接、更直观地表现其品牌吸引力，发展出品牌引力。

当世界上每一个经常上网的人都在以联网的方式重新构建自己的生活，他（她）就会选择自己新的阅读喜好、讨论喜好、购物喜好，并在此基础上重新建立基于互联网的新人际圈，而其中75%的新朋友都意味着是距离很远、从未谋面的陌生人，人和人的交往与信息传递方式不再以见面为唯一方式，相反，他们会以有限的可信任底线来接受所有的新朋友、新品牌、新消费形态。

在一个所有品牌都是自媒体、人人都是自媒体、任何企业与任何人都以媒体化方式进行沟通、交互、相互了解并信任的联网环境中，任何品牌都有平等的机会发展为联网品牌，任何新企业都有希望成为新品牌，而任何企业、任何人都会以品牌为一个兴趣、信任、互动的中心，从而构建起新的发展格局，这是科学的新媒体时代共有的媒体化特征，并不是新媒体会过时还是以后会消失，只要多网互联的形态存在，人们就活在网上、架构在网上，就永远都是新媒体联网状态。新媒体属性是互联网送给所有人和企业的"礼物"，也是任何联网品牌最基本的运营基础环境，熟谙新媒体之道，品牌才会有发展。

1.9.1.2　对新媒体的重新定义

新媒体是指以一切媒体化属性发展的互联网、移动互联网及用户终端运营策略和技术。包括内容营销、数字出版、媒体传播解决方案、播放端、自媒体等任何可能的内容和媒介形式。

做出上述定义的主要原因有以下六种。

①联网的自媒体属性发生了巨大改变，人人都是自媒体，任何企业或品牌都成为自媒体，博客、微博、微信、微刊、专栏文章、自拍等一切自然自发的内容，都演变为具有公共公开性质的媒体化传播源。

②媒体用户端的形式大幅增长，所有互联网、移动互联网、软件、电视、汽车GPS导航、物联网等任何多网互联的用户终端都具有了媒体化传输、播放、收阅、传播的用户端属性。

③新媒体是全球企业参与互联网运营、用户参与品牌发展、人人参与媒体化内容共享分享传播的混合互动虚拟环境，且企业品牌与用户之间、潜在消费者与企业员工之间，任何人与人、人与品牌、人与社会已经形成了全网直接沟通、有序运转、生态发展的新型社会化关系网络。

④鉴于上述改变的存在，企业品牌基于联网的媒体化属性极大地增强，但截至2017年6月底，人们对新媒体并没有进行全方位的系统理解，仅有的营销策划或解决方案仅仅是某一些局部的企业新媒体应用改善，完全意义上系统完整的企业级新媒体运营理论和实践方法是一片空白，这对企业向联网转型发展是极为不利的，缺少方向、方式、方法上的总体思路。

⑤新媒体对企业工作方式、用户吸引方式、市场活动方式、产品研发方式、服务实施方式、供应链方式、服务商方式以及新媒体对社会化发展方式的重大改变仍在继续，这使工作形态、消费形态、交付形态、管理方法以及人口就业方式都在原有方式基础上发生了同步迁移，而这种同步迁移意味着企业需要在观念、认识、管理方法和行动上做出许多新的改变。

⑥企业新媒体化中新的改变需要更加注重协同工作、品牌性能、灵敏发展、敏捷制造、服务智

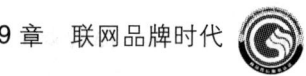

能等方面的前沿理论支撑品牌联网化运营的管理基础，而企业还需要增加大量新的新媒体解决方案服务商，并且这些服务商的服务内容和服务方式也将出现重大变化，在一个不断变化的未来中获得品牌的前沿地位和决策性竞争优势。

1.9.2 互联网到底如何改变品牌

互联网最大的改变，是"信息、时间、沟通、使用、知识、生态"六大要素，分别对应的是"信息源、时间簇、沟通方式、使用方法、知识系统、品牌生态组织"，所有一切的企业在联网品牌化过程中都会体现出的六种要素特征进行运转的。

信息源：互联网速度的发展是以信息源为代表的，互联网是最大的信息源，过去人们了解信息的主要方式是报纸和电视，21世纪这些旧媒体的信息特征被互联网取代。人们从多网互联中了解最快的信息，并根据个人需要可以随时查证可靠的信息来源、对信息源的关联信息展开搜索并深入了解，信息源还将可能在第一时间迅速演变为新的热点，并以话题、主题、专题的形式自适应扩展内容，到达任何可能的内容深度、角度及衍生领域。即时性、灵敏性、爆点性是任何其他媒体形式所不能取代的。

时间簇：互联网效率的发展是以时间簇为代表的，在21世纪，时间既是最昂贵的成本，又是最无效的人类活动产能，这取决于时间持有者所做出的不同选择，一旦选择了不同的时间使用方式，时间簇就会发生相应的变化，从而演绎成不同的互联网产品和服务，转化为不同的互联网使用价值。

时间簇是指时间和人在丛聚状态下所产生的时间段，人每一天的多数时间处于互联网时间簇的运动中，包括在线状态（在办公和居所的计算机使用时间）、移动状态（行走和乘坐交通工具的时间）、离线状态（吃饭、睡觉、休闲等正常休息时间及其他不想使用联网的时间），而时间簇也就成为联网工作时间簇、联网学习讨论和知识交流时间簇、无聊空置时间簇，并被不同的互联网网站、软件、产品、服务获得，并引导或转化为特定的劳动价值、新知识和能力、用户持有量价值或娱乐消费，对联网用户时间簇进行有效的分析和管理是企业互联网化过程中发展竞争优势最重要的领域。

沟通方式：联网社会关系的发展是以沟通为代表的，沟通方式产生了各种互联网或移动互联网的通信软件和沟通工具，产生了各种互联网交互通信工具、聊天室、论坛、博客、微博、朋友圈、社交网站等形式的互联网沟通介质。沟通进一步加速了品牌媒体化的属性，加强了品牌的官方可靠认证属性，以实现准确识别、消费安全的要求。

使用方法：互联网应用的发展是以使用为代表的，所有互联网站的设置、互联网产品的开发、互联网服务的提供，都是以人的使用需要为特征的，从而形成了多样化的互联网应用环境，以及专业化或个性化选择的用户使用基础，联网品牌经营者需要在研究用户使用需求、使用特征、动态使用轨迹的基础上来完善并发展更专业的产品，并因此将实体存在的实物产品与虚拟产品服务结合起来。

知识系统：互联网的系统发展是以知识为代表的，任何一个企业或任何一个人都可能在多网互联中建立起一个独立且开放的知识系统，这个知识系统由专门的见解、观点、使用方法、技术或技巧等组成，感兴趣的人会自发将自己的时间簇与这些知识系统关联起来，同时又为这些知识的传递、发展提供了新的互联支持，知识系统可能以闭环、开源等各种形式存在，而一个品牌发展的本质也是因为其建立了一种独立的知识系统并发展该系统。

品牌生态组织：品牌生态组织简称品牌组织，全世界的品牌都是以生态链运转的，全世界75%的人口分布在不同的品牌生态链中，这就像自然界食物链有大有小，但都有其特定的链式分工。品牌为满足在互联网上的管理运营需要，特别是决定为用户提供更为直接的关联交互服务时，就必须注重品牌的组织化，将骨干、员工、供应商、服务商、品牌用户族群都纳入一个共有的品牌组织状态中，并保证其可持续性发展、自适应运转的自然生态秩序。

1.9.3 企业品牌媒体化结构

21世纪互联网和移动互联网的高速发展，是随着媒体化技术的进步，产生了许许多多新兴的联网内容集散分发中心、自媒体集结中心、媒体化交互表现领域、新媒体解决方案商为发展特征的。传统的媒体如电视、电影、广告、游戏等也都纷纷向联网转型，形成了以联网内容制作、内容分发、内容响应、内容传播的无边界世界中心。

这些新媒体领域的发展使互联网在本质上演变为一个庞大的超级新媒体产业，且新媒体产业与个人和企业的媒体化之间保持着全面融合与开放的发展关系，其区别只是建立完全开源开放的媒体化中心，还是建立自有生态系统的局域网媒体化中心。

所有的新媒体内容，如品牌新闻、品牌软文、视频、电影、图文故事、互联网形象、互动活动等都在各个媒体化中心之间进行反复传播、扩散、共享和分享，传递着不同的品牌诉求。这些流行的传播方式再配合人们乐于接受的传播形式，成为企业品牌与新媒体产业发展的共同产物。

传统意义上的品牌也开始全面联网化，希望借助联网创造属于自己的新机会，甚至一些品牌不惜放下身段，改变原有形象，以富有乐趣的联网"酷"品牌形态出现在联网中，传统的公关公司和广告公司也开始尝试发展互动式的公共关系实践，并探索基于联网新媒体的企业级管理解决方案和市场营销活动方案。

联网新媒体的发展，已经创造出许多新的产品形态、新的品牌表达方式和新的职业。这些过程可能发展出新观念、新意识、新印象、新行为，从而成为企业品牌与联网用户之间新型的联网关系互动纽带。

各种以新颖创意为特征的轻松、专业和严肃的品牌表达风格都能在联网中获得发展，这使创作、设计、制作、故事、动画等各环节都发展出了许多新兴的职业，也使网页设计、游戏设计、工业设计、新闻、小说连载、四格漫画、卡通形象等许多新兴的领域不断发生新的变化，演绎出现代社会的多样文明，共同组成联网状态中生动活泼的生态形态。

1.9.3.1 企业品牌的新媒体运动轨迹

企业品牌在联网中的发展，呈现出越来越多的中央化和去平台化发展特征，中央化是指企业减少或终止原来在传统媒介上广告投放的预算，并不是企业的投入总体减少了，企业只是把缩减的投放预算转移到联网中，建立相应的联网品牌部门、寻找新的联网品牌外包服务商，建设基于联网品牌运转和发展所需要一系列新架构。

对于大型品牌而言，这些中央化特征相当明显，企业需要一个系统完整的联网品牌发展战略，分布式、开放式地设计并建立品牌在联网中的高效运营基础，注重更直接的品牌与用户关系维护，并积极运用新媒体策略进行全网部署。有些企业还不断寻找和收购联网解决方案公司，合并相关的业务，发展新兴的产品，亚马逊、微软、Google等互联网公司在这方面都注重联网新业务的并购，以此保持竞争实力。

中央化也意味着企业在联网中的品牌运转是需要拥有系统性、整体性、完整性要求的，随着联网中各种科学规律的发现、发明和掌握，品牌在联网中的中央品牌化系统运转速度、运转效率和运转方式将得到提升，品牌运用水平高速动态发生变化，也将同步提升。空、天、网、地面、移动和分支等多元多层次网络连接环境，使高效指挥灵敏反应的联网市场服务有潜在价值的一切用户群所需要的统筹协调指挥性能要求大大提高，指挥不灵意味着丧失重要的发展机会。去平台化通常是发生在各种原有的电子商务商品交易平台上，企业应该着手构建属于自己的品牌化电子商务（B2U），为品牌提供可靠的、直接的产品和服务，并把用户集结起来，发展新兴的电子增值服务，使之成为新的品牌经济增长空间。

新媒体能够产生的巨大价值在美国大选中率先被体现出来，已知的 2008 年美国总统大选中，候选人奥巴马建立了竞选网站，有针对性地运用联网媒体化宣传策略，针对特定的用户实施宣传、吸引、联动，并鼓励他们参与行动并投票，通过社交网络扩大影响力并促进小额竞选捐赠，这是多种方法综合运用，将旧媒体与新媒体有机组合起来，以中央化的新媒体策略组织高度专业化的新媒体化运作，并最终取得巨大成功的世界性社会事件。

从中，我们可以观察到新媒体在实际运作中，存在中央化的统一发展思想、高度专业化的运营策略，以及固定的运动轨迹，这是企业的新媒体发展在联网中留下的运动路线。

如何进行战略分工？如何进行策略分组？如何分步骤组合投放？什么时间投放？制作什么样的信息？在哪里投放……

这些问题构成了一系列的企业品牌媒体化项目集群，并通过各种联网投放过程与联网之间保持着松散并紧密的双向互动关系。企业品牌在市场扩张发展中，原本表现出的特征就是在市场保持的高速运动，研究这些运动轨迹、发展这些运动方式、注意人们到底在互联网上关注什么，就能基于企业在联网品牌的大发展时期建立起有效的"品牌—用户"吸引机制，将信息、情绪、态度、知识、思维、能力、参与方式、志愿行为、购买行为等转化为有效的能够产生高价值的时间簇。

因此，鼓励参与互动的形式在联网品牌媒体化运转中发挥着重要的应用价值，将企业品牌产生内容、用户产生内容、交互发生互动行为方式以企业品牌的新媒体运动轨迹来看待，有助于管理分析师、品牌研究人员、市场人员和企业界更为系统地掌握品牌在互联网上发展的科学规律，为品牌的进一步发展探索出新的有成效的发展之路，这是新媒体属性赋予企业品牌最重要的发展要素，其次才是新媒体技术发展、内容生产或互动形式方面的发展问题。

1.9.3.2 企业品牌的新媒体属性——内容生产商

企业在面向多网互联的发展过程中，不知不觉就转变为内容生产商，一个品牌的推广不再是以原来生硬的千人次成本广告为主，转变为以生产优质精彩的内容为主的中心。互联网"内容为王"的竞争属性经久未变，以后也不会发生变化，这是联网品牌发展过程中的永恒之道。

为生产内容，企业品牌雇请了大量的公共关系公司、广告公司为其生产海量的品牌新闻、品牌软文及视频等各种形式的内容，不断加大投放力度进行强传播。这也就形成了联网中的强品牌与弱品牌，许多强品牌凭借其强大的内容生产能力和媒体化传播能力，每个月在互联网上投放数以千计的新闻来传递最新的品牌动态，将品牌产品的发布变为每隔一段时期更新换代的品牌产品版本发布，给市场和全社会不断制造悬念、新鲜、新奇或乐趣，品牌领导人应接不暇地接待各种新闻采访增加出镜机会，不断放出各种高论、观点和趋势判断来吸引更多媒体的目光、产业及公众的注意力，他们已然摇身变成了自己品牌的形象代言人、明星、导演、制片人、总编、主笔的多重社会化角色。

不仅联网领域的品牌这样做，IT、地产、餐饮、食品、工业、农业、电影、电视剧、动漫、音乐等任何领域的新兴公司都乐于这样去做，因为当不这样去做，它们很快就会被互联网上同行的海量信息所淹没，它们必须时时出声，时时发声，时时表现并刷新自己在互联网上的存在感。许多市场领域的领导品牌甚至大笔的投资媒体产业，控股报业、影视、出版业，以便得到更好的传播效果，这关乎它们的下一轮融资和股票市值，例如阿里巴巴已经这样去做了。

联网弱品牌显然还不清楚在互联网上的运营特点，它们关心用户数量的增长，销售额的成长，但由于它们在联网中出现的频率过低，甚至在互联网上从来没有自己的声音，导致了品牌不被用户认可，用户增长量出现迟缓，以及用户中的首次信任客户和常客户稀少，反过来影响了投融资，并可能错过了快速发展的最好时机。

今天的联网本质上是以自媒体形态存在的，内容生产商就成为企业品牌最为明确的新媒体属性，内容的生产包括了企业品牌方自己的生产，也包括了用户自己的内容生产，如新闻机构、专家、深度用户、自媒体运营方、意见领域、关联品牌合作方等，都是构成内容生产策略的组合，但最重要的内容还是应该出自于企业品牌方本身，将品牌的内容视之为一种特定的文化展示和传播形式，通过多数量、多种形式来淋漓尽致地在联网中尽情表达，即便再小的企业，掌握了内容生产商的新媒体属性特征，同样能在联网中发挥出不俗的市场表达，并很快超凡脱俗。

一组研究表明，任何领域都存在至少数以万计的同类企业、同业专家，但只有善于表达，并以品牌化方式完美在互联网上展现，高频率、高数量曝光的品牌在联网中最容易脱颖而出，占据联网市场的资源、商业模式、投资、收入等优势，因为公众永远不会知道线下有10000个同类的厂商或专家，只会看到互联网上同一领域只有不到10个甚至只有偶尔几个少数出名的品牌或专家，就是多网互联中重新分配市场资源、重新匹配优势地位、重组市场格局的必然结果。即便只是在互联网上关注并发展一个很小的媒体化领域，如健康蔬菜的种植，或讲解糕点制作的技巧，也能收获属于自己的新媒体化成功。

1.9.3.3 进一步变革：品牌媒体属性的改变

品牌媒体属性集中出现在21世纪第二个十年，这个十年是报业面临联网媒体化危机，以每个企业、每个人自我为中心的自媒体时代通过互联网、移动互联网、电子商务等多个领域获得空前发展的时期，互联网社交形态和沟通方式出现了前所未有的变化，品牌媒体属性得到全面加强。

与互联网接近的企业在联网媒体化趋势中通过摸索实践，逐步掌握了一定意义上的联网品牌传播方法，先是新兴互联网公司强调联网的媒体价值，成为最早以互联网为业务重点和发展基础的互联网化公共关系类型公司，紧接着是领先的企业将联网视为品牌内容营销的重点，他们开始向联网进行大规模的转移，再接着是一些传统品牌制作大户——广告公司开始转移，这个十年全球各领域各产业各种类型的企业迈向联网的转型之路成为新的企业应用创业大潮，并进而带动所有的企业、所有的人开始接受联网化的思维方式和运行特征。

品牌媒体化属性集中发生于互联网和移动互联网高速发展的时期，这种改变使全球企业、人口和新兴媒体公司都以史无前例的方式关注互联网、应用联网技术，发展基于互联网和移动互联网进行品牌传播的媒体事实。企业以联网方式与用户在互动中集中发展新的品牌用户关系，企业的订单和服务转向以联网为主体的购买和服务连接结构，快递物流成为连接在线离线与移动状态、需求和供货的核心交付载体，以虚拟环境、社交社群关系、网络社会发展形态为主要文明形态的新意识、新生活、新环境重构了人们的日常生活和工作。

各种联网方式向汽车、家电、家庭等任何可能连接的领域延伸，空前发展，从而形成车联网、智能家电网络、物联网、健康网等信息、需求、数据、消费之间的连接，而连接的结构仍在各领域继续扩大，直到21世纪第三个十年，所有品牌将全面彻底地完成向联网品牌战略转型的过程，所有品牌将成为联网品牌，所有企业诞生之日起就致力于发展联网品牌化的新兴竞争业态形式。改变的时代，唯一不变的就是联网环境一直在改变，要么主动改变，要么被动改变，所有企业最终将完成，要么改变要么被淘汰。

1.9.4 企业级品牌媒体化运营系统模型

企业级品牌在多网互联中的运营包括了引力、推力和品牌区、渠道点四个环节，并以触发理论为主要运营思想，详见图1-9-1。

企业品牌在联网中的发展，以斜坡发展方式为特定的发展规律，引力来自以品牌新闻、品牌软文、频道运营、微视频、机器智能等为主的内容营销，在互联网上极度活跃的品牌，只有持续实施并快速更新品牌内容营销策略，才有可能发展成为互联网上影响力较大的联网品牌。推力由各种互联网解决方案组成，包括统计分析、竞价系统、微商系统、支付系统、CRM、影视植入广告等各种形式。

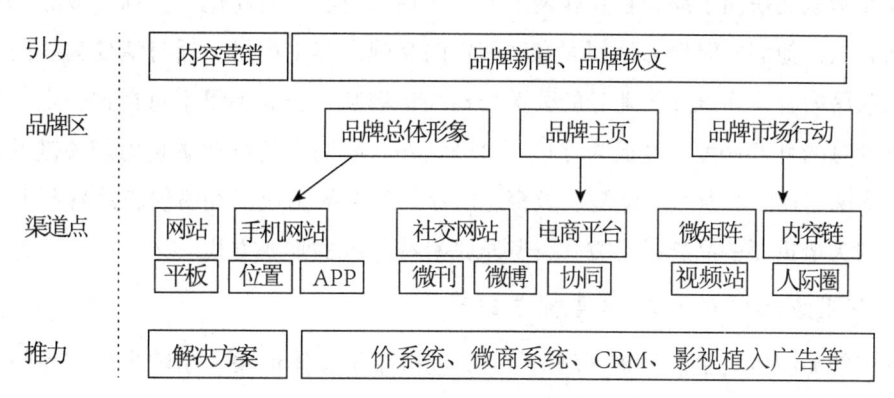

图1-9-1 企业级品牌化新媒体运营系统标准模型

新媒体最主要的发展力量是引力，当引力不足时，该品牌不足以在联网中产生足够的影响力，无论其从事的市场领域从属于高科技产业或工业、农业，都属于传统品牌运营模式，尚未从品牌运营方式上完成联网品牌化转型。百度等搜索引擎已经格外注重这种动态内容的更新频率和抓取聚合效率，详见图1-9-2。

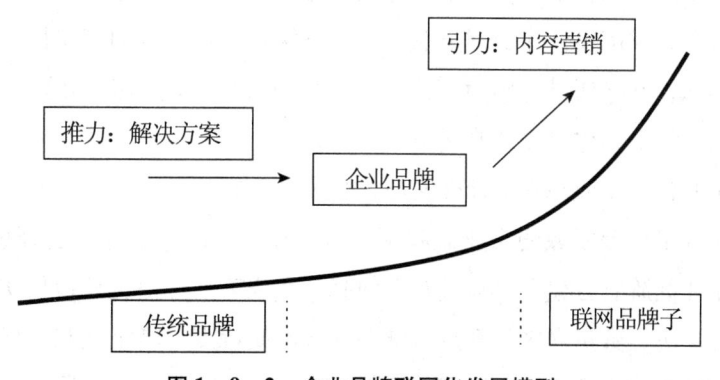

图1-9-2 企业品牌联网化发展模型

1.9.4.1 联网品牌化内容营销

联网品牌化是企业品牌化和企业联网化双向发展的必然结果，也是未来所有企业的终极发展形态——最终所有的企业都发展为品牌，所有的品牌都是联网品牌。

内容营销在企业的联网品牌化过程中扮演着最重要的角色，大型品牌企业和联网品牌企业非常注重这种发展方式，它们将更多的精力和资金从电视和报刊广告中转移过来，大幅削减传统广告及传播支出，将力量集中到联网内容营销的传播过程中。

福布斯专栏文章曾指出，2012—2013年美国企业在一年的时间内，将内容营销的重视程度提升了60%，到2013年已经有93%的企业将互联网内容营销作为企业整体营销战略的一个重要组成部分，已经有70%的企业致力于在互联网上创造更多的内容。

内容营销是联网品牌化最重要的发展引力，取决于联网品牌的营销方式已经一改传统品牌营销方式，以品牌吸引力为营销重点，其发展的方式更加注重品牌直接和间接吸引到的品牌用户族群规模，注重品牌与用户间的直接沟通，即便新成立的企业也格外注重品牌塔基的建设，只有吸引到足够数量的品牌用户，一个品牌才能真正在联网中活跃起来。

品牌新闻和品牌软文扮演了品牌在互联网上的最佳活跃角度，因此也是全球企业品牌主要选择的品牌推广传播方式，他们不懈努力地加大在联网中的品牌内容生产量，摇身演变为联网内容生产商，这也使得以联网内容生产分发为业务的公关公司大量崛起，企业不得不重视这一点，海量般的内容数据和以秒计算的秒发速度已经成为评估一个公司在互联网上的行业影响力最关键的指标，汽车、IT、家电、影视、食品、游戏、动漫、教育、医疗等类型的企业已经纷纷将品牌新闻和品牌内容的大规模投放列为最重要的品牌推广方式，甚至是有些品牌的唯一方式。

1.9.4.2 企业级品牌区和品牌渠道点部署

企业在联网中的品牌区（品牌发展区域），主要包括品牌总体形象、品牌主页和品牌市场行动三种类型，以下所述为具体内容。

品牌总体形象——主要包括品牌形象网站、品牌形象手机网站、品牌形象平板形象网站、地图位置营销信息、品牌APP，主要用于展示完整的品牌形象，是企业品牌官方性质的对外统一品牌形象中心、品牌权威信息中心和品牌化的联网业务中心，统一建设、统一形象、统一品牌识别、统一信息来源、统一联网化入口，大型企业可以建立总体意义上的品牌门户。在中国，百度搜索、360搜索等第三方互联网服务公司也纷纷建立了对企业官方网站的"官"字认证标志、实名认证、信息真实性校验等开放数据，供网民快速识别企业品牌官方网站的唯一性和真实性，相关真实性信息处于公开查阅状态。例如，乔布斯喜爱圆角矩形，于是全世界的手机图标都模仿着变成了圆角矩形，为什么一定非要用圆角矩形，你可以去改变。

品牌主页——主要包括企业品牌在社交网站、电子商务交易平台、腾讯微刊、新浪微博、人才招聘、第三方协同业务平台等领域的企业品牌主页、专页、专题、主题等公开展示的品牌化信息，这些传播源都是由企业品牌官方建立，经过互联网服务商或第三方信息校检核实，并加注特别认证识别标志的企业官方主页，数量众多且都具有唯一官方性质特点，腾讯微刊、新浪微博众多主流品牌主页的认证还特别要求提供商标注册证书等资料，以确认品牌的唯一、准确、真实性。

这些品牌主页是企业通过多层次多元化在互联网、移动互联网、各种联网终端展示并传播企业品牌的重要渠道点，是企业品牌不可分割的重要组成部分，其品牌形象、品牌信息准确性、品牌业务交易主体真实性都应予以高度重视，并且这些品牌形象及信息是直接与各个互联网服务商、联网社群、联网用户直接面对面的关键接触环节。Google、Facebook 都重点发展"品牌主页"业务，上市公司在一些互联网服务商的网站可能还有专门的品牌投资者关系主页，企业级品牌的官方"品牌主页"是今后全球联网品牌化发展的核心重点，也是全球主要互联网公司业务竞争的焦点，企业面对越来越多的品牌主页建设领域，应安排专门的部门及人员负责管理，统一品牌形象与信息，这是未来企业级联网品牌发展的重要环节。

品牌市场行动——包括微矩阵、内容链、视频站、人际圈等形式，主要是企业在联网中进行品牌发展时所开展的各种品牌发布、品牌形象泛传播、品牌市场活动、品牌公益行动等交互接入端口、互动模式、信息传播和任何可能的接触点终端，接触点和触发理论遍及互联网以及地球实体的每一个角落，方方面面，无时不在，并以多层次多重传递传播形态存在，对这些主要品牌传播信息源进行的有效管理，已经上升为联网品牌的重点品牌能力范畴。

具体而言，微矩阵是以微信、微博、Twitter 等为主的微传播媒介，除了企业品牌官方积极通过各种主流或专业联网渠道展开传播、推送品牌市场信息外，企业品牌的任何成员、服务商经营网络成员都可能以直接官方或半官方身份发布有关一个品牌的"官方"信息或小道消息。内容链是以企业品牌成员、自媒体评论专栏、专家专栏、博客、社群领袖等直接或关联传播媒介中有机组合有关该品牌的信息传播、讨论、友情支持等组成的内容链，以自生成、自响应、自传播属性进行全面部署且并行串联。

视频站是以央视网、优酷、土豆、乐视、酷六、腾讯视频、YouTube、megavideo、AOL 等为主进行视频传播的媒介，影视大片、专业视频节目制作、微电影、家庭影像设备以及智能手机的发展，使视频和图文信息特别是"随手拍"成为传播的重点，许多视频及图文中都带有对品牌的拍摄信息，例如展示最新的美食、晒最新款的服装、偶然路上遇到的有意思的品牌活动，甚至是一个品牌使用过程中遇到的糟糕状况，人们在有意无意间以"体验者""使用者""见证者"的身份正面展示品牌的一切形象及信息，其他联网用户并不反感这些品牌信息，相反更乐于接受并继续转载传播这些信息。

人际圈是以每个人的人际网——家庭及亲友关系网、同事同行及朋友关系网、线上线下社群、一切任何可能随时增加的偶尔网友、对同一篇内容进行互动点评的用户，这些多层次的人际圈、随时触手可及的人际圈构成了人与品牌、人与互联网、人与社会随时即时的接触和传播关系，也是品牌影响力直达或间接发生传递的触发关系。

1.9.4.3 联网品牌化解决方案市场

在互联网和企业业务发展之间，产生了海量的联网解决方案市场，这些市场的发展从最初的出售域名、出租服务器空间，发展到移动管理、移动营销、支付、竞价、统计分析、会员系统、预订预约等任何可能的联网发展形式，并向车载、家庭、可穿戴设备、自助终端等任何可能的形式演变、延伸。

随着互联网网民对联网应用的普遍成熟、习惯性偏好的形成以及以自我为中心的联网用户特征的发展，企业从最初追求如何在互联网上销售产品，演变为注重品牌在联网中的动态高效运营、敏捷运转、服务智能；用户从最初应用互联网的便捷服务、比价购买商品，演变为注重个性风格追求、使用偏好、时尚动感、前沿科技、愉快记忆、虚拟环境、品牌性能等多样化的高层次品牌享受过程。这些变化使得联网品牌化解决方案、智能终端大幅增长，对新兴科技和基于联网的品牌科学规律发展研究的依赖性全面加强，联网品牌化的解决方案市场本身也面临着高速竞争和急剧变化。

一些新兴的联网品牌化解决方案产品每天都在层出不穷，从不同程度上支持企业实施联网化的管理再造，对企业在联网上的品牌管理发挥着各种各样不同程度的作用。从品牌系统管理角度，这些品牌化解决方案是企业一系列品牌能力的增强，是品牌基于联网进行运转所需的基础支撑和功能化辅助，加快了品牌彻底全面演变为联网品牌的过程。

随着联网品牌理论的发展，以及企业在联网中所需的品牌发展基础——解决方案的多样化选择，企业品牌因地制宜、因企而异，因产品的不同和商业模式的不同演变出了多样化的联网品牌形态。没有两个品牌的联网化品牌管理是同样的，每一个企业品牌与另一个品牌之间都有着或多或少的区别，这是在联网中实现差别竞争的重点战略，也是人类创造力发展的本能所决定的——创造品牌在联网中的发展形态，坚持走出自己的道路。无论其结果如何并不重要，重要的是企业在联网品牌实践道路上迈出了寻求改变、自主创造、发展品牌最重要的一步跨越。我们一直在创造、一直在超越，创造与超越的品牌生态发展方式将促进每一个品牌在联网中实现真正的品牌自我，这是我们最鼓励的发展方式，每一个品牌应该有自己的特色，有特色，就有品牌用户族群的群聚效应，就有品牌生态组织的长远发展，就有品牌璀璨夺目、光彩荣耀的远大未来。

1.9.5　21世纪互联网的第三个十年

21世纪互联网的第三个十年还没有到来，领先的企业家还需要五年才会看清未来，一般意义上的企业和人们还需要十年才能知道未来是什么。

互联网竞争法则依然和第一个十年相同，经久未变，那就是有远见的企业家和投资者，继续埋头布局联网用户未来所需基础设施建设，正如中国有句耳熟能详的社会发展口号"要想富，先修路"，他们以高度和格局建立未来生态系统或建设未来联网中的重要通道，思想和远见将创造未来，尽管这是一个仍然看似没有多少经济效应甚至亏本的事业，但在接下来的十年中，他们的远见将使他们占尽优势，他们的胆识将使他们拥有财富，甚至于他们的思想将产生新的联网生态，而他们所投资的最重要资产——就是未来。只有他们清楚未来是什么，他们自己将改变什么。

在21世纪互联网的第三个十年，是企业再造的时代，是万物联网、多网互联的时代，从研发状态、管理流程到服务提供方式全方位联网化再造，彻底成为以联网为中心的品牌化社会企业、品牌化电子商务企业，5%的企业会成为高度发展的品牌组织。

将有至少1/3的全球企业转变为联网企业，高度发展联网品牌化的时代，品牌媒体化将成为全球企业中主要企业最为普遍的应用形态，每一个大型企业都会设立专门的品牌媒体化部门，将企业内刊与对用户发送的媒体合并起来，再也没有企业内外之分。企业大规模重组、业务拆分的速度将在这个十年中成为最大的特征，为适应联网品牌化的发展，企业不得不做出这种改变，从组织结构到竞争关系，从战略布局到品牌集群发展方式，都需要做出重大改变。

究竟什么是媒体，什么又是新媒体，人们不断在基于联网媒体实践方式、新媒体技术发展与内

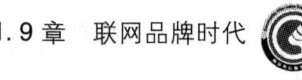

容营销价值等思考着最新趋势、探索着最新答案。企业的联网品牌化媒体又将发展到什么形态，是今天的企业刚刚开始思考或即将思考的深度问题，我们可以肯定地说，如果 21 世纪的第一个、第二个十年是"广告的没落，公关的崛起，新媒体的发展"，那么从 21 世纪的第三个十年开始，将是"公关的没落，管理的崛起，用户反应模式的发展"，企业的新媒体技术或策划与企业管理之间的界限将消失，以新媒体为主体的媒体化将演进到完全以用户反应模式的科学研究和运用上。

再往以后十年、新十年、新新十年，是以十年为年代，进行 N 世代往复更替的时代，我们在 X 世代（"二战"以后出生的人口）、Y 世代（1985 年以后出生的人口）基础上，进一步提出并强调 N 世代作为世界人口意识与消费习惯持续发生变更的年代，以每十年为一个 N 世代，新的年轻消费者将成长起来培育并发展新的品牌生活消费方式，变老的消费者将更新老年品牌生活消费方式，不断以每十年发生变化的消费者将至少使全球 10% 的品牌发生重要的更替性变化。加强 N 世代对品牌生活方式潜在的认知和应用习惯前沿探测性研究，是企业品牌能否始终保持敏锐市场前沿竞争能力，针对性发展新兴品牌设计思想的关键。

1.9.6　迈向全面变革：品牌运营属性的改变

从互联网被企业大量运用开始，管理人员就开始尝试通过互联网方式来发展企业的现代管理，于是研发、财务、营销、服务等许多流程转移到了互联网上，并开始了 IT 化部署的大潮，互联网企业和 IT 企业作为人类迈向多网互联时期的重要基础性支柱公司，成为承担企业品牌联网化发展方面最大的受益者。相反企业对联网媒体特别是新媒体作用的认识，等到企业都反应过来已经迟滞了很长时间，人们对联网品牌的深刻理解，要到 21 世纪的第三个十年，万物联网，多网互联，才会实现真正意义上的全线爆发。

和互联网公司在 21 世纪的每十年所进行的大发展大变革的方式一致，在这个历史性的挺进发展阶段中，21 世纪的第一个黄金十年是互联网和 IT 解决方案公司的时代，第二个十年是新媒体转型的企业媒体化的时代，第三个十年是企业联网品牌化深刻变化、演进与发展的大时代。几乎所有的企业都将转型为联网品牌，全球范围大规模的品牌再造将反过来又重构互联网、移动和数字技术、IT 业、媒体业等基本的产业业态。

当所有的企业基于多网互联来实施企业管理，企业内部与外部的众多流程已经发生了根本性的改变，内部与外部统一融合起来，许多原来内部运营的架构在公共互联网上，大量的工作衔接与各种互联网、移动互联网终端和数据并接并联起来，直到有一天，企业彻底成为完全以联网思想运营的品牌生态组织，各种基于网络基因、联网系统、数据连接、服务响应、价值链、工作流等组成的纯粹网络化运营模式取代了企业日常管理和运营的基础，而这种大规模的企业品牌组织再造，并完全基于生活在网络上的品牌用户所发展出的品牌性能、品牌能力、品牌运营基础最终会使所有的全球企业完成彻底性、颠覆性、自适应的、自响应的、自服务的品牌自组织发展过程。

我们今天已经可以深刻预感到未来即将发生的变化，深刻感受到这种颠覆性的力量正在萌动，就像即将喷发的火山，岩浆已经在欢快沸腾地雀跃，随时等待着新时刻的到来。当品牌运营属性发生了结构性的根本改变，最高形态的品牌生态组织——品牌脑将会正式诞生，但注定只有少数保持远见的企业家能够敏锐地发现这种高等级的品牌组织发展价值，也注定了新的品牌巨头会酝酿诞生，与之对应的是传统的互联网公司、IT 企业、新媒体公司将演变为传统企业，处于被趋势和事实淘汰、再造的重点领域，为创造全新竞争优势的品牌创始人，正集中处于变革的前夜，蓄势待发，全世界所有的产业，也将处于主动改变和被改变两种状态中参与全球联网品牌化大变革——崛起、持续或失落。

联网品牌的发展本质，是人类对品牌实践的深刻理解，是人类在改造互联网过程中所发展出的基本能力。企业要将联网视为土地、空气和水一样的资源物质，尽管这可能是虚拟时空看不见的基础物质，但运用这种虚拟物质、生产资源、发展关系的水平，就成为决定一个联网品牌能否发展的关键。这种认识与今天人们将联网视为一种发展所必需的物质基础是不一样的，未来在全球企业纷纷演变为联网品牌的过程中，品牌本身才是运营重点，这与研发某个软件、拥有某种互联网功能性服务、是否通过互联网建立客户关系有着本质上的区别，前者发展的是品牌本身的联网基因重构、业务重组、品牌再造，后者是实现业务或工作的解决方案应用。

第2篇 品牌学科

第2.1章 品牌史学

品牌史学贯穿着从史前到未来的人类文明进步史,对品牌史的研究是基本确定品牌文明形态的一个重要发展过程。品牌史学和一般意义上的史学所不同的是,它是发展中的史学,不仅对过去发生着重要作用,也对品牌的现在和未来发挥着重要发展价值,而人类今天繁荣发展的品牌世界在为人类贡献与服务的同时,也使人类史诗般的珍贵史料被记载在人类文明发展的长河之中。

2.1.1 品牌史探源

品牌史包括:①品牌本身的发展史,分为品牌文明基因、品牌孕育、品牌诞生、品牌发展四个阶段;②从历史中发掘品牌,许多品牌的起源或品牌故事的挖掘需要回到历史中探源寻找,以保护性发掘的方式奠定一个品牌的基本文明形态;③每一个国际品牌本身的发展历史——起源、沿革与变迁。

品牌史是人类文明发展与变迁的重要组成部分,是从记载人类贸易活动到记录人类社会经济发展变迁、国家兴衰、文明复兴中"活"的史诗。民族、文字、语言、服装、建筑、交通的发展史被认为是研究人类文明变迁史的基础,但随着人类逐步迈向高等文明阶段,品牌的发展史则在一定程度上逐步取代了民族、文字、语言、服装、建筑、交通等人类原本的基础发展形态,成为研究人类文明史的主线。

以品牌文明形态为结构的贸易和市场活动、民族品牌、品牌艺术以及较为具体的农业、工业、汽车、航空、服装、食品、家用电器、城市旅游品牌、城市景观等领域,都在以市场中的具体品牌发展史为社会经济和产业变迁的代表。而这种以品牌来代表人类发展脉络和变迁历史的表达方式,在今后及人类未来将越来越明显,最终品牌史将取代人类大部分文明史的记录表达方式,成为人类史的特定记载手法,因而品牌史档案本身就是记载人类活动最重要的史册。

回顾我们人类走过的历史,一幅幅画面接踵而来——在漫长的人类史中,一队队商队在驼铃中穿梭,一帆帆船队踏波荡海而来,蒸汽机的鸣笛,现代物流网络的交织,国际网络的飞速传输,空中客车飞跃于世界各地……

品牌到底是什么,它从哪儿来?

品牌发挥了什么作用,产生了什么价值?

为什么人类对品牌如此着迷并大量消费?

为什么全世界的经济都围绕着品牌在运转?

让时光倒流,从人类前进的脚步中寻找品牌的身影,开启你对品牌史的知识探索之旅,探索整个世界与人类的秘密……

2.1.2 品牌文明基因

品牌最早是以人类文明基因的形态存在的，从人类以象形画面、文字和语言的发展开始，人类就以各种凭空想象的图像、记录现实的图像、装饰美学的图案设计和民族化的文字语言发明为人类进步的主要方式，表达人类最早的文明，而这些图像、图案、民族化的文明是今天人类品牌发展的基本雏形和伟大基因，一些对后来品牌发展产生重大影响的品牌思想也在这一时期奠定。

正是人类从诞生到距今 4000 年以前阶段的史前文明时期形成的品牌文明基因，创造出了人类未来品牌发展的三种主要品牌文明形态：一是以想象为基因的品牌文明，是构成科幻、奇幻、梦幻等想象式文学、电影、游戏、科学空间、虚拟社区等虚拟文明世界的品牌起源；二是以现实为基因的品牌文明，是构成现实记录、解决某个实际问题、实际发展情况等实用式文学、电影、实体产品、实际服务等现实文明世界的品牌起源；三是以象形、抽象、构图、平面、立体、装饰等艺术式表现为基因的品牌文明，是构成人类美学设计的品牌起源。

这些伟大的品牌文明基因，可以从世界各地不同的人类起源栖息之地找到，从不同的人类史前文明时期发现，考古学者们在对人类重要遗址的发掘过程不断报告这类最新发现，从欧洲、亚洲、非洲以及具体到哈萨克斯坦、卡累利阿、西班牙、法国、西伯利亚、意大利、英国、德国、中国、阿尔及利亚或撒哈拉，人类都从万年以前、几千年前的洞穴岩画、墓葬壁画、文物造型及装饰等历史遗址遗物中发现这些人类先民留给我们的珍贵记忆。

史前文明时期的人类先民已经为我们为人类品牌的发展奠定了最基本的品牌文明形态基因，但这并不是品牌最终会孕育诞生的标志。尽管人类的文明通常是以民族或民族集团（未形成正式民族的泛民族）为主体存在的，许多人类文明在人类史中或消失、或断代、或发展至今，形成了人类浩瀚璀璨的文明印记，而这些文明印记在品牌崛起的时代迅速演变为品牌风格的表达方式，以品牌印象追忆人类古老民族文明的传说和风采。但品牌的孕育直至最终诞生，还需要通过品牌思想来奠基，并且还需具备人类物质商品的供给超过饱和出现激烈竞争的条件，原始的品牌文明基因最终才会成为品牌的巨大潮流。

2.1.2.1 人类早期的品牌产权关系

在人类商品匮乏的时代，品牌尽管已经形成雏形，但更多情况下是自我识别、自我使用、自娱自乐的一系列品牌原型设计、产权归属识别，并用于人类物质交换交易的原始活动，暂时无法进步到需要进行严格的法律约定、产权保护以及特意强调自我识别和谋求品牌化发展的竞争环境。因此品牌在很长一个人类历史时期所经历的只是从品牌原型发展到标识产权，再发展法律意义上的产权归属判定及保护阶段。

人类从岩画、图腾到符号、标识的演变过程，最终使品牌以"标识"为基本存在形态出现，而人类从原始的交换发展到商品交易再到全球贸易的发展史，是将标识演变为商标，并成为品牌识别的基础，其基本意义是将标识作为产权关系的出现。

距今 7000 年前，人类正式开始使用各种标识来表明牲畜和货物的所有权，后来被用来表明货物的所有者以及制造者的工作质量，岩画、砖、陶瓷上大多使用各种专用标识。图腾信仰与祖先崇拜进一步结合起来用来确定祖先的起源和亲缘关系，而"图腾"就是明显进行区别的标识，图腾崇拜加速了标识的演进。

随着交易的增多，人类开始通过漫长的贸易路线或贸易圈进行品牌化早期商品的交易和分销，商人出现，并从原始品牌的经营贸易中获得可观的商品差价。全球的主要古代贸易圈，如爱琴海、波罗的海、北海贸易圈、撒哈拉贸易圈等，中国的主要古代贸易圈，如日中之市、丝绸之路等。

尽管这些贸易只是品牌的雏形，但既满足了全球到达、全球溢价的传输特征，又同时满足了印记、原产地、质量等级、质量稳定性等品牌能力和品牌识别特征。

我们关注"品牌"的同时，需要了解品牌所应具有的以下特征：

①全球到达：品牌必须实现全球到达，品牌经营网络遍及世界各地。

②全球溢价：品牌在全球各个市场都能达到足够的溢价能力，拥有高利润、高附加值。

③拥有印记：品牌拥有可供识别的标志、徽章等识别符号。

④原产地：品牌拥有其输出国、原始产地（原创地），品牌主要以输出方式向全球进行贸易交易或向全球市场供应。

⑤质量等级：品牌拥有一定的质量等级，向全球的输出行为主要是以高可信、高质量等级（优秀品质）为保障的，以满足品牌消费在完全安全的消费心理环境中完成交易。

⑥质量稳定性：品牌拥有足够可信的质量性能稳定要求，无论在世界哪个地方，品牌消费者购买到的都是高稳定性的品牌产品和服务，不会因地区差异、气候变化、使用环境发生变化。

同时满足上述要求的品牌，无论其是以原始原生形态，还是现代品牌形态，都是以品牌拥有全球贸易输出权（产权归属、交易权、市场独占权、市场进入权、契约关系）为特征的基本要素，与人类现代品牌经济体（品牌输出国、产业品牌集群、集团品牌集群）是一致的。

2.1.2.2　品牌从标识到规范性使用的过程

在全球贸易（交易、市场进入）过程中，人类早期的一批批品牌雏形在这种品牌贸易中相继诞生。标识也开始演变为用来保护消费者的识别标志，人们用标识来区别原产地、制造商的声誉，尽管这个时期标识的保护没有列入法律，但人们逐渐认识到标识有利于制造商之间进行公平竞争，最终标识的识别属性被确认。

于是这就形成了品牌的词源，品牌（brand）一词来源于古挪威文字"brandr"，中文意思是"烙印""烧灼"。早期人类在马背上打上不同的烙印，用以区分自己的财产，这是原始的商品命名方式，同时也是现代品牌概念的来源。但这并不代表着标识就是品牌，以及在人类商标法律形成以后，商标就等于品牌。

考察人类经济活动，自古就有依赖"品牌"进行交易，并以物流和传播作为支持，并由此产生了真实的品牌所需具备的投资、生产、定级、识别、贸易、消费、文化元素等各种经济变量。

在满足基本的品牌贸易（交易）要素后，品牌还需要一定数量的变量因素存在，投资者是谁？生产方式是什么？如何对质量和外观进行评级？如何有效与同类产品进行区分识别？贸易（物流）和交易特征是什么？如何圆满地完成在全球消费需要？文化元素是否足以提高品牌溢价？

通过考察上述品牌变量要素，我们可以发现，品牌的要素内容实际上比我们以往想象的范围要大得多。

一些品牌变量要素在人类早期就被固定下来，形成一定的交易前提，例如，公元前4000年，中国陕西仰韶文化遗址的半坡鱼蛙纹彩陶盆图腾标识，已发现的半坡类型符号，绝大部分刻在同一种陶器的同一个部位上，规律性很强。有些符号不但重复出现在很多个器物上，而且还出现在不同的遗址里。公元前3000年，美索不达米亚对大麦的质量，就有具体的价值指标，作为交易的依据。

更为典型的案例是公元 9 世纪中国唐代的文思院品牌：大唐宫廷茶器 1987 年出土于中国陕西扶风法门寺地宫，这些茶器制作于唐咸通九年至十二年（868—871 年），有"文思院造"字样。

"文思院造"铭文如下：

"咸通九年文思院造银涂金盐台一只并盖共重一十二两四钱，判官司臣吴弘慤，使臣能顺。

文思院准咸通十四年三月二十日敕令造迎真身金钵盂一枚重一十四两三钱，打造小都知臣刘维钊，判官赐紫金鱼袋臣王全护，副使小供奉官臣虔诣，使监门卫将军弘慤。"

这些品牌原型的发展，表明了品牌作为一种规范出现，并涵盖了一系列标识之外的要素，尽管以主要以"标识"进行区别，但"标识"并不是品牌真正意义上的发展方式，品牌是在秩序规则要求的基础上，借助技术提升、发展壮大、传播影响、消费认同等过程中逐步确立起来的。仅有商标只是完成了一个"图形或命名的标识"法律意义上的产权界定关系，除此之外没有任何品牌的要素和意义。

2.1.2.3 品牌从标识到商标的法律约定

具有重要代表意义的凯尔特标识集中出现在公元前 5 世纪至公元 1 世纪，是今天欧洲和北美许多重要标识的起源，罗马的复兴和衰落过程中标识也得到迅速改变，公会和保护行会出现垄断识别标识。中国重要的龙纹则出现在距今 4000~6000 年前的新石器时代，随后在青铜器、玉石上得到淋漓尽致的展现，随后中国的商周时期，品牌雏形大量出现，用以进行产品的识别和保护，这些原始功能一直延续至今。

在中国，"招牌""幌子""徽记"等都是古代社会用来表达品牌的特定方式，从早期的酒、宝剑、陶瓷、丝绸、茶叶等文献记录上都可以看到品牌的蛛丝马迹。

公元 11 世纪，中国宋朝，最早的正式品牌形象出现。中国山东济南一家专造功夫细针的刘家针铺，专门设计、制作了一枚用于印刷标识的铜质模板，以白兔为商品标志，既有文字，又有图形，近于正方形，上方阴文横刻"济南刘家功夫针铺"店号，中间阳刻白兔图形，两侧还竖刻着阳文"认门前白兔儿为记"，两边平分四字，下方刻有较长阳文附记，与现代品牌相比较，已经彰显其规范化的特点。

12 世纪欧洲的行业协会开始使用正式的标识，13 世纪一些主要制造商开始使用标识，"水印"首先出现在意大利。1266 年，最早的商标法《面包师标记法》在英国、法国出现，有些面包师在面包上采用了标识。1353 年，商品商标所有权出现，被视为商人商品被盗时所提供的法律证据。1365 年，刀匠得到保护，伦敦的刀匠需要向城市官员登记其专用标识。1373 年，瓶子的制造商被要求用皮革标记标识，使他们制造的瓶子和其他容器能够被识别。1452 年，一名寡妇被授予使用丈夫的标记成为最早的商标诉讼记录。

中世纪的欧洲，手工艺匠人已经经常使用打烙印的方法在自己的手工艺品上烙下标记，以便顾客识别产品的产地和生产者。这就产生了最初的商标，并以此为消费者提供担保，同时向生产者提供法律保护。16 世纪早期，蒸馏威士忌酒的生产商将威士忌装入烙有生产者名字的木桶中，以防不法商人偷梁换柱。

1618 年，服装制造商使用劣质布但采用了优质服装的标识的诉讼，被判定为侵权，商业与商标之间开始紧密联系起来。1653 年，位于荷兰代尔夫特的蓝陶工厂，从中国陶瓷中受到启发，欧洲的瓷器制造商们开始使用标识。

工业革命时期，欧洲和北美开始对商标立法，商标成为合法的财产，品牌开始被消费者所熟悉。这些立法包括：1788 年，美国从帆布制造标识开始进行商标立法保护；1789 年，制造出口到外国的帆布被立法应该有商品标签或印章；1857 年，法国颁布商标法；1862 年，英国颁布商标法；1872 年，美国专利和商标局的官方报纸开始出版。

1891 年 4 月 14 日，在西班牙首都马德里，多国联合签署《商标国际注册马德里协定》，建立现代商标联合保护法律。到 2003 年，美国已经有 1600000 多个注册商标，商标被用来要求表现的产品或服务的独立产权性质。

2.1.3 品牌的孕育

尽管人类商业活动的增加以至频繁，致使标识的识别成为法律意义上的商标，但拥有商标并不意味着能够孕育出品牌。人类品牌是在品牌文明基因和品牌思想的作用下所进行的品牌基本合成作用，品牌文明的基因需要市场中发生充分的商品竞争，而商品则需要经过品牌思想转化为品牌。

只有三种特殊的品牌发展属性同时具备时，品牌才会得以孕育诞生。这三种属性分别是：①民族中存续保持的品牌文化基因，当一个民族的文明发挥出承继光大的历史使命与责任，品牌在一定程度上是文明复兴成果的体现；②具备基本的原生品牌思想，其主要是工匠精神、科学精神、服务精神和文明自信，品牌思想对品牌的孕育发挥着最直接的创造价值；③商品的种类数量增多直至达到相当激烈的竞争程度。

人类历史上任何一个民族或民族集团的文明，都具备创造、诞生、形成、发展的伟大历程，但多数情况下由于没有形成原生品牌思想或者因文明中断遗失了原生品牌思想，致使品牌无法孕育成功。而世界上不同的国家，已经或正在经历从商品匮乏走向商品丰富的历程，商品竞争的不充分导致这些国家还没有形成自发发展品牌的重要意识形态，品牌可能作为一潜层意识——知道需要品牌，但没有为品牌的孕育做好充足的准备而使这些国家暂时无法涌现出品牌。

但品牌不会因某些国家或民族未能孕育出品牌而中止其发展进程，相反，随着人类发展史上商品种类和数量的持续增加、交易和贸易活动持续增长，直至竞争出现并进入激烈的全球竞争阶段，一部分国家以品牌输出国的国际地位占据了全球品牌经济的上层市场，而不能完成品牌化的国家和地区，则成为品牌输入国。从品牌输出国源源不断产出的品牌，经由现代市场经济的发展，其品牌遍及世界各地每一个角落，即便是地球北极的爱斯基摩人或者非洲贫困的国家，也不会因地域的局限或国家的贫富而中止选用并购买品牌的愿意。

品牌的孕育是人类文明史上的一大杰作，人类在过去数千年来对知识、真理、科学、文化、艺术、商品、生活、家庭、财富等追求最终以"品牌"为集结，最终得以使品牌在品牌思想孕育中完成了伟大的诞生，并让品牌茁壮地成长起来，让品牌生命之树长青。

2.1.3.1 品牌思想的形成

人类历史上以民族为主体的文化形态发展至今，并没有形成足够丰富的品牌溯源，其根本原因是文化继承、文明断代、文明复兴的伟大历程。一些影响人类品牌发展的重要思想在人类早期就根植在一些主流民族的文明之中，为人类品牌的孕育和诞生奠定了根基，相反人类多样化的民族文化中，许多国家或民族由于缺乏原生品牌思想或原生品牌思想出现断代，无法也无力最终孕育并诞生品牌。

品牌思想的形成是一个民族或民族集团之所以屹立于世界民族之林的重要发展标志。品牌思想来自于人类对文明发展提出的基本意识形态，那些意识形态潜移默化地将在一个民族一代一代的存续中得到继承发展，因此即便一些民族或民族集团在人类史上消失了，或者没有以国家为形态继续存在，但文明并没有中断或消失，继续在其后裔中代代相传。相反，以国家为形式的发展可能因此缺少民族自信精神，在总体意识形态上无法构筑出品牌诞生所需具备的条件，这些民族品牌的文明形态还需要一段时期或很长一段人类历史时期的孕育。

文明之于品牌，是一个伟大的裂变过程，而文明中承继光大的品牌思想，是构成一种文明之所以能够孕育诞生品牌的起始。这些重要的品牌思想主要包括了文明自信、工匠精神、科学精神、服务精神、契约关系、财富观念等，是产生品牌精神与秩序的重要结构性孕育环境，在具备上述品牌思想的民族或国家，就拥有了足以孕育品牌的事实基础。

品牌思想的形成是一个漫长的人类文明起源、衍生和发展过程，其本质是一个以民族为主体的人类种族在发展变迁过程中所产生的对人类社会总体的认识和理解，是其民族世界观价值观的具体体现，是其民族及其后裔对一种文明进行发展所需的使命、责任、义务的承担，它既是一种潜移默化的文明脉络，也是一种约定俗成的秩序规则，更是一种自然发展的生态序列。

现代及以后的人类品牌思想发展，都离不开对人类早期品牌思想的承继光大，这原本就是人类文明从始至终的发展方式，是一种自适应全方位开源的文明系统，在不断与时俱进的过程中发展更高程度的文明，是一个民族自觉、自醒、自发、自强的自我发展过程。

人类早期的品牌思想诞生于4000年前至公元前1世纪，所有人类最主要的文明时代和民族文明的起源集中在这一时间段，而这个人类文明正式集中诞生的历史时期奠定了基本的品牌思想，并以秩序、规则、联网等意识结构组成了人类社会文明形态。历史的记载有时并不真实，因为历史是通过胜利者所书写的，在这个过程中许多很可能影响人类后世未来的原生文明及原生品牌思想会被忽略不计或少有记载，但随着这些或许已经消失的民族或民族集团后裔们持之以恒地坚守，人类品牌最终经历了中世纪到近代史的漫长孕育过程，得以最终诞生。

四大文明古国中的古巴比伦、古埃及、古中国、古印度艰难的存活发展，除巴比伦彻底消亡外，最后形成了埃及、中国、印度，但都存在一定程度的文明断代，原生文明被迫多次中断，相反在现代品牌文明世界中，古代文明与现代文明的交互使之难以面向人类未来孕育发展出具备前沿性质的文明，因而进入以品牌为代表的高等文明阶段的时期就迟滞了一些，从而出现了特定的人类中等文明进步阶段，但当这些古老的文明最终再度焕发新姿，仍有可能成为影响人类品牌文明发展重要进程的伟大文明。

品牌思想并不一定产生在古老的人类民族始祖中间，在今天人类高度发展的品牌文明阶段，当一个民族自发奋起，自觉、自醒、自发、自强的自我发展过程仍将以其强大的民族意志完成新的品牌孕育和诞生，因为品牌是人类文明的产物，是人类各民族在文明复兴过程中的伟大求索及追求，是民族使命、责任与义务的最终发展成就。

2.1.3.2 品牌的正式孕育

根据大量的品牌起源史料研究，我们现在可以判定，人类品牌之所以孕育并诞生，主要是从发源自爱尔兰、苏格兰和高卢地区的凯尔特文明中集中孕育的，尽管凯尔特文明在公元1世纪被古罗马领导人恺撒率领的军队摧毁，但人类品牌孕育所需的品牌文明基因和原生品牌思想被遗传下来，直到19世纪完成了人类品牌的孕育阶段，从19世纪到20世纪为人类创造了品牌的伟大诞生过程。

这一点并不难以调查，遍布美国和欧洲的凯尔特后裔（爱尔兰、苏格兰及高卢后裔）以及欧洲工匠职业的后代和职业继承者们，是完成人类品牌从孕育到诞生的主力军。

这一点从世界上第一个品牌的正式出现就可以得到印证：1835 年，人类第一个现代意义上的品牌标识出现在商品上，苏格兰的酿酒者使用了"Old Smuggler"这一品牌，以维护采用特殊蒸馏程序酿制的酒拥有的质量声誉。

19 世纪的欧洲，大规模的外地品牌和带有包装的货物开始大量流通，工业革命创造了大量的家庭用品，如肥皂。集中式工厂大量地生产这些产品，船舶一批批地将带有品牌标识的木桶运往各地，此时的品牌已经扩大了"商标"的含义。英格兰移民威廉·波克特和爱尔兰移民詹姆斯·甘保创立的宝洁于 1879 年面世的象牙肥皂（Ivory soap）是人类品牌诞生时期的杰出代表。

不仅美国国家品牌形象的代表人物山姆大叔、巴顿将军、猫王埃尔维斯·普雷斯利等，美国和欧洲的众多品牌如福特汽车、IBM、微软、新闻集团、GE 通用电器，以及轩尼诗、杰克丹尼等品牌的主要品牌创始人或品牌再造领导人都拥有凯尔特（爱尔兰、苏格兰及高卢）血统，他们以移民或后裔的身份共同创造了人类最早的品牌或世界上是主要的品牌。

凯尔特工匠精神在欧洲发展史上发挥着极为重要的品牌孕育过程，贵金属和珠宝的加工和交易、为上流社会提供的指导和服务、创造先进工具的能力以及精益求精的敬业精神。例如凯尔特人于公元前 1 世纪发明了带有转向机构的四轮马车，并在 15 世纪大规模运用于战车，是现代汽车制造技术的雏形，而罗马时期的工匠则主要是来自于凯尔特人，改进蒸汽机的发明者是苏格兰铁匠瓦特。这种文明和血统的渊源促进了美国和欧洲成为人类现代品牌的集中孕育、诞生和制造中心。

从 19 世纪开始大规模萌发的凯尔特文明复兴，促进了文学、设计、电影、歌剧、音乐、游戏等现代品牌艺术多元表达方式，也因此创造了好莱坞等人类现代文明中心的发展。我们今天所看到的大量电视等艺术形态，其剧情设计、电影制作及电影音乐中最主要的流行元素由爱尔兰、苏格兰为主的凯尔特文明衍生。例如，凯尔特文明中魔术师的后代乔治·梅里爱创造电影的想象模式，构建了人类对未来科幻、梦幻、奇幻的虚拟想象世界，并因此带动了人类虚拟文明品牌的发展。

世界上一半以上的早期国际品牌是由凯尔特文明孕育繁衍并最终诞生。人类历史上的国际品牌迄今为止，分为三个重要的集中孕育诞生高峰阶段——品牌潮，第一个国际品牌潮出现在 19 世纪的工业革命时期，第二个国际品牌潮出现在 1921 年前后，第三个国际品牌潮出现在 1975 年以后。"创造梦想，完美追求"是国际品牌之所以集中孕育诞生，和凯尔特文明中大量品牌思想的传承有直接的发展关系。

通过对国际品牌孕育诞生的探源，我们发现，国际品牌的出现并非一种偶然现象，它是人类文明特定基因、特定思想在特定人类发展时期的集中孕育诞生。随着以凯尔特文明系集中孕育了人类品牌，品牌效应迅速在世界各地得到发展，并影响和其他人类文明体开始集中孕育品牌，三种情况下会有望再次在一个国家集中孕育诞生国际品牌：国家、投资、银行和公平竞争秩序都围绕新想法而建立；专为王室、贵族、财富新贵等上流社会提供产品和服务的环节没有因动荡而发生中断；民族精神格外强烈的国家和地区，品牌是一种国家精神的直接体现。

2.1.3.3 人类品牌化的历史进程

当人类的第一批早期品牌大批量孕育诞生于 19 世纪，从工业革命开始，工业化把许多家用物品以当地集中式工厂生产的方式进行发展，工厂大规模制造出的商品越来越多，工厂承担销售的经理们发现客户——需要改变以前人们只熟悉本地生产的产品的习惯，为了赢得更广阔的市场，产品不能只局限于与本地产品进行竞争，必须将产品销往更多的国家和地区。

人们很快就发现，要说服大量非本地的公众能同样信任自己的产品，就需要进行包装运输，并能够进行准确的识别，以便让非本地的公众能识别自己的产品优点，于是最初的"品牌化"出现。回顾宝洁的品牌诞生史——"象牙"牌肥皂就能还原19世纪的这段历史，宝洁的品牌形象那时已经出现并延续至今。

英国啤酒厂声称他们的红色三角品牌是世界上第一个商标。莱尔的糖浆曾使用类似的索赔要求，被评为"英国最古老的品牌"，其绿色和金色包装自1885年以来保持不变。另一个说法是品牌来自意大利，印戳或雕刻着同样原型标志的形象自1731年以来就出现在梵蒂冈城的圣彼得大教堂。

梨香皂，坎贝尔汤，可口可乐、多汁的水果口香糖、桂格燕麦等成为第一批最早的品牌，这些早期品牌已经相当注意努力提高让消费者对自己"品牌"优点的认识，这时，人们开始对品牌有了深刻的理解。

1900年前后，詹姆斯·沃尔特·汤普森公布了房产的广告，解释商标的广告宣传方式，可口可乐在这时也实现罐装，开始由不同的工厂生产，人们对"品牌"有了早期的认识。企业可能通过口号、海报、吉祥物和顺口溜在刚刚开始出现的电台和早期电视上进行宣传。到了20世纪40年代，生产商们又进一步认识到，他们正在和消费者发展相互之间的品牌关系，正以社会学、心理学、人类学等方式存在。

制造商们很快就学会打造自己的"品牌"身份、性格等识别要素，如青春、快乐或奢侈。"品牌化"正式开始，人们也开始习惯买"品牌"而非产品了。第二次世界大战前后，各国特别是美国诞生了大量新兴的品牌，品牌主打"爱国"的旗号，品牌理论快速发展，而品牌这时也日渐成为各国的经济主导力量。

这种趋势一直延续到20世纪80年代，大量的品牌理论，如品牌价值和品牌资产等出现，人们已经知道品牌具有资产价值。在1988年，菲利普·莫里斯以六倍的公司价值购买卡夫，他们真正购买的是其品牌名称。

进入21世纪，消费者的收入大幅提高，21世纪消费者更加注重品牌化，品牌成为各国经济发展的热点，品牌化也成为全球企业共同一致的竞争焦点，21世纪全世界的国家都已经进入全面的深层次品牌化过程中，企业全面向品牌组织过渡，未经品牌化的商品加快被排挤出全球市场。

2.1.4 品牌学本身的发展

品牌学之前没有形成一个完整的学科，其主要表现在：品牌学作为人类基础学科，在缺乏系统的科学研究和系统理论的形成之前，品牌无法正式成为人类知识领域重要的学科分工。

人类基础科学学科示例：

医学：由临床医学、病理学、药理学、循证医学等组成。

化学：由化学元素表、化学方程式、化学反应等组成。

物理学：由物理实验、牛顿力学、相对论、量子力学等组成。

生物学：由生物分类学、胚胎学、细胞学、基因组学等组成。

成熟的基础学科通常处于研究事物本质、科学规律的阶段。

品牌学仍然大量缺少基础科学理论、研究精神以及足够专业的科学研究人员，这导致品牌学的实际应用此前是以业务形态为主，如品牌公关、品牌传播、品牌策划等理论应用，缺少系统的品牌原理学、品牌组织学、品牌史学、品牌质量学等深入研究，因此此前品牌学发展所处的阶段为"品牌现象、品牌意识"阶段。

2.1.4.1 品牌学形成简史——品牌学科前阶段

史前：品牌文明基因形成阶段。

1世纪以前，品牌思想形成阶段。

11世纪以前，品牌雏形阶段。

18世纪以前，为品牌形态阶段。

1870年以前，为品牌观念阶段。

1870—1900年，主要是个体生产者拥有消费品品牌。

1915—1928年，主要在广告方面突出了品牌的宣传，有了新的管理方式，即品牌由职能部门管理。

1930—1945年，出现了品牌经理，诞生了品牌管理系统（尼尔·麦克尔罗伊，1931）。

1950年，奥美在1950年首次提出品牌的概念；劳斯·瑞夫斯（20世纪50年代初）提出独特销售主张理论（Unique Selling Proposition，USP）。

1950—1960年，许多企业开始尝试实施品牌管理系统，特别是消费品企业，重塑品牌忠诚，品牌管理和品牌营销在市场营销中的地位和作用充分体现了出来，有学者开始对品牌管理理论进行研究（Burleigh B. Gardner和Sidney J. Levy，1955）。

1960—1980年，品牌经理制在全球盛行。

1960年以后，曼弗雷·布鲁恩提出品牌生命周期理论。

1969年，杰克·特劳特提出品牌定位。

20世纪80年代—90年代初，出现品牌整合，品牌资产盛行（David A. Aaker，1991）。

20世纪90年代以来，品牌战略和品牌管理成为公司战略和管理的重要新领域，围绕如何做好品牌管理，出现了不少的专著和具可操作性的方法，现举例如下：

——奥美提出"360品牌"理论模式。

——萨奇提出"全球品牌策略"（the global branding）。

——电通提出"品牌传播"（brand communication）。

——达波思提出"品牌轮"（brand wheel）。

——智威汤逊提出"整合品牌建设"（total branding）。

——戴维森提出了"品牌冰山"理论和思想。

——大卫·艾克提出基于单个企业品牌系统的"品牌群"概念，首次将生态学的种群概念引入到品牌理论的研究中，并指出这是一个认识品牌的全新角度，又在2000年进一步提出了"品牌领导"的新管理模式。

——尼斯嘉·温克勒提出了品牌生态环境的新概念，并指出品牌生态环境是一个复杂、充满活力并不断变化的有机组织的论断。

2.1.4.2 从品牌经理到品牌组织

人类品牌学科形成及发展的重要里程碑，是从人类商业活动中的"品牌经理时代"发展到"品牌组织时代"，这是人类从追求商业发展目标进步到建立以现代社会网络为运行基础的品牌生态组织形态的重要转变，品牌以生态化组织形态的形式迈向更长远的人类未来。

以下是品牌经理时代的主要特征：

①企业为其所辖的每一子品牌都专门配备一名具有高度组织能力的品牌经理；

②品牌经理对其所负责品牌的产品开发、产品销售以及产品的利润负全部责任；

③品牌经理统一协调产品开发部门、生产部门及销售部门的工作，负责品牌管理影响产品的所有方面以及整个过程。至此，企业界的这些操作使品牌理论研究产生了极大的商业利益和社会需求。

以下是品牌组织时代的主要特征：

①品牌以生态组织形态存在，且具有恒定性，品牌应该面向未来而非过去或现在。

②品牌化的目的是为人类提供更完美的产品和服务，让人类生活得更好。

③通过实施"品牌+管理再造"，品牌的目的在于使整个品牌组织高效敏捷运转。

④通过科学的实验方式获得最佳产品、最佳服务、最佳管理。

⑤品牌管理的目的是完成品牌组织的高效率自适应运动。

⑥稳定平衡的管理秩序是品牌组织基业长青的保障。

⑦品牌是全员的，全员参与品牌贡献，并在贡献过程中获得公平的回报（薪酬、晋级和期权）。

⑧品牌管理从管理职业化开始，追求管理专业化，着眼于下一代敏捷管理与智能服务的时代。

⑨品牌学习是品牌组织管理进步的保证，品牌官必须精通总体品牌设计和品牌化。

⑩每隔一段时期，必须进行一次彻底性的品牌再造。

2.1.5 从历史中发掘品牌

任何一个品牌都拥有起源或来源，但品牌的起源并不一定来自于新诞生的名称，一个主要的来源是从历史中进行重新发掘，定义品牌的起源，强调品牌的历史传承，并重新赋予品牌新的意义。

典型的例子是奥运会，起源于古希腊人公元前776年规定每四年在奥林匹克举办的一次运动会，原因是为了和平和尊重奥林匹克众神（古希腊神话里的宙斯等神）。各城邦之间每年度最重要的大事就是希腊的大运动会。这些运动会一共有四种：奥林匹克运动会、匹西亚运动会、尼米亚运动会与伊斯米亚运动会。这四个运动会以奥林匹克运动会为首，依照顺序分别在四个地点举行，这样形成的一个周期，称为奥林匹克周期。

古代奥运会从公元前776年开始，到公元394年为止，历经1170年，共举行了293届古代奥林匹克运动会。公元394年，奥林匹克运动会被罗马皇帝狄奥多西一世禁止。

1894年6月23日，现代奥运会创始人顾拜旦与12个国家的79名代表决定成立国际奥委会、开创奥林匹克运动时，这一壮举曾一度成为人们讽刺的对象。而在百年之后的今天，奥林匹克运动吸引了200多个国家和地区的积极参与。

品牌起源具有历史化的特点：每一个品牌组织，都有其自己的起源，以还原品牌最初诞生的故事，人们总是极力把品牌作为一种象征存在，和早期的图腾异曲同工。换言之，图腾和品牌都是人类社会组织观念物态化的标记或符号，它们的基本形式要素都包括名称、图案、色彩及其精神和意义的组合。

在现代品牌发展中，品牌也是一个品牌组织的图腾——象征，同时也是精神与含义的完美诠释和表达。主要的品牌起源通常是历史人名（神话传说、物品、事件）或创始人姓名，或创造人对品牌的期望。

以下是一些典型的品牌命名与历史来源：

Nike是依据希腊神话里的胜利女神而命名，有旋风飞行的象征。

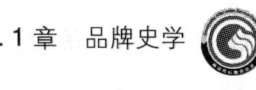

Yahoo！则起源于《格列佛游记》作者笔下的一个名叫 Yahoo 的野人，它代表了一个在外表和行为举止上都令人厌恶的家伙，简直都不能算是一个人。

路易威登的儿子乔治·威登（Georges L. Vuitton），继承了心灵手巧的家族传统，1896 年，他印制了著名的"LV"商标，这使路易威登开始作为品牌象征注入人们的观念和社会生活。

从历史中发掘品牌起源故事，已经成为今天人类在品牌化过程中最为津津乐道的一件事，于是人们从古代神话、历史事件、史书史料、考古笔记，或者《星球大战》《哈利·波特》《魔戒》等许多电影和畅销书作品中产生无穷无尽的新品牌，从而对品牌赋予有意义的起源。

2.1.6 国际品牌史

浩瀚的国际品牌史档案已经成为人类重要的历史遗产，也成为现代品牌在多媒体、新媒体介质中传播的重要环节。当 2008 年美国联邦政府宣布惠普在 1939 年创业时简陋车库成为美国国家历史古迹时，这个被正式誉为硅谷发祥地的车库，一间古老、简陋的木制"分离式车库"，不足 30 平方米，每年吸引超过 4 万名游客前往探寻硅谷的创业精神，一些异常简陋的工具：一个工作台、一套老虎钳、一台钻床、一把螺丝刀、一把锉刀、一只烙铁、一把钢锯以及一些在外面买来的元件中成就了惠普。

每一个品牌组织都极力展示自己的品牌史，无论是过去的，还是未来的，都以其发展史来深刻表达，以便给予公众图像化、意识化、故事化、传说化的历史性表达结构。这些品牌史早已经成为人类文明进程中不可分割的重要组成部分，并且随着人类品牌种类及数量的增长、历史性价值的凸显，每一个国际品牌的品牌史不仅在人类史册、国家史册中成为珍贵的记忆，也成为现代媒体化时代或人们口口相传的历史中被记载、传说、延续的故事和印迹。

流传最多的是品牌 LOGO 的变迁史，人们通过 LOGO 的变化来了解某个品牌的厚重历史，例如宝马（BMW）汽车标志的演变可以分为五个阶段，分别为，1917 年：宝马标志诞生；1933 年：更加沉稳、高贵的宝马标志；1953 年（或 1954 年）：年轻化的宝马标志；1979 年：更有科技感的宝马标志；2007 年：现代化的宝马标志。而苹果的 LOGO 则经历了 1976 年、1977 年、1998 年、2001 年、2007 年等多次变迁。

可口可乐品牌宣传语变迁史在 1886—2012 年经历了数十次变迁，如 1886 年"请喝可口可乐"，1904 年"新鲜和美味满意——就是可口可乐"，1906 年"高质量的饮品"，1907 年"可口可乐——带来精力，使你充满活力"，1908 年"可口可乐，带来真诚"，1976 年："可乐加生活"，1980 年："一杯可乐，一个微笑"，1982 年："这就是可口可乐"……2007 年"要爽由自己"，2011 年"可口可乐，爽动美味"。

品牌组织也会用博物馆、展厅、大事记、里程碑、电子画册等多种形式来表达品牌从起源到发展的历史，同时又为下一步的品牌化提供品牌发掘素材。

2.1.6.1 以创始人命名的品牌

一些品牌以创始人来命名，并使之成为一系列国际品牌史的开端和发源，例如：

Adidas 就来源于创始人的姓名；丰田（Toyota）这个品牌名字是来自于丰田的创始人丰田佐吉（Sakichi Toyoda），在 20 世纪 30 年代早期，他创立了这家公司。

大型医药公司宝威公司（Burroughs Wellcome）的品牌名是根据创办它的合伙人赛拉斯·巴勒斯（Silas Burroughs）和亨利·威康（Henry Wellcome）的姓氏来命名的。

法国探险家和殖民主义者安托万·德拉·莫特于1701年创立了殖民地底特律。为了纪念这些开国者或创立者，他们的名字用来作为那些酿酒厂、摩托公司，甚至是热狗摊子的品牌名字。

"美国纳森"就是以开国创立者的名字命名的热狗品牌，它于1913年在科尼岛投资15美元创立，经过50年的经营，已经成长为一家价值数百万美元的加盟连锁店。从1850年开始，密尔沃基的啤酒品牌就以它的拥有者的名字来命名。

沃尔特·迪士尼，一个传统的缔造者，他用自己的名字来命名自己创立的公司，又反过来使用所创造的人物的名字来销售产品——米老鼠、唐老鸭，以及动物园里的其他动物。品牌也由此赋予新起源——不仅仅来自于现实世界中的人物或者地点。

2.1.6.2 品牌史的人格化

品牌的传承是不可能被割裂的，否则品牌将是不完整的，品牌组织因此极力发掘和传播品牌起源故事，以强调品牌的历史意义和品牌最初的崛起。

因为一个永远都不会公布的神秘配方，简单的汽水变成了拥有神秘光环的"可口可乐"；因为香奈儿夫人的优雅与奋斗，香奈儿变成了"高贵、独立"的代名词；出生于贫苦农家，在小裁缝店里当起了学徒的皮尔·卡丹，为品牌树立起"奋进"的励志色彩；因为乔布斯的坏脾气、独断专行，那些自诩个性、时尚的年轻人便自动变成铁杆"果粉"。

这些品牌起源故事通过电影、文字、视频、小说、传记等多种方式传播，给予品牌传承的人格化魅力，通过模糊故事的边界，让故事同现实中的人、精神、兴趣找到结合点。而只有"品牌与人""品牌与物"或"品牌与一个组织"进行巧妙的结合，人们才能对品牌拥有更为直观的理解。

品牌起源的投资故事设计在现代企业IPO过程中也起着非常大的作用，投资故事所讲述的是公司的品牌概念、商业模式和逻辑，是生动地展现给投资人发展的潜力和亮点，对资本市场的接受程度和股价产生着重大影响。

2.1.7 明日品牌——即将到来的未来品牌史

品牌不仅讲述过去的历史，更重要的是——品牌讲解的未来的历史——那些很可能成为未来的历史。有抱负的品牌组织通常善于通过展现未来的模拟图景、景象、蓝图来表达品牌的未来，而这些品牌前景的构图或描述是人类对未来品牌史发展出的想象科学。

有抱负的品牌创始人会极力描绘未来，让市场看起来这个品牌更酷、更积极、更具有可期待的前景，从而吸引品牌族群参与到未来的品牌构想中，形成有一定期待的目标品牌受众，共同互动参与演绎未来的品牌史。

由于国际品牌总是希望更加完美，希望用户支付更多的账单，以值得拥有，因而品牌本身所需要的客户群体是——理想化群体，然后基于理想产生品牌溢价。因此在创立时，这些品牌总体设计思想所要解决的问题是：人们的理想和希望、最大的期待是什么，接下来在具体的实践中，品牌组织将会建立起"理想模型"——理性的未来思想。

例如时尚服装品牌会勾画——"什么是真正的女人"，主题公园会构想——"人们最梦想的娱乐是什么样子"，豪华汽车会思考——"人们如何来体现身份"，消费电子产品会设计——"未来的流行时尚是什么"。

品牌组织会将"现实生活"与"理想模型"之间拉开一定的差距，不断建议或鼓励品牌用户以及公众按理想化的工作或生活方式来识别产品，甚至于会用数字技术、纪录片、广告画面等模拟

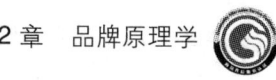

出品牌的未来宏伟蓝图，告诉品牌用户族群必须追随未来的脚步。一些品牌因此取得重大成功，比如比尔·盖茨的著作《未来时速》、沃尔特·迪士尼对迪士尼乐园的规划。

现代品牌的发展将着眼于更流行、更超前的未来，科幻、奇幻与童话故事、动漫与游戏的流行，将让一代又一代的年轻人聚焦于——虚拟真实的品牌感观体验中，因而"虚拟真实"成为品牌组织要全力描绘的品牌未来——即将的、未来的品牌史，每一个人都有梦想，都对未来充满憧憬和希望，而着眼于将未来与每个人的梦想、期望结合起来的品牌必将拥有更为广阔的未来。

有些品牌组织认为品牌应该是一种未来表达方式，通过虚拟未来展开科学幻想，强调品牌印象识别，并由此创造可观的品牌收入和边际收入。例如漫威（惊奇漫画）塑造了美国队长、雷神托尔、神盾局等鲜明的系列标识，《变形金刚》《机械战警》《超人》等则一遍遍通过强调标识加深传播标识化的品牌印象。

第2.2章　品牌原理学

品牌原理学是研究品牌与全球竞争、品牌经济、品牌化战略、消费者、企业管理方式相互作用及科学规律的一门学科，具体研究品牌产生的原因、品牌识别、消费机制、发展特点以及管理过程中发生的各种规律变化。品牌原理学要求从各种品牌经济现象背后，寻找并发现品牌的各种科学规律，并加以提炼、设计和应用。

2.2.1　品牌原理学与品牌管理进步

品牌本身是一种复杂的经济现象和管理过程，在全球竞争、消费者反应与管理方法的相互作用下，会发生不同的变化。对品牌学本身的科学规律进行研究和探索就成为解构品牌问题的基本理论，从现象看本质，深入研究品牌现象背后的科学本质，就为人类认识品牌、发展品牌、防止品牌管理失误提供了必要的研究前提。

尽管品牌学今天已经形成了许多分支，也出现许多品牌理论，但研究品牌发展规律，界定品牌的基本理论结构仍是整个世界品牌学学科发展的必经阶段，品牌学原理研究品牌现象背后的变化规律和特点，为品牌的科学化实践提供了系统理论基础。

任何管理研究的本质是防失误设计，通过总结扑朔迷离的管理现象，对管理过程进行设计，防止任何可能的失误发生，将管理实践的任务直接交给经理人或员工是不负责任的，因为没有管理研究作为基础，没有以原理学为根基，管理工作的质量是千差万别的，管理结果是没有保证的，品牌管理同样面临这一本质性的学科突破问题。

品牌原理学与品牌管理实践的作用是非常严格的因果关系，一方面品牌原理学用于基本的品牌管理指导，另一方面在品牌实践中研究总结科学规律，形成相应的品牌学原理，学术研究与科学实践的相互结合，对品牌学发展才有深刻的推动作用，这是企业管理进步进而到人类进步的客观要求。

2.2.1.1 品牌原理学的科学权威地位

品牌原理学在品牌学中占据独一无二的基础研究地位，品牌原理学在整个品牌学的发展中起到最核心的权威指导作用。这主要体现在品牌学原理作为科学规律，是品牌现象背后的本质，任何脱离科学规律的经济现象都不可能是科学的，人为因素的变量会对品牌的崛起、培育、建设、发展产生各种随意的变化，导致品牌投资失败，个别成功的个案永远无法替代科学规律的知识价值。

在对品牌进行科学诊断、科学研究、科学设计和科学实施过程中，品牌原理学起着主导作用。品牌原理学是对科学规律的总结，能够准确解答各种品牌问题发生的多种原因和症结，不仅能够满足一个国家或一个地区大批量培育品牌的需要，也会对企业品牌的创建和再造起到明显的经济效应。通过对各种品牌问题发生的症状、特征、新现象不断进行各种发现和研究式探索，品牌原理学是最终能够科学诊断和解释品牌现象的生态学科。

品牌原理学的确立是人类品牌发展中最根本、最基础、最重要的变革，品牌原理学本身就是一个开源的开放研究发明程序，通过品牌树进行扩展，不断总结品牌实践过程中呈现的各种科学规律，也不断吸引世界各地的最新总结的品牌原理学研究成果，从而使品牌学的发展从理论研究到科学实践，从品牌培育、品牌建设、品牌管理，一直到品牌质量、品牌测量、品牌指数等一切与品牌相关的理论与实践得到根本性的改变。

我们还应该注意，以品牌原理学为根本，整个品牌学研究并不能以某一个国家特定国情背景下的研究为核心，品牌学的研究必须是全球性的、无国界的，品牌学是特有的全球通用通识，这取决于品牌本身所参与的是全球市场竞争，这种无国际无差别研究是品牌学真正能够在世界范围内取得进步并产生深刻影响的重要因素。从品牌原理学到整个品牌学的所有理论，不仅要适应于美国、英国等发达国家，还应适用于中国、印度、南非等发展中国家，仅针对一个国家或一个地区的品牌现象进行研究是不科学的，会妨碍本国或本地区品牌经济的有效进步。任何一个国家以内的品牌问题只能以国别个案进行研究，归属于品牌学的国别分支。

2.2.1.2 品牌原理学的研究方法

我们必须为整个品牌学的学科发育设立一个最基本的主干，而这个主干必然是品牌原理学，以品牌原理学为中心再发展品牌战略学、品牌组织学、品牌质量学、品牌建设技术、品牌传播技术等各种专业品牌学科和品牌技术专业领域，整个品牌学以此进行结构性研究，将实现品牌学科发展的本质性飞跃，品牌原理学研究的步骤如下：

第一步是建立品牌原理树，即品牌学原理的树形图。以树形图展开品牌学的科学研究，不断分出新的研究分支，确立新的品牌原理。品牌树的建立是对品牌进行科学发展的根基，在无差别对待各种品牌原理的前提下，尊重品牌研究成果的多样性，任何新的研究都可以从品牌树进行分支扩延，任何一种品牌科学理论都可以在品牌树上体现，任何同一领域的研究也从品牌树进行分支，从而既尊重研究价值，也避免品牌研究的重复性，并使各种类型的品牌研究活动高度集中起来，加快品牌学科的完整发展速度。

第二步是品牌术语、品牌理论概念与品牌科学模型的建立。通过确立相关的品牌术语，建立起品牌的基本术语结构，术语应以科学解释为准，充分考虑品牌学的未来前瞻性，过去的历史性解释由于过时不一定能作为品牌术语的新解释，任何人可以提出新术语，对于存在异议的术语应分批以学术研讨方式进行审定并确立，鼓励全球研究人员提出各种新的品牌理论概念与品牌科学模型，理论与模型应满足科学规律这一基本要求，术语、理论、模型的增加可以使用PAO科学分析模型过程进行搜索、确定。

第三步是注重对品牌实践的科学总结。在品牌实践过程中的科学总结和修正是非常重要的一项工作，通过对先期提出的品牌树进行抛砖引玉式的广泛应用，可以动态收集和荟萃分析许多品牌应用中的实践问题，从而发现新的品牌科学规律，根据这些新规律的总结、设计与提炼，品牌树必然不断快速扩延。相对来说，品牌经济体和企业品牌实践必将拥有更多可遵循的科学规律，获得更多、更广泛地推广和使用，品牌原理学研究应遵循其最重要的原则是大幅提升品牌管理水平和品牌溢价能力。

需要说明的是，在新的品牌学结构中，案例并不是最重要的，甚至于品牌学在本质上是脱离任何案例收集和案例研究的，不以个别案例作为品牌学的研究方式，这会妨碍品牌学研究的科学化进程。新兴的品牌学必须严格建立在对"品牌原理学——品牌学学科发展和品牌技术发展"的新高度，在科学化的前提下进行学术层面的研究与实践，这是破译品牌现象并科学发展品牌的正确道路。在以品牌学原理为研究根基和母体的品牌学发展道路上，各种企业的实践案例是自由自主进行的，而各种各样的案例实际是由品牌原理学、品牌学科、品牌技术发展出来的。

2.2.2 品牌原理树

品牌原理树是以树形图方式发展品牌基本原理理论结构的核心方法。目前初步的品牌树已经包括 B 理论、品牌建设 CBA 阶段、品牌三元关系、品牌利润金三角、品牌发展模型、箭式定律等基本品牌原理。品牌原理树示例，详见图 2-2-1。

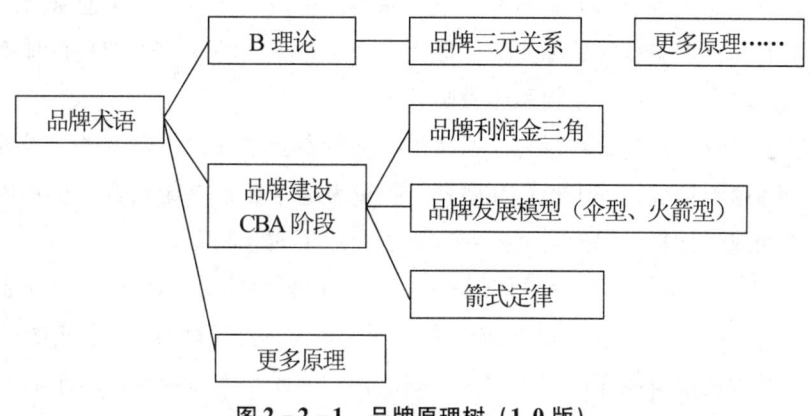

图 2-2-1 品牌原理树（1.0 版）

品牌原理树是开源的，可扩展延伸，任何人都可以不断分出新的研究分支，不断增加新的品牌原理，从 1.0 版进行更新升级。

2.2.3 品牌能力评级

品牌能力评级划分方法是对企业品牌发展所实施的评级系统，通过将品牌划分为 C 级（原始级）、B 级（摸索级）、A 级（战略级）三个评级等级，界定了每年全球各个品牌所处的阶段。

品牌能力评级 C 级、B 级、A 级的评级也应用于品牌建设方案的制订、验收和评级评估，B 级又具体分为 B-2 级（改进级）、B-1 级（进步级），A 级又具体分为 A-2 级（推荐级或高采用级）、A-1 级高质量级。

品牌能力评级系统可广泛应用于全球品牌建设、品牌发展和品牌能力的综合评级中。

2.2.3.1 品牌发展水平评级 C 级（原始级）

C 级（原始级）：品牌意识阶段、初级阶段，处于品牌最原始的状态。

企业品牌特征：没有品牌战略，品牌思路是混乱的，品牌管理很随意性，经常前后矛盾，对自己的品牌发展充满迷惑。企业经营的业务类别很多，业务庞杂。尽管制定了一些品牌管理办法，但无执行力，仍处于混乱状态，从不实施品牌技术，极少为品牌设立专门的职位和部门，品牌职能权限不高。

品牌投资特征：品牌贷款及金融能力弱，投资商也不愿投资。

品牌公众识别：消费者无法识别该品牌，人们不知道这个品牌的前景，不信任该品牌，不知道这个品牌和同类竞争者如何区分。客户开发成本极高，企业需要花费大量的成本说服人们，但人们还是不愿意购买，业务成交率低。

品牌消费特征：客户转移成本极低，大多数时间，消费者在对同类品牌进行挑剔比较后做出选择，尽管有少量冲动购买者，但他们很快就会消失，从此不会再来。

品牌传播特征：品牌从不进行品牌传播推广行动，极少发布品牌新闻。

2.2.3.2 品牌发展水平评级 B 级（摸索级）

B 级（摸索级）：品牌建设阶段、中级阶段，品牌看似成熟的阶段，但实际上并不成熟。

企业品牌特征：为品牌进行了一定的定位，企业以品类方式进行市场竞争，董事会认为业务取决于覆盖市场范围的品类数量问题，品牌覆盖领域过多，凡是同行进入的品类，企业认为一定要开发同类产品加入竞争，业务庞杂，大而不专，单个品类没有强大竞争力，可能被指责为滥用优势地位垄断压制市场发展。有了初步的品牌战略，形成了一定意义上的品牌管理文件体系，聘请了品牌顾问，配有品牌总监等专业人员，品牌职能权限较高。

品牌投资特征：投资是短期获利行为，通常由机会投资者主导，投资者关注商业模式、市场规模潜力、企业成长速度，较容易获得投资和融资，投资者通常在下一轮投资或上市时完全退出，一些投资者会进行长期战略投资，但投资仍主要取决于商业模式和利润。

品牌公众识别：市场还没有对品牌形成完全一致的看法和印象，人们认同企业在积极建设品牌，但经常错误地理解品牌，企业想要形成的品牌形象和人们脑海中通常形成的品牌印象并不一致。企业认为自身品牌建设可能存在问题，并试图改善，因此品牌识别经常再次陷入混乱。

品牌消费特征：客户转移成本较低，如果市场还另有选择机会，客户流失会很快，如果遇及同类品牌较多，大多数时间客户会进行比较和选择。人们仍然不能准确识别该品牌与同类品牌到底有什么区别，对价格相当敏感，成交率主要取决于低价、打折、促销活动。

品牌传播特征：品牌公关和广告外包给专门的公关广告公司，企业仍然需要对市场做出许多沟通，并尽量避免损害品牌的事件发生，品牌危机公关受到高度的重视。

2.2.3.3 品牌发展水平评级 A 级（战略级）

A 级（战略级）：品牌识别阶段、高能力品牌战略阶段，企业成功发展为国际品牌，实现全球到达。

企业品牌特征：品牌战略明确，品牌识别系统完善，品牌向公众传播的信息恰当、准确。以集中全力发展各品类中的单一专业化品牌为核心，每一个具体的品牌是独立的，在一个专业的市场领域占据足够的优势领导地位，该品牌稳定地收入现金流，其优势地位难以被竞争对手所撼动。品牌职能权限达到最高级别，品牌能力相当成熟，深刻掌握品牌战略方法，随时可以轻松地进入任何一个专业化市场并能取得成就，在全球市场畅通无阻，品牌扩张能力和溢价能力极强，从不需要打折促销，提价是品牌的主要市场行为。

品牌投资特征：投资是长期行为，通常由战略投资者主导，投资一个梦想、一个期待、一种精神、一种诉求，商标（品牌）本身具有资产价值，可随时获得贷款和投资，投资者通常不愿退出，即便公司上市也长期持有该品牌股票，与品牌共荣，投资行为被视为一种投资眼光、投资成就的最高荣耀。

品牌公众识别：在具体的某种消费欲望需求上，消费者指名购买率高，排斥其他同类品牌，公众能够快速清晰地识别品牌，清楚他们为什么需要这个品牌。人们认同该品牌的前景，清晰该品牌的专业性，并理解品牌的立场。

品牌消费特征：品牌吸引公众的速度很快，人们自发地传播该品牌，希望让身边的每一个人都能长期消费该品牌，并愿意支付更高的费用来消费，企业因此获得足够数量的大规模高利润，客户转移成本极高，常客户一生钟情于消费该品牌。

品牌传播特征：品牌高度重视品牌传播，引导公众自传播，一些取得杰出成就的国际品牌甚至从来没有投放过任何广告。企业通常极少存在危机公关，或从来不需要危机公关，如果遇及该品牌被指责的事件发生，消费者会自发而起，群起维护该品牌，品牌形成一个成熟稳定的自我平衡生态系统。

2.2.4 品牌利润金三角

品牌利润金三角简单示意图见图 2-2-2。

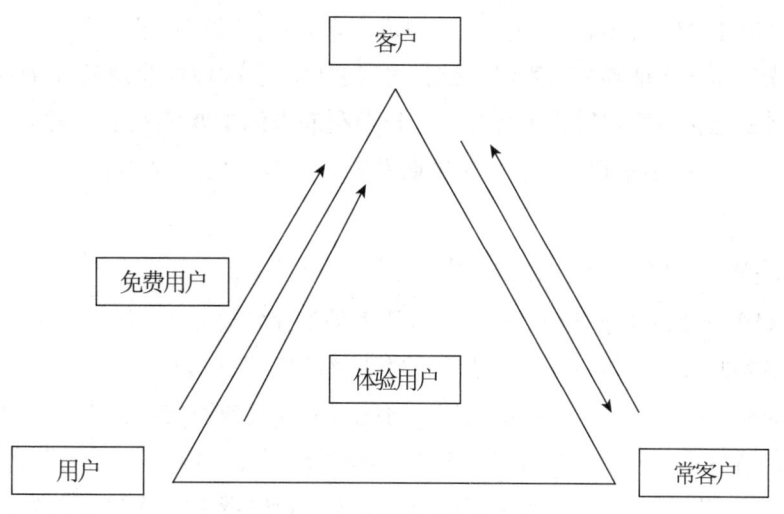

图 2-2-2　品牌利润金三角

品牌利润金三角解释了"用户、客户、常客户"三者之间的转化关系，即品牌利润的来源和长期保障，品牌利润的长期来源主要是通过"用户到客户，再到常客户"三者之间的转化关系。

2.2.4.1 品牌利润金三角主要主张

（1）品牌的首要任务是大量增加品牌用户（使用者）的数量

品牌一开始并非直接增加付费客户，客户是从用户中按一定比例产生的。在品牌发布初期，首次付费客户的数量是一种稀缺的资源，品牌早期的创立是困难的，需要大量增加事实兴趣用户或体验用户基础。

（2）品牌用户（使用者）由免费用户和体验用户两种类型组成

品牌用户（使用者）有免费用户和体验用户两种类型：免费用户是指大量增加无须付费的无偿者、爱好者（或感兴趣的人），无偿使用者中会产生一定比例的付费客户，体验用户是指通过体验活动、大量低额付费等情况产生的使用者，体验用户中同样会产生一定比例的客户。

（3）品牌用户中必然会产生一定概率的付费客户

从免费用户中产生首次付费客户的概率在1%～3%，从体验用户中产生首次付费客户的概率在3%～5%。不要刻意在意付费概率或致力于如何提高付费率，品牌用户中肯定会有一定的概率转化出首次付费用户，品牌早期的任务必须且始终都是大量增加使用者数量。品牌组织也应做好首次信任设计，用户基数数量不足才会导致品牌早期发展失败。

（4）首次付费客户中会有一定比例转化为多次重复购买的常客户

从客户到常客户的转化比例是5%～10%，品牌服务的重点是集中在客户到常客户的转化关系上，以往将大量广告开支用于吸引漫无目的的目标客户是不科学的，品牌组织应将更多的投资用于为已付费客户提供最优秀、最理想化的服务，加快首次付费客户到常客户的使用比例。

（5）品牌组织的目标不是让客户满意，是完全理想化状态的客户喜悦

品牌组织应致力于已付费客户的客户关系管理，且提供的服务应该是理想化状态的，按照"客户可能需要的最高期望、最理想化的方式来提供，且应让客户经常意外地发现惊喜"来设计客户服务。

（6）品牌组织的长期核心利润来源是"客户成为常客户，常客户推荐客户"

只有经常付费的常客户能够为品牌组织推荐付费客户，且这种推荐是最可靠的推荐来源。品牌组织应致力于将首次已付费客户转化为常客户，长期利润来源主要依赖于"常客户推荐客户"，常客户才是品牌组织的最大利润保障，品牌的长期发展和品牌高溢价是由常客户的大量自发推荐产生的。

2.2.4.2 品牌利润金三角主要应用

（1）品牌利润金三角适用于任何品牌产品和服务的高速发展

登山用品的品牌制造商可能一开始需要建立登山兴趣组织（登山俱乐部），大量发展登山爱好者，以后在成熟时间推出品牌；大量的潜在用户可能因一种兴趣而集结起来，围绕一款梦想中的产品共同参与研发制造过程；公司可能通过"1美元体验卡"或"10美元报名"的形式大量发展有兴趣的体验用户；许多网络产品可能从免费用户的庞大基数中产生可持续盈利的商业模式；公司早期的品牌广告和品牌新闻宣传完全可以集中用于体验活动的大量报名者征集。

（2）品牌服务利润链本身会产生品牌的高溢价

品牌组织应着眼于令客户更加着迷、更加喜悦的客户服务设计；成立公司最高层次的用户关系委员会，由品牌组织和用户代表各按50%比例联合组成，共同致力于发展最微妙的用户体验和用户喜悦的感观享受；让品牌的客户服务过程变成一种乐趣与美妙的感受过程，时时伴有能让客户自己

发现的各种惊喜，激发品牌相互感染的能量，充分用好"感动"心理；设计高效的品牌服务利润链，挖掘服务潜力，让每个员工参与服务过程的主动奉献，并分享服务溢价红利；发展高吸引力的服务品牌，以服务品牌化项目带动服务端的利润创造。

（3）常客户计划是品牌组织的利润重点

品牌组织应强化第一批首次信任客户到常客户的转化效率；设计一系列的常客户计划，例如组建贵宾俱乐部；与客户一同成长，设计一系列的成长活动，如励志读书会、成长俱乐部，分享个人荣耀和家庭的快乐，描绘并传播成长中的故事；设计一组客户荣誉系统，让客户分享荣耀；注意营造"幸福家庭"在常客户中的品牌价值传递，以爱、关怀、奉献的正能量向社会传递；品牌组织应致力于成为一家负责任的、受人尊敬的公司。

2.2.5 品牌发展模型

在品牌战略设计和品牌实践过程中，品牌最终会以两种典型发展类型进行发展——伞型和火箭型，见图2－2－3。

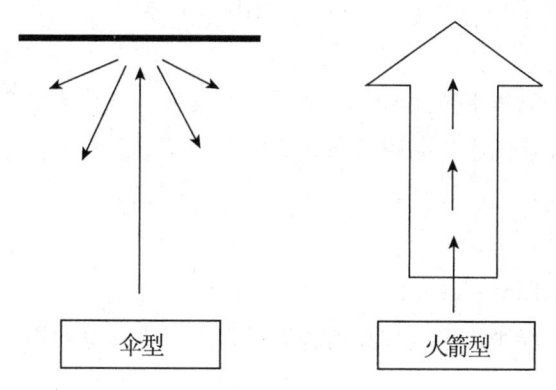

图2－2－3 品牌发展模型

品牌发展模型表达了品牌发展过程中出现的两种典型发展类型，分别为伞型和火箭型两种，其中C级、B级能力品牌主要以伞型发展，A级高能力品牌主要以火箭型发展。

2.2.5.1 伞型品牌

伞型品牌是指当品牌在进行战略设计或品牌发展到一定程度（通常在X级、Y级品牌阶段时），品牌上升通道受限，会呈扁平化扩大品牌品种及类型，离开主业，入侵其他市场领域，进行品牌多元化发展，品牌可能会贯穿服装、运输、IT、地产、能源等许多不同市场领域，以期通过足够数量的品牌市场覆盖达到发展目的。

伞型品牌主要以品类扩张为主进行品牌发展，主品牌横跨多个完全不同的市场领域，通过无限的品牌延伸保持多元化市场盈利来源。伞型品牌的产生可能是历史原因形成，也可能来自于品牌经营者的战略设计，但之所以形成伞型品牌主要还是战略设计受限，核心竞争力不突出，市场纵深能力不足所产生的。中型和小型企业也可以通过提供多种不同的产品品种（型号）来满足市场需求。

伞型品牌的优点是凭借原有品牌影响力、竞争优势和市场地位进入新市场较为容易，但劣势是品牌主业不清晰，市场识别混乱。在未来全球竞争中，伞型品牌的数量只会越来越少，最终会全面消亡，取而代之的是多元化投资集团和资产管理财团。

2.2.5.2 火箭型品牌

火箭型品牌是指从品牌战略设计开始就已明确划定了品牌所属的主业，甚至是以单品进入全球市场的主力品牌。火箭型品牌强调品牌战略高度统一、品牌识别高度清晰、品牌的发展严格按高成长战略执行——一级一级做准备，一级一级在全球市场中全面爆发，并保持高速扩张速度。

速度是火箭型品牌的重要特点，也会体现在品牌可能是轻装上阵的"快公司"，以快速的市场进攻能力取胜，品牌战略严格限定在主业，剥离任何非主业，甚至是剥离非核心部门以外的部门工作和业务，由专业外包所取代。

火箭型品牌组织具有极强的全球市场爆发能力，始终强化主业领域，主要通过"①收购其他竞争公司、相关核心技术研究公司或业务领域，②或者通过与同类竞争公司组成紧密的市场联盟，联合建立更大规模的联合公司，统一联合品牌"两种典型方式完成战略部署，形成更为强大的战略进入能力和品牌市场覆盖能力。

火箭型品牌的发展目的就是快速发展成为某一个市场中的最强大品牌，占有绝对的优势竞争地位。火箭型品牌组织主攻单一市场，可能发展成为品牌集群，以不同的专业品牌或产品类型（型号）占领多个细分的专业级市场，每个识别单一、清晰，品牌市场将密集集中所在领域，体现高强度的市场纵深发展能力。

火箭型品牌是全球市场竞争中主流的国际品牌发展战略，也是未来全球新兴品牌发展、已有成熟品牌的品牌再造所集中发展的主流品牌形态。

2.2.6 箭式理论

箭式理论的形象示意见图2-2-4。

箭式理论是一种典型的品牌市场进攻和品牌运营典型模式，也常用于新兴小型企业的创业和品牌集群类型的品牌组织发展。

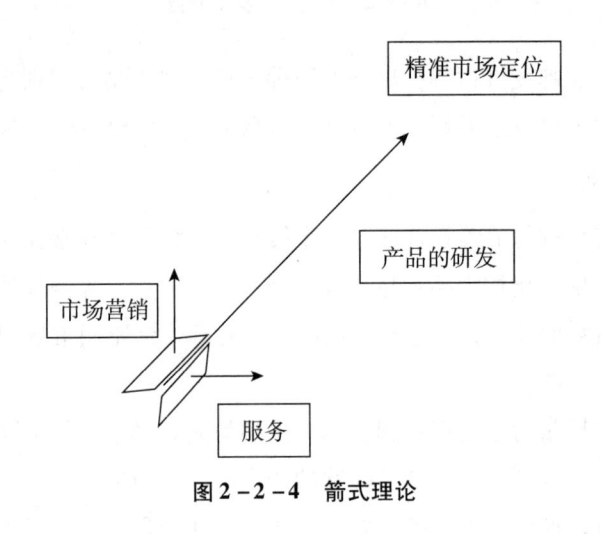

图 2-2-4 箭式理论

2.2.6.1 箭式理论原理

箭的历史有三万年，原始人类在旧石器时代晚期的狩猎中就已经在使用，箭是冷兵器时代最常用的武器，尽管箭尖很小，但在远程攻击和击杀方面具有强大优势，历史上许多著名军事统帅都是死于箭伤。现代的火箭、潜艇、子弹和导弹都是来源于人类对"箭"的认识。

箭式理论在市场中具有广泛的应用前景，是最简洁的战略化市场进取模型。

箭由箭头（市场精准定向）、箭杆（研发）、两个尾翼（营销和服务）组成，构成了最基本的市场作战单位组合，也是一个基本的典型市场进攻步骤，具体内容如下：

第一步：制造箭头，选定精确的市场目标。箭头是指市场目标，即选定一个最准确的专业级市场，例如解决脸部皮肤美白、治疗青春痘、缓解眼睛疲劳等一个特定的专业问题，一个箭头只解决一个专业问题，目标越精确，市场攻击能力越强，避免市场目标多元化。同一品牌（或产品）指向的目标越多，面对的市场竞争对手就越多。小型企业或品牌集群企业可选定一个有一定空间容易的利基市场，通过专业化经营来全速占领一个市场，最大限度从该市场获取收益。

第二步：制造箭杆，独立专业研发。箭杆是指研发的过程，研发应该独立进行，在进攻任何一个精确的市场前，都应该对产品进行认真专业的研究，确保产品在市场中的绝对针对性，避免大而全。为满足尽快进入市场的需求，早期完整产品的研发必须确保研发不能与营销和服务同时进行，以往的品牌失败通常是研发与营销、服务同时进行，就会影响市场进攻速度，甚至造成研发与市场的严重脱节。特别是对于新品牌的首次市场进攻，研发必须先行完成，以确保接下来整个创业公司能够将行动全部放在市场营销环节，实施密集市场进攻，研发与营销同时进行在产品进入市场的早期是绝对不可行的。

第三步：发动羽翼，市场营销。在完成箭头和箭杆以后，品牌组织需要以最快的速度进攻市场，准确进入市场目标。营销有几种可选方式：密集攻击，通过密集投放广告和大规模的市场行动实施攻击；直复营销，锁定最准确的市场客户群体，只针对该市场群体进行密集的营销和重复营销；高效传播，针对准确的目标市场，以品牌传播方式迅速传播覆盖，第一时间占领该市场。

第四步：稳定羽翼，客户服务。营销与服务是同步进行的一组行动，密集的、高频率的、高快速进入能力的市场营销展开后，服务要在第一时间快速跟上，完成高速高频的客户响应，两者是同步的，快速服务响应是第一时间维持市场、争取客户付款并强化客户推荐客户能力的重要保障。营销与服务的不同步会很快影响到接下来的市场行动，造成市场的不信任。

2.2.6.2 品牌箭阵的威力

箭式理论事实上是以专业、快速的品牌项目为原理设计的一种快速市场进攻方式，剥离多余的市场目标、剥离多余的市场动作、剥离过多的部门设计和人员工作。

一个箭式品牌项目就是一个快速行动并能够快速取得市场收益的品牌行动项目，也是现代社会的最佳快速投资模式，必须严格确保一支利箭只完成对一个专业级市场的快速进攻和市场稳定。

当品牌组织决定要进入更多的市场目标时，必须在第一个箭式项目完成后，复制第一个箭式品牌项目，依次进行对第二个专业级市场、第三个专业级市场的快速进攻。

与以往的利基营销所不同的是，箭式理论具有战略性思想，还特别强调了对市场的快速拆分，即通过建立箭式品牌，瓦解原有市场组合形式，将原来已存在竞争的市场拆分成不同类型、不同组合的新市场，并尽可能进攻原有市场中的核心利润市场，完成早期高利润回报要求，攻取核心战略市场，并以此为中心展开更多的品牌项目将有利于品牌在一个市场中占领一个前沿阵地，以阵地扩张。

应用箭式理论，对不同的箭式品牌项目进行组合，多个品牌项目将组成密集而强大的箭阵，将对市场有足够强大的冲击能力，且每个箭式品牌项目都能独立运转、独立运行、独立创造收益，箭阵最终将使品牌组织成为强大的品牌集群。

不同的品牌项目可以使用不同的专业子品牌命名，或独立的具有市场冲击力的产品型号命名，应用箭式原理的强大品牌行动也是企业进行品牌再造的典型方式。

第2.3章 品牌病理学

品牌病理学是我们提出的一个崭新的品牌学专业基础学科，品牌原理学、品牌病理学、品牌组织学并称为品牌学三大关键基础学科。尽管世界各国政府和企业都深知品牌发展的重要性，但品牌发展异常的情况却在全球企业品牌中相当普遍，品牌官、管理分析师、管理顾问公司、管理咨询公司、管理软件公司等职业及企业从事的尽管都是品牌病理学方面的工作，但由于品牌病理学此前一直没有被正式提出，人们对品牌发展的认识水平有限，对品牌发展科学规律及发展异常状态了解的不充分，导致全球多数品牌的发展情况不理想，取得品牌成就者少，品牌经营失误甚至失败是普遍现象。

2.3.1 品牌病理学的提出

品牌病理学是研究品牌疾病发生原因、发生机制、发展规律以及病理状态的一门专业的品牌学科分支，是全球品牌学科发展所需的关键基础学科。品牌疾病和品牌诊断事实的存在，以及品牌官、管理分析师、管理顾问公司、管理咨询公司、管理软件公司在全球范围的大量发展，充分表明了品牌本身存在着相当普遍的品牌发展异常问题，也说明品牌病理学必须优先得到发展，并在全球品牌学学科发展中有着不可替代的重要的作用，这是品牌病理学存在的性质和任务所决定的。

人类对医学的认识，是以"病人——→治疗者——→疾病——→药理学——→临床——→学科——→健康"的发展路线逐步演绎为现代医学的。人体的疾病通常是可以感知的，因此就高度需要治疗者的专业知识和发展的医学病理学、药理学的研究。人们都清楚当身体出现任何不舒服的症状时，都会通过自我查询网络、询问亲友或到医院确诊就医的方式来消除疾病对人体健康的侵蚀，解除疾病困扰身体的状态，并且医生职业从职业信仰上很早就明确了"对病人的生命和健康负责"的从医使命和责任。

但品牌疾病通常是企业在发展过程中没有被重视起来、也无法具体以形态体现出来、无法以疼痛等方式表现出的"隐形疾病"，因而品牌疾病本身也就无法被非品牌学专业的人员洞察，早期无法发现，直到出现重大发展隐患、发生巨额品牌资产浪费、发生重大管理失控甚至是企业已经因此倒闭，人们还是不能认识到品牌疾病给企业带来的危害。这种"隐性"属性大幅增加了全球品牌在发展过程中的发展异常状态、企业管理失控危险，最直接的体现就是创业失败率和品牌倒闭速度，其本质主要就是品牌病理学存在的客观事实决定了这种经济结果和失败事实。

2.3.1.1 品牌病理学的提出

对品牌病理学的系统提出，是为发展全球品牌学科所做出的重要开创性要求，这是根据品牌化发展的科学规律，以品牌异常状态、品牌疾病命名、品牌常见病甄别、品牌流行病研究、品牌发病机制、品牌诊断为一体进行综合研究的学科发展基础。

对品牌病理学的提出，是建立在四个发展机制基础上的：①品牌病理学是为企业的品牌健康发展服务的；②品牌病理学的深层发展基础是企业管理学的科学实践；③品牌病理学的发展任务是发现并预防性解决品牌发展异常问题；④品牌病理学的发展建立在高度发展的科学研究分析发展基础上。

品牌病理学是为企业的品牌健康服务的，"疾病"和"健康"是对应的两大品牌发展主题，品牌的发展属性强调了企业本身的品牌疾病通常以各种症状来表现，其发病机制和病变影响通常并不是处于企业局部的管理问题，其病变复杂性、综合性、受影响的程度要比人体的疾病复杂得多，而治疗也是相对非常复杂的全局性诊断与变革，因此给出的通常是治疗建议，总体的发展要求是解决企业品牌健康发展问题，将"健康"列为品牌病理学的总体发展任务。

随着品牌学科的发展，特别是品牌经济在人类经济发展活动中所扮演的角色作用日益重要，高度发展的品牌学科需要由许多专门发展的专业分支学科组成，这些专业品牌学科的共同目的和任务是从不同的学科角度、不同的专门立场、不同的技术手段来保障企业品牌得以健康发展。而各个品牌学科的专业性要求品牌学本身是以品牌学部为未来总体发展特征的，未来的全球企业发展必然将以"未来学、品牌学、管理学"的顺序性进行权重排列，而品牌学未来也将大于管理学，成为企业高度一致的"统御性"科学。

品牌病理学的深层发展，必然是以"品牌"为高度统一的发展命题，以管理学为发展基础所进行的研究、分析、诊断、重组、再造等管理活动。品牌病理学的任务就是防止品牌出现发展异常，预防管理失误、阻止管理失控，切实解决管理现场问题，提高科学决策水平。

品牌病理学的发展，是建立在科学观察、分析、辨别、总结、提炼、解决问题的系统品牌科学发展基础上的，是认真研究、系统分析、科学总结的综合发展结果，是需要具备系统发现品牌问题、实际解决品牌问题、科学调整品牌发展结构、总体设计品牌发展方式的系统科学，建立品牌病理学需要较强的品牌学研究实力、科学分析水平和品牌实践指导能力，因此主要由管理科学家、管理分析师、品牌官来完成这种具体研究工作，并以科普形式和专业诊断发展方式惠及全球所有新的创业者、品牌创始人、企业家、品牌官和企业各层级管理人员。

2.3.1.2 品牌病理学的发展原则

品牌思想发展中的一个重要原则是"柳叶刀原则"，即品牌诊断、品牌再造、品牌咨询项目中都应该注重对企业品牌的健康负责，要以对待生命的高度对待对企业品牌本身的诊断、操作、重组、咨询等工作，对品牌进行"主刀"的主要操作者必须具备一定时限的品牌科学内容学习并达到一定品牌级别水准，拥有一定数量的品牌项目主刀诊断实例和总体设计经历，这种过程的严谨性是对未来品牌科学发展最基本的——负责任的心态和认识。

品牌思想中的"柳叶刀原则"也是对品牌病理学发展提出的科学要求，品牌疾病的发生是一个极其复杂的异常病变发展过程。由于品牌疾病的"隐性"性质，导致了品牌创始人、创业者、企业家、管理顾问等非专业品牌研究人员是无法快速准确识别品牌发展异常状态，品牌疾病的深层次使品牌组织发生了各种病变变化，并使品牌组织的反应机制产生了各种相互变化，品牌最终在各个方面表现出了各种疾病症状，如品牌组织抖动、品牌发展失去方向、品牌服务滞后等，最常见的就是品牌用户在互联网自媒体上对一个品牌发出的各种批评声音，特别是用户投诉——是品牌疾病最直接的反映，表明一个品牌在某些环节正在发生着疾病。

对于品牌病理学的发展原则，是正式明确将品牌病理学纳入一个前沿科学研究领域，并以专业手法和专门技术进行研究、发展所做出的重要决定。品牌病理学的任务，必须是运用品牌设计学、品牌原理学、品牌组织等品牌科学发展规律对品牌发展中存在的各种异常状态进行症状归类、疾病命名，再确立发病机制、病变影响、治疗建议的一门科学。这一点与医学中病理学的发展有所不同，医学是从"病因学——发病学——病变"进行研究的过程，而品牌病理学是一门从来没有出来过的学科，该学科的提出就必须从普遍存在常见疾病和周期性突发并蔓延的流行品牌疾病状态归类和命名开始，进行逆向研究，只有先总结并确立出大量的品牌发展异常中出现的品牌疾病症状特征和疾病名称，才能进一步系统研究品牌发病机制、病变对各部门各品牌发展环节产生的影响，以及提出科学的治疗建议，是对复杂系统的手术化治疗、技术系统指导和科学指南。

2.3.2 品牌病理学的重要性

品牌疾病是深层次困扰全球企业品牌健康发展的主要因素，其困扰包括企业对品牌疾病的认识不够、品牌疾病的表现不明显、品牌诊断的非科学性。

人类对品牌疾病的认识相当有限，只有极少数的学者是以企业所患有的疾病来判断企业发展所处的异常状态，有关医学诊断和治疗、非健康状态的建议并未引入到品牌学和管理学领域，这就导致了人们对导致品牌疾病的发病机制不能做出准确判断，也无法顾及品牌疾病对企业中各部门、各环节所产生的一系列管理病变影响。在多数情况下，人们并没有从科学管理角度发现、分析并系统解决这些管理问题，相反，对于层出不穷的企业管理问题往往被归结为"人为因素""个别问题""个案处理"等。这些品牌疾病被视而不见，当然了，全球企业科学管理程度也相当低。

这种认识直接导致了人们对品牌疾病的发病机制认识不清，企业处于疾病状态，但却无法被准确地描述为具体的症状，发现病因的起源和发展，找出准确的发病机制和病变影响，无论品牌疾病是急性、慢性或复发或体现为某种管理障碍，都会出现相应的判断失误、信息传递失真、品牌决策错误，每天频繁发生的各种管理问题深层次抑制、制约着企业的发展，但通常被普遍忽视掉。

由于缺少必要的品牌疾病命名、诊断和分类方面的研究，品牌疾病本身的表现就是不充分、不明显的，企业并不清楚自己处于患病状态，管理咨询公司或管理软件公司也无法辨别出这些品牌疾病究竟是什么、存在哪些病因，从而给出准确的治疗建议，也进一步制约着品牌诊断和管理技术系统科学解决的有效发展。

这些品牌疾病的困扰还将具体体现为品牌发展方向问题上的困扰、品牌与产品间的困扰、品牌组织发病状态的困扰等，人们通常对此束手无策，特别是在今天高度发展的复杂管理环境中，管理问题、管理矛盾与管理冲突就变得更加复杂及频繁病变发作了。

美国企业需要依赖全美国超过80万名的管理分析师职业人员来缓解这些管理问题，消除企业发展壮大过程中的管理问题发展成对企业发展规模产生制约性、问题性影响，这还不包括需要借助数量庞大的市场分析师、管理学者们的新理论以及管理软件系统。世界上其他国家的企业管理就没有美国企业这样幸运了，管理问题实际上已成为困扰多数企业发展的沉疴顽疾。

2.3.2.1 作为管理诊断依据的品牌病理学

品牌病理学的发展，主要是运用于品牌管理诊断领域，这取决于人类对品牌"病理性"的研究，而研究的深入和专业性有可能使诊断上升为"权威诊断"。

在企业中，承担品牌病理学发展任务的一般是品牌官、管理分析师、市场分析师和企业中的品牌管理部门及管理研究部门，主要用于发现和诊断常规性的研发、生产、产品、服务等管理流程中的常规错误，对频繁出现和突出的管理问题建立第一时间的反馈及研究解决机制，并致力于品牌管理全过程的管理优化。

在企业外部，承担品牌病理学发展任务的一般是管理科学家、管理设计师和专业的管理研究机构、管理顾问公司、管理咨询公司和管理软件公司等管理研究和市场分析产业链的主要研发和决策支持力量，主要是通过诊断、分析和科学设计来解决企业中的品牌组织结构、品牌管理方式，主导品牌再造的总体设计、管理系统支持。

对各种企业品牌管理中频繁表现出的品牌问题现象和所发生的各种交叉性管理问题，应建立科学的品牌疾病分析研究机制，对主要常见品牌疾病进行命名、对病因进行研究发现，对病情及扩散性影响做出科学的管理系统设计，并对诊断建议做出有效快速的解决途径计划，这些对于快速提升企业的品牌发展水平和企业管理水平、市场水平是非常有必要的。

品牌病理学的发展本质是为诊断建立科学的依据，通过对品牌常见疾病和流行病、品牌常规问题做出研究并建立品牌病情的分类系统，会加快全球品牌发展的速度以及企业的成活率、品牌高成长速度，在减少品牌投资损耗、品牌管理成本、缩短品牌发展时间方面有着突出作用。我们认为未来品牌学的科学发展，其主要是在重点建设品牌原理学、品牌病理学、品牌组织学等品牌关键基础学科方面，为总体科学地设计品牌发展路线、品牌组织健康方面做出底层设计的结构性改变，这也意味着与品牌疾病关联的管理分析、流程设计和管理顾问等各方面人员要加速提升对品牌病理学的认知水平。

权威诊断一般是能够快速对品牌病理学展开命名、分析及解决的品牌研究及顾问机构所应具备的发展本能，也是未来全球品牌设计学、管理分析学、品牌顾问学等专业组织和机构发展的关键能力。一般而言，具备高水平诊断能力的管理研究机构和管理顾问机构能够快速辨别和区分品牌发展中企业管理存在的微弱变化、能够从不易被人察觉的管理流程设计缺陷中确定出病因和解决途径，这种特殊的管理诊断能力和科学的品牌管理设计能力将使一些前沿机构发展成为未来代表全球管理领域最高发展水平的一流机构，是品牌学、管理学学科学术发展程度世界地位的体现。

2.3.2.2 品牌发展异常状态

企业品牌的发展通常会出现各种异常状态，由于目前企业和管理研究机构对品牌病理学的认识不足，这些异常状态是比较难以发现的，许多不同的环节困扰着企业的发展，突出表现为各种管理问题，其主要会体现为品牌错误和滞后时间。

品牌错误是指对品牌发展方式的认识错误、对品牌管理问题的识别错误、对品牌信息的传递错误以及管理诊断错误。认识错误是品牌创始人或品牌主要领导人、主要管理层对品牌出现的科学认识上的理解偏差，这些理解偏差困扰了企业品牌的科学发展路线，使品牌无法升级为品牌组织状态或者无法成熟有效地将品牌快速运营起来，企业品牌发展缓慢或管理失控、创业失败等问题固然存在市场方面的因素，但多数情况下是与企业自身的品牌发展水平和企业管理水平相关的。

对品牌管理问题的识别错误主要发生在管理现场，一般出现在企业领导人、管理者方面。企业基础管理问题的频发，一方面是企业管理没有处于实时动态更新的管理运行系统中；另一方面是出现管理问题时，人们对管理问题的科学认识不足，对管理问题病因的判断能力不足。每当企业的规模越大，对复杂管理系统的要求就越高，而层出不穷的管理问题会在多个部门、多个方面、多个方向产生交叉性的相互影响，从而制约管理水平本身的进步，当累积问题发展到一定程度，就会表现出相当多的管理漏洞环节、管理流程冗余和企业全员普遍随时随地随处发生遇到的各种管理难点、工作障碍和对管理问题的纠结心理。

品牌信息的传递主要发生在品牌经营网络和品牌用户服务端，由于品牌疾病的困扰和交叉影响，从市场端、用户端传递回来的信息有许多是错误的，甚至是频繁发生但终始没有得到彻底解决的流程设计问题和管理问题，由于信息传递者并不对这些信息的真实性、有效性、重要性进行辨别，也不对品牌问题的解决承担第一手责任，品牌信息传递本身就是失真的，其直接影响也是相当微妙的——客户转身离去，从此不再购买和使用该品牌，该客户在对这个品牌失去信任的同时，还会通过自我的人际网传播渠道向其他用户传递这种不满。获得一个有效的常客户非常困难，成本居高不下，但失去一个潜在的优质客户往往发生在瞬间。

品牌疾病的出现和所产生的关联影响，通常都有一定的滞后时间，并不是一时就能显现出来，通常可能是微观的、闪现的，是在管理人员的管理意识中、企业员工的工作中、用户的服务体验中等环节体现出来，在一定程度上大多是管理流程设计缺陷和管理系统设计不当产生的，因此这些病变环节会长期持续存在，如果在没有得到充分解决以前，将会一直持续下去，直到发生重大管理事故才引会发人们意识到需要紧急解决。

这些品牌发展异常一般也是企业内部无法有效发现并有效解决的，当企业遇到的品牌发展或企业管理中存在某些重要的管理隐患或者出现相当突出的管理问题时，已经到了品牌疾病严重病变的程度，将具体体现为某些品牌疾病症状，一般需要外部具有高水平的管理研究机构和管理顾问机构来解决，主要解决的途径是调整组织结构、重新设计管理流程和采取科学的管理系统解决方案，或者引进先进的系统管理方法来解决，除非企业自身拥有较高水平的管理研究人员或者拥有长期战略合作的品牌研究机构，否则自行是无法发现品牌疾病病因和发病机制的，也就无法高效妥善解决了。

2.3 对品牌流行病的专业化认识

品牌病理学的当前发展，应该集中在对企业普遍多发的品牌常见病和流行病的病理学发现上，重点是从全球企业品牌普遍存在的问题现状、主要困扰、突出矛盾出发，对集中性的症状特征进行集中命名、确立，并应用于企业实践和管理诊断领域。

品牌病理学在解决企业品牌普遍问题上的意义是相当重大的，这主要体现在全球企业品牌发展中出现的异常状态具有普遍性、集中性、共发性。三个原因产生了这些问题：一是企业品牌发展普遍缺乏系统科学的发展路线和对品牌科学管理发展规律的总结，品牌管理的科学化严重不足；二是长期存在的案例式管理教学问题导致企业在遇到管理问题时被视为案例或个案处理，科学管理的发展能力严重不足；三是管理现场"临床"式管理能力严重不足，企业普遍缺乏快速有效处理管理现场各种动态管理问题发生的频率和科学诊断能力，企业中的管理问题存在多发性、共发性特征。

第一个问题的解决，主要来自于科学的系统管理设计水平以及管理学作为一门扎实的实验科学要被高度重视起来，品牌的发展需要从整体高度的立场上进行总体底层结构性设计，这有赖于完整发达的总体管理技术系统设计水平和设计能力的发展。此外大量新兴的品牌管理规则、品牌原理、品牌管理法则和定律需要从企业品牌发展实践中随时进行总结提炼，再从具体企业实践上升到理论学术高度，从而促使企业管理水平在高水平的科学管理基础上进行跨越式发展，科学管理实验室的发展机制是有效发展全球企业管理水平的重要发展要素，管理学本质上是和物理学、化学一样，从科学实验获得实验结论是相当有必要的。

第二个问题的解决，是品牌与企业管理方面的全球学会、教学机构和企业都应该共同提高认识，全球MBA的教学以往都是以案例式教学和案例式学习、应用实践都容易将共同多发的管理问题视为案例或个例进行理解并处理，人们总是希望从案例获得某种经验或者获得解决某种管理问题的思路，但从案例中无法发展出科学管理的自然规律，也就无从言及科学的管理水平了，而个案的处理则使管理学走向了一个过于分支、琐碎、零散的管理学发展领域，就是将品牌管理中的"个别问题"和"疑难杂症"的解题思路、解决途径放在了突出位置上，相反却削弱了对管理普遍存在问题的科学探索与科学研究、科学解决。

第三个问题的解决，是要注重对来自管理现场的管理问题动态解决的科学管理发展力水平和科学解决能力的发展。品牌学的发展本质是管理学的科学进步，管理问题只会发生在管理现场，不会发生在CEO办公室中。如果说人类医学能够取得重大进步，一是中国的中医中存在对系统解决疾病途径的科学认识，西医中发展出了临床医学，尤其是临床医学——医学生需要通过临床观察和荟萃分析、病史档案、病例库甚至循证医学来获得知识成长为医生，从而发展出解决人类疾病痛苦的能力，但是企业中的领导者和管理人员基本上未经过这种专门的学习和训练就被晋升到一定管理职位，就承担起对应的管理责任了，而目前全球范围的管理顾问公司或管理咨询公司、管理软件公司全部的人员根本就未进行过类似"临床"式的专门训练，甚至从来没有在企业实践工作过，大学里的教授本是传授知识的，也没有丰富的企业管理现场实践经历，但却以管理理论大师身份出现，这种全球范围普遍性的泛管理化使管理问题发现、解决、科学总结提炼的水平就更糟糕了。

品牌病理学专业化发展作为一项重要的品牌学科发展趋势，重点针对解决普遍存在的常见疾病，加快建立起对这些品牌疾病实施"疾控"的系统，这将在提升一个品牌经济体（品牌输出国、产业品牌集群或集团品牌集群）的实力方面有着突出作用，对于一个国家和地区的品牌发展战略而言同样是相当重要的，这有助于大幅度提高一个国家、地区和一个产业、一个集团的品牌发展力水平，在资本市场也有利于大幅提高品牌成活率、品牌投资有效率、品牌市值科学发展方式。一个突出的情况是品牌集群化发展矛盾相当突出，一个企业可能由母品牌和多个品牌项目组成，企业目前在处理这些品牌结构性矛盾方面耗费精力和资金最多，是相当关键的品牌疾病环节。

2.3.4 品牌健康决策支持系统

品牌病理学的发展目的并不局限于治疗品牌疾病，更重要的发展目标是为品牌的健康着想，帮助企业建立起品牌健康决策支持系统，排查并预测品牌发展异常状态，探测并管理问题的出现，为品牌迈向更长远未来的发展——保持持续健康状态负责。

品牌健康决策支持系统的建立，是为全球品牌的健康发展所做出的一种必要的品牌疾病预防性技术发展措施，更是一种品牌知识的动态管理系统，需要建立在不断发展品牌前沿知识、发展系统的品牌学科、发展品牌健康知识应用系统的基础上进行开发、设计并为企业提供应用支持。

品牌健康决策支持系统的发展重点是为企业主要领导人和管理者的各种品牌战略决策、学习品牌日常管理知识，并为品牌组织健康状态的自我诊断、自我修复、自发发展提供决策支持，有别于一般意义上的专家系统、品牌管理资源或管理软件，需要具备高水平的系统品牌科学知识发展能力作为支持系统的开发前提。

在知识经济时代，全球品牌的发展必然是呈多样性的发展格局，每一个品牌都应能够因地制宜、因人而异、因品牌思想意识和品牌发展力水平而决策，从而发展出不同的品牌，如同世界上没有两个人或两片叶子是完全相同的，全世界的品牌都应该自主发展、探索出适于自己的发展道路，这是高度发展的品牌学科能够支持全球企业品牌健康发展的总前提，有如繁星般璀璨的全球品牌尽管在品牌呈现形式和品牌发展结果上是不同的，但发展所需的科学规律、发展所需的品牌系统能力匹配却存在同样的一致性或模因化。

品牌健康决策支持系统的发展就建立在这种以品牌系统科学发展力水平为主体的科学发展事实基础上，从而在直观或间接上，对企业品牌的具体发展实践提供最具价值、最客观也具真实的品牌实践发展应用价值。我们也希望品牌领导人、品牌官们能够离开办公室，到管理现场去发展和寻找那些在微观上第一天困扰每一名员工的工作障碍，这些影响恰恰是品牌疾病对企业品牌发展和品牌实际管理所带来的病变交叉影响。

2.3.5 品牌病理学样例：品牌帕金森

2.3.5.1 企业常见品牌疾病：品牌帕金森

症状：企业的研发、市场、服务等各部门出现"客户需要品牌——我们还不是品牌"的意识混乱，各个环节来回抖动，造成企业行动迟缓，并影响至客户端产生大量不信任感，客户端也出现"我到底该信任还是不信任你们"的意识错乱，形成来回抖动，下单率低，续费率低，总是在开发新客户，潜在客户主动找来的少。

发病原理：从一开始品牌化就未完整完成，企业肌体发育不全，企业始终徘徊停滞在01法则的"0→1"阶段，方向和路线不清晰，主体意识形态错乱，客户无法快速准确识别"你们和同类产品的区别"，品牌帕金森有先天性、遗传性、继发性三种。70%的新公司从成立第四个月起就会迅速发病，并迅速导致创业失控，严重的会导致企业迅速解体倒闭，即便勉强存活下来，业务始终遭遇发展瓶颈。而大型企业的品牌帕金森则进一步引发企业整体的管理紊乱，出现大规模的品牌管理失控环节，是诱发各种管理问题多发频发的前因。

2.3.5.2 对应品牌原理：01法则

01法则是任何企业能够得以发展的宝贵生命线，决定了品牌生命力的旺盛与持续性。

01法则主张：

①任何企业成立的第一件事情就是品牌化。
②如果这件事情没有做彻底，必须倒回去重做。
③品牌失败始于品牌状态失控，失控的原因是0到1没有完成，停滞在0→1之间。
④企业成长缓慢，总在不停地开发新客户并始终处于维持业务状态，是因为0到1没有完成，徘徊在0→1之间。
⑤任何企业希望再次点燃创业热情，或开辟新事业，必须重新完成01品牌再造过程，企业每隔若干年必须进行一次品牌再造，以及每次开辟新事业所需进行的品牌化，所形成01-01-01……就是自身形成的品牌史，也是企业生态可持续性发展所留下的品牌化运动轨迹，是品牌永恒经营的秘诀。

第2.4章 品牌战略学

品牌战略学是研究品牌战略设计、品牌战略结构和战略思想、战略方法的一门品牌学科，品牌战略学较以往的管理战略学有更高的设计层次和战略要求。品牌战略学本身就是统领企业一切管理思想和市场行动的最高战略方向，是指导企业战略实践的核心纲领和行动指南。

2.4.1 企业品牌战略层次

企业品牌战略层次，通常是人们容易产生错误认识，并忽视了品牌组织存在的意识形态，也忽视了全球多层次的品牌战略层次，仅仅独立地将企业品牌战略层次放在首位进行研究，这会导致企业的品牌战略与全球竞争、人类进步、社会经济发展缺乏互生互动融合的重要特征。任何企业品牌都不可能割裂地进行研究，如果一个企业品牌无力进入全球品牌经济体的生态系统，那么品牌本身是没有任何战略意义可言的。企业级品牌战略层次分析见图2-4-1。

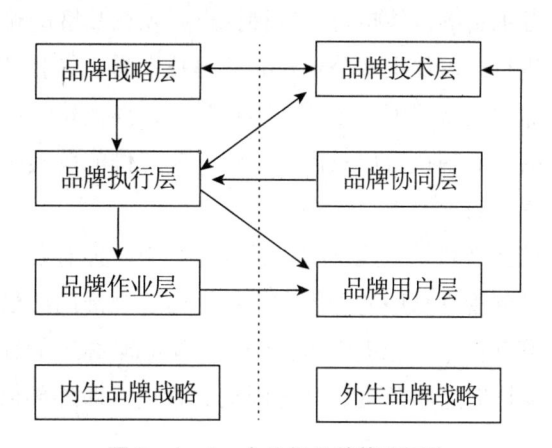

图2-4-1 企业级品牌战略层次

企业级品牌战略包含六个层次，相互之间有紧密的连接关系，内生品牌战略组织通常认为品牌战略层次分为三个层次，包括品牌战略层、品牌执行层、品牌作业层，主体均为企业组织内部的成员。外生品牌战略组织通常认为品牌战略分为六个层次，加入了品牌技术层、品牌协同层、品牌用户层三个组织成员，由内到外，由外到内，相互紧密结合。

我们以外生品牌战略组织考察品牌组织的运动规律，首先是品牌组织的战略层，负责总体的战略设计、战略指挥，企业可能需要一组品牌战略部门，分别是战略研究室、品牌技术委员会、质量审查委员会等，委员会是企业高层决策研究和决策参考的典型组织方式。一般来说，企业有关的战略工作由专门的委员会负责，委员会是跨企业内外、跨部门的决策群体，如果企业仅以内部的高层管理人员和部门为主进行决策，战略性是不充分且不完整的。

品牌技术层是品牌组织中一种特殊的结构，负责品牌技术委员会的具体工作，也根据需要包含品牌用户关系委员会等一些二级委员会。品牌技术层包括两方面：一是由外部品牌顾问和品牌技术专家组成的研究分析团队，负责品牌层面的技术指导；二是由公司内部品牌技术制定与实施人员组成的品牌骨干技术队伍，包括企业的品牌官、品牌部门、质量系统监管部门和管理设计部门、考核部门。

品牌技术本身是一种核心战略技术，必须经由大量参与全球品牌知识创造与更新的过程，并获得最先进的品牌战略思想和品牌技术操作手段的人员协同支撑，即企业需要同步让扩大的全球品牌技术知识更新网络为企业的品牌技术实践提供知识来源。如果企业没有品牌技术组织或不参与外部品牌技术学术研究活动，企业的品牌技术就是封闭的，以往许多企业都格外强调"外行"与"内行"，刻意强调产业特征，总认为其他产业领域的品牌技术与自己无关，实际上是一种"自我封闭"的内生品牌意识形态，该企业知识老化速度将远远快于同行业的普遍水平，很容易被产业新变化淘汰出局。

品牌技术层承担着一个品牌组织的"品牌秩序管理者"角色，负责品牌秩序的建立和维护。品牌战略层向品牌技术层下达品牌研究任务和品牌项目任务，由品牌技术层负责具体的品牌战略设计、执行和推进，品牌技术层同时向品牌战略层汇报进度，并负责为品牌战略层提供最新的研究发现和品牌技术实施项目建议。品牌技术层的一项重要工作是对品牌项目进度的执行情况进行管理，对品牌技术问题做出合理的科学解释。此外，品牌用户层的各种反馈与研究也在第一时间汇集到品牌技术层。

品牌执行层负责品牌任务项目的具体执行，这种执行必须在品牌战略层的要求和品牌技术层的技术指导和进度跟进情况下进行。以往很多公司没有品牌技术层，只有品牌战略层向品牌执行层下达品牌任务，品牌执行层向品牌战略层汇报工作是不科学的，毕竟将品牌技术的实验、研究、督导直接交给执行层是不负责任的，品牌执行层只需要负责具体工作的落实执行，他们根本不是品牌技术研究专家，会产生二元对立矛盾。

合理的品牌子组织秩序结构必须是三元结构，品牌组织必须拥有独立的、先进的、第三方的品牌技术支持和督导部门负责品牌管理秩序的管理和维护，而这个部门必然是品牌技术层，三元管理关系是最稳定的也最基本的管理秩序，也极大地减轻了公司战略高层的领导工作，并有效保证组织的顺畅有序运转。品牌执行层同时还将负责品牌协同层的管理，即外部供应链、战略合作网络、品牌经营网络的协调工作。

品牌作业层会具体落实每一项任务、每一个人的品牌执行、品牌日常管理作业和工作结果，作业层包括了公司内部和外部的每一个基层员工，也包括临时员工，所有人对品牌负责，执行并维护品牌。品牌作业层的工作，要向品牌执行层汇报。

品牌执行层、品牌作业层按分工不同，必须对品牌用户层负责。品牌技术层通过研究品牌用户的趋势、意见、问题，适时对品牌知识系统进行更新，分解更合理、更科学的品牌任务项目。品牌组织内外、全员每一个部门、每一个组织和每一个人，都在品牌组织内承担不同层次的角色，并对品牌负责。只有当全员对品牌用户负责，整个企业才是负责任的全球企业，而品牌组织基于这种责任形成强有力的、有开拓进取能力、表现优异、高效协同的品牌组织。

2.4.2　品牌战略思维

品牌战略思维是一切品牌规则制定者和品牌组织所必须依赖的战略思维方式，品牌战略思维决定了品牌规则制定工作是否科学、高效和完美，主要品牌战略思维包括了框架思维、预判思维、秩序思维、领导思维、科学思维、创造思维、主题话题或路线思维、作战思维八种思维方式。

战略是为了达到远景目标所采用的思考方式和主要运用思想、明确的实施路线或方法，是战略能力的总体体现。战略也是对目标设定、全局布局、结构组合、规划实施、资源运用行动过程的总体设定。战略的要点是：前所未有、绝无仅有。

战略包含了主要战略目标、指导方针、行动计划三项内容的严密组合，战略规则制定者通盘掌握整个战略的设计和实施指导。

战略目标通常是一种超常规的远景，而这种远景由于太过于理想化、超前，不一定能被所有人觉察识别，但作为远景本身又是一种梦想，能够带动所有人向目标靠近。

指导方针是实现战略目标的主要战略要求，也是执行战略所必需的战略阶段、战略方向、战略任务和原则性要求。指导方针会具体化分解战略目标，使其较为清晰，能够被主要战略执行人群所识别。

行动计划是根据战略阶段、战略任务所制订的具体行动方案，针对具体行动（包括行动目标）、时间、地点、人员和资源配置以及行动效果预期，行动计划会具体涉及战术问题。

2.4.2.1 结构思维

结构思维是指以设计框架结构性为主体的思维方式，也被称为顶层设计。结构思维是指从最高层次对思维进行结构性设计，以明确战略的覆盖领域、重点，在框架文件上载明总体结构。

典型的结构框架文件包括《全球互联网政策框架》《可信电子商务全球框架》《WTO框架》《联合国气候变化框架公约》《公司战略合作框架协议》等。

结构框架文件具有统领性、纲目性，只需要表达战略意图，包括主体结构，策划出最粗的结构，不需要具体到琐碎的细节。框架思维的运用战略设计起着简明清晰的思考作用，也对战略执行起着关键指导作用，战略任务项目是对战略框架文件的具体分解和分工。

2.4.2.2 预判思维

预判思维体现在对战略远见的构思上，战略规则制定通过对未来的科学技术发展、第场变化趋势、管理变革方向、企业组织系统和网络变化等重大趋势，对企业的管理走向和市场战略方向做出提前的预判断。

预判思维是对未知的未来挑战、趋势、走向、机会和危机做出的一种预先判断，因而，预判思维通常被称为"先见之明"，有时被称为敏锐的洞察力、前沿思想力。

事实上，预判思维来源于对一些未来前沿知识流的切实掌握和思维灵敏思考判断能力，使预先判断能够相当准确。由于每个人的思维和知识层次是不一样的，企业中不同的层级如基层员工、质量总监、项目工程师、领导人对知识都有不同的思维层次性见解，有些人习惯于了解并掌握前沿思想、未来知识，特别是战略层面的分析，而多数人则满足于基本的工作内容和职业知识，从而造成每个人的思维方式和知识结构千差万别。

习惯于战略思考的人通常会捕捉不为人们所注意或视而不见的知识领域或认知方向，诸如对金融危机的判断、新科技走向、管理问题发生的症结等，因而能够更为清晰地对综合信息做出准确的趋势性判断。同时，战略规则制定者并不一定是通过自己的思考进行判断，知识来源可能是由一组顾问所组成的智库提供，诸如古代军队中的军师和参谋，战略规则制造者荟萃各种决策信息，通过掌握更为专业的决策参考源获得高超的预判思维能力。

预判思维有时也是一种心理预警，有些人对危机事情具有一定的敏感性，在危机出现以前就能敏锐地感觉到危机逼近的威胁感，为了离开不安全的心理状态，他们会预先对战略做出改变，或者在战略设计时防止自己进入不安全的心理区域。

2.4.2.3 秩序思维

秩序思维体现为对自适应规则的制定能力，是战略思维中相当重要的一种思维能力。

红绿灯就是一种自适应规则，通过红绿灯的交替变化指挥运转的交通秩序，交通规则制定者还会设计一系列的规则或规定，以确保交通秩序更为顺畅地自运转，接下来的任务就是培养驾驶员严格学习并掌握这些交通规则，交通秩序由此保持良好的运转状态。

世界上历史最悠久、影响最深远的秩序体是凯尔特的德鲁伊秩序组织，最多时曾经一度领导大半个欧洲的秩序网络，是今天的欧洲和北美主要发达国家社会秩序稳定的一个主要基础。作为最早的国际化秩序体，德鲁伊秩序中一些典型的秩序如"男女平等""能力为本""移民城市"观念，以及教育系统、交战规则制定方式、战争裁决等规则制定与裁决方式对今天欧美发达国家文明中的主流形态形成产生了重大影响，今天的联合国和国际组织、王室管理、上流社会、环境保护甚至一些 NBA 规则等许多规则秩序在一定程度上或一部分来源于最早的凯尔特德鲁伊规则制定技术习俗，今天世界上仍有许多发达国家存在德鲁伊组织，通常是以"德鲁伊秩序"作为组织命名方式，负责秩序的制定与维护，而德鲁伊使用的正是"三元思维"秩序结构。

世界上最大的秩序体是宗教秩序体，一些国际组织如国际民用航空组织负责制定民用航空领域的各种通用规则，而企业管理的规则制定除了本企业自行制定外，一些典型规则制定组织包括了 ISO（国际标准化委员会）和证券交易委员会等。

"法典""制""章程""化"在古今历史中是四种典型的规则制定方法，"法典"通常用于秩序的整体制定、收录和统一规定，具有权威、系统、完整性的特点；"制"是表示制衡与度量的一种自适应规则，也是应用最多的规则制定方法，如长子继承制、秦制、井田制、君主立宪制、责任制、计件制、官邸制、察举制、事业部制、实名制等；"章程"是一个国家、组织、机构或企业公布的基本纲领和运行秩序的一种规则，有"宪章""规章"等不同叫法；"化"用于一种具有明显走向趋势的通用秩序，如品牌化、管理现代化、信息化、知识化、流程化、科学化、产业化等。

规则制定技术的进步是全球战略思想发展中最主要的体现形式，任何一个战略家（战略领导人）都离不开对规则制定技术的掌握，因而无论全球还是国家、组织、企业的战略发展，都是以发展自适应规则制定为主体的。而一切能够自运转的系统则是通过建立一系列自适应规则的过程，未来全球市场的公平竞争环境和未来系统学的发展必将进一步强调规则制定技术的进步和应用，通晓规则制定技术的领导人是未来全球发展和人类进步的主要领导力量。

2.4.2.4 领导思维

领导主要通过思想意识引导人，并承担管理设计的工作，与具体的管理内容有着本质的区别。在品牌战略学中的领导思维，与一般意义上的领导力完全不同，战略性领导思维主要体现在前沿领袖、统帅作用和管理设计能力上。

前沿领袖思维作用体现在前沿科学研究、未来前瞻性探索、流行趋势创造、产业趋势领导者与意识形态领袖风格上。世界从不缺追随者，但是缺领袖，前沿领袖代表着某一个市场领域的变革领军者，其本身就拥有巨大的社会影响力。

统帅作用体现在统驭性的领导力上，也称之为统帅力。在领导学中，统帅力体现在自然向上的统领能力，即组织成员一致性地被统领期望，通过建立事实权威和意识权威，组织成员自发地形成统一领导，组织系统的整体行动力被激活，整个组织发挥高效的机制能力和巨大的市场冲击力。

管理设计能力是领导思维的一种具体表现，领导人对组织的管理结构、管理风格、项目推进、管理结果负全责。一个领导人的战略意图需要通过足够庞大的管理系统来完成，而管理的总体运行机制设计和运转效率决定着战略意图是否能够彻底地被高效执行，缺乏管理设计能力会导致组织无法高速扩张，也无法保持足够的规模优势。

领导思维的形成既包含精神意志层面的，也包括意识形态和具体能力方面的，是多方面因素的综合体现。

2.4.2.5 科学思维

科学思想的进步是人类进步中最重要的组成部分，科学思维是对科学认识、科学意识、科学思考、科学方法掌握和应用的综合思维能力。科学思想和科学思维不同：首先，是思维方式上的不同，即以科学的态度来认识和决定事物，以科学意识推进组织科学化进步，以科学研究的精神推进对事物本质——科学规律的掌握，以科学思考方式调查研究和决策事务；其次，是对科学方法的掌握，通过科学实验、科学研究、科学分析、科学论证等方法完成科学发明、科学创造，并对科学成果进行应用。

全球领先品牌通常通过建立科学实验室、全球研发中心等形式来完成品牌组织的科学化工作，从产品的试制研发，到生产制造的科学管理，到市场的研究与开发，都会反复进行科学研究和论证，以确保品牌效应最大化。

科学以事实研究报告为依据，通过多样本、多类型、多项目的实验研究和调查分析对比，建立以实验实测、数据对比、事实分析、研究结论为主体的科学化实践过程。

许多品牌组织都侧重于设立首席科学家，支持并鼓励成员积极参与科学论文发表、同行科学评议、担任科学组织（学会）高层职位等方式加快知识更新速度，先进科学技术的研究发明和应用在企业中占有极大比例。

许多品牌组织也致力于发展科学管理，通过科学方法研究制定更合理的管理系统，并积极创造发明或引进先进技术系统提升研发、生产、营销等综合能力，科学技术的广泛应用是这些品牌组织得以超常规发展的主要原动力。

2.4.2.6 创造思维

创造思维是一种典型的发明创造思维习惯，品牌组织领导人会始终处于"如何与众不同，一定要和别人不一样，一定是世界上最先进的技术，一定是世界上最好的"，等等，类似的开创性思考习惯中。

创造本身是一种相当积极的欲望，通过发明新的事物、新的技术、新的模式、新的概念、新的行为来完成创造成果的表达。创造是一种习惯性创造行为，这种习惯会促使品牌组织领导人不断做出改变，不断创造新的方式来完成个人和组织价值的体现。这种习惯也会形成自发抗击并抵制破坏创造力的各种行为和方式，诸如商业模式的抄袭、技术成果的复制、对知识产权不尊重等肆意破坏创造力进行抗击的思想意识形态和行为。

尽管创造本身是一件相当艰苦的事情，可能费时数十年，也可能需要辛苦很长一段时间，但不同国家的创造环境可能扼杀国民创造力，抑制创造活动。没有切实可行的创造保护环境——知识产权保护政策，不能将创造与社会贡献统一起来，创业者无利可图，都会极大挫伤创造者的积极性，抑制以创造力为代表的创造经济崛起，这是全球新生代创造者普遍可能遭遇的创造产生环境窘况。

教育同样是培植国民创造力的主要方式，如果教育不能释放每一个国民的创造天性、不能培养自由的创造乐趣、不能塑造人们的主见主张和自我判断力、不能引导每个人从孩子到成人的独立思考与自主创造能力，那么教育本身就是失败的。

新生代创造者需要无所拘束的创造环境，过多的政策行政干扰、过多复杂的社会障碍、过多的限制性人文意识都会损害创造力的发展。独立领导人的培养是实现创造型人才的主要方式，要避免过多的行政干扰和烦琐的管理流程抑制每个潜在领导层成员的发展。

未来企业的敏捷管理要求：承认每个员工都是创造体，企业的发展需要依赖数量众多的创造体集结，小而快速的研发项目小组、机制灵活的企业创造环境、独立领导人的批量培养机制，都是整个品牌组织创造思维发展的高度体现。

2.4.2.7　主题、话题和路线思维

主题、话题和路线思维是完成思维表达的三种典型方式，用于确定核心战略领域、突出核心战略价值、提炼战略思想、明确关键竞争能力、传播品牌话题、设计战略实施路线、设计战略行动步骤等工作上，是战略思想的综合应用方式。主题战略思维、话题战略思维和路线战略思维可以单独使用，也可同时混合使用。

主题战略思维是指围绕一定的主题设计的战略实施方式，明确中心思想，突出主旨，所有的品牌战略设计和行动都围绕一个明确的主题展开，是将品牌市场做深做透，形成独有的品牌文明形态与品牌竞争格局的典型战略方式。围绕主题可以设立品牌产品、品牌衍生品、品牌形象代言人、品牌形象卡通、品牌形象虚拟或真实环境、品牌传奇故事、品牌趣味活动、品牌影视及动漫，通过多层次、多角度、多元化形态，构筑品牌个性鲜明且独立的综合形象，通过聚集品牌兴趣爱好者，形成独有的品牌用户族群。

话题战略思维是以通过设计、策划、组织、引导热门话题所实施的品牌战略。品牌将主力放在品牌话题的传播制造上，通过一系列的媒体运动来实现品牌的高出镜率、高曝光率、高影响力，引发新闻媒体、话题编辑、投资者、意见人士、社会公众的全方位关注，大量吸收品牌粉丝族群，形成品牌用户族群，从而整体带动品牌的高速成长。话题战略思维对公司的首次公开募股（Initial Public Offerings，IPO）过程中也会具有相当关键的战略价值，由于话题本身就众所周知，品牌组织的上市本身很可能就是轰动性事件。

路线战略思维是指以设定品牌关键战略路线为主的战略实施方式，通过勾画品牌未来蓝图、描绘品牌未来前景，通过文件描写、作品构想、文学表达、虚拟数字技术、实景模型、模拟图、想象图、创意实施等感观体现形式，直观地表达品牌战略的整体构思，并设定达到品牌远景的一期、二期、三期……战略实施步骤，明确为达到战略目标所需实施的关键战略能力。

2.4.2.8　作战思维

作战思维指运用军事战争思想，将全球市场视为战场，将品牌再造视为向市场全面进攻的一次大规模彻底行动。

现代作战是高科技的战略，是海陆空及太空范围的全方位立体指挥、多兵种快速组合机动联动的现代化战争方式，是高度的未来化、知识化、敏捷化、远程化和非对称作战方式，战争将依赖未来思想、指挥系统、新式武器、全局部署、日常训练、后勤保障的完美组合，与传统作战思维已经发生了深刻变化，今天的军事思想始终着眼于下一代军事部署和武器研发，致力于最先进、最发达、最科学、最知识化的军事组织才能打赢下一场战争，占据世界军事优势地位。

而品牌组织的市场作用，除了各种作战思维和现代化市场作战系统的全面应用，同样还需要采用"更积极"的"先发制人"的主动攻击战略。强品牌本身就是由全球市场中的主动进攻品牌，通过发动战略性市场打击或粉碎性市场打击对瓦解原有市场结构，建立新市场秩序，而弱品牌主要是市场中被迫、被动应战甚至无力应战的企业。

正如未来战争思想已经在发生一场彻底性的军事革命，未来市场作战在作战思想、作战指挥、作战目标、作战行动、攻击方式上也将发生深刻的变革，战术及作战手段也将出现重大的变化，对于任何一个国际品牌而言，全球任何市场领域的战局都可能一触即发，要么主动作战，要么被动应战，没有其他可选择的余地。

2.4.3 品牌战略设计

品牌战略是指"品牌+"战略，即企业的管理、市场、服务等各环节，与品牌的紧密结合。品牌战略的价值如下：

①战略的精髓是"前所未有，绝无仅有"；
②战略是着眼于长远眼光、未来远见的顶层设计；
③战略企业家通常以战略思想带动企业管理进步；
④战略是领导思想前沿，具有科学前沿性、未来前瞻性、决策预判性；
⑤战略要实现的是"与众不同"，为什么和别人不一样；
⑥战略决定的是未来大方向的问题，是企业全员为之奋斗的梦想目标。

综上所述，品牌战略是企业的经营管理思想彻底变革：
①品牌战略是一种企业家远见，企业家远见应至少比一般人领先10~30年；
②品牌战略解决的是企业在未来10~30年的品牌战略思想、品牌战略方针问题；
③品牌战略是企业未来发展的总体纲领性文件，是品牌进行全球发展的行动大纲；
④品牌战略通告所有人：投资者、供应链、员工和公众——品牌的未来是什么；
⑤品牌战略是高能力、高质量、高效率的企业精神与企业行动的完美诠释；
⑥品牌战略再造企业骨干及全员的梦想，动员整个品牌组织主动进攻品牌市场，进而进击全球。

2.4.3.1 战略层设计：王牌品牌的"战略大脑"

品牌战略是品牌组织统筹一切人力、物力、资源整体动员并指挥的一场大规模一致行动，企业的全球品牌战略具有广域性，并非单一的决策力量所能胜任，任何时候都是战略"脑库"的统一研究、统一决策和统一指挥，品牌战略大脑的运用具有明显的战略指挥作用。

每当企业决定面向全球发布一个重大品牌，或者经由品牌再造以后向全球市场发动大规模进攻时，企业就应着手实施重大战略行动——王牌品牌战略。王牌品牌战略是以推出王牌产品，以绝对优势实施领导性品牌市场占领时采取的一项重大行动。

王牌品牌战略设计的目的是完成对市场版图的重新划分，占领优势地位，重组品牌业态结构。品牌组织通常会在认为有必要时，对设计研发、生产、营销全程进行大幅改革，动员组织全员行动，密集地对市场发动进攻。

品牌组织的战略层组建此时就被提上重点，一个由外部和外部品牌战略、技术和市场专家组成的研究网络为品牌战略决策提供参谋作用，确保组织完成"战略大脑"的组建并有效运用起来，除了完成管理标准化的准备，还可根据需要将管理系统升到的 IT 架构系统和移动系统组成的"王牌品牌作战指挥中心"，以品牌技术、IT 和移动部署的品牌作战系统在这项行动中必然发挥其强大作用。

王牌战略设计的重点包括了品牌作战指挥中心、指挥链、指令系统、移动行动终端等组成，可以连接企业各部门、各地分公司、全球网点，必要时还会实现天空、陆地、海洋等固定和移动状态的品牌行动部署和指挥，快速处理各项数据，管理市场各环节的报告与行动，保持各品牌作战单元的通信。

科学的品牌战略设计、系统的管理分析、高速连接的知识网络、可靠高效的信息基础部署、快捷的移动管理移动营销方式等组成一体化的王牌品牌作战指挥系统，将使现代企业品牌战略具有真正意义上的"中枢指挥作战能力"，具备动态指令、实时管理、定点进攻地球表面上任何市场目标的准确打击能力，在正确的时间、正确的地点，以精确的方式实现品牌全球到达、品牌全球覆盖，彻底提高企业品牌的战略效益和战略效率。

2.4.3.2 品牌管理的流程化设计

品牌组织应当明确——品牌是企业由内到外全员参与的一场行动，全员贡献、全员实施。而旧式的品牌管理流程见图 2-4-2。

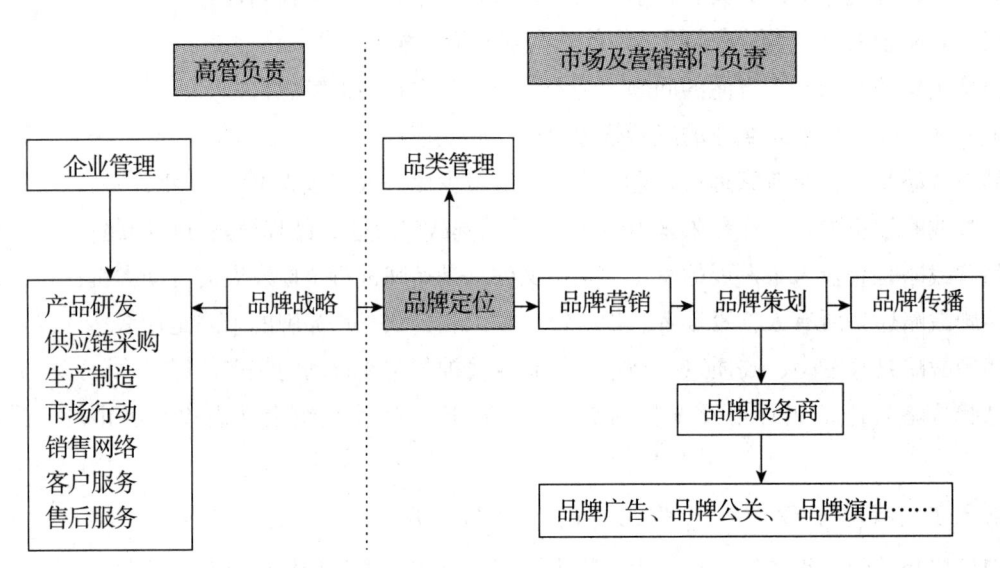

图 2-4-2 旧式的品牌管理流程

旧式的品牌管理总体路线是将品牌交由市场和营销部门重点负责，以"品牌定位"为中心，向品牌管理过渡。市场部门延伸了品牌市场化的内容，包括品牌营销、品牌策划、品牌传播等，企业也会与外部的品牌服务商——品牌广告、品牌公关、品牌策划、品牌演出公司等通力合作。企业还会制定品牌战略，交由另外的企业高层管理，对产品研发、供应链采购、生产制造、市场行动、销售网络、客户服务和售后服务等企业管理内容做出一定的品牌管理要求。

旧式品牌管理的弊病是品牌实际上只由市场营销部门单一部门负责，管理层级过低，且品牌管理与全员——其他部门无关，除市场及营销以外的部门无力享受品牌溢价效应，全员不参与品牌贡献，也不分享品牌市场成果。

新式品牌管理流程是由 CEO 对品牌战略负全责，品牌管理工作由"品牌技术""品牌能力"

"品牌识别"三个主要系统组成，以品牌工作流为核心进行运转。品牌技术部门为 CEO 提供品牌协助和建议、技术支持和报告，也承担品牌秩序的管理。品牌能力的工作由各管理部门承担，以项目制和文件化方式推进品牌再造战略、品牌战略框架、品牌作业手册、品牌学习、品牌能力纠错等各项工作。品牌识别由市场和营销部门负责，主要以项目制和文件化承担品牌用户族群学习、品牌传播（策划、传播）、品牌识别信息的纠错等工作。新式品牌管理总体路线的好处是全员参与品牌贡献，全员享受品牌效应，分别承担各项品牌任务。新式品牌管理总体路线见图 2-4-3。

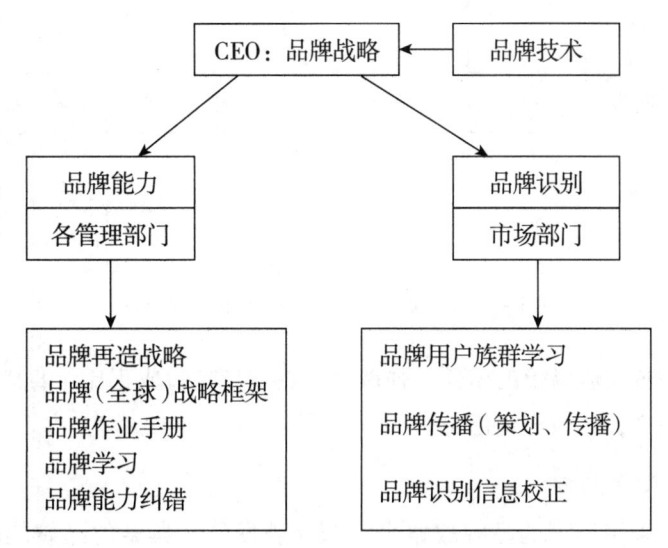

图 2-4-3　新式品牌管理总体路线

2.4.3.3　品牌溢价能力的流程化设计

企业应注意按照品牌溢价能力进行一定意义上的流程化设计，促使全员参与品牌贡献的同时，释放各环节的品牌溢价能量。

旧式品牌溢价流程设计（见图 2-4-4）是一种单纯以市场为主的品牌化设计，主要表现在公司要求全员对品牌负责，实际上是全员对品牌不负责。企业始终强调对用户负责，然后产品流经过程过多，从研发、生产、市场、销售及服务过程，都是指明为用户负责，但实际情况是：各部门都从属于一个共同企业，由于内部关系的存在，内部部门与部门之间、人与人之间免责推诿，无人为用户负责，用户成为不成熟产品的实验品；品牌溢价能力低，个人能力、贡献与薪酬不成正比，无法体现个人价值，公司效益与个人收入脱钩，企业无活力。

图 2-4-4　旧式品牌溢价流程设计

新式品牌化战略强调模拟市场，或由多个专业公司组成品牌组织，销售和服务都要对用户负责；逐级按市场采购关系购买上一部门（专业公司）的产品和服务；逐级问责，产品不好不能进入下一环节。新式品牌溢价能力流程化设计见图 2-4-5。

新式品牌主要将品牌工作分为知识产权化（研发）、产品化（生产制造）、市场化（市场品牌化），也可能更严格地划分为实验室、产品化、品牌化、市场化四个溢价过程，这种划分进一步强调了各部门的管理工作、销售和服务都会对品牌终端产生的溢价性能，各专业部门（专业公司）的每一个过程都能够产生品牌溢价。

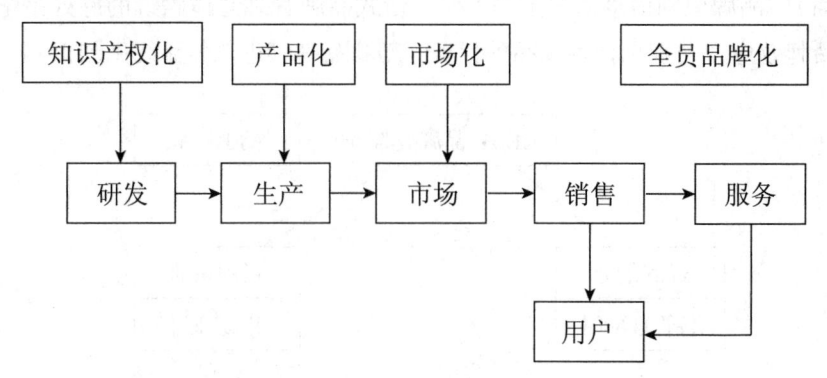

图 2-4-5 新式品牌溢价能力流程化设计

新式品牌化战略注重品牌溢价的增长，强调个人贡献与能力成正比，直观体现贡献价值、公司效益及个人收入同比提高，企业充满活力。

2.4.3.4 品牌战略选择

不同的品牌组织会采用不同的品牌战略来实施品牌发展，典型的品牌战略包括了超级工厂战略、梦幻战略、环境战略、标准战略、替品战略、路线战略、传播战略等，不同战略可单独使用，也可组合使用。

超级工厂战略：以制造重要的、流行的、影响力巨大的核心产品为主导的战略方向，典型的品牌包括T型车、法拉利、阿帕奇。

梦幻战略：以创造一种超常规的梦想、虚拟、潮流、先进、不可思议的、令人无限遐想的梦想性科幻或奇幻品牌为主要战略方向，典型的品牌包括好莱坞、工业光魔、迪士尼。

环境战略：以创造一种特有的用户环境增加品牌识别、品牌环境体验和品牌环境感染能力为主的战略方向，典型的品牌包括星巴克、中国香港的城市品牌。

标准战略：以创造和研发标准制，致力于对相关品牌产品进行统一研发、标准化执行的品牌战略方向，典型的品牌包括日本汽车电池、奇士橙。

替品战略：以代替品牌所属应用领域和性能、功效，使品牌名变为全球解决某类用户的通常名称，典型的品牌是创可贴、海飞丝。

路线战略：以市场战略路线的完美设计和快速推进为主导方式的品牌战略方向，典型的品牌有丰田、惊奇漫画、加多宝等。

传播战略：以品牌的传播为主要发展战略、发展方向，并强调品牌传播在品牌价值和品牌溢价能力过程中的关键战略价值，典型的品牌包括Google、海尔、格兰仕等。

2.4.4 品牌战略思想

品牌战略思想用于指导企业基本的品牌行为思想，战略思想会起到统御全局工作，指导战略布局部署的作用，是企业品牌战略的重点的思想灵魂和价值观塑造方式。

各国（地区）和企业可以适需设计一些品牌战略思想，用于指导品牌实践，例如典型的品牌战略思想包括：品牌强国、品牌强企、品牌经济体、品牌集群、品牌国际化、品牌专业化、品牌感觉、做专做强、品牌能力、精益品牌、品牌安全、品牌学习、品牌指名率、品牌利润链、品牌用户族群等。

品牌战略思想用于清晰地明确企业应该建设什么样的品牌，发展何种品牌关键能力，用什么样的战略路线实施品牌建设，用什么样的品牌主导思想实现品牌成就。

企业家的行动：在当今瞬息万变的全球商业环境中，企业家们不遗余力地发展商业远见，以更广阔的视野，塑造他们的世界意识，并将企业的发展动力和商业前景聚焦浓缩在品牌战略之上，架构自己的商业宏图，使他们变得比以往更加专注自己的品牌，认真地创造、发展并履行品牌战略思想所赋予企业的重大意义，作为取得杰出成就的高速通道。

第2.5章 品牌组织学

品牌到底改变了什么？我们开始围绕品牌组织——这一特定组织形式来探讨品牌组织结构、组织过程、组织秩序、组织行动、组织文化，这一点与以往研究企业的方式及方法是不同的，我们认为品牌组织是扩大的企业内外组合形式，其管理特点和意义在本质上与企业是不尽相同的。

品牌组织是一种特定的组织秩序环境，是以生态方式存在的品牌生态组织，包括了"企业—品牌—品牌组织—品牌生态组织"四个发展阶段。品牌组织有时存在于企业中，有时不存在，只有当品牌组织形成秩序体并良好地发挥组织力时，品牌组织才存在；当品牌组织失去管理秩序，品牌组织的组织特征就会立即解散。因而品牌组织只会在特定的情况下出现，是稍纵即逝的，也可能长期存在，它是一种特定的管理基础环境特征。

2.5.1 品牌组织的结构性行动

品牌组织并不是传统意义上的企业，它是扩大的企业内外组合，我们将一个完整的品牌组织分为：品牌创始人、品牌组织者、品牌经营者、品牌协同者、品牌用户族群五个类别进行考察。品牌组织成员见图2-5-1。

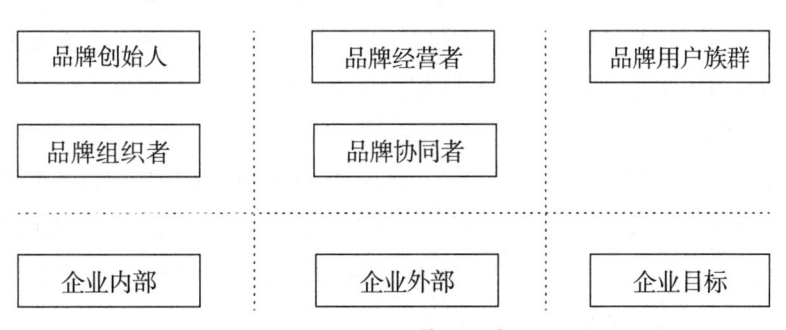

图2-5-1 品牌组织成员

以前企业最常使用的观念是——"我们和他们"，这是企业内外最常使用的语言，人们有意地分割了企业内部的成员、企业外部成员和企业目标群体——客户，这样的语言随时充斥在企业内外，类似的表述还有"内行与外行""老人和新人""公司和客户""总部和经销商"等，人们有意无意地做出这种区分，以试图厘清自己在组织内部或外部的角色，并排斥否定他人在企业组织中的作用与贡献。

事实上，无论一个品牌的创始人还是一个协作工厂，或者是一个未付费用户，都是品牌组织的成员之一，只有每一个成员将自己视为一个完整的品牌组织，才能更加准确地明确自己的角色、责任与义务。

而以往有意地做出的各种角色区分是组织中的非正式组织所做出的一种代言，是对组织形态分裂的典型意识，对品牌组织的一体化发展起着巨大的破坏作用。

我们将一个完整的品牌组织做出具体的角色划分，其包括：

①品牌创始人（品牌创始人、品牌再造领导人、品牌技术顾问）；
②品牌组织者（品牌投资者、品牌领导人、品牌官、品牌组织骨干、品牌组织员工）；
③品牌经营网络（品牌经营部门、品牌直营网点、品牌经销商）；
④品牌协同者（品牌供应链、品牌供应商、品牌联盟）；
⑤品牌用户族群（品牌骨干用户、品牌常客户、品牌客户、品牌用户）。

对部分品牌组织成员的特别说明：品牌创始人是对品牌的最终形成过程中做出巨大贡献的主要人物，他们包括了品牌最初的创始人，决定并领导品牌再造的领导人、对品牌组织变革有重大影响力的品牌技术顾问，有时还包括品牌官，具体成员以对品牌实施创造或再造的重大贡献价值决定。

品牌组织骨干、品牌用户骨干是指以原生的热情与真诚坚定地支持品牌组织发展的，他们包括品牌组织高级别的领导人，他们也可能仅仅是普通员工，可能是普通用户，他们所表达出的热情是推动品牌真正发展并自发地极力传播品牌的主力群体，品牌组织应善于寻找他们、发现他们、给予他们更多的组织参与、荣誉和支持。

2.5.1.1 品牌到底改变了什么

品牌力的重点是品牌组织力和品牌吸引力，即品牌组织通过组织行动，使品牌组织整体由内到外产生强大的吸引力，通过吸引力完成从用户到客户的高效率转化，品牌市场营销活动也集中在这个重点上。

鉴于这种因素，企业需要进行变革，经由品牌再造向品牌组织过渡，只有成为一个彻底的、完整意义上的品牌组织，品牌组织才能最终实现所有人的意识与品牌接轨，完成品牌化目标。

品牌化本身是一种思维方式，企业从上到下，从内到外，再从外到内，使所有都产生全新的品牌思维，将所有工作、行动与价值都集中到品牌上来。原来公司会过多关注本企业内部的管理和经营网络，但新的品牌组织则必须关注整个品牌相关资源的动态管理和组织活性，极大地缩短品牌与人、品牌与社会之间的连接关系。

正如互联网品牌思维是多对一的服务形态，任何人随时随地都能够与品牌对话、完成采购并直接反馈对一个品牌的喜好和厌恶，而这些品牌用户的直接行动、情感、反应随时在进行互动传播。品牌组织与品牌用户之间的接触方式、沟通方式、处事方式都被改变了，这就要求新一代的品牌组织必须像磁铁一样，发挥磁铁效应。

然而不幸的是，许多企业并没有做出这种明智的改变，只把品牌作为产生溢价的或市场活动策划的一部分，更糟糕的情况是，认为品牌建设需要一个复杂且巨大的投资收益过程，想当然地认为品牌与自己无关，把品牌视为一种可有可无的考虑对象，尽管人们总是支付更多的账单购买品牌商品，但许多购买别的品牌的人却从来没有把自己的品牌放在合理的位置上进行深入思考。

2.5.1.2 品牌组织分裂

即便拥有了将企业升格为品牌组织的打算，但品牌组织并不会因此能够高效地建立起来，因为品牌分裂随时发生，品牌分裂作用将会撕裂品牌组织的完整性和统一性，正如我们提出企业内部的成员经常习惯用"我们和他们"来区分部门之间、企业内外各种关系，合理地排斥或否定他人的作用与贡献，品牌组织本身就会存在非常严重的组织抗力，阻挠着品牌组织的彻底形成。

对组织的解释是：一个组织是一个实体或集体，拥有共同的目标和一致行动，并协调组合内部与外部的秩序、资源和环境。组织分裂的类型见图2-5-2。

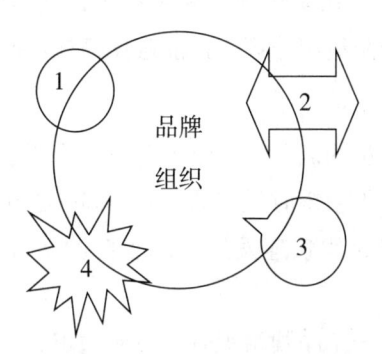

图2-5-2 组织分裂的类型

但组织分裂却真实地存在，对组织力的影响起到一定负面作用甚至破坏组织的存在。组织分裂主要有四种类型，分别是：非同心、对立矛盾、组织分解、非正式组织分裂。从一个新的企业诞生后三个月起，组织分裂就会存在，多数新企业因组织分裂而导致创业失控，进而失败，只有不到30%的公司甚至更少的公司能够平衡度过九个月的早期生存发展期，即使在已经成熟运营的公司中，四种组织分裂类型依然可能同时存在。

①非同心是指五种品牌组织角色之间不同步，典型的特征就是用"你们、我们、他们"将组织在人为的意识形态上割裂成不同的组织，使品牌组织中的各角色处于不同的心理状态，从而发生许多内外矛盾，人为加大了组织之间的摩擦力，组织中的一部分部门和人员专门为处理这些矛盾、异议、调解、协调工作而存在。

②对立矛盾是组织特别是组织领导人之间存在的分歧性矛盾间隙，造成组织之间人为地形成了几个派系，甚至是意见相左的派系，组织的很多时间和精力就被花费在协调各方意见、调解矛盾，甚至对立的矛盾将严重延迟品牌组织的决策速度和决策能力。新成立的企业运行三个月以后，各种股东和合伙人之间的对立矛盾就会开始出现，"空降"领导人时也容易发生这种情况，组织内部的员工甚至经常不知道将自己如何归属于某一方。

③组织分解是指从组织中再分解出新的组织，这种情况相当常见。品牌组织的高层、中层甚至基层在了解并在组织中学习锻炼一段时间后，按照原品牌组织的管理方式、产品结构及竞争优缺点，再对组织进行分解，通过创办新公司、进行投资活动等方式创造与原组织同样、近似甚至有直接市场对冲作用的同业竞争性企业，有时新的品牌组织会对原品牌组织构成严重的威胁和市场冲击，有时新品牌组织会抽空原品牌组织的骨干力量造成组织力被严重削弱的情况，有时新的品牌组织会超越原品牌组织，导致原品牌组织的灭亡。

④非正式组织分裂会出现在组织中的组成结构中,尽管一个品牌组织有其正式序列的管理层级和部门,但非正式组织却可能大量存在,主要体现在非正式的"意见领导"出现,由于品牌组织并不一定使组织成员都有良好的表现机会与表达机会,组织领导人或员工中的"意见领导"就会产生,他们通过谈论负面、拉拢组织成员、破坏组织存在等各种形式,表达自己的发言权,建立自己的事实"领导权力",从而破坏原管理层级、原部门的组织力。如果组织成员觉察到"组织危险"出现,人们认为新办的企业或已经成熟的品牌组织中存在一定的"危险",就会触发集体性的抱怨,非正式"意见领导"大量派生,非正式组织分裂就会像瘟疫一样快速感染传播。这并不一定是成员的过错,过多的失误往往来自于企业的最高领导人,当一个人成为企业最高领导人时,其思想与行为的缺陷就会被无限放大,并且完全暴露在所有人面前,因而分裂会快速产生。

只有清楚组织分裂的事实存在,切实重视品牌组织学,通过科学管理设计更好的品牌组织形态,才能在管理设计中有效做到预防组织分裂,提前避免糟糕情况的出现。

2.5.1.3 品牌组织动机

组织动机决定了品牌组织的成员构成及品牌组织企业文化要素特征。组织动机是人们决定参与一个品牌组织的创办或加入一个品牌组织时最初的动机,同时也用于明确整个品牌组织存在和发展的整体动机,良性动机会促进品牌组织快速发展,而非良性动机会对品牌组织产生不同程度的破坏力。

首先是人的动机,在参与创办一个品牌组织时,最初股东、合伙人都是带有一定动机的,这种动机可能被掩饰,梦想也会分很多种,有人为了改造社会、贡献社会,有人为了实现自己的价值,有人为了获得短期经济利益,有人为了尝试新事物,有人为了经营一项看起来似乎有稳定收益前景的生意,企业创办初期需要有效甄别不同动机,只有一致或相近的动机才能完成品牌组织超常规快速发展的行动,不同的动机特别是相反的动机之间就像一颗埋藏的"地雷",在一定的时间就会爆发。

人的动机也体现在加入一个品牌组织的过程中,每天都有无数新人怀着各种目标加入一家企业并成为其中的成员,他们同样有不同的动机,有人为了更高的薪酬,有人为了养家糊口,有人为了实现自我价值,有人为了获得学习机会,也有人为了找个轻松的可以减少劳动时间和劳动量的工作。动机通常会被漂亮的简历所掩盖,求职者的动机甄别是相当有必要的,只有符合品牌组织动机要求的人员才能够最终留下来,他们是品牌组织能够齐心合力的前提。

其次是品牌组织的动机,即品牌组织的价值取向。每一个人有不同的价值观,每一个公司也有不同的品牌组织文化偏好,如重视科技、重视服务、重视高雅环境、重要高学历人员等。品牌组织应在招聘人员以前更为明清晰地表达价值取向,让求职者清楚品牌组织的动机,求职是一种双向选择,品牌组织也应极力避免与品牌组织动机不一致的求职者加入企业,因为个人价值观与企业价值观并不一定一致,这些人员进入企业后不久也会离开,理性的合理建议对双方都有好处,不要浪费求职者的时间,鼓励他们做出更合理的选择。品牌组织的动机产生了品牌特色、管理风格、组织意识形态、战略重点等组织特征。

2.5.1.4 品牌组织活性变革

组织活性变革通常由品牌组织中的变革者推动,变革可能从上到下,也可能从局部到整体,也可能从外到内,注意增加发展企业中的变革源对实现组织变革行动有重大意义。组织活性变革的目的是,促进品牌组织全员的意识、态度、行为、责任、行动产生更积极的变化。

组织变革环境是产生组织变革的孕育母体，任何人都可能推动组织变革，但如果组织整体环境不允许变革的存在，组织活性将严重不足，变革是无力产生的，组织将老化严重。相反，品牌组织极力倡导并支持即便些许的小变革，品牌组织拥有充足活力，变革就会随时发生，局部、整体、内部、外部随时都在发生良性的改变，整个品牌组织都在变革，以顺应或创造性超越全球市场竞争所需要的必要组织环境。

品牌组织应有意在各个管理领域引进竞争机制，以鼓励新的变革出现，在储备干部和管理实习生的培训中，应有意识地培植组织变革的思想，在企业一切可能的领域，都应鼓励创造价值，激发组织内部的企业家精神。鼓励供应链、品牌用户参与品牌组织的活性变革也将进一步促进组织活力，让人们更多地了解品牌组织的变革，更积极主动地促进品牌组织变得更加理想。

品牌在经历一段时期的成熟运行以后，如十年，品牌组织高层就应该着手进行一定程度的品牌再造，通过大规模的、彻底的品牌再造性激发组织活力，以彻底性的组织变革完成品牌组织向新梦想的全力挺进，造梦与追梦的反复进步过程将把品牌组织带向更高的高度，让品牌组织成为更完美、更理想、更能吸引新生变革力量的强大的、活跃的、发达的旺盛品牌生命体。

2.5.2 品牌组织生态化——群体转移

人类是以群体存在的，并以人际网络连接，除非特别情况，人类离开群体无力单独发展。强调品牌企业是一种品牌组织，鉴于品牌是以组织形态存在，品牌是不可能脱离于组织形态自行发展的，必须高度依赖组织的存在，应用好群体效应，通过实施群体转移获得品牌组织的未来无限发展空间。

在具体谈及品牌组织时的群体关系时，我们将品牌组织中的群体划分为三种重点群体，依次是品牌骨干群体、品牌员工群体和品牌用户群体。

品牌骨干群体既包括品牌领导人、品牌组织中的骨干成员，也包括品牌供应链、品牌服务商、品牌用户中的骨干，骨干群体是品牌组织形成的骨架，这些富有精神与力量、热情与努力的人群是品牌组织得以发展的主导性支柱。在任何时候，低估一个热心者对品牌组织的支持，都是企业最大的损失，因为你根本不知道下一个热心支持者会是谁，他很可能是下一代总统或社会名流，即使是普通人，也会动用自己的能力或身边的资源来支持你，赢得一切对品牌热心支持者的人心，并将他们转化为品牌组织的骨干力量，是企业最明智也是最重要的一项重大决策和最重大的一笔投资。

品牌员工群体和品牌用户群体是对品牌组织提供贡献或感兴趣的群体，经由品牌骨干组织的品牌学习和品牌传播行动，品牌员工群体和品牌用户群体中的每一个人都可能转移成新的品牌骨干，成为品牌的坚定支持者，尽管他们还只是服务于品牌，或者初步了解品牌，但品牌组织对他们的争取应该是不遗余力的。企业不断动用宣传、传播、行动与活动等一切手段，招揽品牌员工与用户，再将他们转移成品牌骨干，就将品牌作为一个组织所能发挥的强大魅力，而这种魅力就直接体现为品牌吸引效应，品牌组织经由群体转移过程获得快速壮大，并达到永续经营的长远目标。

2.5.2.1 品牌群体转移效应

群体转移效应是表示人类总是以群体形态存在，当人处于个体时，就会发生许多自我意识，且自我意识是沮丧的、悲观的，当个体状态转移到群体状态时，自我意识就会减少，焕发出活力与阳光，个体需要从属于一定的群体，品牌组织的形成是建立群体、组织群体、凝聚个体并将使之完成向群体转移并形成群体意识的过程。品牌组织通过员工招募、员工群体行动的过程帮助人们完成从个体到群体的组织转移，品牌组织也通过建立客户俱乐部、组织用户体验活动等多种形式，完成品牌用户从个体到群体的转移。品牌组织的群体转移和群体分裂过程示意见图2-5-3。

但这种理想化的组织转移并不一定能够顺利并长期保持，如果组织活力不足，员工缺少群体归属感，或者品牌用户没有意识到品牌组织对他产生群体作用和影响，就会出现品牌组织的群体分裂：员工会离开群体返回个体状态，并可能产生新的非正式组织，用户也会返回到个体状态，转向其他更有吸引力的品牌组织。

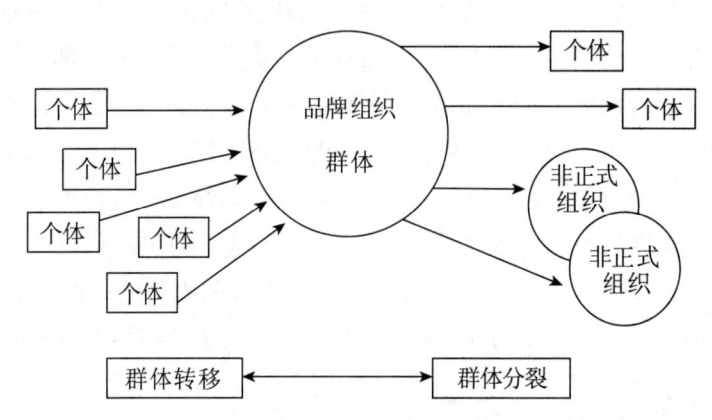

图2-5-3 品牌组织的群体转移和群体分裂过程

正如人们经常会用"我当过兵""我从农村出来""我在大学的时候""我看过一部励志电影""我正在创业""我也用过某某品牌""我是某某品牌的忠实用户""我也遇到过类似的问题"等进行群体搜索试探，来寻找有过同样经历、类似情况、同一品牌的消费群体，完成从个体孤独到群体归属的寻找过程，而品牌群体转移则是完成个体到群体转移的重要组织过程。

2.5.2.2 品牌群体转移过程

鉴于群体转移效应的存在，人总是在"个体—群体—个体"之间进行转移，从个体向群体转移，或者从群体向个体分裂，随之发生各种态度、责任、意识和情绪上的深刻变化。品牌组织应良好地应用好群体转移效应，将群体有效组织起来。品牌组织群体转移过程特征见表2-5-1。

表2-5-1 品牌组织群体转移过程特征

群体过程	组织转移	品牌组织	组织分裂
类型	个体	群体	个体
意识变化	自我意识增加	自我意识减少	自我意识增加
特征	沮丧	天然	抗力
	孤独	组织	担忧
	劳累	阳光	沮丧
	悲观	快乐	悲观
	焦虑	自信	瓦解
	怯懦	勇敢	逃离
	利益	责任	报酬
	索取	贡献	懈怠
	被动	积极	抗拒

每一个人都希望能加入一些兴趣群体、宗教组织、自愿性组织，以寻求快乐、使命、价值观，并自愿为之付出，以得到某种群体回报，如职位、身份、荣誉、机会等，金钱利益和物质并不一定总是人们期望得到的，精神归属需要是最主要的回报需求。即便企业给予优厚的报酬，并不一定能够吸引足够优秀的人才，越优秀的人才越希望的是实现个人价值，缺乏奉献精神和真才实学的人反而越倾向于短期的物质回报，品牌组织需要进行一定的科学薪酬设计和价值回报设计才能真正吸引到最优秀的人才。

普通人员加入一个品牌组织的条件必然是相对较少的经济成本，多数情况下，人们并没有把时间的付出列入成本。但对于品牌组织的骨干而言，加入的条件则是相对较少的经济成本和相对较高的条件，这些条件应该是以技术水平、学术价值、时间贡献、资源网络等为代表的。

获得学习锻炼机会，获得知识增长机会是一个人加入到一个组织的最重要选择方式，品牌组织要想获得更多更好的人才和支持者，必须要做到尊重每一个人，只有真正地尊重每一个人，才能获得他人的尊重，这种作用是相互的，组织设计时必须注意歧视性问题，如学历歧视、性别歧视、地域歧视等，其中尤以学历歧视问题最为关键，全球超过80%的人口并非高学历人口，这是企业所依赖的最大品牌发展和品牌消费主力。必须做到"学问面前人人平等，能力为本"，一切都应该以真才实学为门槛，重视能力与价值，不应设立受教育程度底线限制，教育限制实际上会严重阻碍知识的创造与生产过程，使知识系统走向封闭和老化。

当一个新成员（新员工、新用户）选择加入一个品牌组织，会出现一个心理投入过程，这个过程包括了期望、了解、学习、熟悉，决定留下还是离开。这个过程是新成员的感知过程，而这个过程的引导程序就显得相当关键。特别是对于新的用户从用户向客户的转移过程中，首次信任设计就成为品牌设计的重要内容。而这个过程本身，也是新成员离开个体状态，向群体进行过渡的过程，态度、热情、精神状态、心态都会发生积极变化，而且这一过程是不可重复或逆转的。对于任何人或品牌组织而言，这个过程通常只会发生一次，永远不会再发生，当一个个体对一个群体产生热情，这是给品牌组织的一次机会，当热情消逝，成员也就消失了，永远不会再回头。

由于群体转移效应的存在，每个人都会强调群体性，品牌组织是使用群体吸引效应来获得长足发展的，即共同成员（使用者）——通常是员工关系委员会、品牌用户委员会、用户俱乐部等许多形式，培育并发挥品牌骨干力量，以群体特征在更广泛的人际网络间传播扩散，让每一个人带动身边的人、认识的人——个体——转移到品牌中来。反之，品牌组织是过于松散的，难以产生吸引力和有效的人际网络传播。仅有微博、微刊等官方客服程序的用户关系管理方式中，不存在群体效应，因为此时的用户仍然是以个体存在的，只有强有力地组织起来才能产生组织群体效应。

2.5.2.3 品牌组织与非品牌组织的群体互动

人与组织是紧密或松散的群体互动关系，特别是在品牌组织和非品牌组织中，品牌用户与组织发生的互动关系则非常明显。将品牌用户（个体）在品牌组织或非品牌组织中的互动程度按1—6级和6—1级进行排列，可以观察到个体在品牌组织中的需求和满足或未满足需求时发生的心态、情感和行为变化。品牌组织与非品牌组织的群体互动程度见表2-5-2。

表 2-5-2　品牌组织与非品牌组织的群体互动程度

		品牌组织
1	积极感应	展现他人地位、提供帮助、赞赏
2	积极感应	展现紧张释放、开玩笑、快乐
3	积极感应	展现满足、幸福、舒适
4	用户识别	提供专业精神、专业手法或技术
5	用户识别	提供建议、方向、未来
6	用户识别	提供定向、准确识别信息，重复重要信息
6	尝试解决	寻求地位、寻找证实感
5	尝试解决	寻求心理安全、待评估、未知感
4	尝试解决	寻求是否需要、寻求功能替代品
3	消极反应	不是专业选择，综合集成，识别信息混乱
2	消极反应	地位不符，尽早放弃、排斥，不予帮助
1	消极反应	展现紧张，不安全消费、退出使用者
		非品牌组织

2.5.3　品牌生态组织的管理秩序

管理秩序是品牌组织升级为品牌生态组织后，动态有序运转的平衡机制——组织生态系统，缺乏秩序的企业表现为管理混乱，而这种混乱必然是管理秩序的混乱，发生管理结构模糊、责任不明确、管理问责难以执行、组织存在分裂现象、工作低效、人心涣散等情况，存在秩序的企业表现为组织运转平衡稳定、有序运转，目标明确、职责清晰、流程顺畅，效率高，人心齐。

企业是社会组织的一员，因而社会秩序会影响到企业秩序，诸如堕胎、犯罪、贪污、散漫、懈怠、道德逐利等社会问题和社会不良品德都会影响到品牌组织，但企业也是社会组织中的特定一员，主动的、积极的、有序的品牌组织秩序能够唤醒良知，激发正能量，发展美德，促进员工和用户个体做出有利于组织发展的良性意识、状态和行为，从而使品牌组织拥有朝气蓬勃的精神和旺盛的生命力，有序运转，良性循环，快速进步。

以往企业容易忽视秩序问题，使用管理规范、管理体系、企业文化等管理内容来梳理、调节管理秩序，造成管理秩序设计不彻底、管理转运低效、员工责任意识不强等弊病。品牌组织要想发挥高效、高超、高质量的管理秩序，必须突出管理秩序在企业管理中的支柱作用，让管理秩序的良好运转与平衡稳定成为组织发展的核心支柱。

良好、有序动态运行的品牌管理秩序是一切企业保持良好管理水平和运营质量的保障，品牌组织作为一个独立存在的特定组织，品牌组织的管理秩序高于社会秩序，有些观点将社会问题与企业出现的各种管理问题对等来看，将企业发生的各种问题推诿给社会是不正确的，也是不负责责任的，这说明一个企业根本没有形成企业的组织秩序。品牌组织完全可以通过独立的管理秩序创造局部的社会新秩序，创造人们积极向上的工作环境和良性运转结构，这是品牌组织的本能，也对社会进步有很好的改善意义，只有所有的企业勇于承担责任，积极从改变本企业的秩序进步出发，人类的社会秩序才会进步得更快、更有意义。

2.5.3.1 管理秩序的三元结构

人类秩序混乱主要是由二元思维决定的，对或错、正或反、非黑即白、积极或消极等二元对立矛盾存在的、二元结构下的企业组织容易陷入混乱，正式领导与非领导、权力与抗议、任务与执行、责任与推诿、做人与做事、对或错的行为等屡屡成为公司管理中遭遇的矛盾和焦点。

由上一级领导对下一层成员负责的直线制是问题非常严重的二元结构，领导、下属的二元层级增多，将使内部矛盾和问题频发，公司领导层与管理层多数时间和精力都用于处理这些错综复杂、纠缠不清的矛盾问题。

人与组织都有自我保护的本能，出于人的基本情感和感性逻辑，企业组织内部的各部门、各班组都有自我保护的本能、人与人之间与因情感发生各种保护本能、一个公司内部的各种责任链也因这些保护本能而容易遭到破坏，从而造成公司执行力差、问责不当、纠责无力执行、任务无法彻底落实等许多情况发生，管理秩序的基本层面处于混乱的状态。

而进一步，组织内部出现的各种保护本能也会进一步造成管理流程出现混乱，正如企业中经常使用"你们和我们"，将企业各部门以及企业内部、外部分割或分裂成不同的组织，企业会陷入一种自我封闭中，与外部的各种先进秩序、知识更新、竞争优势处于割裂状态，企业不与外界有效联系，容易造成组织整体老化速度加快。

改变企业管理秩序的最佳方式是将公司改组成三元结构，即命令、秩序、执行由不同的部门和成员来承担，我们将品牌组织的战略结构分为品牌战略层、品牌秩序层和品牌管理层，便是科学地对组织结构进行的三元结构划分。

品牌秩序层负责承担管理秩序的任务，其组成形式可能是品牌资产管理公司、品牌化委员会。独立的品牌资产管理公司负责品牌资产的增值，从品牌资产的专业角色对公司的品牌实施监管、负责技术制定、进度管理和品牌技术标准化的具体落实，从而减少品牌战略层在直接管理中的对立矛盾。品牌化委员会可以由品牌用户委员会、品牌客户关系委员会、工作效率委员会等二级委员会组成，并与外部的品牌技术支持单位形成知识链接、技术引进等工作。

品牌组织的三元结构对公司管理秩序的平衡稳定、有序运转有明确突出的重要意义，近年来第三方认证、第三方外包、第三方托管、第三方售后服务等形式的管理模式大量兴起，主要是由于第三方专业化管理对旧式管理已经做出明确分工，对分解管理工作责任、增值品牌服务溢价等产生了积极的管理效应、经济效应和溢价增值作用。

在企业管理中，承担管理秩序制定、进度管理、管理任务落实监督、技术标准化、工作效率和问责督导的第三方秩序体是有效提升组织效率、提升管理水平、提升秩序良好运转的主要结构性生态管理方式，因为只有第三方能有效运用管理秩序的各种手段和方法发现问题，并以更加公平的方式推进管理进步，公司各部门和各层级之间如果共同运用第三方秩序体，也会发挥重大的管理效应，如设立用于跟进市场进度、跟进管理任务落实、监督管理技术标准化和问责的职位，将大大减轻领导人员的直接管理压力，对缓解管理矛盾、提高管理效率、问责与判责有明显的提速作用和公平意义。

2.5.3.2 公平是管理秩序的基本保证

全球范围内的企业公平竞争、国家范围的公平环境、企业管理中的公平秩序，既是全球，也是每一个参与全球竞争的企业所需要的正常发育土壤，品牌组织的公平环境就显得格外重要了。从企业发展意义而言,"公平"是整个企业有机运转有序管理的"法治"道路。

公平竞争是品牌组织内部首要的发展原则,组织变革的一切工作都应以公平竞争为原则立场展开,无论是人员的竞聘、机会的选拔、薪酬的获取、荣誉的获得都应在公司竞争的框架下展开,任何脱离公平竞争的政策和行为都不应该存在。

公平问责是品牌组织内部必须保证的责任环境,严格的问责机制是落实企业责任、焕发企业全员责任意识的前提,而问责模糊与责任判定的失败,将使品牌组织的成员失去信心,进而失去人心。

公平一般是由品牌战略层倡导,由品牌技术层具体实施的,即品牌技术层领导及成员本身必须是公平的,由于组织三元结构的设立,企业只需要由品牌技术层负责公平竞争、公平秩序的制定与维护,整个品牌组织就能够保证整体公平。以往如果没有秩序层,公平是难以保障的,领导层级之间的二元管理结构和问责会因"人"而发生变化,"人治"可能大于"法制",使公平失去意义,当公平不存在,品牌组织的组织特征立即宣告解散。

公平本身是一种理性的、理想的、有秩序的"法治"状态,公平所应考虑的是"事物"本质,是任何管理事故发生时的科学解释,是企业母体运转时所需要的管理环境,是企业管理的自适应规则设立过程,公平并不考虑"人为"的因素,通过合理的管理秩序设计,保证品牌组织内外动态有序协调发展,只有品牌组织形成良好的公平竞争管理秩序,企业才能有效参与全球范围内的公平竞争。

第2.6章 品牌消费学

当人类生产力发展到一定阶段,就必须出现生产力极限,生产供大于求,各种生产力发展矛盾频繁出现,既有生产力发展水平过低,也有生产力结构不均衡、产能过剩方面的问题,而这个时刻人类也进入了以消费力决定生产力的人类社会经济结构大转型时期,发展力取代生产力成为新的时代命题,以消费力、购买力、品牌生态秩序、品牌消费者理论、品牌消费主权、品牌消费资本理论等为主的消费发展力成为新的全球市场竞争结构和人类发展力水平标志。

2.6.1 位于全球品牌生态链中的消费者

全球品牌生态链和自然界中的食物链是同等重要的人类与自然生态发展关系,全球范围的品牌生态链由生产者、经营者、消费者组成,并在品牌生态秩序环境下自然运转、生态平衡有序发展。而自然界的食物链则包括了生产者、消费者和分解者三个角色以及自然生态秩序。

无论是品牌生态链中的消费者,还是自然食物链中的消费者,其总体属性具有一致性,即:不从事生产,在成长、发展和保存生命的过程中,需要从生产者处获得能量、营养和物质。但品牌生态链中的消费者和食物链中的消费者所不同的是,两种自然链接传递的方式不同。

在品牌生态链中,品牌的消费是经由生产者、经营者、消费者三者之间的顺序进行品牌间的传递,生产者承担能量和营养的生产,也从事新物质的创造和生产,这种生产的高级形式就是品牌,由于人口的全球分散群聚特征和流动性特征，除了极少数能够直接向消费者供给品牌的生产者在多种沟通与交付介质支持下能够完成交付，多数生产者需要依赖高度发达的全球品牌经营网络或部署区域间的本地化品牌经营网络将品牌输送给品牌消费者，生产者和经营者还承担消费者在消费品牌过程中的价值提升、售后服务等功能，以此完成必要的品牌消费增强。

而品牌消费者本身，即承担着品牌消费的总体需求问题，根据他们自身的需要决定消费，并决定使用哪些品牌所供给的精神、文化、物质、营养、服务等多样化需求，还在使用过程中完成自然分解的降解过程，如食品被吃掉、皮包磨损、设备失去使用效能、优先使用感结束，这种自然降解过程就是重复性进行消费的自然循环发展本质，也是品牌利润的核心来源，是品牌生产者和经营者所需的能量供应、生产条件补给和发展所需。

2.6.2　品牌生态链网集群中的消费者

在地球自然界中，每种动物并不是只吃一种食物，而食物链与食物链之间就形成了一系列复杂的食物链网，这一点与品牌生态链是同样的，但品牌生态链网则相对要复杂得多。

动物受限于移动速度、地理位置、自然环境等局限，只能在一个极小范围的空间中移动，这就决定了动物对生产者的选择权是极少的，它必须受制于自然条件，不能自由决定今天想吃什么，明天要获得哪方面的营养，也无法提高对生产者在精神、文化、能量等方面的供给要求，它所能需求的范围只能是满足基本生存条件所需要的生命维持。

但人类的自由选择权限则要大出很多，生产者为了极力完成自身发展所需，需要极力促进各种交通、经营网络、供给渠道、购买交付方式的发展，以便极力地争取到消费者，这就使消费者即使在一个极小的活动空间，也能够以各种科技、信息的交互与沟通完成自由选择，这就使生产者被动地处于全球品牌生态链网集群中，运用多种手段、多种方式、多种机会来接近、吸引、沟通消费者，并迅速争取订单、完成交付并通过品牌消费增强来提升消费者的多样性需求，这是品牌发展力有别于企业基本生存需求的现代品牌发展秩序。

企业品牌发展不仅要遵循品牌生态链网集群的发展特征，也需要深刻意识到如何在品牌生态链的自然秩序运转环境中有效获得发展。品牌生态链中存在着品牌生态秩序，随着人类生产力升级到人类发展力，消费者的消费决策和消费机制占据了人类发展力的主动权，反过来又深刻影响着生产力的发展，从而出现消费力决定生产力、购买力决定消费市场容量的生态发展秩序环境，全球品牌规则的制定、品牌消费生态的维护、品牌消费需求与生产关系间的自然平衡、品牌在消费降解过程中的自然生态保护等问题是品牌生态秩序的发展关键，也是人类在进步发展过程中所需保持的基本运行秩序。

此外，人类的发展是多元化的，人类本身会在品牌生产者、品牌经营者、品牌消费者之间进行对等角色转化，既是某些品牌的生产者，也是另一些品牌的经营者，还是其他品牌的消费者，更是品牌生态链网集群发展的一个特殊基本特征。正是由于人们在三种角色之间的转化，促进了人类对品牌的基本需求不断同步提高，也促进了世界品牌的不断升级换代，在同步品牌发展中完成——获得收入、增加购买力、消费品牌、创造生产的对等品牌价值，使品牌发展力水平不断向更高程度发展。

食物链则相对要简单得多，除了人类以外，地球上的任何生物都有其自身存在的食物链，并在某个食物链中的一环承担一个角色，自然食物链之间的平衡是人类为保护自然生态发展秩序所需维护的自然环境生存发展基础，如果食物链有一环缺失，会导致生态系统失衡。同样，品牌生产者如果不能良好地掌握品牌生态链的发展结构，其品牌运转的发展基础就不存在，也就无从谈及企业自身的品牌如何发展了，重视品牌生态系统的发展是未来全球品牌最重要的一种发展本能和发展事实基础，更是体现品牌发展力水平的重要标志。

2.6.3 品牌发展力：消费力决定生产力

人类品牌发展到一定程度，所出现的最大市场问题并不是品牌生产方如何做好销售——"将产品卖出去"，相反，品牌生产者遇到的最大发展难题是——如何面对更加困惑的消费者——品牌选择困难，这是人类市场营销发展阶段和发展关系所遭遇的一种重要思想变革需求——从市场营销迈向品牌引力的历史性转折时期，随后发展的事实最终会体现为：全世界范围重商主义的消亡和企业销售功能的全面退化，甚至包括市场营销学本身的发展阶段、发展规律和发展方式面临着重大改变。

品牌消费困惑在市场中表现为不断升级的市场消费需求与生产者之间的矛盾，是企业在市场竞争中的发展关系，即企业决定以什么样的品牌化发展方式来满足日益增长的消费需求，向消费市场实施什么样专业化的品牌供给。品牌消费困惑既是企业品牌发展的重大机遇，也是企业品牌发展的前沿挑战，其瓶颈点是工业人思想和社会人思想、品牌人思想三个企业发展的思想意识极限。品牌创始人及领导人都怀有美好的品牌梦想，但实际上的品牌发展取决于其基本的工业人思想、社会人思想、品牌人思想三种发展能力的水平极限。

当品牌生产需要扩大产能、扩大市场就必须解决掉规模化生产、规模化经营的问题，这个问题解决不了一个品牌的产品将只能局限在一个很小的地区、市场领域，例如只能成功经营一个蛋糕店——并不是同时拥有50个蛋糕经营网的蛋糕品牌。当不具备社会人思想时，品牌就无法以社会贡献、社会服务、社会责任、社会化经营为发展重点，品牌的发展只能处于低水平的初级发展层次上。当不具备品牌人思想时，品牌产品就没有灵魂与生命，根本达不到品牌所需要的意境要求，也就无法成为杰出品牌。

21世纪的全球市场，是高度发展的以消费力决定生产力的发展结构，这种发展特点有别于以往的生产者理论。生产者理论异变是人类商品经济迈向品牌经济过程中重要的社会经济结构性转折，生产者强调的是销售、原材料、工艺、生产方式、劳动服务、货物资本、成本利润、土地和房产等生产条件、生产结构、生产发展方式和生产会计核算以及不动产等实体物质的资产评估、银行贷款和货物资本金融，但在品牌经济中这些发展方式、会计方式都将被陆续淘汰，取而代之的将是品牌消费者理论。

在生产发展方式上，由于品牌消费困惑导致的品牌选择困难，使重点发展的品牌和新兴的品牌获得了与消费者直接沟通的发展权限。从品牌消费选择出发，生产者建立在品牌反向反应模型基础上进行产品与服务的设计与再造，实施逆向工程来完成研发、生产、交付过程，并因此改变和优化原材料、生产工艺，保持盈利水平，提升品牌性能，这种品牌发展能力建立在"让消费者使用得更好，获得更美好的品牌感知和使用体会"基础上，投入产出的成本会计模式也演变为品牌长期资产利润保持模式，企业会不计成本地进行原材料改进、产品研发、服务设计和用户吸引，以便寻找出最佳的品牌利润水平的平衡模式和品牌价值发展模式。

2.6.4 品牌消费的生态秩序：购买力决定市场空间

市场的发展并不是无极限的，消费购买力总和决定着市场容量的总量，我们将此称之为浅层次市场和深层次市场。购买力包括一个国家的国民购买力总和，也包括以个人为主的家庭购买力，家庭购买力又具体包括购买力水平和购买力预期两个发展阶段，购买力水平是指当前的家庭购买力总和，购买力预期是家庭成员希望增长的购买力部分和已经做出决策决定购买的品牌期望，在 B 理论中已经揭示，购买力预期会刺激一个家庭及其成员采取更有利的发展方式来增加收入，而家庭收入的普遍增长又代表着一个国家的消费水平整体增长。

在浅层次市场中，市场容量呈现快速扩大和增长锐减的变化，一个新产品在进入市场的早期，借助于资本力量在高速市场运动下，市场会获得高速增长，这是企业所处的极速扩张状态，但扩张本身不是无极限的，当市场发展到一定程度，就会出现市场增长放缓的情况，这种增张锐减表明该市场已经出现了发展瓶颈——市场饱和，于是企业需要做出战略调整，可能实施伞型市场发展战略，向其他市场领域侵袭，以便以更多的产品线来维持资本市场对市场扩张的要求，如果该公司已经完成了 IPO，资本市场对企业的业绩要求会加大，这就迫使企业需要不断通过增加新产品或者进行投资活动来维持多元市场的增长，这是典型以生产者理论、产品生命周期和初级市场规模、市场购买极限容量为发展特征的初级市场经济。

但全球市场最终会发展到以品牌市场为主导的深层次市场阶段，深层次市场的建设是以品牌项目为中心，每一个品牌并不追求无限市场发展，相反追求单个品牌的有限市场容量，品牌通常在发展初期就已经明确了品牌市场的组合结构——集团品牌集群以及单个品牌的市场发展要求。宝洁公司和苹果公司等品牌发展就具有这种典型市场结构，如宝洁的多个品牌市场只追求 10 亿美元市场规模，通过 10 亿美元单品品牌组合来发展市场，每一个品牌能够长期在市场上保持竞争优势并持续经营下去。苹果公司通过主品牌的不断升级来进行品牌产品集合购买力的发展，通过专心经营有限的几个主品牌来发展市场，并通过对产品的更新换代来完成市场增长。

综合而言，深层次市场是成熟的品牌市场发展模式，也是全球市场——产品市场、资本市场和市场设计发展力水平的终极模式。深层市场的资本需求也集中在关注品牌本身的持续盈利水平，关注主营品牌业务的稳定性和可持续性，相反对市场增长性的要求则不高，是普遍适应于发展市场并沉淀市场的品牌市场良性发展的客观规律，其经营方式和市场判断的重点放在品牌成熟稳定的可持续长期经营能力上，百年品牌的背后，是股票持有者可能终身受益，股票也具有财产继承价值。此外，全球深层次市场也逐步对全球浅层次市场进行自然淘汰，最终市场要求的不是急于进行市场快速扩张的产品和市场，相反，所要求的是拥有前沿地位和决定性竞争力，能够稳步扩张、稳定发展市场并保持长期稳定经营水平的高度品牌化产品与服务。

不仅全球市场或资本市场以这种发展方式进行发展，而消费者市场本身的发展也是如此，消费者需要从消费困惑中走出——就需要为自己建立起一整套一生所需所能依赖的成熟的、稳定的品牌系统，这些品牌陪伴着他的一生，终生使用。因此消费者会在众多对品牌产品的选择面前，不断对各种产品进行挑选、试错、甄别，直到在某一个类别或某一个需求领域建立起自己相对固定的品牌终级选择，然后一生固定使用下去。任何品牌在其发展使命中，必须高度保持这种终生性的固定需要，以良好的品牌运营方式维持好这种品牌永恒发展关系。

全球市场目前整体还处于迈向到成熟稳定的深层次市场的发展阶段，世界各国都会普遍采用政策干预来扩大消费内需，发达国家市场主要采用多种政策鼓励市场高度自由竞争，发展中国家普遍会采取经济手段来刺激消费，这些举措包括减少银行存款利息、减少某些产业市场的税收、品牌原产地保护等。

但需要注意的是，扩大消费内需和刺激国民消费并不意味着一定是本国的生产者从中受益，品牌市场与一般市场的区别是，品牌市场不受国别限制，国民有权利追求更好的品牌享受，所扩大的内需将主要集中在品牌输出国品牌消费上，这种消费购买力将集中体现在品牌的供给上。如果本国产品的生产者不能达到品牌化的要求，将成为被市场中的消费者所抛弃的对象。这也就要求，一个国家必须在扩大内需刺激消费时注意到品牌生产力与品牌消费力之间的供需平衡，需要将扩大内需消费政策的重点放在提升本国品牌化水平上，只有加快发展品牌，才有可能真正提高国家消费购买力和消费力的发展力水平，从而增强国家竞争实力。

2.6.5 品牌消费者理论

我们指出，全球市场的发展已经从商品经济向品牌经济发生过渡，这种过渡是人类进步发展历史上从未出现过的重大社会经济结构性转型，是5000年未有之变局，是决定一个品牌未来百年千年发展存续的关键历史奠基时期，更是一个国家社会经济发展变革的长远未来。

品牌消费者理论正在全面快速淘汰生产者理论，直至最终彻底淘汰生产者原有的生产方式，使之发展成为以品牌的运转为核心的"消费—生产"一体化品牌生态组织，使之最终成为人类超级品牌生态链网中一个稳定成熟运转的自适应品牌生态链。

这种深刻变化还体现在人类消费者的成长史中，品牌消费者作为人类品牌生态链中最重要的一环，在21世纪将完成彻底性的发展，这与人类基本需求发展和生态发展过程是一致的。

人类的基本需要在21世纪以前主要是为了生存而存在的，除了比动物多了些自由选择的空间，其本质主要是为了果腹、居住、交通等基本的需求，少量发展起来的国家和地区以及人口才有条件进行高等选择，而这种高等选择就是品牌化的选择。

20世纪随着两次世界大战的结束，人类才得以从选择生命的死亡线上挣扎出来，然后开始摆脱贫困线，在此之前的人类发展都是以基本的生存条件为发展的基本需求本质。进而随着社会的发展与消费的增长，人类对基本需求的增长开始出现，并逐渐增长起来，消费市场这时也就得到了扩充和发展，过去人们只为了吃饱饭，然后为了吃得好，随后为了吃得有营养，再接着为了吃得健康，还要吃出文化享受，吃出健康体魄，吃出长寿，吃出食品安全的保护系统……人类无极限地在提高并发展这些基本需求。

到了21世纪，人类在吃、穿、住、行等各方面的基本需要已经发生了根本性的改变，而这种改变的增长部分就由世界的品牌来进行满足并不断补充，品牌的发展因此而来，品牌的机会发现于此，品牌的未来也奠基于此，这是人类不断增长的品牌消费力不断扩充品牌市场容量，不断提高人类品牌生产力的发展力本能。

除非一个国家、地区或家庭仍然处于贫困状态，只能以生存作为人类基本需求，任何地区的收入增长必然带动消费的增长，又反过来促进品牌消费的形成，发展出日益增长的品牌消费普遍需求，从而使品牌化消费成为新的人类基本需求，品牌消费者理论是建立在品牌消费发展理论基础上的人类品牌基本发展方式。

2.6.6 品牌消费发展理论：品牌消费需求发展的基本形态

从21世纪以后，人类的基本需求早已脱离了对生存的基本需求，转变为以发展作为基本的需求特征，不断发展的品牌消费需求、不断发展的品牌消费市场、不断发展的品牌生产者以及不断发展的品牌发展力水平，使企业品牌只能始终处于发展状态，以发展力方式不断进步才能与消费者的品牌需求发展保持同步，不能同步发展则将被品牌市场自然淘汰，正如物种以进化论、人类以进步论，只有不断进步的企业品牌发展者才能获得发展能力，有机会发展得更好。

品牌消费需求发展的基本形态包括了三种发展形式，分别是人类基本需求的发展、品牌偏好发展以及品牌价值发展，共同构成人类品牌在消费市场发展的基本理论。

人类基本需求的发展也就是品牌消费需求的发展包括五种主要形式：生存条件的发展（吃、住、行的自然环境享受水平）、品牌基本需求的发展（品牌性能的本身发展水平，使用时长、质量稳定性、性能要素等）、品牌特殊需求的发展（个性、身份、荣耀、营养、健康、快乐、放松等）、品牌用户族群需求的发展（归属感、成就感、认同感、价值感、参与接受感、情感、长期性需求等）、品牌消费安全的发展（食品安全系统、购买渠道、可靠电子商务、新品牌认知方式、品牌的首次信任设计）。

人类品牌的发展在一定程度上，是品牌偏好发展的历程，有发展能力的品牌生产者和有发展需求的品牌消费者共同促进了品牌的发展。有发展能力的品牌生产者通过不断创造新的品牌表达形式、品牌感观体验、品牌产品形态和品牌服务方式，促进了消费形态和消费方式的不断变革，这种自然淘汰过程是产业革命和创造性破坏旧市场组合方式的市场主要竞争主体。

有发展需求的品牌消费者不断要求国际化、专业化、个性化、风格化的消费特征，从而促进新兴品牌的出现，也促进原有的品牌不断实施品牌再造以适应新的市场变化。各种多元化的品牌偏好需求，组合成为品牌发展力的主要发展元素，促进了品牌以多元多样化发展方式进行发展，也不断使原有的品牌市场受到冲击，新品牌市场获得扩容，其中专业品牌和专业级品牌市场加快了全球市场的分解速度，被体现为各个市场容量不断发生增加或减少的弹性变化，如某一周期某些电子商务市场突然出现的市场减少趋势，当品牌生产者不具备有效的发展能力时就会明显感觉到某一时期市场趋势发生的急速减缓。

品牌价值发展是品牌生产力发展和品牌消费力发展之间的平衡发展关系，是建立在品牌消费端的品牌价值发展模式之上，是位于品牌性能中的品牌价值发现、品牌价值感知、品牌价值创造过程，是建立在以消费者研究为主体的品牌反向反应模式上的企业品牌组织价值链系统。

在商品经济或生产者理论中，价格系统的发展比较关键，主要体现在投入产出和成本利润率等财务化指标与核算方式上，但在品牌经济中会被弱化，因为品牌本身会使消费者消除价格敏感，最终品牌价值将取代产品价值成为全球深层次发展的品牌市场和品牌经济、品牌市值基本评估要素。

2.6.7 品牌消费主权

品牌消费的发展，还体现在品牌消费主权的成长方面，主要包括拥有消费主权（品牌消费者占据市场主导地位）、品牌消费主权化（品牌化消费要求增长）以及品牌消费主权组织的发展。

在高度发展的品牌市场中，对市场进行选择支配的主导性权利和主体地位从生产者转向消费者，成为以消费力决定生产力的品牌发展力结构。各种多元多样化的消费需求决定了品牌生产者该发展什么样的品牌产品、提供什么样的品牌服务，做出哪些积极的品牌市场商业模式改变，也对品牌产品的研发、生产条件、生产过程、购买渠道等做出了一系列的主动改变或被动改变要求。

但这并不意味着消费者的消费主权就一定是权威的、普遍的、公认的——决定性购买力。相反，品牌生产者通过品牌思想力的发展，能够发展出品牌主权与品牌消费主权进行平衡。这是从过去的生产者"满足市场需求""满足客户要求"转变为"主动创造市场新需求""对所消费的用户做出要求"品牌生产者品牌思想升级换代的时代。

由于品牌并不能满足于广泛市场的需求，只是对特定市场、拥有特定消费能力的人、在特定的消费条件下才提供的品牌化产物，品牌生产者同样有权要求具备什么条件和特征的消费者才能成为其品牌用户，这些高度发展的品牌并不向普遍意义上的公众提供服务，从而使品牌发展出生产者与消费者双向主权对等的平衡发展模式，并因此由距离产生"品牌美"——品牌在身份、地位、荣耀、快乐等方面的品牌消费高级需求，与消费者不断增长的收入、消费需求、消费能力、消费选择权、消费享受平衡起来。

品牌消费主权化则主要体现在消费者不断提高的品牌化消费要求上，这些要求是品牌化生活水平的发展本质，品牌是服务于人类生活并高于人类生活的一种精神物化的追求和享受，与人们日益增长的生活质量、生活方式、工作生活质量要求是对等起来的对等价值市场——品牌价值的供需关系。随着人们的收入增长，人们的许多消费需求会转化为特定的品牌消费要求——必须具备并满足的人类基本文化需求，这也是人类基本需求不断进行升级、演变的发展结果，从对于吃、穿、用等基本生活要求的提高，到对于工作和生活场所的环境要求都得到了发展，使品牌在许多领域成为标准配置。

品牌本身是有消费等级的，例如拥有什么品牌的汽车、购买什么品牌的服务、使用什么品牌的剃须刀、工作场所使用什么品牌的中央空调，这些品牌化需求已经转化为人类既作为生产者，又作为经营者和消费者的角色转换之间对普遍品牌需求发展的同等要求。人们根据这些品牌的拥有量、持有方式和品牌消费等级来确认地位、身份、环境等生活水平。

人类消费主权组织从过去的消费维权向品牌消费主权化的发展过程，还提升了品牌消费主权组织的发展，主要体现在消费者参与决策——在规则制定、标准制定、政策制定等方面，都需要增设消费者的代表席位，上市公司需要增设品牌消费者独立董事，企业中的客户关系管理转变为消费者全面参与的生产者与消费者互动关系，随之兴起的是更为直接的品牌用户委员会和品牌消费者代表的关系部门。正式和非正式的品牌消费者主权组织如品牌消费者协会、品牌俱乐部、品牌学习组织、品牌社群的数量将高速增长并成为企业品牌升级为品牌组织的重要的、关键的发展环节，这促使品牌消费主权组织成为企业品牌生态组织以及每一个品牌生态链中最重要的一种组织形式、组织方式、组织状态和品牌组织的基本组织结构组成部分。

2.6.8 品牌消费资本理论

品牌消费的资本化也是全世界品牌消费的重要发展形式，其发展重点是品牌化消费的全面资本化，其具体表现为品牌资产化和品牌消费资本富集。

品牌资产化是以品牌化的资产投资、融资、资本促进和品牌投资者关系管理、品牌财富分配方式和品牌市值、品牌交易价值为主体发展方式的全球品牌资产增值管理全过程。

资本促进消费是全球品牌发展的一个重要代表性标志，全球资本以投资、交易、股票持有等方式全面参与到了品牌的发展过程中。首先是一个品牌的诞生，天使投资在孕育新品牌方面发生了重要的作用；其次是品牌的成长阶段，风险投资通过供给资金和资源促进了品牌的成长，并使品牌项目以更好的方式增加与品牌用户的契合，将品牌市场发展与品牌消费发展良好的平衡起来，在品牌市场的扩大过程中快速累积放量品牌用户持有量，为下一步的品牌消费准备并积蓄发展力量；最后是品牌在资本市场上的市值管理保证了品牌以良好的稳定经营、持续市场增长方式获得长足发展，如果一个品牌决定永不上市，或者上市后退市私有化运营可能会使品牌以分红等形式更为稳定地进行发展，缓解了资本市场对品牌所需求的一系列增长目标，转而使品牌在稳定的客源关系和特定市场中稳定持续的持久经营，投资者通过长期持有该品牌资产的形式持续获得分红。品牌资产在收购、出让等交易方面也拥有着良好的资本表现，也是被纳入财务计算和金融资本的重要价值载体。

资本促进消费，投资者优先支持品牌项目将成为未来全球主要投资活动的重点，品牌股票的持有也将成为资本市场的发展重点。在这一发展过程中，品牌消费资本富集也是一种典型的品牌消费资本化发展形式。

品牌消费资本富集主要体现为四种发展形式，分别是品牌项目众投众筹、品牌资产化消费、品牌消费资本化参与和品牌财富二次分配。

品牌项目众投众筹是指早期消费者参与到品牌创造和早期发展过程中，这一点以众投、众筹方式发展为主，众投是明确的投资参与形式，一定数量的投资者参与到品牌项目的发展中，以 50 位、200 位或 500 位由各国法律许可的股东数量参与，投资者只负责投资不参与日常经营活动。众筹则由共同经营者、合伙人以及消费带动者为股东全面参与到品牌项目的早期经营与发展中。在许多国家，这些形式已经成为法律许可的经营方式，但股东的数量必须保持在法律范围之内，并且要注意尽可能地通过多层次资本市场使股东资本的投入、股票的募集合法化，从而保护投资者利益。

品牌资产化消费是指在各国法定范围之内，品牌消费者可以通过品牌资产化转移参与到消费和投资过程，一般以直营或返利为主，从而使消费者转移为品牌资产增值的促进者，例如一些互联网公司通过发展核心用户、内容作者等形式，以阶段性的股票价值方式来计算品牌的发展过程，另外还有一些公司以及分支机构的员工以经营网络为主实施期权计划，通过员工持股来满足品牌资产化的创造与消费价值，其形式本身是灵活、多样化的，但务必在法律许可的范围内经营，以保护所有参与者的合法权利。

品牌消费资本化是鼓励品牌消费者成为公众投资者，与品牌保持同步发展、共享品牌长期发展机遇、发展优势、发展水平的结构性发展关系。这是资本市场上的股票持有者从短期持有股票到长期持有某些品牌股票的理性证券市场发展过程，能够有效地促进品牌发展，并使公众意义上的品牌消费者以品牌投资者立场分享品牌发展历程所经历的荣耀与红利，并在证券市场发生动荡或品牌危机时拥有良好的抗风险能力、股市意外灾难缓冲能力。

消费者之所以愿意长期持有这些品牌的股票，出自于人们认同这些品牌的发展理念、尊重这些品牌发展使命，愿意与这些品牌一起成长发展，志愿与这些品牌共同经历风雨，他们与品牌保持着良好的理性投资者关系，是一个品牌发展的坚实力量，是人们喜爱这些品牌的夙愿与直观体现，是资本市场从投机方式走向理性成熟稳定发展的发展力关系的必由之路，也是品牌发展的明天。

第2.7章　品牌产品学

品牌产品学在品牌学科中占有较大比重，并且是跨学科最多的研究和应用领域，这是品牌产品作为企业品牌发展的主体性质所决定的，任何品牌都需要以"产品"作为向用户交付的物质和服务的载体，而企业的主要营收则主要来自于对这些"产品"的具体运营。

现代全球市场竞争的激烈性、目标市场产品的繁复性、多样化市场竞争环境中的产品同质化和可类比性使品牌产品的竞争呈现出前所未有的惨烈竞争状态，要成为在全球市场中能够迅速脱颖而出的品牌已经是一种足够高难度的挑战，我们从品牌产品的全局出发，考察品牌产品发展中的一系列科学规律。作为品牌中最有价值和极具竞争含量的竞争主体，品牌产品学作为一门相当重要的品牌学科分支，有必要引起大学、设计和研究机构、企业同等重视、统筹协调、优先发展。

2.7.1 品牌产品总体设计思想

品牌产品的设计与一般意义的产品设计不同，这包括了品牌产品的总体设计思想、经典产品设计思想、品牌产品发展设计思想（结构性设计、突破性设计、品牌性能设计、防失误设计、生态设计、差距化设计、产品组协同设计），此外，还需要遵循新的品牌产品发展机制、品牌产品发展结构、品牌产品化过程设计。品牌产品的创造性研发与生产、交付的发展是一个品牌体现最高设计思想、发展设计理念、完美呈现品牌表达形式的终极体现，是一个品牌从一开始就通过循序发展过程不断进步发展的品牌设计思想升华过程。

品牌产品设计思想还需要依赖工匠精神、劳动价值赋能、企业责任、品牌意境、品牌美学、生态意识等设计思想的综合运用，是品牌科学与哲学、技术与艺术、创作与灵感、过程与质量、感观与体验、价值呈现等全方位的品牌设计思想完美表达和淋漓尽致的追求结果体现。

品牌产品是作为一种物质创造、经典演绎、完美精神的品牌极致追求表现出来的，不同于一般意义上的产品研发和生产，品牌产品不仅要注重品牌产品本身，还要注重整个品牌产品化全过程的完美优化，其设计范畴并不是仅仅局限于美学设计或艺术设计元素和包装方面的设计，重点包括订单、生产、交付、服务等各环节的无缝衔接、流畅流动的订单流流经过程，从而将整个品牌的品牌价值完美输送到任何品牌用户手中。这种人类与生俱来的天然追求本质，既是人类创造力的最高体现，也是管理水平的科学化过程，更是人类精神之于物质、劳动价值之于产品、文化内涵之于形态，自然感悟之于意境的人类发展力终极物化的产物。

品牌产品的总体设计思想是建立在产品总体发展、用户感知和价值发现基础上的特殊设计，必须考虑总体意义上的品牌梦想、品牌故事、品牌追求之于品牌产品上的价值呈现，必须考虑分阶段的品牌产品发展阶段，还要考虑品牌的未来发展格局和品牌产品的未来市场发展接口、产品线组成的延展性需求。品牌产品也并不仅仅是由产品经理来完成的品牌产品化设计过程，更重要的是首席品牌官、品牌官和品牌设计师们对整个品牌过程的把关，使产品必须满足品牌化所需要的高等设计要求，这同时要求品牌官必须是完美主义者，企业品牌也必须认真承担起做好品牌产品本身所应肩负的企业责任。

品牌产品的发展，并不仅仅是产品经理和产品研发团队的事情，相反，品牌产品是由品牌创始人、品牌官、品牌顾问、品牌设计师与产品经理们所组成的一个"品牌研究事业体"，这需要遵循"研究大于研发，追求大于利益，纯粹大于需求"的品牌规则，这是对品牌所进行的一系列总体科学与哲学层面的思想设计、理念表达与文化价值呈现，是对人类一切最美好事物与最纯粹美学追求心灵的完美演绎。

品牌产品也被称为品牌作品，品牌作品不可能是单一的某项品牌产品，它是系统的品牌思想、系列的品牌产品、完整的品牌结构、综合的品牌美学、纯粹意境的追求与呈现，是一种"品牌产品组"，通过品牌产品和文化模因加载在一个又一个具体的品牌产品之上，使之完美物化的系统工程。而这些精典的品牌产品通常是以品牌作品的形式来命名的，如果企业希望尊重并感谢这些品牌官和品牌设计师们的作品时，还需要举行盛大的品牌新闻发布会，正式向全球发布这些品牌作品——品

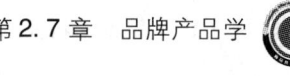

牌产品从孕育到诞生，再到亮相，公之于众的品牌生命演绎过程。品牌作品的主创人员将与这些伟大或杰出的品牌作品一起存在——立此存照，作为一个品牌的品牌发展史中宝贵的历程阶段，所有这一过程及其主要贡献者都应该被记入该品牌史的历史档案中。

2.7.2 经典产品设计思想

品牌产品的发展，必须以经典产品的创造与设计方式作为发展要求，这是成熟运用品牌设计思想的直接体现。经典产品可能是单品，也可能是系列产品，可能是实物也可能是虚拟物，并不局限于某种具体的产品形式，重点关注产品本身。

在不同的市场领域，产品被以不同的产品形态进行命名，如生产配套中的原材料、工业中的工业品、农业中的农作物、证券公司的金融服务、项目公司的解决方案、教育机构的培训课程、管理顾问公司的计时咨询、体育公司的赛事经营方式、艺术公司的表演作品……种种形式，都是品牌产品，都可以发展为经典产品。

实体的品牌产品如果以终成品形态呈现，必须具备意境拉升感，即从品牌产品的造型、外观、材质、色彩、寓意、包装等设计思想全方位展现出灵性与美学的感官享受，使品牌产品蕴含灵动的生命气息，品牌产品的设计实质就是在创造一种深刻的感觉，这种感觉流过品牌用户的内心，与品牌用户的心灵产生碰撞和共鸣，从而折射出品牌产品本身所给出的科技、高贵、自然、灵动、文化、风格等高层次的精神感知与境界享受。

品牌产品之所以能够成为经典产品，是品牌创始人在品牌过程中所注入的灵魂、思想与生命，这是任何一个真正意义上的品牌所有者在创造品牌产品的过程中所必须要表达的心灵追求，是所有的品牌所有者们孜孜以求的完美主义极致精神追求和经典产品设计理念的思想高度。

非实体的品牌产品，则通过文字、语言、摄影、手绘、虚拟构图、客户证言等多种设计思想的组合来完成品牌完美表达。尤其是文字，需要从文字的阅读与解说中拉伸出品牌意境，呈现出极致的美好感知体验，优美而流畅、流动而鲜活的文字如同美妙的音乐旋律一般流过读者和听者的心灵，轻轻地触碰着品牌用户的心灵随"心"而动，变成"活"的文字，让人产生冥想和体会，构建起心灵的轮廓。

无论何时何地，地球上任何一个真正意义上的品牌所有者，都会极力通过对自然灵性与生命意义的不断追寻，从手中创造、塑造、体现出对品牌完美极致表达的夙愿，保证流过手中的品牌必须是经典产品，可以与历史长存，可以与生命共舞，可以与灵魂相连，可以与心灵对话。这种品牌所有者与生俱来的追求，在品牌官和品牌设计师的完美追求下——使品牌获得了生命的意义，这是全世界任何一个品牌所有者同样追求意境的纯美内心、同样志愿付出心灵的贡献，同样传递、表达、演绎的品牌语言。

2.7.3 品牌产品发展设计思想

品牌产品的发展有其历史溯源、发展脉络、风格走向等系统的品牌史，这是保证一个品牌之所以能够以百年品牌、千年品牌延续生命的重要保障，从一个品牌的伟大孕育时刻开始，品牌创始人的品牌思想就已经贯穿其中，为品牌未来百年的发展就已经定义了精神、意识、表达手法、呈现方式等一系列的主体品牌思想发展结构。

在一个品牌初创时期，早期的品牌创始人、品牌官、品牌顾问、品牌设计师和产品经理们需要对品牌的总体设计思想、发展结构、设计理念等做出一系列的研究、测试与确定，并将主要品牌元素明确固定下来。当一个品牌发展成熟起来，则代代相传的品牌所有者们以承袭、延续、光大这个系列的品牌文明，并不断需要与时俱进，让品牌紧紧结合时代发展的潮流与脉络，以最佳表达形式和表现手法完美呈现出来，这一点和一般意义上的企业产品的产品设计、产品研发、产品生命周期理论是截然不同的。

因此，我们在此揭示品牌产品发展设计思想中的一些重要思想，作为一系列思考工具，这些设计思想通常是由多种思想组合完成的品牌设计，品牌产品的设计者们比起一般企业的产品设计师和产品经理的思想境界、发展格局、内心涵养、知识内容显然要高出很多，这些设计思想包括结构性设计、突破性设计、品牌性能设计、防失误设计、生态设计、差别设计、产品组协同设计等。

结构性设计：主要是指一种品牌产品（由多个品牌产品组成，但分阶段推出，或只发展一款经典单品的产品品牌）的总体发展结构，品牌的组合结构、组成成分、表达方式和品牌主要元素都是什么，品牌文化内涵的挖掘点及系列品牌的灵性与美学如何演绎，品牌产品究竟要表达出什么样的社会服务思想和品牌设计理念，接下来品牌产品如何延伸，产品线如何扩展，对所有以后所要推出的品牌产品及其发展脉络和整体走向如何界定。品牌产品的结构性设计为一个品牌的整体发展、市场最终表现方式确定了主线式、脉络性的设计思想原理、立场和要求。

突破性设计：主要是指一个品牌如何与众不同，可能需要从逆行工程、反向思维、跨代设计上重新对品牌产品的表达方式和呈现形态进行设计思想的重构，使之与现有市场上的产品形态完全不同，这是人类伟大的创造精神之于挑战思维、颠覆思维、冒险思维与高度的天然自信之于品牌产品的完美演绎。创造是一种习惯，创造的本质就是创造前所未有、与众皆所不同的产品形态，而这种思维天然地拒绝模仿、类同、相似等设计方式，必须是勇敢地创造、果断地开创，其品牌产品的结果就是彻底突破。

品牌性能设计：主要是根据品牌性能的全方面思考，体现出品牌最佳的性能指标和最完美的性能追求，是品牌在性能追求上超凡脱俗的灵魂演绎，是品牌之于自然灵感灵性的畅快表达，是品牌美学在性能表达方面的总体设计思想体现。将品牌产品置身于一种纯粹之美的美感，与品牌用户的心灵产生性能方面的交融、归结和性能享受，让人可以闭上眼睛体现声音之美，睁开眼睛看到色彩之美，远远看到外观设计之美，用手触摸之时的手感之美。

防失误设计：主要是为不同环境和不同条件下品牌用户使用产品过程中可能产生的各种摔裂、破损、划痕、浸水、撞击等情况所表现出的品牌产品杰出表达环境，特别是在恶劣环境和恶劣天气条件下的完美表达以及意外情况发生时产品形态的自适应保护。杰出的品牌产品与一般意义上的企业产品在表达本质上这一点区别最大，品牌产品需要迎接历经严峻环境和恶劣条件下的重重考验，也要在关键时刻为用户的正常使用提供非凡的保障能力，因此才会成为品牌用户最忠实的朋友最真诚的信赖，而一般企业产品为了减少成本恰恰在这些方面表现逊色，因而很快会被品牌用户淘汰出局。

生态设计：品牌为保护自然环境、保障自然资源、保持生态使用状态所进行的一系列设计，是品牌在承担企业责任基础上，与品牌用户一起承担的社会责任，是品牌与用户共同为保护我们这个地球可持续性生态发展所做出的共同努力，也是品牌用户逐步返璞归真、重归自然、享受阳光空气与洁净天然环境、自然生态条件的共同生态价值追求，例如品牌所追求倡导的绿色环保、可降解包装、生态营养等概念及拯救自然公益所付诸的实际行动。

差距化设计：差距化设计比一般意义上的差异化设计要求更为直接，是针对市场中的同类产品所做出的跨代、级差、使用条件和性能等直接性的差距设计，直接改变品牌产品的组成形态、使用方法和市场需求。差距化设计必须与同类产品拉开明显的距离，体现为比专业品牌服务更为直接的专业级市场、品牌产品的性能要求和服务水平远高于市场同类产品、品牌识别方式清晰准确、品牌产品的形态特殊化容易一眼区分、品牌产品的风格迥然不同等。

产品组协同设计：现代及未来品牌产品的发展，在许多情况下并非独立产品，需要更多的协同配套、协同工作、协同服务来完成品牌产品的全面组合，而品牌产品本身有时还需要为下一步的发展预留可并连或延伸的程序接口、技术准备和延展设计、可扩展解决方案，这使产品设计的形态不再一定是以产品为中心，是以一组产品组的协同设计，由多方共同参与的品牌设计工作，而协同间的一致性、灵敏性和知识产权要求也将越来越高。当一个产品组最终集结一个品牌产品上之时，任何差错或协同失误都会影响品牌整体性能的发展及品牌良好的市场表现。

2.7.4 品牌产品发展机制

品牌产品的发展机制主要体现在品牌战略、品牌经营和管理上的设计要求，包括品牌产业组合、品牌产品规划、品牌主营产品、品牌产品线、品牌产品要素方面的战略化设计，是品牌发展所需要遵循的品牌整体发展路线、发展规则、协调机制。

品牌产业组合：是品牌发展战略的重要核心架构，决定了一个品牌在一个或多个产业领域、市场领域的发展结构，任何品牌产品的发展都不会脱离所在产业的发展趋势、发展特征和发展方式。品牌为获得前沿地位、决定性竞争力以及体现最佳品牌性能，通常需要在产业领域获得优质资源的支持，这包括了资本层面的公司收购、战略重组、不同企业间的产品战略组合、战略合作伙伴关系缔结、产品全过程中的产业上下游配套、产品供需链上的品牌性能优化。

这些出于战略层面的产业组织从一定程度上需要保证品牌系统的完整性和稳定性，并防范竞争侵袭，为品牌用户提供全方位的品牌消费安全保障。产业组织通常是企业品牌组织战略层发生的谈判、合作与决策，也是品牌秩序层就品牌发展问题做出的战略设计与战略协调，包括品牌主要战略投资者、品牌顾问、战略级关联合作伙伴提供的战略资源支持和建议，还包括企业品牌为未来发展所进行的战略资源储备和战略准备，从而为未来很长一个时期保护品牌在产业发展领域的战略发展地位和绝对竞争优势。包括品牌顾问、品牌官、产品经理等外部或内部的人才可能也被视为一种重要的战略资源在战略级的产业组合中发挥关键竞争作用，企业品牌组织需要保持极高的品牌能力竞争水平。

品牌产品规划：产品规划是品牌产品发展过程中，指导品牌发展路线、品牌产品具体组合关系和市场发展过程所需要的纲领、发展阶段、研发升级换代规划、品牌价值竞争优势体现、品牌产品价格带策略、产品战略组织计划、市场行动计划等一系列有关产品在长期、中期、短期的具体发展任务和发展时间表。

品牌产品规划是有效防范竞争的一种发展战略设计，是品牌产品发展的结构性主线，是产品组织关系的直观设计图，是为了品牌产品有序发展、顺序研发并进入市场的阶梯性竞争实施过程，是品牌产品化过程的具体战略指导和作业要求指南。品牌产品规划具有全局性、长期性、战略预设计性等特点，也会根据实际发展过程中的市场情况重要变化做出及时响应并修正。

品牌主营产品：品牌主营产品是指一个品牌主要的经营领域和经营方式，是在品牌产品设计中被优先统筹设计的总体产品发展路线。任何一个品牌都应有其主攻市场方向，有其先进而独有的品牌组合解决方案，从而实现高度的产品化、品牌化、系统化，集中力量在主营产品市场领域取得突破性发展，进而获得长远发展。

品牌产品线：品牌产品线是为品牌组织的发展所设计的战略产品主线和产品系列纵深，是品牌在长期发展中总结提炼，历经验证的产品组合关系，突出重点优势，发展集约经济特征，在有限的产品线覆盖领域，专业服务于专业级市场用户。品牌产品线被视为一种综合竞争比较优势，要具有生态化合理布局、有机化合理产业纵深，发挥有效发展市场并保护市场的机动协调能力。

品牌产品要素：品牌产品要素是企业品牌各产品间的主要要素组成和产品要素组合关系，产品要素的形成是经过科学设计、实验分析、实践验证的有效要素组合，这些要素在关键要素市场上还应具有比较优势，部分产品要素可以独立成为要素品牌。要素包括了科学研究成果、技术发明、产品特征属性、专业功能属性、应用实践能力、系统解决方案能力等高度知识化、专业化、配套组件化的核心要素发展能力。

2.7.5 品牌产品发展结构

品牌产品的发展，主要体现在品牌产品的设计方式上，即采用什么样的设计发展思路为品牌产品定义发展结构，并使一个品牌或一组未来集团品牌集群化产品系列沿着一个固定、成熟、稳定的方式发展下去，这是一个品牌之所以能够发展成为百年品牌的重点结构性发展方式。

从一开始的品牌发展方式结构性定型，品牌将足以沿着一个固定的发展结构延续承袭下去，除非在品牌未来发展历程中经历重大性质的品牌发展结构性重组，改变其发展结构的基因，那么品牌发展结构所要解决的始终是一个核心关键问题——如何以发展秩序保障基业长青，永恒经营。

全球众多百年品牌之所以能够做到这一点，其主要原因就是建立起了一套结构性的发展方式，即固定使用某种品牌发展机制、发展特点、品牌组织的管理程式稳步进行市场扩张，典型的结构如宝洁、微软或康明斯，其品牌产品的发展结构都是相对固定的，这一点保障了品牌组织发展的延续性。

我们将品牌产品的发展结构归纳为六种，分别为系统化产品、功能化产品、产业生态化产品、形态化产品、跨代产品、N世代产品。品牌组织的发展可以自由选取其中一种或多种发展方式进行品牌发展结构的战略组合。

系统化产品：是指从一开始，就为品牌制定了品牌主产品、品牌延伸产品线、品牌边际补充产品的发展结构。主品牌产品可以被视之为品牌的中央发展系统，是品牌产品发展的主干，通过发展主产品，能够在市场拥有强有力的市场地位和足够的市场占有率，成为支撑整个品牌发展结构的市场主体地位，在此基础上，延伸出几条辅助的产品线用于支持主线。根据需要，品牌产品在研发和发展过程中还将发展一些市场补充产品用于新市场测试，或覆盖周边小范围的市场领域。IT企业和影视产业的发展都以重点推出主产品，并不断对主产品进行更新换代持续发展的方式来进行完成产品升级，巩固其品牌主产品的主体市场地位。

功能化产品：是指针对某些特定使用功能、特定环境氛围、特定人群进行重点产品开发的发展结构。功能化产品一般是专门的专业化产品，一个品牌通常只重点解决一个具体的使用问题，或者营造一种特定的购买和使用环境、应用场景，或者品牌产品只针对一个特定领域的人群开放其产品。功能化产品发展结构是有效对市场进行分化、分解，以多个重点产品在不同的单一专业级特定市场领域、特定环境、特定人群中的发展主攻市场目标的发展方式，可能由多个品牌组成的品牌集群，或者同一品牌的多个品牌化产品，有明确组成品牌的市场结构，功能化产品是全球市场中最常见的形式。

产业生态化产品：是指针对一个产业领域进行产业生态组合的品牌产品发展结构，该品牌集中全力在一个产业的用户市场领域进行开拓，通过不断开发新的产品进行生态化市场布局，通过品牌产品与产品之间的市场组合关系、应用连接关系、消费需求先后顺序、生态发展交叉交互等发展结构进行总体产品设计，通常以一个产业用户固定在一个产业市场领域中获得相关解决方案，或针对某一个特定消费需求的用户在一个品牌消费产业化过程中完成关联消费。

形态化产品：形态化产品主要是指以概念化运用进行集约品牌发展的产品化方式，将品牌产品视为经典产品、畅销产品或常销产品的形态，以实体产品、虚拟产品或品牌项目为发展结构，通过热门、话题、主题式的市场运作，使一个产品或系列产品在一个时期或频繁被使用的一个领域火爆热销或成为固定性的经常消费。一些流行的实体概念产品如电子消费产品，或者电视节目、表演艺术、主题公园、软件等常常使用这种方式，也可能是持续常销，一百年不变的口味和技艺化产品。

跨代产品：跨代产品是拥有前沿发展思想及先进研发能力的品牌所采用的发展方式，通常以提前研发并发展下一代产品来创造热门消费趋势，通过高度发展的专业知识化系统不断推出颠覆人们基本认知的产品。这些产品作为一种全球科技、文化、教育等发展趋势存在，顺应趋势获得市场成就，其品牌产品的先进性、超现实性、趋势性、专业性通常是品牌产品发展的重点目标，也是可能对市场造成冲击，颠覆市场中旧的产品组合关系、产品形态和产品使用习惯的下一代产品，或者其产品会在某一个市场领域拆分出一个独立的专业级市场、拥有一定数量的特定常客户，例如汽车改装品牌就具有这种特征，机器人的研究只做早期开创性的研究投资，直到完美状态才会定型成为产品。

N世代产品：N世代是我们对每隔10年成长起来的新兴消费者作为一个变动时代所做出的定义，N世代产品就是专门以不断增长的出生人口年代变化为主要市场发展方式，进行市场前沿探测研究研发的品牌产品领域，不断使产品迎接最新一代人口潮的需求变化。世界上存在两个最主要的典型N世代，一个是新兴N世代市场，以最新成年化的人口为新兴年轻一代品牌产品需求市场，一个是更替N世代市场，以最新迈入老龄化的人口为新兴老龄化一代品牌产品需求市场，这些新兴人口的增长性变动需求以每10年为一个世代，因其出生的背景、成长的环境、时代的文化、思维的方式都会有所不同，对品牌产品的需求也会发生相应的风格化变化，因此呈现出明显的时代变化特征，随着这些N世纪人口对品牌需要不断发生的变动构成了人类品牌不断演进的习惯性新兴品牌产品应用市场。

2.7.6 品牌产品化过程优势

品牌产品的发展，是一种具有战略意义、思想意识、结构优势的系统化品牌产品总体发展思想，不仅拥有建立其特定发展组织秩序，也需要将产品的发展视为一个完整的品牌化过程进行战略管理，协调发展。

品牌产品化过程优势要建立在特定的发展组织秩序结构基础上，组成一个品牌产品发展组织，核心成员包括品牌顾问、品牌官、品牌设计师、研发主管、产品经理、技术工程师，以及具有一定管理和市场设计水平的管理分析师和市场分析师。其中，外部的品牌顾问、品牌组织内部的品牌官和品牌设计师承担总体的品牌产品的研制思想、品牌化要求、品牌产品研制工作项目管理，研发主管负责总体研发项目的技术结构和具体产品化研发过程的推进、产品经理负责品牌产品的全面产品化，技术工程师负责生产、质量、交付等方面的技术部署和技术条件保障性研究设计，具有设计水平的管理分析师和市场分析师分别承担管理过程和市场化阶段的系统设计工作。这些角色分别对应：总体品牌化设计→研发设计→产品化→流程规模化→市场化的完整品牌产品化闭环设计、实验实测和产品规模化过程，并根据需要组成不同的项目阶段和项目组完成品牌产品化全过程。

品牌产品化过程的优势具体体现在品牌产品化全过程（产品规划、产品策划、产品化设计、产品化管理）、品牌前沿设计方向（前沿研究、订单流设计、灵敏运用、感知体会、敏捷制造），以及再产品化三大范畴九个重点发展领域。再产品化过程是未来可伸缩、可伸延、可组合、可配套、可协同的产品化，即一个产品可能成为其他企业品牌产品的连接点或组合配置结构，或者可用于其他企业进行二次、三次开发，可延伸成新的产品系列和产品线。

在品牌产品化过程中，产品规划是系统地对品牌产品的未来发展走向、产品存在形式、竞争板块、市场发展方式等重点战略性市场进行的总体规划，是品牌较长时期的总体发展纲领和阶段性实施要求。产品策划则包括了概念、发展路线图、产品形态、产品表达形式、产品卖点、前沿地位和决定性竞争优势、产品企划管理等策略层面的系列品牌策划性设计行为。

品牌产品化设计是具体的市场研究、技术研发、产品元素组合、产品组件开发、产品配套能力、产品生产条件、产品质量要求、产品体验设计、产品服务设计等产品化全过程的技术条件、技术准备、技术装备和技术要求，也包括了研发、实验、测试、原材料、设备、人员、工作、交付、市场、售后等完整的产品化系统要素。品牌产品化设计的过程，也是对产品化管理提出要求并为满足各项要求建立对应的管理机制、工作流程和具体管理过程，并对管理过程进行总体技术设计、实验测试、编制品牌管理文件，并纳入品牌管理记录档案的全过程。

品牌产品化设计必须在品牌产品化管理完成部署并实测满足设计要求以后，才能宣告结束，并根据系统优化要求转入测试和纠错报告收集阶段，这就是品牌顾问、品牌官在整个品牌产品化过程中必须对品牌产品发展的全过程负起责任的使命性、责任性要求。所有的品牌产品必须在严格的品牌化秩序中完成品牌产品的最终完美演绎，仅靠品牌经理、品牌设计师、研发主管或产品经理来承担全部的品牌产品设计研发工作，是极其不负责的企业重大品牌事故，是足以可能毁灭一个品牌未来发展的重大隐患。所有的品牌官都是完美主义者，必须对所有流经手中、流向市场的品牌产品负起最高责任，因此品牌组织外部更高水平的品牌顾问在品牌产品的发展中同样具有特定的顾问价值。

品牌前沿设计方向包括了前沿研究、订单流设计、灵敏运用、感知体会、敏捷制造等潜在的品牌产品前沿设计思想，是品牌产品在设计、研发、技术准备和管理实践过程中所需认真考虑的系列问题。前沿研究可能由企业中品牌研究部门负责，订单流设计是以品牌产品的交付为中心节点将生产端、交付端、服务端纳入一个工作流程式管理的完整闭环系统管理过程。灵敏运用是针对随时变动的市场研究状态对品牌产品进行动态发展设计的灵活可变动性产品设计思想，以及质量稳定性保障系统。感知体会是从品牌用户感知状态出发，所做出的一系列感知水平和体会结果的设计。敏捷制造是根据市场小众化发展趋势所进行的品牌产品模因化产能灵活组合设计结构，以及机动生产结构和交付方式。

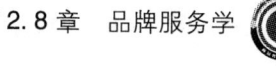

第2.8章 品牌服务学

品牌服务学是一门新兴的现代前沿学科，既是国家服务经济战略的一个重要组成部门，也是一个企业获得持续发展能力的关键性战略保障能力，在现代服务业飞速发展的时代，服务的内容、形式和方法已经发生了深层次的改变，而这种改变加速了品牌服务业态发生着从思想、技术、行为到全方位向系统化、智能化、复杂性服务科学的转变。

2.8.1 品牌售后服务思想

品牌售后服务思想并不单指品牌的售后服务，在现代企业品牌发展中，是专指品牌所应建立的长远服务战略思想，这包括了生产者的责任延伸、重新思考服务的目的、服务化思想、前沿探测、服务利润链、服务升级和服务营销，是品牌组织建立服务价值链，开展品牌服务流系统设计的主体竞争思想来源。

品牌售后服务是作为一种服务思想的形式出现的，这种思想建立的关键是以"售出以后的服务作为再销售"的服务利润链发展结构，是一个企业能够发展为品牌组织，在服务过程中的持续获得品牌利润来源关键的保证性发展能力，是品牌能够得以长期存活的战略级发展思想和长远服务价值规划。从资本市场角度而言，任何品牌之所以能够长期持续保持高水平的品牌利润，就来源于品牌售后服务思想作用下的常客户品牌重复性反复消费过程，没有该过程的作用，企业就无法产生持续盈利水平，也就无从谈及品牌建设了。

餐饮店通常被认为不需要售后服务，人们常常认为售后服务仅仅是家电、汽车、大型IT系统、医学设备设施或工业机床设计方面的事情。但事实并不是这样，当客人进入一家餐馆，在享用美味的食物以及餐馆服务人员服务的过程中，就已经在进行售后服务，客人当即就会决定是否下次再到这家餐馆消费，或者决定下一次邀请重要的朋友来这家餐馆共享这里的美食和服务，从而扩大了重复消费的增长水平。

承担该餐馆发展的企业规划师和承担环境设计的设计师，以及承担管理责任的店长和分工负责不同服务过程的厨师、服务员都参与了这次"售后服务的再营销"过程，因此售后服务在这里被体现为售后服务的设计和现场即时服务过程的体现，售后服务状态从而成为发展该企业长期利润的关键竞争力。

任何品牌的售前准备和售中服务过程，都是为了售出以后的再营销所付出的努力，在这里，售后服务是被视为品牌战略的重要可持续性发展思想和产生连续售出作用的重复性消费经营价值，从而成为一系列具体经营目标。多次重复对一个品牌进行消费的常客户保有量就成为整个品牌价值链最重要的一环，是重要的战略资源储备和决定性竞争力，是产生持续性品牌利润来源的核心经济收入来源，这是品牌售后服务思想对品牌产生直接经济发展效应的长远战略，并得以使品牌发展成为组织化运营的基本生态发展秩序。

2.8.1.1 品牌服务化思想

品牌服务化思想是对品牌化思想的一个重要延伸和分支领域，是强调品牌全过程服务化的基本思想意识、服务深层化和服务流畅性，是发掘并提升品牌实际利润水平和长期发展远景的重要服务价值。

品牌服务化被视为一个品牌组织发展过程的服务思想，服务思想有时在一些新兴的企业中占据相当重要的品牌发展战略思想比重，是作为一种企业家的普遍认识、意识水平、战略思想高度和未来事业发展格局存在的。

服务首先被作为企业生产者的责任延伸存在，并逐步以产品与用户发展关系的组合形态与产品同时向品牌用户提供，未来全球企业将主要发展成为服务型的现代品牌组织，服务商将逐步取代生产商成为全球社会经济发展中的主要品牌发展形态，服务范畴、属性、方式、能力和服务性能将被无限发展延伸。

因此当一个品牌决定进行发展时，就要考虑到服务在品牌发展中的价值，特别是在品牌用户端的发展方式，这些企业责任是以品牌服务化的思想来具体进行体现和发展。当一个企业具备了品牌服务化思想，品牌组织在发展过程中就会重新思考服务的目的，并发展出前沿探测、服务利润链、服务升级和服务营销等先进的服务水平与服务能力。在这里发展是被视为有发展能力通过劳动价值赋能，用来产生新业务、新产品、新利润和新价值的发展特征性结果，一个品牌的最终发展力水平取决于发展过程中产生的新兴发展力，从而发展出了不同的品牌、不同的市场、不同的结果，是企业运用企业责任发展本能在市场上对品牌所实施的使命与责任的转化。

品牌的前沿探测是品牌组织深层次研究品牌用户、发现市场问题、发展品牌的品牌服务需求总体研究，是在良好的品牌售后服务思想上建立起来的市场前沿探测传感网，通过用产品细节和服务细微环节在与品牌用户接触中，收集到的市场侦测、探查、发现报告和分析研究数据。

由于品牌是建立在感知反应基础上的管理水平综合体现，任何细微环节的品牌性能和品牌接触过程都可能在某些环节改变品牌的感知。品牌组织在这方面需要加大力度，通过售后服务思想的运用发挥品牌在全过程、全范围、全用户环节的信息传感网价值，以这些最直接的来自市场一线的分析数据来发展品牌产品的研发和服务设计工作，这是一个完整的并带有重要反馈意见的信息流闭环，只有前沿探测是真正意义上建立品牌尽职尽责服务于市场，并获得良好市场发展的发展力基础。

2.8.1.2 品牌利润源：品牌服务利润链与服务升级、服务营销

服务是产生品牌利润的主要来源，其主要包括三个方面：一是品牌服务利润链设计，二是品牌服务升级业务，三是服务营销过程的市场扩大。

品牌服务利润链是通过有效设计服务过程中的价值环节，大幅增加服务对利润的价值创造过程，我们用3SCR服务利润链结构来甄别出服务过程的利润价值环节，包括服务缺陷（S1）、服务识别（S2）、服务责任（S3）、客户感受（C）、常客户计划（R），我们认为服务利润的提升是从对服务缺陷的研究开始的，重点是系统服务设计以及通过PADS所进行的服务问题排查。服务识别中要注意服务价格显性识别，由于服务本身是一种虚拟化的产品，品牌用户是无法在事前了解到一个品牌的服务与另一个品牌服务之间的具体区别，在许多国家和地区，由于品牌用户无法对服务的价值做出有效识别，难以被体现为有效的价格差。此外服务竞争的主战场是服务智能、服务对比实验、服务传播。

服务升级在现代汽车、IT和互联网产品服务中出现的比较多，主要是对品牌用户的服务要求进行服务水平和服务价格的分级，一个品牌通常只提供常规产品，额外的增值服务部分或服务选项，例如提供"7×24"小时的专享服务或不同的服务组件、服务组合都意味着品牌服务被作为一种典型产品出售结构进行了服务升级，纳入为重要的营业收入。

售后服务是许多品牌重要的收入来源，包括原装配件和原装消耗品的收入、产品改装和产品维护服务等，如汽车和打印机主要通过售后服务以及耗材增量提高产品附加的服务利润，机械设备的维护服务、延长保修时间以及主要部件的技术升级，都被视为新增服务化产品利润。

服务营销是通过服务产生再营销的过程，为再次的重复性购买、消费增加以及客户转介绍提供了新的利润来源。从理论上而言，许多品牌用户都是随着成长、发展依赖某些品牌并持续进行消费增长的，如一个人从少年到青年再到中年，收入增长能力、消费能力和采购决策权力会不断得到加强，在良好的产品和服务过程中，一个品牌用户对该品牌具有了依赖性质的消费习惯及购买决策习惯时，就会为品牌带来持续性的长期利润回报，是品牌用户中最有价值的重度消费骨干品牌用户，常客户的持有量是一个品牌与用户维护持久共同发展关系的重点，是服务利润开发和服务利润增长的关键，服务营销也与品牌组织持续的服务投资、服务水平直接相关。

2.8.2 品牌服务价值链

品牌服务价值链是品牌服务需求链、品牌服务补给链、品牌服务利润链三者之间共同发展，相互协调并达到高度重合水平的价值动态产生的品牌生命价值水平线，单独由企业方建设的服务价值链是不存在的，是不完整的重大服务缺陷。

品牌服务价值链首先建立在服务需求链的基础上，通过对品牌用户进行服务研究和市场探测研究，可以绘制出品牌用户对服务的各种明确需求或隐含需求，这些需求是未来每隔一段时期再次对品牌服务系统总体设计和服务项目开发的重点。但由于品牌服务的系统设计和品牌服务的开发需要一定的时间周期和服务能力准备，因此品牌组织会向品牌用户提供一系列的临时性品牌服务资源补给环节和补充服务来满足对品牌用户服务过程中的即时动态需要，而这些实时动态性产生的服务连接链条就被视为一个完整的品牌服务补给链。

品牌服务补给链还可以根据品牌服务需求链的实时变动进行品牌服务动态调整、服务测量、服务实验，并收集服务数据，根据品牌服务需求链和品牌服务补给链的相互作用，品牌组织可以敏捷地进行动态服务收缩，并因此观察和总结出新的服务开发方向及服务系统中服务质量的稳定性供应，基于这些环节增强发展出的品牌利润链将具有更为真实的交互性服务利润环节和服务利润水平。

品牌服务价值链的发展是战略级的服务价值评估与服务投资、服务管理过程，这就意味着并不是每一个服务环节都必须产生利润。有些利润环节可以被视为品牌组织进行的长期发展所需的服务投资，且在一个阶段内不列入利润来源，从而使品牌更加注重未来长远利润水平的发展。品牌的服务价值链是整个品牌价值发现系统和品牌价值链设计的重要组成部分，并且要从品牌性能的总体设计要求立场上双向考察和评估，从而确定出最佳品牌服务价值链。

品牌服务价值链的发展本质是品牌组织对服务价值的闭环连接关系，并且是品牌组织与品牌用户、品牌组织各供应商和各服务商之间相互依存、协同发展的价值主张交互系统，通过品牌服务需求链、品牌服务补给链和品牌服务利润链的动态交互作用来完成品牌价值的创造、供应、交付、售后服务及服务关系保持，从而建立、获得并发展出高性能、高质量、高水平的品牌服务价值链。

2.8.3 品牌服务的社会经济价值

品牌服务的价值首先会体现在经济价值上，并逐步向品牌社会价值过渡。服务经济是一个国家经济战略的重要组成部分，是现代经济发展过程中在 GDP 中权重最高、比重最大、涉及人口最多的经济领域，世界上主要发展服务经济的品牌输出国，服务业占据 GDP 的比重至少超过了 60%，在高度发达的国家服务业占据 GDP 比重会达到 80% 以上。从事服务业的就业人口和需要服务的消费需求都是国民经济统计分析中最重要的内容。

服务对企业的经济价值同样是显而易见的，正如前文所提示的品牌售后服务思想是一个品牌组织最重要的品牌服务化过程和品牌利润来源，也是为一个品牌所构建的能够保持其基业长青、发展成为百年品牌的生命线。

从 20 世纪到 21 世纪的人类进步发展过程，是人类从生产者向服务者进行角色转变的重要人类史变迁过程，到 21 世纪生产商的数量大幅减少，随之兴起的是以服务商为代表的市场主体地位获得空前发展的历史，直接或间接为市场提供服务的企业解决了地球上一半以上的劳动人口就业问题，也使世界人口的日常各种生活状态和工作过程处于高度服务化的发达社会网络中。

随着一个国家经济的发展，人们对服务的需求和服务的消费会大幅增长，同时会对服务水平的要求大幅提高，品牌组织在发展过程中，服务的价值就必须从经济价值向社会价值进行让渡，并最终建立以社会化服务为主体发展结构的高度服务化经济组织，从而构成品牌作为一个品牌生态组织时，品牌组织秩序所需要的运转结构。

服务社会化的本质是服务公共化，是服务的社会化功能得以发展而出现的服务的必然发展结果。当一个品牌对其品牌用户提供服务时，这些服务都是面向公共社会环境中的公民提供的，服务所流经的过程，服务所到达的终端，服务的供给、交付和全面服务化过程都处于公共环境中，这也是品牌组织得以达到社会价值与经济价值双向平衡发展的生态组织发展关系，是建立生态化可持续发展的品牌组织健康、良性稳定的运行基础。

任何品牌不可能脱离于社会而存在，当一个品牌组织发展到一定程度，在切实完成企业责任的发展之后也将转入到品牌所应承担的企业社会责任履行上，从而彻底达到品牌组织社会服务公共化的终极发展意义。在任何时期的人类发展过程中，一个国家或一个企业，都应以社会经济的双向平衡作为最基本的发展秩序，必须同时注重社会价值和经济价值的双向发展，当经济条件发展到一定程度，未来品牌的主要发展方式将是以社会价值带动经济价值，最终人类社会必将发展成为以社会贡献来获得经济收益的贡献型社会发展结构，品牌组织为社会服务，获得社会给予的经济回报，组织中的人向品牌组织做出贡献获得品牌组织给予的经济回报，由此构成良性社会贡献循环的发展力经济形态。

2.8.4 品牌服务商业模式

服务本身是一种规模经济，服务过程主要依赖"人"作为服务业的发展主体，是消化人类人口数量最多的职业和产业领域。品牌服务可以被视为一种独立的商业模式出现，主要包括服务商业模式产业化、产品过程商业模式服务化及产品服务模式三种典型的服务发展形态。

服务商业模式产业化是指一个品牌将服务作为商业模式，并使之规模化产业化的发展，快递配送业是众所周知的劳动人口密集的现代服务业，快递配送本身可以被设计为商业模式，快递配送业与电子商务零售业的产业化组合也是最主要的服务产业化。服务商业模式还被体现为品牌服务商模式（BSP模式），即一部分品牌发展成为专门领域进行品牌服务化的服务商，重点发展系统的服务解决方案、服务基础设施、服务外包、服务贸易，为其他企业或对客户提供专门的服务业务。在现代科学飞速发展的时代，BSP的发展是未来全球服务商业模式市场主要的代表性商业类型和具有长远战略发展优势的投资重点。

为满足未来企业发展所需以及在市场竞争中的利润营收重点板块转移，以及应对复杂产品、技术和复杂管理环境下的服务提供，产品过程的商业模式服务化成为全球企业的重点发展领域，这种过渡过程是品牌组织从发展生产力向发展消费力的服务结构重点转型时代。

在现代全球竞争中，许多企业已经从生产者向服务者过渡，发展成为具有现代服务意识和服务水平的新兴品牌服务商，它们致力于改善并摆脱人们将它们视之为生产者的印象识别，它们以"品牌服务商"为新的市场角色，并极力向服务市场领域延伸其市场能力，将原有的业务营收重点转向对服务利润方面的发展。汽车、软件等典型的企业都已将市场发展重点转向售后服务市场，通过发展服务利润来使自身有机会发展成为新一代的品牌服务商。

介于品牌生产者和品服务商之间的众多企业品牌，是目前主要使用产品服务系统（PSS）来发展服务的，为了适应市场的不断变化，为增强对品牌用户的服务黏性并探测服务市场的未来发展，这些企业将产品和服务组合起来进行发展，从而重点发展产品服务系统。此时的产品服务系统主要是以解决客户咨询、客户服务响应并提供远程服务支持和服务现场支持的。这种方式是品牌产品向服务市场发展角色漂移的产品市场补充性竞争组合。当然，这是全球市场中仍然会保存较长一段时期的现代服务业过渡发展时期，未来这些企业随着强化品牌与其品牌服务的价值，最终会普遍过渡到品牌服务商阶段。

全球品牌商业模式的发展目前尽管经历着服务商业模式产业化、产品过程商业模式服务化及产品服务模式三种典型的服务发展形态，但服务作为商业模式及商业投资的价值认识已经相当普遍成熟。随着人类对品牌服务的认识提高以及人类社会网络化的发展，品牌服务商最终将取代品牌生产者，从而成为全球品牌未来服务主体竞争形态以及普遍意义上的全球化品牌服务状态，全球品牌服务商会与全人类共同共享品牌服务的发展成果，致力于让人类更好地生活在全球品牌服务生态环境中。

2.8.5 品牌服务流系统设计

流式管理是管理学再造对现代企业管理方式提出的新要求，在日益发达的多网互联环境下，服务作为一种实时动态传输的过程流，流经品牌组织的各个环节，包括了品牌服务的性能管理、服务输出端、服务传输网络、服务分布系统、服务用户端，其发展方式是集中以服务流的部署、服务流经过程序、服务输出与输入效能比为特征的明日管理方式。

由于未来管理在多种网络跨网的运行特征，链式管理和流式管理将成为新型的基本管理方式，订单流、服务流、企业文化流是三种最重要的管理方式，并取代以往的产品管理形态，使产品流程的过程管理以先进的订单流和服务流来分别进行产品过程组织，并以企业文化流提升服务流的服务内涵，增强品牌价值传输能力。

服务流管理的未来发展属性对服务系统设计能力的要求大幅提高，并注重了实时动态的跨网传输要求，这不仅使新兴的服务管理方式有别于以往的服务管理方法，也与现代意义上流行的服务管理软件或 IT 服务解决方案产生了本质性的区别。服务流的系统发展将是未来服务发展方式的前沿走向和最新趋势，是建立在高度伸缩性、跨网性、融合性发展基础之上的科学化服务发展力组织形态，所有服务的环节被有效组织起来，以开放式、分布式、直接接触式的发展结果发挥出品牌组织强大的品牌化服务流程组织效应。

服务的系统设计过程，是人类服务科学的必然发展过程，是企业与时俱进建立前沿地位和决定性竞争力的高度组织科学化过程，是建立在对服务流程、联网品牌化和具有公共服务性质的社会网络服务基础之上的系统升级，是最终被总体提升到以"服务流"为代表的高度自适应自生态自传输的服务生态组织过程。

一个完整的服务流系统设计结构包括了品牌秩序层、品牌管理层、品牌作业层、品牌协同层和品牌服务层，分别对应品牌战略决策、品牌秩序管理、品牌管理部门、品牌现场作业、品牌协同网络，并最终向所有的品牌用户提供全面服务的服务层，与品牌组织化的组织结构是一致的，并注重了品牌组织的柔性、网状性、生态性发展要求，是以品牌组织的持久永恒的结构性运转秩序和迎接未来服务智网时代的发展所做出的服务科学前瞻性部署。

服务流的系统设计同样是以总体品牌设计原则为主要设计思想，由品牌官和管理科学家、管理分析师、市场分析师们通力合作并实施的完整系统设计过程，根据品牌组织的科学发展需要，要部署一定数量的服务科学工作组，没有能力部署服务科学工作组的企业可大量部署 MA 学组进行服务系统的设计、维护及运转。管理学再造的一个典型专业分工特征是，未来管理系统的设计是由管理科学家主导的总体管理技术系统科学设计，品牌官和管理分析师、市场分析师负责管理系统的运行维护，企业中的领导人和管理者是系统的具体使用方，只凭借外部顾问公司或内部管理人员主导服务系统设计是不负责任的，这将造成服务流的大量损耗。

品牌未来服务流的发展要符合生态服务系统的基本发展秩序，例如对自然环境中食物的生产、水的流动、气候的改善、疾病的抑制、人体营养循环、作物授粉过程等基本的自然生态系统发展特征的研究，都是品牌服务流系统的未来发展可以借鉴的生态科学研究领域，并且品牌服务流的生态系统是与城市生态、产业生态的发展高度融合、协调、并网或协同运行的重要生态系统分支，品牌服务流的生态化是人类对自然生态认识不断提升并使之作用于人类自身、社会与经济生态发展过程的重要途径。

此外，品牌服务的发展还要将人类根据自然的理解发展出文化，并将文化付诸服务，是不断认识并提升人类对各种服务中需要并出现的哲学、艺术和美学属性进行追求的发展方式，这是人类不断进行自我进步、服务需求和服务提供不断自我发展的同步协调进步发展过程，这也是品牌组织得以成为品牌生态组织的科学化和哲学化双向发展的必然结果。

2.8.6 品牌服务学习

人类对服务的认识是一个不断进行自我进步、自我提升的认识过程，是建立在对服务精神、服务志向、服务状态形成基本认识基础上的深刻理解，并使之成为每个人基本意识形态的自我发展过程。当一个企业品牌决定发展成为品牌组织就必须整体提高品牌服务水平，通过品牌服务学习进行品牌服务化的全面升级，品牌服务学习在这里是一个必须经历并相当关键的服务发展过程。当一个国家希望成为服务强国，要建立纵深发达的现代服务业，全面提高品牌经济中的服务能力、比重和价值，还必须进行全民性的服务学习，品牌服务学习在这里是一个国家的国民服务经济发展方式的结构性战略资源储备。

服务学习是一种重要的学习方式，也是一种服务提供时所需保持的状态。学习与教育之间目前已经存在了相当多的不同之处，人本身都是处于快速的动态学习网络之中的一分子，学习由随时随地的即时学习和系统拓补的知识动态更新组成，地球上每一个人一生中的每一天都处于一个以自我为中心的学习圈中进行知识增补和知识调节，而教育的任务则是系统传授并掌握已有知识，这两者的区别在现代科学发展和社会进步过程中已经出现明显的距离，学习和教育在未来必然被分解为不同的两个战略发展领域。

企业的品牌服务学习是为了发展高质量、高性能、高匹配自适应能力的服务水平而做出的服务能力准备，当企业品牌要发展为品牌组织时，需要经由品牌人才甄别技术，选取具备服务条件的服务人才合理分布于各个服务环节，服务学习由品牌官服务学习、领导层品牌服务学习、品牌服务骨干服务学习、品牌全员服务学习和品牌协同网络服务学习共五个层次的品牌服务学习内容，根据集中学习课程和学习时长进行学习组合。

并不是任何一个人都能从事服务管理工作，在一个品牌组织中从事品牌服务的主要成员是需要经过品牌人才甄别技术进行选取的，主要通过人才测量技术来寻找出具有服务精神、主动服务意识和服务状态的专门人员，服务本身需要由一批带有志愿性、主动性并需要持续保持对他人服务热情的人来完成服务的提供，只有准确的服务者在领导层、管理层和关键服务作业环节发挥重要的服务尽职尽责作用，一个品牌的服务能力和服务价值才能完整系统地被有机组合起来，发挥出最大服务力。

从国民发展而言，要发展现代服务业，就必须进行全民化的服务学习，使人口转化为高素质的服务从业人口。并不是一个国家的国民都能够普遍具有服务能力，服务能力取决于国民最基本的服务素养，一个国家具有基本服务素养的人口比重取决于国家经济战略资源储备力量中经过专门服务学习的人口数量。国民是否具备普遍意义上的服务意识和服务能力，主要需要通过新成长的人口中所进行的国民基本服务素养根植性培养，小学、中学及大学都是进行服务学习的重要阶段，此时的服务学习是以基本的国民普遍教育性质开展的，通过在学校开展服务学习素养教育，普及品牌服务科学，发展社会化的志愿服务精神，一个国家的未来经济形态才能有条件实现全民化的品牌服务化。

如果一个国家不进行普遍意义上的服务学习，该国成长起来的人口中能够有效从事服务事业的人口就会相当稀缺，国家的服务经济将面临结构性断层，企业中所需要的服务人才也将会严重不足并且面临服务人才枯竭的危机。具有品牌服务发展能力的人，在国家和地区的创业经济、服务经济中都具有相当重要的服务发展战略资源优势。

2.8.7 品牌服务智能

品牌服务的智能化发展是现代品牌服务已经遇到并飞速发展的前沿服务科学领域。品牌的服务智能首先要建立在对服务本身的深刻理解上，改变的并不是技术表现方式，其发展重点是对服务过程的全面智能化设计。

目前，人类对智能的发展仅仅是人类未来智能发展的初级阶段，服务智能只能以模拟自助服务的形式或以局部，或小范围投入到服务中的实验测试研究，例如已经大量部署的自助服务设备，而智能服务机器人的应答服务和智能机器人的拟人化服务接待，在品牌质量学和品牌体验学中仍然处于不成熟的实验室状态。

品牌服务智能的发展仍然需要以系统思考和总体设计为原则，其发展重点是建立在以品牌服务流自运转、自适应、自生态的品牌服务秩序基础之上的管理和技术发展。为满足未来品牌服务智能发展需要，还应重点注意服务网络系统能力、本地化服务和多网互联环境的服务发展。

目前，全球企业的服务过程管理仍然存在大量服务设计缺陷，服务流的流动是不流畅的，这些服务缺陷和不流畅、不稳定的品牌服务流过程对品牌生态化进而全面智能化的发展造成了一定的阻碍。

目前，的品牌服务智能优先发展环节仅仅主要体现在企业品牌的客户服务系统，发展品牌用户支持系统的企业较少，在联网品牌化以及电子商务品牌化（B2U）发展环境中，越来越多的品牌电子化服务将与原有实体品牌产品及服务进一步融合，从而构建起新的未来品牌智能服务形态。

品牌服务智能的终极发展是以高度发展的品牌脑学和发达的服务智网为发展方式的未来服务发展方向，从而深层次改变人们对服务的现有认知方式和获取方式。

第2.9章　品牌质量学

品牌质量学，也被称之为品质学，是与一般质量学有着明显区别的品牌学发展分支学科。其本质区别是：一般质量学的发展目的是质量保证、质量过程控制和质量合格，被视为一种检验检测手段，通过质量控制、约束论和质量活动来实施，建立在对整体质量受控，并达到满足质量合格的事实约束论基础上，体现为使产品取信于一般消费需求，最终被落实为满足最低的质量合格保证要求；品牌质量学发展的目的是追求更好状态、最佳体验和质量稳定性，被视为最基本的企业责任，通过品牌质量系统和质量设计、质量过程来实施，建立在对整体质量水平不懈追求的发展论基础上，是对品质追求全面呈现的最高目标与事实基础，体现为对品牌自我追求的完美表达，最终被落实为可证实的品牌质量科学与哲学实践成果。

2.9.1　品牌质量科学与品牌质量哲学

品牌质量的发展既是一种品牌质量科学，也是品牌质量哲学，具有高层次、高水平、高要求的科学与哲学双重发展要求和终极体现形式。品牌组织通过发展品牌质量学来达到品牌产品和服务的自我完美追求目的，是一种由内对外的自发性、主动性、超越性地对品牌所追求的理性和感性双向质量水平认识。

品牌科学的发展任务是以品牌质量系统设计总体要求为主体，通过不断总结提高品牌质量的科学规律，通过品牌质量科学实验、品牌产品和服务过程中的质量问题发现和研究，通过整体性的分阶段进步稳步提升品牌质量的可靠性、稳定性和保障性要求，作为一种认识上、理解上和态度上的质量追求，将品牌组织全员的系统质量价值发展到极致。

品牌质量哲学的发展任务是通过对品牌质量的思想认识、意识水平、精神追求和质量体验立场，通过不断感知自然万物、理解自然生态系统，提升品牌质量美学的表达水平和呈现价值。作为品牌 A 理论——品牌思想力的重要组成部分，品牌质量哲学作为一种思想、思考、认识、意志、意识的源泉与精神追求出现，为品牌质量发展提供文化内涵、艺术呈现、意境与美学的哲学化质量发展的文化演绎能力。

品牌质量科学与品牌质量哲学同等重要，为品牌质量发展提供结构性品牌发展力的重要支柱性前沿发展力量，是品牌产品和服务在发展过程中不断提升总体质量水平、体现最佳品牌质量诉求、发展良好质量表达与呈现形式，鼓舞和动员企业品牌组织全员为品牌质量做出努力、付诸态度与行动的终极质量追求，也因此——品牌质量学的发展与一般意义上的常规质量学彻底从思想上、认识上、战略上、管理上拉开了明显的距离。

品牌质量学的发展，是品牌发展使命和企业责任的最佳表达形式，是企业品牌组织质量发展过程中的基本质量状态，并最终使品牌质量经由品牌产品、品牌服务在向品牌用户的输出、传递、使用过程中达到完美体现，并因此带动品牌用户的自响应、自感应、自传播，使品牌质量本身成为相当重要的品牌自动扩张传播营销载体，是品牌发展过程中的品牌引力作用，发挥了极为重要的品牌科学与品牌哲学双重价值。

2.9.2 品牌质量本位论

品牌质量本位论是指品牌质量在整个品牌的发展历史、在品牌产品和服务表达过程中所应具备的基本作用、中心作用和主体竞争地位。

任何企业的发展，首先都是追求企业责任的履行，而企业责任的关键就是做好产品与服务本身的质量，以质量发展市场，以质量赢得市场，以质量巩固市场地位，建立起从"质量立企"到"质量立国"的企业与国家品牌质量追求本质性发展路线。

任何企业不可能脱离企业自身需要"做好产品、服务和质量本身"的企业基本责任，在优先做好企业责任的基础上，再延伸发展企业社会责任，不可本末倒置——重企业社会责任轻企业责任，企业要努力发展成为负责任的全球企业，品牌才能成为受到全世界尊重的品牌。

质量在任何企业品牌的发展历程中都发挥着市场主体竞争作用，既是一种企业品牌在市场中立身处世的坚定决心，也是企业品牌发展的最高追求，更是企业全员的基本品牌认识和全员努力。

品牌质量不是被承诺或保证出来的，也不是靠检验检测识别的，更不是靠 PDCA 质量环进行改进的，品牌质量是作为一个品牌的总体结构性设计来完成的，并通过总体设计、质量追求和整体提升来完成阶段性的品牌质量进步，是稳步提升的品牌质量可靠性、稳定性、先进性和发展性质量系统的整体进步，是针对一个品牌未来发展的长期性保障性的基本发展思想和发展结构，是系统解决品牌发展未来任何可能出现质量问题的总体前瞻性的预设计和前沿地位保障能力，是决定性竞争力发展能力的关键事实基础。

品牌质量本位论还要求——品牌质量的发展重要不仅要重视实体产品、虚拟产品或产品体验过程的质量，重视交付于用户可感知的终极质量，还要求品牌在管理和服务等任何过程中的基本质量要求力求完美。品牌质量是建立在全方位的品牌质量评级基础上的发展基础，是确保一个品牌为创造一切最佳品牌质量实现结果的基本前提，是不断淘汰自我、发展自我、进步自我的自我升级，是升华自我发展格局和最高质量发展要求，是品牌组织全员所能达到的一种质量意识水平和质量状态，从而最终在企业品牌发展史中和品牌产品的市场表现中取得杰出品牌成就的主导性品牌重点发展思想。

2.9.3 品牌质量立体表达形态

品牌质量的完美表达，主要是通过感知性、技术性和艺术性三个角度的品牌拉伸理论立体结构来实现的，绘画艺术要表现出立体感必须运用三维立体透视关系来完成，从而使作品建立起立体化的视觉成像。品牌质量的表达，同样不可能通过某个角度或某一个侧面来单独呈现，否则品牌质量的表达非立体化，对品牌用户无法形成全方位的感知印象与综合判断，一般意义上的产品质量学往往会关注质量的某一个方面或某几个重要环节，这样体现出来的质量是二维平面的，是不完整的。

质量感知性：品牌质量所建立的是一种感知，创造的是一种感觉，是为了全面实现感知所实施的一系列精神追求和完美表达，为达到超越自我、超越现实和完美呈现品牌总体设计思想和设计理念的目的，品牌质量需要不断研究体现质量本身所需的材料、工艺和制造过程，还需要注重与艺术美学设计理念的表达形式。

有关品牌产品的科学实验、科学分析和科学研究、技术发明就显得相当重要，品牌需要不懈余力地展开这些领域的科学研究，因此科学实验室和全球研发中心在任何一个品牌组织中都承担着权重最高、比重最大、影响力最深远的长远基础性研究工作。品牌质量的感知在这里会被演变为具体的多个研究项目与质量感知数据，例如对毛皮花纹、光泽及色彩的研究，或者是对口感口味的实验测试，通过周密细致的科学发现、材料对比、基础学科研究、技艺水准、感观印象来创造并设计品牌的最佳呈现质量。

质量技术性：质量技术性的重点，是将质量作为一种所要追求并达到的质量稳定性要求、质量管理过程和质量评级的要求来综合体现。这些技术环节已经扩大了人们对质量的基本理解：

①质量稳定性要求促使品牌产品力求完美，保持交付品牌用户以后的稳定运转、良好使用状态，工业产品的质量稳定性较为复杂，对质量稳定性的发展也是关乎对制造技术水平的高质量要求，研发的重点会关注到技术先进发达程度、最佳产品性能体现方式和卓越的质量技术发展水平。

②建立在管理全过程的质量水平发展上，这是质量在管理上的要求，覆盖研发、工艺技术、生产设备、生产过程、储运过程、交付过程、售后服务多个跨管理技术领域、跨管理系统的质量保障能力、运维水平和快速响应机制。

③对各环节的质量评级要求，包括了供应链采购质量、服务质量、配套服务质量、内容质量等实体物质、工作质量、虚拟产品的质量水平评级和高水平的质量要求组合、协同与运用，品牌质量所需的质量要求是多方面的，质量评级是对整个质量系统中各种质量做出的明确要求，对各环节的质量等级进行甄别选拔的系统，是保持质量一贯性的质量交互发展水平，只有所有各质量参与环节达到质量评级的高水平要求，整个品牌才能体现出高度的整体质量发展水平。

质量艺术性：该要求是建立在以哲学和艺术表达形式上的质量美学要求。品牌组织内部和外部中的品牌设计师重点承担品牌产品的艺术再现过程，通过产品形态、创意创想、概念设计、工业设计、包装设计等一系列的质量艺术性表达形式，使品牌产品增加了科学水准、文化内涵、艺术设计的无限发展空间，使质量发展出艺术作品般的文化性质。

品牌组织对艺术的要求主要体现在品牌产品的终成产品上，是相当立体直观地向公众推出的品牌化产品。这些产品经由艺术化处理，如色彩的运用、外观的设计、品牌感观印象的加强等具体追求，最终被体现为考究的原材料、精美的做工、艺术化表达等具体环节的质量追求属性，并容易被用户发现、识别和记忆，是品牌用户对品牌文化价值的认可，是价格超值的品牌购买动机和使用享受。

2.9.4 品牌质量失败论

品牌质量的表达显然要远远高于一般意义上对产品质量的要求，必须从三个维度完成完整的品牌质量美学立体成像，无论从任何一个角度或侧面都能通过关联的内在、外在、视觉、嗅觉、性能、质感、形状、包装等全方位立体形式拉伸性展示出品牌的最佳完美形态，这是一种综合性的、全面的、深度的品牌质量的品牌拉伸理论作用，使品牌脱胎于原有的虚拟或物质形态，展现完美完整的质量美感体会和相当固定的品牌质量印象。

任何一个消费者在初次遇到一个从来听说过的新品牌产品时，由于缺少对这个品牌的"经验"化感应，对该产品的使用形态、性能特征和应用时长都是前所未知的，此时消费者对该品牌怀有极度的警惕心理，对品牌产品的任何一个环节、品牌交付过程的任何服务状态以及购买后的任何使用可能遭遇都保持着相当警惕的"尝试性试错心理"，这是建立在人类对任何存在潜在风险的未知事物进行自我安全保护的心理上的，例如不能靠近没有保护措施的高楼边缘，一旦接近，心理和身体就会自动启动安全性警告，恐惧心理阻止身体向前运动。

人类在对于未知品牌和未使用过的产品接触过程，同样会保持高度的潜在风险评估过程，内心会将此类产品列为重点监测与风险防控的物质（或服务），必须确认达到安全要求后才会放心。这种自我保护的警惕心理会将产品使用过程中的任何微弱缺陷瞬间放大，第一时间侦测到"风险"的存在，并在保护意识下阻止人的继续行为，该产品没有丝毫解释的机会，人们会立即收到内心的警告性阻止，并进而中断该产品使用，直接放弃对该产品的进一步了解，很少有人会继续"冒险"使用该品牌的任何其他产品。

这种人类与生俱来的防范机制促使品牌必须注意到质量的完整表达，任何细节或失误都不能发生，于是高度品牌化的质量就必须建立在品牌拉伸理论所指明的立体化品牌完整质量发展印象入手，来完成品牌用户对品牌产品的尝试使用、首次信任和质量稳定性认识、质量先进性的认识，从而将"品牌选择和使用经验"通过使用经历上升为专门的、安全的、固定的消费行为，这是一个品牌新用户对一个品牌所形成的新经验生成、经验转移和经验固定的过程。

人们凭借对这些品牌安全性的识别经验、使用后的经验结果来完成对一个品牌完全意义上的质量感知和质量认可。如果任何产品在这个过程中的任何一个轻微环节发生质量失败，那么该产品及其该品牌的所付出的一切努力都立即会被消费者无情地抛弃，或许消费者一生都会否定该品牌。

2.9.5 品牌质量发展论

全球质量理论的早期发展基础，是以约束论为代表的，注重以"质量控制"为管理过程的发展思想，运用质量体系约束设备和人等制约质量的条件，对各环节作业技术制定限定性的受控目标，以达到质量要求，通过监督、PDCA质量改善等质量活动来保证质量。

之所以出现形成以约束论为主的质量控制思想，其本质是由于质量的设计缺陷、生产过程的质量不稳定性、质量要素之间的非融合性等原因产生的整个质量链上所有阶段、环节可能引起的不合格、不达标、不满意因素，从而才能确保生产并提供、交付合格的产品给消费者。

但品牌质量的发展，显然超出了保证合格的范畴，品牌质量的目的是制造出优秀的产品，向市场供给经过完美演绎的品牌化产品，仅仅提供"合格"的产品显然只能是市场中最低级别的质量要求，并不是品牌产品所应发展的主导性路线。

因而，品牌质量是以发展论为质量管理思想的，注重品牌质量的发展水平，是以"品牌质量追求"作为一个品牌质量总体发展目标的科学与哲学表达。为创造出梦想中的、理想中的、理性的完美品牌，品牌创始人、管理科学家和品牌设计师、管理分析师们会花费无数个日夜来创作完美的品牌作品。

在品牌质量学中，质量不是检验出来的，也不是保证出来的，品牌质量是通过阶段性质量总体升级发展来完成的完美质量追求结果。品牌产品可能存在的任何缺陷及各种环境包括恶劣条件下的使用体验，全部被前置，归属于品牌设计环节，品牌性能中的品牌感知性能、品牌呈现性能、品牌实质性能、品牌效用性能、全球协同网络中的品牌性能均被视为完整的品牌质量追求环节，以便全方位完成品牌质量的最佳性能总体设计。

在2200年前的中国秦朝，首次开创了人类的标准化时代，秦弩、铍、戟、戈、青铜剑等兵器，甚至战马都被大规模发展的标准化生产与数字化的标准化要求来实现，这些兵器并不是按一般意义上的生产控制来完成的，它是以深度的兵器研究和高超的设计水平发展为代表的，战马的身体也要有精确的统一性规则，其原理是以"大量研究实验—寻找最优秀的性能—固定下来成为标准—再生产（筛选）"为品牌质量发展规律的。任何一款在世界范围常年长销、经久不衰的经典品牌产品必然经历了类似的品牌性能设计过程，从而发展出卓越的品牌质量，体现优秀非凡的品牌性能，这是全世界范围的品牌产品在发展品牌质量过程的"优秀"表现，无论在东半球还是西半球，但凡品牌产品都有类似的品牌质量追求思想。

相反，以约束论监督实际质量控制过程，进行缺陷监督、失误性质量问题处罚的管理思想之所以在进行一般质量管理的企业中流行，主要原因是其产品速度更新过快、对自身产品质量要求低产生的，为尽快向市场推出新产品满足表面上的竞争需求，企业会将"用户"视为"实验对象"，在市场中检验产品的质量性能表现，于是所有购买其产品的用户都成了"实验品"，大量设计缺陷和质量不稳定现状长期困扰着企业的发展，但企业却浑然不知。

每一次的新产品推出都意味着一次次的质量缺陷被继续累积后被放大成为重大质量事故，也造成了今天全世界不断被勒令进行产品召回、"质量门"事故层出不穷的起因，其本质原因是发生在质量管理思想上的非品牌化意识，当企业没有真正具备品牌质量的基本认识，产品质量就会成为一种扑朔迷离的管理问题频繁突发、市场难题重重反馈与屡遭消费者投诉抱怨的表象，成为制约企业向品牌迈进的天然屏障，从自认为凭借知名度自己已经是"品牌"，到成为真正意义上的品牌之间存在巨大的品牌质量学差距和品牌发展力鸿沟。

2.9.6　品牌质量系统设计

品牌质量的发展，是一种基于优秀质量设计为主要发展方式的品牌质量追求模式，其发展重点是系统设计和实验室状态，并以品牌质量过程整体阶段的性质完成对品牌质量系统设计水平和发展程度的整体升级，以综合性系统提升总体品牌质量发展力水平。

品牌质量的系统设计是为了满足品牌各项性能的优异表现所做出的总体设计安排和系统设计实践，是品牌总体设计工作中相当重要的品牌质量表现环节。系统设计要求品牌在发展品牌质量时，必须注重品牌质量本身的理想发展状态和各项质量优势，是建立在品牌发展本能基础上的优势集合、性能体现和完美表达。

为创造出品牌产品的最佳质量状态，品牌组织需要对整个市场的最高品牌质量水平进行对比研究，但这并不是主要目的，品牌质量的研究范围应覆盖至所有可能的各个领域最前研、最先进、最发达的品牌质量思想和质量追求领域，并在不断总结提炼自然万物科学发展规律和人类哲学发展思想的基础上，寻找创造品牌质量的最佳认识，达成品牌质量的最佳状态。

需要做出特别说明的是，品牌质量是一种出于完美品牌质量追求目的上的自我创造和质量实现，并不仅仅局限于对市场同类品牌质量状况的研究，也不是建立在参考同行质量基础上的质量发展。品牌质量的思想创造源泉可能是对动物、植物的相关研究，也可能是建立在对自然生态的理解，更可能是对世界上最新热门发展趋势与世界流行产品竞争形态质量发展水平的一种全面认识，这些思想最终融会贯通，成为一个品牌发展所需要的独立思考——品牌力学中的品牌思想力最终发展成果。

这也在一定程度上意味着品牌组织可能改变现有市场上的品牌产品形态、品牌质量表达形式和品牌性能的体现与识别方式，作为一种先进的思想力创造成果，任何一个优秀的品牌产品所创造出的品牌质量结果可能是对市场的颠覆，也可能是对同行同类市场中的品牌质量所做出的全新理解，是一个品牌在全球范围内的所有竞争同行产品质量竞争领域所到达的最新高度，这种创造始于品牌自身、发展于品牌自身、成就于品牌自身，是完全独立的品牌质量思想在全球市场中的终极体现，也是品牌以前沿地位和决定性竞争优势存在于市场中的最佳表现。

我们始终强调所有的品牌官都是完美主义者，力求苛刻、完美追求、自由思想，保持公正公平且独立思考的品牌官是代表市场中任何可能的潜在消费者对品牌产品进行检验、巡礼和把关的实际决策负责人，任何品牌官认为不够完美、不满意的品牌产品设计都不能流入市场，不可能出现在出售和交付环节上。品牌官必须足够严肃、慎重地对待品牌官这个职业的使命以及企业所赋予的对品牌产品最终把关的签字权，这是对市场负责、对品牌负责、对自己负责的巨大使命感、责任感以及权力赋予。因此产品设计缺陷或制造过程的缺陷实际上是由品牌官来消灭的，并不是依赖于质量人员的控制，也不是消费者发现后产生的质量投诉中反馈出来的信息。

所有未经首席品牌官签字同意完工的品牌产品环节，都必须以品牌产品的标准化思想、归零管理和荟萃分析不断寻找品牌产品的最佳状态和完美表达。而这些品牌产品都将处于严格的品牌实验室状态进行反复研究、科学分析、实际测试。在本质上，品牌质量的系统设计始终是处于品牌实验室状态的科学实验研究，只有首席品牌官签字同意，品牌产品初步研究才能够结束。接下来还需要进一步对品牌质量的生产管理过程、服务过程等进行实验之后，实验状态彻底完成，品牌产品才能正式进入市场。

为达到品牌质量的追求目标，品牌组织还会运用系统识别、性能实验、随机逼近的完整方式来完成品牌质量的最佳体现。系统识别是对品牌产品所有问题环节的反复实验辨别，性能实验是对各项品牌性能的具体实践做出的研究对比，以便寻找最佳品牌感知水平、最佳质量方法和最佳质量表达形式来完成品牌质量的完美构建。随机逼近是在实际科学研究、科学实验过程中，将品牌性能随机出现的最佳质量表现环节纳入研究实测中，通过对随机逼近中的最佳性能捕获，总结品牌实验室状态中出现随机逼近的科学规律，运用这些科学研究成果，是品牌质量能够有效发展的重要发展方式。

2.9.7　品牌质量过程

品牌质量过程是品牌质量发展中的一种关键发展手段，是在品牌质量设计结束之后，对品牌质量进行的阶段性整体质量水平升级过程。品牌质量过程包括了价值工程、全局优化、MA 求解三种典型的品牌质量过程发展结构和发展方式。

价值工程是品牌在品牌产品推出前后，对品牌组织全员实施的品牌质量意识培养和品牌性能的系统价值创造与发展。价值工程是为了捕获品牌设计中重要的品牌质量要素最佳性能和最佳表现方式，同时兼具对品牌价值链发展的管理水平和竞争优势。

品牌最终在市场中被体现为价值发现模式，这与品牌组织中的价值创造是对等的价值实现和价值表达程式，前者是品牌用户对品牌价值的自我发现，后者是品牌全员在品牌质量实现过程中各环节的新价值创造。

当一个品牌完成完整的品牌质量设计之后，在品牌组织用户端及发展端，系统地实施品牌价值工程，是校验品牌质量水平、发展品牌价值，以及对品牌管理全过程进行纠错的品牌发展秩序思想，是为保证品牌进一步达到自适应自运转品牌生态组织发展水平的系统工程。

为了创造发展条件，促进并加快品牌组织能够创造性拥有高质量保障水平和高质量稳定性的品牌产品质量，品牌组织将需要运用全局优化、MA 求解来完成品牌质量的系统水平升级。

全局升级是指品牌质量不能以随机改进、随时改善、随后变化为品牌质量发展要点，以质量改善模式为主的 PDCA 质量环在这一过程中是被禁用的，由于 PDCA 局部优化的局限性特点，会发生管理问题累积冗余、破坏管理流稳定性的管理弊病，是企业管理每运行一段时期就会出现企业处于管理问题层出不穷、管理流错乱复杂、管理效能急速下降的"疾病"发病原因。

品牌质量管理的升级必须是经由系统纠错、系统识别、系统分析来进行系统化、整体性、全局性的品牌质量全局升级，经由完整的品牌质量系统升级来完成品牌组织完整质量系统的科学设计、科学发展和稳定的品牌生态秩序发展水平，是运用分布在品牌组织中的跨部门 MA 学组及 MA 求解方式来完成的。

MA 求解是在品牌质量系统升级过程中，针对具体发生的品牌质量问题以及质量不稳定项，以 MA 管理分析学组的 PAO 模型进行系统的问题搜集、荟萃分析、科学设计及科学普及，从而确保品牌管理全过程的整体系统科学发展水平。

第 2.10 章　品牌体验学

品牌体验学是现代品牌发展过程中出现的一门新兴学科，随着全球品牌产品与服务的快速发展，品牌中的科学、文化与美学需求大幅增长，在 21 世纪初品牌体验被视为一个重要的领域，从而陆续增加了品牌产品经理、品牌首席体验官等专门的职业，品牌体验学随之兴起并成为品牌学部领域中一个快速发展的学科分支。

品牌体验是体验研究的想象与实验过程，不是目的，一切品牌体验的目的最终都是为了品牌体会——品牌在用户端被沉淀、被感知、被记忆的深层次、长期性的品牌使用心理体会经验认识结果。如果做不到品牌体会，品牌体验只能被称为在市场营销中的噱头和推销、促销行为的变种。

2.10.1 品牌体验学的兴起

品牌体验学的兴起，主要是 21 世纪初苹果公司创始人乔布斯在 iPhone、iPad、iPod、iMac 等风靡全球的电子产品中增强产品体验设计，从而引发的一场全球性的产品经理热，产品体验被视为现代企业发展过程中一个相当重要的产品发展领域而被迅速引进并重视起来。但尽管全球特别是科技企业大量增设了产品经理和产品体验的相关职位，也纷纷开设了品牌体验馆等体验设施，但从全球产品发展和品牌体验设施的发展而言，除了少数品牌有效地提升了品牌产品的体验水平并良好地应用了直接互动的品牌用户关系发展形态，目前品牌体验还只能被视为一股全球热潮，没有形成理想中系统发达的品牌体验学分支学科。

事实上，乔布斯很早就注重了品牌体验的发展，从苹果创立之初开始，乔布斯就运用品牌体验的设计思想来发展其产品线，这是一种建立在系统的品牌感知哲学基础上的品牌思想力，在 1983 年发布 Apple Iie 和 1997 年推出 iMac 都曾极致地运用了品牌体验思想。就品牌体验学而言，拥有多少优秀的产品经理并不是一个品牌的决定性竞争力，品牌体检的发展关键于在于建立系统的品牌感知哲学、品牌体验效益和对品牌用户关系的思想力发展结构，即取决于拥有高水平的品牌前沿地位发展能力的品牌企业家和品牌官们所发挥的作用。

因为品牌体验并不是某个局部或细节的产品形态或体验程度发生的改变，它是系统性的高水平品牌思想力运用的发展结果，是建立在全局性的世界前沿发展水平上的完整完美品牌体验思想的全面呈现，是深刻改变品牌产品和服务基本存在形态并深度拉动原有产业组合关系发生变革的原生创造精神、野心与魄力。拥有伟大品牌体验思想的原生企业家相当罕见。受制于各种发展成因，最终所能创造出品牌体验奇迹，将之转化为品牌体会成就的企业家就更加稀缺了，但这并不妨碍我们建立一系列的品牌体验学思想，总结其科学发展规律，为今后能产生出更多拥有杰出品牌体验思想的企业家、品牌官建立一种理论基础。

2.10.2 品牌感知哲学

品牌是建立在人类感知水平发展基础上的一门前沿科学，其发展重点是对感知所进行的科学发明、科学创造、科学实现与哲学思考、哲学表达、哲学传播。少数拥有发展能力的人，在发展品牌的过程中良好地运用了品牌感知发展水平的科学与哲学价值，从而将品牌体验在世界范围内发挥到极致，创造了一系列的经济奇迹和实现了市场颠覆性的体验思想改变。

尽管人类品牌经济在 21 世纪的发展主要表现为消费力决定生产力，但发展主导作用是品牌思想的发展力，品牌用户实际上始终都是被动的感知者，品牌组织创造什么样的品牌产品和服务，品牌用户接受什么样的品牌产品和服务。尽管一些学术观点认为 21 世纪品牌消费者不再是信息的被接受者，因此强调需要重点发展参与营销和互动营销，但实际上这只是品牌在市场端的一种被视为营销的策略。从全球市场竞争主体作用而言，用户参与品牌所发生的改变作用是相当有限的，只能改变品牌产品的微观环节或促进品牌组织以理性方式发展品牌形态，其主体发展作用仍然是由品牌组织来主导的。

只有当品牌组织推出什么样的品牌产品，用户才有机会使用到这些品牌产品，产品也才会有机会进行动态化的体验升级。如果一个企业没有自己战略性、主导性、独立性、决定性的品牌思想，那么品牌组织也就不会存在，因为你将无法以自我主观意识、自我判断能力来独立决定品牌将如何发展，随波逐流并极力期望满足一切客户需求的企业只是市场中的临时替补者，最终将一事无成。

品牌感知水平的发展来自于品牌组织领导人天才般的伟大创造力，这是一种拥有领袖级的前沿思想和绝对性竞争发展实力所演绎出的品牌感知哲学——在市场中的彻底性的释放运用。这包括了品牌感知创造能力、品牌现实感知转化能力的发展以及对感知学习过程的科学运用，是良好地掌握了进步心理学并在市场中发展出的决定性竞争优势，而这种用户感知水平的发展在全球市场中被体现为品牌体验效应——品牌体验移植。

2.10.2.1 品牌感知水平的发展

品牌所要创造的正是感知，这是人类在知觉进步发展过程中不断演化并持续进化的人类史发展过程，人类普遍经济收入的增长促进了物质和文化消费水平的增长，大量新的品牌感知被不断发明创造出来，再继续随着人类对感知的不断认识理解和习惯性感知经验的增长，使新的品牌感知创造难度变得日益复杂困难，因此品牌经济的创造性会随着人类品牌用户对感知的增长性发展而变得更具挑战意义，并随着人类感知发展到一定程度，新品牌出现的速度将迟缓下来直至在21世纪末达到品牌感知饱和后，新品牌的出现概率逐步将变得微乎其微。

首先，感知是建立在人类感受器官和感觉心理基础之上的科学与哲学双向发展过程，参与感受的人体环节包括了眼睛、耳朵、舌以及手和脚等身体的器官和人体神经网连接，分别承担视觉、听觉、味觉、触觉等不同的感受判断，从而产生出视觉美、听觉美、口感不错、手感舒适等体验美学，并随着每一个人感受器官的感受经验增长和感觉心理的发展而形成每个人综合性的感官水平体察，如舒适性感官反应和美丑判断能力。

来自感觉心理方面的变化则主要是来自内心心理及大脑等体内感觉部分对体验所做出的体会性判断，包括对言语感知、美学鉴别、艺术欣赏、自然感悟、梦境幻景等更为复杂的高水平感知判断能力的发展，是随着每一个人自身所处的环境、知识增长、独立思考等感知水平的全面成长，形成的感觉感应、知识创造、鉴别水平、认识能力的综合增长。

人类整体同步增长的感知水平进步与发展以及人类中每一个人所处的不同感知水平的增长，就决定了品牌感知的创造水平以及品牌用户对感知水平的接受程度不断地发生演变性进步。典型的例子是不同时代主流服装款式发生的变化以及人们对食物、通信工具、交通工具等日常使用的物质及工具发生的阶段性感知变化，并以"时代变迁"等这样的概念记录下来。

而品牌的发展价值本质就是发明感知、创造感知、发展感知，如发明一种口感、创造一种款式、发展出一种新的工具，这种品牌感知的创造需要通过理性的科学化创造过程或感性的哲学化创造过程来实现，理性的科学化创造会被视为新的发明创造，或者是对一系列新的科学规律所进行的发现发展，使品牌具有人类科学应用的普遍普及价值，感性的哲学化创造则主要是通过思想意识的创造、概念的发展及艺术美学的表达方式等使品牌赋予新的意义、价值和表现方式。

无论理性的科学化和感性的哲学化发展，都能够发展出品牌，前者如科学发现可口可乐的最佳温度为4℃（平原地区），后者如日本生鱼片的刀工艺术等，都在从科学化或哲学化的角度对品牌所发展出的感知水平，但科学化意味着感知可以进行普遍性规模化发展，哲学意味着感知可以多样性个性化发展，只有两者进行双向均衡性发展，保持感知水平的理性科学化与感性哲学化发展双向平衡，才能发展出畅销的流行品牌，满足市场的大规模发展需要，又具有一定感知水平的哲学思想价值的品牌产品和服务。

2.10.2.2 品牌进步心理学

品牌所有者仅仅创造出新的品牌感觉，并不意味着市场就一定会接受这种品牌感觉，从品牌感知的发明创造到品牌用户感知体会达到同步发展状态，才能完成品牌感知的全过程过渡并完成品牌感知水平的标志性发展历程，否则品牌感知的创造可能需要等待漫长的人类验证时期，经历数年到数十年甚至数百年的漫长历史变迁后才能完成彻底过渡。

之所以出现这样一个断代时间，主要是由于感知的创造本身是超前的、超现实的甚至是超过一定时期的人类思想发展和美学体验的认知水平的，或者受制于多种发展成果，无法有效扩大感知市场规模，因此再好的感知创造也始终不为人知。从品牌所有者的感知创造到品牌用户的普遍感知接受，需要经历一个很长时期的现实感知转化过程，而这一步过程就是人类知觉学习的变迁过程，即人类对品牌进步心理学的发展过程。

如 1983 年，乔布斯发布的 Apple Iie 之所以失败就是品牌感知的创造水平与品牌用户感知接受水平之间存在断代，而 iPhone 手机系列在 2007 年发布后通过 iPhone1、iPhone2、iPhone3 共历时 3 代产品、3 年时间的现实感知转化，以及苹果自 1976 年以来品牌用户基数持续的放量累积，才终于迎来了 2010 年第四代产品 iPhone4 在上市时引发的世界疯狂和销售热潮。

如王老吉凉茶创始于 1828 年，但直到 2000 年仍然只是一个地方上不为人知的小众品牌，在经历了漫长的 178 年之后，才因为该品牌间的市场运用合同，将王老吉与火锅餐饮市场结合，"上火 + 怕上火"，从而在为期十年的大规模市场运用后成为在中国众所周知的品牌。

品牌组织在发展品牌体验的过程中，需要经历一个"现实感知转化"的让渡过程，而这个过程既是品牌创始人、品牌官、品牌组织全员以及品牌投资者共同保持缄默的理性品牌孕育过程，也是全球市场中该品牌的第一批早期品牌用户从首次接触一个新品牌产品所需的知觉学习过程，任何好的品牌都无法逾越这个历史性的发展阶段。

人们接受一种感知需时间，正如思想的延迟至少是 10 年，一种新思想只有在被扩大范围的大量运用，人们在试错并历经有效运用后，才会被时间验证该思想的经典准确性。市场同样需要时间，全世界范围的品牌用户需要时间进行体验、消化并验证这些被超前创造出的品牌产品的最新感知，他们为此需要花上很长一段时间更新自己的原有感知水平，调整认识上的状态，形成新的感知习惯并传播普及这些新的感知。

一个人已经形成的习惯要被改变是相当困难的一件事，品牌感知的本质是在创造新的感知，就意味着其品牌用户必须放弃或调整原来已经形成的某些感知结构，接受新感知并形成新的习惯，这是人类进步发展所需要的必然过程，也是每一个人需要进行现实性感知转化的知觉学习过程。品牌用户必须将新的感知与现实中的各种感知结合起来，无论这种感知是虚拟的、现实的、视觉印象上的、口感上的、使用习惯上的，统统都需要被转化为他在现实生活中可接受的习惯性感知，纳入到其固定的品牌感知结构思维中。

好在人类是不断进行发展的个体与群体，而人类中的一部分人总是喜欢接受新的挑战，乐于接受新事物，愿意尝试新的体验，特别是在飞速发展快速变化的时代，人们普遍怀有对新事物接受的进步心理，这使得新的品牌在发展品牌感知过程中的速度变短了，新的品牌感知在 2~3 年的短期发展阶段内可以有效被释放其发展潜能，品牌投资者也乐于为这个品牌感觉水平的过渡过程支付账单，甚至投资这种感知。品牌进步的普遍发展心理因此被建立起来，资本市场上对新商业模式的追求和投资者愿意对新的品牌感知研究提供资本支持的良好环境，共同促进了品牌感觉水平的普遍发展。

2.10.3 品牌体验效益

品牌进步心理学是普遍意义上对品牌感知水平发展的加速器，品牌所有者普遍追求新品牌感知发明创造的积极心态和资本市场对品牌感知发展的强力支持，促使品牌体验效应在全球市场上成为重要的发展趋势和普遍热潮，品牌体验效应也因此发展成为品牌体验的社会经济效益，从而在21世纪获得了空前发展。

在这里我们需要注意品牌文化选择的发展论、品牌模因论和品牌演化应用学在现代及未来社会经济中的重要发展方式，品牌体验之所以成为全球品牌经济的发展热点，是品牌组织良好地运用了人类从偏好转移向情感转移，进而发展对品牌心灵追求的品牌科学发展力结构所产生的必然结果。

人类的总体发展，是处于不同的文明范畴中不断演进发展的历史，也是世界多元文化不断被创造发展的历史，从而形成人类文化频谱。品牌因不断被赋予新的文化内涵从而为人类现代生活中供应了丰富多彩的文化特征、文化创意与文化生活意义。我们这个星球上的大多数人口可能无法自由选择具有民族性特征的文明属性，但每一个自我却拥有能够认识、了解并接受各种多元文明形态、多元文化方式的自由，自由的文化选择为品牌多样化的发展奠定了品牌基本发展所需的事实基础。

由于品牌文化与我们人类所处的文化形态是同样的多元文化属性，因此品牌就得以通过品牌模因论的发展方式在全球范围开拓市场并被接受，这种品牌文化的选择属性是通过一个群体到另一个群体整体性的模式化因素进行的文化偏好迁移，例如科技前沿、消费电子、欧式建筑、美式乡村风格的音乐或中国古典文学都在全世界范围内有其固定的文化偏好族群，品牌的文化可以据此进行设计或超脱于现在的文化风格进而创造出新的品牌文化特征，这种文化偏好的转移特征具有一定范围的普遍性和群体化特征，品牌正是基于文化选择性的发展及品牌模因论的整体性偏好发展而建立起来，并拥有特定文化范畴的品牌用户族群。

当一种新的品牌以文化特征出现，通过市场化运用，就开始在全球品牌用户中出现偏好转移的群体性转移特征，即通过"品牌特性文化学习——个别品牌使用者接受——感受性经验发展——扩大品牌用户族群"的发展过程，一开始只有少数甚至个别的品牌用户愿意接受并尝试品牌所带来的新变化，他们在学习使用的过程中，获得新的感受性经验，发生诸如使用习惯、判断方式、文化属性的偏好喜爱等方面的改变，并成为将体验转化为深度的体会并以"经验"的形式被固定下来。

当这些"文化选择—偏好—体验—经验"不断在全球市场中被扩大范围，感受性经验获得了普遍意义上的发展，一个品牌也就彻底完成了在一部分市场和用户群体间的品牌体验效益转化，从而成为稳定发展的品牌了，一个品牌用户对品牌经验的增长发展到一定程度，将进一步转化为情感转移，他因高度依赖这个品牌所赋予的特殊经验价值，从而发生对品牌产生情感方面的深层发展关系，这时品牌与用户之间的关系将变得极为重要，成为一个品牌经久不衰的发展基础，因此品牌体验效益的最终结果必然是从"对品牌文化选择偏好转移"向"品牌情感转移"的自然发展过程，品牌还可能进一步发展对品牌心灵的追求，以此达到与品牌用户深层次的文化精神方面的高层次依赖性消费需求。

2.10.4 品牌体验设施

我们在品牌原理学的"品牌利润金三角"中曾经揭示了品牌利润的主要来源方式，在一个品牌发展初期，最重要的过程就是扩大品牌的试用范围，加大尝试型品牌用户规模的发展，并由此转化品牌付费用户和品牌常客户。一些品牌还可能没有进行系统的品牌建设，但意识到主要通过品牌体验来获得品牌付费用户的重要性，一些品牌则通过品牌体验小范围增强品牌设计师与品牌用户对品牌心灵方面互动追求的共鸣，在一个有限的品牌认同范围内，以小众品牌的立场只维护并保持少量的情感型品牌用户来获得稳定的发展基础，无论采用什么形式的品牌体验，在 21 世纪品牌体验学的发展已经是相当普遍的品牌学分支学科发展领域。

而当一个品牌决定建设品牌体验设施，其根本目的也是一致的，这就是大量扩大尝试型品牌用户的首次体验、体验感觉水平和首次信任设计。品牌组织发展的品牌体验设施包括了品牌体验馆、品牌虚拟场景、在线品牌体验技术和品牌体验活动开发等典型的品牌体验形式。

品牌体验馆是 21 世纪的品牌为谋求让品牌用户更为直接地亲身接触到品牌的使用过程、品牌的感官享受、品牌消费环境、品牌发展前景所建立的场馆式建筑和店铺体验设施，有时被称为品牌形象店、品牌旗舰店等不同的命名。品牌体验馆一般建立在人口较为密集、交通便利的城市或具有特色品牌体验环境的乡村及农场，一般会设有品牌体验官或品牌体验接待人员。通过品牌用户自主参与、定向邀约、举办品牌体验活动等形式促进品牌用户的首次体验，通常还会注重品牌体验过程管理。有些品牌体验馆则采用开放式策略，随时欢迎任何品牌用户自由参与体验过程，不以即时销售为重点，注重长期与任何潜在品牌用户的直接体验互动过程。有些品牌体验馆则将消费环境与自由体验过程融合起来，提供宽松自由的消费体验，如麦当劳和星巴克事实上就是自由消费与自由体验的融合。

品牌虚拟场景一般是以计算机技术进行开发的在线品牌体验馆、以虚拟现实技术发展的现实增强、以实体主题公园等形式建设的模拟或仿真体验场景等体验发展主体，主要是为品牌用户创造梦想中的自然环境奇观，或者通过虚拟、模拟技术、实体环境实现品牌用户在现实生活中无法体验到的感官享受，并可能通过这些技术直接唤醒品牌用户对某些情况和场景环境中的品牌使用记忆，触发其品牌使用需求。

在线品牌技术体验则重点发展直接在线互动形式的品牌体验，通过建设智能服务问答、品牌使用者指南、互动交流系统、第三方使用证言、品牌用户间的交互讨论、现实应用场景的照片拍摄、视频节目报道、使用感受渲染、比赛抽奖、互动参与等多种方式，在 PC 端、移动端、多媒体端及各种终端建立起品牌体验的交互过程，从而增强品牌用户的群体普遍应用效益。

品牌体验活动则包括了各种形式的体验赛事、品牌之夜晚会、度假之旅、工厂参观、工业旅游、电视节目现场录制、品牌试用装免费申请、品牌用户交互推荐、品牌巡回体验会议、以家庭为中心的小组聚会体验、品牌使用效果对比实验、品牌演讲学习活动、技术研讨会等各种形式，主要是以线上申请参与和线下实体活动举办为主，通过大范围的邀请、鼓励品牌用户广泛参与品牌互动体验过程，综合获得品牌体验效应。品牌体验活动一般归属到品牌组织的市场部门，与市场开发、市场行动与销售、市场公共关系、客户关系管理结合起来。

2.10.5 品牌产品体验

21 世纪对品牌产品体验的热点关注，主要是由于乔布斯所创造的 iPhone 智能手机销售奇迹带动的一场全球性对品牌产品体验追求的热潮，全球主要 IT 和互联网公司纷纷增设了产品经理这个职位，并开始注重培养品牌体验官职业。

但品牌产品体验只是在市场端显示出来的一种普遍需求，事实上多数企业家、品牌官、产品经理或体验官并没有从品牌体验学本身的结构以及品牌感知哲学立场上系统发展品牌体验，品牌产品体验仅仅作为一种需要产品化、市场化的品牌产品设计需求、品牌用户互动关系进行发展的一种品牌产品架构方式存在。

在具体的品牌产品体验过程中，品牌体验又包括了品牌体验设计（BXD）、品牌参与营销（BPM）、品牌体验管理（BXM）和互动感知性增强（IPE）四种形式，多数企业只发展到品牌体验设计和品牌参与营销阶段，对品牌体验管理和互动感知性增强方面仍然还有一段发展距离。

品牌体验设计（BXD） 主要体现在品牌产品全过程的用户感官和使用过程，是建立在概念性、结构性、分支性、细节性基础上的具体体验系统设计，目前在电子消费品、软件、Web 网站、移动 APP、家电等具体的产品化领域使用较多，在服务业也有一定的环境化和流程化设计。品牌体验设计以产品经理制和体验官制为主要发展方式，注重品牌产品和服务过程中的性能优化、细节展现、感知呈现和情绪反应。

品牌参与营销（BPM） 是鼓励让用户参与到品牌体验设计、服务和应用过程中的一种交互发展方式，一些品牌产品在研究之初就广泛邀请用户参与设计全过程，注重听取用户的产品设想和试用后的体验建议，以此改进产品。通过建立品牌社群，在交互式的品牌设计与品牌用户沟通发展过程中实现品牌产品的研制、推出与自传播、自扩散营销发展过程。

品牌体验管理（BXM） 是系统性地建立在品牌体验过程的不断升级优化，动态发展过程的管理模式，其发展重点是运用科学研究和哲学思考，根据对人体工学、感受测试、科学实验发现、对比研究特别是分析研究用户的眼部、手部等部位在使用产品过程中的运动轨迹来发明和研制新的品牌体验。通过对具有不同品牌用户使用地区、文化选择风格等特征变化及偏好的科学研究来不断发展更为科学的品牌体验方式，并运用一定的艺术化创造和美学表达方式，来提升品牌与用户心灵间的感知、认同与互动，从而发展出高水平的品牌思想和品牌感知哲学。

互动感知性增强（IPE） 重点通过研究品牌与用户直接或间接互动过程的接触点部署、价值发现方式、品牌价值表达方式、品牌消费教育方法，通过效果增强的方式来科学发展品牌互动感知水平，运用科技、文化创意、品牌设计策略等手段对各个环节的感知分布、感知能力、感知效果、呈现方法、表现手段等进行重点感知效应进行全面增强，使品牌性能获得全方位提升，是一种拥有品牌长远发展眼光的战略级发展远见，也是未来高度发展的品牌组织实践品牌的重点应用领域。

2.10.6　品牌用户关系

任何品牌发展品牌体验的终极目的都是为了发展并保持良好的品牌用户关系，这是品牌竞争生态的发展需求，是品牌用户参与品牌的社会经济发展价值，也是理性的品牌组织领导学发展范畴和品牌社会网络的构建理论所共同结合的发展终极形态。

为保持品牌在全球市场中的良性品牌竞争生态，品牌组织必须保有并维护一定数量的品牌用户族群，并维持一定数量的骨干级品牌用户——常客户保有量。但一个新品牌显示不具备这种特点，因此需要将品牌用户关系视为共同发展中的品牌进步过程。

品牌用户参与品牌发展，从深层而言是品牌用户在参与品牌的社会经验发展价值，是品牌体验经济促进新兴品牌经济发展的历史变迁过程，在现代激烈的全球竞争环境上，企业产品间的用户转移速度飞速，一个品牌产品用户在下一秒或下一步做出购买选择时就已经转向了另一个品牌的产品。品牌组织之所以被视为品牌生态组织，其发展本质上就具有社会化和经济化的特征，品牌体验经济促进了这种社会经济价值的转化，即企业必须在未来发展中考虑为社会发展和经济贡献所做出的努力，这是品牌的企业责任和企业社会责任存在于世界品牌经济体中所应保持的基本姿态。

社会网络的发展过程，是世界人口以社会化、网络化进行交互发展、交叉影响的人际连接发展过程，品牌在社会网络中被体现为一种特殊的品牌关系圈——由品牌用户个人为中心交互连接起来的人际社群关系，品牌信息的传递通过自媒体化的自传播过程，以文字、自拍、照片、自我抒发的情感短文、视频以及交互性的跨距离、跨域朋友圈形态自由扩散，每一个人都处在一个品牌的自我传播中。

一个品牌组织在社会网络环境下，会自然拥有多种连接关系的品牌化人际关系网络，这种是以交互、多维、多元、人际、群际、跨域并以社会网络形态存在的品牌关系圈已经彻底改变了品牌未来发展所需的竞争生态环境，其发展过程是品牌渗透与扩散、品牌人际社群化关系伙伴和品牌用户互动关系发展的特殊社会组织化网络状态，由直接、分布、并发的形态品牌用户生态形态存在，这一点也对品牌组织的生态存在形态和生态发展方式提出了新挑战。

无限放大的品牌社会与经济价值以及品牌用户间自然发展的社会网络化关系，使全球的品牌社会形成新的构建形态，品牌的联网化、品牌化电子商务、品牌的多网连接方式都在深刻地改变新兴变化中的品牌社会形态，这为品牌组织能够发现并重视直接交互的品牌生态发展方式提供了新的契机，未来任何全球品牌必然是基于这种品牌社会构建理论来存在并发展的品牌生态组织。

品牌的用户也迫切需要与品牌保持最佳的直接、交互、融合发展关系，品牌用户参与品牌的发展过程也是以时间阶段为代表的。一些品牌产品从一开始就需要与品牌用户建立参与性的互动关系，并以一次次的产品换代、品牌再造作为品牌发展的时间段，或以品牌的使用兴趣与收藏乐趣等加强品牌体验互动。当那些品牌用户和品牌组织一起经历了品牌的发展历程，见证了一个品牌从无到有、从梦想到落实、从微小到壮大、从不知名到享誉世界的品牌发展史，品牌组织的发展也会因为更加深度与品牌用户交互发展关系而取得杰出成就。

当然，我们还需要提醒的是，品牌体验的发展必须是一个品牌拥有理性的品牌组织领导力量，强大的品牌梦想号召力、品牌发展过程中的传奇、品牌伟大的创造魄力、品牌领袖般的服务精神以及品牌所付出的社会价值贡献，都是伟大的品牌所需的发展精神力量和终极价值表现，而最好的品牌体验也是在其强大的品牌领导人独立主见的基础上发展出来的未来成就，品牌体验最终是一种强大的企业责任对社会付出所转化出的巨大经济价值，否则品牌体验将沦落为一种经济化手段，品牌也就无法因其服务于社会的伟大责任感而创造出巨大成就了——品牌与用户之间的关系最终会发展成为一种深层交互、难以割裂、长期保持的友好情感关系。

第2.11章　品牌策划学

品牌策划的发展正在面临危机，这主要是由于品牌策划在全球品牌发展过程中的非科学化因素所造成的，由于缺少对品牌科学必要的认识，在全球品牌经济发展早期，品牌策划一度以其似乎

"无所不能、包治百病"的特点扮演了品牌早期诞生过程中的主要角色，但随着品牌科学的崛起，品牌策划学原有的神秘光环正在褪去，取而代之的是理性的品牌策划学在品牌发展中所应保持的正确角色、职能与作用，这是我们在品牌策划学中所应重点探讨的问题。

需要注意的是，品牌策划由品牌策划和品牌企划两种重要的形式组成，在发展时容易总体偏向品牌哲学与艺术方面，应注重对品牌科学的运用，在品牌治理、品牌战略、品牌管理、品牌市场以及产品发展中保持其理性的发展状态。对品牌策划过度的认识与看法可能会将品牌策划置于品牌治理、品牌战略或品牌管理之上，这种认识是不科学的，不仅不会有效地创造出品牌，也会使品牌丧失其正常的发展力。

2.11.1 理性的品牌策划学发展

早期的品牌策划似乎扮演了"无所不能、包治百病"的特点，这主要是商品经济竞争不充分，人们认为品牌是通过借用于一个猎奇的"点子"再配以大量的电视报纸广告就可以完成品牌的塑造和市场销售的热潮。再接下来的几十年发展中，人们又发现仅靠聪明的"点子"已经不起作用，因此人们意识到"概念的包装"加上大规模的广告和媒体报道是对发展品牌促进有至关重要的作用，于是CI、VI热在全球兴起，企业品牌的发展至此升级到完整的品牌策划阶段，对应的品牌广告、品牌传播、品牌公共关系、品牌营销公司以及品牌明星代言人经纪等以促进市场销售和营销的目的出现，使品牌策划成为品牌市场中的代言性主力。

接着人们又发现品牌管理过程中会存在大量的各种管理问题，于是品牌管理公司、品牌咨询公司、品牌顾问公司、品牌设计公司、品牌软件解决方案公司等大量涌现，品牌逐步发展成为较为复杂的品牌战略管理方式和品牌设计服务配套形态。

最终在21世纪初，品牌已经发展成为以品牌科学和品牌哲学的双向交互发展，以品牌科学发展为主要路线，在遵循一系列品牌科学思想、品牌科学的客观发展规律基础上，以品牌哲学、文化内涵和艺术表现来提升品牌价值的品牌学创造发展过程。而此时品牌学已经发展成为以复杂的结构治理、科学管理、生态秩序、交互形式和价值发展为核心的综合性系统科学，是需要进行总体设计的企业长远发展导向的品牌治理和品牌战略结构性发展阶段，品牌除了要求切实解决现存品牌问题，还要足以应对未来更长时间期潜在的、未知的复杂挑战。

品牌策划的发展危机也在此时开始出现，即策划本身对品牌发展中的价值、权重及含量已经发生了本质性的变化，全球企业逐渐认识到品牌策划在长远发展战略价值中的缺陷问题。这主要体现在以下三个方面。

①品牌是以建设以长期稳定的发展战略为走向的总体品牌治理思想，品牌策划往往只能适用解决短期市场开拓和增长问题，这是品牌在人类社会经济发展中，历经了从销售立场转向市场营销作用，又从市场营销作用最终迈向科学管理学核心价值的历史发展性自然变迁过程。

②21世纪品牌的发展主要依赖高度的品牌科学化过程，品牌策划是艺术化思路，如同军事被认为既是科学的发展也是艺术的运用，但科学的发展也意味着艺术权重的比重在大幅下降，今天人们已经不会再将品牌的艺术或军事指挥的艺术作为最重要的发展核心，先进、发达的科学技术成为人们评判事物发展的主要依据，人们更关心最新前沿科技发展方向，而军事指挥的艺术则成了历史纪录片中的内容，品牌同样不可能脱离于遵循基本的品牌科学规律，而单纯发展哲学思考或艺术化表现形式。

③品牌的发展需要以脚踏实地、勤奋务实、稳步发展的姿态一步步进行系统发展、自适应扩张，不存在任何捷径或借助于某种偶然出现的幸运机会，策划的重点则是如何组织有利资源和外部力量以小搏大，迅速完成发展期望，在人类已经迈向依靠自身努力和勤奋进取的精神进行品牌发展以后，策划就成为一种非正常发展力的机会论而被进步的企业家们所放弃了。

正如人类品牌在发展过程中，广告被公共关系取代，公共关系被品牌传播取代，品牌传播又正在被品牌用户关系取代，而策划也历经了点子、概念包装、CI 和 VI、生产力资源组合的过程最终融入品牌总体设计中的一部分，并成为全球品牌科学发展主线上的一种相关方法、内容、工作或职业，从而成为品牌学学部中的一个重要的分支和补充力量存在，现代品牌发展力的结构不会因策划而变，任何一个品牌也不会因为策划而使之长盛不衰。

这种理性的品牌策划学认识，使品牌策划学的任务、作用和价值发生了理性的变化，也正是这种理性认识与理性发展使品牌策划学获得更准确的位置、角色，并在今后人类品牌的发展过程中发挥其积极作用和真实价值。

2.11.2 作为运筹学的品牌策划

现代理性的品牌策划学是服务于品牌治理、品牌战略的运筹学发展范畴，其主要任务包括为品牌治理结构、品牌战略发展路线提供决策研究参考、为发展技术化的决策支持系统提供意见，运用好外部和内部脑库、运筹资源组合关系，并承担具体研究活动的思路及方法集合，承担具体策划项目和企划项目的优化与执行。在此策划负责参与运筹、统筹资源、制定策略和战术、执行具体策划项目和策划创意，对具体的环节进行优化性企划等相关工作，其品牌文件以品牌策划书、品牌策略要点建议书、品牌企划书三种标准文本组成。

综合而言，其总体学科分工，是品牌治理的决策参考，是品牌战略的运筹协调，是品牌发展资源与智慧想象活动的策划组织以及策划和企划项目的具体执行，根据项目形式的不同，在具体市场活动项目中以策划为主，在具体优化项目中以企划为主。

企业品牌的发展之所以要升级到品牌组织状态，是其根据长远发展所需的品牌治理使命所决定的，即从品牌组织秩序、品牌发展结构、品牌运转形态解决一个品牌能够得以保持其长远发展目标、长期存活的永恒经营希望所需的根本性发展问题，企业至少需要一个品牌顾问级的机构，也称为之总体品牌顾问，以超长期常年合约方式，为品牌提供长远、终生的品牌指导，伴随品牌成长和发展。如果一个品牌期望发展成为百年品牌，这种长远的品牌思想远见层面的知识交互是非常有必要的。在品牌治理层面，品牌策划主要发挥决策参考作用。

企业品牌的发展战略主要解决中长期战略发展问题，一般为五年、十年或三十年发展战略，其主要是确立下一个品牌发展战略阶段的品牌主要概念形态、品牌发展路线图、品牌战略规划、规划运行结构及规划管理。在品牌战略层面，品牌需要为品牌战略的发展提供明确的参考点和路线选择建议，并通过协助为品牌战略建设专家系统、品牌脑神经网络、情报收集系统、数据库分析系统、客户关系系统等技术化的系统提供支持能力，为品牌战略的设计与运行提供决策支持，以便科学地为品牌组织在未来很长一段时期的发展做出更好的决策建议、决策数据分析和品牌战略发展资源协调。

品牌策划在品牌治理和品牌战略层面，都是以决策参考、决策支持形式存在的，并且必须重视品牌科学发展方式。品牌策划的运筹，是建立在想象科学的基础上，运用想象科学中的创想、创意以及针对解决问题的想法展开联想和方法实践，发展概念网络、探索网络、资源调配网络的想法联网、支持系统联网能力，是品牌有效地运用想象科学，统筹组织各方有效资源，为品牌发展完成战略性支撑的系统科学发展过程。品牌的哲学思考、文化内涵挖掘、艺术表达和呈现形式此时也会以支持决策、支持战略、支持科学发展的形式，为品牌价值的创造提供资源与能力，使品牌在战略层面上完成科学与哲学双重价值的完美体现。

现代品牌的发展，科学的比重占据了发展方式的主体，具有一定高度的哲学思想则为品牌赋予了发展的意识、思考与意境，两者都不能或缺，需要相辅相成。一切运筹学的发展本质也是建立在科学设计、科学统计分析、科学匹配和组织资源的基础上，因此在这种情况下品牌策划不能单独为品牌战略服务，也无法承担品牌战略长期发展所需的战略能力准备。

全球企业的品牌发展至今，能够取得品牌成就的企业是相当稀少的，这与企业在历史发展过程中，忽视长远的品牌治理秩序与发展结构建设，缺少坚定的企业发展远景和品牌长期使命、企业责任方面的建设有关。品牌策划可能视为一个品牌在发展初期、短缺时期、低谷时期和急于短期取得经济利益所需要的短期性发展措施，从而将品牌长远发展被误判为一种急于迫切需要开展的市场扩张活动和营收增长行为，这使品牌策划的作用被无限放大，成为一种在一定时期出现的似乎"无所不能、包治百病"的品牌发展良方，其本质是短期市场利益驱动的，是没有建立在对品牌发展基础进行科学的数据研究分析和统筹发展基础上的决策，是不科学的决策。

作为寻找解决问题的重要途径，品牌策划的运筹还包括了市场布局设计、有效发展客户服务策略的研究，以及战略分布、任务指派、人员调动的部署研究，或者对生产过程的步骤、产品包装形态等进行策划，通过基础研究、数据挖掘为系统决策分析提供支持，特别是在工业工程、物流系统等设计过程中可以提供重要的建设性、智慧性意见。

有时品牌组织需要对某些项目展开独立策划，独立的品牌策划项目包括产业发展策划、质量策划、生产过程策划、品牌形象策划、产品包装策划、市场活动策划、服务策划等，被视为一种能够提出运筹统筹、策略性系统思考或实施策划创意的系列建议，并在通过品牌组织审定后执行。

2.11.3 品牌策划的策略与战术

以运筹学作为品牌策划学的发展基础，是科学的，这是科学认识品牌策划与品牌治理、品牌战略、品牌管理、品牌市场和品牌作业之间的发展关系，并有效运用品牌策划最核心的两大基本功能——策略与战术发展品牌的理性进步。《品牌策划书》是用于提出策划、建议并审议策划及执行策划的主要文体。

策略是为解决一个问题所需要的思考和方法，策略本身不具备系统科学性，它可能是支线、散点、交叉、多向或跨领域的。它需要建立在想法集的基础上，形成品牌战略的决策建议，并使之进一步发展为用于品牌战略执行过程中的主要策略集，品牌策划中的策略功能才能完成运用。

策略以建议形式提出，在通过决议后会被列为执行所需的政策或主题性思维导向，发挥思考层面的作用。策略来自于思考，是人类最基本的思想创造过程，也是人类想象科学有别于实证科学的发展重点。一个有效的策略可能出自一个人或一群拥有想法的人，在智慧思考过程中发展出的智慧成果，是人类思想源源不断产生新思想、新方法、新行动的思考、提炼、交集、融合过程。

品牌策划的另一个重要功能是发挥市场发展过程中所需的战术，既包括为履行战略所需采取的行动，也包括在重点市场展开主动市场进取所需的战术运用，策划的技术、艺术将通过特定的准备、部署、指挥、协调、组织、机动功能进行发展。

战术主要应用在品牌市场战略发展方式上，每当品牌组织要进行全速市场扩张时，就会表现为类军事行动的高度市场运动状态，此时品牌指挥链和品牌战术运用将会发挥到极致，军事中用于军事行动的策略、方法、行为方式将以战术为主要市场行动方式高度集合起来，品牌组织运用这种方式来完成一系列快速市场行动。

一旦品牌的市场进取方式从平稳发展过程转入主动进攻击市场的"作战状态"，那么此时品牌组织需要通过一个高度发达、统筹全局、协调一致、机动灵敏的品牌指挥系统，将所有参与品牌市场作战的环节纳入结构简单、清晰有效、快速机动的品牌指挥链，而市场中需要组织的资源越多、参与作战的环节越多，品牌的攻势越强劲，品牌组织所需要的作战准备时间就越长，作战的强度就越大，战术的运用将迅速被提高到最高状态并需要进行快速机动的交互运动。

2.11.3.1 品牌策略的运用

一个品牌的中长期发展战略需要一系列的策略要点进行组合，来解决战略在不同发展结构中各环节的发展理论、主要概念集和实施要点指南。策略是为解决一个问题存在的，这个问题可能是发展难题、业务瓶颈、可能是一个战略决策，也可能是一个市场方法，或者是一个独立开发的项目。

品牌策略是品牌策划的一个重要功能，其主要体现在为品牌战略服务的策略要点建议以及用于市场发展所需策略要点的策划活动，是为发展战略、发展市场并需提炼、总结及延伸的一系列思维活动，是智慧的思考和想象科学的知识创造结果。

而策略的发展本质是一个品牌组织为解决各种前瞻性发展问题所建立的一系列解决途径、意见、技巧和方法集合，为改进战略决策过程和提高运转效率提供支持，在执行中以政策和思考导向作用引导具体管理工作范围内的执行层和作业层来执行。

为寻找解决问题的思路和途径，品牌策略首先通过展开有效的想象来进行，由善于独立思考的策略性质的顾问、富有丰富经验的专家、善于应对复杂和应急问题的管理者等在分析战略意图、概念方向、事实、资源和背景材料的基础上，来提出初步的结构性想法，以便最终使之成为一种需要采取的概念性行动、行动实施过程中的主旨和策略要点。

策略需要通过具有一定高水平、能够经常表达想法的人提出，这是策划的专业性分工所决定的，不同的人因其不同的思想力发展水平、判断问题的水准、专业知识范围、丰富的经验、重要的过往经历等知识和能力发展上所处的层次，是可以有效提供策略的主要专门人群组合。

策划的有效提出取决于两个重点：从应用价值而言，不同人所处的环境和思考问题的方式是不一样的，一个善于思考的人通常会拥有自己的想法联网系统，即经常性与具有同类重点问题思考与解决能力的人进行交互，其想法本质上是一种长期形成的知识荟萃提炼过程。在另一个意义上，策划水平取决于其自身组织资源的能力，建立在不同资源条件基础上的人——是具有发展能力的人，具有一定程度有效组织合理资源并协调、配置资源的能力。有时策略的提出还需要通过由策略提出者通过相关的实地调查、情况了解或头脑风暴等组织群体思考过程来完成。

最终提出并经过审议被采取的策略，将以主要政策和策略要点提供给执行环节，作为在事物发展过程中所需遵循的一定原则和思考过程，这些策略如产品研发策划、吸引媒体关注的报道策略、心理定价策略、争议用户沟通策略、交易策略、校园招聘策略等。有效的策略系统构建过程为企业战略的发展和实施提供了一系列方法上的支持，可有效节省人力、时间、经济等成本损耗，对不确定的将来、不可能预知突发事件、不处于受控管理状态的事物发展和应对复杂未知问题方面具有一定应用价值。

但策略同时也是一个品牌组织科学发展过程中的一个特定过渡发展阶段，当一个品牌组织建立起良好的动态品牌管理系统后，策略的应用数量必然减少，取而代之的是成建制的系统管理方法、动态问题荟萃分析、品牌科学原理和品牌规则等组成的作业指导手册，系统管理将全面抑制不确定事物的出现并防止失误的发展。

2.11.3.2 品牌市场行动的策略与战术运用

市场是处于高速运动中并不断以动态实时发生变化的企业主要战略实践领域，品牌一切战略准备、管理水平都需要在市场中得到全面检验。因此策略和战术在此视作为总体品牌设计的一个重要组成部分，通过系统地设计来完成具体策略和战术的运用，策划在这个环节中承担了具体的市场研究、市场分析、市场行动建议和执行作用，还可能承担产品卖点提案的作用。

为发展市场，需要一系列的策略支持，策略必须从市场研究入手，包括了对市场实施分化的市场结构研究、消费者购买动机分析和期望、产品定价价格带的研究、竞争对手市场特征研究、产品竞争组合研究、市场开发方式研究、市场合作伙伴研究、销售主张研究等，并在这些具体的研究基础上确定基本的市场分化策略、消费者策略、定价策略、竞争防御策略、市场开发策略、市场合作策略、销售主张策略等一系列建立在市场现状基础上进行发展的策略重点。

为更好地开发市场，品牌还需要就品牌吸引能力、品牌价值发现能力、市场营销活动等建立相应的市场行动方案，品牌市场策略和品牌市场活动就成了品牌策划的重要工作，在总体的品牌市场布局和品牌战略市场发展结构基础上，品牌策划可以适需进行灵活机动的市场组合，业务水平上面的建设是品牌发展策划所擅长的重点领域，为品牌市场战略与市场执行之间进行中间能量转化。

当品牌组织决定发起一场大规模的市场行动，品牌组织市场发展方式将在一定期间呈现强势主动进攻状态，此时品牌组织将进入市场作战指挥状态，所有市场环节成为作战单元，自然组合成品牌指挥链，并以战术方式在市场中高速运动，一些军事术语将被引入到市场行动中，这包括了军事策略和军事战术方面的组织和行动。

军事策略包括利用天气、地形、时间等有利条件形成有利战机，战术则包括正面打击、侧翼包围、伏击、突袭、火力支援、机动作战等战术制定和采取战术行动，实施有组织的快速市场进攻和机动过程。品牌组织此时可以灵活运用这些军事策略和具体的战术实施，大规模集群作战和局部区域作战指挥与协调。

有些品牌组织保持着常设的品牌组织市场指挥系统，建立随时可以快速部署、灵活机动实施市场作战的指挥链，平时准备是为即时而战。在 21 世纪激烈的全球品牌市场竞争中，常规战斗力和即战力已经成为一种重要的品牌战略储备能力，以便随时应对市场变化采取必要的措施和行动，运用类军事手段建立并实施全球范围的海陆军高灵敏作战准备状态已经成为全球市场竞争中的一种典型的市场进取方式，而采取"飘风行动""蓝盾行动"等类似拥有市场行动代号的品牌市场冲击性快速速扩张行动已经在现代商战和市场竞争环节相当普遍，许多品牌组织深知当企业规模越大，在争取市场竞争地位和重点市场占有率时必须采取类军事化行动，这使得品牌策划的意义发生了改变，成为发展市场作战策略、设计和实施市场战术的重要思考方式和支持、支援力量。

2.11.4 品牌企划

品牌企划是用于对项目细节进行优化的主要方法，与策划主要提供运筹、策略、战术方面的决

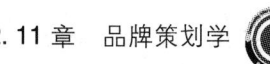

策建议、实施要点和提出创意的思维活动不同，企划是主要针对一个具体项目的过程、环节、情节等进行系统构想、细致优化和创意提炼的思考行为。策划与企划的区别，前者提出对解决问题所需的概念性途径、行动和行为方式要点，后者是对具体环节和细节展开优化与表现，两者的作用与价值是不相同的。

企划主要应用于品牌组织的产品开发、产品改良、生产流程改善环节、管理现场企划、市场接受情况调查研究以及以电视节目、动漫、微视频、出版物等媒体内容创作油画品牌表现的提升环节，品牌企业以专门的品牌企划书为工具进行提炼和制作。

为促进产品开发过程的品质管理，企划过程需要收集产品销售指标（如上市时间）、经营指标（如投资预算、投入人员），然后就品牌产品所需要的各品质环节问题点展开分析，如要求的产品性能（耐用性、舒适性）要求、要求达到的品质（外观光洁度等）具体要求，以品牌市场用户的满意程度要求、销售所应达到的要求展开信息的收集，然后对产品所应达到的要求进行企划设计，建立在对市场需求客观分析的逆向工程基础上，对完成产品开发要求所需的各细节进行判定、诊断分析，再改进，直到品牌产品完全满足用户期望中的最佳产品性能状态，符合标准化生产需要。

产品改良则是根据进一步的市场调查分析研究，再次以最新的品牌用户满意要求和期望对产品优化的主要环节进行改善。生产流程过程改善环节则是根据生产效能所需，对生产过程所需的改善项目细节展开企划研究分析，逐一提升各环节的生产效能、生产节拍、生产质量情况，并完成改善。为进行更为准确的市场研究，品牌市场企划则以具体的市场调查研究为准，通过企划方式对市场进行测量，如口感企划、手感企划、试吃活动企划等，通过企划执行来校验产品与市场实际接受程度、品牌用户最佳满足程度的具体要求、品牌产品溢价所需的感知水平等，为发挥出最佳的产品市场表现做出具体实际的研究、测量、诊断与分析，努力提升品牌产品供给与品牌用户需求的契合度。

为促进电影电视剧、电视节目、动漫、微视频、出版物等媒体内容的创作水平和市场接受热度，企划在这些环节的具体细节上发挥了极为重要的重大作用。企划需要从市场研究和市场分析开始，以找出市场中最热门、最特色、最有品牌化感观需求、最易传播的因素，特别是使这些作品能够得以保持旺盛的持久生命力，同时对有重要作用的环节进行优化。

企划的环节事无巨细，从整体概念、统一形象，到人物造型、内涵与个性、道具、重要情节变化、背景信息、意义的阐述，以及需要反复出现并表达的重要哲理，企划内容还需要考虑海报和市场促销、媒体报道、品牌衍生品等推广所需的延展环节。从而全方位构建出明确鲜活的立体人物形象，表现高质量的内容，以简洁明快、高度统一的内容主旨加深人们的印象和记忆，唤醒每个读者、观众内心的深层触动，而连续制作的形式又在让受众不断加强这些印象与记录，催生人们连续阅读和观看的浓厚兴趣，并持续增加品牌传播效应。

2.11.5 品牌策划的文件文体

品牌策划一般通过三种形式的固定文件格式进行提交，分别包括品牌策划书、品牌策略要点建议书、品牌企划书三种，其格式和作用都是不同的，应有效区别使用。

品牌策划书一般是经过研究分析以后，综合各种研究结果和思考成果所提出的结果性报告文件，这是一种相对固定的文体，以方案形式界定，其内容包括了概述、结论摘要、当前现状、主要问题点、市场分析（市场调查结果）、品牌决策建议、各环节主要策略、执行推进时间表和经费预算、并提出后续的文件或项目清单。

与品牌策划所承担的品牌治理和品牌战略决策建议、品牌运筹学范畴内容、品牌策略和品牌战术相同，品牌策划书是一份结论性的建议文件，向战略层或上一级别的领导人提出。当品牌策划的内容具有独立性、主题性和综合性，一般以专门的品牌策划书提出，当策划内容具有简易性、及时性特征，一般以品牌策略要点建议书等简洁文件方式（或简易表格）来提出。

具有一定重要研究及决策价值的品牌策划书，一般由第三方专门的策划人或策划机构进行策划研究并提出，市场部门所属的市场活动策划则由本部门策划人员或外部配套服务的策划服务商提出。有时品牌策划书具有完整方案特点或金额较大时，可能由企业以外包形式交由市场中的策划服务机构以竞标、比稿等形式提出，由品牌组织选择性中标并执行。但需要注意是，涉及品牌长远治理、品牌长期发展战略、品牌管理水平、品牌总体市场发展方面的内容都属于高度重要、深刻影响品牌未来发展的内容，需要得到高水平的品牌顾问机构支持并完成，品牌策划类机构通常不具备长远战略和总体品牌设计的服务能力。

各种涉及策略、提案、战术等方面的一般性建议文档，都以简洁的品牌策略要点建议书类型进行提交，即简化版的品牌策划书。有些品牌策略或许只是一页简短的文字，不是系统完整的项目策划，则不使用复杂的品牌策划书格式。但应注意，无论任何品牌策划内容，也无论其重要性、采用程度，都应注意记录和保存，在品牌发展史上都具有同等重要的发展价值，以此作为一个品牌发展历程中重要的参考性可追溯文件。

历史证明，有许多未来取得重要影响力的品牌，其起源中的一些重点思想、概念可能来自于某个阶段出现的历史性思考，或者有些品牌问题所出现的早期阶段，就已经被敏锐地发现问题并提出了有效的解决途径，但由于当时没有采用或者被忽视，后来因一时的决策误判造成了不可避免的经济损失。品牌记录文件的可追溯性要求将避免一些损失的发生，或为未来决策和伸延的品牌总体设计、品牌策划提供开放式的内部参考依据。

品牌企划书与品牌策划书不同之处：品牌企划是被视为企划工具出现的，品牌企划书内容通常是以企业管理表格、企划工具、企划步骤组成的一组文档，根据企划项目的不同及企划要点的需求进行单独设计制作，或者在某一系列企划中统一使用标准的企划书文档。

品牌企划书的重点包括企划书结构和内容设计、企划书执行两项。企划书的设计一般由主导企划项目的负责人及管理分析师、市场分析师等配合，将一个企划项目所需的过程、工具、要求、结果进行具体规定后，编制成一份空白的企划书。根据时间进度、分工、步骤及企划要点，企划执行人员将按品牌企划书所规定的形式完成具体企划内容的推进，并最终提交企划。

第2.12章　品牌新闻学

自新闻诞生以来到21世纪，商业新闻、科技新闻、生活消费新闻或气候新闻的专业化报道已经成为全球新闻报道中的重点领域。21世纪的新闻业发展，与其说是建立在公共新闻层面，倒不如说除了政治、社会、军事等重大新闻之外，新闻的崛起是建立在专业化新闻报道基础之上的，并不一定只有全球性或全国性的大媒体才是新闻业发展的主力，相反，以专业新闻服务或本地化新闻为主的新闻业发展已经成为新闻媒体摆脱旧媒体与新媒体报道传播关系的新兴媒体化道路，特别是当品牌与国家经济和人类生活更加紧密地关联以后，专业新闻报道将主要转向以品牌新闻为主的特定发展路线。

品牌新闻的重点是对品牌实施专业的品牌印象管理，通过品牌新闻的媒体化运用提高品牌声誉进而获得各种品牌效应，成为品牌资产价值中的重要一环。无论员工、人才、投资者、竞争对手、第三方分析师都会基于品牌新闻塑造出的品牌声誉直观地判断一个品牌的价值，并做出相应决定。从这个意义上而言，品牌价值并不仅仅是一个企业的品牌在财务计算上价值多少钱，更重要的意义是人们对一个品牌所做出的普世价值认同。政府、产业组织、投资机构、分析机构和评级机构还常常通过一个品牌在媒体上的报道数量、报道内容、报道级别以及在数字媒体上如何展现品牌新闻报道的形式做出各种判断。

2.12.1 品牌新闻变革趋势

商业新闻的发展从中世纪就已经开始了发展萌芽，除了官方的媒体如中国古代朝廷发布的《邸报》或欧洲各国官方早期发出的各种公告性质的政府信息，以搜集和贩卖商业机会的信息灵通者、抄录员、商人就已经用手抄或口头传播等形式来发布各种"商业信息"，游吟诗人还承担广泛宣传、鼓舞士气、公共关系传播的任务，只是早期受制于媒体的大规模印刷及出版形式，极少进行公开的定期分发，而"商业新闻"在此时只能被作为一系列的内部商业机会消息进行小范围的传递。

从古代开始，议会、商会、烽火台、驿站、通讯员等用于信息交互中心功能和传递通道功能的通信形式，都在人类发展中发挥了重要的价值，直到正式的报纸如《伦敦公报》以及电报网、电视网、互联网等陆续出现，新闻的价值和通讯的意义才正式以现代传播形式确立下来，发展成为现代的新闻化媒体化形态。

商业新闻除了有关企业的报道，还侧重于重要的商业政策、经济环境、市场趋势、投资金融等方面的信息，发展到今天，几乎所有的大型综合媒体都有商业（或财经）新闻这种专门的频道、分类，而产业新闻则是重要关注某一个市场领域商业发展的主要新闻媒体。

今天的商业新闻已经发展为以品牌为报道主体并高度聚焦品牌经济的媒体形态，随着新媒体的崛起，公共关系、自媒体传播等方式进一步取代了新闻媒体中的许多要素和传播形态，社会媒体化与新闻媒体化之间的内容界线已经模糊。而正是这种时代，所有新闻媒体都在考虑应对新的随时随地可以阅读的在线和移动新闻竞争，机器人新闻也在进一步颠覆原有的新闻生产形态，所有一切似乎都在发生深刻变化。

这里需要注意新闻价值和通信方式，新闻价值决定了一个媒体的报道使命、题材和主题，通信方式决定了一个媒体以什么样的形态进行内容传递。无论是在手抄阶段、印刷阶段还是互联网新媒体阶段，新闻价值或通信方式的发展都可能发展出不同的媒体形态。现代科技的发展，深刻地改变了媒体的通信方式，这使得新闻——无论是新闻单位或自媒体都加更注重"社会公共化"的媒体内容。

当然，还出现了只有少数几个大品牌的新闻机构垄断着所有的新闻媒体和社会化媒体的情况。回到新闻价值的原点上，这是新闻媒体在判断新闻价值时往往是以被动的新闻跟进为价值立场造成的，即新闻只报道已经发生的、人们熟悉的、众所周知的品牌、人物和事件，这得媒体本身进入了一种"泛社会认同"的怪圈,媒体被动地认为如果不报道人们想了解的热门话题,媒体就无法生存,这种过度聚焦使媒体本身的使命追求和价值特性丧失了活力。

媒体一直在忽视公众,即媒体是否真在提供了人们想看的内容?一个不容忽视的事实是:在美国全国性大报订阅量下滑的同时,社区报的订阅量却在上升,这说明人们实际上更关注与自身相关、相近的新闻内容,这使得品牌新闻获得了空前发展的机会,并且成为未来新闻媒体发展的分层分众化发展方式的重要机会,未来品牌化媒体的多样性与专业性将深层构建社会与公众、品牌与用户的媒体化交互关系。

已经有不少媒体意识到小型企业和普遍公民在媒体报道上处于相当不利的地位,而不少企业也发现品牌与需要与用户进行更为直接的交互,因此"让新闻距离人们更直接一些"不仅是品牌新闻在判断新闻使命、价值特性以及发展机会的重要趋势,更是媒体、品牌与公众明天的发展机会。品牌自媒体的崛起本身,使各个企业的品牌发现,新闻媒体无法满足它们进一步的需要,它们希望更专业地发展针对自身品牌用户的媒体,许多更小的品牌也希望通过媒体化内容得以分化市场、分化媒体并直接获得到达品牌用户的机会。

如果说全球媒体业的发展史,是沿着"广告的崛起——新闻的发展"到"广告的没落——公关的崛起",再到"新媒体的兴起——品牌传播的时代",那么最终,还会演化到品牌新闻专业化报道阶段,即新闻媒体的品牌新闻与品牌自身的品牌新闻之间的界限消失,无论大品牌还是小品牌,都将品牌内部新闻报道外部化,并以独立的品牌新闻逐步占据商业新闻、科技新闻、生活消费新闻或气候新闻的主要内容。

这种以更为直接、真实、切实的品牌化内容新闻报道形式,不仅会让新的品牌创始人和明日总裁们——他们急需获得与他们经历相似者的品牌新闻内容,也需要与他们日常所需关联的品牌消费新闻内容。世界上并不总是只有少数的品牌组成的,更多的新品牌发展机会、新内容需求、品牌日常消费新闻会集中在离人们最近的位置,这就如同移动通信工具上的地理位置信息,而这种品牌新闻价值所产生的新一代品牌媒体属性将在未来进一步改变现有世界的新闻格局……

特别是商业新闻、科技新闻、气候新闻逐步转变为以就近品牌新闻为主的报道方式、呈现方式与新闻价值认知,特别是在以自我为中心的互联网媒体化时代,品牌新闻对旧媒体的分化速度会直接加快,公众不再喜欢那些重复性的"大"新闻——这些新闻仅用于了解社会动向信息,而人们真正需要的是与他们有更直接关系的新闻。例如他们关心最新的家居环境、个人美容、食物烹饪和眼部健康方面的内容,他们还需要与他们的背景经历类似的创业新闻等,这些新闻会以品牌为代表,品牌用户固定地订阅这些品牌新闻并随时了解更新动态来获得新知识和新产品。当新闻以主题、话题为主要形式的品牌消费形态出现时,品牌新闻的运用方式就已经诞生了。

2.12.2 品牌新闻的社会地位

品牌新闻在全球新闻发展中处于急速上涨的重要趋势,从人类社会经济发展而言,品牌新闻所处的地位是举足轻重的,是人类社会变化的主要领导性进步力量;从新闻业发展价值而言,品牌新闻正在取代社会新闻、商业新闻、科技新闻和生态新闻。在对品牌用户的服务化方面,品牌的发展和新闻报道也越来越注重社会化服务内容,品牌参与社会公共服务正在成为普遍意识。

在人类社会经济发展层面,我们会注意到代表人类文明、科技、经济发展最主要的创造性产物就是品牌,无论是一个国家经济发展水平的杰出代表产物、产业经济的走向还是社会公众了解到的主要信息，都是以高度的品牌化特征为主要发展形态的。人们耳熟能详的是哪些品牌又领导了世界范围的文化发展、科技进步、时尚潮流，哪些杰出的企业家和哪些品牌又发展出了新的品牌产物、创造出了新的前沿发明和流行趋势。人们可以还通常以一个国家拥有多少世界品牌（国际品牌）、该国是否为品牌输出国或国际品牌交易中心来认定该国在世界范围的发达程度、经济水平和生活水平。

全球品牌间的市场竞争被无限放大为在文化、科技、时尚、潮流等各方面的全面竞争水平，品牌史及品牌文化内涵挖掘建设本身为人类社会贡献了科学与文明的新形态，并且这些品牌所承担的企业社会责任又促进了历史价值、文明形态、科学研究、技术发明、家庭健康、社会网络、能源开发、公益慈善、自然生态等社会化价值的发展和经济价值的发掘与创造。

经由品牌所发展出的社会化企业、企业责任的社会化精神与企业家良知的发展使品牌承担着越来越多社会进步的责任，并且企业因捐赠、资助等科学研究和慈善事业的发展，为促进消除贫困、疾病治疗、数字鸿沟、区域平衡、缓解社会问题、自然灾害防治、濒临灭绝生物保护、自然科学研究、文化遗产保护等方面发挥重要的主力支援作用，品牌的良性社会发展形态不仅是一种重要的社会贡献，更是一种重要的人类生态可持续性发展支撑力量。

以气候变暖为例，绿色食品、节能品牌、环保产品、低碳生活、绿公司等都已经成为全球可持续性生态发展方式中的重要一环，越来越多的全球品牌通过绿色有机食品认证、原产地标签、节能标志、环境评价、森林认证、农田排放、空气检测、城市绿地配套、水质处理等强制或自然认证、认可、联盟形式加入到生态品牌的行列中，通过产品或生态发展意识自愿成为保护地球自然环境的一员，并力所能及地参与到预防气候变暖的全球化过程中，这方面的品牌新闻成为全球气候新闻中的重要组成部分。

品牌对用户的服务，已经在向品牌社会化公共服务迈进，全球品牌已开始努力为城市基础设施建设、社会网络发展形态、社会人口与品牌共享经济、社区与品牌互助关系的全面发展贡献力量。未来全球品牌最主要的发展方式是在社会、人口、区域、生活方面以社会化的形态存在，基于全球网络或本地化服务系统更为直接地为人类提供各种服务，品牌的社会化程度越高，运用多网互联的程度越高，品牌与人口的发展关系越密切，品牌的发展也就越有持续的生命力。

正是品牌与文明、科技、经济深度的生态发展关系，使品牌新闻的报道脱离了本身的产品形态，日渐演变为有关人类进步、社会进步、人口发展、社区发展的新闻以及商业新闻、科技新闻、生态新闻等各种新闻报道中的主体，品牌深度参与了这些过程并且是这些新闻报道中的主角，品牌新闻将脱胎于一般意义上的新闻报道，以更加专业和深度、深层次的发展方式成为未来全球新闻报道中最重要的一环。

2.12.3　品牌新闻的企业价值

从企业品牌自身发展而言，品牌新闻是一个品牌发展最基本最务实的战略，是建立品牌印象、发展品牌声誉、建立品牌资产价值过程中最重要的一种品牌资本力量。从品牌用户而言，品牌新闻是发现品牌、促进专业选择和维护品牌情感的品牌知识自我学习系统。

当任何一个品牌想走向公众，就必须在公众层面建立起品牌良好的媒体化公众基础，品牌就必须以公众品牌进行发展，这需要完成三个转变：投资者关系从内部的少数投资者转变为吸引公众中的潜在投资者，企业及其员工从自我介绍转变为品牌的社会认同，企业从塑造良好的品牌形象转变为品牌声誉资本的经营。

这一过程的积极努力，将使品牌获得潜在投资者的支持，取得公众的普遍认同，是"品牌印象→品牌声誉→品牌情感→品牌公信力"的发展过程，在这一过程中，社会公众将从公共媒体对一个品牌完成识别、观察、了解、接触、互动的过程。

其中，品牌印象管理的重点是在公众媒体上为品牌建立良好的感知印象，培养公共用户对品牌认同的潜意识。企业还需要在公众媒体上维护品牌的良好形象，使品牌拥有一定的品牌声誉基础，发展品牌与用户之间的情感，使用户获得独特的品牌认知习惯性消费，通过多种努力，重点发展企业责任、企业社会责任使品牌获得良好的公共声誉——品牌公信力建设。

品牌新闻作为实现上述任务的重要途径将发挥巨大作用，这是品牌最明智的一笔投资，品牌声誉是有价值的，是产生品牌效应的赋值能力和赋值价值，是品牌在发展过程中可以计算为资产价值的重要组成部分，尽管在品牌建立初期人们无法明显意识到这种经济转化价值，但是品牌很快会发现合作伙伴和新品牌用户对品牌的信任度得到明显增强，合作机会增多，合作的回报空间扩大，品牌新闻的数量将放量累积并逐步转化为品牌产品和服务中的溢价部分。

采取高影响力品牌策略的企业，从品牌发展之初就容易获得各方面的市场和资源支持，在员工招聘、人才获得、订单实现、新市场开发、投资者主动支持、分析师意识和业内媒体观点等方面，都会获得品牌影响力赋能赋值后的品牌效应，明显提升了竞争优势。

由于品牌新闻所累积形成的品牌声誉不仅是投资者投资的重要前提，也是估值的重要基础，投资者在决策投资该品牌项目时，投资兴趣和信任度明显会改变，企业的估值会提高。当品牌上市，品牌声誉也是关系到公司股票的价值基础；且在品牌项目的并购过程中，品牌声誉会成为重要的品牌资产增值内容。

2.12.4 品牌新闻的发展结构

品牌新闻与一般新闻不同的是，它是由品牌方、新闻方、品牌关联方共同产生的新闻形式，并且是在多网互联的媒体介质中共同产生、交叉传播、生态链式交互影响的特殊传播形态，也是考察一个品牌从企业品牌升级到品牌组织状态的基本能力。并且，品牌新闻的发展目的是建立品牌印象、维护品牌形象、发展品牌声誉，并因不断提高的品牌影响力获得品牌效应、品牌溢价能力、品牌资产价值增值速度。

首先，品牌新闻的内容必然来自于品牌方，即由企业品牌进行发布、公开、传播。如一个品牌自己从来不发布新闻，外界很少会主动了解这个品牌，特别是在联网社会媒体环境下，一个品牌从来不发布任何新闻，永远在互联网上属于未知品牌，人们无法通过搜索、查询等方式了解到该品牌的任何信息，也无法在公众层面获知、评估该品牌，而未知显然对一个品牌的发展来说是危险的，90%的人对一个从未听说过的品牌保持相当警惕的怀疑态度。

企业品牌的新闻通常通过新闻媒体或自媒体进行发布，通过新闻媒体发布的通常是向公众、产业用户、潜在的公众投资者发布的信息，由新闻媒体根据新闻点的价值进行判断后取舍。自媒体包括了企业自行主办的各种网络刊物、微信公共号、微博、企业内刊，一个典型的改变是企业的内部新闻通讯在自媒体时代，纷纷转变为公共化的媒体，例如品牌为维护品牌用户关系所建立的客户关系媒体、为开发客源建立的主题化客源媒体、为展示企业发展过程建立的企业文化媒体，形成企业内部信息公开化、品牌动态发展公共化、品牌用户关系直接化的媒体化特征。

大型企业通常会成立专门的品牌新闻中心，上市公司通常会设立专门的财经公共关系部门及品牌媒体化编辑部门，小型企业也会根据需要设立新闻助理、媒介专员、公关顾问及网络媒体编辑等职位或相关部门强化品牌为媒体介质的传播效应。互联网增加了品牌进行自我介绍的机会，于是社会网络化、品牌媒体化的特征使品牌将品牌新闻、品牌内容营销作为品牌发展的重要战略。

新闻方则以公共新闻源、产业品牌媒体、专业品牌媒体、品牌客源媒体组成，公共新闻源一般是具有新闻传播能力的媒体，具有对品牌新闻报道通过互联网、移动互联网等多种传播介质被广泛转载传播的能力，由一个国家的主要媒体、本地主要媒体组成，它们以新闻源的形式向搜索引擎供应新闻内容。产业品牌媒体和专业品牌媒体通常是以品牌所在的产业、所在的专业领域为主要品牌新闻发布重点的媒体，例如酒类品牌的产业媒体为食品媒体、酒业媒体，其专业品牌媒体可能是酿酒技术的学术刊物或专门刊载葡萄酒鉴赏的生活刊物。品牌客源媒体是品牌为获得客源市场所进行重点部署并强化传播效果的媒体，例如一个旅游景区对应的与之重点匹配的旅游客源国和重点客源市场媒体。

品牌关联方则包括了人力资源、财务、采购、投资者、同行、用户、公益等与品牌可能产生直接或间接关联的各方，例如将品牌新闻投放在人力资源媒体上提高雇主品牌印象，在投资者媒体上披露品牌最新动态用来吸引潜在投资者关注，在品牌用户集中的媒体上培养品牌用户的品牌偏好，也可能是同行专家在媒体上对品牌发表第三方看法，或者是投资者对一个品牌发表的品牌前景价值看法。

2.12.5 品牌新闻专业化报道

品牌新闻正在向品牌新闻专业化报道迈进，无论是从品牌新闻的记者还是企业中从事品牌新闻的编辑和通讯员，都需要进行必要的品牌学科专门知识学习以及品牌分析式报道实践，他们的朋友圈中还需要增加众多的品牌顾问以及精通品牌学的管理分析师、市场分析师，以通过合作的方式完成品牌新闻的专业化报道。

如果没有掌握足够的品牌科学规律、品牌学最新术语和专业知识，也没有品牌类别的专业分析资源，你很难想象出现这种尴尬的局面：一名从事品牌报道的记者或企业中从事品牌新闻写作的人能够完成一篇优秀的品牌新闻报道作品，但他却无法对一个品牌的发展情况做出准确判断，甚至无法用品牌专业术语来描述这个品牌。

品牌新闻需要从全球社会经济全局、市场全局、同行竞争水平角度来判断一个品牌的发展情况，也需要从品牌学本身的科学规律、术语、规则以及品牌技术、品牌文化等综合角度来分析品牌，也需要从企业品牌的内部实践中获得品牌报道所需的专业化内容，是将品牌内部新闻公共化的转化过程。要想写好优秀的品牌新闻报道作品，必须深入到品牌实践的具体内容中，或许还需要掌握必要的专门知识，如对人类基因组知识的深入有效掌握，才能写出高质量的基因科学品牌的专业新闻。

品牌新闻的专业化报道还区别于宣传和公共关系式的报道，公司可能习惯采用宣传模式或公关模式来进行品牌新闻报道，但由于品牌新闻需要加入越来越多的专业化内容，使得普遍宣传和公关对象发生了深刻变化。

在人类历史的品牌媒体化发展历程中，游吟诗人、宣传人员和公共关系人员都曾先后扮演过重要角色，并出现过各种的兴盛时期。20世纪人类经历了宣传模式和公共关系模式两个品牌媒体化过程的重要过渡。到21世纪初形成了公共关系和品牌传播行业越来越强、新闻生产者的地位越来越弱的情况，这是由于大众消费一开始是建立在公众层面所决定的。

但随着全面品牌化的深入和品牌化速度的加快，品牌专业性的特征使公共媒体进行了分裂，分裂成许多小众化、本地化的独立自媒体，社会群体的底层结构呈现社群化、小众化的公民模式，品牌客源和品牌用户分层情况相当明显，从而加速了品牌媒体的专业化变革，品牌用户与品牌产生了直接互动的动态知识系统关系，这使得品牌新闻的生产者重新焕发了活力，出现公共关系失落、品牌新闻崛起的发展趋势，未来品牌媒体化的属性将重点以品牌新闻为主要形态，特别是互联网内容为王的时代，实际上是品牌新闻专业化报道和品牌内容营销制作分发专业化的时代。

2.12.6　品牌新闻发布会

品牌新闻发布会是现代品牌阶段性发展过程中的典型形式，品牌本身就是一件重要的作品，是一个品牌创始人或一个首席品牌官，一个首席品牌顾问或一位首席品牌设计师在全方位总体操盘一个品牌的运作时，对品牌作品进行总体设计时所完成的作品。任何一个品牌都需要正式发布或每隔一段时间（5年或20年）进行一次彻底性的品牌再造，以不断调节迎接新的挑战。今天在世界各地，每一天之内就有数千场次以正式形式举行的品牌发布会作为一个品牌生命诞生中的重大仪式在举行，而这个数字未来几年还将以十倍的速度增长。

全球一天之内同时发布10000个品牌并不是不可能的奇观，相反，这是全球品牌市场高度发展以后，未来15年会出现的发展必然。随着全球企业对品牌的深刻理解加快，品牌拆分速度也将成倍增长，过去的企业集团将转变为集团品牌集群，产业集群也将升级为品牌产业集群，新兴的小企业也将开始全面发展品牌进而品牌化，品牌产品以阶段性更新为版本不断举行品牌新闻发布会进入市场，服务品牌也将越来越多，全社会大规模品牌集群式的发展将在21世纪30年代爆发出更惊人的变革力量。一个典型的情况是企业越来越多地将整体品牌升级和产品品牌的发布放在重要位置，一个企业一年可能召集多次品牌新闻发布会来发布品牌，以及品牌的重大进展。

品牌新闻发布会既作为一个品牌生命历程中最重要的仪式，也是向媒体、公众、产业、关联各方公布品牌最新发展阶段的集中式新闻报道过程。品牌新闻的发布通过新闻发布会预热、新闻发布会现场报道、新闻发布会会后跟进报道三个报道阶段组成，根据需要还会增加品牌创始人个人品牌形象报道、品牌创业故事挖掘、品牌领导人系列采访报道、热点人物观点报道以及品牌概念新闻爆点策划、品牌概念系列新闻策划、市场热点趋势专题报道策划等更专业的报道方式。

品牌新闻发布还通常与品牌再造结合起来，将企业的战略准备、市场布局、市场开拓、创造发明、技术革新、合作关系建设、投资者关系管理、市值管理或品牌形象升级、品牌印象再造等结合起来，使之成为品牌发展历程中的一个又一个重要的里程碑发展阶段。事实也证明，品牌新闻发布会对品牌在获得投资者关注、市场吸引、品牌用户开发、品牌资产增值等方面具有明显的品牌带动效应。

第3篇　品牌技术

第3.1章　品牌技术系统

作为可以为产业和企业带来直接经济效应的品牌技术系统，是全球管理技术族中首个先进管理技术。品牌技术系统正在中国大规模从企业实践向产业整体实践发展，品牌技术系统不受国家背景、产业范围或企业规模的限制，可广泛应用于全球各类产业组织和企业的品牌技术实践中。

3.1.1　全球管理技术族整体框架

全球管理技术族是整个管理技术研发项目发展的总称，管理技术族是将全球管理思想理论化向管理技术应用化转变的一个飞跃，对管理知识化、管理系统化、管理职业化发展有着深刻意义。21世纪、22世纪、23世纪……及更遥远的未来，新的复杂不确定因素在企业管理中大量出现，科学技术的发展在未来管理中将占极大比重，注重世界管理技术的发展，不仅是一场技术革命，更是一种重要的前沿探索，将原本全球企业界应用的碎片式管理思想改变为系统的先进的管理技术并应用于实践中，有助于企业界切实提高管理能力，训练专业化的管理技术人才，培养负责任的企业管理者，服务于全球市场。

明日管理必然由产业级、企业级、部门级三个级别的管理技术结构组成，任何产业都在高速市场发展中最终形成一批具有决定性竞争力的企业占据市场领导地位。企业级管理技术是以企业层面为主，一些对企业竞争力起着决定性作用，并需要横跨多个部门或独立分支进行运营的管理技术系统承担了企业级层面的高级管理中心作用。在基础管理运行中，部门级管理是一切企业运转的中心，企业中会存在多个部门级管理的管理思想、科学原理支撑和系统技术，由此构成管理技术一体化。

全球各种管理技术系统，包括了框架、秩序、行动、技术实施四个技术系统环节，框架决定前沿探索、构想和前景展望，秩序包含了运转所需要的结构层次和运转方式设计，行动包含了概念和市场运动所需采取的主要行动，技术实施包括了技术规则和记录文档、纠错报告，由此相辅相成、层层衔接的技术系统最终使每一种管理技术成为自适应运转的管理生态系统。

框架系统是对未来竞争环境、产业变革、运行方式、市场设计和市场探测等所做的宏观长远展望，围绕未来10~30年可能出现的一切产业变化、技术革新、需要何种市场能力、采用什么科学理论支撑等做出前沿探索与构想，不仅是决定国家经济、产业深度变革走向的深度思考，也是决定企业品牌前沿地位的决策参考。未来思想力经济作为知识经济的更高阶段，要求企业发挥知识优势、决策优势、技术优势。这些探索、构想和前景展望为各种产业变革和企业战略发展提供了丰富的指导依据，为科学决策提供了前提性支撑。

秩序系统是为实现科学运转所需的运行基础，秩序与混乱是相对的，没有良好有序的运转秩序，企业的各个运转环就会就会出现不同程度的管理混乱。任何企业在本质上都应该是一个能够独立运转的秩序体，秩序体是保证企业能够完成可持续性发展、保持竞争优势、成为百年品牌、基业长青所需的最根本的运转结构。由于秩序是最稳定的社会和公司治理结构，秩序体的建设就是公司组织结构和各管理技术系统运行所需发展的重中之重，也是企业摆脱市场风险波动参与核心市场化竞争的结构设计。

行动系统是企业在市场中运动所需采取的措施，在高度的全球市场竞争中，企业管理从静态管理、经验管理转换为动态管理方式，随时会根据市场的预测性变动、不确定性竞争采取积极的行动，管理应需而变，将不断处于动态微调中，以便更好地适应外部竞争变化。围绕前沿地位，以市场行动为核心建立起的企业动态管理一体化系统，将促使企业保持决定性竞争力，以更敏捷的管理机制参与全球高速市场竞争。

技术实施系统是将管理系统转化为新的科学技术生产力，注意科学思想、技术实践，将先进前沿的管理思想与实用管理技术结合起来，从而完成明日管理所需的虚实结合，未来全球人口将主要生活在虚拟现实之间，即一半想象的空间一半现实的环境，而企业的虚拟现实是与企业员工、内外合作伙伴、客户关系对应的。技术实施，就是最终将框架系统、秩序系统、行动系统落实到扎实的实用技术应用环节，最终完成管理技术实施的落脚点。技术实施包括了技术规则、记录文档、纠错报告、学组报告四类技术应用环节。

全球企业正在面临从信息化升级到知识化、从管理体系升级到管理系统、从传统管理现代管理升格到明日管理的关键转型时期，对世界管理技术的确立，将从本质上改变国民经济结构、产业竞争方式、企业管理方式、管理职业发展，管理技术的研发和实践所能产生的贡献，将在十年后逐渐显现出这场大规模的管理技术变革——将对世界经济所能产生的积极进步影响。

3.1.1.1　放眼于明日管理

任何拥有远见的企业领导人和管理者都应放眼未来管理——为明天的管理做出积极准备，管理进步的原点应该以每30年为一个目标时间节点进行跨越研究，以确定适用于企业发展战略所需的决定性竞争力。研究的重点是针对未来可能发生的一切市场变化，改造自我和本企业对明日管理的思想观念、构想概念、管理技术实践路线。围绕针对明日管理的各项努力，经由品牌再造的全面实施，同步完成企业战略走向、产品形态、服务性能、管理技术人才准备。

工业制造时代的管理进步过程比较缓慢，企业可以沿用若干年前形成的理论和经验指导生产，但知识经济时代的变化则是飞速的，企业竞争形态充满不确定性，明日管理就成为未来领导人、管理人员参与竞争的首要任务，对明日管理的研究就成为任何试图成为领先企业发展所必须倚重的重中之重。

变革随时在发生，明日管理的研究应着眼于占据前沿地位，从最有可能产生决定性竞争力的战略条件入手。即使每一个最小的管理节点，都有可能成为影响竞争力的关键，也必然反映出总体的企业战略，从而精心设计出企业面向未来发展的管理技术系统。

尽管未来之路充满挑战，也充满不确定性，未来的许多方面模糊不清，但企业走向未来的决心必须坚定。品牌再造在本质上是帮助企业决胜未来的一种管理技术系统，鼓励全球企业从现在开始就着眼于更长远的未来发展，为明日管理做出积极准备，并不断根据前沿、概念、计划、设计、运行、纠错来调整企业全员对未来的认识，适时调整前进步伐，消极对待未来等于自绝于失败。

3.1.1.2 加速进行的全球管理变革

今天的管理学已经发生了深刻变化，现代管理是科学与管理的完美融合，艺术在管理中所扮演的角色微乎其微，管理学是面向未来的一门科学，管理学内容并不是解决过去遗留、现在发生的问题，管理学更重要的意义是建立运行更顺畅的管理秩序，发展自适应的管理规则，着眼于更长远的未来，进行科学设计、颠覆式创造、专业化实施，根据对未来管理发展和市场前沿竞争的预判，使公司的管理水平领先一步，适应未来很长一段时期的管理进步。

在现代管理和未来管理中，人工智能、人体工学、意识上传、新材料发明、太空探索、无人系统、工业萃取、服务智能、敏捷制造、计算机系统、星际互联网、未来物联网、可信电子商务、数字网、传感网等未来科技都在改变今天和未来的管理方式和管理内容。

今天企业界的每一个人都应该清楚认识到，我们正处在社会大变革的时代，变革速度只会越来越快，新的商业模式、新的竞争方式、新的产品形态、新的服务状态不断被向前冲锋的企业刷新超越，全球企业正在匆忙地进行知识化、信息化、数字化变革，如果企业还想试图在未来保持竞争能力，必须提早部署管理变革。如果不尽快纠正长期形成的保守管理思想、管理行为方式，企业不久就会付出无法挽救的惨痛代价。

明日管理是一种管理思想上的进步，管理技术的运用是企业将管理视为一种扎实的先进科技技术应用的变革，这种变革将会更加注意科学的思想——管理技术的科学原理、学科和技术本身的变化，建立以秩序体运转、管理部门级为主干的技术运用系统，经由 PAO 动用更多的企业集体参与以寻求未来管理思想、发展方向与具体技术的实用性应用。作为领先的动态管理知识网，不仅将发挥思想力经济这一特定经济形态，也将为未来领导人、管理职业技术人员的长远发展提供有效技术指导。

3.1.1.3 先进科学技术在管理中的比重

一直以来，管理中的非科学性因素过多，主要体现在经济表现、意识形态两个方面，管理中的科学技术比重相对极少，这一点必须通过全球努力——改变共识。

"经济"通常会掩盖"管理"的真相，全球各种媒体的报道集中在"金融""财经""经济""产业新趋势""热门企业家动向""商业活动""商业机会"报道上，掩盖了管理学作为经济支柱力量所应扮演的重要角色和价值，这为企业的未来竞争力埋下了祸根，也使一波又一波新兴的创业者——明日总裁们忽视了企业管理的有效运用，从而造成全球大面积的高创业失败率、产业经济跌宕波动、企业项目投资高风险。

全球每年因重经济、轻管理所造成的经济损失是惊人的天文数字，并由此造成巨额的地球资源浪费、生产力浪费、就业机会浪费、劳动价值浪费等一系列浪费。经济中的重复性浪费、经济冗余动作、基础经济活动的不稳定性严重制约着人类进步，制约着人类以更快、更好、更专业、更先进的方式发展经济，从事经济活动的各个环节无法达到最佳经济配比和经济效应。

通常人们还无法有效区别管理与艺术的差别，对管理的运用主要停留在"思考方式""意识形态""经验管理""静态管理"等方面，全球每年出版的管理图书和商业书刊中只有极少的比例从科学角度分析管理和市场，与医学、物理、化学等各种注重实验实证和原理、技术研究的科学相比，管理学的进步过程相当缓慢，科学性技术化的管理研究成果应用比例非常低。

以至于，今天的管理研究界和企业界还普遍没有为未来管理——明天的管理做出丝毫准备，全球管理学论文及刊物中极少管理观点提及企业管理的未来如何发展，管理理论中也缺少"具体怎么做"的实用指导知识内容，无论企业领导人的培训还是企业各部门管理人员的培训都停留在"管理思想意识＋经验学习"的阶段，这是科学化管理欠发达所造成的弊病。

通过一些实际的调查发现，多数情况下，企业领导人和管理者并没有将管理视为先进科学技术，当缺乏一致共识，就会影响到企业中的管理运用，难以处于有效的科学技术运用状态。

3.1.1.4 前沿探索：管理是什么

全球管理学发展史，是一个多维空间所形成的多点组合，当我们对自人类诞生以来发展的管理史进行检阅，我们可发现这些多维点如果汇聚一起将足以对管理学发展带来的惊人变化。

这些多维点包括：第一位率领队伍登陆爱尔兰岛的阿莫金所开源的秩序和教育文明；发生在公元前2世纪中国的商鞅变法及标准化的秘密；中国汉唐时期以及古罗马等文明形成的文明脉络；欧洲工业革命中工厂的形成过程；美国南北战争时期开始的铁路网、电报网等网状组织发展；19～20世纪，美国医学改革进程；20世纪初，泰罗及其追随者、后续研究者对科学管理的研究成果；20世纪50～70年代，戴明在日本对工业质量、现场管理、精益生产等管理改革所产生的持续性影响；20世纪80年代～21世纪初，以微软、IBM、苹果等公司所代表的科技变革；20世纪90年代到现代，美国未来陆军的前沿发展；美国、英国、韩国20世纪到21世纪开始的科幻文化、奇幻文化和创意设计潮。

上述思想的形成、管理运用和文化潮变迁对现代管理的形成产了综合性的影响，并由此形成明日管理所必然将发展成科学与哲学双重价值成分。综合以上管理或文明形成的优势，就足以形成对管理学产生深刻变化的强大力量。

全球管理技术族正是综合了上述思想的形成进而形成的全新管理技术前沿系统，开辟世界管理技术这一崭新的研究领域。与目前世界上所形成的ISO、IEC等标准化相比，当前全球的标准化活动注重的是"规范"和"持续改善"，注重着眼于未来的开源性动态管理技术知识系统的长足发展。

全球管理技术族注重"秩序"和"稳定性能"，管理技术族各项管理技术项目的研发和运用均由"科学原理、力学、学科、技术系统"等相关环节组成，从科学、系统、实用技术角度发展新兴的管理技术。这场对世界管理技术发展的进行的重大前沿探索才刚刚开始，只有起点，我们欢迎并动员世界上更多的研究人员和企业界朋友一起行动起来，发展先进管理技术，将实践带往更多的企业，以帮助全球产业和企业开展管理技术实践，推动管理进步，制造更好的产品和服务，让人类生活得更好。

3.1.2 品牌技术系统概述

品牌技术系统是整个管理学中以品牌为中心进行运转的最重要的一种再造技术。品牌再造首先确立了在未来企业发展中品牌管理所应占据的统领性地位，以品牌为核心，发展其他管理技术，从而形成未来企业的"管理一体化"。

品牌的非科学性是当前全球品牌理论普遍存在的突出问题，全球品牌研究人员和企业界通常以"概念"作为品牌管理、营销、传播主要理论，但由于"概念"缺少系统的科学管理思想、缺少拥有实际管理作业指导环节的支撑，概念本身还是一种模糊的品牌操作视界，实用价值还有进一步深入研究的空间。

品牌技术系统是一套完整系统的管理技术，集中解决了海量培育国际品牌的科学难题，使品牌

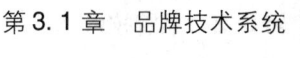

的发展不再是一个企业一个企业的独立实施，经由国家促进、产业组合等多种形式，可以在两年至三年的较短时期批量化完成企业的品牌化。

品牌技术系统突出了品牌性能的品牌能力建设、品牌实验状态、品牌前沿地位、品牌决定性竞争力、品牌分类、品牌评级等重要品牌竞争因素，刷新了以往人们对品牌的理论认知。目前，品牌再造已从理论研究转入大规模的品牌实践状态，越来越多的中国企业品牌正在应用或多或少的品牌再造理论获得可证实的经济效应。

品牌技术系统的理论部分是指导品牌再造的实践依据，从学术和技术层面为品牌技术系统提供了科学、客观、可实践指导意义的管理思想。具体分为品牌科学原理、品牌学科、品牌实用技术、品牌文化四个方面。

品牌科学原理：由品牌经济体、品牌再造原理、品牌力：B理论、品牌科学原理、品牌哲学原理、前沿地位、决定性竞争力、专业精神等组成，每个原理可单独应用。

品牌学科：由品牌史学、品牌战略学、品牌组织学三个未来可重点延伸的学科组成。

品牌实用技术：由品牌性能技术、品牌建设技术、品牌管理技术、品牌识别技术、品牌营销技术、品牌传播技术、品牌协同技术组成，每个技术可以通过PAO进一切进行荟萃分析、科学设计，从而衍生出丰富、实用、具有可操作性的实用品牌技术。

品牌文化：由品牌哲学、品牌意境、品牌美学、品牌文化消费、品牌文化内涵、品牌形象提升、品牌艺术表现、品牌国际大融合等组成。

3.1.3 品牌技术系统全球框架

全球框架一般包含品牌再造全球宣言、产业全球宣言、全球框架文件、多边战略合作框架等，是品牌技术系统全球实施所需要的纲领性文件，用于界定品牌再造的技术实施框架、产业品牌化长期发展总体纲领。框架文件也包括了企业级的品牌全球宣言、纲领文件、合作框架，是全球范围的业务合作总体纲领性指导文件。

全球框架放眼于品牌技术系统的总体发展，通过各种框架文件间的相互支撑且又相互独立自成系统，相互影响构成品牌技术系统在全球活跃发展的有机整体，自上而下，自下而上，形成多元多边依存发展关系，共同构筑起发达、先进、完整、成熟的全球产业、企业品牌化发展大系统。

全球框架属于战略级的品牌技术系统运用，与以往的管理方法在各企业独立发展不同，品牌再造及整个全球管理技术族的各技术系统，是综合运用全球力量，由国家、产业、企业界共同完成的动态知识共享系统，保持知识管理的全球同步更新，改变了以往各国产业、企业各自为政、自我发展、重复进行探索投资的局面。当一些产业和企业主动行动起来，连接成一个新兴的知识系统，前沿探索能力将大大加强，知识将汇聚成新的先进知识生产力，从而大大提速产业升级速度，加快企业运转效率，提升创业成功率，各参与企业的品牌性能将全面优化，为各国相关品牌成功升级为国际品牌进入全球市场提供强大动力。

在高速市场竞争中的企业决策是与时间赛跑，是获得前沿思想和先进管理技术的重要过程，要想成功实现品牌制胜，企业需要以更开放包容的姿态参与全球竞争，通过彼此的知识创造、技术分享、市场合作完成新的竞争战略部署，由于未来竞争中的协同企业将大大增多，企业间的多元合作将显得尤为重要。以往仅仅靠市场潮流概念来实施企业市场创新的方式对企业管理变革的作用显得越来越微弱。

值得注意的是新经济周期停顿与知识延迟周期。

我们在市场观察中发现，尽管一些流行的市场趋势或热门实践概念、发展经验会成一段时间内企业界的普遍追捧模仿目标，但由于空有趋势概念，企业的实际实践层面远远跟不上变化，企业界往往在一个时期整体处于概念讨论、构想尝试、自我摸索实践阶段，行动与技术实践往往大幅落后概念，甚至多数企业在大笔投资尝试摸索一段时间之后，依然停留在原地，新市场趋势或新概念并没有对企业产生实际作用，这种趋势概念式运动的方式在世界经济中已经成为一种普遍性的新经济周期停顿现象，少有企业真正从新兴经济概念中获益，这种发展方式是最为浪费人类经济资源的一种弊病，企业界必须寻找新的改变，一起联合起来创造新的知识经济形态，获得更多前沿、更实用、更有价值的管理技术应用。

全球框架事实上是建立在知识全球化发展基础上的一种知识系统集成运用，经由国家、产业、企业自由参与的"知识系统集成"，共同完成前沿探测、市场设计、产品研发、服务设计、管理技术实施所需的知识，从而加快知识的搜集、荟萃分析、科学设计和科学普及速度，更好地支持产业升级、企业决策、企业具体实施。

企业的知识层次同样存在分级的特征，通常只有企业家和研究部门保持远见能力、中层保持行动和机动能力、作业层从事具体的事务执行。但由于远见通常只有个别领导人、研究人员能够发现并识别，在企业位于的层级越低越缺乏远见，企业内部的知识更新往往是不同步的，这就造成企业通常无法为企业下一代的战略发展做好充足的人才储备和知识准备，确立企业中的全球框架是为了保持企业知识同步所做出的努力，只有全员清楚企业的未来走向才有充分调动全员共同努力的力量，减缓企业因知识延缓周期所造成的巨大损失。一般而言，思想的延迟周期是50年，思考方式的延迟周期是15年，概念的延迟周期是3~5年，而这些延迟周期恰恰是产业新经济前沿与企业效仿的停顿周期，也恰恰是企业从高层到基层的知识延迟周期。

3.1.4 品牌秩序层

公司治理的本质就是建立有序运转的企业管理秩序，管理有序是对任何企业最基本的要求，企业秩序的建立是任何企业组织的第一要务，秩序由一系列能够自适应运转的规则组成，从而构成系统的流畅自运转。

鉴于品牌在未来全球产业、企业中所拥有的独占性统领地位，品牌秩序体的建立是任何企业在实施品牌再造时所应注重建立的重要组织结构。未来企业管理将会遇及越来越多的管理部门级单元组合，研发部门、生产部门、互联网部门、事业部门等将会越随着企业的发展应需而变，尽管企业中将会出现各种为顺应新发展所需的新设部门，但管理一体化是必须实现的大势所趋，管理一体化的运转中心就是品牌秩序体。

三个发展趋势决定了品牌秩序体在企业中的核心战略优势作用：①新的经济发展形态决定了品牌在企业中的突出重要作用，未来企业必须将品牌放在企业中的至高位置，一切管理皆以品牌化方式进行运转。②任何新兴的企业、品牌或经济组织都需要在产品和服务进入市场前，以品完成品牌化的方式进入市场，借此来提高品牌溢价，避免产品价格竞争，为企业的长远发展保持竞争优势和利润优势。③企业品牌资产管理将是未来企业最重要的一种资产，经由品牌管理的资产化运营，完成品牌资产增值、融资、投资、IPO等市场化经济活动。

3.1.4.1 品牌秩序层的设立

品牌秩序层的设立,是未来企业组织所需要的科学发展结构所界定的,也是企业文化中的企业意识形态所要求的,以三元秩序治理结构所设立的品牌秩序层,不仅在现代企业组织结构发展史上是一种重要改变,也是企业为满足长远发展所需的战略决策,更是企业上下应掌握的一种普遍共识。

品牌秩序层是品牌整体运转所需的企业管理秩序结构,品牌秩序层的统一命名为品牌化委员会,品牌化委员会向企业战略层汇报工作,指导执行层和作业层品牌文件规范,并以品牌用户为准组织协调各项品牌组织。品牌执行层和作业层对供应商、服务商、经销商进行对应管理,并对品牌用户负责。

企业在实施品牌再造时,第一步就是设立以品牌秩序层为核心的公司治理秩序,建立企业最高层面的品牌化委员会,是实施品牌技术系统的关键,品牌化委员会具体负责规划、推进、报告整个公司层面的各项品牌技术实施情况。品牌化委员会的组建规则将明确品牌组织结构和品牌技术层的主要工作与分工,规定品牌技术工作职责和任务。

3.1.4.2 品牌秩序层的价值

品牌秩序层的建立,是以三元秩序结构科学设计的企业级组织结构,以往企业的组织结构通常是二元对立结构。在欧洲早期文明时期,三元秩序的国家和社会秩序结构就存在很长时期,并达到鼎盛。随着美国建国实现三权分立,以及第一次世界大战以后,欧洲大陆也重新恢复三元秩序社会结构,今天世界上的发达国家主要都是以三元秩序体的运转来完成国家和社会治理的,在经济繁荣、文明程度空前的同时,社会运转普遍稳定。

在企业的运转中,企业秩序主要是指管理秩序的系统性、稳定性、开放性、可扩张性,并应保持最佳管理性能比,企业秩序是决定一个企业组织是否能够有序管理、运行顺畅、高速扩张的基本组成结构。

企业中经常出现的上下级矛盾、管理失控、管理漏洞、客户投诉等弊病,主要产生原因是企业以二元对立结构建设企业组织,二元对立结构本质是二元对立矛盾体,非对即错、非黑即白,领导对下属、员工对工作等单线条的工作关系,各环节间经常产生各种新生工作矛盾、流程障碍、对立思维,随着时间的推移形成各种错综复杂的管理弊病,企业有时会借助外部的管理咨询公司进行梳理,但经常并不能够彻底消除管理症结。

任何一个企业都应该是一个稳定的秩序体,品牌化委员会就是企业良好顺畅运转所需要的秩序层。秩序层向董事会汇报工作,主导企业中的品牌规则制定、品牌化指导、企业文化、处理媒体关系、客户关系、经销商关系和质量工作等。在整体上对企业的品牌负全责,经由品牌资产管理的增值、品牌化的推进、品牌性能能力建设,以品牌用户为中心建立起全新的品牌市场决定性竞争力,从外到内、从内到外完成品牌从无到有、从弱势品牌到强势品牌的完美转变,为赢得市场资源、争取品牌用户、获得品牌溢价做出积极贡献。

由于品牌秩序体的存在,企业中的董事会、行政、生产、研发等部门得以从繁重复杂的市场事务中解脱出来,不需要直接面对市场和客户,专心发展专业精神,做好本部门工作,轻装上阵,改变了以往任何部门都对品牌负责,但任何部门都对品牌无力负责的全员品牌化混乱局面。企业流程得以高度集中,品牌识别与传播清晰高效,销售压力减轻,投诉减少。相对应的,企业研发得到加强,品牌服务产生更高溢价能力,品牌进入市场的速度加快,品牌更容易在市场上快速取得成熟,改变了——"品牌是长期市场沉淀积累出来的"这一错误认识。经由品牌秩序体的建立,品牌再造将以前所未有的速度完成企业品牌化过程。

3.1.4.3 品牌秩序层的运转

首先确立品牌秩序层——品牌化委员会的核心作用,在此基础上,将品牌组织结构分为:品牌战略层(董事会、公司高层管理人员)、品牌秩序层(品牌技术部门、各管理技术部门)、品牌执行层(各行政、生产、质量、物流、销售等部门的中层管理人员)、品牌作业层(各部门基层作业人员)。品牌化委员会的成员:品牌战略层、品牌秩序层、品牌执行层主要负责人。

品牌化委员会的机制:品牌化委员会主要以品牌办公会为主要工作形式,办公会分为全委办公会和每周例会两种。全委办公会:委员会全员参与的办公会,每月举行一次至两次,重大品牌事项工作期间每周举行一次;每周例会:品牌技术层每周一下午举行一次品牌办公会日常例会,总结上周品牌技术进度情况和新问题,部署本周工作,每周品牌办公会例会决议各全委办公会汇报。

品牌化委员会的组成:品牌化委员会由进度办公室、品牌中心、其他管理技术部门组成,分多个二级工作委员会,如品牌经销商工作委员会、品牌质量工作委员会、客户关系委员会等,根据需要选拔经销商代表、客户代表等加入委员会,共同推进品牌进步。

品牌化委员会的组建:各部门提出进入品牌化委员会的人选,经品牌办公会讨论决定最终名单,并决定品牌化委员会的成立时间,以公司文件公布委员会名单。

3.1.4.4 品牌化委员会的职责

①以品牌办公会形式讨论并决议各项品牌工作的全面推进。
②提出并决议制定公司品牌技术总体规划纲领、前景手册、品牌管理机制。
③制定并决议公司各项品牌文件、品牌记录管理表格,落实品牌记录定期抽查责任。
④提出并审议各项品牌设计工作和最终设计稿(样品)、BVI形象等品牌识别系统。
⑤提出并审议品牌总体规划及阶段品牌管理工作投入计划的财务预算、决算。
⑥公司品牌执行层、作业层日常品牌技术管理和实施的监督。
⑦组织品牌骨干队伍学习和品牌全员学习工作。
⑧组织品牌技术对外交流和技术更新工作。

3.1.4.5 各管理层职责

①品牌战略层:定期参加品牌学习,了解战略层面的品牌思路、白酒和婚礼市场品牌趋势;决议公司品牌工作重大决策;审计品牌投入财务管理;督导品牌技术执行情况。

②品牌秩序层:向品牌化委员会提出工作建议和工作汇报;负责具体的品牌推进工作,管理品牌项目任务进度;编制各项品牌规划、品牌手册和品牌技术文件;指导品牌执行层和作业层的品牌规范工作;组织品牌骨干学习和品牌全员学习;组织外部品牌服务商、品牌经销商、品牌客户代表、品牌对应市场的专家顾问的协同工作;品牌技术的交流和技术更新工作。

③品牌执行层:对品牌技术工作提出建议,参与品牌技术相关文件的制定和讨论;按工作分工落实相关品牌项目任务;执行品牌技术文件规范,落实品牌文件的执行,督导记录文件;发掘品牌骨干人才;参加品牌骨干学习或组织本部门参与品牌全员学习。

④品牌作业层:按照品牌技术文件规范要求和品牌记录文件要求做好本职工作;对品牌技术工作提出建议;参加品牌骨干学习或品牌全员学习。

3.1.5 品牌技术系统文件序列

品牌文件分为四个层次，一般由品牌框架文件、品牌秩序文件、品牌行动文件、品牌技术文件组成。

品牌框架文件包括：品牌全球宣言、品牌五年规划、品牌前景手册、品牌战略合作框架等，是企业为满足品牌战略发展所需要的战略层面纲领性指导文件，规划了品牌未来一切竞争可能。

品牌秩序文件包括：品牌化委员会组建规则、品牌项目进度管理规则、品牌办公会议规则、品牌传播规则、品牌官培养规则等，是建立品牌运转秩序所需要的秩序文件。

品牌行动文件包括：品牌战略行动、品牌市场计划等，是加速品牌市场运作所需要的行动文件，经由品牌再造的品牌在进入市场时，必须加快市场行动，保持动态高效的高速市场运动，以强势品牌完成市场进入和市场覆盖，品牌行动文件也包括相应的品牌技术要求、品牌记录和品牌纠错报告。

品牌技术文件包括：品牌任务文件（BM）、品牌规则文件（BR）、品牌作业文件（BO）、品牌记录文件（BH）、品牌传播文件（BC）、品牌纠错报告（ECR）、管理现场报告（MSR）。是完成品牌各项技术日常具体实施所需要的文件序列。

品牌文件的权重分类分为：机密文件（9）、重要文件（5）、简报文件（3）、一般文件（2）、临时文件（1）五类，对应的归档时限为机密文件永久保存、重要文件长期保存（15年以上）、简报文件常规保存（8年以上）、一般文件和临时文件限期保存（5年以上），任何文件最低保存年限不得少于5年。其中，简报文件是指列入公司品牌简报中出现的对应文件。

3.1.6 品牌技术系统接入与部署

品牌技术系统采用的是技术接入与部署机制，是国家、产业经济组织或企业为获得品牌技术系统所采取的引进应用方式。品牌技术系统的接入主要是品牌学习过程，品牌技术系统部署则需要花费一个品牌再造周期（2~3年）完成对企业的品牌化辅导，品牌所涉及的前沿探测、市场设计、产品研发、服务设计、管理技术实施需要企业在品牌再造同期内有序完成，从而完成从管理思想到先进实用的品牌技术全面实施所需要的品牌化过程，并为企业培养必备的品牌领导人、品牌官及各方面的品牌技术人才，使品牌真正为企业产生出经济效应，因而技术引进机制将对企业带来更重要的实质性帮助。

一个典型的企业级品牌技术系统部署程序为：

①BR1——制订引进计划；

②BR2——成立品牌化委员会；

③BR3——品牌技术引进启动培训；

④BR4——品牌研究生机制（品牌领导人、品牌官培养计划）；

⑤BR5——品牌诊断；

⑥BR6——品牌战略决策；

⑦BR7——品牌框架文件制定；

⑧BR8——品牌秩序文件制定；

⑨BR9——品牌产品研发；

⑩BR10——品牌服务设计；

⑪BR11——品牌行动策划；

⑫BR12——品牌行动文件制定；

⑬BR13——品牌技术文件制定；

⑭BR14——品牌新闻发布会；

⑮BR15——MA 报告；

⑯BR16——品牌纠错报告；

⑰BR17——品牌技术升级；

⑱BR18——品牌再造完结报告。

3.1.7　品牌技术系统成员

品牌再造是为满足企业品牌全域竞争所建立的全球开源管理技术系统，品牌再造的技术成员由政府部门、产业经济组织和企业、品牌研究人员、管理分析师等组成，是全球主动参与的企业组织和个人共享的动态知识网。

品牌再造倡导品牌科学管理原理与品牌技术实践相结合，为企业提供先进品牌管理思想、实用品牌技术双重价值，最先进的前沿探索、产品研发、服务设计等工作与企业的市场发展有机结合起来，帮助企业确立品牌前沿地位和决定性竞争力。

全面开源的品牌技术系统的实践，是以 PAO 科学分析动态存在的，经由企业中普遍设立的管理分析学组、产业产品研发事业部门，共同完成对产业、企业的前沿趋势探索、产品研发和服务设计，通常全球大范围的品牌或同业问题搜集（P）、荟萃分析（A）、秩序化（O），帮助企业获得有价值的新知识、新管理、新技术，加快企业决策，为企业战略级的市场设计提供帮助。品牌技术系统是运用动态管理知识，活跃在全球知识经济领域的一支重要的领先变革力量，是以明日管理、明日总裁、未来企业为培养目标的一种学习网。

第3.2章　品牌技术准备

很少有人注意到品牌建设或品牌再造是一个非常复杂，并且失败率超过 90% 的重大系统管理技术工程，并且失败从一开始就会注定，只是人们常常认为自己是幸运的，或者认为自己已经是品牌。认为只要做好产品、做好质量或服务、做好营销推广或者做好品牌形象，加上经历很长时间的积淀与考验，就一定能是市场中的杰出品牌。我们并不会认为这种认识是正确的还是错误的，存在即合理。

我们只是提醒一切想下定决心做好品牌建设或品牌再造的企业，要注意到品牌技术准备的重要性，任何一个企业品牌在实践严谨科学、系统完整的品牌建设或品牌再造技术，都需要在开工之前做好品牌技术准备，这是是否能够有效顺利地实施品牌建设或品牌再造的关键，是成功完成系统品牌化的重要保障。任何大型组织、企业和需要进行专业化品牌建设、品牌再造的项目，都应在品牌项目开展前切实做好品牌技术准备工作。

3.2.1 品牌战略资源储备机制

当任何一个企业决心发展品牌，都会经历一个系统完整、符合科学规律和品牌技术要求的品牌化过程，但并不是企业从一开始就足以具备品牌建设或品牌再造的条件。品牌需要在发展过程中，以动态系统的品牌化阶段完成全部的品牌技术实施过程，随着品牌学专业化的发展以及现代全球竞争中对品牌化的系统技术能力要求越来越高，企业首先要做好的是品牌战略资源储备，以便在合适的时机、具备品牌建设条件或品牌再造条件时才能有效地按品牌技术要求顺利完成品牌化。

品牌技术准备从本质上是一种品牌战略资源储备机制，既是企业为了未来发展品牌，应平时做好的品牌技术建设能力和资源上的全面准备，也是一个国家为本国企业全面实施品牌化所做出的品牌技术准备系统工程。

企业级品牌战略资源储备是为了保持品牌前沿地位和决定性竞争力所进行的长远战略性储备，为满足品牌发展所需的自主竞争能力和自有战略储备资源调配能力，品牌战略资源包括了品牌技术资源储备、品牌人才资源储备、品牌资金储备、品牌合作资源储备和品牌应急战略资源储备五项。

其中品牌技术资源储备是品牌在自主技术竞争能力方面所做出的长期储备，包括了品牌顾问力量、品牌技术专业知识、品牌知识更新和品牌产品、服务、竞争方面的技术能力储备；品牌人才资源储备包括了品牌领导人储备计划、品牌人才培养计划、品牌骨干队伍建设、品牌专有人才储备梯队及全员品牌学习系统；品牌资金储备是用于开展品牌建设、品牌再造、品牌市场行动所需的资金储备以及品牌投资者关系维护。

品牌合作资源储备包括了涉及品牌研究、品牌产品研发、品牌供应链、品牌生产、品牌产业组合、品牌市场开发、品牌服务商等各方面的战略级合作资源准备；品牌应急战略资源储备是为随时应对市场竞争变化、突发灾难、突发事故和重要政策变动等紧急情况时，能够保障即时战略调整、急速市场运动所需的品牌应急指挥系统、品牌应急反应网络、品牌市场应急作战训练和品牌应急所需的公关、物资、人才、替代物资等资源储备。

国家品牌战略资源储备除了品牌物资、政策、金融等方面的储备，重点是在品牌化专业技术教育储备上，在中学、大学和职业教育中应进行一定时间的品牌普识教育，并选取潜在的品牌领导人才实施品牌专业技术训练和服务学习，特别是要与创业教育结合起来。

一个国家未来的企业竞争主要体现在品牌的深层次竞争上，而一个国家发展品牌需要大量的品牌创始人、品牌领导人、品牌官、品牌设计师以及管理分析师、市场分析师等专有人才，并且这些品牌技术专有人才仅靠自学品牌或企业自行培养显然是不够的，是不专业的。

国家的教育应承提起责任，致力于向社会和企业大量输送拥有一定品牌知识基础、品牌意识、品牌技术能力的人力分布在各个市场领域上，也需要大量培养拥有一定品牌专业水平的品牌官和品牌领导能力的明日总裁，以他们雄心勃勃的进取心、感知对美好事物追求的事业心为一个国家未来社会经济的发展做出积极贡献，他们将是一个国家明日品牌之希望。

3.2.2 品牌技术准备规则

每当一个企业决定实施品牌建设或品牌再造，都是一件相当慎重的事情，这意味着企业在发展战略、组织结构、经营方式、人力资源需求、产品和服务形态、管理方法以及供应链、价值链关系、品牌文化、企业文化等方面都将发生的一系列的重大改变，并且这些改变还必须是彻底性的、完整性的、系统性的。

品牌建设、品牌再造本身都是一个相当复杂的系统工程，不仅存在很长的建设（再造）周期，且品牌建设、品牌再造的结果可能是失败的，这一点适用于"91"法则。从一个新品牌创立开始，就进入了"91"法则的自然淘汰竞赛，这是市场对品牌进行物竞天择、优胜劣汰的自然淘汰过程。即90%的品牌建设、品牌再造最终是失败的，90%的品牌项目也无法获得早期投资，在剩下的10%品牌中，又有90%的品牌需要通过长时期的品牌技术补救方能维持品牌状态，同样90%的品牌无法获得下一轮投资。

新品牌在至少经过91、91、91的三轮自然淘汰之后，才会产生出能够稳定成熟、系统完整的B级品牌，而需要到达A级品牌又需要进行两轮91、91式淘汰，最终才可能产生较有影响力的杰出产业品牌。已经成熟运营的品牌则会以品牌再造的形式进行品牌化再造过程，但如果不以严谨慎重的态度实施品牌再造，品牌再造同样可能是失败的或低效的。在很多时候，已经长期存在的大型品牌之所以面临品牌再造失败还能够仍然保持较好的品牌再造抗风险能力，主要是在透支长期以来形成的独占资源优势、品牌市场积累、品牌声誉资本等因素缓冲了品牌再造失败所形成的影响，但也容易被企业忽视了品牌再造的失败事实及隐含的危险。

品牌技术准备的规则是要根据具体的品牌特点、品牌状况、品牌顾问合同、品牌化项目要求、品牌技术顾问机构的技术水平来决定品牌技术的准备内容，并使之成为品牌技术的准备程序和品牌技术实践前提条件。

品牌特点：每一个品牌的形态是不同的，世界上没有完全一样的品牌形态，因此每一个品牌都根据实际情况、品牌文化内涵、战略方向、市场领域完成自己的独立品牌化。

品牌状况：每一个品牌所处的环境、产地、来源、技术条件、现有资源以及品牌领导人的思想意识都是不一样的，品牌必须建立在调查各种原有条件基础和发展情况之后才能决定如何进行品牌化。

品牌技术准备也是由品牌顾问合同内容决定的，每一个品牌都需要一个保持长远发展顾问指导关系的品牌顾问机构以及配套的品牌服务商资源提供的专业支持，品牌建设或品牌再造成效还受品牌顾问机构的技术水平影响。因此品牌技术准备和品牌技术实践一般都是在外部品牌顾问指导下，由品牌方具体负责落实执行，品牌方按品牌项目技术要求选配或竞标外部品牌服务商所提供的各种对应的品牌服务支持，并根据需要，在完成品牌化之后自愿进行第三方的品牌认证。

由于全球品牌生态链涉及了75%的地球人口，企业用于品牌的支出成为当今世界上全球企业耗资最多的一项支出，品牌产业链已经是涉及品牌服务商最多的产业集群化品牌服务组织过程，品牌化需要解决企业未来发展问题，或许是百年品牌梦想，需要历经几代人的努力，仅靠企业品牌自身的实力和品牌意识是无力完成品牌化的。企业为满足更长远未来的前沿挑战和长达百年品牌梦想的落实，品牌技术实施必须通过系统指导、多元合作、共同协同的方式来完成品牌技术准备，企业的品牌化技术过程需要先进的品牌技术水平来支撑。

3.2.3 品牌技术准备要求

任何一个企业从一开始做的第一件事就是品牌，在美国成功创建一个品牌需要1亿美元，完整的品牌建设或品牌再造周期为两年至三年。大型品牌的再造费用还会远远高于这笔投资，在实际投资过程中，品牌化是分阶段的一种投入，由于品牌化高于一切，是统领战略、产品、服务、管理和各种关联关系的核心，每年用于品牌维护与推广的支出还将远远高于品牌产品研发和设计上的投放。小型企业不必担心品牌建设所需的过高费用，可以依据品牌化的快品牌、轻品牌、大品牌发展过程分阶段投入。

但品牌的长期战略投资价值对于任何一个大品牌或小品牌来说都是一致的，品牌解决的是企业长远发展的战略走向与治理结构问题，企业从一开始就需要对品牌保持高度重视以及采取慎重决策的态度，是相当有必要的。品牌技术准备适用于所有希望发展专业品牌和国际品牌的企业，品牌普及知识学习也是每一个准备创业的明日总裁和未来企业管理人才必学内容和必经之路。

品牌技术准备是指从一个企业计划发展品牌到正式实施品牌建设或品牌再造过程前的一切准备工作，为保持高质量地完成品牌建设和品牌再造，企业必须按品牌技术准备要求完成各项准备条件，这个全过程被称为品牌技术准备阶段。

品牌技术准备的目的：为高质量实施品牌建设、品牌再造做出提前计划，进行专业知识储备，调配资源，协调组织，全员一致为正式的品牌建设、品牌再造实施准备。品牌技术准备也是品牌建设或品牌再造的核心，由于任何品牌技术差错或隐患都可能引起品牌战略失误或市场失利，也可能导致品牌建设或品牌再造的结果是失败的，损失的不仅仅是时间、金钱、人才，还有发展前景和竞争地位，因此必须认真切实地做好品牌技术准备工作。

品牌技术准备的依据：品牌技术准备的依据是根据最新的全球品牌学研究成果，遵循总体品牌设计原则、柳叶刀原则和自然生态发展原则三大总体品牌思想原则，并按品牌建设技术规则、品牌再造技术原理，结合品牌科学规律实施系统的品牌建设和品牌再造。企业还需要保持品牌在技术准备和技术实施过程中处于一个动态更新的全球品牌化知识系统中，以便随时更新和补充品牌规则、技术要求和知识动态增补。

3.2.4 品牌技术准备阶段

品牌并不是从一开始就能成功拥有，从希望创建品牌到真正成为品牌需要有很长的路要走，这既是一种梦想，也是一种追求，更是一个品牌组织从下到上，从内到外彼此共同的品牌精神、品牌思想状态、意识程度与价值观体现。为实现创立品牌或再造品牌的远大梦想，品牌同样需要一个很长时期的品牌技术准备阶段。

无论要开展品牌建设或品牌再造，品牌的技术准备阶段都具体包括了品牌梦想阶段、品牌构想阶段、品牌总体设计阶段、品牌技术准备阶段四个阶段。这是从建立品牌梦想到完成品牌技术实施前的梦想、构想、创想和正式建立品牌前的全面准备过程。

任何品牌始于梦想，品牌是面向未来的，品牌梦想是品牌创始人、品牌领导人或首席品牌官大脑中浮现、梦境中出现，是令人自我恍惚、憧憬陶醉的自我思想意识创造阶段。人们不断通过梦境增强来加强梦想的轮廓、虚拟虚构使梦想不断成型并具体起来。这种创想力驱动了自己希望并志愿为了这个梦想付诸行动，把梦想转变了现实的创想创造动力，但受限于各种资金、资源等条件以及品牌化的专业知识限制，品牌梦想可能只会长期停留在梦想架构者的脑海中，只有自己或身边少数亲密的人知道这个品牌梦想。地球人任何一个人都可能拥有品牌梦想，但行动实践者少之又少。

为了将品牌梦想进一步付诸行动，品牌梦想阶段将转入到品牌构想阶段，这个阶段或许会经历数个月、数年甚至数十年的时间，也是品牌技术的战略资源储备阶段。注意品牌梦想一定是自己的，是在各种环境调整、资源变化、知识增补基础上的独立思考，世界没有完全相同的品牌，每一个品牌要成为自己，也就是成为品牌梦想者自己希望形成的品牌，任何品牌顾问、品牌技术或品牌人才、创业团队、下属或外部条件给予的都是支持、配合、协调、补给的作用，品牌梦想者一定要按照自己的原想力、品牌发展方向和品牌价值表达方式来自我完成品牌的创建与发展，有效的品牌支持会使品牌梦想加强、加速、扩充或改良，但品牌的发展使命和主体形态是经久不变的，由此创立的品牌才会历经岁月的洗涤与时间的检验永远地持续下去，永恒地保持品牌长久魅力。

在品牌构想阶段，品牌梦想者会不断地为品牌搭建结构、加入各种品牌元素、竞争力量组合，将品牌锤炼打造成为相当明确的品牌概念，在此过程中品牌顾问、潜在投资者、专业人员、技术人士、家人、朋友、同行、下属、客户等各种智力和物质资源纷纷加入、介入，共同促进了品牌构想的清晰化、战略化、有效化和科学化。品牌构想也会经历从一个人自己的梦想扩张到一群人共同参与的群体化构想加强过程。甚至可能在专门的品牌创意、策划或构想群体及外部品牌顾问、各方面专业力量的支持下，以群体组织、群体决策的形式完成。品牌构想包括了品牌组织秩序、品牌治理结构、品牌最终形态、品牌发展状态等各方面的多向思考、设想和实验。

当一切品牌建设或品牌再造的条件具备，品牌技术准备阶段将进入到品牌总体设计阶段，该阶段是在外部的品牌顾问、各领域技术专家和企业的品牌官、品牌服务商的支持下完成的，是将品牌构想推进到品牌图纸的阶段，即品牌建设方案或品牌再造方案，完成品牌概念具体化、品牌形象化识别和品牌路线图。还包括了品牌总体纲领、品牌商业模式设计、品牌产品设计、品牌服务设计、品牌文件序列设计等设计工作的准备，是运用多种品牌技术——品牌分类技术、品牌建设技术、品牌识别技术、品牌管理技术、品牌营销技术、品牌传播技术、品牌协同技术等完成总体品牌化结构性设计的过程，将以品牌建设方案或品牌再造方案作为设计文件完成品牌总体设计的工作。

品牌总体设计阶段是品牌技术准备的组织化过程，需要成立专门的品牌秩序层——品牌化委员会，并以委员会会议及品牌技术分工形式有效推进品牌总体设计项目，其目的是高质量完成品牌建设方案。

品牌技术准备阶段，是在品牌总体设计阶段编制品牌建设方案，同时准备各种技术条件、技术资源、技术文件的过程，也是对整个品牌组织进行全面动员，全部做好技术实施准备的阶段。而这个阶段，品牌技术准备所经历也是一种特殊的、动态发展的状态，即品牌技术准备状态，只有品牌主要关联人员、品牌全员及资源进入这种状态，品牌技术准备才是充分的，才能为成功实施品牌建设或品牌再造做好充足准备。

3.2.5 品牌技术准备状态

无论企业是为创建品牌、升级品牌而实施的品牌建设还是为了下一轮的发展实施彻底性的品牌再造，也无论是大品牌或小品牌以及品牌产业集群、集团品牌集群或产品品牌升级项目所需要的品牌建设、品牌再造，都需要经历同样的品牌技术准备阶段。品牌的发展将是一件企业发展史或一个品牌项目发展史上的大事，都必须慎重对待，是一个企业、品牌项目部门领导人及全员在品牌思想、品牌精神、品牌意识、品牌发展水平上所进入的一种积极紧张、快速推进的状态，是全员共同参与，为创造品牌、憧憬品牌前景、参与品牌发布前准备、参与品牌发展史过程中的一种从精神到行动上的积极参与意识、荣耀、行动与动力。

只有当全员进入到这种状态时，我们才能说一个品牌有效到达了其品牌技术准备阶段，有效地将所有的品牌潜力、能力、热情与资源都调动起来，全员将对品牌有更深刻的认识，品牌梦想属于整个企业，品牌属于全员每一个人，而成功的品牌正是通过这种深度的感染力，经由每一个品牌员工将热情、专业精神和价值传递给每一个品牌用户的。

品牌梦想是一种未来憧憬和创造性想象，品牌构想是思考蓝图，而品牌总体设计则是绘制图纸。在编制品牌建设方案中，所涉及的是全员范围开展的产品形态改变、管理流程调整、管理方法升级、生产技术变更、新技术和新材料应用、新供应商选拔、新渠道商招募、新市场开发、新用户对品牌体验的测量等过程。

像所有的建筑图纸一样，建筑一旦确定正式开始施工将不能，也无法再做大的改动，一旦建设完成将几十年、几百年耸立在地球上，所以建筑图纸和建筑施工前的技术准备都是相当关键，并完全进入到严谨科学的技术准备阶段，这是一种职业精神、事业使命和责任履行的敬业状态。

品牌建设或品牌再造具有同样的历史性特征，它既是对整个品牌的未来发展所设定的运行轨道，也是对品牌管理全程所动的手术，对品牌进行全面技术实施和品牌文化内涵提炼与表达，更是全员努力的一致性方向与目标。一旦正式实施品牌建设或品牌再造，所有的技术环节、管理流程、服务形式、产品形态等环节和细节成果很可能将几十年不再发生变化，或需要为下一步升级成智能、网络等IT化品牌技术系统做出技术准备。

因此无论品牌战略层、品牌秩序层、品牌执行层、品牌作业层全员及品牌供应链、品牌经营网络在参与这项重要的品牌化系统工程时，都应全力以赴，达到科学严谨的品牌技术准备状态，全面按品牌技术分工完成各环节的品牌技术准备，为即将到来的品牌建设或品牌再造实施全力做好准备。当品牌建设或品牌再造总动员令下达，品牌技术准备工作将紧锣密鼓、紧张有序、高效迅速的开展起来，直至品牌技术准备工作全面完成，在品牌建设或品牌再造正式开工（启动仪式）时，品牌的发展将被推向一个新的历史阶段，品牌仪式在这个过程中也将是相当关键的。

3.2.6 品牌技术准备内容

品牌建设或品牌再造技术的具体技术准备内容，包括了品牌学习准备、品牌组织准备、品牌系统准备、品牌状况排查、品牌建设方案（品牌再造方案）准备、品牌技术依据准备六个方面。

品牌学习是品牌解决品牌发展思想、战略意图、品牌走向、品牌专业知识普及和全员品牌意识的重要过程，品牌学习包括了不同层级的品牌学习内容，具体由品牌思想学习、品牌能力训练、品牌意识纠错学习等学习过程的组织，学习不同于教育、培训或考试，品牌学习是一种系统的、专业的、即时的品牌知识指导和补给，是品牌能力组合和品牌技能的训练。

现代企业的发展面临着相当复杂多变的竞争环境，各种新技术新知识随时在发生变化，各种此前未知的管理问题随时海量出现，品牌学习本身是需要建立在动态知识更新状态下的即时战略支援、科学规律、知识补给和能力增补，随时为应对复杂竞争环境和市场挑战所做出的战略准备，并随时为根据前沿知识探索进行知识淘汰，显然大学等教育机构暂时无力满足这种高速运转实时动态更新的学习需求的，企业的品牌学习需要应用新的品牌学习知识系统。

品牌组织准备除了要正式建立高级别的品牌化委员会，品牌组织也是一种高强度、高能力、高秩序化的组织状态，具体要根据品牌组织学的要求，为企业品牌升级为品牌生态组织状态做出努力。品牌组织是稍纵即逝的组织化过程，只有当一个品牌从下到上，从内到外达到组织状态时品牌组织才会存在，品牌才会有效处于全球品牌生态链中。

品牌系统准备是为考虑各项品牌技术系统和品牌性能、品牌前沿地位、品牌决定性竞争力所做出的系统化技术准备，运用品牌系统工具和品牌人才甄别技术在品牌技术实施范围、品牌技术参与部门与环节、品牌技术实施资金、品牌人才、品牌能力建设等方面做出统筹计划和安排，是品牌组织准备的具体化、项目化和文件化。

品牌状况排查是对品牌技术实施前的情况所进行的综合调查、研究，对可能存在的品牌问题、品牌障碍环节进行排查，对各层次的品牌未来期望、品牌化建议，以及对品牌可能性的优势、劣势、现有情况、潜在资源、竞争情况等做出基本的数据统计、综述报告，获得品牌建设或品牌再造技术正式实施前的初步了解及报告，为品牌技术正式实施启动时的品牌诊断报告做好准备，提供第一手的情况分析资料、研究报告、参考内容和原始档案。

品牌建设方案或品牌再造方案，根据品牌建设技术对品牌建设方案的要求进行编制，只有完成品牌建设方案的编制并经过审议审定正式颁布，并确认相应技术准备落实完毕后才能正式根据标准品牌建设步骤启动品牌技术的具体实施，品牌再造则是在DID品牌再造原理基础上结合品牌建设方案规定和标准步骤执行。

品牌技术依据准备不仅是以品牌建设方案为依据，也是以品牌科学原理、品牌专业学科、品牌规则等品牌理论的技术要求和技术要点来实施品牌技术，特别是来自品牌科学规律方面的依据最为重要。品牌技术依据的来源主要是来自专门的品牌顾问和品牌技术研究力量。

任何同行评议、外部看法、个人意见等都不能作为品牌技术的直接科学依据，必须是在品牌顾问、管理科学家、管理分析师、市场分析师等专业机构及人士审议后才能使用，以防止不同的非专业意见干扰品牌技术的专业性和科学性系统实践过程。当品牌领导人缺少远见及独立判断能力时，各种不同意见可能导致品牌的整体方向或部分重要环节发生想法上的随时随机改变，会因此产生一系列品牌技术实施上的情况变异，甚至导致品牌建设失败。

3.2.7 品牌技术准备质量评级

品牌技术的实施从整体而言，是科学对品牌秩序实施治理、对品牌系统进行设计的过程，为保证品牌建设或品牌再造的顺利完成，保证品牌技术实施高效地获得最终成果，品牌技术准备的各个环节根据需要都要进行质量评级。

品牌技术准备的质量评级包括了对品牌建设方案的水平评级（A-1、A-2、B-1、B-2、C-1、C-2共六级），对品牌技术合作资源及品牌服务商的水平进行评级、对品牌技术准备过程中的各项工作质量进行评级。准确使用品牌质量评级系统用于品牌技术的准备工作才能保证品牌建设或品牌再造的质量、效率与科学，将非科学因素对品牌技术实施造成的潜在危害降至最低，防止品牌技术措施失误。

品牌技术评级的准备是与品牌技术质量评级同步进行的，例如对品牌学习质量的评级将最大限度保证品牌学习内容的前瞻性、科学性、专业性和实用性，使品牌学习的各项内容及不同学习者的掌握满足长远、当前、发展等不同的学习目标，有效地完成学习任务的分配和结果。

品牌技术准备的质量评级还与品牌建设（品牌再造）的周期、预算和项目进度密切关联，品牌建设周期尽管只有2~3年，但对于今天的竞争速度来说，市场竞争情况瞬息万变，品牌建设周期以内还将面临外界或内部各种未知的挑战，品牌技术实施的预算与进度管理都应在受控范围以内。最终品牌技术准备的质量评级将完成总结性报告，以报告结论作为品牌技术正式实施以后的重要参考依据。

从整体而言，品牌技术准备也是一种系统化的品牌技术部署工作，通过梦想、组织升级、任务分配、资源组合等多种准备，减少不确定风险对品牌建设所带来的损害和隐患，使整个品牌技术准备到品牌技术的具体实施全过程达到高质量的最佳状态和最佳结果。

第3.3章 品牌建设技术

实施品牌建设，是对品牌溢价能力、企业管理水平、服务水平的一次全面提升！

品牌建设技术是快速完成品牌建设的一组文件编组序列，以高质量的《品牌建设方案》和品牌建设六步法为中心，对品牌建设的各项任务进行编组，加快完成品牌建设过程。品牌建设也需要一定的原则和技术方法，特别是科学地设计品牌建设步骤，从而将原本模糊的品牌建设过程变得更为清晰、步骤化和高效率，大幅减少品牌建设低质低效和重复建设问题，减少品牌建设所需周期。

在一定意义上说，《品牌建设方案》与《建筑设计方案》和《商业计划书》有同等重要的作用，且体现了严格的设计意义和明确的步骤，否则仅有随意提交的、未经科学论证的《品牌建设方案》会对企业的品牌建设执行造成极大的人力、物力、财力浪费和损失，建设结果是低效低质的，且很可能损失品牌创造与品牌再造的最佳时机。

3.3.1 品牌建设技术学习

无论如何，在整个品牌技术的实施过程中，都应将《品牌建设方案》视为落实整个品牌建设效果的核心与主体结构性文件。

品牌建设要满足三个管理升级问题：粗放式管理升级到管理专业化，管理体系升级到管理系统，管理信息化升级到管理知识化。

品牌建设要解决三个转型升级问题：产业转型升级、传统企业转型升级、小型企业转型升级。

学习目的：学习如何以六个科学步骤完成品牌建设，全方面掌握品牌建设的步骤、过程、方法和工具。了解《品牌建设方案》的编制技术和三项原则（预防为主、任务编组、精益管理），掌握品牌建设方案的"三定方案、三个使用、三项工作划分"能力。

3.3.2 《品牌建设方案》概述

概述：《品牌建设方案》是一份全球通用模板，向企业高层递交的一份建议文件，也是一份进度计划和任务编组文件，根据编制质量分为：C级（原始级）、B级（摸索级）、A级（高能力级，又分A-2级可采用级、A-1级高质量级）。C级、B级质量较低，不建议企业采用。

目的：《品牌建设方案》是一种开源程序，统筹企业品牌建设的全局工作，根据品牌建设的总体步骤，提出初步建议和各项品牌建设任务的分工，指导品牌建设取得实际成效。

意义：品牌本身是个性化的，每个企业最终要实现的品牌是不相同的，开源程序确保企业品牌建设的结构总体上整体统一，品牌能力与品牌识别个性又能单独呈现，通过质量评级和品牌指数对比，又能进行单项品牌建设方法和先进经验的比较，取长补短。

3.3.2.1 什么是《品牌建设方案》

《品牌建设方案》（Brand Construction Project）是一份递交给企业中高层的建议文件，对即将开展的品牌建设行动进行科学计划，清晰地梳理即将展开的各项工作，实施品牌建设任务编组。

以往，多数企业的品牌建设是失败的，企业品牌建设失败的一个重要原因是缺少一份系统的、科学的、有条理的《品牌建设方案》。

我们通过提出《品牌建设方案》的标准模板及相应规则，作为一个开源程序，提供给全球企业免费使用。

最终完成的《品牌建设方案》，根据编制质量，分为：C级（原始级）、B级（摸索级）、A-2级（可采用级）、A-1级（高质量级）。

3.3.2.2 为什么要编制《品牌建设方案》

《品牌建设方案》是对即将展开的品牌建设行动做出的科学计划安排。

（1）它是提交给企业中高层的一份建议文件

品牌建设通常是企业的一项重大决策，《品牌建设方案》必须对企业品牌建设的全局任务负责，由企业战略层决议决定是否采用一份方案，或者作为备选方案。

（2）它是一份指导企业品牌建设的高质量实施指南文件

《品牌建设方案》是企业实施品牌建设的前景蓝图，是企业预测未来管理水平、未来市场发展的科学依据，是发挥企业潜能的能力提升文件，是实现企业重大变革的工具，高层和投资者都期望具有战略性、高质量、可具体实施的品牌建设方案。对于具有战略眼光、创造意识、国际化趋势的领先企业而言，企业高层则需要更加雄心勃勃、充满挑战的《品牌建设方案》。

（3）它是一份控制品牌建设推进时间、预算、成效的受控文件

《品牌建设方案》是可具体执行的实施方案，方案涉及了企业从高层、中层、基层到供应链各个环节的变革，需要清晰的时间表、步骤、任务项、实施质量的要求，它在企业的管理文件中处于高度受控状态，以满足快速落实、快速实施、快速见效的特征。

3.3.2.3 为什么企业高层相当重视《品牌建设方案》

企业高层和投资者，是品牌建设风险的承担者。缺乏谨慎科学计划的品牌建设行动，一旦像电动机一样开动起来，就难以收场，伴随着一场看似热火朝天的品牌建设运动之后，企业可能错失市场时机、浪费大量时间，也会因错误的决策造成巨额经济损失。

（1）所有的企业都需要一份高质量的《品牌建设方案》

品牌建设是企业战略发展中的一项重大事件、一次深刻的变革，成功的企业在开展品牌建设以前，高层应该相当重视，必须花费一定的时间，安排一定数量的人员，对品牌建设所需要开展的各项工作进行科学计划。

企业越大，品牌建设越是一项复杂的系统工程，《品牌建设方案》为企业高层提供了决策依据，分配了公司执行层、作业层接下来的任务目标，它在未来的2~3年品牌建设周期中起到了关键性的指引作用。

（2）品牌建设的最终结果可能是失败的

多数情况下，企业实施品牌建设的结果，是失败或低效的。这是由于知识阶层的差别所造成

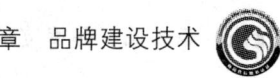

的，《品牌建设方案》的建议者通常是中层或低一层次的品牌经理，或企业外部的品牌公关（策划、咨询）公司，他们并不是公司高层，对品牌战略的长远规划能力不足，无法领会并代替公司高层的战略思想，这导致《品牌建设方案》本身就缺乏战略眼光。

不清楚品牌科学规律的《品牌建设方案》一旦进入实施，其结果是注定的，它只不过是一场徒劳无功、热火朝天的运动。

（3）《品牌建设方案》是一份品牌管理任务的编组文件

常见的错误理解是将《品牌建设方案》误认为是企业开展品牌建设的唯一的一份文件，因此《品牌建设方案》被填塞了大量无关信息和错误信息，或者变成一份仅仅体现市场职能的品牌定位与品牌传播公关文件。

对《品牌建设方案》的质量要求远远高于对一份商业计划书的要求，它是一份详细指导如何实施品牌建设任务的编组文件，《品牌建设方案》统领着品牌建设步骤中所产生的一切文件，规定了各项工作的时间进度、执行和作业方式、要达到的成效等。并且，品牌建设方案不可能取代系统的、完整的、标准化的品牌管理系统文件。

3.3.2.4　《品牌建设方案》面对的四个层次使用者

《品牌建设方案》不能随意提出，一般应由品牌技术层正式提出，且并不是仅仅由建议者自己一个人使用，也不仅仅是品牌技术层独立使用，它需要客观地面对四个层次的人群。

①品牌战略层：企业的高层领导人（企业战略的决策者），决定是否彻底采用一份《品牌建设方案》，在本企业中推行，并安排相应预算，期望最终成果。

②品牌执行层：企业的所有中层领导人，负责在本职能部门的管辖权限以内，执行《品牌建设方案》对他们的要求，进行品牌能力提升。

③品牌作业层：企业全员，负责在本职位的工作范畴以内，落实《品牌建设方案》对他们的要求，进行工作改善。

④品牌协同层：为企业提供采购配套的供应链、为企业实施品牌经营的网络、企业外部为品牌提供各种服务的品牌服务商，他们会进一步领会《品牌建设方案》对他们提出的要求，并极力做出改善。

3.3.2.5　如何保证高质量地实施品牌建设

品牌建设技术是以三重保障模式进行设计的，被视为三种逻辑过程保护，避免品牌管理系统文件的随意性、弊病性和低效、低质量、低水平。品牌建设过程的三重保障模式如下所述。

（1）对所有品牌管理系统文件进行质量评级

在品牌原理学中，规定了品牌建设的三个阶段，分为 C 级（原始级）、B 级（摸索级）、A 级（高能力级）。对应的所有品牌管理文件编制工作，除了规定框架文件、方案及手册的编制结构、编制过程、编制方式，提出编制工具外，并要求——

所有完成的文件及手册，均要与品牌建设的三个级别进行对应，进行评级，根据编制质量分为：C 级（原始级）、B 级（摸索级）、A 级（高能力级，又分 A-2 级可采用级、A-1 级高质量级）。企业使用必须达到 A-2 级或 A-1 级的文件和手册，B 级、C 级达不到品牌建设和管理的执行和作业要求，企业没有必要采用。

（2）以诊断分析入手的文件编制方式

文件编制中有一份重要文件——《品牌诊断报告》，是向企业高层递交的一份诊断分析文件，也是一份指出存在问题、提出改进意见的关键文件，这在一般意义上的管理体系文件编制中是没有的。

品牌建设实施前要求必须先诊断分析管理中存在的各种弊病和问题，在此基础上方能进行下一步的管理手册和文件编制，且诊断分析使用的 PAO 科学分析模型、品牌对比分析技术，是以企业的动态管理、优化管理基准为基础的。

（3）以完全意义上的品牌标准化进行编制

品牌管理手册的编制，并非单纯意义上的对已有工作程序、制度要求、记录表格的汇编工作，它必须是在品牌标准化基础上进行的科学编制，且这种标准化是完全意义上的彻底标准化——以商鞅变法的秦朝标准化精髓以及泰罗及其追随者的科学实验方法为基础的标准化，是以"优选—固定"为核心的标准化，品牌标准化达到的目的是每一个环节达到"最优秀、最佳状态"。

3.3.3 《品牌建设方案》的正式编制

品牌建设方案是企业为实施高质量的品牌建设过程，根据一定的格式和内容要求而编辑制作的一份面向企业高层、投资者和全员实施进行指导与落实的任务文件、编组文件，统领整个品牌建设过程的任务进度、质量和要求。

《品牌建设方案》的编制由《品牌建设方案》标准结构、《品牌建设方案》编制要求、《品牌建设方案》编制过程和《品牌建设方案》编制技巧组成，企业的品牌技术层全面负责《品牌建设方案》的编制工作。

品牌建设方案以五年或十年后的品牌预期为准，需要解释"想要这样、希望变成那样、如果这样最好"的期待性结果。

品牌建设方案及每个文件系统完成编制后必须进行评级，经过评级以后且达到 A 级的方案方才正式启用。

3.3.3.1 《品牌建设方案》文件清单（八分法）

《品牌建设方案》的文件清单采用八分法，除去引言页、品牌战略页，将品牌建设方案具体分解为八个重点环节编制文件序列。

前序清单：

①封面页；

②引言页：关键摘要信息；

③目录页：目录信息；

④品牌战略页：品牌宣言、品牌纲领及战略目标。

八份文件清单：

①《品牌建设进度》：由进度管理办公室管理，明确进度及问责；

②《品牌诊断方案》：品牌诊断的相关安排；

③《品牌管理系统》：提出初步的管理提升计划，安排管理标准化；

④《品牌识别系统》：提出初步的识别意见、计划；

⑤《品牌营销系统》：市场设计和销售设计文件；

⑥《品牌传播系统》：品牌的传播要求及文件；

⑦《品牌报告系统》：纠错报告及完结报告的时间和要求；

⑧《品牌建设预算方案》（对等预算）。

3.3.3.2 《品牌建设方案》前序清单标准结构

封面页：一份干净、整洁、清晰的方案封面，既让人赏心悦目，又愿意让人迫不及待地去翻开它。封面页要以简洁的形式表达，放置企业的标志、企业名称、品牌建设方案字样及"第一草案""征求意见版"等版本字样，必要时须加上一个文档编号和条形码，加注"商业秘密""注意保密"等标志。

引言页：从扉页开始的页面分别为欢迎页、致辞页、概述页、权项信息页，根据具体情况由企业自行定义。欢迎页可列入一句企业的精神、信念，或者致谢语，如"谨以此献给为伟大梦想而追逐的人们"，这将给阅读者传递一种坚强的信念，也将展现企业品牌的抱负，令人耳目一新。致辞页一般是董事长、CEO 的致辞，表明对即将提出的品牌建设表达要求与期望；概述页是品牌建设任务内容的主要概述和关键信息；权项信息页公布首席品牌官、品牌技术委员会的名单组成及联络方式，同时需要指定一个部门及两名联络人，用来提醒全员，如果有问题或疑惑，需要与谁联络，进行官方解释。

目录页：目录页分列各项品牌建设任务，注明页码，还可标注紧急和重点事项。

品牌战略页：品牌战略包括了品牌全球宣言、品牌纲领文件、品牌战略目标、品牌建设政策等关键信息，如果在品牌建设以前未完成品牌宣言等相关文件，应列入品牌任务文件，在品牌战略页中予以标明。由于品牌建设是针对公司未来五年至十年的品牌期望预期所做出的一份前瞻性预设计文件，且该文件主要对内部使用，文件中不列入企业简介及现有组织结构等信息。

3.3.3.3 《品牌建设方案》八分法清单标准结构

（1）《品牌建设进度》

进度文件是按照品牌任务项目的具体完成时间进行任务编组。品牌建设进度包括《品牌建设进度表》、推进时间及要求、检查要点及问责方式，进度表可使用甘特图等工具制作。进度文件一般由品牌技术委员会的进度管理办公室和各管理层级的进度管理员管理、检查并报告，向企业战略层所领导的品牌技术委员会汇报。

（2）《品牌诊断方案》

品牌诊断方案明确品牌诊断的人员、时间、诊断调研排期、诊断报告形式。是采用 PAO 科学分析模型和品牌对比分析技术，对现有品牌情况所做出的科学诊断，品牌诊断最好在外部品牌技术顾问的指导下进行，第三方诊断有助于发现品牌管理流程等重大问题，设计科学的品牌管理标准化系统。品牌诊断应针对品牌战略层、品牌技术层、品牌执行层、品牌作业层、品牌协同层、品牌用户层六个层次完整展开，需要进行一定人数的密集排查调研。调研的重点是排查管理流程和品牌意识问题，并进一步提出诊断意见，诊断完成后提交《品牌诊断报告》。

（3）《品牌管理系统》

品牌管理系统提出初步的管理提升计划，安排管理标准化的事项和时间，提出品牌管理手册的要求和完成时间。管理基础薄弱问题一直以来是全球企业存在的主要弊病，经由品牌管理标准化，对企业管理的各个环节进行严密、完整、彻底的研究实验和标准化，是全面提升品牌研究、制造、管理、营销、服务等品牌全程质量的重点。品牌管理是全员的，品牌管理标准化的实施对品牌组织的管理水平提升有积极的重大意义。品牌管理标准化由品牌技术委员会指导，在所有部门和全员间要展开一次彻底性的管理水平提升行动，品牌管理标准化实施的结果是完成各种品牌管理手册文件系统（包含多项具体管理作业手册，如研发管理手册、生产作业手册、经销商作业手册、营销作业手册等）。

（4）《品牌识别系统》

《品牌识别系统》提出初步的品牌识别意见、计划，品牌识别方案最终应提交《品牌识别手册》。品牌识别设计是一项独立运行的品牌识别系统，包括品牌命名识别、品牌 LOGO 识别、品牌感觉识别、品牌环境识别、品牌首次信任设计、品牌安全设计等涉及公众及用户准确识别的信息，品牌识别方案与以往的 CI（企业形象系统）所不同的是，新的品牌识别系统扩大了品牌形象的意义，提出品牌思想、品牌印象识别的设计要求，强调了感觉设计、首次信任、品牌安全等心理感觉的设计要求。

（5）《品牌营销系统》

《品牌营销系统》是提出市场设计和销售设计的文件，以营销手册、作业手册等完成系统设计。品牌组织应格外重视品牌的市场设计、市场行动和销售管理，以市场化主导品牌的营销工作。品牌营销系统也应注意现代营销方式，如互联网、移动互联网、物联网、电子商务、新媒体、社会网络、供应链等对营销发生的新趋势、新变化，品牌营销系统最终以手册方式表达设计成果（如《市场设计手册》《亚洲市场品牌营销手册》《服务营销作业手册》等）。

（6）《品牌传播系统》

《品牌传播系统》以品牌诠释系统和品牌传播系统等组成，并以手册化文件完成设计。品牌诠释系统包含了品牌起源、品牌故事、重要事件、重要人物等重要信息，是官方解释品牌的主要内容源，所有品牌传播工作基于品牌诠释进行拉网式覆盖传播，应用新媒体、物联网、互联网及人际传播原理实施品牌强传播，品牌传播文件也是手册化的文件，一些品牌传播工具如波状图、企划书等广泛应用于传播技术。

（7）《品牌报告系统》

《品牌报告系统》包含了纠错报告、管理现场报告、品牌建设阶段报告和验收报告，用于品牌建设过程中的各项工作、意识及行为纠错，也用于管理现场问题的荟萃分析，通过分阶段实施品牌建设和品牌建设验收工作，报告系统将致力于高效完成品牌建设工作。

（8）《品牌建设预算方案》（对等预算）

《品牌建设预算方案》是一种对等预算方案，提出及审议、审定、决算品牌建设的各项投资，品牌建设工作本身被视为一项重要的投资活动，不亚于重大股东的投资意义，因为品牌建设投资不仅会为品牌产生重要的溢价能力，还会对新一轮的重要战略投资股东招募、IPO 等奠定重要的事实投资基础。对等预算则是两级预算，即品牌技术委员会、各品牌建设执行单位分别从自己的需求出发制作并提出一份预算案，两份预算案进行综合比较，作为审议、预议、决定预算的科学依据，只靠一方提出的预算经常容易发生偏失。

3.3.4 《品牌建设方案》编制要求

《品牌建设方案》具有一定的编制技术要求，严格的技术要求是《品牌技术方案》最终能对企业品牌建设实施重大指导和执行价值的具体落实。

3.3.4.1 《品牌建设方案》的四个要素（4W）

高质量的《品牌建设方案》应满足以下四个要素。

(1) When——什么时间

《品牌建设方案》用来界定推进时间表，规定每一项品牌任务的完成时间。

(2) What——做什么事

《品牌建设方案》规定了品牌建设的各个任务项目，是一份任务编组文件。

(3) Who——谁来做

《品牌建设方案》的每个任务项目，具体由谁来做，哪一个部门来做。

(4) What quality——达到什么质量

《品牌建设方案》对各个任务项目的质量提出要求，对品牌建设的全过程要求提高质量。

3.3.4.2 三定方案

高质量的《品牌建设方案》包含三个领域的明确信息。

(1) 明确品牌定义

界定品牌的识别系统、品牌期望、用户分化、品牌用户族群特征、品牌教育方式、首次信任设计。

(2) 明确品牌定性

界定品牌战略路线、品牌性能指数、品牌能力重点、品牌标准化、品牌传播策略的实施方式。

(3) 明确品牌定编

界定品牌组织结构、管理进步范围、品牌建设步骤、品牌管理作业及审查流程、品牌纠错报告方式、品牌市场规模、人员及任务的定编定责、品牌供应链及经营链管理。

3.3.4.3 三导方案

高质量的《品牌建设方案》体现了以下三个指导特征。

(1) 品牌建设步骤的行动指导

界定六个品牌建设步骤的总体行动目标、任务项目编制、任务项分工、时间及审查要点。

(2) 品牌建设行动的作业指导

界定品牌识别手册、品牌管理手册、品牌纠错报告的行动纲领和编制指南。

(3) 品牌建设行动的能力指导

界定品牌能力方案、品牌推行方案、品牌推广方案、品牌报告方案的主要行动纲领和能力建设要点。

3.3.4.4 三项方案

高质量的《品牌建设方案》是三项工作的划分。

(1) 研究项目

使用品牌能力元素表、PAO科学分析模型、品牌对比技术及品牌工具，搜集品牌问题、荟萃分析数据、研究品牌建设基准、研究品牌战略路线。

(2) 讨论项目

按不同的管理层级，讨论并决定品牌能力建设要点和品牌识别方式，讨论品牌指数能力覆盖环节、讨论并编制任务项目、实施要点和审查方式。

(3) 任务项目

根据已编制的任务项目，各管理层级分别展开行动，实施作业，全局统筹任务进度，落实任务结果，完成品牌建设总体方案。

3.3.4.5 三项规则

高质量的《品牌建设方案》包含三项规则。

(1) 规则一：预防为主

《品牌建设方案》的首要任务是以战略远见和科学管理，预防即将出现的大量品牌决策失误和品牌管理错误，品牌输入国（发展中国家）的管理意识和管理基础通常存在大量错误和弊病，是管理问题的多发地带。

品牌建设不具备战略性和科学规律，本身就是低效率的，不可预见未来将发生的结果，造成品牌建设的投资多以失败结束。品牌建设方案本身不仅可能是无效的，相反，还会造成企业更大的决策失误、时间浪费和巨额经济损失。

(2) 规则二：任务编组

《品牌建设方案》为即将开展的品牌建设工作提出了推进时间进度，界定了各方面的工作任务项，对任务项进行分解，并指出四个W：谁来做？怎么做？什么时间完成？完成的质量如何评定？

《品牌建设方案》的实施，不是一个人的事情，是企业从上至下全员开展的一项整体工作，必须对工作赋予全貌，对工作全程给予界定。

《品牌建设方案》也是给予公司高层的一份建议做出决策的文件，包含了需要动用的资源和预算、实施的要求以及应具备的实施条件。

(3) 规则三：精益品牌

《品牌建设方案》必须符合精益管理的原则，实施品牌建设，是"减、加"法，企业先做"减法"，再做"加法"。企业应集中全力发展核心产品及业务，突出主业及最核心的竞争优势，削减边际业务和不必要的环节，看看能不做什么，哪些地方应该削减和裁撤，然后将全部力量集中在发展品牌核心竞争能力上。

3.3.5 《品牌建设方案》的编制过程

品牌建设方案像建筑设计一样重要，当品牌建设一旦启动，至少是一个企业未来五年至十年的品牌蓝图，要产生巨大的品牌效应，因而企业对方案本身应该相当慎重。

品牌方案编辑过程包括了八个方面，具体分述如下。

①立项阶段：对品牌建设项目进行正式立项，设立品牌技术委员会，明确启动品牌建设方案设计过程的责任人。

②方案设计阶段：摸底初步的情况，提出《品牌建设方案》的结构性内容，起草品牌战略文件。

③初步设计阶段：草案编制过程，可能需要几次修改或多个方案评选，提出基本的《品牌建设方案》。

④审定设计阶段。初级的草案完成后，提交品牌技术委员会审议，并根据审议意见进行修改，可能召开多次审定会议，最终通过审议。

⑤建设启动阶段：根据已经完成审定的《品牌建设方案》，举行品牌建设启动大会，通告全员进入品牌建设各项任务的具体实施阶段。

⑥建设实施阶段：具体的实施执行阶段，根据品牌建设方案，落实各项具体任务项。

⑦进度管理阶段：对进度进行统一管理，跟进进度并及时解决各项进度问题。

⑧验收报告阶段：分阶段验收及成果验收，以各种报告形式，报告品牌建设方案的实际进度及完成结果。

3.3.5.1 《品牌建设方案》的特点

品牌建设方案具有以下六个方面的特点。

(1) 创造性

《品牌建设方案》是一项科学严谨的设计工作，是有计划、有目的的创作行为，工作本身具有创造性，需要依据科学依据、想象力、品牌意境、科学前沿技术、前瞻预判等多种思维和创作能力。创作过程不是重复的，更不是模仿的制作行为所能相比的。

品牌建设方案的创造性是领导人（品牌创始人、品牌组织者）、员工（品牌贡献者、品牌制造者）、用户（品牌使用者、品牌对象）之间的平衡。

第一，品牌建设方案要面对千差万别的企业管理环境和错综复杂的管理问题以及各种意见的企业全体人员；第二，充分释放品牌的灵性，解决群体中的所有矛盾、冲突和问题。第三，人们对品牌有着高品质的要求，企业高层依赖品牌建设方案的提出者给出具体的决策建议、可供实施的具体措施、创造意识和变革能力，将对未来的品牌想象方式落实到可实施方式上。

因此，要求品牌建设方案提出者，要有扎实的发现和解决管理问题的能力，对品牌的想象力和创造力、审美能力，灵活开放的思维方式，克服困难的求变心理，挑战权威的决心和毅力。

(2) 综合性

品牌本身是一门综合性学科，需要面对诸多因素：社会学、心理学、管理学、群体学、经济学、美学、科学、技术、法规等。对战略型领导、管理者、企业部门、企业员工、品牌使用者、高收入阶层、一般市民等不同的群体都要有所了解，且需要统筹各方面的工作内容，如研发、设计、供应商、生产、售后服务等。要学会面对众多因素，满足不同需求，落实各种要素，把以往不可能通过有限的方案实现的品牌整体发展构想统一需要尽可能落实在方案中，并达到实现的目的。

(3) 前沿性

品牌建设方案要有足够的前沿性、前瞻性等预判能力，把未来可能出现的各种管理变化、产品未来形态、未来用户结构等都要尽可能展现出来，它为企业的全球发展描述了壮观的未来发展蓝图。且品牌建设方案还要具有国际化特点，明确全球市场竞争要素、国际化管理和国际化市场开拓能力。

(4) 双重性

品牌建设方案体现了设计者和实施者的双重作用，品牌建设方案提出者既是设计者，也是技术实施的指导者，是落实实施效果的保证人。因而品牌建设方案的提出者要掌握并运用分析研究、构思设计、分析选择等过程，并运用好形象思维、框架思维、三元思维、品牌设计语言等众多知识能力，要对设计和实施能力做必要的学习和练习，并最好能够以品牌研究生的身份参与多个企业品牌项目的设计和实施、实习与独立领导过程。

(5) 社会性

品牌服务于社会，而且品牌不是一般意义上的商品。无论什么品牌，从推出之日起，就具有广泛的社会性，成为人类工作和生活的一部分。无论人们喜欢与否，都要试图与之共处，品牌对人类的影响是客观实在的，不可回避的，也是长久的，持续数十年，乃至上百年的生命体。

(6) 过程性

品牌建设本身需要投入大量人力、物力和财力，需要相当严谨的方案程序。

品牌建设方案最重要的内容是完成实施效果，是保障品牌设计能否科学、合理、可行的基本前提，无论是方案的初步设计阶段，还是方案审定价值，都需要进行系统、全面的调研和思考。

品牌建设方案提出者需要大胆而深入地思考、想象，需要听取使用者、管理者、品牌技术顾问和专家、用户的不同意见，需要在广泛论证的基础上优选方案，需要不断地调整、发展、细化、完善方案，这是一个相对比较符合前因后果的逻辑阶段，没有任何捷径，需要持续地、科学地、求实地遵循方案的过程才能完成品牌蓝图的再现。

3.3.5.2 品牌方案的提出和审定过程

品牌建设方案的提出和审定过程包括初步设计、审定设计和方案完成三个步骤，其中又分为一草、二草及一审、二审过程（见表3-3-1）。

表3-3-1 品牌方案的提出和审定过程

初步设计		审定设计		方案完成
一草	二草	一审	二审	方案审定
调研分析	调整方案	方案优选	方案修正	方案发布
提出构思	深入细化			
提出方案				

3.3.5.3 多方案对比

《品牌建设方案》可以使用多方案对比，多方案对比的必要性主要体现在：

多方案是方案设计的目的所要求的，方案设计是一个过程，而不是目的，其最终的目的是取得一个理想想而满意的实施方案，验证哪个方案是最合理的，最有效的方法是对多个方案进行分析和比较。

多方案的基本原则：

提出数量要尽可能多，差别尽可能大的选择方案；必须学会从多角度、多方位来审视问题；任何方案都必须在满足品牌建设的需求上产生，否则再多的方案也没有任何意义；随时否定那些不现实、不科学、不可能的方案和方法，以避免时间、精力的无谓浪费。

方案优选的基本条件：

比较建设方案哪个符合品牌组织的发展目标和构想；比较哪个方案更具有科学管理特征；比较哪个方案的修改调整后更具可行性；对方案的实施要求进行综合思考。

3.3.6 品牌建设的六个科学步骤（六步法）

品牌建设的目的：是将品牌管理能力到达品牌建设A阶段（高能力战略阶段），品牌管理有序循环、平衡稳定、自动转动、自适应的企业品牌生态平衡系统，为企业源源不断地带来足够丰厚的品牌利润。

品牌建设的实施，还需要注意 IT 管理和知识管理的需求，要求：无论何时何地，品牌管理系统都能随时可以无缝升级为世界领先的 IT 架构及移动管理技术，致力于企业品牌的管理现代化、管理信息化、管理知识化的全面融合及自适应性管理需求。

通过六个科学步骤，可快速完成品牌建设工作，现将六个步骤分述如下。

(1) B1 品牌战略阶段

B1-1，中高层品牌意识学习，决定品牌创造或品牌再造行动；

B1-2，组织建立企业品牌化委员会；

B1-3，应用品牌人才甄别技术，选取品牌技术骨干和品牌骨干；

B1-4，品牌战略路线选择（使用《品牌能力元素表》）。

(2) B2 品牌组织阶段

B2-1，《品牌（全球）战略框架文件》的编制；

B2-2，《品牌建设方案》的编制；

B2-3，品牌整体诊断；

B2-4，品牌再造重组（须启动组织结构重组、管理重组等工作）。

(3) B3 品牌标准化阶段

B3-1，各环节品牌标准化（使用 PAO）；

B3-2，《品牌管理系统》的编制；

B3-3，《品牌识别系统》的编制；

B3-4，《品牌营销系统》的编制；

B3-5，《品牌传播系统》的编制；

B3-6，《品牌协同系统》的编制。

(4) B4 品牌学习阶段

B4-1，三层次学习一：品牌骨干学习；

B4-2，三层次学习二：全员品牌学习；

B4-3，三层次学习三：品牌群体学习。

(5) B5 品牌传播阶段

B5-1，《品牌战略（全球）框架》的发布；

B5-2，品牌宣誓的组织工作；

B5-3，品牌传播行动。

(6) B6 品牌生态阶段

B6-1，品牌纠错报告的管理；

B6-2，品牌建设阶段报告和验收报告管理；

B6-3，品牌战略指挥系统（适需）；

B6-4，品牌知识管理系统（适需）。

3.3.6.1 品牌建设六步法所针对的普遍问题

以往的品牌建设主要是理论方法来源不一样，企业成为一个多种理论、观点、方法综合汇集的集成体，经验千差万别，品牌思路出发点不一样，品牌文件不规范，引用的术语不一致，妨碍了企业领导人、品牌官、品牌项目执行人员对企业品牌战略的总体理解和交流，品牌战略与企业管理脱节严重，人为加大了品牌建设的实施难度。

新的品牌建设六步法着眼于战略层面的顶层设计，支持企业建立高度统一的品牌战略框架，以系统学方法分布企业品牌各项关键战略能力，部署从企业组织结构、品牌实施单元，到各项管理流程、市场行动为主体的骨架结构性品牌战略能力，建立统一、一致、专业的品牌战略系统，并满足企业进行快速品牌指挥、快速品牌作战行动、快速品牌灵敏反应的未来动态品牌管理新标准。

品牌建设六步法，也为企业实施品牌 IT 架构，对品牌实现移动管理提供了基础准备，适用于企业适时升级部署现代信息化高效品牌管理战略能力，以指挥链、协作链、管理工作网络将企业所有的品牌战略指挥部门、各品牌关联部门、全球品牌经营网络、全球品牌族群连接起来，形成天空、陆地、海洋地理位置与在线、离线、移动电子商务结合的 IT 新秩序。

3.3.6.2　B1 品牌战略阶段

当企业决定推行品牌技术，以六步法实施品牌建设，应在本企业成立专门的品牌化委员会，一般应由企业 CEO 直接负责，全面领导品牌战略框架接下来所要开展的品牌诊断分析、品牌战略重组、品牌学习、品牌传播、品牌校正等各项工作。

这里需要格外注意的是品牌人才甄别技术。

品牌人才甄别技术是企业实施管理专业化时格外重要的一个步骤，在企业的各个品牌指挥、品牌管理、品牌营销环节，都需要严格挑选具有特别潜质的人才承担主要领导和执行工作。品牌战略所需要的每一种品牌人才是不同的，企业以往从来没有对品牌管理人员进行科学甄别，用人错误是企业品牌建设中最失败的环节。

新的品牌建设六步法要求，经由人员甄别技术，挑选合适的特定人才负责品牌工作，合理使用各种性格的人才是有效实现品牌管理的捷径，这些特定人才包括：

企业的品牌领导人，必定挑选热衷于改革，注重科学、法治、组织学、管理学、有条理和系统思想的领导人，他们会对品牌战略系统的形成起到决定性的关键作用，他们敢于进行大刀阔斧的彻底改革。多数情况下，企业的品牌建设因没有强有力的领导人而导致失败。

品牌官，必须挑选最公平的人，也是完美主义者，情商远远高于常人。他们不能忍受一丝的产品瑕疵存在，他们极力地捍卫品牌，珍视品牌每一天的进步，他们不能容忍采购腐败、产品缺陷、售后问题的发生，他们对品牌用户提出的任何批评都会相当地敏感，并极力减少错误的再次发生。

研发主管、产品经理必须挑选完美主义者，在全球领先的国际品牌中工作的研发主管，将主要从事品牌产品的研究，这些研究通常被视为发明一种潮流趋势，研发主管的前沿挑战能力必须领先至少十年，世界潮流正是由他们创造的，他们极力地将产品样品做成完美的艺术品，并赋予其完美的定义。

采购主管、质量主管等必定是最公平的人，他们的一切出自于公心，而非私心，从而避免采购源头的腐败、不合格产品流出工厂。客户服务的主管必定是一个用户问题当日解决不了就内心极为不安的人，这种不安感保证了用户问题的彻底妥善解决。所有用户服务终端的主要人员，必定从具有志愿精神的人选中甄选出来的，他们的志愿精神将保证用户的最佳满意感受。

随后，通过《品牌能力元素表》，企业得以快速确定需要集中发展的品牌关键能力，界定适用于自身企业做专做强品牌所需的能力元素，品牌战略路线的确定为企业指明了品牌战略所行进的准确方向，也是动员企业全员建设品牌的战略指导路线。

3.3.6.3 B2 品牌组织阶段

企业应着手制定一份具有高度和长远战略指导性的总体纲领文件《品牌（全球）战略框架文件》。品牌（全球）战略框架是企业品牌战略的总体指导纲领，是企业未来数年甚至数百年的品牌灵魂指导思想。在《品牌（全球）战略框架文件》制定以后，企业可编制品牌建设方案，作为品牌战略实施的指导手册和企业品牌战略执行的作业指导文件。

品牌不仅仅是公司高层的事情，也不是一个部门的事情，是企业从上到下、从内到外的全员实施的一场管理变革。当企业下决心发展品牌核心竞争力时，在企业品牌战略（全球）框架中，公司的组织结构、品牌以及各单元应该面临一场改变，重新恢复梦想、信心与战斗力，这场变革越彻底，品牌战略能力将越强大。

品牌诊断技术和对比分析技术将同时应用在 B2－B3 品牌标准化阶段。

企业决定实施品牌再造的同时，根据需要可进行品牌战略重组，品牌战略重组具体可分为四个环节的重组：品牌重组、组织重组、管理重组、王牌品牌战略重组。

品牌重组：主要是全面部署品牌各环节的品牌关键能力，重新设计品牌识别系统、规划品牌目标、优化品牌能力元素。

组织重组：主要是对组织结构进行优化，使组织结构适用于现代化快速的品牌战略能力发展框架，不正确的组织结构通常是妨碍品牌发展的主要因素。组织重组的一个重点，可将研发、生产、营销、服务进行更为准确的科学划分，划清各方界限，建立内部市场采购关系，企业内部的模拟市场将有效创造令客户更满意的产品。以往企业所发生的产品设计缺陷、产品质量不稳定、售后服务不佳等情况，都是由于企业内部未形成市场化机制所导致的。

管理重组：主要是针对管理流程的全面优化，管理流程错误通常是造成品牌发生各种问题的根源，错误的、过时的管理流程对品牌建设的干扰相当大。管理重组应在管理科学家和管理分析师指导下进行，重大的管理流程错误经常在企业中发生，但人们、管理咨询公司通常无法轻易发现这些重大流程错误，它往往需要另一种更高明的科学发现和发明。

王牌品牌战略重组：当企业决定在全球范围或局部区域发动品牌商战时，启动最高级别的王牌品牌战略。王牌品牌战略要求企业对品牌进行大刀阔斧的改革，将企业的产品线、生产、营销聚焦在一个重大的"拳头产品"上，重拳出击市场，对市场版图进行分化瓦解，它需要企业对品牌战略上具备更大的魄力，王牌品牌战略可以在管理进步的基础上部署更先进的 IT 架构和移动化解决方案，发挥高效指挥的"品牌市场作战指挥能力"。

3.3.6.4 B3 品牌标准化阶段

品牌标准化要完成的三个重点标准化：

①实验室标准化——产品研发过程的标准化；

②管理标准化——企业管理层面和供应链的标准化；

③市场标准化——市场、销售、传播、服务过程和品牌经销商网络的标准化。

通过品牌管理标准化技术，完成相应的管理和作业手册文件编写，使用 PAO 科学分析模型和品牌对比分析技术等完成。

品牌诊断技术的应用主要是通过 PAO 科学分析模型，对动态管理问题进行快速捕获、分析、流程重组，使企业切实提升管理水平。PAO 科学分析模型以 P（问题排查）→A（荟萃分析）→O（秩序设计与运行）为序，从而进行快速的管理分析、管理提升、管理流程重组、管理方法发明。

通过对来自企业领导层、管理层、作业层、渠道层、客户群、用户层进行科学分析，形成完整的品牌管理诊断报告，并为制定全新品牌战略框架提供科学依据。

品牌对比分析技术是为了进一步提高品牌关键能力，必要时，企业使用对比分析法，对全球杰出品牌、同类国际品牌的管理要素和营销要素进行全域对比分析，建立品牌基准目标，以便确定更加准确的品牌战略框架，从严要求各项管理环节，指导企业集中发展国际一流品牌。使用品牌对比分析技术进行品牌基准目标设定的企业，重点在品牌支撑能力、品牌质量、品牌管理、品牌识别能力上建立品牌改进项目目标。

3.3.6.5　B4 品牌学习阶段

品牌学习是一个相当重要的全员进行品牌学习的阶段。

品牌学习是品牌战略能力建设中，最节省成本但又最重要的品牌关键能力建设方式。发达国家和具有强烈民族信仰的国家的企业，通常在品牌学习能力上比较强，品牌素养底子好；发展中国家的企业，通常最容易忽视的弊病就是品牌学习，品牌素养严重不足。

（1）发达国家的品牌学习

服务学习在美国等国家和中国香港等地区已经持续了30多年，从培养孩子们的服务精神、社会贡献意识开始，服务学习遍布中小学、大学和社区，当他们长大进入企业工作，志愿服务精神、社会服务意识就根深蒂固地在他们的工作场所发挥理性的、系统的、有条理的价值意义。

美国所形成的破坏式创造——企业家精神，日本所形成的精益制造精神，德国所形成的制造工人社会地位，以及法国所形成的浪漫文化、韩国所形成的创意文化、意大利所形成的风情文化都对国际品牌的缔造产生了深远影响。中国香港特区政府始终提醒市民："便宜无好货"，奠定了精品消费意识。这些形成企业品牌素养的学习从孩子的时代就已经开始了，并在他们成年以后为国际品牌的培育奠定了战略意义。

（2）发展中国家的品牌学习

发展中国家的企业推行品牌技术时，则应加重品牌学习的含量。品牌学习必须是全员的、必须是深层次的。品牌学习的主要任务是：所有员工应对品牌产生热情，他们清楚自己在做什么，他们的工作责任与手中流过的品牌感觉息息相关，他们必须焕发敬业精神，他们愿意为品牌的崛起付出一切应有的努力。企业的研发、产品、质量、服务都来自于员工对品牌的真诚付出。

对于发展中国家的企业品牌建设、品牌再造已提示品牌是一种品牌组织学，并提示了品牌人才甄别技术，从品牌发育的母体到主干，做出了重要的品牌素养改良，品牌学习则进一步强化这种能力，通过培育品牌能力的骨干——那些真正热爱品牌的人们到达品牌建设的各个重要节点或环节，带动更多的人，为品牌做出全心全意的尽责服务。企业持续的品牌学习将贯穿企业生命始终，任何新进员工都必须从品牌学习开始，品牌学习的过程永远不会结束。

（3）三层次的品牌学习

品牌学习，是品牌技术为企业设计的最节省成本的品牌建设方法，也是企业通常最容易忽视的方法。三种有效的品牌学习程序，将快速提升企业的品牌能力。

品牌骨干学习：他们是企业品牌的"大脑""中枢""主干"，通过品牌人才甄别技术，选拔最合适的品牌人才到达合适的工作职位，发挥其专长，许多重要部门如品牌领导人、品牌官、采购主管、质量主管、客服主管、售后主管等都需要严格挑选具有特殊潜质的人员，并不是每一个人都能胜任的。企业通常在这些环节使用了错误的人员，因而造成大量采购腐败、缺陷产品、服务事故。

品牌骨干的学习集中于品牌领导人、品牌官、采购主管、质量主管、客服主管、售后主管等各种品牌管理和品牌营销传播环节的学习。

全员品牌学习：全体员工在品牌的培育过程中极为重要，品牌不仅是高层领导或某个部门的事情，是企业全员的事情。重构全体员工对品牌的信仰、热情、责任、精神、道德，当这种力量重新焕发出来，他们将在国际品牌的培育过程中，爆发出惊人的力量，他们对品牌的热情，将通过品牌感染全世界的人们，他们自己就是品牌向外传播的最佳推销员。

品牌用户族群学习：以品牌常客户、品牌消费者、公众为主的品牌教学，培养他们的品牌冲动、品牌识别能力、品牌消费习惯、同类品牌排斥能力、品牌口碑传播扩散能力。对用户中推行的常客户计划，以及品牌教育——深耕于消费者内心的品牌识别、品牌消费习惯、同类品牌排斥能力、品牌口碑传播扩散能力。国际品牌的成就，主要依赖于有一群始终固定的品牌消费者周而复始地帮助企业品牌聚拢公众，但企业通常犯下一个不可饶恕的错误，忽视这些钟情于品牌的重度常客户，将大笔的开支用于招揽无效用户的公众广告。

3.3.6.6　B5 品牌传播阶段

（1）企业品牌战略（全球）框架发布

企业在完成品牌战略框架制定、品牌建设方案编制、品牌战略重组、首次的品牌学习之后，接下来，就选择一个重大的日子，举行新闻发布会或仪式，向（全球）发布《品牌（全球）战略框架》《品牌全球宣言》。

品牌战略框架可以分为内部版、共识版、公众版三个不同版本，对社会公众发布经节选的公众版，旨在让公众识别新品牌，避免商业秘密的泄露；向供应链和合作伙伴发布具有共识策略的共识版，旨在品牌前景、责权利方面达成共识；对企业内部则使用内部版，配合品牌战略手册，作为一切品牌工作和全体员工努力的指导性文件。

品牌骨干必须向品牌宣言宣誓，所有企业员工、供应链、品牌经销网络，都应选择向品牌宣言宣誓，员工和各品牌网络中的主要负责人，则必须向品牌宣言宣誓尽责。小型企业可简化部分步骤，但品牌战略框架发布的范围和宣誓的人员规模只是较小而已。

品牌本身是一种信仰，是一种自豪的荣誉，是一种工作职责，如果员工都对品牌没有热情和向往，品牌建设本身就是失败的。

（2）品牌密集推广行动

新品牌战略的发布，意味着紧接着将开展一场规模庞大的品牌密集推广行动，以便让全社会清楚如何识别品牌。品牌识别本身是一种根植于人们内心的心理定势，使人们清楚要解决某一个专业问题时，哪一个品牌是最佳解决方案，让他们尽快将某种消费欲望与企业的品牌画上一个巨大的等号。

即便是小企业，也应着眼于品牌的推广，尽管推广的规模可能极小，但品牌推广是必须进行的。超过 50% 的人在想了解一个新品牌时，会下意识地到搜索引擎中查询，如果连几篇品牌新闻都无法找到，他们会对这个品牌产生极度怀疑，消费冲动稍纵即逝。

大企业通常以外包方式将品牌推广的工作交由专业的品牌推广公司或公关公司负责，但应注意的是——品牌传播中所传递的品牌识别信息可能是错误的，这会造成极大的用户印象错误，让人们错误地识别品牌。在新的传播计划中，应慎重对待品牌识别传播工作，以确保任何对外传播的品牌信息是符合品牌能力元素、品牌诠释系统、品牌识别系统中所界定的正确品牌识别信息。

（3）长期的品牌传播策略

已经有无数成功的国际品牌验证了他们之所以取决成功的秘诀是——从来不打品牌广告或极少投放品牌广告，Google、星巴克、路易·威登、派克、Zippo，以及中国的格兰仕都是这方面的佼佼者。

越高端的国际品牌，其主要是通过口口相传的口碑传播来吸引消费者的，一些品牌则使用大量投资品牌新闻的方式，引发二层次、三层次的品牌引用、品牌传播，使人们熟知某一个品牌，并建立起庞大的固定品牌消费族群。

品牌传播无极限，随着电视收视观众和报纸阅读者的大量减少，年轻消费者以互联网为了解信息的主要途径，企业的品牌随之转变为互联网品牌，在不久的将来，所有的企业将活在网上，所有的品牌将彻底演变为互联网品牌，企业应提前着眼于互联网品牌建设。

（4）"微品牌"的微传播策略

在 Facebook、Google、Twitter、Photobucket、微信、微博等社交网络和微移动应用流行的时代，视频和图片也具有一定的品牌传播效应，企业有必要留意微品牌的建设维护，注意微传播的科学规律。

微品牌主要以建立在社交网络和微工具上的"品牌主页"为特征，重点吸引固定的品牌用户族群，品牌用户族群会产生一定价值的网上即时消费。

微传播主要是以"话题"为传播方式，应注意话题的设计、流行、转载和传递效应，一些创意的"微活动"也具有一定的微传播效应。

但是从总体而言，微品牌与微传播是品牌战略的一种附属和延伸传播方式，品牌战略如果脱离战略能力建设的本质，忽视品牌战略中正常的品牌识别、品牌战略重组、品牌管理和品牌营销，则本末倒置，得不偿失。而且，企业品牌能力在移动管理和移动营销信息化的解决方案，并不一定是建立在手机上的，移动管理信息化通常建立在专门移动终端上，与日常娱乐、通话应用处于两种完全不同的移动介质中。

3.3.6.7 B6 品牌生态阶段

（1）品牌校正——品牌生态阶段

品牌实施过程的校正，是一个不断为品牌战略的实施纠错的过程，包括对企业中执行的品牌战略思想的校正，包括对品牌所传递的品牌识别信息的校正，包括对品牌管理和营销中各流程的校正，也包括对执行品牌战略的人员工作行为进行的校正，定期的纠错报告、紧急的纠错报告都应及时报告给企业的品牌技术委员会。

企业定期使用 PAO 科学模型和对比分析法，对已知的品牌纠错报告进行分析，追踪品牌错误问题发生的源头和原因。对品牌纠错报告所采取的行动，并不是一个反复循环的持续改进过程，除了对紧急或重要错误信息进行及时修复外，企业应避免随时变动管理流程，这将导致更大的管理流程错误或重大管理事故发生——因为各管理流程的接口必须无缝衔接，轻微改动可能会造成关联的工作流程发生偏离。

（2）杜绝随时的管理改进

以往质量管理中的 PDCA 循环，在现代企业管理系统中是不完善的。现代管理的要求是：企业管理本身必须是系统化的，是自适应的秩序，越来越多的管理环节将以电气系统、信息化系统、软件等完成自动化部署，人机分离，人的职能在具体的工作中大幅减少，被自适应系统所取代，

PDCA 的持续改进实则为随时修补、管理流程随时变动、程序随时修改，是造成自适应系统产生大量 BUG（漏洞）、管理流程错误的重要因素。

品牌战略中的 PAO 科学模型，并不提倡随时对管理流程进行更改，在品牌技术实施运行的初期，品牌纠错报告较多时，应选择相隔一定的时间周期对品牌管理系统进行一次性彻底的集中校正，保证各管理流程的平稳对接。随着品牌运行日渐成熟，纠错报告将越来越少，集中校正的次数也将越来越少。

（3）品牌生态系统

在经历 2~3 年的品牌建设周期以内，品牌建设完成，品牌组织将完成战略最稳定的品牌生态系统，畅通运行，无须校正，将成为极为成熟的品牌管理方式，它也将保证下一步，企业有条件将品牌管理系统升级为完整的信息化系统，以自动化、快速、准确的方式成就杰出的国际品牌核心竞争能力。理想的品牌生态系统，将以稳定性著称，成为企业有序循环、平衡稳定、自动运转的企业品牌生态平衡系统——品牌科学生命体，为企业源源不断地带来足够丰厚的品牌利润。

3.3.6.8 企业推行品牌建设六步法的好处

（1）实施品牌战略顶层设计

经由品牌战略框架设计、品牌能力结构设计，切实提高企业品牌竞争实力，布局长远战略目标，打造一流国际品牌。

（2）发展能力型品牌竞争实力

全球市场竞争和专业市场竞争，是企业综合管理水平、品牌市场经营水平的直接体现，以发展品牌技术为核心，建设国际一流品牌为龙头，全面切实提升企业管理水平。

（3）引进世界先进品牌管理方法

以战略眼光，以领先管理思想，将企业全部力量集中在品牌之上，通过科学的六个品牌建设步骤、管理工具和方法，梳理管理流程，优化管理效率。

（4）实施精益品牌战略

清除不必要的环节，缩减不必要的开支，裁撤不必要的部门，使企业全员一切以品牌能力中心，突出品牌战略核心竞争力。

（5）促进全员工作责任提高效率

通过实施品牌战略，重振士气，通过全员品牌学习，建立全员对品牌的信仰、精神、责任，以最低成本最大限度地提高工作质量。

（6）快速增加品牌资产

企业的品牌战略是企业最有价值的一笔投资，先进品牌技术帮助企业品牌资产快速稳步提升，增强品牌投资和品牌金融能力，实现国际品牌梦想，获得全球品牌利润。

第 3.4 章　品牌分类技术

"品牌分类技术"又称为"国际品牌分类法"，源于爱德文·哈勃（Edwin P. Hubble）的哈勃星系分类法和门捷列夫（Dmitri Mendeleev）化学元素周期表分类法，对品牌的准确分类有助于全球品牌实践突出品牌与品牌之间的明显特征性区别，也有助于企业品牌实践选取一种品牌或采取品牌发展路线快速建设品牌，有助于新闻媒体、品牌研究机构、品牌评选机构和公众快速识别划分品牌类别。

《品牌总论》开创品牌分类法，由7种品牌和280种品牌能力元素组成，标志着全球品牌理论中原本模糊的"品牌"概念，从此有了准确的划分，品牌建设从此进入了清晰的品牌战略能力建设阶段。国际品牌分类法是世界品牌学史上的一个重要里程碑，从此，品牌建设只需要挑选少量的、有限的、准确的品牌能力元素，快速确定品牌战略路线，以2~3年的周期快速完成品牌建设，实现从专业发展品牌起步到实现国际品牌梦想的全速崛起之路。

品牌分类技术是对品牌所进行的一种典型分类，通过对不同的品牌进行整体分类，以区分各类品牌的特征和品牌能力元素。

以往在没有品牌分类的情况下，无论人们还是企业对品牌的看法都是容易混淆或混乱的，无法快速理清品牌能力的脉络，也无法加快品牌建设速度，因为所有的品牌看起来都差不多。人们无力对LG、英特尔、三星、壳牌、丰田等品牌进行区别，导致品牌本身是一个相当混沌的话题。

我们首次对品牌进行分类，依据品牌发展所需的关键能力，将品牌划分为：工匠品牌、专业品牌、可信品牌、溢价品牌、潮流品牌、领导品牌和国际品牌，经由品牌分类技术后的品牌，具有了明显的品牌关键能力要素和能力元素，容易进行区分对比，也容易快速选择品牌能力元素作为品牌建设的战略路线，从而加快品牌建设的速度。

3.4.1 品牌分类技术

对于品牌经济体（产业集群）的品牌培育和企业品牌建设而言，品牌分类技术彻底地解决了"品牌建设无从下手"的突出问题，从此使品牌建设有了清晰的战略路线和结构性品牌能力发展方向。

品牌分类技术用于对全球品牌进行的科学专业划分，将品牌能力具体划分为以下七种品牌关键能力。

Craftsman Brand——工匠品牌：品牌是否以纯粹工匠精神的境界追求进行发展？

Professional Brand——专业品牌：品牌是否占领某一专业级市场领域？

Trusted Brand——可信品牌：品牌是否让人足以信任并消费？

Premium Brand——溢价品牌：品牌是否有高利润，人们愿意花更多的钱来购买？

Tide Brand——潮流品牌：人们是否为满足某种特定流行时尚或文化因素来购买？

Leading Brand——领导品牌：品牌是否在某一市场体现其领导地位？

International Brand——国际品牌：品牌是否足够国际化，进入世界各地？

品牌分类技术用于全球品牌的专业划分。

企业可以集中发展一种或多种品牌关键能力组合。

品牌分类技术的最大意义是给予投资者和员工明确自己的品牌究竟是什么，投资者清楚所投资的品牌将重点发挥某种品牌能力，员工也清楚品牌的具体归类，使各种投资和全员力量都高度集中在少数几个品牌能力上，避免以往的品牌能力涵盖不清，用比以往更少的时间、投入和全员努力快速完成品牌建设。

企业没有必要发挥不适用于自己的品牌能力，也没有必要遵循"大而全"的品牌能力结构，通过品牌分类技术，转而发展核心品牌能力，选取最快捷的品牌战略路线，由于大幅缩减了不必要的品牌建设方式的品牌建设努力，从而从根本上改变了品牌培育的周期，使品牌建设不再是一个长期努力的结果，品牌投资和建设周期大幅缩短至2～3年时间，同时使品牌培育进入了大规模、大批量、高效率、快速度发展品牌的"批量品牌制造时代"。

3.4.1.1　品牌分类技术结构

品牌分类技术结构见图3-4-1。

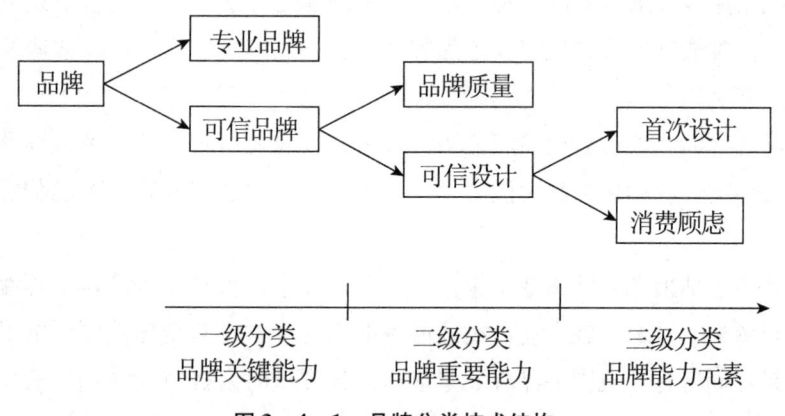

图3-4-1　品牌分类技术结构

品牌分类技术结构是按树型图结构进行划分，分为一级、二级、三级分类，其中一级分类为"品牌关键能力"，二级分类为"品牌重要能力"，三级分类为"品牌能力元素"。

品牌分类技术结构用于解决品牌多样性、品牌能力对比和制定品牌战略路线。尊重品牌多样性特征，采用树型图三层结构总结归纳为不同特征的品牌能力，直观显示品牌建设的多样可能性；实施品牌能力对比，将快速提升品牌具体的能力项，优化品牌关键能力，使企业集中精力做好品牌管理中最核心的重点工作，使品牌管理水平和用户满足度大幅度提高；在制定品牌战略路线过程中，品牌分类技术促使企业根据品牌能力元素表，快速选取品牌战略路线和重点品牌能力元素建设清单，从而大幅提升品牌培育成功率和品牌建设速度。

3.4.1.2　品牌能力元素表

《品牌能力元素表》是由七种品牌关键能力、70种品牌重要能力、280种品牌能力元素组成的一个元素表。

《品牌能力元素表》标志着全球品牌理论中原本模糊的"品牌"概念，从此有了准确的划分，品牌建设从此进入了清晰的品牌能力建设阶段，《品牌能力元素表》是品牌学史上的一个重要里程碑，标志着从此品牌建设只需要挑选少量的、有限的、准确的品牌能力元素，快速确定品牌战略路线，以2～3年的周期快速完成品牌建设，实现专业品牌到国际品牌的全速崛起之路。

根据对品牌能力元素的排列和分解，企业没有必要再花费过多精力从事漫无目的的品牌建设工作，三层次的品牌能力元素结构性划分，不仅反映了品牌能力的内在结构，也剥离了品牌能力的相关影响，使企业得以集中精力和投资用于少量品牌能力的改变。

品牌能力元素的应用价值有待于全球证实，一个典型事项是一些国际媒体和研究机构将品牌分类技术和品牌能力元素用于品牌奖项的评选和品牌之间的对比研究，品牌能力元素表也有利于建立品牌指数，提升同业或相关分类的品牌能力性能。

3.4.1.3 品牌分类技术的发明意义

品牌分类技术的发明，主要取决于以下五种因素。

①类化学元素周期表的作用。化学元素周期表的出现意义重大，对化学世界的进步有着突出意义，科学家通过化学元素的组合分解元素并发明化合物，发现新型元素。

②实施基准管理。通过树立明确的管理样板和管理标杆为基准，研究其管理科学规律、本质和管理方法，从而提升其管理水平，通过品牌元素周期表可进行单项品牌能力对比的基准研究。

③选取品牌战略路线。通过品牌分类技术，在品牌能力元素表中快速选取适合本品牌组织的各种能力元素，制定品牌战略路线，快速实施品牌建设，彻底解决以往企业经常遇及的"品牌建设无从下手"的问题。

④快速实施品牌诊断。通过对比品牌能力元素表，以企业所选定的品牌战略路线，快速实施品牌诊断，通过更具体化、明确化的品牌能力元素，诊断具体的品牌问题，为品牌能力的改进提升起到积极意义。

⑤建立品牌评级、估值和品牌指数依据。品牌分类技术是形成品牌评选、评级、估值项目或建立品牌指数的主要依据，选取品牌专业分类或品牌能力元素，可对全球范围内的品牌进行品牌能力性能评级，特别是在同行评议或同一品牌元素能力对比评议时发挥重大作用，有助于全球同行及相关企业品牌能力进步。

3.4.2 工匠品牌（Craftsman Brand）

定义：以对工匠精神的完美主义追求创造的品牌产品与服务的极致状态。

目标：工匠精神指的是工匠式本能对精神世界的追求，以技巧精巧创始万物。

任务：①以工匠精神誓约宣誓的纯粹职业追求信念；②不惜一切代价只为完美创造；③贯穿始终的制艺、匠艺和技艺发挥和表达；④始终保持完美主义的精神境界追求。

3.4.2.1 工匠品牌特征

工匠品牌是自人类诞生以来对劳动、劳动价值和劳动精神的深刻认识，是对劳动作为美德的体察与认知，是对"技艺精巧、创造万物"的工匠精神世界的完美极致追求，是对工匠社会地位、价值创造、价值体现的终极体现。

对于用户来说，无论任何纯粹手工或工业精良产出的品牌化产品、品牌化服务，都包括了工匠在品牌境界层面的完美追求，是创造并浓缩人类一生一切最美好事物的纯粹心灵表达，是一切杰出的工匠们以品牌语言、品牌境界、品牌精神开创人类高等文明品牌世界的伟大贡献，是创造一切传世传奇品牌作品的人类伟大史诗。

3.4.2.2 工匠品牌示例

兰博基尼：代表全球顶级跑车的工匠杰作。

轩尼诗：代表全球优质干邑酿造者，以精湛的制酒工艺，完美的优良传统，打造出的高品质干邑。

百达翡丽：代表着历史悠久、工艺精湛，在设计、生产直至装配的整体过程中以工匠精神打造出的钟表杰作。

拉尔夫·劳伦：代表浓烈的美国气息时装设计，融合了幻想、浪漫、创新和古典的灵感呈现，表达所有细节架构。

福莱纳：代表着北美货车、特种车辆和专用底盘的领先制造者，大、重、霸气显眼的独特性路线。

阿特金斯：代表着全球最受尊敬的设计、工程和项目管理咨询事业，极致的城市景观设计。

3.4.2.3 工匠品牌能力元素表

1. 工匠精神	2. 工匠大师	3. 材质用料	4. 制艺技艺	5. 用户特征
工匠誓约	个人品牌	精选材质	制艺水平	特定用户
学徒制	作品成就	材料质地	制艺特征	用户体察
工匠制	劳动价值	考究方式	技艺水平	作品呈现
工匠培养	精神追求	知识系统	作品表现	工匠魅力
6. 工匠品牌	7. 特定市场	8. 技艺追求	9. 设计思想	10. 黄金组合
识别方式	用户分层	精神空间	感觉设计	品牌单元
独一无二	用户感知	自然生态	设计溯源	战略单元
作品系列	市场表现	作品感知	文化根脉	组合单元
关键技术	领导地位	完美主义	独特文化	比较优势

3.4.3 专业品牌（Professional Brand）

定义：一个品牌只用心做好一件事，清除不必要的环节。

目标：任何品牌的第一步是专业，只有专业品牌才能让人类准确识别。

任务：①集中优势，准确识别；②消除多余动作，精益品牌；③分化用户，占据专业级市场；④迅速获得投资金融能力。

3.4.3.1 专业品牌特征

建立专业品牌，是企业特别是中型、小型企业赢得竞争的关键战略路线，专业品牌将快速进入市场，快速对用户进行分化，专业品牌替代用户的某种特定需求，快速占领市场制高点，获得更高的利润，有助于企业最快、最大限度地获得发展。

对于消费者和企业，专业品牌表示：购买选择决定正确、最佳选择、排他性购买、没有购买风险、支付更高费用、获得专业享受、得到专业解决方案、值得向朋友反复推荐、多次重复购买、获得投资关注、企业高速成长、强市场防御能力。

3.4.3.2 专业品牌示例

耐克：代表全球专业体育用品。

杜邦：始终致力于专业品牌建设，以大量化学发明——新材料、新技术著称。

杜比音响：杜比实验室始终致力于音效技术发展。

邦迪：皮肤创伤止血代名词。

维也纳：音乐之都——维也纳新年音乐会。

3.4.3.3 专业品牌能力元素表

1. 品牌战略	2. 品牌集群	3. 品牌定义	4. 用户分化	5. 要素品牌
市场选型	品牌组合者	品牌占位	使用分化	要素定义
战略框架	品牌专业化	关键战略	族群分化	要素加持
战略资源	品牌投资	定位传播	用户锁定	协同采购
战略管理	品牌资产	品牌替代	用户族群	要素魅力
6. 品牌识别	7. 专业市场	8. 专业竞争	9. 潮流概念	10. 品牌状态
专业识别	专业地位	核心竞争力	流行元素	品牌诊断
专有身份	专业来源	竞争能力	潮流风向	品牌评估
专业特征	解决方案	行业竞争	热门话题	品牌报告
识别系统	专业应用	竞争防御	概念趋势	消费数据

3.4.3.4 专业品牌案例

同为运动品牌，adidas、BILLABONG、Quiksilver 实施了不同的专业品牌路线。

adidas：德国运动用品制造商，专注于运作鞋类产品，重点通过赞助体育赛事，以专业运动员最佳运动用品装备建立品牌专业角色，并吸引体育爱好者跟随。

BILLABONG：澳大利亚极限冲浪休闲品牌，最初是为冲浪人服务的水上运动品牌，结合澳大利亚冲浪的生活方式形成品牌风格，集中于板类运动，也是众多水上运动品牌中设计最具街头味道的一个，近年来深受青少年的喜爱。

Quiksilver（极速滑板）：Quiksilver 定义于时尚服装公司，作为全球冲浪品牌，注意时尚新宠的沙滩文化诠释。

3.4.3.5 要素品牌发展

专业品牌中的一个重点品牌发展方式是"要素品牌"，除要素产品的市场供应外，技术许可费是其最主要的技术性收入。要素品牌或称为成分品牌，是指为某些品牌产品中必不可缺的材料、元素和部件等构成要素所制定的品牌。著名的要素品牌有杜比降噪、Goretex 防水尼龙、特氟龙不黏底涂层等。要素品牌旨在让消费者对产品产生足够的认知及偏好，使得消费者不会去购买一个不含有该种要素的产品。

典型例子：如杜邦特氟龙，用于绝缘材料、防黏涂层等，使之成为不可取代的专业品牌产品。博世汽车最大和收入来源最多的部门是汽车技术部门。

3.4.4 可信品牌（Trusted Brand）

定义：以可信设计、可靠性能、可靠质量、质量稳定性获得长期稳定收益。

目标：任何品牌的基础是信任，足够可信的品牌让人类毫不犹豫地购买。

任务：①放心购买，消除疑虑；②获得长期稳定的收益来源；③一流品牌，比同行更可靠；④用户乐意自发推荐新用户。

3.4.4.1 可信品牌特征

任何成功品牌的第一个关键要素，就是信任。品牌可信将大幅缩短消费者购买决策过程，已知的可信任的品牌有助于最大限度地提高销售。

对于消费者和企业，品牌可信表示为：可靠产品来源、稳定的优良质量、极低的购买风险、快速识别并购买、品牌值得依赖、可连续无风险购买、品牌可供扩散传播、企业快速获得营收回报、企业竞争优势的基础。

3.4.4.2 可信品牌示例

德国制造：始终致力于可靠品牌建设，20世纪60年代启用"German Engineering"（德国技术）品牌标识，强调德国制造的优秀品质。

美国棉标牌：织物含量超过50%使用美国棉花，使用美国棉品牌标牌。

英特尔：致力于性能最可靠的芯片。

新加坡：最佳营商环境。

3.4.4.3 可信品牌能力元素表

1. 品牌质量	2. 重要信息	3. 可信设计	4. 首次信任	5. 可信支撑
质量信仰	产品来源	可信传播	试探购买	管理风格
品质象征	品牌使命	首次信任设计	使用风险	品牌能力支撑
质量行为	品牌承诺	可信接触点	破坏信任	品牌实力
质量稳定性	品牌背景	消除顾虑	连续信任	品牌表现
6. 品牌安全	7. 品牌依赖	8. 用户知情	9. 用户评价	10. 信息校正
质量保证	依赖要素	企业动向	第三方评价	信息不对称
售后服务保证	市场区格	产品动向	对比评价	校正购买
安全购买	降低识别成本	信息披露	用户对话	校正可信信息
安全消费	市场防御	隐含信息	专家评价	校正品牌传播

3.4.4.4 可靠品牌能力研究：服务品牌

服务品牌是可靠品牌的一个重点领域，经由提供专业的服务品牌进行明确的服务识别、品牌服务溢价，典型的服务品牌如蓝色扳手、金扳手、第一时间服务、金领结服务等。

3.4.5 溢价品牌（Premium Brand）

定义：人们愿意支付更高的价格获得产品，降低价格敏感。

目标：可观的利润来自于品牌溢价能力，高溢价能力代表高利润。

任务：①发展溢价能力，大幅增加品牌利润；②比同行卖更高的价格；③消除价格敏感；④获得品牌资产。

3.4.5.1 溢价品牌特征

比同行售价更高，获得更高的利润回报，溢价品牌使企业在品牌设计、产品投资、管理投资、服务投资等品牌投资方面获得良好的投资回报，有助于企业无论在市场规模、客户质量、客户消费能力等方面都发生本质变化。

对于消费者和企业，溢价品牌表示：企业管理升级、企业产品升级、企业服务升级、更可靠的品牌信任、更精湛的设计、更好的品质、更完美的享受、杰出人士的首选、品质和地位的象征、消费者条件必备时的必选、企业高投资回报率、高营收能力。

注：售后服务本身也可能成为独立的溢价品牌，如IBM就是服务，打印机原装耗材、汽车原厂配件、医疗设备售后服务等都是按照服务溢价品牌设计的。

3.4.5.2 溢价品牌示例

韩国：韩国政府不允许韩国品牌打折、低价，必须追求高品质、高溢价。韩国品牌宣传语：活跃在国家品牌委员会的汉阳人，缔造在国际上享有盛誉的国家，努力提高国家价值。

美国制造：美国制造——高溢价能力。

路易威登：致力于品牌高溢价。

韩国人参：出口价格为中国人参的10倍。

3.4.5.3 溢价品牌能力元素表

1. 品牌利润	2. 客户分级	3. 品牌意识	4. 品牌系统	5. 品牌形态
利润设计	特定客户	品牌信念	品牌史	科学品牌
关键利润	客户需求研究	意识设计	品牌故事	制造品牌
利润链	客群开发	特定元素	品牌传播	要素品牌
利润优化	用户引用	意识制造	自适应品牌	服务品牌
6. 品牌印象	7. 品牌质量	8. 品牌投资	9. 品牌信息	10. 服务利润链
品牌直觉	品牌感觉	推广投资	背景信息	服务利润
交付特征	质量领先	管理投资	性能信息	全员售后服务
品牌价格	使用感觉	研发投资	技术信息	薪酬结构
最新与最热	质量稳定性	服务投资	同行对比	常客户计划

3.4.6 潮流品牌（Tide Brand）

定义：引发并领导潮流走向，或以某种特定文化、环境、元素吸引兴趣群体。

目标：品牌潮流能力引发人类争相购买，将冲动消费和人类欲望发挥到极致。

任务：①创造一种流行风向；②潮流引发大规模冲动性购买；③以某种特定元素获得固定消费族群；④人们期望通过消费满足某种欲望需求。

3.4.6.1 潮流品牌特征

刺激人们的购买欲望,引导潮流趋势走向,引发冲动型和追逐型购买,追求潮流、时尚、特定文化乐趣的首选,对用户喜好进行分流,服务于满足条件的特定用户欲望需求,有助于企业发掘特定用户群体,以直复营销反复实现多次销售。

对于消费者和企业,潮流品牌表示着:潮流时尚前沿风向标、最潮最酷最文化一族的首选、特定的爱好者族群、流行元素、畅销商品、满足某种特定享受、特定消费必选、最简单的投资回报、市场开发低成本、直复营销效应、多次重复销售回报。

3.4.6.2 潮流品牌示例

苹果公司:创造流行潮流。

星巴克:创造咖啡文化。

非常新加坡:旅游时尚。

意大利家具:我们代表设计思想。

3.4.6.3 潮流品牌能力元素表

1. 品牌欲望	2. 概念品牌	3. 酷品牌	4. 潮流品牌	5. 流行品牌
欲望分解	概念构想	酷定位	潮流定位	流行元素
欲望定位	概念产品	酷元素	潮流感观	流行动向
欲望背景	工业设计	酷形态	潮流趋势	流行趋势
欲望捕捉	包装设计	酷话题	潮流预热	流行市场
6. 话题品牌	7. 主题品牌	8. 快品牌	9. 整合品牌	10. 梦幻品牌
热门话题	主题结构	快公司	品牌战略	未来品牌
话题触发	主题元素	快消费	产品整合	震撼品牌
话题引导	主题传播	快感觉	市场进入	品牌想象
话题传播	主题引导	快流行	密集推广	品牌吸引

3.4.7 领导品牌 (Leading Brand)

定义:在一种市场需求中占据领导地位,拥有足够的实力和影响力,具有防御壁垒。

目标:对趋势的战略设计能力和进攻能力决定市场中的品牌竞争格局。

任务:①决定产业走向,影响竞争格局;②占据市场领导份额;③市场权威影响力话语权;④自动防御壁垒保护市场。

3.4.7.1 领导品牌特征

媒体舆论的中央舞台、各界人士关注的焦点话题、引发市场追随的流行中心,领导品牌意味着所有关注的焦点全部集中,作为品牌的领袖代表着整个产业(行业)领域的未来,占据最大的市场份额、最权威的市场地位、最有力量的发言权。领导品牌是企业格外突出的领导者形象,以领导魅力带动整个市场营收，聚拢市场所有最佳资源。

对于消费者和企业，领导品牌表示着：首选、必选、必需品、必备元素、放心购买、排他性购买、重复性购买、消费者重复多次传播、自适应销售、最期望的投资回报、市场资源最大化、市场利润最大化、市场规模最大化、市场未来空间最大化、局部市场防御能力最强。

3.4.7.2 领导品牌示例

路虎：纯正英伦血统。

惠普6L：经典产品的诞生。

微软：世界IT领导者。

Google：致力于全球最好的搜索引擎。

新奇士橙：美国正宗新奇士橙。

AK47：世界经典传奇的诞生。

3.4.7.3 领导品牌能力元素表

1. 品牌地位	2. 领导品牌	3. 实力品牌	4. 实力体现	5. 公众意识
领导地位	领导风向	实力设计	资本实力	公众识别
市场份额	前沿探索	实力展示	研发实力	公众传播
市场战略	领导观点	品牌能力	规模实力	畅销程序
品牌盟友	英雄人物	品牌潜力	用户实力	公共关系
6. 强势品牌	7. 消费态度	8. 品牌体验	9. 领导元素	10. 品牌市场
品牌强度	品牌指名购买	用户体验设计	品牌质量	品牌取代
市场进攻	用户偏好	品牌感觉	品牌性能	品类覆盖
品牌联想	消费意识	用户关注	领导作用	封锁竞争
里程碑	消费能力	体验校正	领导效应	品牌防御

3.4.8 国际品牌（International Brand）

定义：达到国际水准，实现全球到达，达到品牌生态平衡发展阶段。

目标：国际品牌是一流品质、高可靠性的代名词，产品适用于任何一个国家市场。

任务：①全球到达能力；②全球溢价能力；③整个品牌链是自适应的生态平衡系统；④高能力战略竞争优势。

3.4.8.1 国际品牌特征

全面进入世界各地市场，国际流行元素，国际用户最佳选择，企业收入多地多元化，国际品牌使企业更容易获得来自高收入国家的营业收入，获取国际贸易差价，有更高的营收保障和更强的市场占领能力。

对于消费者和企业，国际品牌表示着：最值得信赖、最佳选择、具备条件时的首选、最放心的高质量、最前沿的设计、最优的研发能力、最精湛的制造工艺、最好的材料、最好的人才、最好的经营方式、生活方式的象征、国际化的感受、更快速的市场速度、最明智的投资回报、最大的市场规模、最大的营收能力、高收入国家市场、发达国家市场、整体市场防御能力最强。

3.4.8.2 国际品牌示例

IBM：当托马斯·约翰·沃森把计算制表记录公司（CTR）改名为"国际商业机器公司"时，便已展现了他的品牌心愿和梦想。

可口可乐：随美军出征带往世界各地。

联邦快递：隔日递送的全球梦想。

中国香港：亚洲国际都会。

爱尔兰：凯尔特之虎，欧洲总部经济集群。

3.4.8.3 国际品牌能力元素表

1. 世界品牌	2. 国际品牌	3. 品牌国际化	4. 国际市场	5. 品牌影响力
品牌到达	品牌定位	品牌策略	市场进入	品牌知晓测量
世界知晓度	品牌能力	品牌设计	市场覆盖	品牌理念
美誉度	品牌感觉	品牌形象	市场到达	品牌文化
品牌格局	品牌信息	品牌识别	市场反响	品牌爱好者
6. 品牌公信	7. 品质信赖	8. 成熟品牌	9. 品牌资产	10. 品牌扩张
公共信誉	领先程度	品牌成熟度	品牌信任	品牌战略
特定信誉	品牌享受	市场稳定	品牌估值	品牌投资
品牌效应	品牌信任	代表品牌	品牌金融	品牌延伸
危机公关	品牌追求	品牌管理	品牌经济体	品牌权益

3.4.9 品牌分类技术的应用

品牌分类技术将品牌划分为工匠品牌、专业品牌、可信品牌、溢价品牌、潮流品牌、领导品牌、国际品牌七种关键能力，每一种品牌关键能力又包含10种品牌重要能力和40种品牌能力元素所组成的《品牌能力元素表》。

企业只需要快速确认企业究竟要发展何种品牌，明确品牌战略发展路线的选择，然后从《品牌能力元素表》中挑选少数的几种能力元素进行重点发展，即可完成品牌战略路线的选定。

品牌分类技术使"品牌"在此不再是一个模糊混淆的概念，已演变为精确的、科学的、有效的能力元素组合，企业只需要从中选择少数几种品牌能力元素，在快速组合就能完成品牌战略路线设计，简单有效。

3.4.9.1 如何发展品牌能力元素

品牌分类技术的应用主要体现在企业的品牌建设和品牌管理能力提升中，任何企业都需要回答以下问题：
①你认为你的企业品牌应发展哪种品牌关键能力？
②你发现你的企业品牌中拥有哪些品牌能力元素？

企业应用品牌分类技术和《品牌能力元素表》应用主要通过四个主要步骤完成：战略选择、优势分析、问题诊断、落实实施。

第一步：战略选择。明确本企业的品牌分业，并从品牌能力元素表中挑选发展战略路线。

第二步：优势分析。通过选定的品牌能力元素，以 PAO 科学分析模式分析存在的各项优势。

第三步：问题诊断。在品牌技术专家的协助下，经由问题诊断，发现存在的问题，并改进战略路线和优势。

第四步：落实实施。将最终选取的品牌能力元素列为本企业改进或实施品牌再造时的重点改善点，予以落实实施。

3.4.9.2 示例：用于制定品牌战略路线

A 品牌应强化品牌分类中的专业品牌关键能力，这是 A 品牌发展的战略基础。

B 品牌目前的品牌战略应主要发展品牌分类中的专业品牌，进而发展领导品牌能力。

C 品牌要突出发展品牌分类中的溢价品牌关键能力。做好概念品牌中的概念构想、工业设计，主题品牌中的主题结构、主题元素。C 国品牌战略路线：C 国品牌整体应重点发展可靠品牌关键能力，品牌质量是考验本品牌的最大困扰，否则品牌有形无实，尽管能以量取胜，但没有丝毫的品牌溢价，尽管企业能够"走出去"，但不会出现享誉世界的国际品牌。

M 品牌战略路线：M 品牌将重点发展用户偏好、市场进攻、品牌质量、体验校正、品牌取代、品类覆盖等品牌要素，在终端品牌市场发挥领导品牌效应，而服务学习、全员售后服务是品牌经销网络的发力点。

3.4.9.3 示例：用于品牌诊断

《品牌诊断报告》

品牌：李宁

品牌状态：

①该品牌利润大面积下滑，市场位置滑落。

②早期使用 ZIBA 方法论，执行出现失误，先进行品牌定位，后定义产品，将用户分成专业运动员、运动参与者、运动爱好者，产品线也依次细分为专业运动、都市轻运动、运动生活三类。

③产品仍走潮流路线，以年轻消费者为主，品牌战略执行后期以运动生活系列产品为主，遭遇惨败。

品牌症状：

①品类分类方法错误，ZIBA 方法是泛品牌分类路线，与阿迪达斯、安踏等形成同样的品类竞争，失去品牌关键竞争能力。

②离开最核心的专业品牌区别，专业能力严重不足，在专业体育市场形成的主要是关系型的市场，正常的、公众层面的国际品牌能力弱，离开中国的特殊国情就无法实现品牌国际化。

诊断意见：

①品牌产品研发方式必须改变。体育用品品牌必须走品牌族群路线，即以某种运作线或某种兴趣线进行品牌产品的研发，进入市场。如以网球、自行车为运动线，开发线状产品，锁定这一运动的专业体育赛事运动周边产品，或者以滑雪兴趣、滑翔机飞行为兴趣线，开发专业的兴趣周边产

品。运动线即体育专业用品，兴趣线即潮流用户。

②品牌产品线开发。以项目制、运动线为重点，依次开发兴趣线，每一个产品项目的研发，必须符合国际竞争能力，符合单项国际最高品牌质量水准。稳定一个运动线的专业市场，或一个兴趣线的兴趣市场，再开发第二个专业市场、兴趣市场，如此往复。

③品牌发展路线。首先，要发展品牌中的专业品牌关键能力；其次，发展国际品牌关键能力；最后，发展潮流品牌关键能力，可以突出发展溢价品牌，领导品牌并不是当前的重点。

第3.5章 品牌识别技术

品牌识别技术由品牌思想识别（品牌意识形态）、品牌形象识别、品牌印象识别三个方面组成，从而对公众、客户、投资者构筑起与众不同的整体品牌印象。

现代新媒体、社会网络及人际传播网络中，品牌识别的方式方法和以往的品牌形象识别产生了巨大的变化，已经不再局限于具体化的形象识别，而是多维结构多角度的品牌印象呈现，所需建立的是一种意识形态、心理感观、记忆元素和印象识别。

3.5.1 品牌思想（品牌意识形态）

品牌意识形态负责建立品牌意识形态，形成独有的品牌思想、意境和识别特征，这些意识形态可以被理解为一种具有理解性的想象、一种观察判断事物的方法和特定记忆。

意识形态是人们对事物所产生的各种感观思想，是对观念、观点、概念、价值等概念性的理解，强品牌通常会形成独立的品牌意识形态，弱品牌一般没有鲜明个性的意识表达识别特征。

例如沙宣总是致力于时尚美发的潮流，用一把灵感无限的剪刀，不仅创造出无数经典而璀璨的发型，也在时尚舞台上掀起一阵又一阵的狂热风潮。沙宣演绎着来自四面八方的灵感，从怀旧的摇滚到摩登的T台时装秀，从经典的建筑到耐人探索的星际，每一款发型都张扬着沙宣的创意精神，打造时尚个性自我的发型潮流新纪元。

人们总是将沙宣与时尚美发潮流结合在一起，从而构筑起社会化的美发意识形态，使该品牌以一种稳定的结构沉淀在消费者心中，每当人们一提到沙宣，便能唤醒这种记忆。品牌组织通过特定的、非特定的各种元素、感觉、环境和符号，来构筑起独有的用户理解和认知。

3.5.1.1 独特品牌主张：品牌意识形态的构建

品牌意识形态的构建首先必须拥有独特主张，这种主张是完全独立的，独立的思维结构，独立的管理风格、独立的意识传递、独立的文化形态，从独立进而到独有，是品牌思想形成并能够成熟发展的前提。

独特品牌主张和独特销售主张（销售卖点）的独特主张并不一定是一致的，品牌独特主张远远高于销售主张，品牌主张是一种文化和价值的传递，是品牌组织繁衍生息、经久不衰的历史使命，而销售主张则根据时间、地点都会发生一定的变化，以便适应当时和当地市场。

作为一种品牌意识形态的思想构建，独立主张作为一组品牌思想，是品牌组织的"上层建筑"，通过一系列的观念、观点、概念对公众及用户的思维方式、价值取向、使用习惯、排他性选择构成深层影响。

我们需要考虑的是：品牌究竟改变了什么？改变了人类的哪些生活方式？例如雀巢咖啡把高品质、美味的咖啡与咖啡文化带到了世界各地的市场，亚马逊改变了人们购买图书的方式，Facebook 改变了人与人的互联网交往方式，大莱信用卡的发明改变了人类支付方式。

3.5.1.2 品牌感观描绘：绘制品牌图像

品牌组织通过产品质感、外形、包装、性能、色彩、口感、广告等各种形态，力图给予人们留下深刻的感观印象，并希望当听到或说到一个品牌时，立即能够唤醒品牌用户及公众对品牌图像的记忆，让这些特有的感观立即浮现在人们的脑海中。

UPS 快递始终强调全球范围的国际快递，用其明显地带有 UPS 字样的盾徽符号来强调 UPS 的快速、安全、稳定，UPS 所投放的广告和品牌新闻极力描述 UPS 在全球重大、高影响力特殊物品护送过程中的安全到达和领先科技能力，并结合对特殊运送物品的探秘，从而构成完整的经典印象。

例如，UPS 围绕运送兵马俑进行了一系列的广告和品牌新闻构建，形成一组品牌图像，其宣传包括《秦国到美国——秦兵马俑的神奇穿越之旅》《UPS 新物流助兵马俑出征大捷》《UPS 气象学家使用最新科技确保准时递送》《UPS 无惧挑战成功运送兵马俑》等一系列主题。

IBM 则通过中小企业解决方案的实景故事和事实人物构筑品牌感观图像，使人们触景生情，将品牌图像与企业日常 IT 应用的工作现场环境结合起来。英特尔则通过电视广告"查看你的电脑是不是优秀的电脑，请查找英特尔标志"来明确强调"优秀电脑必有英特尔标志"这一特定品牌图像。

当这些图像根植到人们记忆中，人们在谈论或看到这些品牌名时，一个相当清晰完整的品牌图像就会出现在用户脑海中。

3.5.1.3 品牌用户分化：以潮流区分

品牌组织不可能将全球所有人类都划归于自己用户群体，只能有选择性地分化一部分市场用户，因而通过色彩、款式、风格、信仰等形成一系列的不同潮流，如黑色、蓝色、红色、白色、紫色等典型色彩，或者形成美式、欧式、中式、韩系、日系等不同文化风格，而进一步的划分还可能包括意大利设计、英国魔幻、美国好莱坞等更典型的特有文化潮流。

这些经由色彩、款式、风格、信仰等形成的文化元素使国际品牌在全球市场无往不利，有时，国际品牌还根据所有国家市场的文化习俗不同，加入该国特定的文化元素，制作相应风格的电视广告，根植本地化市场。

一些品牌组织则通过自行创造品牌风格，形成其独特的识别要素，这些识别要素可能是环境、可能是包装、可能是用户使用体验，并由此形成一定意义上的独有潮流，品牌组织在全球密集推广这些潮流，使用户适应并熟悉典型的独有潮流。

潮流区分的目的很显然是对品牌用户所进行的分化，《哈利·波特》以超过 5 亿册图书的全球总销量和 78 亿美元全球史上最卖座的电影系列总票房收入，重新振兴了凯尔特文明风格，也为欧美找回了一股强烈的文化寻根热潮。并不一定每一个人都喜欢看《哈利·波特》，但文化潮流本身对用户分化所形成的强大作用却足以让全球品牌组织考虑本企业的品牌潮流问题。一个品牌能够满足一种文化形态，找出一种流行趋势，创造一种流行风格，就是一种品牌成就。

3.5.1.4 品牌形象表达

万宝路代表典型的美国西部粗犷牛仔形象，555 代表典型的英国绅士风格，LV 始终在广告中表达上流社会的优雅女性生活方式,海尔通过制作《海尔兄弟》动画片,影响了一代中国年轻人对海尔品牌的深层理解,新加坡旅游以时尚的"龙"增加人们对新加坡的印象。

通过对品牌形象具体化,许多品牌始终致力于具体的形象表达,并极力描绘出一种让人能够产生深刻印象的识别记忆,将品牌与具体的生活方式、精神、风格统一起来,加快识别速度,完全与同类竞争品牌产品产生与众不同的识别形象。

对品牌的具体化形象记忆设计,使人们习惯地将品牌与形象联合起来,降低了品牌用户的识别成本,使品牌跳开"价格"问题,以更高价格创造更好的品牌形象,强调品牌溢价的全面实现。

最典型的品牌形象表达则是迪士尼,通过创造米老鼠、唐老鸭等虚拟形象和主题公园,这些虚拟形象又成为最佳形象代言人,体现迪士尼的品牌人文新乐趣。而神奇、梦幻、王国般的迪士尼则进一步强调梦想、创造力、幻想、微笑、童趣等更鲜明的形象表达形式。

国家和地区也可能通过地标建筑或典型的形象设计构建典型形象,诸如通过城市景观、特色建筑风格、城市梦想等将抽象的形象具体化。

例如迪拜通过建设世界上第一家七星级酒店(帆船酒店)、世界最高的摩天大楼(哈利法塔)、全球最大的购物中心、世界最大的室内滑雪场等来直观吸引全球目光,使之成为奢华的代名词,并迅速发展成为全球性经济和金融中心。除了众多产业庞大的建设开发,迪拜还以其活跃的房地产、赛事、会谈等扩散传播其巨大的影响力。西安通过拍摄《西安2020》纪录片,演示城市未来蓝图,描绘未来西安,激发人们对这座城市未来的向往、憧憬、信心和热情。

3.5.1.5 重品牌与轻品牌

品牌的发展目前已经进入一个分水岭,即重品牌和轻品牌的发展形态。重品牌是指主要以电视广告、户外广告、杂志广告、电视节目赞助等巨额广告投入进行发展的品牌;轻品牌是指通过互联网传播、移动传播、口口相传的人际传播等投入方式进行发展的品牌,人们一般无法在电视上看到轻品牌投放的任何广告。

重品牌会注重品牌和品牌产品直观呈现,以重复出现LOGO和产品形象的方式让人们进行识别记忆,轻品牌则注重品牌的自然顺应传播,通过无时不在的使用、讨论、传播过程让人们完成对品牌象的记忆。

在现代品牌这个分水岭中,我们认为,轻品牌的发展趋势将越来越明显,品牌经由各种人们不经意的媒体传播和人际传播方式,无处不在、无声无息地进行扩散、传播。与重品牌旨在塑造形象有所不同的是,轻品牌则会强调的传播性特征,偏重于强调人们对品牌的讨论和自传播性。

轻品牌还有一个特点——呈现年轻化,注重以时尚年轻品牌为发展方向,注重品牌与年轻人的时尚流行媒体结合,使用年轻人的传播习惯和潮流方式进行传播,在年青一代消费者中发展品牌用户族群。

3.5.1.6 品牌策划书(市场活动项目)

品牌策划书是用于品牌市场活动策略的一种文体,通过策划反映品牌市场行为各环节的创意、资源组合和市场安排,达到一定的市场行动目标。

策划是对创想、创意、谋划和资源安排,策划的思考取决于思想层面的创造意识,策划的本质是与众不同,策划能力和规模取决于资源的调配水平。确切地说,策划主要取决于战略资源的运用水平,由于策划背后的资源应用能力不同,一些重要的因素如活动能够举办的规模、地点、参与人员的级别,能调动的新闻媒体、合作单位不同,投资数额大小等,策划书就显示出千差万别的水平、层次和策划效应。

策划的一个显著本质是出奇制胜，只有新的、创造性的、与众不同的创意才能取得最佳的策划效果。策划的作用是以最小的投入取得最大的效果，并不是说不投放或少投入，这种投入是与效果是相对应的，要取得最佳投放收益比是需要下一番工夫的。

围绕品牌策划活动，策划书的编制是对策划活动的整体落实性文本方案，通过为策划内容匹配邀请人员、会场服务、活动流程、媒体支持、灯光音响、现场氛围、人员安排、费用预算等各个环节的详细安排和配置，完成整个策划书的内容，提交品牌组织相关部门审议。

品牌策划书通常也是一份执行指导文件，通过批准后的策划书执行各个策划书规定的环节，以期圆满达到品牌策划书所要求的各种任务和成效。

在现代品牌技术发展中，单靠品牌策划来完成一个品牌的整体建设和发展是不切实际的，品牌策划书在更多的情况下作为从事、服务、细分或延伸完成一项品牌工作任务而存在。品牌策划书一般由品牌市场部门或传播部门具体掌握，作为日常开始品牌市场传播工作的一种文体存在，根据需要可能包括活动策划、晚会策划、广告策划、网站策划、项目策划、公关策划、传播策划等具体工作。

3.5.1.7 品牌企划书（专项任务管理）

品牌企划书与品牌策划书的作用是不同的，品牌企划书主要用于一项具体品牌任务的执行细节的设定或一项改善计划的研究。

企划起源于日本，企划书的第一页通常是概念或问题改善项，即提出一个明确的、鲜明的概念或问题，然后使用制作企划书的过程完成这个概念或问题的研究制定。

当企业决定制作一本宣传画册、一个电视栏目内容、一个电视广告脚本、一个品牌网站设计等工作时，就可以启用企划书，来设定每一个角色、剧情、表达形式、重点元素组合方式等，形成标准元素和情节流程。相对而言，如果使用策划书制作，则策划书仅仅相当于毛坯，无法详细表达这些标准元素和流程，企划书有更加严格的制作要求和作业指导性，完成后的具体设计、制作、拍摄工作应严格按企划书执行。

企划书的另一个重要用途是对已经存在的问题进行改善，通过提出问题点，进行战略分析、改善分析，提出新的改善策略。

企划书的目的是致力于对一个创意设计或改善项目的具体细化研究、改进或设计制作，日本企划书已经形成多种模板、多种成熟的应用方式，以及多种企划工具，可以进行广泛借鉴，企划书与策划书可以配合使用。但我们认为策划书是取代不了企划书作用的，作为企业市场营销和传播中的一种重要文体，企划书的使用价值将比策划书有更大、更严谨、更科学、更规范、效果更好的应用价值。

3.5.2 品牌形象识别

有关品牌形象识别系统的使用已经相当普遍，全球品牌企业都相当注意品牌形象设计系统的设计，这样的设计公司、设计师、书籍等已经数量繁多，形成了一个相当广泛且专业的设计服务领域，我们在此就不再过多描述。

我们在此需要提醒的是品牌的名称设计，许多企业将企业名称与品牌名称混同，从而造成了将企业名称视为品牌名称的思考，这通常由公司的战略决定，既可以相同，也可以不一样。从实际观

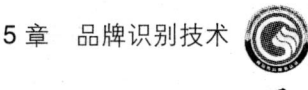

察来看，全球企业大多持有多个品牌，纷纷将品牌进行单独设计，使不同的品牌专注于不同的专业级市场。

品牌的命名应该尽可能独立、独有，在搜索引擎上进行查询后很少找到相应的搜索结果时，效果比较好，这样品牌命名本身就可以成为搜索关键词，创造一个新的搜索热点，由此产生的搜索结果都将指向该品牌。如果搜索引擎上有过多的同名品牌，将会造成严重的品牌分歧，非常不利于品牌识别。现代品牌的识别仅仅可能是由文字和口语来传播的，脱离了对图像、服装等设计元素，在品牌传播时要保证品牌用户在各种互联网或移动互联网的文本内容中发现品牌时，第一时间能够通过搜索引擎查询到完整的品牌信息。

3.5.3 品牌印象识别

与以往的品牌形象识别已大不相同的是，今天和未来的品牌识别是以印象识别为主体代表的，由于互联网、新媒体、移动互联网和人际网络传播的加速，品牌传播进入了一种立体化的全网传播时代，品牌的传播脱离了原有的 LOGO、电视广告、信封、服装、车身、环境、宣传画册等图像、镜像、影像的识别。

在许多情况下，品牌识别已经单纯地演变为以名称、描述为特征的文字化、口语化为主的传播特征，内容营销发挥了主要传播价值。我们必须思考人们如何发现、寻找、知道并记忆品牌，从而才能绘制出以品牌印象为主的现代品牌识别系统。

品牌印象系统的设计与建立，完全是建立在品牌传播和记忆特征上的一种研究和探索，并需要对品牌的印象识别进行实验、测试、校正，以建立有差异化的、能够与其他品牌有效区分的高质量品牌印象识别系统。

3.5.3.1 品牌识别原理：自品牌

品牌组织要注意人们从网上查询、向朋友打听等信息的直观或客观呈现形式，系统构建新的品牌整体印象系统。

品牌具有明显的"自品牌"特征，看到、听说、想到、意识到是最典型的四种品牌印象识别手段，品牌的自我发现、自我寻找、自我识别、自我推介、自我判断已经是一种高度的自我行为，不再是以往的被动品牌推广，品牌组织要注意到这种趋势正在大量形成，以便形成新一代的客户自我感知系统，加快品牌印象识别过程，如图 3-5-1 所示。

图 3-5-1 品牌识别原理：自品牌时代

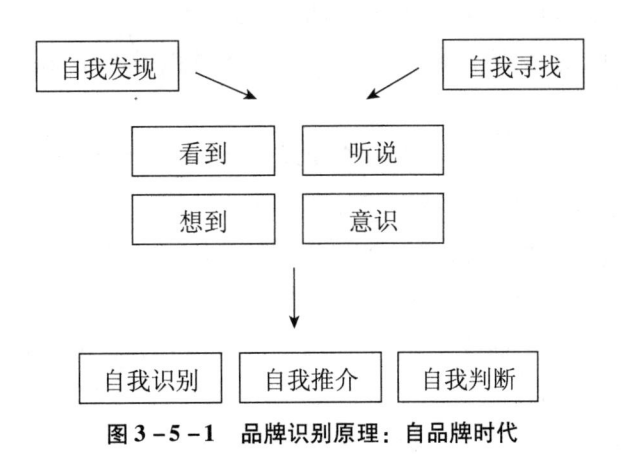

人们主要通过阅读网上新闻来了解新品牌，大部分的新闻都是文字报道，很少有图文报道，当

人们在阅读新闻时密集地看到一个品牌出现时，对一个品牌的强烈印象就会建立。一篇网络文章中提及的一个故事中可能包含了一个品牌的介绍，而人们会有意识地通过搜索引擎或网上的链接来自我查询这个品牌。"看到"也可能发生在无意之间的接触，例如逛商场时的发现，或者在办公室中、朋友家中无意发现。

"听说"则发生在认识或不认识的朋友甚至陌生人之间，现代网络和移动社交工具让许多人随时可能认识，而每一个社交工具中聚起的人群，都可能涉及对某一个品牌的谈论，这些谈论会引起一些潜在的品牌用户产生兴趣，从而触发新用户对一个品牌的识别。更多的"听说"则来自于同学、同事、朋友们之间的谈论、推荐或介绍，在这种情况下，一个新用户对品牌的识别就已经完成。

"想到"则是当新的品牌用户在遇到一个问题时，通过打听询问身边的人或社交工具、自己在网上查询来获得一些品牌的信息。这些信息可能包括多个竞争品牌，品牌用户自己通过询问或自我发现后，进一步识别并区分出最终要选定的品牌，这是一个自我筛选过程。

"意识到"则发生在每一个人对品牌偏好的选择上，他们坚定地认定某些品牌，这种内心认定提前就已经发生，只是条件并不具备时尚未发生购买行为，一旦用户有条件来购买，购买行为立即发生，因而任何可能的用户对品牌指名购买的识别是品牌组织重点发展的一种品牌识别能力。

50%的新用户遇到一个从未听说过的新品牌时会自发地通过搜索引擎来了解这个品牌，通过访问品牌网站、查阅品牌新闻、阅读网上的自由评论、观看网上视频等途径，进一步证实自己对这个品牌的识别性判断，这种自我学习过程，将对品牌产生深刻的记忆和自我决策，通过首次尝试性购买之后，他们会做出加以肯定或直接放弃的决定。

3.5.3.2 品牌市场识别

新用户首先从三点对一个品牌进行预判断识别，这三点分别是"最大""最专业""兴趣"，要么是同一领域中全球最大的品牌，要么是市场中最专业的品牌，要么是对这个品牌本身产生浓厚兴趣，让他能找到参与或拥有的快乐感。

为加速这种记忆性识别，品牌组织在品牌新闻和介绍中，经常会加入一些特定的描述语，来标注性引申这种品牌理解。这种标注通常在品牌新闻的第一条就会出现：人们会使用"全球最大的室内外海洋游乐场所——海洋王国日常宣称""世界上最大的轮渡公司之一瑞典Stena"等进行表述，或者使用"国际领先的集成电路代工公司——Dolphin公司""驼人是国际一流的医疗器械公司"等进行解释性品牌识别说明，特别是对于人们日常并不熟悉的市场领域和新兴公司，加快这种识别过程是相当重要的。

品牌的识别也可能是一种"兴趣"，品牌组织通过一些市场活动设定这些兴趣，例如发布专业技术文章、最新研究结果、企业最新投资动态、产品最新亮点、帮助客户成功的故事等，从而促使人们对一个品牌引发浓厚的兴趣，并使新用户产生强烈的自我识别行为。

品牌市场的识别主要以立体化方式为用户绘制出一种能够表达市场地位、专业程度、技术能力、研发水准以及品牌影响力的品牌印象。即使是一家新公司，也可能通过有效的品牌印象设计，完成先入为主的市场印象识别。

3.5.3.3 品牌触发识别

人类对品牌信息的获得在许多情况上是品牌组织有意识设计的触发识别模式，通过对新闻、信息、图像、色彩、体验、尝试、乐趣等多种途径，触发人们对品牌的识别和理解，完成品牌印象的描绘过程。

电视广告和招贴广告就是一种明确的触发，通过为用户描述一组特定的图像，引起用户强烈的代入感，似乎画面上的人就是他自己，或者引导他极力想拥有这个品牌，从而实施人们对该品牌的印象识别。

产品体验活动也是一种典型的触发，但触发识别应注意对触发效果的研究和测算，只有恰到好处的准确出现在品牌用户最需要的时刻、地点、环境，才能完成良好的有效触发率。

触发发生在任何可能的地方，触发设计的目的是有效引起用户的注意、兴趣和识别，并很可能对品牌所能解决的问题效果加以肯定。

触发本身是一种心理作用，通过心理暗示、强调、自适应程序设置、品牌知识的用户自我识别系统等完成触发过程。

3.5.3.4 品牌感观识别

品牌感观识别一般出现在用户对产品的观察、体验、使用等过程中，通过质感、手感、色感、档次感、风格感等多种形式完美表达品牌的感观效果。

轻轻地闭上你的眼睛，用指尖来感觉品牌的外表，用心去体会品牌给你的感觉，你会找到感观对品牌产生的深刻影响，而品牌本身就是在制造感觉。

感觉营销的雏形在20世纪70年代被日本研究人员捕捉到了，他们敏感地意识到今后从事市场的文科大学生将大幅多于理科大学生，但这种发现没有形成理论。

而品牌本身，则是在制造一种感觉，味道的识别、色彩的识别、款式的识别、质感的识别、情感的识别、冲动的识别、文化的识别、兴趣的识别、心灵的识别、企业责任的识别……这种感观识别可能是立体性的，从外观到内涵，从美学到心灵，从而构成了国际品牌起源的秘密。

我们所理解的国际品牌，其本质上就是在发明一种感觉，发明一种潮流，或者是发明一种味觉的潮流，或者是发明某种欲望的潮流，或者发明某种功能的潮流，让全球准确识别。

3.5.3.5 品牌风格识别

任何一个品牌，都会有鲜明的个性风格，这种风格从LOGO、色彩、形态、品牌新闻、品牌网站和品牌宣传册等各方面，都能体现出浓厚且特定的风格设计。

这些品牌风格有着鲜明的个性，对品牌用户而言，就是特定的代表风格，看到或发现一个品牌时，这些用户会找到的典型风格可能是：

明朗鲜亮的形象；浪漫柔和的形象；轻便健康的形象；自然宁静的形象；积极富有活力的动感形象；华丽奢侈的贵族形象；高贵威严的领导形象；清新纯美的意境形象；古典实用的刚硬形象；科技潮流的未来时尚形象；神秘的梦幻魅力形象等。

而进一步，拿出一张纸，还可以将这些形象具体化，写成一些词组，看哪些词组更能代表品牌的风格印象。例如，进步、华丽、漂亮、理性、威严、优雅、精致、浪漫、科技、简洁、品质、辉煌、摩登、油画、沉稳、鲜活、柔美、强烈、希望、开朗、清爽、愉快、健康、单纯等。

个性化词语描述将会进一步把品牌风格具体化，挑选合适的词组，品牌组织可通过一定范围的品牌印象识别测试，创造一种最理想的品牌风格。

3.5.3.6 品牌价值识别

品牌价值识别主要通过价格、品位、价值观等因素进行识别表达。

价格识别本身是指价格差，与同类品牌、非品牌产品相比的价格差。C级品牌总是希望降低产品售价，希望物美价廉；B级品牌总是和竞争品牌对比，希望在同质竞争时，价格不高不低，走向中端价格；而A级品牌，则根本不关心价格问题，会通过消除价格敏感创造品牌溢价。

事实上，人们希望花费更多的钱来购买最好的品牌，这是人类出于本能的一种自由选择，但许多企业之所以无法成功的创立品牌，就是错误地判断了这种形式，总是认为市场上最多的消费群体都是大众消费水平，无力购买价格太昂贵的产品。Z级品牌毫不犹豫地使用最好的材料、最好的技师、最好的包装、最好的设计来完美表达产品，这些品牌的价格经常相当昂贵，让普通人望尘莫及，很好地使用了"人们认为最好的东西一定是最贵"这一普遍消费价值共识，他们通过只用户服务一小部分精心挑选用户，创造品牌的传奇。

特别对于Z级品牌而言，人们经常会将国际品牌与生活品位结合起来，从而垄断性地构筑了高端、中高端用户的品牌市场期望。品位作为一种设计理想，理想化地构筑了人文空间、生活档次、生活方式等物质与精神双满足的特有市场，为期望理想生活的人们提供了一系列的品牌期待。

一些品牌也会通过宣传特有的品牌价值观来塑造品牌印象，并因此改变人们对品牌消费方式的理解，例如泵的品牌商通过按使用维护年限来定价的方式，并因此拓宽了泵的金融购买方式，将以往的一次性付费购买价值判断方式进行了大幅改变，形成一种独有的价值观宣扬方式，并以此改变品牌市场消费形态。

3.5.3.7 特定文明元素识别

一种品牌文明要产生，必须有其深厚的特殊独立识别元素，我们以J. K. 罗琳创作的《哈利·波特》来考查，并不是这部作品中一定拥有独创的文明形态，而是以《哈利·波特》为代表的凯尔特文明中本身存在一系列的特有独立文化元素，这些元素包括了一系列的必备流行元素，如魔法师、古堡、精灵、德鲁伊导师、高智慧生命体、半人半马兽以及男神与女神、仙境传说、纯美爱情、色彩等级、自然风光、自然灵性、音乐史诗、壮观惊奇场景等特有文明组合形态。

因此，这一组流行文明的组合，孕育了《指环王》《纳尼亚传奇》《哈利·波利》《阿凡达》《星球大战》《复仇者联盟》《王者之心》《勇敢的心》《梅林传奇》《魔兽世界》《龙与地下城》等一系列史诗大片和奇幻、科幻文明形态。

现代品牌文明创造，也同样高度依赖于特定文明识别元素的组合、创造与发挥，迪士尼也是运用特定文明形态形成流行品牌的佼佼者。如果要产生新的品牌文明，必须从研究、设计和制定特有的特定文明识别元素的组合开始，想想自己究竟能够设计并演绎哪些特定品牌识别的文明元素。

3.5.3.8 品牌消费安全识别

品牌消费安全是一种心理安全，包括了购买渠道安全、合理溢价安全、产品性能安全、使用状态安全、再推荐安全、情绪安全等多重安全心理的综合体现，使品牌用户在完全没有任何顾虑的情况下放心、轻松、愉悦地重复生购买一个品牌，我们在B理论中强调品牌必定是在安全的前提下才能发生购买和重复购买行为，任何时间任何丝毫的不安全感都将可能立即中断购买程序，用户转身而去从此不再回头，Z级品牌相当注重这些品牌安全属性的设计。

为使品牌消费者能够持续并终身放心选购，品牌组织大量在全球开办品牌体验店、专卖店、直营店、加盟店，或指定官方订购网站和电话，尽量避免过多或过长的经销网络使品牌的真实性受到干扰，防范流通渠道中出现假货、窜货等问题，尽可能由少量的、精选的、直观的可靠经营网点来满足安全状态下的品牌消费，这一趋势在未来还将保持鲜明的直接购买特征。

品牌组织千方百计地提高品质和服务，以保证让品牌用户认为这些品牌产品看起来物有所值，他们强调精品的概念，将独具神韵的设计体现在品牌设计中，也将一丝不苟的精良制造精神完美体现在所交付的产品上，品牌组织的全球研发中心更是极力体现精湛领先的技术元素，从而全方位体现品牌溢价，在消费者看来，这种溢价是合理的，是与货币等值的，甚至是超值的，"肯定、必然、看起来、应该值这些钱"是品牌用户相当肯定的一种消费心理。

产品性能肯定优越，使用状态绝对安全，这一连串的肯定性心理进一步被品牌用户所识别并高度认可，人们可以无忧无虑地应用品牌所赋予的安全心理特征。相反，消费者通常对C级、B级或非品牌产品持有强烈的抗拒防范心理，担心性能是否如广告宣传那样一致，使用过程是否产生质量问题。消费者通常在发现夸大其词的宣传和使用过程中产生质量问题时，会选择沉默，只有极少数的消费者会以投诉或要求调换等形式反映出问题的存在，沉默并不代表他们没有抗议，事实上大部分用户在沉默中选择放弃一个品牌，从此不再会去购买它。

再推荐安全发生在品牌用户对其他人自发进行的转介绍或推荐过程中，这是品牌经营的主要形式，也是品牌营销的重点。特别是高端奢侈品品牌，以及专业品牌如印刷机械设备、光电产品，其市场狭窄，不为大众所知，品牌用户的数量是极其有限并高度集中的，口口相传的再推荐就为最典型、最主要的品牌传播和营销方式。只有推荐者亲自使用、尝试并高度认可时，自发的推荐才会产生，而推荐者本人也会确认这种推荐是安全的，推荐本身是一种热情和自发的行为，代表着推荐者的身份、地位、良好声誉和可靠影响能力，推荐者本身是相当慎重的，只有在确保推荐安全的情况下，才会发生推荐甚至强力大幅推荐。反之，如果推荐的品牌产品出现质量不稳定、使用故障等情况发生，对推荐者而言是相当尴尬的，推荐者的被信任度和影响力就会下降。

情绪安全体现在品牌用户的购买、使用、推荐等全过程之中，人们期望得到的理想心理期待是快乐、幸福、健康、感恩、有价值、值得信任和尊重等结果，不希望在与品牌接触的任何环节发生愤怒、悲伤、失落、沮丧、抱怨和不被信任、推荐后内疚等坏心情和不良情绪反应。

3.5.3.9　品牌接触点识别

任何一个瞬间，品牌用户都会从不同的接触点感应品牌，任何一个品牌组织在对品牌产生发现、了解、认识、观察、体验、使用、购买、客户服务响应、售后服务的过程，都可以分析制定品牌接触点策略，无论是服务智能情况下的自动服务获取，还是现场识别、购买决定判断、产品服务、服务交付过程的接触点，都同等重要。

以往人们会过于偏重购买环境和服务态度，购买环境在多数情况下并不是大问题，服务态度有时是受控的，但在很多情况下有时也会发生失控。特别是当一个品牌组织的经营网络过多过长，品牌用户与品牌经营网点的导购进行直接接触时容易产生失控，售后服务过程也容易发生失控，这主要是由于许多销售网点的销售人员认为自己并不是品牌组织的成员，他们过去也被品牌组织所忽视，成为编外人员、临时人员、助销人员等，未经过专门的品牌培训，甚至并不了解品牌特征，服务投诉时有发生，应当引起品牌组织的高度关注。

除了识别接触、与人的接触，"物"的接触也是一个重要环节，这主要体现在看到产品的第一眼感觉、拆开包装后的第一眼印象、第一次拿在手中的手感等物体接触感觉，在品牌产品的研发过程应当注意这些环节的特有印象识别设计。

所有与用户会发生直接接触的环节，都应按重要程度纳入A级、B级、C级品牌接触点管理范畴，研究实验最佳接触方式，以完美达到接触呈现方式，注意接触点的良好品牌体验。

3.5.3.10 品牌首次信任设计

对于一个新品牌，或正处于早期发展阶段，公众或专业用户还不熟悉的品牌而言，首次信任设计就显得相当关键，对于一个已经长期存在的品牌在推出新产品、新服务时都应格外注意首次信任设计。

市场上超过90%以上的公众对一个从未听说过的品牌是不信任的，他们高度依赖于通过可靠的推荐来源来信任一个品牌。

在B理论中可以观察到，品牌用户对新品牌或自己还并不熟悉的品牌是怀有不安全感的，是排斥的，持有严重的防范心理，无论是在识别、了解、购买、使用过程中都会以假设方式和怀疑的心理来完成购买和使用过程，一旦遇到任何不适，无论是心理上的不适、情感上的不适，还是使用上的不适，都可能立即否定该品牌。如果品牌产品在首次购买时出现服务状态不佳，使用过程中发现质量瑕疵，都将产生严重的抗拒心理，这个新品牌用户对一个品牌仅有的兴趣和好感立即消失，随即会做出终身不再使用的决定，这种情况始终是多对一的。

因此，在品牌接触点的设计基础上，任何一个新用户可能直接产生的第一次接触，如咨询、询问、查看、交付、服务等重要环节，都需要进行高度的首次信任设计，从感观、行为到心理各方面全方位帮助用户完成首次信任感应过程。

信任设计也是一个长期的体验过程，任何时刻的新款产品推出、新服务推出，都面临首次信任设计问题。在实际的企业品牌发展中，许多品牌经历了一个较长时期的发展后，就对产品研发、质量、服务等各个环节放松了管理，导致新产品、新服务的推出不能严格进行实验测试，仓促推向市场，但品牌用户作为直接使用者，特别是常客户在购买到这些新产品时立即就会意识到这些糟糕的使用体验，并从此中断使用该品牌。

这种情况相当常见，因而，我们经常会发现许多人在频繁更换品牌，即便是用了很久很信任的品牌，也因一次偶然的意外对该品牌推出的新产品失去信任，从而转向其他品牌。品牌组织可以通过定向追踪，或使用PADS科学分析模型调查分析品牌常客户的平均品牌使用时长、新客户推荐量，特别是分析不满意客户的各种不适成因，发现那些已经转向竞争对手品牌用户的转移原因，从中得出许多有关首次信任设计的关键信息。

3.5.3.11 品牌售后服务识别

售后服务并不像人们理解的那样，仅仅是更换、维修、承诺等主张，品牌售后服务是产生溢价的一个重要环节，是服务价值链、服务利润链的核心。

世界上有许多产业都已经转向后服务市场，汽车、喷墨打印机、大型医疗设备、机械机床、软件、信息技术等大多是以服务来产生利润的，甚至在有些领域超过70%~90%的利润由售后服务产生，一些市场领域专业级的售后服务品牌和售后服务公司已经大量崛起，并承担市场主角的角色。

在GDP（国民经济收入）的统计中，全球市场中越来越多的国家已经转向以服务经济为主的经济形态，服务在国家和个人收入中占据极大比重。

我们可以将售后服务的目的理解为为了下一次的销售，例如餐厅品牌提供良好的餐饮环境和服务，是为了下一次的销售，从这个角度来理解，售后服务就是不断循环产生重复销售的利润关键。

在具体的售后服务设计中，主要有四种典型的发展模式来产生品牌溢价。

第一种设计是免售后服务，品牌组织通过有效的科学设计和耐用性实验，将品牌产品定义为一次性使用，免去任何维修过程，除非超过使用寿命，品牌产品的使用寿命期自动结束，品牌组织在设计时，会让产品寿命周期远远高于承诺或产品标准所规定的使用寿命。

第二种设计是区别性设立售后服务产品，对不同的售后服务内容和优先服务等级设计可选价格，由用户自行选择使用什么等级的售后服务。

第三种是设计独立的售后服务品牌，与同类竞争者进行严格区分。

第四种是完全将售后服务本身界定为一种主要业务方式，通过售后服务实现品牌经营的溢价过程并持续产生收益。

3.5.4 品牌识别系统

一个典型的品牌识别系统会包括以下三个方面的识别内容。

（1）品牌思想识别

包括品牌战略识别、品牌主张识别、品牌用户族群识别、品牌形象表达识别、品牌理论识别、品牌理念识别、品牌术语识别等。

（2）品牌形象识别

包括品牌命名识别、品牌LOGO识别、品牌标准色识别、品牌环境识别、品牌包装识别、品牌用品识别等。

（3）品牌印象识别

包括品牌市场识别、品牌触发识别、品牌感观识别、品牌风格识别、品牌价值识别、品牌消费安全识别、品牌接触点识别、品牌首次信任识别、品牌售后服务识别、品牌行为识别等。

3.5.4.1 品牌识别系统要点

与以往的单一的仅以品牌形象识别方式不同是，新的品牌识别系统更加全方位，适用于现代及未来的品牌整体识别设计，突然地以品牌思想设计为主导，以品牌形象识别为辅助，强化品牌印象识别的特有识别视野和格局。

我们同时认为，以往仅以CI品牌形象识别（包括MI品牌理念识别、BI品牌行为识别、VI品牌视觉识别）的系统已经不适用于今天的品牌识别方式了，如果仍以CI系统来主导整个品牌的识别设计，将造成不可避免的品牌损失。其主要问题是品牌形象设计公司可能会忽视品牌思想和品牌印象在品牌设计中所占据的重要价值，忽视了现代以内容营销为主体的品牌传播所形成的品牌传递、传播、感觉、感应过程中的品牌识别要素设计。

品牌识别系统还应配合品牌传播技术的支撑，包括品牌诠释系统、品牌传播系统等传播技术的全面应用。

品牌识别系统是一个完整的预设计和充分调研、讨论及审定的过程。该过程首先强调预测性设计，即品牌识别设计必须至少依据企业未来5~10年甚至100年战略思想来统筹设计，并不是以现有的品牌市场格局来设计的。外部的品牌技术组织和品牌识别设计公司、企业的品牌技术委员会三方合作，方能有效、前瞻性地完成设计任务。

一个品牌识别系统的设计过程是一个完整呈现品牌战略眼光、展现品牌管理技术、统一思想和行为、体现设计思想的综合过程，是企业中的一件大事。

3.5.4.2 品牌识别系统设计过程

在实施品牌设计时，其过程一般包括：

①举行品牌识别系统启动大会。

②成立专门的联合工作组具体实施设计工作。

③全面调研阶段：使用 PAO 科学分析模型，通过小组讨论、分组调研、沟通访谈调研、实地走访用户等多种形式展开全面调查研究（调研战略层、技术层、管理层、作业层、协同层、用户层对品牌的最大期望，他们最希望如何？员工对企业的看法是什么？品牌的未来是什么？哪些思想是企业最关键的品牌识别思想？品牌计划向哪些市场领域拓展？计划在哪些方面应用品牌识别系统）。

④资料研究分析过程：搜索各种资料，进入到企业实态研究分析阶段，包括企业应有和已有的条件、企业人员状态观察、企业现场实景观察、同业品牌对比分析研究等。

⑤提出第一版设计案（一草，第一印象案）：分解品牌识别系统各要素，通过面向全社会征集、企业员工广泛参与提出等形式，收集多方案，并以多方案对比方式，提出相对综合的多项设计案，逐项讨论，筛选并议定初步的设计案。

⑥提出第二版设计案（二草，第二修正案）：将第一轮筛选通过的设计案进行修正、补充、完善，对各种应用进行一定数量的模拟，用图板、对比数据等体现各个第二版设计案的实际情况，举行多方代表参与的公共识别设计说明会，展示各设计案，筛选并议定第三版设计案。

⑦提出第三版设计案（三草，第三成型案）：对第二轮完成筛选的设计案进一步地修正、补充、完善，将抽象的描述变成直观的作品，以模拟方式制作成各种成型成品、样稿、样例，延伸对比各种色彩、形状、感观反应等新的可能性。并进一步邀请各方代表描述各种感觉和印象，征求意见，记录并对比这些数据，最终选取审定版方案。

⑧审定并发布最终审定版设计案（审定稿）：最终完成审定版的设计方案，完成各项设计细节，并审定通过，制作相应的文件、品牌形象物品等。

⑨举行盛大的品牌新闻发布会：选择重要时刻，举行盛大的品牌新闻发布会，向全球公开发布品牌识别崭新形象和全球品牌宣言，并举行相应的誓师、宣誓等活动。

⑩进入品牌学习阶段：分为品牌骨干学习、品牌全员学习、品牌用户学习三个阶段，完成品牌识别系统的应用。

第3.6章 品牌管理技术

管理标准技术的讨论的重点是以什么样的方式实现管理标准化，以往的标准化集中于全球的技术、方法、产品型号等规范性工作，但品牌标准化是一种事实标准，其高于任何过去已有的规范性标准。

品牌标准化是"品牌+管理标准化",与以往的标准化相比,更注重本企业管理标准的发达程度、产品的先进性、技术的领先性及管理的科学性,品牌标准化的目的是制造最好的、理想的、最先进的产品,建立一种全球领先的事实标准,因而从品牌管理技术而言,更值得创造性的思考和探索。

3.6.1 品牌管理技术

品牌管理技术的目的是寻找最好的、最先进的、最优秀的管理方法以创造最领先的完美产品,以最好的产品和服务让人们生活得更好,促进人类进步。

详细而言,品牌管理技术的实施包括以下三点:

①创造最好的产品:以实验方法获得产品,并将优秀的设计固定下来,以此为产品定型。

②发明最好的管理方法:以实验方法获得管理技术,并将最好的管理方法固定下来,完成品牌管理标准化的系统文件,落实《品牌建设方案》。

③实施品牌诊断和纠错:通过对各管理环节、管理流程的科学诊断分析,通过纠错报告,完成管理优化和流程再造,完成管理水平的全面提升。

3.6.1.1 品牌管理系统的组成

品牌管理技术是一组文件系统,品牌管理系统由五个环节组成,分别是制定管理规则、开展管理实验、编制管理手册和作业指导书、管理品牌记录文件、完成品牌报告。

①制定管理规则是指以科学系统的自适应规则为目的,建立一系列的新管理方法,并使之形成管理系统。管理规则可以是全球性的企业通用规则,也可以是企业自行设计的,例如国际民用航空组织空中交通服务空域分类标准、未来客机跟踪技术标准,美联社制定的《文体手册》和《社交媒体使用守则》。

②开展管理实验是指无论产品的研发还是管理技术的获得,都应遵循科学实验的原则,以实验室和实验方法获得,特别是企业的管理技术,也应遵循科学实验的原则以获得最佳管理技术。经由管理规则制定和管理实验,鼓励6σ(六西格玛)、TQM全员质量管理、OTC药品管理、CMM软件成熟度模型等系统管理方法的发明。

③编制管理手册和作业指导书。管理手册用于载明各个管理领域的具体管理实验、实践方法、管理系统组成、管理工具、管理规范、管理流程、管理步骤、注意事项等内容,手册化的文件系统对明确管理内容有实质性指导意义,有效避免管理文件分散、零碎、非系统性。作业指用书以科学的流程分析为前提,对作业内容进行详细的步骤分解,执行层及作业层都应严格按作业过程要求的标准执行管理和作业内容。管理手册和作业指导书的内容还应满足未来新科技的引进与应用,应满足未来敏捷制造的需求,使管理和人工工作在条件具备时转变为IT管理技术或自动化生产。

④品牌记录文件是由各种记录表格组成,用于记录品牌管理过程中发生的各种事实记录和分析记录,应尊重科学性和事实性,记录文件也应满足可追溯性、查询与处理的特征,同时记录文件还应考虑电子化和远程管理特点。任何企业都应重视品牌记录文件的设计,管理结果主要通过有效指导和科学的管理表格设计完成落实。

⑤完成品牌报告是品牌管理技术实施的主要方式,由品牌纠错报告、管理现场报告、品牌建设阶段及验收报告组成。其中品牌纠错报告对用于企业中事实发生的各种管理流程错误进行纠错性设

计管理，纠错的重点是品牌意识和科学的管理流程，并非"人"的行为方式。管理现场报告是以各个管理现场所发生即时的管理问题或管理流程优化环节所进行的诊断和荟萃分析，通过设计管理现场分析项目来实施，企业应鼓励广泛发展管理分析师和管理研究生队伍，积极组建本部门、跨部门的管理研究小组开展多层次、多范围的管理现场分析项目，并与外部管理技术组织广泛联合，从而优化各个环节的管理技术。

3.6.1.2 管理技术的进步意义

管理技术的进步意义主要表现在"管理规则制定""管理科学实验""管理标准和系统"三个阶段。

从人类史上进行综合考察，可以发现在不同的历史时期都出现过相应的代表人物，他们对管理技术的进步起到了积极的推动作用，而许多管理思想和管理方法都深刻影响了现代文明，也成为现代和未来企业管理中重要的管理技术组成部门。

管理规则的制定：首推阿莫金、周公、商鞅、李斯、屋大维。阿莫金所缔造的德鲁伊秩序在社会管理秩序制定、战争交战规则制定和战争裁决等方面对凯尔特文明及现代西方社会产生了深刻的影响；周公订立典章制度，设立长子继承制、井田制等管理规则，是东方管理规则制定的起源；商鞅及其后来所代表的法家群体李斯等，制定了军功爵制、《秦律》、郡县制等一系列管理规则；以屋大维为代表的罗马帝国对晋升系统、行省、罗马法等管理规则进行了一系列的制定改革。

管理科学实验：首推商鞅、泰罗及其追随者。商鞅和吕不韦对兵器的标准化制造思想奠定了中国古代的统一和崛起，到现代的大量考古发现才发掘出秦代标准化的世界领先性和科学性。泰罗及其追随者巴思、甘特、吉尔布雷思夫妇、埃默森以及福特制、霍桑实验等都是以实验方法界定管理方法的典型科学管理时代。

管理标准和系统：首推秦始皇、戴明、大野耐一、钱学森等。秦始皇和李斯制定了"书同文、车同轨、统一度量衡"，是影响世界人类标准化的正式开端和重大起源；戴明和大野耐一等日本产业管理界代表在质量管理、生产管理系统方法的发明上做出了杰出的贡献；钱学森等科学家奠定了系统学和管理科学的学术思想和实践理论。

3.6.2 PAO 管理诊断分析

我们已经着重介绍了 PAO 科学分析模型，并使用 PAO 科学分析模型进行一些实际的动态管理应用。

一切管理问题只会发生在管理现场，MA 学组运用的高级工具是 PADS，可以系统科学解决全局管理问题。

P　　　　　　A　　　　　　O

Problem　　　**Assemble**　　　**Order**

问题搜集　　　荟萃分析　　　秩序化系统设计及运行

PAO 是指跨部门，对管理问题的搜集排查，然后进行荟萃分析，在此基础上科学设计成管理学原理、技术、工具，然后进行科学普及。运用科学规律来解决所有管理问题。

我们从一个实例中研究 PAO 的应用：

M 公司需要设计一套服务管理系统，围绕这个问题，采用 PAO 科学分析模型进行诊断分析。他们邀请了第三方管理顾问公司的管理分析专家组对该公司进行调研诊断，专家组设计了调研问卷，这些问题会涉及——目前从事的职位和工作内容有哪些？哪些部门的哪些职位工作对你产生影响？如果遇到工作投诉，是哪方面的投诉？你认为客户会更关注你哪些方面的工作？你认为你的工作在理想状态上应该怎么做？在同类企业中，你认为哪些品牌的哪些工作做得比较好？

通过专家组的一对一调研，或者公司内部成员间的面对面调研，将很就会发现公司的管理流程出现了许多相互阻碍的流程错误问题，例如指挥链设置不当、工作接口不一致、部门间工作衔接烦琐、采购管理影响了生产质量、供应商的售后服务协作不到位等管理疑难、管理问题点，同时也会发现一些有效的流程化建议。

通过 PAO 的 P 阶段的问题排查，就可以对管理流程中产生的各种问题进行归类分析，以便设计出更流畅的管理系统。事实上，无论再好的工作，也都会产生工作抱怨、责任难以判定等许多问题，企业每隔数年都会产生大量的流程断点，阻碍员工的工作，从而产生许多管理问题，使用 PAO 管理分析模型是有效实施企业管理基础提升、设计再造更加理想的管理流程的品牌管理工具，可广泛应用于许多领域。

我们现在使用 PAO，对我们管理现场实例进行分析观察，以 D 公司模拟示例。

3.6.2.1 D 公司现行服务系统问题诊断

（1）品牌问题

集团没有明确的服务文化理念，企业文化中有关服务核心理念的内容太少。在企业服务过程中没有突出服务优势的宣传，客户无法识别 D 品牌与同类品牌的服务特色、服务优势，客户无法明确感觉到 D 品牌服务与其他竞争企业有所不同，未形成服务差别战略优势。

（2）职能问题

没有健全的服务组织架构，集团层面没有服务主管部门，没有售后服务中长期规划，没有开展服务研究，在服务及时性、配件及时性、技术适应性等方面，没有有效的支持和监管机制，各事业部各自为政，没有统一的基本服务要求，大小事业部之间不协调，造成资源浪费，服务水平参差不齐。

（3）系统问题

企业没有完整的服务系统，缺乏完整的统一标准和系统文件。在诸多服务管理控制环节存在缺陷，成熟的大事业部初步形成服务体系，但规章制度不健全，服务检测方式不到位。近几年，新成立的事业部大多没有完整的服务体系，有些事业部是近几年刚刚完成服务规章及文件的梳理，处于试运行中。服务系统整体不规范、不标准、不系统，集团没有统一的指导性纲领文件，在工时核算、收费标准、服务流程、作业指导手册等方面都没有建立健全。

（4）研发问题

近几年新产品研发过快，改型快，投放产品的试制产品多，成熟产品少，造成产品运行不稳定，产品零部件型号多，零部件的通用性差。过快的改型使许多零部件配套不齐全，三包期内特别是三包期以后，许多零部件就很难买到或根本买不到，影响了产品的正常使用，这是事业部、代理商及客户集中反映的亟待解决的突出问题。此外，造成投诉争议的主要原因，是大量产品缺乏安全保护设置，在超重、超载、过度使用、频繁使用超时、没有定期保养等情况发生时没有警示提醒、自动保护设计，致使产品发生故障以后，对责任难以界定，究竟是用户的使用问题还是产品的设计与质量问题无法快速做出判断，扯皮现象较多，也使企业在协商赔偿时缺少谈判砝码。

（5）质量问题

部分产品的稳定性差，制造过程质量、配件及外协件质量问题比较严重，没有与售后服务有效挂钩，相互脱节。配件及外协件的质量在一定程度上影响了 D 品牌的市场美誉度。

（6）及时性问题

服务及时性不够，服务派员的流程比较烦琐，在客户提出维修申请，等待维修编码后，方可派出人员，以至于客户等待时间过长，事业部之间的服务没有联动机制。没有以售后服务半径设计科学的分区、分工服务流程，服务适用的匹配性不高。此外，服务装备不足，没有广泛应用 GPS 快速指挥服务车辆，就近快速到达现场先行了解问题，诊断故障，派遣合适的服务人员采取维修措施的快速响应机制。"一机一档一图"的建设，还没有建立起来，对产品的过去维修记录、图纸调用、故障预测不太准确，严重地影响了服务质量与服务效率。

3.6.2.2 B 级品牌存在问题诊断

（1）客户关系存在问题

①企业受理预约、咨询、报修、投诉等职能的部门和接口过多，存在不一致、不统一的问题，记录不能详尽完善等问题，设计师、现场施工及售后阶段口头受理并答复、人为处理现象较多。

②400 电话，显示的品牌名称有问题，部分客户对不上名称。企业目前的 400 售后服务热线不能做到全天候服务，一般到下午五点之后就只剩一个人负责接听；接线员的专业知识有限，不能准确理解客户反映的问题，更无法准确转接给相应的业务部门；因电话线路繁忙导致的占线情况，缺乏对未接听电话的回复行为；客户服务体系工作方式比较陈旧，仍用手工报表形式操作，不利于提高售后服务质量和效率。

③应注意客户档案的保密，有客户反映，完工以后，有打着 Y 品牌旗号的推销电话，客户发现这些人员并非 Y 品牌人员。

④企业缺乏客户公共关系职能部门（消费者关系），在客户群体的公关传播、公关活动上，客户关系维护、客户口碑营销上，应予以加强。

⑤顾客满意度研究应遵循 KANO 模型，据此研究和改善顾客满意方法。客户满意度调查存在的问题：目前使用的调查方法适用于企业满意度平均水平的调查而不适用于对单个客户的调查；调查程序上虽然设置了几个时间点但内容并没有有机整合起来；客户满意度调查的部门不明确，职责不清；有些部门对现在的满意度调查结果不能认同；客户对满意度调查及其结果也不满意。

（2）原因分析

①企业部门多，服务客户及影响顾客满意度的环节过多，因此造成多头受理客户信息，没有核心牵头受理顾客服务的服务框架设计。

②客户档案的调用程序需要改善，完成施工的客户档案都应移交到集团售后服务部，进行统一的档案管理，进入售后阶段，进一步开发利用客户数据。

③客户关系模型应为"多对一"和"一对多"结构，要进行调整，即售前售中阶段：多对一，多个部门对一个客户负责；售后阶段，一对多，一个部门对多重客户负责，进行第二轮客户转化。

④对顾客满意应加强研究。

(3) 影响分析

①多头受理，客户与企业的接触链条累赘，人人都管事，人人解决不了事，经手的人太多，解决问题的速度下降，信息失真。没有发展Y品牌企业的品牌关系，发展的是设计师或工长与客房的私人关系。

②没有注重整体的客户关系维护，口碑营销作用不强劲，客户再转化率低。

③顾客不满意环节没有与企业的考核相挂钩，进行持续优化改进。

(4) 整改意见

①梳理、厘清客户问题受理机制，统一口径、统一数据收集、分析、管理、存档。

②改善400电话，改善服务应答标准化。在呼叫中心增设设计师、工程师、项目管家等顾问席位，专业解答客户专业疑难；在呼叫中心增设追踪岗位，第一时间对客户所提出的问题进行追踪排查，首问负责。

③增设客户公共关系部门及岗位。

④改善顾客满意度调查方式及手段。

3.6.2.3 公共管理问题分析

公共交通安全重大事故分析建议：

①从速立法：尽快建立《公共交通安全法》，从源头出发，综合判定，长治久安。对所有涉及重要公共交通基础设施、设备的设计、生产、安装、维护、运营单位的招标、采购、验收、调度等工作，全部纳入法律监管范围，加大量刑刑罚惩处力度，对今后再次发生的重大交通安全事故要一查到底，提起公诉，严格追究责任。

②严格管理：对全国所有新建、在建、运营中的公共交通基础设施、设备进行全面排查，梳理供需链上所有的上下游企业，建立国家公共交通安全中央数据库。对所有涉及的厂家及运营单位都要建立档案，对各种批次、批号设计生产的图纸及产品，均应纳入统计分析，对所有已发生隐患的环节全部纳入实时动态数据管理，设置警戒级别，对于所有日常维修维护人员、人工调度人员都应进行严格的安全教育培训再上岗。

③加大公共交通设施信息透明度：适时设立"国家突发重大公共安全事故信息透明"法案和规则，改革透明的信息披露机制，对公共服务各领域的核心岗位新闻发言人进行严格培训，要统一新闻发布口径、发布方式、发布内容。要以陈述事实为主，不要妄下结论，更不能使用"可能""大概"等不确切的语言对事故原因做出判断，一切要以尽职调查报告为准。

④其他方面：应加强对突发公共事件的应急管理的研究和预算，民航、交通、铁路、地铁等环节应经常进行一定的疏散、救援、后勤等培训和演习。要敦促各类企业加快管理现代化步伐，要全面提升对信号系统、电气系统、故障诊断系统、自动预警系统、自动保护系统等技术的研发、验收、日常监督科技能力。此外，审计机关应重点对影响公众生命安全的各类重大设施设备的招标、采购、维护等环节进行专项重点审计，坚决杜绝各类招标采购腐败。

3.6.3 PAO系统管理方法设计

管理学进步的最佳方法，是以科学实验方式取得最佳研究成果，现代企业管理问题的频繁突发与长期存在的弊病始终出现在管理设计问题上，而管理设计从本质上而言必然来自于管理科学的实验方法，这是 PAO 中的"O"——秩序化系统设计环节所发挥的重要作用。

诸如在薪酬结构上，流行的绩效制尽管取代了计件制，但并不意味着计件制的终结，我们在进行多次的计件制实验后发现，计件制方法仍然是科学的薪酬计算方式，只不过随着时代的进步而发生一些变化。

这些实验研究发现：核定工作量，计件计酬，所有工作任务都可以以计件计量方式计算，难以计算的项目也可以以任务项目计件，如对电话量、网页制作量、文件处理量、客户成交量等，且对完成程度划分出 A（优）、B（中等）、C（次等）的等级，与工作结果进行对等测算，工作效率和工作质量将会大幅提升，与其关联的职位工作也纳入同等服务相关计酬测算。工作量与工作质量的核算还可分解成日薪或周薪核算方式，也将大大提升工作热情和工作速度。

我们希望并期待全球管理研究同行以及全球企业注重以科学实验的方式取得管理研究成果并应用管理成果，未来的全球管理进步必须高度依托管理学科的完整"发育"、管理技术的进步、管理实验的发现和成熟成套管理系统的新发明。

管理系统的发明是现代企业应对竞争所必须采取的重要战略，由于企业的竞争环境飞速变化，很多管理概念和方法很快会变得过时，新的管理系统方法发明比以往要求更高、速度更快，管理系统的完整方法发明，是现代管理和未来管理进步最主要的推动力量。

3.6.4 品牌工具：管理技术的实践方法

品牌工具的发明和应用在管理技术中占有相当大的比例，品牌工具的发明有赖于全球管理研究人员和企业管理者共同致力于新的管理创造发明。

我们设计了一些典型的管理工具，如 PAO 科学分析模型、品牌分析对比技术、指挥链技术、树型图、波浪图等发明，都可应用于品牌日常的管理和管理进步。

3.6.4.1 品牌对比分析技术

品牌对比分析技术是用于同一问题的基准分析所采用的方法，最早起源于我笔者早年时的学习研究方式，那时候在自学各种管理理论时，习惯将同一理论的不同描述都找出来进行对比研究。比如针对组织结构，就会把所有市面上所能买到的涉及组织结构的图书都买回来，全部翻到组织结构这一页，阅读所有可能的不同观点解释，综合吸收各种解释，然后自己再写一遍，写出自己对组织结构的理解，经由博采众长后得出自己的独立见解，这种学习方法对形成个人独立见解相当有效，避免了一家之言。

在品牌管理研究中，我们同样将这一方面引申为品牌对比分析技术，我们要求对同一问题，分解成不同的研究点，同时对比不同国家、不同企业的不同管理方法，从中找到属于企业的最佳方式。企业也可以根据《品牌能力元素表》抽取不同的品牌能力元素，进行综合对比。对比不应只面向本国或本产业，而应广泛对比研究，同时了解美国、德国、法国、英国、日本、韩国等不同国家和不同企业在同一管理问题上的做法，根据所需对比的问题，也应对比不同产业间的做法，综合吸取各方面的优缺点，从而创造自己的最佳管理新方法。

一个典型的品牌对比分析案例：为什么韩国人参出口价是中国人参的 10 倍（见表 3-6-1）。

对比项可以分为品牌起源、品牌质量、品牌价格、品牌战略、品牌管理、品牌延伸多个项目进行对比分析。

表 3-6-1　中国、韩国人参品牌对比分析表

对比项	对比意见	韩国	中国
品牌起源	中韩人参同宗同源	—	—
品牌质量	总体相近	—	
品牌价格	相差10倍	韩国人参出口量是吉林人参的1/20，1千克高丽红参的价格为120~200美元	吉林人参产量占世界70%，1千克中国红参的价格为12~20美元
品牌战略	战略差别	1899年由韩国政府创立韩国人参公社，专门掌管高丽参的制造及输出，"正官庄"是韩国人参公社制造的高丽参品牌。"正官庄"人参从种植、田间管理到加工的各个过程管理都极为严格，种植参苗前一年就开始严格的土地筛选和管理。从种植到最终产品成型要经过五次以上的农药残留检查，确保人参的低农药和高品质。另外，大多数农户都是按订单需求种植高丽参，从整地、种植、管理到收获，人参公社都不间断地对农户进行监督和技术指导	全国人参企业5000家，没有叫得响的品牌。中国人参种植还处于无序管理状态，由农户单独经营管理。农民种植人参如同种植其他农作物一样，在种植、收获及加工各个环节没有管理与指导，种植规模受价格的波动大起大落。自20世纪90年代以来，人参种植面积盲目扩大，持续供过于求，市场经营秩序混乱和价格恶性竞争，人参价格一路下跌。同一块土地产出的人参质量存在很大差异，曾出现过农药残留和重金属含量超标的现象，严重影响了中国人参在国际市场上的声誉
品牌管理	评级标准	—	—
品牌延伸	产业纵深	—	—

3.6.4.2　指挥链技术

美国南北战争时期，林肯总统在位于白宫的地下室用电报指挥战争，整个美国19世纪的崛起就建立在高速发展的电报网上，无论军事、政府事务、新闻业、商业都建立在电报的快速传递上，一张电报纸浓缩着最快速的指挥信息传递。

基于对电报的理解，笔者认为，现代企业的高速管理运营，应基于核心的指挥链建设，以快速的指挥信息作为主干决策网络，无论采用虚拟或现实的分支机构还是运营网络，过多数量繁多的电子化公司信息及文件充斥在管理中，将指挥链独立分解出来，将有效提升企业运转速度。

在组织结构设计中，一些组织本身就是以快速反应的指挥结构来设计的，例如美国警察组织，以局、处、科、组或更小的行动单位设置，在每一级设立处于指挥状态的警官，其他部门则被列为支持单位和协调单位，在指挥网络中配合骨干指挥系统实现高速机动反应能力。

3.6.4.3　树型图

树型图示意，详见图3-6-1。

图 3-6-1 树型图

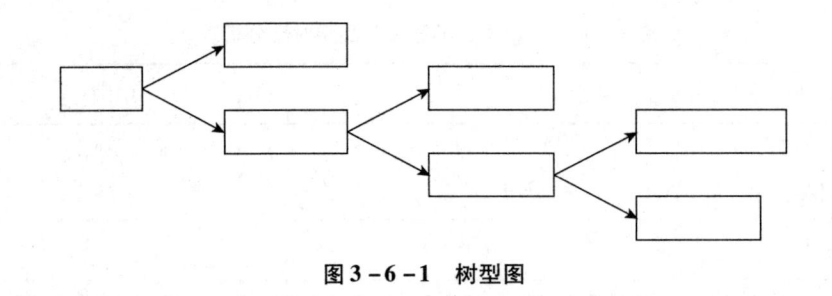

树型图是以树型分支为特征的管理工具，可以用于学科的培育或发展、信息结构的设计、管理战略框架的展开、管理任务项目的分解、管理问题的排查线索研究、知识系统的结构性部署、管理理论多样性解释、管理内容分工等许多领域，在一张树型图中进行标示及分解，便于清晰的理解与思考。

3.6.4.4 波浪图

波浪图（见图 3-6-2）的原理起源于笔者早年的一篇论文，在这篇论文中解释了一个竞争活动的运动规律。通常情况下，一个市场活动、管理活动、竞赛活动或媒体热点很可能只有一轮波峰，出现一个高潮就会快速下滑，不久人们就会从期待、经历并转入兴趣消失的阶段。

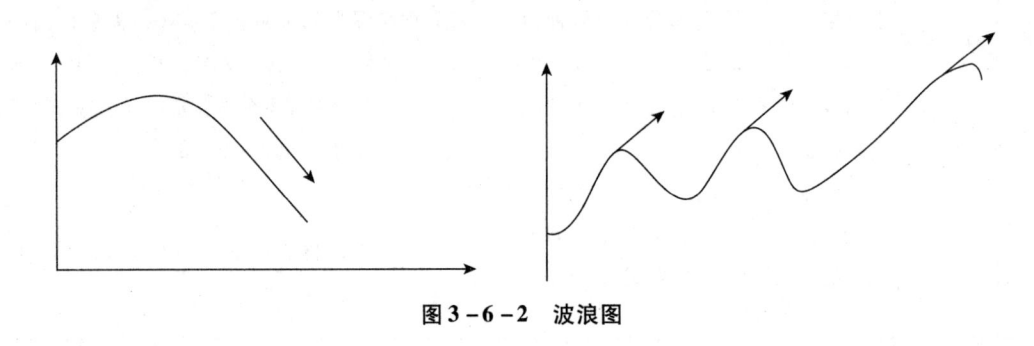

图 3-6-2 波浪图

通过波浪图工作的设计，有意识地为整个活动过程设计出几个拉升通道，重新一次次唤醒人们即将消逝的兴趣，并最终通过几轮的拉升，将人们的注意力持续提升到最高点，从而产生最大规模的热情和关注。波浪图的设计结构也可用于文学或影视作品的策划，也是重要的品牌传播设计方法。

3.6.5 品牌文件技术

品牌文件通常是用于品牌管理设计中的一些典型文件表达方式，许多方法在工业企业和大型企业中被经常使用，但我们还需要注意的是，经由管理的科学实验和科学分析过程，优化这些品牌文件，从而达到最佳管理水平。我们在此列举一些典型的品牌文件技术。

3.6.5.1 典型的品牌管理系统结构

①品牌管理系统的标准结构分为：战略层（任务要求）；技术层（任务要求）；执行层（任务要求）；作业层（任务要求）；协同层（供应链、经营链、品牌服务商任务要求）。

②品牌管理系统的编制过程。

③品牌管理系统的编制方式。

④品牌标准化分为：品牌标准化重要特征（优选标准化）；品牌实验室标准化（产品研发）；品牌管理标准化（管理部门）；品牌服务标准化（服务部门）；品牌市场标准化（市场部门）；品牌IT标准化（信息化部门）；品牌协同标准化（供应链、经营链、品牌服务商）。

⑤品牌管理系统的评级。

⑥《品牌纠错报告》(品牌能力)。

3.6.5.2 品牌文件系统的编制

品牌文件系统的编制，是一项费时费力但又相当重要的工作，基于 PAO 管理分析模型、品牌标准化要求和品牌建设方案的任务项，应严格合理地推进这项工作。

之所以说这项工作费时费力，是鉴于许多公司以及管理顾问公司都不重视这项工作的重大作用，在实施过程中不够理性、彻底。

品牌文件系统的编制应从上而下、从内到外进行，由品牌技术委员会主持这项工作，在各管理部门都应成立对应的品牌技术小组和品牌技术专门人员负责此项工作，一次完整、彻底的文件系统编制一般需要六个月至一年的时间。

与 ISO 规范文件体系的编制方法不同，品牌文件系统的编制过程应该更加科学、严谨。品牌文件系统的重点是清理、梳理错误的管理流程，对全员培植品牌意识，实施品牌学习，并应注重以科学实施的方法获得各种理想的管理方法和作业过程标准。

3.6.5.3 作业指导书

作业指导书是对管理作用过程（工序、具体工作项目）进行正式指导的文件，包括了作业步骤、作业要求、测量方法、质量要点、记录周期等内容。作业指导书详细指明了工作的方法和顺序，并表明了用什么样的方法进行质量检查。从事具体作业的人员必须严格按照作业指导书的内容完成工作。

作业指导书是为了保证管理内容完全、有效、快速、标准化，保证质量完成所制定的作业层面的程序文件，根据一组相关的具体作业活动（如生产、服务、插件、调试、装配、培训）等，提出作业操作规范和工作指引。

企业为完成管理标准化，就必须严格地设定计划实施作业指导书制。不仅要科学地设计作业指导书，通过反复的科学实验寻找最佳工作方法，通过管理现场报告活动改善作业步骤，通过实际测算时间人工设计最佳工作节拍，还要注意对作业者的训练，并对熟练程度进行考核，所有新的转岗人员，在到达新岗位以后，必须从头开始学习，经过一定时间（三个月或六个月）的实习期方能转正成为正式作业人员，未经实习和上岗考核，不应被视为正式从事相关工作。

3.6.5.4 管理现场报告（MA 报告）

管理现场报告（MA 报告）在品牌管理标准化过程中应充分发挥管理诊断与分析作用，以现场管理报告的发布作为品牌再造的一项重点工作。

管理现场报告的第一个重点是全员售后服务管理，即从售后服务端发生的各种产品质量问题、投诉记录、用户意见调查进行逆向排查，经由跨部门的管理分析小组反向追踪问题源和问题的流经过程。

管理现场报告的第二个重点是根据 PAO 科学模型，从员工情绪和工作阻碍中反向排查问题源和问题的流经过程，将能发现许多管理流程设计不当和管理流程的错误环节。

管理现场报告的第三个重点是针对已有的各种管理问题、其他企业的先进管理方法立项为具体的管理现场项目进行研究分析，对局部管理工作或管理系统能力、管理新方法等提出研究和分析结论。

管理分析小组是由数名员工自动自发组成的小群体，和 QC 小组的性质类似，但实际内容工作扩大到整个管理现场，包括服务终端，鼓励跨部门管理分析小组的设立，鼓励管理学习和管理研究活动贯穿在管理分析小组的工作中。

管理分析小组的负责人应经过一定程度的管理分析方法培训，以确保科学地应用各种管理技术，管理分析小组定期组织发布管理现场报告，管理分析小组负责人所领导的管理分析项目数量应作为一项重要的管理能力，作为职位晋级的重要参考，一名优秀的领导人对管理问题的解决能力代表着重要的领导能力水平。

3.6.6 基于流程再造的品牌管理水平

当品牌组织下定决心实施品牌再造，最终的落脚点就是——流程再造，品牌组织通过彻底性的流程再造，从根本意义上取得品牌再造的成功。这种再造必须是彻底性的、果断性的、根本性的。

20世纪90年代，全球超过70%的大企业实施了一场规模浩大的流程再造运动，而品牌再造显然比单纯的业务流程再造需要更为彻底的变革，品牌流程再造改变的不是一个部门、一个组织的管理方法，或者是对原有的管理流程进行优化和改进，品牌流程再造有着更为深刻的意义——品牌组织的自我否定和改革裂变。

与上一场流程再造相比，品牌再造并不仅仅是应用先进的科学技术、IT信息技术对品牌组织实施变革，也不仅仅是对成本、质量、服务、速度等流程要素进行大规模追求和改进，品牌再造首先是对全新的品牌趋势进行深刻的理解，从战略、概念和结构上对品牌进行更为彻底深刻的思考，旧的管理思想和旧的管理方法已经一去不重返，很多旧的方式已经发生了变化，公司需要在全新的全球品牌竞争前沿趋势中对品牌组织进行再造，以实现下一步超常规发展目标。

专业化分工、计件制、职级制、标准化等精典的管理思想也在与时俱进，在新一代的品牌再造中继续发挥经久不衰的新魅力，一些重要的管理观念和管理技术的进步将深刻改变流程再造的意义和本质，使品牌再造发挥更强劲的核动力。

3.6.6.1 流程再造的核心是品牌价值链再造

品牌流程再造的核心是客户满意吗？不是！

品牌流程再造的核心是制造用户期望，是以品牌价值链的再造为核心的一场再造行动，它也不是仅仅以业务为中心的再造，而是整个品牌组织管理全局、全员、全流程的再造。

新的品牌流程再造的核心是——"价值"在整个品牌流程中的重要性，价值会通过核心价值主张、企业责任、工作价值、服务价值体现，价值链的构成明确了每个部门、每个工序、每项工作、每个人在品牌组织中的价值贡献和价值输出，而价值的输出就是品牌利润的实现，是决定品牌最终溢价能力的利润链。

只有当企业全员都清楚自己的价值贡献和产生品牌利润的方式，品牌组织才能真正释放品牌溢价效能，同时释放公司全员参与品牌化的热情，只有当每一部门每一个人都能清楚地确认自己在品牌再造过程中产生的价值和利润，企业才能转变为以价值利润为中心、为母体的高度品牌化强势组织，这是品牌流程再造的深刻含义。

品牌核心价值主张明确了品牌价值产生的主要环节，作为品牌组织在战略层面上明确的品牌核心价值重点，企业将加大对自身确立的战略环节所进行的投资和明确要求，每一个企业的品牌核心重点不一样，这取决于企业偏好，或者是研发，或者是制造，或者是服务，例如"IBM就是服务"，尽管IBM从事IT设备制造，但IMB所倡导的是全球领先的可靠技术服务，康明斯则将品牌价值核心放在全球领先的发动机动力技术研制上。

比企业社会责任更进一步的思考是企业责任，我们提出突出企业责任的实践和意义，企业责任是全球公司明确的责任履行，全球品牌组织大多致力于发展成为负责任的全球企业，在投资者责任、雇主责任、社会责任、产品责任、服务责任等各方面体现高度的品牌责任意识，企业责任是双向的，员工也需要向企业担负起工作责任、薪酬责任、价值责任。品牌组织全面的责任履行本身就是品牌价值的直观体现，责任成为最基本的管理风格和品牌精神基因。

工作价值贯穿在整个品牌管理工作和作业工作全过程，从采购、研发、质量、设备等各管理环节全方位体现，工作价值是每一个参与管理或作业工作的人员发自内心对工作负起的责任意识、职业精神和价值贡献，是企业责任落到实处的表现。企业经由企业责任唤醒每个员工的主动工作观念，让每一个员工在执行工作的过程中实现价值体现、价值创造和价值贡献。通常人们说的企业骨干人才离职率高，主要原因是当一个人在加入一个企业组织以后不久，发现个人价值无法得到体现。我们在观察中可发现，当一名新员工走进一个组织，总是试图积极地表现，以实现价值的被承认过程，但很不凑巧，多数企业的管理流程中并没有设立让他们体现价值并承认价值的程序。

服务价值已经成为全球品牌组织关注的重点，这是由于许多产业领域，诸如汽车、工程机械、机械制造、IT技术等许多产业发现了服务利润链的价值，他们意识到为公司产生利润最多的环节来自于售后服务，因而他们降低了首次购买产品的价格，将原装售后服务部件或原厂售后服务列为品牌利润重点。我们设计的3SCR新一代的服务利润链则包括了服务缺陷（S）、服务识别（S）、服务责任（S）、客户感受（C）、常客户计划（R）五个服务利润产生过程，构成了以服务价值为核心的服务流流程再造结构。

品牌的市场接受价值和高溢价能力是由品牌的价值链产生的，以价值为中心的研究发现，最终将体现在品牌终成品——产品的表达形式和服务方式上，"价值"也让品牌组织全员释放热情、创造力、能动性。

3.6.6.2 品牌流程再造的本质是创造式品牌再造

随着一个品牌组织多年的运行，就会沉淀出许多过时、烦琐、错误的管理流程，使整个流程出现拥塞、臃肿和阻滞，许多管理环节老化，组织效率大大降低。为改变公司管理流程的臃肿现象，每隔一段时间，公司都会从发达国家或本国先进地区邀请管理顾问公司进行管理诊断，重新梳理管理流程，实施管理变革，完成流程再造。

但我们这里要说的是流程再造的创造式再造，通过创造式破坏的方式完成流程再造，这既是品牌组织面临的一种挑战，也是组织内外的一次深刻变革。

通过对多个企业的调查研究我们发现，多数情况下企业和管理顾问会偏重于已有管理流程的改进，在原有的流程基础上进行改良，但实际上这种方法是不科学的。管理流程本身可能是错误的，或不先进的，在原来基础上进行的改良只会造成更多的流程错误出现，始终无法彻底对流程完成再造。事实上，多数情况下巨大的流程错误主要是流程本身设置不当造成的，或者是流程设置不具前瞻性，无力避免新的管理问题发生。

因而我们提出创造式再造这一流程再造命题，强调要跳出公司原有流程的局限，以独立的、更高级的、更全局的、更先进的思想来为管理流程的再造赋予全新的能量。管理流程可以跳跃式发展，完全以新的流程设计方式重新部署各个流程环节，理顺各流程接口，保证流程间的无缝衔接和高效有序运转。

一个大型工程机械公司可能希望解决售后服务流程，我们研究发现，工地一般是 24 小时工作，因维修造成的停工是用户反映最多的疑难问题，如何减少工地现场的在修时间就成为管理系统设计的第一要务。新的解决方案可以是实现售后服务三段式维修，即鼓励公司研发更多的系统组件，每当工程机械在施工现场出现问题时，第一时间赶到现场的售后服务人员对组件进行快速判断，远程快速调用电子图纸就地解决；当组件的确需要进一步维修时，售后服务人员负责快速更换组件，以保证工程机械即时恢复工作；在公司设立专业维修中心，负责对组件进行专业修复和保养。三段式维修将有效抢回工程机械客户的在修时间，避免因机械故障造成的停工对客户造成巨大损失。

一家装修公司每天有 4000 个工地同时开工作业，该企业设立的一个重要职位——装修管家作为一个服务品牌，负责代表客户记录并监督所有装修过程，解决客户不能随时到达装修现场监督的疑难，但实际运作中，装修管家不能良好地代表客户权益，客户实际上并不放心，相反还造成了许多服务矛盾。经过调研发现，装修管家职位设置不当，该管理职位设置于分公司，与分公司的采购、施工、质量等部门属于同级，这就造成装修管家职位无法有效行使监督职权，经重新进行流程设计后，将装修管理部门调整至集团总部，装修管家作为集团总部派出人员进行装修施工的监督，另配有判责部门，协助装修管家对各种责任问题进行判责。只有高一级的部门才能准确实施监督职能，仅在同级部门间进行流程改进，是无力彻底解决这一管理问题的。

一家为银行提供管理软件的公司反映企业销售的软件经常存在 BUG（漏洞），用户体验不佳，这事实上同样是流程不当造成的。由于软件公司的研发部门与销售部门同属于一家企业，双方之间就存在互相维护的关系，导致性能不佳的软件流入市场。解决的办法是对企业实施内部市场机制，将企业划分为研发公司和销售公司两个独立的公司，销售公司采购研发公司的产品，然后再销售给客户，销售公司有权根据软件的质量和性能决定市场采购价格，也可以根据市场反馈对质量问题进行问责并索取赔偿，内部市场机制的建立就有效解决了软件研发的综合品牌能力，只有当软件研发公司以更专业和更优质的技术和服务研发产品时，产品才能售出更高价格，产品在市场上才会拥有更强的品牌竞争实力。

通过上述的品牌流程再造实例，我们可以发现，流程再造的本质是创造式再造，使用创造性的方法对管理流程进行大胆重新设计，将有助于企业胜利完成品牌再造的重任，也为品牌组织创造了最佳管理流程应用水平。

3.6.6.3 品牌流程再造着眼于未来敏捷管理

现代流程再造仍然是专业化分工的体现，任何流程再造都不可脱离这一过程，只不过管理流程的有些环节存在了创造创意的特征，诸如好莱坞的电影制作流程，由多组不同分工的创造体来完成流程化的生产过程。另一个特点则显得更为重要，即流程再造应着眼于未来敏捷管理的标准化，敏捷生产是对未来管理流程再造的主要要求。

未来全球间的电子商务交易将成为生产制造的主要定制方式，电子商务的交易必须是在全球可信电子商务框架下运行，可信电子商务的前提是加入可信环境的企业需要必须满足足够的生产制造能力，这一点可以通过验厂（验场）报告来实现，如果企业没有必要的设备和生产环境，是不可能完成生产制造的，即便是代工生产也同样离不开批量大规模制造的生产条件要求，这些都是互联网用户判断公司可信化的前提。

未来电子商务的主战场是数据电子商务、路线电子商务、主题电子商务、集群电子商务、同步系统集成，这些电子商务形态表达了电子商务公司的竞争优势和订单生成方式，无论是何种电子商务都离不开用户从下单到电子商务汇集数据完成分批量生产的过程，其中尤以同步系统集成需要注意，这是电子商务将成为未来网络化和企业生产部门最紧密的生产关系连接，用户的订单需求与公司生产设备进行同步化的系统集成，按要求完成用户需求的合理组合与多元个性化定制生产。

品牌组织需要根据更快捷的反应速度满足用户的需求，市场扁平化、部门扁平化、研发科学化、生产同步化、市场机动化，以至于整个品牌组织反应敏捷化、高效化都是未来趋势对品牌组织流程重组所做出的客观要求，敏捷管理将是下一代品牌组织和一切企业最重要的管理流程行动走向，最终完成从趋势到行动的大变革。

第3.7章　品牌营销技术

现代营销已经脱离了旧式的传统营销方式，演变为无时不在、随时随地的多元营销时代，营销与传播之间形成强烈的互补，我们将营销技术划分为营销技术和传播技术两个环节，营销技术环节重点由营销观念、市场设计、市场行动、服务营销、销售管理为主体，传播环节则侧重于系统营销、内容营销、渗透营销、品牌新闻专业化报道、新媒体传播等以传播方式为主要特点的营销方式进行考察。

"营销"这一词语的本意是市场行动和销售，包括了三个方面的内容：市场设计、市场行动和销售管理。多数公司会忽视市场设计，市场行动被市场活动所取代，销售管理可能仍处于依赖销售人员管理的早期阶段。

3.7.1　营销观念

现代营销观念已经发生了许多根本性改变，许多以往未被关注的营销方式被重新发掘出来，形成新的营销观念，诸如学术营销就是以往被忽视的营销环节，技术研发和医疗机构近年来更加注重实施学术营销，以技术论文、科学家发明和学术研究成果作为主要展示实力的典型方式，除了参与国际或国内学术会议，它们还向产业部门、公司机构、医院科室赞助学术研讨会，成为一种主要营销方式。在知识经济时代，知识的研究、发明和发展将在营销中占据越来越大的比例。

现代营销环境更多地体现了系统销售、直接响应和自动销售的特征，完全没有一个销售人员的公司在不久的将来将大量存在，由于品牌识别过程系统化、智能化、自动化，大量的品牌营销原理将用IT技术演变成自动的销售过程，从而大量地衍生新的营销职业和营销专业技术，营销观念也将继续发生本质意义上的改变。

我们将整体营销观念的演变划分为四个阶段，分别是推销阶段、强行销售阶段、市场营销阶段和品牌吸引阶段。与以往的营销阶段划分相比，增加了品牌吸引阶段，品牌吸引阶段是营销的新阶段，而且我们特别强调了品牌营销的本质就是品牌吸引，并以此作为一个崭新的营销阶段，品牌吸引阶段一个是值得研究和探索的最新领域。

3.7.1.1 传统营销阶段的进步

推销阶段：主要通过印刷宣传小册子、名片，四处散发，到处发布业务推销信息，挨家挨户进行拜访，重视短期内引起关注，从而获得收益。

强行销售阶段：也称为"强行销售"，比推销方式走得更远，注意投放密集的广告、开展市场促销行动，雇用大量人员实施人海战术，甚至不惜使用种种噱头、礼品、回报承诺来招揽客户，注重销售人员的成交率。

对客户的质量要求极低，一切以成交为准，有时会采用激进的销售人员。强行销售会导致宣传过滥，最主要的后果是会出现货不对板、粗制滥造、名不符实等后遗症，常有购买过后的人员认为上当或服务不好，然后劝阻其他人员的消费行为。

市场营销阶段：转向以营销为导向，吸引公众注意力。

注重市场营销活动的研究，将企业的营销部门分为市场部、销售部两个部门，市场前置，在市场规划、市场开发、人员招募、资源配置方面精心安排，注重市场数据分析的报告，如拒绝率、成交率、客户满意度等内容。

市场营销同时注重了与市场调查、公共关系、策划传播等专业公司之间的合作，或者进行一定的市场外包，研究竞争对手并随时启动进一步的行动。

注重市场营销的企业普遍拥有了品牌意识，注意到品牌定位、品牌策划、品牌效应在市场中的特定效应，但往往又会出现一种新情况，即品牌只是市场部单一部门的事情，造成重营销轻产品、重销售轻服务的情况发生，客户维系率也成为一个新的营销难题。

3.7.1.2 品牌营销阶段（品牌引力）

市场继续前置，吸引特定的品牌用户群体作为营销目标。

一些企业开始真正发现品牌的魅力，他们坚持在一个领域发展品牌的梦想，执着于做好品牌相关的工作：产品的质量和品质象征，吸引更多特定的消费者，以口碑的方式进行传播扩散，致力于为消费者创造某种专业、快乐、享受或乐趣的工作与生活方式，从不研究或极少跟进竞争对手。

品牌吸引回归到人类最原生的状态——口、口之间的相传，用品牌本身散发的特质和魅力自然而然地吸引到源源不断的重复购买客户，并不断扩大口口相传的规模和速度，公司进而占领更多的市场，开设新的网点，服务于批量新增的常客户，这些品牌因此大获成功。

3.7.1.3 市场营销与品牌营销的对比

市场营销方式的过程如下：

制定市场开发计划→制定广告投放计划→制定目录和宣传材料→制定吸引公众注意力的促销行动→制定市场合作访问计划→制定分区域（环节）的专项市场计划→制定销售跟进计划。

品牌营销（吸引）方式的过程如下：

专注于产品和服务本身→创造一种工作或生活方式→大规模扩大使用者数量→追加对常客户的投资。

3.7.1.4 七种主要市场营销模式

市场营销的主要方式是以市场前置为主，主要包括：

①人员销售模式：大量增加销售人员，启动各种促销行动。

②直销模式：以电视、互联网等途径直接进行销售。

③广告拉动模式：投放巨额广告费用，从公众中寻找买单客户。
④连锁经营模式：直营或招揽加盟者，输出品类线、供应链，对加盟没有质量要求。
⑤分销推动模式：发展渠道，实施渠道铺货及终端销售指导。
⑥第三方终端模式：直接发展销售终端，建立终端网点。
⑦招商代理模式：发展业务代理人，实施代理商管理。

3.7.1.5 七种主要品牌营销模式

①直复营销模式：只服务于会员、重复购买者，旨在不断扩大重复购买数量。
②要素营销模式：不生产任何终成品，只集中于特定技术、产品部件的研发。
③品牌连锁模式：严格品牌经营的质量要求，输出品牌及配套供应链。
④口碑经营模式：从不投放任何广告，注意品牌用户体验及特定群体间的批量传播。
⑤品牌广告模式：只向特定媒体投放品牌形象广告，不对大众媒体投放广告。
⑥品牌活动模式：开展专项品牌活动，促进用户间的沟通、学习、乐趣、知识分享等快乐。
⑦品牌联合模式：以品牌联合为主题，实施品牌互推、品牌互建、品牌互赢。

3.7.1.6 自动销售设计

自动销售设计主要是通过研究销售原理、用户使用动作、用户分析数据等来设计一系列的自动销售模式，通过销售程度设定和技术处理完成整个销售过程，自动销售设计一般是由管理科学家、管理分析师通过用销售原理和用户研究后制定。

我们通过下面两个典型的自动销售设计来指明一切销售过程，都可以进行研究并设计成自动化的销售方式，从而大幅度提高销售成果。

（1）网络广告自销售设计

品牌组织通过投放搜索引擎关键词广告、上下文广告等精准营销方式，将吸引到的用户指向专门设计的销售网页。

除了一些直接完成的销售，销售网页更重要的目的是吸引一切感兴趣的潜在用户留下电子邮件信息，企业通过设定自动回复邮件，向用户定向发送经过专门设计的销售函，这些销售函通常用于赠送有价值的免费资料、技术文章等。

由于推销一般需要达到七次方能成交，大部分销售人员只和新客户联系二次至三次便中断联系，而七封不同的自动销售函会根据时间设定自动定时发送，让客户完成从陌生到熟悉的过程。自动回复邮件的使用在一些国家已经相当普遍，人们有效地应用这种自动销售设计策略，让销售网站自动完成客户吸引、客户接触、客户成交、电子发货等全过程。

（2）自动引导销售设计

笔者在早期的互联网运营中，经营过自助网站建设项目，即用户经由注册，在网站系统上自行制作并生成个人或公司网站，自助建站便捷性是不言而喻的，我们谈论的重点不是经营什么，重点是如何设计自动引导的程序。

经过观察我发现，超过47%的新用户在完成注册进入系统以后，会看到同时出现大量的网站建设工具，新用户往往不知所措，许多用户进入到这里，就退出了系统，注册与使用比例相差甚远，尽管许多用户已经注册，但并不会成为使用者。

因此笔者要求技术人员重新设计了引导程度，如果是第一次注册的新用户，在进入网站系统后，按步骤来执行网站建设的操作过程，第一步：设置网站名称；第二步：上传LOGO；第三步：

设计网站背景；第四步：设置自己的网站栏目；第五步：发布第一篇文章；第六步：查看自己的网站建设效果。新用户通过这个引导程序完成后，就可以直观地看到自己的网站效果，从而立即增加自己的使用兴趣，不愿放弃自己的劳动成果。新用户的引导程序只在第一次注册使用时出现，用户第二次进入，新用户引导程度就消失了。

3.7.2 品牌市场设计

市场设计在现代营销中具有极大比例，是营销的第一步，但也很容易被人们忽视。市场设计从一家新企业成立或一个新品牌发布开始就相当重要，这取决于企业（品牌）规划的市场规模，并从组织结构、市场特征、市场管理等各个环节对市场进行结构性战略设计，通过市场行动完成市场启动、市场进入、市场开发和市场覆盖，销售在市场设计中起的作用主要是大量收单和大量跟单的作用。

市场设计的第一个重点是明确现代销售是系统销售，即销售工作是全员的，销售成功并不仅仅依赖于某一个人销售员的勤奋努力，而是全员都为销售付出了可见或不可见的努力，销售人员自己要明确这种意识，要感谢其他各部门、各部门成员为之所付出的努力，这样系统营销才能发挥作用，以往我们发现，经常有创业企业仅仅体现了销售人员的价值，甚至将薪酬仅仅体现在销售人员的成果上，销售成果没有与整个组织的努力挂钩，造成其他部门和成员对销售不配合甚至引发成剧烈的矛盾，从而导致企业运营失败的例子，数不胜数。

市场设计的第二个重点是市场化的组织结构性设计，即以工作流、订单流、产品流进行的职能分工和工作流程，也包含商业模式设计、项目组集群设计、产品线运营设计等设计内容。

合理的市场设计有助于市场战略的实施，从开始就界定了未来市场规模，促使创业企业发展成为高成长企业，促进已成熟的品牌组织经由品牌重组完成市场结构性优化。

3.7.2.1 品牌系统销售

系统销售是指将企业的销售视为一个完整的系统，由市场子系统、传播子系统、销售子系统等组合而成，针对定向的销售项目，实施全员销售，完成客户意向集中开发、销售线索跟进、订单完成的全过程。系统销售结构简单示意见图 3-7-1。

现代销售和传统销售的区别：现代销售是运用互联网、CRM 软件、视频传播等一系列手段，组织业务开发、业务实施人员进行多对一销售的模式，传统销售一般是采用一对多的销售模式。

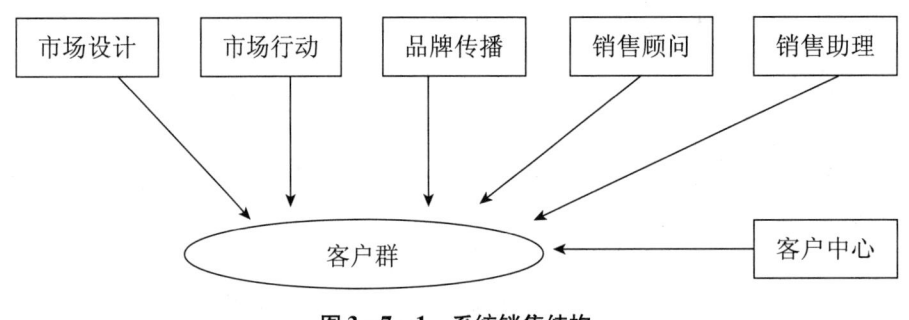

图 3-7-1 系统销售结构

无论市场设计、市场行动、品牌传播还是销售顾问、销售助理的工作，都是分工明确通力合作，以完成客户群的集中开发。

而整个品牌组织，研发部、产品部、制造部、品牌部、市场部、销售部、售后服务部、客户中心所有部门，以及行政部门、财务部门和人力资源部门等全员都是在为销售服务，是一个扩大的系统销售指挥、支援、协调和运转网络。

3.7.2.2 品牌市场化组织结构性设计

典型市场化组织结构设计示意见图3-7-2。

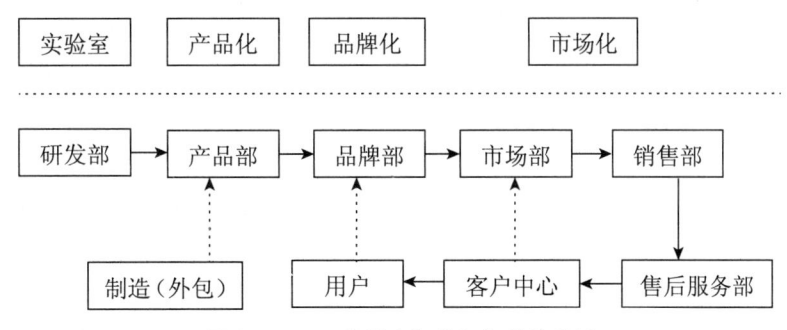

图3-7-2 典型市场化组织结构设计

一个典型的市场化组织结构性设计包括了实验室状态、产品化、品牌化、市场化四个过程。即一个产品，在研发状态时属于实验室状态，然后要经过产品化过程、品牌化过程、市场化过程才能进入市场，这是一个严格的逻辑关系。各种不同的企业根据自身情况参考设计自己企业的市场化组织结构，明确相关环节的组织连接关系。

在组织结构中的职能具体承担上，研发部承担实验室职能，产品部承担产品化过程的实施和质量，制造部（或制造外包）负责批量化生产，品牌部承担品牌化过程，并负责品牌管理标准化，市场部、销售部、售后服务部和客户中心负责市场化过程。客户中心的反馈应由市场部掌握，用户的研究分析由品牌部掌握。

这里涉及了工作流、订单流、产品流三个具体流程的产生和运行过程，我们接下来将进行进一步的探讨。

3.7.2.3 品牌工作流、订单流、产品流

（1）工作流设计（典型工作流设计见图3-7-3）

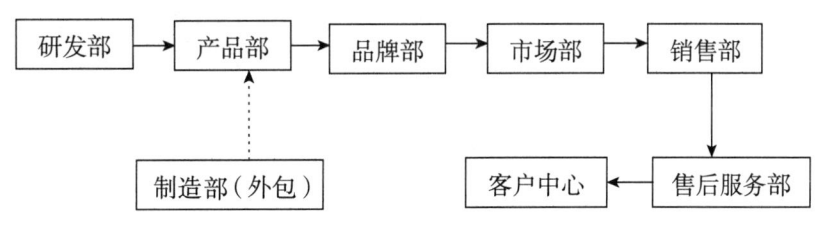

图3-7-3 典型工作流设计

在工作流设计中，每一个具体的职能部门承担着不同的工作内容，主要是：

研发部：集中于技术研发，按技术战略和产品需求订单提供技术设计。

产品部：对技术进行产品化研究、产品定型设计、质量管理以及产品服务中的技术指导。

制造部（制造外包）：负责批量化的产品生产供应。

品牌部：负责产品的品牌化设计，负责品牌管理技术、宣传、包装、传播等内容。

市场部：负责产品的市场化设计、市场行动、市场活动、市场分析和管理。

销售部：分事业部，对不同市场领域进行强力销售，完成订单转化。

售后服务部：负责跟进已完成订单的专业服务过程。

客户中心：客户咨询和问题处理的呼入、呼出，客户问题跟进和客户关系管理。

（2）订单流设计（典型的订单流设计见图3-7-4）

以订单方式，进行工作流的分解和结算，对订单的产生方式进行研究。

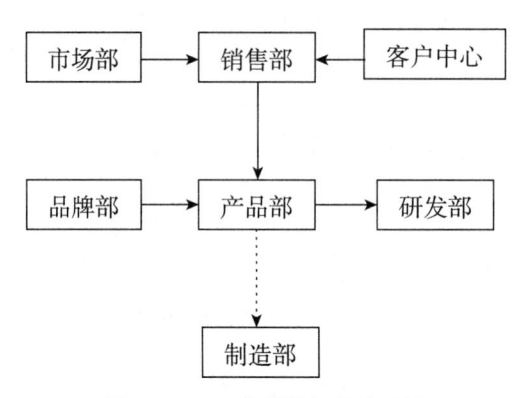

图3-7-4 典型的订单流设计

市场部通过市场行动、市场开发（合作）完成市场订单的批量产生，客户中心可能接触到大量的推荐客户，都交由销售部进行跟单。品牌部负责指导产品的品牌化管理。已成型产品，由产品部供给，或由产品部门安排制造部门生产；需要新研发的产品，由产品中心投入研发。

不同的企业产生的订单方式可能略有不同，对订单流进行设计，将有效加速订单从批量生成、意向开发到订单生产、订单研发和订单交付的流转关系，进一步制定对关键管理环节的要求，从而加快订单运转效果。

（3）产品流设计（典型的产品流设计见图3-7-5）

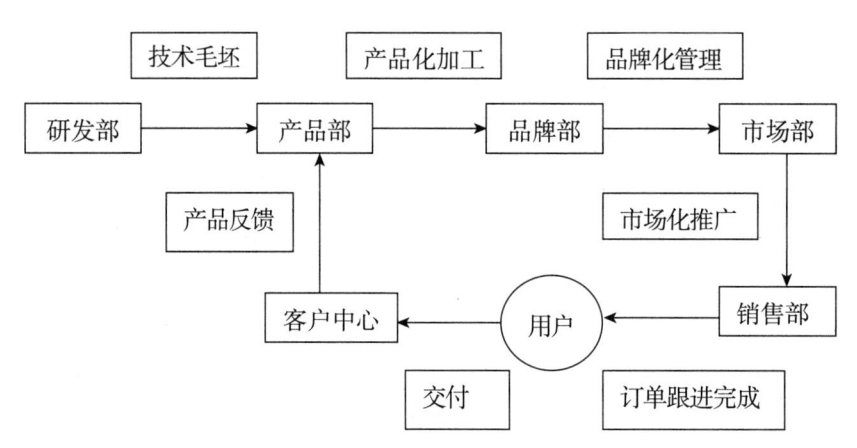

图3-7-5 典型的产品流设计

我们以一个典型的产品流设计为例，制定每一个产品流经的阶段所产生的典型任务。研发部门提供的是技术毛坯（非终成品），产品部门负责产品化加工（产品成品），品牌部门负责品牌化管理（形成品牌），市场部门负责市场化推广（市场化产品），销售部门负责进行订单跟进（产品订单完成）并交付用户，客户中心负责跟进客户服务（产品服务响应），并将产品反馈返回产品部

（产品成熟度）。

3.7.2.4 品牌商业模式设计

商业模式设计用于分阶段的产品市场结构，可以将企业未来发展历程划分为第一阶段、第二阶段、第三阶段进行设计，对不同阶段进行区分，以确保公司每个阶段的重点市场顺利发展。

一个典型的SNS（社交软件）可以划分两个阶段（见图3-7-6、图3-7-7）的不同收入来源：

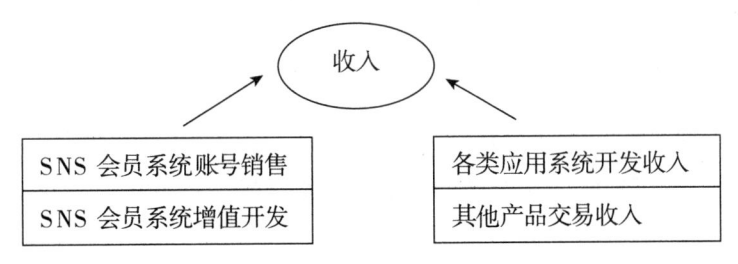

图3-7-6 第一阶段商业模式示例

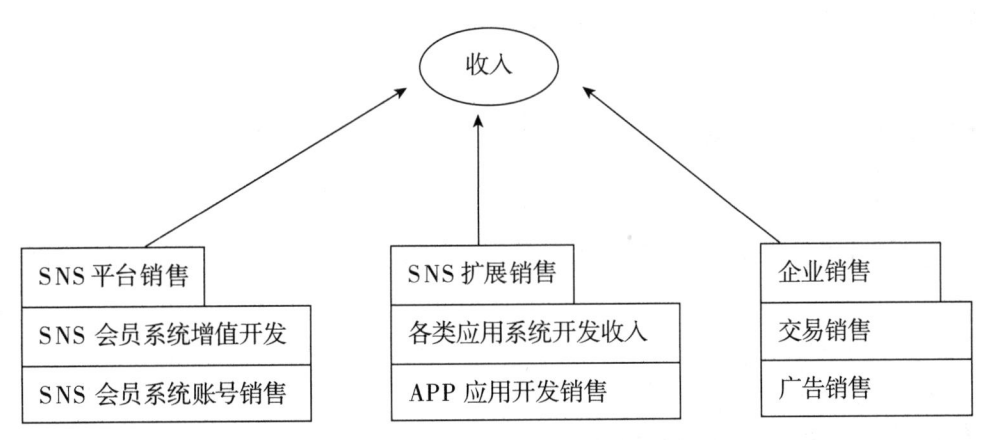

图3-7-7 第二阶段商业模式示例

商业模式的设计有助于企业明确各阶段收入方式的重要程度，在公司早期将业务聚焦在较少，并尽可能是单品的销售收入上，在第二阶段或第三阶段再扩展收入方式，从而避免公司早期精力不足，涉足业务过多造成市场能力不集中等问题。

3.7.2.5 品牌项目组集群设计

企业根据需要，可采用项目组集群方式，以保证足够的市场进攻能力和市场专业化，例如按用户群体划分（老年、中年、男性、女性；医疗机构、疾病控制、保健部门）、市场行动划分（M计划、C计划、Y计划）运行，即对一定内容的工作任务，组建并指派给不同的项目组展开工作，完成项目，有时用扩大的事业部编制进行管理。

项目组分为长期项目组和临时项目组两种。长期项目组广泛分布于研发部、产品部、品牌部、市场部、销售部、售后服务部、客户中心等各个环节，负责长期指定任务。每个项目组由一名项目主管负责，接受部门总监或项目群经理管理，每个项目组一般以五人骨干成员为主组成一个编组。

临时项目组，是为了临时性工作临时组建的工作组，如为了进行技术攻关、"一对一"客户服务、市场进攻行动而组建，接受临时指派的任务。

根据需要，可能建立长期或临时的跨部门项目组，以灵活的方式，便于快捷地完成工作任务。

3.7.2.6 品牌产品线运营设计

为更加准确地服务于市场，公司可以推出专业级的品牌或产品线对市场进行划块管理。为此，公司在实际业务运行中，采用几套业务工作流，以匹配战略主营业务、附属业务的共同发展，保障资源的合理应用。品牌事业部（产品线运营中心）设计见图3-7-8。

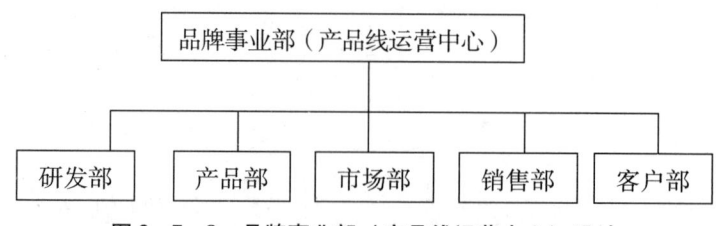

图3-7-8 品牌事业部（产品线运营中心）设计

企业的正常组织结构和产品线工作流，以满足战略市场发展为核心，在企业正常工作流之中，设立一个或多个独立的品牌事业部或产品线运营中心，负责各种可能提供的产品线技术服务，单独进行运营管理。每一个品牌事业部（产品线运营中心）负责专注于某一个重点的专业级市场的全力挺进及专业服务保障。

3.7.3 品牌市场行动设计

市场行动设计首先需要对市场的规模进行规划性设计，以满足市场行动的目标，在此基础上对市场行动进行合理分解。其中三个非常重要的环节是市场行动方法的设计、市场行动标准化和市场行动的执行。

市场行动的本质是动态的市场方式，在企业所采取的一场全员行动，各部门、各内外组织、各协同厂商、各品牌服务商都可能参与其中，就像一场作战行动时的指挥和战事的推进，只有采取积极的主动市场进攻，才能以强势品牌姿态在市场中立足。

市场行动的两个主要参与职能是市场管理标准化和品牌传播部门，这主要取决于对市场行动的方法进行研究、设计并形成标准化。此外，主要通过品牌传播部门的大幅度宣传来促成市场行动的整体气势、市场冲击力、行动者士气、客户争取等目标，我们将市场行动的传播环节单独在品牌传播技术中进行研究。

3.7.3.1 市场规模设计

市场规模设计是对市场的未来发展空间所做出的一种预判断，在一个新企业成立时通常会对市场前景进行一种预估，以判定未来企业规模可能达到多大，而企业投资者、股东、新员工也会重点考虑这个问题，他们通过判定一个企业的预期规模来决定是否加入其中。

任何人都期待加入有可能产生超级市场规模的创业型企业，但这样的企业非常罕见，但在这些品牌梦想的早期，绝大部分投资者和骨干人才是无力识别出这种惊人的梦想的。

投资者也分为两类：一类投资者最关心的是一个品牌究竟能够做到多大的市场规模，他们坚定地认为，只有超级市场才会产生超级公司，微软、苹果、Google、Facebook的天使投资人和早期投资者都敏锐地发现了可能改变世界的超级项目，也因此写下投资神话。

多数投资者则没有这样的眼光，无力捕捉到那些天才创业者的梦想，他们甚至会认为那是天方夜谭的一个笑话而已，既羡慕的同时，又审慎地将目光放在那些所见即所得的投资项目上，上市退出、卖掉可盈利项目、分取生意红利等成为主要投资方式。

市场规模究竟能够做到多大，是由创业者界定的，而市场规模的实现则主要是通过过硬的市场行动能力来完成，笔者认为：至少1000亿美元的市场规模才能出现超级品牌，新生代创业者首先识别出市场容量规模才有可能创造出超级公司。

3.7.3.2 市场规模选型

我们把市场分为两种类型：一种是大势（重要的趋势），一种是填隙（市场空白）。创业天才一般会进入拥有巨大趋势、巨量市场规模的市场，普通创业者一般会进入填空隙的市场，前者市场规模每年至少千亿美元级别，后者市场规模每年几十亿美元，最多几百亿美元，实际上最初创业时的市场选型就已经决定了一个创业者（一个品牌、一个公司）今后的成就。

如果一个创业者选择成为未来的商业巨子，建立超级品牌，对低于每年千亿美元市场规模的市场是不会心动的。例如，目前风风火火的电子书市场，只有几十亿美元的市场规模，全北美的SEO（Search Engine Optimization，搜索引擎优化）市场一年十多亿美元，这样的市场规模太过狭小，根本不算有潜力的市场，市场的整体规模已经限制了进入这些市场的企业根本做不大，诞生不了伟大的创业公司。

多数看似有眼光的创业者和投资者，事实上都在市场规模选择上做填空题，他们总觉得自己所进入的这个领域似乎很有前景，市场存在这种空隙，如互联网团购市场、钱币收藏市场、家政服务市场，这些创业者不仅看不到该市场的全球整体市场规模趋势，算不了市场的大账，反而会认为在某个地区这样一个极其狭小的区域市场上，一定存在着某种市场空隙，自己可以填补这个空白。或者说，在电子书、股票软件等这样已经存在大量竞争者的市场中，自己有一项新发明，可以延伸这些产品的某一种应用，然后他们就全力挤进这些市场中，将自己局限在某一个狭小的市场空间中。

天才的创业者始终是游戏规则的制定者，他们能看到未来的大趋势，然后改变游戏规则，让整个市场顺着自己既定的方法前进，最终顺势成就大企业。

3.7.3.3 市场行动分解

无论是选择拥有重要趋势的巨型规模市场，还是选择拥有空间市场的间隙市场，创业者和投资者从一开始，都对市场是抱有极大信心的，因此会对品牌前景做出一个预期：千亿美元市值、百亿美元市值、年收入一亿美元、年收入1000万美元这样一些基本的理想规划。

第一步：就需要进一步来做出规划，分解市场行动的过程，首先是将整体目标市场规模给予一个整体时间长度（十年、八年、五年、三年）；其次是分解为阶段（第一代技术、第二代技术、第三代技术推出时间和完成目标或第一阶段市场规模、第二阶段市场规模、第三阶段市场规模）。

第二步：根据阶段性分解，确定每一阶段的融资数额目标、采取的主要市场行动方式、推出的主要产品形态、要实现的主要用户量等目标。

第三步：着眼于第一阶段的市场规模目标，制定各项任务指标并分解下发，设计有冲击力的市场行动方案并进入到执行阶段。

两类品牌在早期容易获得投资者重点关注：一类是新鲜的、前所未有的、好玩的、影响力巨大的品牌项目，很可能诞生为超级品牌；二类是切实可行的、技术研发能力和商业模式相当清晰的项目，是一个不错的上市项目或利基项目选择。

鉴于今天的品牌发展主要由投资者参与，这种方式已经相当成熟，品牌创业者和品牌投资者的优势组合成为新品牌诞生的最主要途径。每当品牌开始大量展开市场行动或市场行动之前，品牌投资者们已经参与其中，他们是促成一个新品牌迅速强大，并甩开竞争对手的主要推手。

3.7.3.4 市场行动方法设计

对于新兴的创造型企业和经由大规模品牌再造的企业，一般会强调自己研发、设计独有的市场启动、市场进入及市场管理方法。4M经销商本地化市场启动系统（4M系统）见表3-7-1。

表3-7-1 4M经销商本地化市场启动系统（4M系统）

M1	M2	M3	M4
Market Access	Market Launch	Market Development	Market Coverage
市场进入	市场启动	市场开发	市场覆盖
系统关键能力部署	市场启动进度管理	市场开发进度管理	经销商激励管理
总部市场投入管理	市场启动问题荟萃分析	市场问题荟萃分析	品牌标准化
市场启动设计	市场启动资源分析	市场开发人员管理	服务利润链
市场摸底	市场启动人员计划	意向客户数据管理	常客户计划
启动规划	市场目标分解计划	本地化市场投入管理	品牌传播计划
团购分析	市场启动工作计划	本地化品牌识别	全员售后服务
分销分析	市场启动发布方案	本地化营销管理	全员学习进步计划
零售分析	市场启动费用双向预算	本地化现场管理	全员激励晋级计划
客户族群分析	市场启动发布清单	市场铺货管理	骨干人才计划
市场进入障碍	市场启动预热管理	渠道建设管理	客源竞争分析
市场进入优势	培训管理	营业网点管理	全面市场覆盖计划
优质资源排查	产品管理	终端生动化管理	
本地化市场协同	样板店管理	促销管理	
市场进入路线设计	体验店管理	服务管理	
	物料管理	市场督导管理	
	渠道邀请	争议管理	
	意向签单管理		
	市场启动发布现场管理		
	渠道跟单		
	市场启动总结		

在这个例子中，我们发明并设计一个4M经销商本地化市场行动系统，用来管理以渠道发展为主的经销商在本地的具体市场行动和市场管理环节，由一系列的术语、行动方法指导、管理表格、督导来完成这组市场管理方法，将一个市场具体启动划分为"市场进入、市场启动、市场开发、市场覆盖"四个目标，形成这个行动方法的市场管理系统。

3.7.3.5 市场行动标准化

市场行动标准化，是对品牌市场管理和经销商提出的严格要求。市场标准化是一个不容忽视的重要环节，但仅有品牌形象、动作语言等统一规范是根本不行的，这仅仅达到标准化的早期初级阶段。

市场行动的标准化是更为严格的管理标准化，建立标准化的方式是对所有流程进行科学研究实验的一个过程，以便找出最佳方法、最佳动作、最佳语言、最佳陈列、市场终端生动化等标准化目标，标准化产生的结果是最优秀、最科学、最系统、最发达、最先进的。

使用 PADS 科学分析模型、品牌对比分析技术和实验科学管理方法，将有效完成市场行动各环节的标准化。

正如"4M 经销商本地化市场行动系统"方法的设计，市场标准化设计通常有两种形式：

一是管理学发明研究机构根据市场普遍存在的各种问题，发明的一系列方法，例如 4S 汽车店管理方法、TQC 管理方法、OTC 市场方法等，对全球企业通用及一些产业的推动有极大的应用价值。

二是企业根据自己需要，进行的市场标准化设计，则应在管理科学家、管理分析师等指导下进行，一些企业的市场管理方法还可以使用 IT 技术，形成市场行动知识管理系统、市场行动指挥系统、市场管理系统等。

科学地对市场行动标准化进行有效设计，会有助于市场开发、市场启动等市场模式的快速复制，并深入地管理好市场运营效果。

3.7.3.6 市场行动执行

根据市场行动标准化、市场分解和市场行动，企业需要进一步将市场行动落实分解为具体的市场行动项目，并以项目制明确各项目的推进时间、落实效果、报告机制、责任部门和责任人。

市场行动的执行是一个严格的管理过程，通过市场行动标准化可大幅提升市场行动效果，企业的市场部门尽可能建立一个专业化的市场行动部门或组织，专业培养市场行动人员，负责市场建设的培训、指导和督导工作，只有经过专门专业化训练的市场行动人员才能有效提升市场行动效率。

在品牌经销商层面，都必须进行严格的市场行动标准化培训，并应保证样板市场、重点市场的市场启动配置经过专门培训的市场行动人员。所有的市场行动人员由总部统一强化管理，以保证整个市场行动高速、高效运转起来。

特别是对于企业的早期阶段，销售人员和市场行动人员必须严格分工，不能让销售人员同时兼市场行动人员，市场行动的专业化和高速高效运转是一个品牌在进入市场时最重要的一次大规模行动，特别是在企业成立后的第一年、第二年，只有高效果的专业化市场行动才能促使一个品牌取得最大的发展扩张速度。

品牌传播在市场行动中起着举足轻重的作用，所以针对公众、专业级市场和用户的宣传、推广、市场拉动、大规模订单开发行动，主要由品牌传播部门来执行，其他部门特别是销售部门、售后服务部门、客户服务部门等配合完成。

3.7.4 销售管理

尽管现代营销中都在极力避免谈及销售，认为销售方式已经过时，但事实上，销售在多数国家仍然占据着主导性的地位，这是一个截至目前而言根本绕不开的话题，市场设计、行动的最终结果都同样依赖于销售完成，特别是对于多数初创企业的早期，在多数情况下，销售都占据极大的比例，甚至有些企业如保险、家居用品、地产楼盘的经营仍然主要依赖于数量众多的销售大军。

对于这个根本不可回避的问题，我们没有必要忽视它在整个市场营销中的重要作用，我们需要使用更好的销售设计、销售培训和销售管理来实践品牌的业务发展和开拓。

市场中有些企业根据其经营特点，已经进化到无人销售、智能销售阶段，但多数企业依然还试图采用更有效的销售方法来实现品牌组织的发展大计。

3.7.4.1 轻销售

轻销售是指一些企业有意剥离销售环节，将研发、生产与销售工作分开，以达到专心从事研发或生产的目的，并不是每一个企业都必须需要销售，一些公司如研发类、市场开发类和联盟类企业，从一开始会有意地剥离销售环节，这些企业在战略设计上专注于核心技术和产品的研发、要素品牌的建设等，或者以联合市场开发、战略联盟合作经营等方式经营，大幅减少销售职能，使企业将力量完全集中于研发和服务等高技术环节。有些企业则采用第三方销售，将销售从企业的经营中剥离，企业集中于研发和生产，有些公司通过这种方式来减少销售职能。

例如，管理讲师这个职业，以前经常出现讲师既要讲课，又要销售，导致讲师力量有限，不能专心从事课程的研发和教学，而且销售并不一定是讲师的专长，一些第三方销售平台或机构出现以后，鼓励讲师专心从事课程研究和教学工作，将销售剥离出来，销售交由第三方来完成。

这种情况还发生在研发类公司、生产型企业，如研发公司专注于产品的研发，以 OEM 方式、技术许可证、技术销售或技术转让方式运营，彻底剥离销售环节；如房地产企业就进行了合理的分工，将建筑建设、售楼、物业管理等划分为不同的专业公司，进行有效的市场组合。

研发、生产与销售的合理分工在 18~19 世纪就已经开始出现，例如《国富论》中论述了鞋匠存在的问题：一个鞋匠一年可制造三百多双鞋，但其家属一年也许不会穿坏六双，他至少要有五十家像他那样的家属来光顾他，不然，他自身劳动的全部产物就无法售罄，以此来解释生产与销售进行分工的重要性。随着社会分工的继续加快，轻销售的情况将作为一种重要的趋势，只有当轻销售的企业获得空前发展，笔者认为，社会分工、技术成熟、市场专业化的程度才会取得空前成就，并释放出空前的创造力。

3.7.4.2 无人销售

无人销售是指通过合理的自适应和自动化管理来实现没有销售人员的"自销售"时代，在无人销售中，所有的销售工作都可能由自动化购买设备、自动化仓库、自动化服务来实现，人员不直接参与销售过程，典型的无人销售是无人售票机、无人售货机、无人电子商务订货终端等技术的发展。

随着现代系统学和管理科学的发展，未来无人销售的环节和形态将飞速发展，例如以互联网和移动互联网等方式运营的企业，最有可能削减销售部门，通过网上购买充值卡、第三方电子支付等方式，来减少销售职能，转而将力量集中在市场开发与合作上。

无人销售是一种重要的趋势，会有越来越多的企业完成合理的商业模式设计，减少或剥离销售在业务流程中的比例，各种新技术的应用和产业成熟也将进一步加快"无人销售"趋势的发展。

最理想的销售是达到无人销售，即不设立销售部门，或没有一名销售人员，每当品牌吸引力达到一定程度，销售的作用就会减弱，自适应自动的销售环境就会诞生。我们强调品牌一种组织形态，而品牌组织本身会产生极强的组织化，把企业内部人员的工作与企业外部的品牌用户吸引放在一体化来考虑，从触发识别到解答疑难、完成交付都可以按自适应的销售流来设计。

此外，客户中心还最有可能承担自动销售中的重要一环，使客户的问询转变为销售机会，并促进重复销售的产生，通过使用销售心理学、系统学等学科原理，建立高可信的客户转化机制。

3.7.4.3 智能销售

智能销售是现代企业所探索的一种重点方式，通过科技智能手段来取代销售职能。智能销售会合理地设计一系列的订单处理、人机对话、智能响应、敏捷制造、批量发货等全过程，人不参与销售和客户服务过程，从订单处理到完成订单全过程智能化、自动化。

未来销售，是智能销售技术大量发展的时代。智能销售能够自动辨识用户的显性和隐性需求，并向客户主动、自动匹配销售选择，高效、安全地完成需求响应。

智能销售包括了智能分析层、信息传送层、交互处理层等层次。智能层负责根据各种销售需求的分析形成消费者属性、状态、行为等数据，识别用户特征，挖掘消费需求，匹配销售结果。智能销售还可能进一步将用户纳入销售机会管理过程，通过自适应的促销、销售机会挖掘、客户追踪、销售信息链接完成销售订单的争取、响应。传送层负责传递各种信息路径，分派指令，交互层负责交互接口，对用户、用户间与企业间的三方实施交互体验。

3.7.4.4 销售设计

在以人员销售为主的销售型企业中，销售设计是销售管理的第一步，销售编组是销售设计的重要内容。一般而言，无论小型企业的销售队伍，还是大型公司数百人、数千人的销售呼叫座席，都应进行合理的编组分工。一个典型的销售工作组工作流见图3-7-9。

销售秘书 → 销售助理 → 销售顾问 → 销售经理

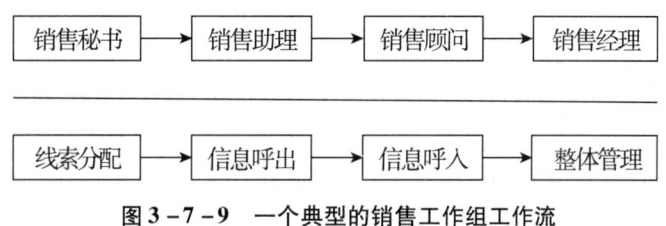

线索分配 → 信息呼出 → 信息呼入 → 整体管理

图3-7-9　一个典型的销售工作组工作流

一个典型的销售工作组以10~15人为宜，销售工作组由项目经理（销售经理）、销售顾问、销售助理、销售秘书（销售管理员）组成。其中项目经理是承担某一领域定向销售业务的项目管理人员；销售顾问是具有较高水平、较强理解能力、较强应对答复能力，可以与客户直接商洽的高级销售人员；销售助理是负责对销售线索进行发掘、电话呼出、发送传真及邮寄的初级销售人员；销售秘书（销售管理员）负责电话应接、名单搜集、分配，数据统计、分析，销售记录，等等。

这一结构的设计主要基于合理分工销售完成订单能力，销售助理只负责呼出、传真或发寄邮件完毕，不对订单是否成交负责。该结构的特点是：有效匹配人员结构，减少因销售经验不足所造成的人员使用困难；有效降低成本，增强销售产出；为销售人员提供晋升通道，还可进一步划分销售级别，使销售人员有了晋升激励机制。

销售设计还包括薪酬设计的内容，薪酬包括两个方面：一是销售人员的薪酬机制，要做到合理激励，按销售计件更为合理，尽可能使用数字而非分成比例来测算，要注重任务完成率和超过部分的奖励机制，以重点鼓励超额完成为激励目标。二是销售成单结果还应与其他相关部门人员及全员挂钩，合理测算并结算，从而使全员支持销售，如果其他部门员工，特别是与业务服务关联度很高的员工未与销售挂钩，将使公司的经营酝酿一场严重危机，相互不配合的情况和矛盾就会大量出现，公司不久将陷入内外交困的境地。

3.7.4.5 销售培训

销售培训是销售管理的核心，一个学习型企业深知培训在销售中的重要性，通过每周（两周）的销售培训增加员工的销售热情、新知识、新技巧，并分享优秀经验。多数新员工进入一家企业的首要目标就是希望有足够多的学习机会，销售人员则更需要合理的学习激励计划，以促进销售人员的信心和热情。

销售成效不佳的企业，主要原因通常是由于销售培训不足，销售人员无法对产品做出更多专业清晰的解释，无力应答客户所提及的各种疑难问题，不可能产生持续的销售热情，也没有销售中的新知识、新趋势和新概念的知识更新，无法灵活应用在销售业务中。

销售本身是一种快速动态知识更新的销售知识网络，最佳销售技巧训练、最佳话术、最佳谈判技巧、最佳销售服务故事、产品最新卖点和应用案例的更新主要通过系统培训完成，没有好的销售培训，就不会有优秀的销售成绩。

企业应注意设计首席培训官、销售讲师等相应职位，并强化外部、内部的专业化销售研究，随时更新培训内容。销售培训可能存在的一个弊端是过于封闭，只了解本专业所处产业的销售知识，不与外界知识对接，这样企业的销售知识管理将处于加速老化的阶段，很快就会在竞争中被淘汰。

销售是一个随时需要与社会新热点、流行畅销元素、产业新趋势进行广泛结合的知识领域，否则销售人员就无法与客户做更进一步的话题沟通，无论是销售课程设计还是销售培训内容，都应站在通用、通识、通才的角度进行设计，随时吸收各产业领域最新最先进的经验和技巧，以开放包容的姿态和丰富的知识涵养才能做好销售。

3.7.4.6 销售技巧

销售技巧包括销售技能、销售心理学、销售话术、销售工具、销售管理方法等整个销售过程所涉及的销售技术，是销售管理成效和销售人员工作业绩达成的主要推动力。

销售技能包括了销售所应具有的知识结构和基本能力，包括对品牌的深刻理解、产品的掌握程度、产品应用案例的掌握、产品使用技巧和销售应具备的着装、应答、谈判等能力。销售心理学是通过研究客户（消费者）在销售过程中的各种心理体验和心理反应，从而设计销售技巧的方法，掌握客户心理将有效提供销售成功率。

销售话术是通过PADS科学分析模型等分析手段，对客户表达统一标准语言、统一问答解答、统一应变响应语言的标准化过程。销售工具是通过演示工具、视频、表格等为客户进行解释、推荐、展示、管理的一系列工具组合，对大幅度提高销售成效有极大帮助。

销售管理方法是销售管理层面的管理技术，包括使用销售进度管理、荣誉激励管理、月启动大会、晨会等多种形式对销售工作和销售人员进行有效管理的技术手段。

现代销售已经越来越多地使用各种IT技术来开发客户追踪系统、销售机会管理系统、销售知识管理系统等网络化、移动化销售技术，进一步提升销售管理效率。

第3.8章　品牌传播技术

随着现代新闻业和公共关系的崛起，营销开始注重媒体传播的价值，以网络新闻、社区论坛、社交网络、自媒体、视频、移动媒体等全媒体实施传播营销时代的到来，使基于内容营销的品牌传播成为重中之重。

当一个品牌组织决定重点发展品牌传播时，可以成立独立的品牌传播中心，对外负责一切有关品牌推广、品牌传播、品牌市场推动、品牌活动策划、品牌公共关系等相关事务，以扩大品牌的传播效应。

3.8.1 品牌传播学

现代品牌传播是基于品牌新闻、品牌文章、品牌视频等全网、全范围的传播方式，是基于新闻、宣传、公共关系、销售文案等为一体的传播形态。

全球有许多品牌，如 Google、微软、可口可乐、星巴克、LV、奔驰、宝马、海尔、格兰仕都是品牌传播领域的赢家，每家全球大公司和公关公司每年花费数百万元用于传播写作基础的培训，也会花费数亿美元用于品牌新闻传播等内容营销的投放。

世界知识产权组织报告：全球品牌推广每年高达 5000 亿美元，这一数字超出了全球企业在研发或设计上的投资，占其无形资产投资的四分之一。

CMI 北美报告：超过 94% 的大型企业经常发布新闻稿，超过 72% 的大型和超大型企业认可新闻稿的回报。

美通社 2013—2014 年报告：85.3% 的企业首选"新闻稿"作为企业传播最常使用工具。64% 的企业认为，新闻稿在品牌或促进销售方面，带来的回报最高。93.1% 的企业品牌公关总监最常使用新闻稿，73.3% 的企业品牌公关总监认可回报率。品牌传播引导生活消费具体见表 3-8-1。

表 3-8-1 品牌传播引导生活消费

序号	新闻类型	经营方式	收入方式
1	电影新闻信息	销售门票	票房收入
2	演唱会新闻信息	销售门票	门票收入
3	新款手机新闻信息	销售手机	机型收入
4	特色菜展示新闻信息	销售餐饮	餐馆收入
5	七星级酒店新闻信息	销售客房	客房预订收入
6	英语培训机构新闻信息	销售课程	学费收入

品牌传播已经影响了我们的生活消费，人们根据这些软新闻信息来对自己的生活方式、工作方式和采购等行动做出指导和选择。

3.8.1.1 品牌传播过程原理

品牌传播过程的原理简单示意见图 3-8-1。

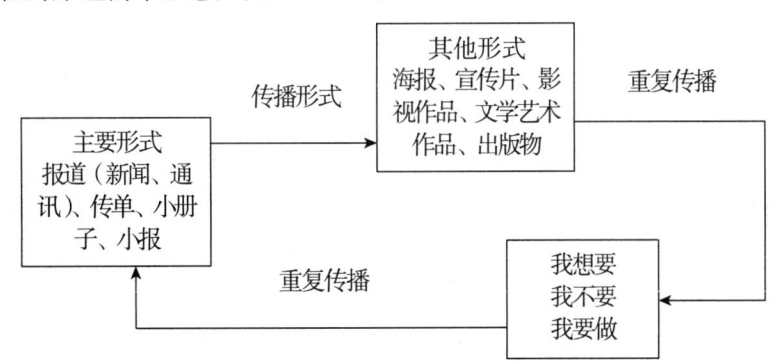

图 3-8-1 品牌传播过程的原理

品牌传播是基于新闻价值、传播价值进行的扩散传播,其主要形式包括:品牌新闻报道(新闻、通信)、传单、小册子、小报;其他形式包括:海报、宣传片、影视作品、文学艺术作品、出版物等。通过持续的重复传播,达到为潜在消费者构建"我想要、我不要、我要做"的选择性意识形态。

新闻价值是指具有足够主导相关公众或特殊受众的主体舆论,以保证媒体的广泛关注和报道。不同国家的媒体对新闻价值有不同的判断方式,美国媒体普遍认为小型企业是最具有新闻价值的,对美国经济产生重要的社会经济影响。中国媒体则认为大型企业具有新闻价值,对小型企业新闻忽略不计。不同的新闻价值观判断决定了一个国家的媒体和记者对某类新闻的参与报道量,也决定了国民意识形态的主流走向。

当国家和社会媒体对企业特别是小型企业事务报道不足时,企业自己应该加重对品牌传播的认识和投放力度,这既是难点,同样也是机会,意味着品牌企业有更多机会借助品牌传播方式脱颖而出。

3.8.1.2 品牌三层次传播原理

品牌三层次传播原理简单示意见图 3-8-2。

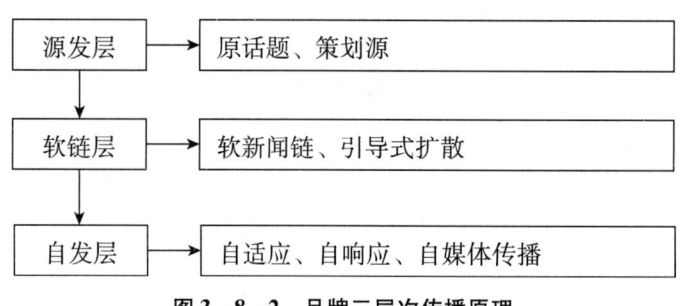

图 3-8-2 品牌三层次传播原理

品牌三层次传播原理是我们对品牌传播形式所做出的一种结构性设计,现代品牌的传播是一种自适应、自响应的自传播过程。品牌传播层次分为源发层、软链层、自发层三个层次。

源发层主要是品牌组织发出的原话题或经由品牌策划形成的策划源;软链层是通过传播部署,经由媒体、意见领袖等重要传播源对软新闻、内容等进行的二次传播,引导扩散传播效果;第三层是自发层,是由媒体记者、意见领袖、读者、网民自行加以评论、解释、解说的自行传播过程。媒体传播效应主要是通过第二层、第三层进行强传播,达到最终传播效果。

3.8.1.3 品牌系统传播原理

系统传播是指对媒体进行划分,由专业的小组或专人负责不同媒体的媒体,所组成的系统传播结构。品牌系统传播原理简单示意见图 3-8-3。

现代传播是一种系统传播,系统传播的典型案例是奥巴马竞选团队在竞选前期,部署了一套完整的营销战略,包括宣传、筹款和选民交流等,为奥巴马树立一个立体的网络形象。

150 万名为奥巴马拉选票的各地志愿者,设立 770 个办公室,每日平均接触近 40 万名选民,通过一整套系统的运转,通过 Paid Media 对应传统的电视媒体、平面媒体,New Media 对应邮件营销、网络视频、Blog、SNS 等新媒体,实施全网传播。

例如,网络宣传视频制作组,早期就专门负责制作登载了 20 多个五分钟的视频,引发了巨大反响。有专人负责视频专门网站 YouTube 的奥巴马宣传栏，也有专人指挥十多名义工制作有关奥巴马的宣传视频，在美国全国进行宣传。

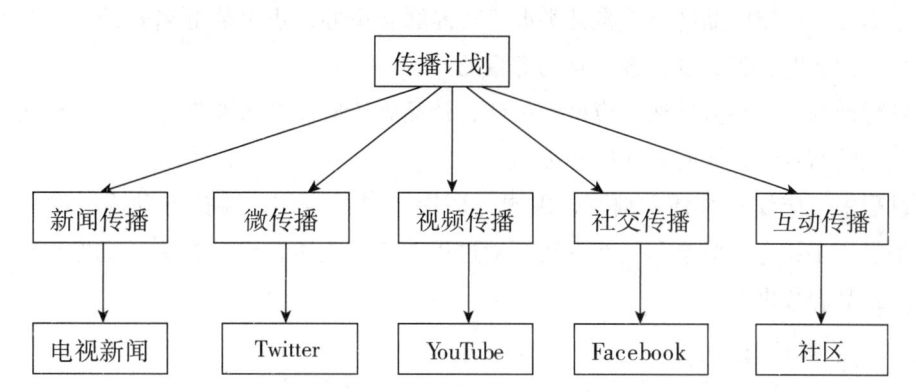

图 3-8-3　品牌系统传播原理

所有志愿者参与传播，竞选团队设立了多个领导小组，每个领导小组成员都有明确的分工，如团队协调人、数据协调人、志愿者协调人、选民登记与联络协调人、家庭聚会协调人等。

3.8.1.4　品牌主要传播方式

品牌传播的主要方式包括品牌新闻传播、口碑传播、预热传播、主题传播、话题传播等。

品牌新闻传播：如新华社，《人民日报》，中国网、Facebook、Google、Twitter 等世界各地的近万家媒体，主要传播品牌的最新动态，强调即时性动向。

口碑传播：如 LV、星巴克等，主要传播品牌价值观、品牌拥有感和使用感。

预热传播：奥运会、好莱坞电影、大明宫等，主要传播未来、前景等品牌期待。

主题传播：XP、游戏传播（红警）、疯狂的小鸟、蓝牙、安卓等，主要围绕一个固定的主题，传播使用方法、应用方式、应用乐趣等。

话题传播：热点话题（转型升级、减肥、丝绸之路经济带、自驾游、路书）等，主要以话题的方式获得自传播内容。

3.8.2　品牌市场行动

品牌市场行动的目的，是通过强品牌传播实现品牌影响力或销售线索，品牌市场行动最好由品牌传播部门负责，公司可能将一个市场新概念、一次汽车试驾活动、一个市场策划方案，以新闻聚焦、媒体互动、行动报道、活动报道等多种形式，进行强传播。

品牌市场行动包括品牌市场行动策划、品牌传播计划、品牌概念传播、品牌大规模邀约传播、品牌销售线索等。

3.8.2.1　品牌市场行动策划

品牌市场行动策划包括两个方面的内容：一是整体市场行动，二是品牌活动。

整体市场行动一般是品牌组织展开的大规模行动，如"质量月""客户服务月""客户体验日""主题活动"等，主要是通过品牌行动大幅提高品牌知名度，体现综合或专业管理、服务水平，使媒体、品牌用户通过了解和参与，进一步了解品牌价值，展示品牌优势。整体市场行动一般是由企业各部门或整体推进的一项技术更新、服务计划、客户关系等方面的工作，由品牌传播部门负责全方位的推动和传播。

品牌市场活动的形式可以分为大型、中型、小型，如客户联谊会、试驾活动、品牌晚会、慈善晚宴、公益活动等，可能由品牌组织自己举办，可能联合举办，也可能冠名赞助，主要是为达到增加品牌影响力、知名度、美誉度、客户互动等目的。

品牌市场行动的组织和宣传通常应该一体化，让品牌传播发挥重要作用。品牌市场行动应注意行动或活动创意的新颖性，要有新闻感和传播点。

在传播过程中，应注意采访、编写、编辑等职能的灵活应用，要让行动或活动有报道、能报道、报道效果强，多让企业成员和消费者在行动过程中多方表达自己的看法、意见和感想，多方位发掘生动活泼的品牌故事。

3.8.2.2 品牌传播计划

品牌传播计划一般由企业每年编制，用来向企业全员、经销商等告知全年的传播计划安排，包括品牌宣传战略、市场活动、媒体投放计划、品牌传播合作等相关内容。

品牌宣传战略会明确所要表达的品牌理念、品牌概念、品牌诉求重点，企业可能长期统一执行一致性的品牌宣传战略，也可能根据每年、季节不同推行不同的品牌重点。同时，企业会配发该品牌理念的历史、诠释、策略要求和诉求重点、表达方式。

企业也会设计全年的市场活动，按项目进行分列，提示各项市场活动的启动时间、推进过程、执行部门和责任人，一些活动可能连续执行。企业应避免活动过多过散，每年应有一项至三项核心活动、五项至八项重点活动等，活动越聚焦、影响力越大，效果越佳。

媒体投放计划公布了全年的品牌广告、品牌宣传片、品牌新闻、品牌活动等投放时间、投放区域的列表和数量，同时会告知投放重点、诉求主题、内容方式。

其他品牌传播事项还包括品牌宣传物料，如电视广告、宣传画、DM单等设计款式和制作要求、投放时间等计划。

品牌组织定期公布品牌传播计划有助于品牌传播连续性，对企业全员和品牌经销商而言将极大地增加他们对品牌前景的信心，使品牌处于充分的活性组织状态，品牌在市场中相当活跃，品牌运营状态良好。

3.8.2.3 品牌概念传播

品牌概念传播通常只有战略型领导性品牌组织有能力创造出新概念，并形成潮流。品牌概念传播通常包括三种形式，分别是经济现象、典型模式、应用概念。

少数品牌组织能够将自身发展与经济社会发展结合起来，通过创造重要的流行概念从而取得重大成功。如巴菲特倡导"裸捐"、高盛公司提出"金砖四国"、英特尔创始人之一戈登·摩尔提出"摩尔定律"、苹果创始人史蒂夫·乔布斯提出"用户体验"、Alex Rampell 提出"O2O"、中国领导人提出"丝绸之路经济带"等，通过对流行概念的广泛传播，奠定了这些品牌组织或领导人在经济和社会中的地位。

少数品牌组织还能够创造出新的流行经济文化或管理模式，使这些模式成为全球或地区效仿的对象，如大野耐一创造"丰田模式"、原通用电气CEO杰克·韦尔奇创造GE模式、海尔CEO张瑞敏创造"海尔模式"、段先念创造"曲江模式"，这些模式的创造促使品牌组织获得广泛的学习和效仿效应。

多数品牌组织则致力于创造应用概念，如宝洁海飞丝创造"去头屑"概念、吉利创造"安全剃须"概念、佳洁士创造"防蛀牙"概念、舒肤佳创造"减少细菌"概念、加多宝创造"怕上火"概念、邦迪创造"创伤伤口简单保护"概念等。

创造新的概念、模式或市场使用观念，对营销有极大的促进作用，不仅会引起媒体的广泛关注，也将引发同业深入思考及模仿，有些概念则进一步为品牌用户强化了品牌的识别作用。

3.8.2.4 品牌大规模邀约传播

品牌邀约传播的目的是通过实施大规模的市场行动，达到吸引大量用户的目的，游戏厂商可能通过大量发放测试账号来吸引潜在用户，软件厂商可能通过实施"蓝色风暴"等大规模的行动聚集潜在消费者，房地产商会通过举办大型的地产金融会议获得合作资源和优质客户。

在一个品牌诞生的早期，大规模的市场行动宣传是有效解决市场开发能力不足的重要方法。"品牌核爆力"中已经强调了大规模邀约品牌的价值和实施方法。

在企业成立早期，企业完全可以着眼于通过大规模的市场行动和强传播来完成市场的进入和覆盖。

首先，是对市场进行准确划分，分解成不同的市场行动项目，综合打包，快速进入市场。市场行动计划项目，如"百万用户试用计划""百万用户卡申领计划""汽车俱乐部绿色变革计划"等，独立设计市场行动计划，进行行动策划、组织、实施、完结报告等工作，按照计划，组成不同的项目组，进行强力实施和强传播。

其次，是配合销售的产品，必须采用产品快销模式。产品必须是定型产品，可以快速提供给用户，并实现快速销售和使用需要，以满足大规模市场铺市需要。

企业早期的第一阶段发展目标，也可以对用户进行专业分级，找出最核心的目标群体，通过大规模市场行动，加快实现用户（客户）规模，获得销售收入回笼或成为风险投资热点为目标。

3.8.2.5 以预售为主的概念性传播

房地产企业、演唱会、电影一般会注意以"预售"为目的概念性传播，通过效果图、规划图、3D 或 4D 宣传片、电影片段、花絮等对即将销售的品牌进行大量预热，以达到预销售的目的。

而一些概念，如"下一代互联网、星际互联网、纽约 2030 规划、美国电网 2030 计划、美国未来士兵计划"等，也都是采用预先展示思想的方式，通过给出一个超级超前的概念，引发人们对未来的思考、学习和讨论，以预售为主的概念性传播方式可以参考这些传播案例。

以"预售"为主的品牌传播方式，会有效引起投资者的强烈关注，提高投资价值，同时增加用户对品牌的期待价值，对提升品牌溢价并获得品牌规模效应有足够的益处，并会提升品牌的资金周转率，企业可活用这种策略。

3.8.2.6 品牌销售线索

大规模销售线索产生原理简略图见图 3-8-4。

品牌传播的一个重要目的，还在于大量发掘销售线索。在公司市场部门和品牌部门的通力合作下，确定明确的市场目标，制订有策略的市场进攻计划，设计有针对性的视频、图文、印刷品等市场推介资料，通过大规模密集传播，密集展开市场行动，刺激市场产生大量的销售线索，销售部门进行跟单、"追击"。

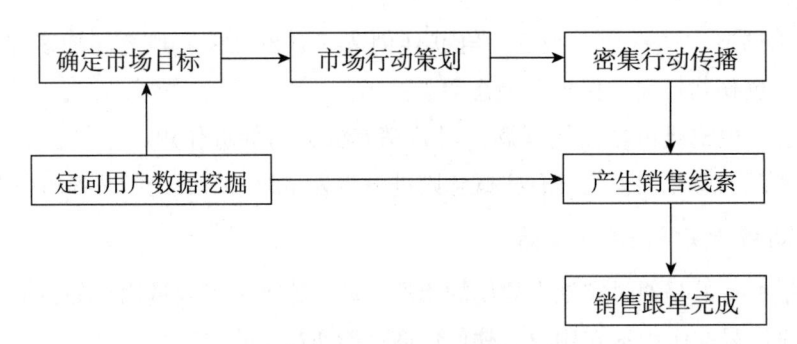

```
确定市场目标 → 市场行动策划 → 密集行动传播
      ↑                          ↓
定向用户数据挖掘 ───────────→ 产生销售线索
                                 ↓
                             销售跟单完成
```

图 3-8-4　大规模销售线索产生原理

销售线索，是指可能产生购买订单的意向。无论线上还是线下产生的销售线索，都是企业最宝贵的资产。销售线索的产生来源，有多种方式。线上销售线索产生方式见图 3-8-5。

```
索取一份指南资料 ┐
订阅一份电子刊物 ┤→ 在网站在登记邮箱、联系方式 → 销售线索跟进
索取一份免费报告 ┤
参加一项市场活动 ┘
```

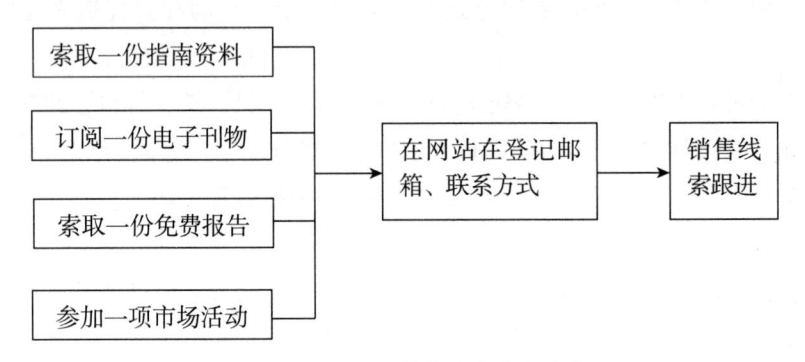

图 3-8-5　线上销售线索产生方式

线上销售线索可通过网络用户索取一份指南资料、订阅一份电子刊物、索取一份免费报告、参与一项市场活动得知，在网站上登记电子邮件、联系方式等个人信息获得，销售人员对销售线索可进行跟进。

线下销售线索可能来自用户主动打来的电话咨询、参与一次问卷调查活动、参与一次研讨会或体验活动，也可以购买有定向用户存在的目录名单，根据个人可追踪信息，进行销售线索的跟进。线下销售线索产生方式见图 3-8-6。

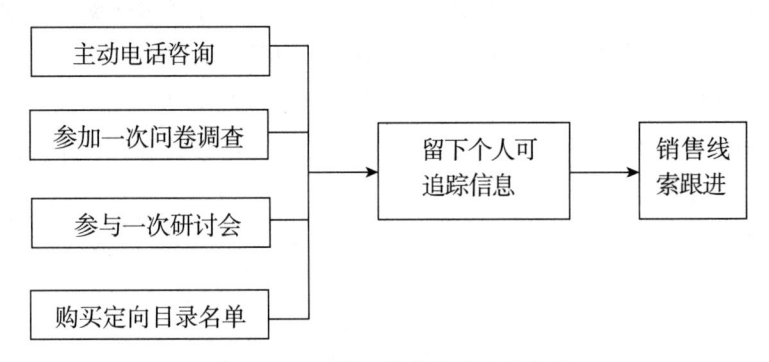

```
主动电话咨询   ┐
参加一次问卷调查 ┤→ 留下个人可追踪信息 → 销售线索跟进
参与一次研讨会 ┤
购买定向目录名单 ┘
```

图 3-8-6　线下销售线索产生方式

3.8.3　品牌新闻专业化

品牌新闻的价值是：创造一个品牌，或制造一个热门概念。

品牌新闻始终是品牌传播中的主要内容，多数知名品牌企业都将品牌新闻内容的传播放在首要位置，配备专门的新闻发言人、新闻官、新闻秘书、品牌新闻中心等职能，同时品牌组织也格外注重新闻发布会的重要作用。

品牌新闻报道将呈现越来越专业化的发展方式，脱离原有的商业或财经新闻范畴，向专业化品牌新闻报道前进。一些新闻媒体已经积极实施了品牌新闻的专业化报道改革，按不同的市场领域、管理和营销领域配置专业级的新闻记者和编辑，这些记者和编辑专注于某一个产业的品牌市场，或专注于品牌管理、品牌营销本身的内容。

相对应的是，品牌组织也正积极发展新闻中心或通信部门，培养本企业内部的专业新闻报道人员、品牌新闻传播人员和新闻写作爱好者队伍。

由于近年来媒体危机公关被提到了一个很重要的环节，大型企业特别是上市公司一般都配置有专门的危机公关人员，建立危机公关领导组织，或者外包给专门的公共关系公司来负责品牌危机事件的处理，注重对品牌舆论的随时监测。

3.8.3.1 企业中的品牌新闻组织

一个典型大型企业的品牌新闻组织包括四个环节：第一，是专业外包的品牌公共关系公司，负责品牌对外的宣传事务；第二，是企业的新闻中心（或公关部门、宣传部门），负责本企业的品牌新闻、通讯稿管理和内部刊物的编制印发；第三，是企业高层的新闻管理，一般配有专门的新闻秘书负责与各界新闻媒体进行直接联络，并负责领导人出席各种活动时的采访安排和新闻问答处理；第四，是企业内部的通讯员网络，一般建立在企业的各个部门中，由专职或兼职新闻爱好者负责撰写内部稿件。

强大的企业新闻一般非常注重内部通信网络的建立，从而形成一个类似"通讯社"的专门组织，负责品牌组织内部、外部新闻素材收集和通讯报道，由企业的新闻中心负责组织稿件、派稿、收稿、审定及对外分发。

一个强有力的品牌组织为加强传播效果，会设置固定的新闻源，这些新闻源会覆盖到战略层、品牌技术层、管理层、作业层、协同层、用户层以及内外部专家队伍，特别是在市场行动和市场活动中，更会配置专门的采、编、写队伍，随时获得最新和最全面的报道素材。

为加强品牌的传播性、真实性和客观性，品牌组织需要经常对品牌新闻的写作队伍进行专门的采、编、写培训，也会设计定期的组稿用稿大纲、设立一定的奖励机制。我们认为，最好的品牌新闻素材一定来自于品牌组织内部，企业作业层第一线员工间发生的感人故事、品牌售后服务过程中出现的案例、某个部门领导人的新思想新观点、品牌研究过程中可对外公布的技术细节等，都是最佳的报道素材。

3.8.3.2 品牌诠释系统

品牌诠释系统是对品牌做出各方面诠释、解释、识别的系统，由品牌概念、品牌理念、品牌企业文化、品牌史、品牌故事、品牌管理案例、品牌营销案例、品牌人物等组成，公司需要着手建立一项内容一整套标准的素材库，以便在各种媒体报道、传播、广告制作、宣传品制作过程中广泛应用。

品牌诠释系统的构建将为品牌传播奠定雄厚的内容素材加工基础，所有的报道和传播材料都应该以品牌诠释系统内核基础建立，在过去我们的多项研究中发现，许多品牌的传播苍白无力，可供传播的内容深度挖掘不够，重要的历史材料缺乏照片、纪录片、第一手讲话和访谈资料等，这会造成进行品牌传播时缺少有分量的档案素材。

企业可能基于品牌发展史和企业史的需要，建立公司档案馆、品牌馆等历史性纪念展馆，供新进企业的人员、新闻媒体、客户等参观，但我们发现，实体性展馆的许多内容在现代企业网站中并没能良好地展示，只有极少数品牌企业注意了对内对外品牌诠释的统一性，包括建设与企业史一致的网上电子展馆。

品牌诠释系统还将用于品牌服务商，如品牌策划公司、品牌推广公司、品牌广告公司、品牌顾问公司等专业服务商在品牌素材深入加工时使用。它统一了品牌对外的宣传口径、宣传方式、解释口径、报道要点、传播风格等要素。

3.8.3.3　品牌知识系统

品牌知识系统是针对品牌识别和品牌传播所建立的一整套知识树、知识点、知识资料等构成的现代知识库，知识系统应该是动态的，不断收录最新的技术研发、产品应用等各种知识进入系统中，做到随时更新、随用随取、随时应用的收集与传播状态。

品牌知识系统更重要的是包括了与品牌史、品牌所在市场领域、产品使用方法、产品应用案例等在内的知识，一个葡萄酒企业会收集所有有关葡萄酒产地、葡萄种植、葡萄酒饮用、葡萄酒健康等一切相关的知识，一个软件公司可能会收集所有有关软件的使用方法、使用案例、使用领域应用、技术问题解决方法、研发特色等在内的相关知识。这些系统的品牌知识对于传播品牌有极佳的传播效果。

以专业知识化服务于市场、以专业知识为用户提供指南和帮助的知识化传播，对建立品牌核心用户群体有积极意义，特别是许多品牌通过独有的知识系统，丰富的知识内容完成对品牌用户的教育，使用户学会以该品牌的知识为主识别市场中的竞争对手，对于建立品牌竞争优势、防御竞争对手起到重要作用。未来市场营销的重点，是谁能够教会品牌用户，让品牌用户与企业一同进步，变得更加专业、更加聪明。

品牌知识最好是创造性的，一些领导性的全球品牌企业不断发布最新的前所未有的产品，并将产品的应用知识进行广泛传播，教会人们如何使用这些最新的产品，从而保持企业独有的市场领导者地位。

3.8.3.4　品牌新闻写作训练

品牌新闻写作需要进行一定的专业训练，才能更快速更好地写出优质的品牌新闻。

写作本身是心、脑、手三者的有机结合，"心"是对事物的感应，"脑"是对知识素材的加工整理和产生的思想，"手"负责完成作品，只有心、脑、手三者高度合一，协调一致，才能达到写作高手的境界。

对于一个初学者，最主要的问题是提笔不知从何写起。这主要是由于素材积累不足而产生的，实际上，记者文章中65%～80%的内容来自采访，20%来自采访时的观察和对背景材料研究及补充。

因此，我设计了一套"采、编、写"的写作基本功快速训练方法，要求写作者一开始，必须从"采写—编写—写作"的过程完成写作训练，采写使写作者能够掌握素材的收集技能，编写使写作者提高文字组织能力，然后再进入写作训练，将快速并大幅度提升写作水准。

事实上，按"采、编、写"过程的训练，有效解决了写作中遇到的五大问题：采写——解决没有素材、言之无物的问题，并解决了没有话题问题，不知道如何提笔的问题；编写——解决了不知如何组织材料，并解决语言不够生动简练的问题；写作——解决了无法轻松快速写作的问题。

具体的训练包括采写阶段：对人（采访、访谈两项技能）、对事（记录和调研两项技能）；编写：编辑任务（专题编辑、话题编辑、独立编辑任务三项技能）、编辑实践（组稿、编写、摘编三项技能）；写作：专项写作（新闻稿写作、销售文案写作两项技能）、风格写作（评论写作、专栏写作两项技能）。

3.8.3.5　30种品牌新闻模板

品牌新闻的写作方法，大多有一定的风格或格式，我们列举了30种常见的品牌新闻写作模式，按照这个清单可以从各大媒体的报道中找出与模板命名风格相近的品牌新闻报道内容，加快品牌新闻写作速度。

①战略新闻；②动向新闻；③背景新闻；④访谈新闻；⑤观点新闻；⑥问题新闻；⑦事件新闻；⑧名家新闻；⑨热门新闻；⑩话题新闻；⑪通讯新闻；⑫技巧新闻；⑬研究新闻；⑭数据新闻；⑮专题新闻；⑯专业新闻；⑰集群新闻；⑱故事新闻；⑲内幕新闻；⑳分析新闻；㉑招商新闻；㉒创意新闻；㉓研发新闻；㉔潮流新闻；㉕固定新闻；㉖提醒新闻；㉗联合新闻；㉘关系新闻；㉙客户新闻；㉚责任新闻。

3.8.3.6　47种品牌新闻标准件

品牌新闻的快速写作，还来自于专业素材的组织、内容结合，通过专业收集、专业分工、完整建档等方式，实现一定程度的品牌新闻标准化，使用这些素材快速制作品牌新闻，并满足流水线式批量写作和大量分发的特点。

我们列举了47种新闻标准件，企业平时应注重收集这些内容，为大量的品牌新闻专业化报道做好标准件或素材包。

（1）背景类

①创始人背景；②创始人重要战略思想；③主要领军人物；④品牌重要起源背景；⑤企业重要发展背景；⑥品牌理念诠释系统；⑦企业史。

（2）产品类

①产品史和荣誉；②新品档案；③研发过程；④制造过程；⑤产品性能；⑥产品魅力；⑦首次接触；⑧产品使用；⑨产品应用；⑩产品关联网络。

（3）服务类

①服务投资；②客户服务；③服务过程；④售后服务。

（4）企业及品牌管理类

①组织发展及战略；②重要管理方法；③科技与先进领导观念；④企业（品牌）情况；⑤企业责任及企业社会责任。

（5）品牌用户类

①用户接触点；②用户体验；③用户族群；④用户重要评价；⑤经典用户故事。

（6）品牌市场类

①用户偏好；②品牌推介；③品牌解说；④市场政策；⑤消费者研究及应用；⑥市场分析；⑦重点市场及动向；⑧重点数据、观点及评价；⑨促销行动。

（7）图片（宣传品）类

①CI系统；②标志性环境及重要场景；③重要历程照片；④重要产品展示照片；⑤重点品牌人

物照片；⑥重点市场活动照片；⑦品牌形象传播图片。

3.8.3.7 现代公共关系

现代互联网公关的技术手段和实现方式包括：以短信、微博、微信等，围绕一个产品、服务、企业或个人创建一组系列传播信息，这些公关方式会持续存在，且不断增加媒体和传播形式。

公关的目的：避免读者接受矛盾或混乱的信息，更准确地识别品牌，更快速地做出选择。当企业发生危机影响时，灌输防止产生被怀疑的观念。对品牌的各项发展问题，和媒体进行共享。

社会化媒体营销与数字营销正在兴起，通过互联网的工具和技术，如搜索引擎、社会化书签、新媒体的关系、社交媒体进行互动传播，互动公关可以让企业和组织传播而不单靠主流新闻刊物依托信息，直接与公众、客户和潜在客户沟通。

公关人员可能一直依赖于媒体，如电视、广播、杂志、新媒体，以促进他们的想法专门针对特定的——受众量身定制的消息。任何一个新媒体推出的第一年，公关人员和公众都很难跟上新技术的速度，但应尽力与时俱进。

3.8.4 品牌自媒体

现代品牌传播正在经历一个自媒体的时代，品牌组织应加强对"自媒体"的研究和应用。

品牌自媒体是品牌组织主办，通过一定的信息生产、编辑加工、内容分享和传播的现代品牌内容传播方式，以品牌组织自身为主导，经由单向传播、多向传播、互动传播等多种形式达到传播目的，是投资最少、收益较高的传播方式。

自媒体的形式已经多种多样，建立自媒体的好处是跳出已知的公众媒体形态，传播自身品牌信息，强化对品牌用户的吸引能力，发布促销活动，增加与品牌员工和品牌用户之间的互动关系。

企业应着眼于自己主办自媒体，这些自媒体可能包括电视节目、视频访谈栏目、分布于网络媒体的辛迪加内容专栏、客户关系电子报、用户邮件列表、微博、微刊等，通过收集有效订阅用户，聚拢品牌用户族群。

3.8.4.1 专题编辑和话题编辑

我们首先需要清楚编辑内容的形态，我们将编辑职能划分为专题编辑和话题编辑两项职能，这是目前无论何种传播形式都应具备的两种基本特征。

专题编辑是指按一定主题，系统性进行稿件收集、编辑的工作。

专题是指一个指定领域范围为特征的内容编辑，只收集与该内容密切相关的一切资料和素材。

专题可以分为：

专业专项专题，如新三板、医改、养老、诺贝尔奖、互联网金融、XP技巧、健康方法、和田玉鉴赏。

事件专题，如家庭暴力、质量门、环境恶化、财经事件、医疗事故。

主题专题，如蓝色设计系列、彩妆风格、自然之美、玄幻电影、主题公园、宠物乐趣。

话题编辑是指围绕一个热门话题，系统性进行稿件收集、编辑的工作。

与专题编辑相比，话题编辑具有即时性、快捷性、传播性的特点，是微博、微信等微传播兴起后的一个重点编辑方向。

话题的来源：

搜索引擎风云榜、微博热门话题榜、各媒体焦点话题库。

热门电影、流行时尚、流行观点所带动的讨论。

讨论热点：品牌用户及读者们关注的长期热点。

话题示例：

谁会成为下一个Google、土豪金、提问司马南、晒工资、情人节怎么过、亲子、汽车排放标准、爱情故事、孩子不哭、房价、离家前爸妈对我说。

话题与主题的不同：

话题以长期问题、周期性热点、热门事件、某种现象、热门话题人物、争议的讨论、热议为主，是微传播、新闻媒体长期关注的重点。

3.8.4.2 编辑组的工作

编辑可以是一个人的独立工作，也可以由一组编辑分工工作，还可以分版面工作。

编辑还可以细分为：组稿编辑、派稿编辑、改稿编辑、头版编辑、版面编辑、视觉编辑、编审、编译等。

编辑组的基础任务：

确定编辑内容：确定下月（下期）编辑重点、采稿方向，编辑组以小组讨论的形式，明确编辑的重点，要突出的话题，向记者及作者派稿。

确定编辑质量：编辑的任务是对稿件把关，确保内容稿件的深度、重要性、意见代表性等符合编发要求质量。

改稿：在编排以前，编辑可能随时对稿件进行修改、大幅删减、摘编。

完成编辑作品：每一件完成作品，无论是电子版还是实体版，都以美观大方、精良内容享受呈现在读者面前。

编辑任务可能包括：

编辑一组系列传单（突出一组销售主张）；

编辑一组活动记录（市场活动策划全程跟进记录）；

编辑一组专项内容（访谈手记、资料汇编、文献整理）；

编辑一本小册子（用户指南、潜在客户选购指导、品牌用户族群手册）；

编辑一份小型刊物（客户关系电子报、品牌微刊、技术研究简报）；

编辑一份报告（调查报告、调研报告、研究报告、分析报告）。

3.8.4.3 品牌自媒体：品牌用户自己的媒体

我们遭遇到一个被媒体所抛弃的时代，大报和大网站只关心那些名人、大企业，他们远离了普通人，他们多数情况下已经不可能再传递每一个普通人的故事，更不可能报道小公司的发展。我们从美国社区报中得到的启示是，用心经营品牌组织的用户（客户），是一种不错的选择。

社区报解决了：为什么总是没有内容可写，为什么写出的东西总是没有吸引力？

显然，社区报回答了这一问题，无论一个网站、一家公司、一个组织，都有大量的报道点，都有大量的小故事发生，但我们常常无视这些身边的新闻与故事。即便是从事销售的人员，身边也有大量的客户，每天与你发生各种各样的故事。这些内容的关联性、贴近性、针对性对一定的人群非常有吸引力，并能在其中产生凝聚力。你要思考的问题是：为什么你的网站、你的公司、你的组织体对受众似乎永远欠缺吸引力？

一个地方性网站，且不论当地的人群是否喜爱，那些身在外地的家乡人最想了解家乡的消息；一家销售剪纸工艺品的公司中，有大量的客户想了解剪纸的历史故事、剪纸人物的消息、剪纸艺术品的收藏；一个出售瑞士军刀的网站，可能聚集起大量的瑞士军刀爱好者，他们需要相关的消息和故事；一家打印机品牌公司，有大量的打印机用户疑难、应用和技巧，客户很想了解它们；汽车4S店里每天发生着许多人与汽车的故事，每一个服务故事都可能打动甚至改变网络上的许多计划购车者……

报道大新闻、大人物可能容易吸引人，但大家都在这样做，煽情鼓吹的提法可以带动娱乐新闻的发展，但它们并非社会全景的真实反映。在浮躁的社会中，人们更需要朴实、真实的消息和故事，尽管只是小人物、小事件，但它拥有特定的读者，不仅能够活着，而且还活得很好，越来越好。

独具竞争力的品牌自媒体：

品牌自媒体应向社区报学习，内容将有极大的不同，品牌自媒体不应该报道大事件，只以"本品牌""本地化"为核心内容，内容可能是品牌帮助了哪个人，热心人帮助一个品牌用户获得成长，有一家新的特色品牌体验店将要开业。这些内容在其他报纸和网站都不存在，它是的确确的独家原创内容，而且最贴近每个人的生活、原汁原味，充满乐趣。

品牌自媒体的内容主要以报道品牌新闻和本地化的品牌用户为主，在内容上，恰恰与品牌用户的共同利益息息相关的，也是本地化品牌用户最关心的内容，它有一种强烈的归属感，让他们认同自己是品牌自媒体一员，融入这种氛围之中。品牌利益、品牌特色、品牌历史、品牌荣誉、品牌人物、品牌生活、品牌活动，强有力的融入感和参与感觉，将黏附大量忠实的读者群体。

3.8.4.4 小册子：品牌用户消费教育

除了固定的独立编辑任务，品牌组织还可以经常编辑小册子对品牌用户进行教育。

一些典型小册子示例如下：

①国际母乳协会手册系列，母乳喂养的好处、给职业妇女的建议、如何给婴儿添加辅食；

②ISO指南系列，教你更好地使用ISO9000、ISO选择和使用指南、ISO给中小企业的建议；

③美国医学疾病和治疗指南系列，糖尿病指南、季节病指南、心脑血管疾病指南、脑血管病指南；

④灵活应用的指南性小册子，家庭装修指南、居室建材环保指南、健康的猫粮、春季女装搭配。

第3.9章 品牌协同技术

未来的企业必将以协同为主要生产经营特点，协同将在更大的范围和更广泛的领域飞速发展，协同将以更紧密的方式呈现，不同的企业、不同的人将组合成协同企业或协同网络，以协同方式实现跨企业、跨部门、跨市场的多元化合作。

鉴于工作和业务的多元协同组织，虚拟的协同企业（部门）将会大量产生，负责处理跨企业和跨部门的工作流、业务流和协同关系的事项将越来越多，协同企业（部门）将以协同方式研究消费需求，分享数据，研发产品，保证一致性向用户提供高质量的产品和服务。企业与用户间、电子商务间的协同也将进一步得到飞速发展。

3.9.1 品牌协同企业

协同企业是现代及未来的一种品牌组织主要形式，通过工作协同和业务协同完成品牌组织的各项协同任务，协同是社会化专业分工的产物，也是现代信息技术的主要趋势，更是未来企业组织的主要形式。

社会化专业分工的速度正在加快，越来越多的企业分解为专业级品牌，进入专业级市场，大而全的企业将越来越少，更多灵活敏捷的专业研发、专业生产、专业市场服务公司等将大量衍生，企业为保持核心竞争能力，将不得不采取协同方式，组合来自不同专业品牌的研发成果和业务优势，从而保持自身竞争优势。

为满足更多消费需求，企业与企业之间也必须联合起来，经由分享用户数据、分析市场需求行为共同研发新的产品，推出新的专业品牌。作为一种共赢选择，这种基于数据、市场和业务的合作将越来越多，协同管理被提上重要议事日程。

现代信息技术的发展以及下一代互联网、未来物联网、未来传感网、未来电子、未来知识网络等新技术的飞速发展，使企业之间的业务联网成为主要发展方式，合作将以更紧密的方式出现，数据之间的联网将使企业之间的协同全面实现无缝连接，协同生产，协同供货。

协同企业作为一种虚拟企业形式，将发挥重要的战略性作用。协同企业可能有或没有办公室，没有传统的组织结构，只有跨企业、跨部门的协同链，紧密地将协同企业各部门紧密结合起来，甚至没有人员进行管理，一切协同在信息网络的自适应连接组合中完成。

3.9.1.1 品牌协同企业的特征

与以往的虚拟企业不同，协同企业强调了企业与部门之间的协同性，为加大协同效应，企业有必要设立专业的协同企业研究部门，捕捉一切可能的协同趋势，研究企业未来协同的一切可能，超前性规划和设计协同企业的网状组织结构、协同指挥链、协同工作流、协同产品形式等，设计更加合理、理想、完美的协同企业形态。

协同企业作为一种战略层面的工作、业务和市场组合设计，意味着两家或多家企业被有机组合起来，管理需要达到高度一致，数据需要达到同步集成，业务需要达到同步运转，服务需要达到统一配合，售后服务需要严密无缝，各报告系统需要直达协同各方，因而协同企业本身已经不再是传统意义上的业务网络合作或信息连接，从本质上而言，已经成为一种高度发展的战略型组织形式。

协同企业的发展需要研究网络、信息网络、知识网络、物流网络、用户网络之间的连接、交互、共享与配合，在协同之间，也可能诞生新的联合企业和新的品牌。

协同企业的战略要素包括研究、合作、实验、连接、契约、一致、持续。研究是协同企业组织的开始，研究各协同的可能，与有可能的企业合作组建协同企业，以实验方式实验和测试协同效果，通过契约关系形成紧密合作并一体化的战略协同企业，经由契约关系保持良好的协同关系，一致为用户（或市场用户）服务，持续产生协同效应。

协同企业的组建有多种形式，包括战略协同、业务协同等多种形式。此外，在供应链、经营网络、品牌服务商、电子商务、IT及移动管理中，企业本质上也是以工作和管理协同的形式存在，如果将品牌组织本身视为协同企业，将从战略层面为组织的发展提供新的思想。

3.9.1.2 品牌协同企业的组建

为建立协同企业，参与协同企业的各方应建立一个协同委员会或协同办公室，负责所有协同企业的联合事务和协调，协同委员会（办公室）由各企业派出高层次的代表和工作人员参加，也可能需要协同技术专家、产业研究专家、管理顾问和管理分析师等参与协同工作，主要的协同企业组建方式有以下四种方式。

①接术和数据集成协同。自动化、信息化、知识化程序较高的企业使用信息集群技术和网络连接技术，将不同企业的生产、加工、仓储、供货指令信息连接起来，达到自适用自动生产配套的目的。自动化程度较低的企业则通过技术接口和数据共享联合生产、配套及供货，致力于物流准确性、零仓储等目标，降低库存等成本。

②生产计划协同。根据订单来源，组织不同的协同企业进行生产及配套支持，组织各种生产资源的匹配，使生产信息在不同企业之间进行连接和响应，从而完成本地、异地、总成、部件等生产节拍。

③敏捷制造同步协同。根据动态订单，将订单与企业生产同步，通过敏捷制造中的各动态生产单元的有机组合，合理分配生产资源和批次，快速完成不同订单的生产要求组合。

④品牌市场协同。通过和各种市场合作资源的开发，完成市场层面的协同组合，建立协同企业系统，管理来自不同协同企业的所有销售、订单、出货、交付、质量控制等经营过程的全面协同。

协同过程应注意动态协同的协调性因素，应该经过协同实验和测试达到协同的一致性，同时应备有应急措施等，以防因火灾、人为事故、原材料紧缺等各种不可控情况发生的协同中断，只有达到有序的高效协同运转，才能保证生产经营连续性的要求。

3.9.1.3 品牌协同企业的进步

协同企业必须在深度研究与合作的基础上，深度展开各种市场研究、管理进步、市场协同、客户服务等工作，以更开放和包容的姿态缔结更完美的协同企业。这些进步大概有以下七个方面的内容。

①共享数据。分享店面销售收入及相关数据，这将促使协同各方合作努力，共同取得成功，例如，提高销售预测的准确性将降低供销双方的成本。

②透明运转。透明化会带来巨大的商业利益，许多企业在协同中不知道这一点。如果协同企业各方能够以更加透明方式的进行发展，被公开的预测、销售、补货、库存和促销活动，比以往任何时候都受到协同企业双方的欢迎，新的机会将会大量涌现，如可以看到整个利润结构的协作企业愿意给出更高的品牌溢价能力。

③创造需求。理想的"消费社会"是不断创造出更多样化的、新的利润需求，针对合作开发市场的特点，双方的关键性合作环节是满足于特定的专业级市场，在每一个独立的专业级市场彼此获得高利润。

④鉴于消费者并不会自己发现需要并完成需求，双方考虑的一个基础，是将协作企业定义为终端产品企业的"生产部门"，双方必须采取措施，来创造更为理想的生产部门，发展最有吸引力的新商品，以满足更挑剔的消费群。

⑤双方把重点放在正在进行的合作，共同解决减少缺货、加强预测的准确性、减少库存、优化价格、有效促销、售后服务等实质性环节才是合作应有的态度，终端产品厂商要将协作商能否更好地应对市场发展列为核心目标。

⑥协同之间的预测准确度是关键。任何一方都希望增加销售，实现利润和满足顾客，其结果是，他们最关心的是货架变空，这意味着需要准确的库存预测，但目前其常常是一种复杂的猜谜游戏。

⑦各品牌协同方实际上都占据着主动权与话语权，今天的消费者对品牌的指名购买率已经相当

成熟，而品牌本身就是各项谈判的砝码，品牌的影响力更多取决于各方各自的品牌努力，消费者在市场终端上有时并没有多大选择权，优势的品牌协同企业将占大部分市场份额。

3.9.2 品牌协同心理契约

品牌协同心理契约是一种不可被打破的自然平衡。企业的品牌，与各环节平衡关系的完美状态，是达到一种稳定的、持续的、平衡的、高质量的自然平衡关系，各方之间有序运转，企业品牌散发出"天然、自然、恒定、秩序、平衡、鲜活、快乐、幸福"般的生命状态，朝气蓬勃。

任何企业在品牌建设的C级、B级，都会致力于向品牌心理契约的平衡靠拢，以期达到品牌建设A阶段（战略级，高能力阶段）即品牌生态的阶段，但多数情况下，企业会存在某方面的失衡，这些失去平衡的例子在多数企业会发生，所以最终只有极少数的企业实现了国际品牌的梦想。

品牌协同主要心理契约形式：心理契约是保持企业内外平衡的关键因素，也是产生协同的基本条件，主要的契约包括以下五种形式。

①品牌领导层契约。品牌领导层成员之间实现的默契，保障了企业重大品牌变革的最大成就，在品牌重组、组织重组、管理重组方面达成快速一致的有力行动。不稳定的心理契约将导致品牌战略的实施从一开始就困难重重，来自各个不同领导层成员之间的干涉、阻挠、意见不一致将打乱企业品牌战略的节奏，拖延市场决战时机，使品牌建设过程变得冗长无期。

②品牌骨干人才契约。企业品牌骨干人才的频繁流失，是心理契约不稳定的重要表现。企业与品牌骨干人才之间的心理契约主要突出表现是：对人才地看待标准。在不同情况下，企业对人才地看待方式是不一样的，有些企业重视学历背景，有些企业则高度重视能力，因而人才只是一种特定资源，在不同的企业是不相同的。

③品牌员工心理契约。企业的公平竞争环境，能力是否与贡献成正比；企业对人才的尊重程度，企业对人才的配套支持；企业创造环境，尊重知识创造，是否鼓励冒险精神。

④品牌供应链及经营网络心理契约。企业对供应链的质量、研发、交付方式等要求，将转变为所有供应商与企业之间的心理契约，供应商知道该为一个企业的品牌提供什么等级的质量、做工、材质的原材料及配套件；品牌经营网络也知道在经营过程中向客户如何解释这个品牌、推荐哪些品牌特性、提供什么样的服务。轻微的采购腐败也会导致品牌与供应链之间的心理契约失去平衡。

⑤品牌用户心理契约。品牌与用户之间同样存在某种默契，特别是常客户（品牌的固定消费族群）最清楚一个品牌与另一个品牌之间有什么不同，他们依赖于品牌所诠释的某种特性，并极力向新用户推荐这种特性，他们发自内心的且相当清楚如何排斥同类品牌，并将这种识别方式传播根植给新用户。

3.9.3 品牌战略协同

战略协同包括了多种形式，典型的协同是多家企业出于共同竞争市场的目标，共同一致成立协同联盟企业、战略联盟协同和战略合作协同。

典型的战略联盟协同例子是日本的产业组织联盟，和松散的联盟有所不同的是，日本产业联盟之间形成了统一经营、统一管理、统一生产、统一协作的特点，在产业联盟的战略层面，产业联盟统一成立运营委员会，实现统一协商。所有参与联盟的企业之间组合成一个规模很大的"超级虚拟企业"，各联盟企业按分工不同只严格从事生产或经营工作，企业都只发展自己的主业核心业务，相当于联盟中的"工厂"，对于其他附属业务都交由协作厂来完成，如日本钢铁企业的产业联盟就相当具有特色。

战略性技术联盟是全球企业战略协同的重点形式，一些企业联合起来研发技术标准，形成紧密的技术研究和许可联盟，共同从全球市场中获得丰厚的技术许可收入。特别是日本企业对技术研发强调一致合作性，且对技术许可非常敏感，典型的技术研究和许可联盟是日本汽车电池技术研发联盟，汇集了全日本各个汽车厂商、汽车电池研究机构的精英，一致共同突破汽车电池技术。6C联盟是最初由日立、松下、东芝、JVC、三菱电机、时代华纳共六大技术开发商结成的专利保护联盟，曾以向全球征收DVD专利许可费事件而闻名世界。

维萨卡、万事达卡、运通卡、中国银联等致力于连接技术中间商，通过为金融机构、政府、企业、商户和持卡人提供全球性的技术连接服务而形成紧密技术协同的解决方案机构。维萨卡（VISA）在世界各地2900多万个商户交易点可以受理，能够提供在180万台自动提款机上提现金的服务，全球流通的维萨卡超过18.5亿张。美国运通卡开业时，签约入网的商户便超过了17000多个，以及美国旅馆联盟的15万卡户和4500个成员旅馆加入。连接技术联盟今后也是一种主要的协同企业形式。

松散技术标准联盟和技术支持机构则以美国汽车工业行动集团（AIAG）为代表，AIAG是由北美最大的三家汽车制造企业（克莱斯勒、福特和通用）联合成立，联合致力于汽车标准技术的发展组织。而全球或局部区域的W3联盟、宽带联盟、WAPI产业联盟等以及ISO、IEC、国际民航组织、ICANN、标准普尔、美国科学信息研究所科学引文索引SI、美国化学文摘等技术联盟型或技术支持公司也是一种战略联盟的重要组织形式。

3.9.3.1 战略合作协同

战略合作协同包括战略合作单位、战略市场合作等多种形式。

出于发挥核心竞争优势的目的，一些企业自发组成协同企业，每个企业专注于核心技术的研发和生产，共同为用户提供高质量的产品和服务。

这种战略合作联盟通常以核心部件的研发技术为中心，例如汽车厂商与世界一流的发动机品牌制造商、齿轮品牌制造商、车桥总成品牌制造商、车身品牌制造商等组成相当紧密的战略合作联盟，跨越一般意义上的供应链集成，形成一个强品牌矩阵。一流的芯片品牌制造商、计算机操作系统OEM品牌商、内存品牌制造商等也会组合起来，形成同样的强品牌矩阵。

由于各协作企业，都专注于各自领域的研发和生产，任何一个产品都可能因多种战略性关键技术和品牌竞争优势的组合而发展成为一流的产品集成，从而大大提高市场核心竞争能力，每个品牌自身的用户也会自发形成并相互影响，从而大幅提升品牌竞争地位。

战略市场合作的协同，则主要出现在针对同目标市场的不同品牌之间的联合，以品牌市场合作、品牌捆绑销售、品牌联合推广等形式存在，品牌协同的重点在合作经营市场、减少营销成本及实施双向渗透营销。

无论何种形式的战略协同，都应建立在协同一致的协同企业管理上，只有协同各方保持高可靠性市场服务，高度动态协同同步，才能发挥最大管理和市场运营效果。

只有更紧密的一致性协同能够产生更长远的战略价值，如零售商和供应商之间的协同，双方组合为大规模虚拟的协同企业，以共同开辟、分享市场份额为目标，建立战略上的互补性，未来的零售商必然是设法占据优势市场，试图在专门或特定商品中获得更大利润，而非继续扩大日用百货的产品结构。零售商与供应商可以协作，如共同发展价值数十亿元的护发产品部门；例如，双方进行

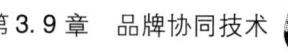

研究调查，针对老龄化和更多样化的人口，共同改变饮食消费结构。

3.9.3.2 战略协同的组成形式

战略协同的形成存在各种可能形式，其主要包括产业价值链协同、核心竞争力协同、产品核心价值协同、联合竞争协同和多元协同等。

①产业价值链协同，基于产业组成结构，企业或投资机构可能扮演产业组织者角色，经由投资和协同优选产业链各环节的组合。如钢铁产业，可能包括矿物采选业、炼铁业、炼钢业、钢加工业、铁合金冶炼、海运等整个产业链，产业组织者对整个产业链优势组合进行投资。

②核心竞争力协同，基于产业上游的核心竞争力，组合产业中最具优势的品牌资产，综合形成全球市场中的品牌集群。如好莱坞、华尔街、百老汇、迪拜等都以集中全球最具竞争力的产、供、销资源，从而形成第一流的强品牌产业集群，发挥品牌协同的规模效应。

③产品核心价值协同，为满足产品的高竞争核心能力，组合产业中最优秀的品牌共同组合为更大规模、核心优势产品突出、组合竞争能力强的新一代品牌产品，从而达到对市场的整体优势竞争，产生多元品牌溢价。

④联合竞争协同，为满足技术进步、市场占领优势，多家具有竞争优势地位的企业联合起来，形成以研发、生产或销售为主体的联合竞争联盟，集中优势力量，对市场进行规模性占领。

⑤多元协同，为拓宽产品线和满足各多专业级市场需要，企业广泛与各种类型的企业组合成多角度、多方位、多市场的多元协同企业，相互执行产品定制、合作研发、联合提供等多元合作形式，相互进行市场覆盖。

3.9.4 品牌业务协同

品牌业务协同是进一步的具体协同，其协同主要以业务为母体进行，未来承担研究的 OEM（Original Equipment Manufacturer，定点生产或代工生产）类企业将会越来越多，主要通过跨公司、跨业务、跨服务进行业务协同。

公司可能会更专注于研发，将业务问题以合作或外包形式延伸，自己并不从事业务，但这并不意味着研发公司就不再关心售出以后的技术支持和服务，相反，公司应更专注于业务技术、服务技术在业务领域的全面协同。综合性生产及销售类企业需要由研发公司提供技术，同时也需要快速将售出以后产生的技术问题、技术服务、维护保证、维修保养等信息及时快速地与研发公司进行协同，以保证品牌综合服务水平。

业务协同还会出现在交叉业务的设计、研发、合作中，由双方或多方共同为市场提供多元化的服务，品牌之间的业务协同将更加复杂，协调处理好各环节的业务协同是协同企业联盟之间共生的深刻发展话题。

许多早期的创业企业，应该从一开始就关注品牌业务协同的形式，从而从品牌业务协同合作中获得竞争优势和市场地位，使早期企业得以避免以终成品品牌形式在市场上发生直接的激烈竞争，保护企业从创立到成熟的裂变过程。

3.9.5 品牌供应链协同

许多企业不可避免地存在大量的供应链，汽车、飞机、火箭等大型产品的制造会依赖于遍布全球的协作企业为之提供优质的总成和部件，大型零售商则需要对供应商进行严格而全面的管理，以促进供应准确快捷，满足零售分发需要。

为谋求高速高效的供应链发展需要，许多企业纷纷将供应链协同列在重要位置，通过组织层面的协同、生产节拍的协同、产需数据信息的协同、物流及仓储数据的协同等构建起更加紧密的协同生产供应关系。

企业在选择供应商时，会充分考虑到研发水平、生产质量、生产及时率、交付准确率等多种因素，并需要供应商充分认识到协同管理能力的发展，择优加入供应链网络，纳入统一管理。

供应链协同需要建立更加稳定紧密的企业之间的协同关系，对资源、生产和供应过程进行严格的一致性信息管理，从而发挥高效的协同效应。

企业可能需要建立统一的供应链协同系统，集成供应链企业之间的管理信息，实现实时动态的信息交互，建立协同管理规则并优化业务流程。

3.9.6 品牌经营网络协同

由品牌专卖店、直营店、加盟店、4S店等品牌直接零售终端及各类商场、零售网站等组成的品牌经营网络之间的协同也发挥着越来越重要的作用。

零售终端的管理标准化、争议处理、零售业务信息以及零售终端市场生动化等动态数据和信息的处理，将以多元协同方式进行运转。

品牌经营网络的协同将进一步落实在市场需求预测、生产预测、货流配送、仓储等环节。企业可能为此需要进一步研究部署原材料采购、生产排期，设置中央仓储和地区配送中心等，也需要减少商品流转的中间成本，节约交易成本，并提高品牌经营终端的信息应用率。

未来O2O［即Online To Offline（在线离线/线上到线下），是指将线下的商务机会与互联网结合，让互联网成为线下交易的前台，这个概念最早来源于美国］时代，将更加注重线上与线下的销售结合，注意本地化品牌经营效果，品牌需要经历"全球强势品牌—全球领导品牌—本地化领导品牌"的路线，从全球品牌深化到根植于每一个国家、每一个地区的本地化品牌，本地化品牌关系的建立与培育对品牌组织的发展而言，将比较关键。

许多企业都在积极发展本地化的O2O业务协同模式，通过本地化的市场启动、市场行动、市场活动等，建立新型的品牌经营网络协同关系。

由于汽车等交通的便捷性、商业建筑的发展等因素，未来人类对活动范围将扩大或缩小，扩大是指人们将可能到达更远、更大的集体建筑进行采购，人们也可能根植于城镇或小区进行采购，电子商务配送也会在一定程度上改变经营形态，有效的战略性经营网点布局和战略经营结构设计将比以往更加重要。

3.9.7 品牌服务商协同

为实现品牌化发展的最大战略价值和最大品牌效应，品牌组织还与众多全球、本国或本地化的品牌服务商建立广泛的协同关系，这些品牌服务商包括专业的品牌技术研究机构、管理顾问公司、品牌广告设计公司、品牌广告投放公司、公共关系公司、品牌策划公司、品牌会展公司、品牌传播公司、品牌演出公司等。

随着全球品牌的飞速发展以及品牌理论的阶段性重要成果发布，品牌服务商的种类和数量变得越来越多，更多的专业化品牌服务商开始衍生，更多的品牌研究组织也大量诞生。

大型的上市公司已经广泛使用外包形式，将品牌广告设计、品牌公关、品牌传播等业务，或者市场调查、人力资源管理等纷纷外包给第三方品牌服务商，他们可能从全球范围挑选最佳的品牌服务商。小型企业可能依赖地本地的品牌服务商，但可能存在品牌设计质量、品牌服务质量不佳等问题，从而影响品牌溢价能力。

品牌组织与品牌服务商之间的协同是必然、客观存在的，随着新思想、新技术、新媒体的快速发展，传统的以电视为主的品牌传播正在转向以互联网、移动互联网等在线、离线、生动化的品牌传播方式，企业有必要以一些流行趋势加以研究，创造创新品牌传播形式，并选择更新、更专业的新一代品牌服务商。

相对而言，目前品牌技术类研究机构偏少，品牌组织应注意这种合作机会，新的品牌理论、品牌研究成果都可能对品牌的发展产生本质性的变革。一个由外部品牌技术专家和内部品牌领导人、品牌骨干组成的品牌技术委员会将对品牌的发展起到至关重要的变革作用，是实施初创品牌建设或品牌重组时的重要变革领导力量。

3.9.8 品牌用户协同

我们强调了品牌组织的概念，提醒企业注意到自身可能是一个品牌组织，在现代品牌发展与传播环境下，品牌用户是品牌组织发展的重要推动力量。这种推动力量主要表现在品牌参与、品牌互动、品牌用户骨干和品牌传播等方面。

品牌组织通过建立品牌用户委员会、品牌俱乐部、品牌活动等形式，正在加快形成自己独立的品牌用户组织，经由各种组织形式和品牌活动，鼓励品牌成员参与到品牌组织的发展与行动之中。一些品牌组织则从一开始就以建立会员卡、积分卡、常客户计划、网站注册会员等形式，注意对品牌用户的注册和会籍管理，将品牌用户牢牢锁定在品牌组织中。

许多品牌组织已经意识到现代品牌组织与品牌用户之间的关系是紧密的互动关系，因而充分发挥这种关系结构，品牌通过建立在线的品牌社区、移动端的APP、Facebook品牌主页、Google品牌主页、Twitter官方站点、新浪微博等，建立品牌组织的官方互动源，未来品牌用户之间的相互评论、转载、游戏、工具使用和接触将更加频繁，品牌用户之间的互动性是品牌活性发展的一项重点能力。

品牌用户骨干的培养已经被一些品牌组织重视起来，通过建立品牌学院、在线学校、移动课堂等形式，品牌组织积极培养感兴趣的品牌用户深入了解品牌，学习品牌相关知识，在品牌行动与活动中担任主力角色，并使之成为品牌组织中活力四射的形象代表或行动代言人。这些普通的志愿者因承担品牌组织所赋予的角色，与品牌组织一同成长，不仅为品牌的未来发展储备了未来领导人才，更为带动品牌组织的整体活力、吸引新的品牌用户做出了重大贡献。

品牌组织还相当注重品牌组织的传播价值和再传播价值，许多品牌诸如星巴克良好地应用了口碑传播效应，从第一家店开业发展到今天。Google是另一家宣称从来不做广告争取用户的公司，他们一方面注意用户对环境和使用体验的乐趣；另一方面高度注重传播策略，不断发挥品牌新闻、品牌价值传播效应，从而快速发展成为新一代全球流行领导品牌。

3.9.9 未来电子商务协同

公司还应注意未来电子商务的发展，未来电子商务必然是高度协同的电子商务，这取决于三方面的作用。

一是电子商务的协同集成网络，即从电子商务零售端和企业官方电子商务网站等获得的电子商务订单，而这些订单会与企业的敏捷制造系统高度一致协同，形成同步系统集成。

二是企业需要注重电子商务接触点的变化，未来电子商务接触点可能并不局限于在线、离线、移动电子商务、电子商务终端、数字终端、神经网络、意识分析、搜索偏好、零售商数据库等，都将对电子商务的需求、生产、供应产生新的变化。

三是可信电子商务全球框架的形成，随着可信技术的发展，未来全球电子商务之间的可信性将大大增强，小型的品牌企业也可能通过可信质量、可信服务等可信识别、数字认证等演变为新的让人可信任的品牌组织，这对于以往靠大品牌可信性发展的品牌组织而言，无疑将遇到许多新对手。

未来电子商务的发展必然存在许多新兴的变化，企业级电子商务应是以本企业为中心，以部门级、供应链、用户向外扩展的电子商务技术变革，企业是电子商务的主体，外部电子商务技术将成为电子商务解决方案供应商，企业级电子商务的全面发展将对电子商务的发展产生积极的改变，也将使电子商务应用发挥到一个新的潮流时代。

3.9.10 品牌IT及移动管理协同

为满足品牌组织飞速发展和规模扩张的需要，以IT及移动部署的品牌管理协同网正在大量出现，品牌协同将满足品牌组织对全球的协同办公、管理问题处理、市场行动指挥、市场管理等多种应用。

例如沃尔玛的物流管理信息系统、美国福特汽车的票据处理系统，雀巢则使用IT技术管理分布在全球400多家分支企业的财务、资金和质量。顺丰则使用移动终端透明化管理快递物品的流动时间和位置。

以计算机、网络、卫星、移动终端等多种形式建设的IT及移动管理协同系统正在加速对现代企业管理产生变革，流程再造的意义也从传统的管理流程跨越到彻底的新技术引进、应用阶段。

除了内部的IT及管理网络，更多的品牌组织网络正在与用户进行连接，形成多向的全网传输关系，让家用电器、办公设备、个人应用等与智能网络连接起来，一家家传统公司也正在演变为网络化公司，一切都在网上，一切都在灵活、快速、高效运转的高速网络中。

3.9.11 协同技术的未来

未来协同将以更快速、更超前的方式发展，无论是品牌、产品、用户、企业，都将以协同方式进行运转，协同网包括协同企业网、工作协同网、服务协同网、供应链协同网、经营网络协同网等多种形式，跨越下一代互联网、星球互联网、移动互联网、下一代物联网、卫星网、数字网、传感网、意识网、人际网络等任何可能的网络存在。

智能城市、智能生活、智能产品与服务正在加快进入体验及普及阶段，企业管理也变得更加系统化、自适应、自动化、无人化和知识化。品牌的智能化体验和智能服务将成为一个重要趋势。

人类正在远离以功能为依托的品牌形态，这些品牌已经远远无法满足人类对未来的需要，品牌可能会更进入一个更加具有超前思维的意识形态，人类不会满足于想象和构想、幻想，虚拟真实可能成为新的产品形态，具有超前思维的品牌可能会更容易受到Y世代（"80后""90后"以及以后的人类）的欢迎，而拥有科技、超想、未来的梦幻品牌将成为未来的品牌流行趋势，也因此改变工业设计、建筑设计、产品思想的形态和方式。

品牌的协同将会以前所未有的形态产生，而协同企业必须着眼于全球企业的未来，品牌将高度依赖于协同建立更长远的品牌未来，基于协同技术发展的一次次品牌再造式裂变将使企业品牌生命获得勃勃生机，向更远的未来前进。

第4篇 品牌文化

第4.1章 世界品牌格局

品牌之所以可以实现全球到达、全球市场、全球溢价、全球认同，其本质是品牌所承载的人类文明在多元发展中长期形成的和平共处、民族融合、相互交融，是人类交流沟通的基本需求，是人类相互认同一致发展的共同需要，世界各国各民族团结友好、彼此尊重、发展普遍需求的共同努力，是人类在物质文化与精神文化同步升华的共同体现。是目标，也是希望；是目的，也是行动；是发展，也是事实基础；是未来，也是全球努力。

因而品牌所发挥的作用，是人类不断提升思想视野，不断发展文明形态，不断创造物质水平，持续不断地生产与创造并改变人类原有需求的进步发展过程，这个过程是伟大的。在这个伟大的过程中，品牌得以发展，跨越着国家与社会，连接着人与世界，激发着人类滚滚向前迈向未来的伟大步伐。

4.1.1 品牌是物质文化与精神文化升华的最高境界

物质文化的发展研究原本是局限在一个小范围的学术领域被束之高格的，例如在考古学、人类学、建筑美学、艺术形态，通过研究人类对物质进行创造性的加工过程、历史发展、发明形态、表形形式、表达内涵、保存保护，用来确定人类文明形成发展过程中的历史成因、文明脉络和区域与民族的多样文化史、多样展现手法。精神文化原来也是以人类、国家或民族为发展力单元，对群体进行某种精神主旨、意识状态、价值观念、思考程式、精神面貌发挥导向性作用的人为引导、意识和行为鼓励，是以社会伦理结构层面进行社会治理的重要方式。

物质文化和精神文化的共同点，都是人类发展创造事物、促进社会发展力水平过程中，以"人"的物质生产和"人"的精神发展作为人类发展力结构的重要支撑，是"人"区别于动物的本能。

物质文化是"人"通过劳动价值赋能，对物质进行创造、加工、艺术创作的文化形态，不经由人类对原始形态的物质进行劳动价值赋能的物质不属于物质文化范畴，这就如同石块和石艺，钢铁与汽车。精神文化是"人"在追求有限的生命价值、寻找人生真理、理想追求过程中所提炼总结出的意识形态和思想境界，是指导人类自身改变自己、改变社会与未来的精神力量，也是运用精神文化发展物质文化——使人类不断自我提升精神状态，提高物质文化的思想力基础，是对发展对象、发展关系进行有序平衡、稳步提升的人类进步总体表现。

20世纪以前的人类，物质相当匮乏，人口的流动受制于漫长的交通过程，精神也主要体现仅有的少数主观意识上，直到整个20世纪下半叶，"二战"以后的人类终于迎接了和平的曙光，人类从战争的灾难中恢复过来，开始了久违的和平发展，人类才终于得以休养生息，生产力发展水平空前提高，物质创造过程大大提速，物质文化的形态回归于更为普遍意义上的全球公民，而精神文化的重点转向了普遍意义上的社会公民，这是物质文化走向公众，精神文化面向公众，并以品牌为特殊的介质服务于全球社会的重要走向与事实基础。

从这一阶段开始，物质文化和精神文化的存在形态和表达形式，使人类发生了前所未有的变化，品牌迅速跃升为全世界最重要的社会经济孕育母体与最终发展成果。全世界接受并享用品牌，就是在享受人类对物质文化与精神文化的极致追求，享受"大众化"的文化成果，以此标志着人类对物质文化与精神文化的追求与发展到达了最高境界，发展对象是全人类、是全体公民、是所有关联各方，这是普遍意义上的品牌世界普世价值。

4.1.1.1 从阶层走向平民——文化的演变

在20世纪和21世纪，完成人类物质文化和精神文化不断持续升华的载体就是——品牌。品牌既是人类社会集中发展物质需要的重要产物，赋予物质以文化，对实体物质进行物化，满足人类不断增长并提高的物质需求，也是物质文化创造者们不断提升人类对精神方面的极致追求，在以良好的精神文化不断促进物质文化的发展过程中，承担人类文化以更加直观、直接、明显的方式进行表现、提炼、总结、提升的总体发展过程。

在历史形成时期，过去的物质文化是一种小范围的探索、交流与享用，只有极少数的贵族、精英和艺术家才有权享用文化，只有考古、古建、收藏和文人、文化艺术研究者们才懂得文化，文化不仅被束之高阁，也是一种知识禁区，并以此将世界上的人与人分成了各种不同的阶层，如英国的上流社会、法国的贵族生活、中国香港的社会名流、美国资本阶层，在很长的历史时期文化只是少数人享有的专利，与平民意义上的大众无关。

进步和改革的思想与行动本身是一个漫长的人类思想文化抗争史，这是属于平民的胜利，这主要体现精神文化方面的发展。在历史中，精神上的主导性要求是以政令、法律、教育、宗教、等级等方式对平民实施的思想限制，使国民囿守于固定的国家疆界与地域范围之内，遵守固定的思想程式和文化表达形式，例如欧洲古代教会的封建神学、中国历代的独尊儒术，直到中世纪以后的文化复兴、工业人文主义思想、自由精神追求以及20世纪科学的发展、思想解放等，文化才得以陆续为平民所享，精神才得以陆续为自由而生。

品牌最终得以大量诞生，不仅是社会商品发展到一定阶段的必然产物，更是人类——特别是平民希望发展物质文化、创造精神文化的主要劳动形式，是劳动价值体现和劳动成果的分享与共享的人类发展过程。这既与第二次世界大战以后美国品牌平民化运动有关，也与大部分的品牌创始人和生产者、经营者们来自于平民有关，是品牌之于平民，是人人平等的一种文化发展必然走向，品牌所有者将品牌发展成果交付于平民、用之于平民，品牌"大众文化特性"使品牌最终成为人类发展物质文化、精神文化的终极体现形式，也彻底将品牌与地球上"大多数人的梦想"中的创造力、价值追求、精神需要、使用需求、日常所需、生活方式等连接起来，品牌到达世界上每一个角落，品牌走向千家万户的过程，就是极好地发展人类共有的物质文化与精神文化的价值追求过程。

4.1.1.2 人类文化变迁——品牌成为普世价值的文化追求

品牌的社会价值是从20世纪开始的对全面发展的，品牌社会价值的全面体现，是人类的物质文化和精神文化达到一定高度时，进行价值追求的全面体现。全世界的主要品牌创始人和负责任的全球企业，都有一致性的发展目标：改变世界，让人类生活得更好。品牌创始人、企业领导人、政治家、科学家、艺术家和品牌的设计师和生产者们，不断重复着这样一个最重要的品牌普世价值梦想，他们希望通过创造、生产和发展品牌——创造更多更好的产品和服务，让人类生活得更好。

这种品牌领域的普世价值追求，之所以成为普世价值追求，其主要是四个发展结构为重点形成的：①以平民为主的大众文化需求的发展；②让人类生活更美好的普遍文化境界追求；③为人类展示更先进的科技、更精湛的技术、更完美的品牌、更好的产品、更好的服务的社会价值贡献意识；④人与人之间友善友好、和平共处、共同进步、共享发展成果的发展力思想。

在这种从小范围的文化阶层走向大众化平民式的历史性文化大变迁中，新的政府领导人、新的企业机构、新的品牌创始人大多来自于平民，来自于普遍的家庭，他们的发展对象、服务对象也是大众化的平民，这种发展结构促使全球的品牌面向更广泛意义上的全球普遍公众，使科学技术、艺术发展的方式都以"社会化"为重点发展方向，品牌因此成为一种重要的普世价值追求，成为全世界范围民用民享的物质文化与精神文化不断升级的普遍需求、普遍发展基础和普遍追求境界。这种追求是属于全人类的伟大进步，是人类在谋求和平共处、共享发展上的价值贡献，是前所未有的一种人类重要价值观念改变，也是标志人类发展力水平的一种重要价值追求结果。

4.1.1.3 巨变时期的文化普遍性——品牌的社会价值

当人类对品牌的追求开始获得全面发展，人类更加注重的就是精神层面的表达和享受，这使得物质文化与精神文化的追求境界发挥了双向价值，成为协调一致的发展成果，而精神境界的追求本身逐步弱化了人类对短期利益的谋取，随之发生的就是功利主义的让步，这种作用是品牌发展物质文化和精神文化过程中特有的发展价值，使人类摆脱了原有的生存意识，转向发展出以生活、生态、可持续性发展为重点的精神追求，得以通过更加和平友好、共同发展、寻求高境界的精神世界来发展更加高等的人类文明。

世界物质文化与精神文化本身发展的这种变化，使重商主义、利益集团、功利主义等陆续出现消亡的迹象，而人类基于品牌所发展出的新的创造观念、科学观念、文化观念、服务观念、社会观念迅速得到了发展，并使之成为人类在巨变时期——发展社会文化、创造生活、享受生活的社会经济发展基础，从而发展了文化普遍性，使地球上每个人的日常生活全面品牌化，使用并享有各种最新的物质文化与精神文化创造成果。

人类仍然处于社会转型的巨变时期，这种巨变主要体现在三个转型特点上：①社会生产力发展方式向以消费力决定生产力的方式进行转型；②以新科技、新文化、新业态、新社会化需求为特点的社会经济发展方式转型；③以前沿、科技、时尚、潮流、快乐幸福、自然生态为价值需求的物质文化与精神文化方向转型。

随着人类生活水平的不断增长，转型巨变时期的现代文化呈现多层次需求状态，这使得精英文化和大众文化并存，互相交叉发展，从而形成人类多样多层次的文明，使文化得以保护、发展并延续。文化的发展作用，也从原有的文化局限、封闭迈向更加宽容、宽松的文化发展环境，在共同存异的发展格局中，逐步使文化的社会经济价值取向协调一致，为人类未来物质文化与精神文化全面发展奠定了基本的发展方向和发展路线。

4.1.2 品牌是科学与哲学的完美结合

现代品牌的发展，是科学与哲学不断发展并完整结合的产物。因为品牌，对人类科学与哲学的完美结合性是开天辟地的。人类科学的发展史是一个断代史，人类最早发展的是科学，并不是哲学。无论在欧洲或中国，都曾经历过较长时期的断代发展过程，科学之于人类的发展作用，以及科学本身的发展，是直到19世纪、20世纪才彻底摆脱宗教、伦理的限制，脱胎于自然、社会发起来，并立即在人类生活与发展中迅速扮演了重要角色。

尽管科学技术的发展日新月异，但一直还没有完全发挥出其应有的科学价值，即便现代社会中，科学技术的发展并不是已经完全成熟，相反仍然在许多重要领域面临着结构性的重大科学空白，人们对科学的普遍应用水平相当低，科学规律仍然没有成为人们日常工作、生活、行为的有效习惯，不注重科学、不遵循科学规律的情况在日常生活中相当普遍，只能说是目前，科学的发展方式基本成型，但科学的发展力水平、发展结构、发展方式仍然有待进步。

与科学发展最早，但也断代时间最长相比，持续发展周期最长的是哲学，哲学之所以在历史中超过了科学迅速发展起来，并在世界上的许多国家和地区的历史中一度成为占据统治地位的主导性发展思想。其主要特点是易于使用、易于理解，在面对人类复杂难懂的任何自然科学和社会科学难题面前，哲学的笼统解释可以混淆一切事物的边界，模糊一切相关的概念、规律和行为，与科学相比，在国家治理方面更简单、更易用、更容易被人们理解并使用，易于传播并易于解释。

而科学则相对要复杂得多，需要相当多的科学创想和构想、研究发明、探索发现、实验证实的过程，且科学的应用需要耗费过长时间的推广普及过程。因此，在人类主要的漫长发展时期，哲学取代了科学扮演着国家对社会治理的主导地位，也扮演着朝代更替、思想运用等基本的思想力发展作用。考察自人类诞生以来的科学哲学发展史，在20世纪以前科学家的数量屈指可数，而哲学家的数量众多且长期地位崇高，甚至在21世纪，哲学家仍然在许多国家的发展中占据着主要思想地位。

但品牌，以前所未有的方式，让新的科学思想和哲学思想完美地统一起来，以品牌为主体，发展出了科学与哲学的双重价值。而这些新发展出来的科学与哲学，一下子就解放了人类的生产力，并在20世纪最终迎来了科学技术大发展的黄金时代。科学之于人、科学之于人类、科学之于未来的作用很快就凸显出来，并成为人类发展的主要发展领域，越来越多的产品、服务、管理、生产方式、交付物及其整个发展过程都以科学的发明、技术系统的研制与投入为主要发展力，特别是企业管理技术的总体系统性设计成为新兴的科学发展力量，新材料、新技术不断以品牌为母体进行集结、集约发展。人们面向科学、触摸科技、感知科技、发展科技、创造前沿科技、想象无限未来。

此时的哲学，也随着品牌的发展，演变为实用的哲学主义，从而发展出了管理思想、战略思想、产品思想、美学设计思想、设计理念、消费观念等更为实用、直观、有效的哲学化理解，这种实用哲学的深化过程与以往的哲学表达方式是不同的，它更加接近人，是人具体作为个体或群体、物质和精神作为具体文化承载的哲学，是不断发展演进中的哲学。古代的哲学也没有因此消亡，相反，这些古代历经延续保存下来的伟大哲学思想不断以品牌史为特定形式存活下来，不断被增添现代文化元素，发展出新的品牌文化、品牌思想或品牌产品的溢价性能标准配置。

从更长远的发展意义而言，品牌建设的作用重点是发展了创想的发展空间、创造的科学实现方式和创意的艺术表达形式，从而发展出多方位的科学创造、多层次的文化需求、多样化的产品形态，多角度的哲学理解、多元化的国际融合。

人类以想象科学、实证科学、文化表达来完成品牌及其产品思想的创造与形成，人们也通过将梦想付诸行动的努力发展过程，促进了科学与哲学的双重价值表达，这是人类科学与哲学"携手同步"，共同为人类发展更高等级的文明所做出的重要奠基，也促进了各类资源投入到品牌项目的投资与建设中，为发展更多的更前沿的科学、更实用的哲学提供了实实在在的发展基本前提。

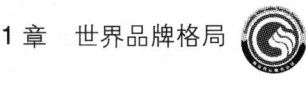

4.1.3 品牌是认知、认同、认可的必然过程

品牌的发展，是全球性多元文明进行普遍性认知、认同、认可的伟大过程，也是世界各国、各民族进行全面融合、求同存异的普遍共识发展过程，是人类从区域信息闭塞迈向全球信息爆炸时代进步过程中共同发展出的文明形态。

品牌的"认知—认同—认可"过程，本质上就是品牌的"功能性—文化性—境界性"发展过程。

人类品牌发展史中，品牌之所以得到发展是以特有的功能性需求为特征的，在全球范围的贸易交易中，来自不同原产地的商品因使用功能的不同获得了贸易的属性，这些基本功能包括了身份、地位、荣誉、观赏、治疗、军事、日用等，随着交通的发展，从马车到汽车、从帆船到货轮，从飞艇到飞机，全球范围的交通网络日渐繁荣，交通工具日渐发达，极大地缩短了运输的时间，人们对各种商品日常使用的普遍性需求不断扩充。最终，因品牌的集中出现，人们将选择权给那些可信赖的品牌，来减少频繁选择所需花费的时间，这是人们对品牌进行普遍认知的开始。

从人类早期的贸易活动开始，比较贵重商品的交易，如贵金属、华丽的丝绸、精美的瓷器是最主要的交易对象，直到后来人们所需要的服装、化妆品、家居用品等各种身份、地位相匹配的高价值商品都重点发展文化的属性。随着商品数量的增多，人们尤其重视原产地、材质、做工、技术、享用等，文化的属性就优先得到了发展，认知不断上升为对品牌的普遍认同。

国家的文化属性在贸易活动中的作用相当明显，一直也扮演着重要的角色，这一点特别是在美国19世纪到20世纪的发展过程中，这个由世界多元文明组成的移民国家，无所拘束的天然创造力和自由发展的文化力迅速使美国成为一个新的世界文化中心，美国逐步发展出极具特色、潮流风向的大量品牌文化，并带动欧洲、亚洲的许多注重文化发展的国家开展进行普遍意义上的品牌文化大发展，国家形象与品牌文化日渐统一起来，品牌所代表的先进性、发达性、经典性文化属性与国家文化的发展属性上升为普遍的文化认同，而这种文化认同随着世界各国迈向发达国家的过程而发展，在人类文明圈与文化圈中进行文化模因式模移。

最终，国家品牌溢价能力与品牌文化所带来的溢价能力高度统一，人们从国家认同到品牌认同的方式，成为人类不同民族之间友好的普遍群体共识，这种普遍共识是非常重要的社会共识，是文化普遍性在民族与民族互动过程之间友好友善的共同发展环境。

在19世纪到20世纪初，人们或许会频繁使用"万国"这一概念来代表世界各国的普遍文化融合，见到不同国家的有着不同皮肤不同语言的外国人时还会非常惊讶，人们尝试着去了解本国以外不同国家的情况、特征、特色文化来进行区分和识别，从了解认知开始迈向逐步认同。但很快，随着世界之间从交通到信息距离的迅速缩短，人们开始使用"全球主义""全球化""地球村"来表达我们人类共同生息的地球，文化间原来的隔阂就迅速消除了，人们对外国人、外国品牌已经相当司空见惯了，这为品牌的全球化发展取得了普遍的共同性基础。

全球主义是一种典型的品牌发展思想，人类从早期开始就以领土为主要发展方式，从早期欧洲的凯尔特、罗马、一直到"日不落帝国"英国，或者中国原生文明中的"天下观""统一"等观念，都是人类发展过程中形成的"全球主义"思想，只不过主要是体现在政治、军事和文化方面的领土意识。

而真正在全球品牌领域发挥"全球主义"的是美国在20世纪形成的品牌全球化思想，将全球市场作为"全球主义"的美国导弹式思维促进了跨国公司和世界500强的形成，欧洲各国间的"国际观念"促成了国际品牌的大量发展，以及日本和韩国"外生品牌"的特点促成了这两个国家的品牌从开始发展就具有全球化属性。这些发展思想促使这些国家的许多企业从公司从诞生之日起就以"全球化"公司作为发展使命，或者将"跨国公司""国际品牌"作为核心发展目标，对进一步的品牌全球化认同奠定了发展的事实基础。

认可是人类在长期使用品牌过程中，对不同的品牌输出国、品牌原产地、品牌创始人和具体的品牌产品与服务完成的使用结果验证，不同国家、不同的品牌发展思想和品牌产品在各国社会公民间经历长期使用、长期自传播、长期可靠性证实，一大批品牌沉淀下来，在基于文化认同和文化区分的基础上，形成了对这些国家所产品牌、具体品牌产品的认可。这种认可是既有感官上的印象，又是理性的选择，还有可靠的推荐来源，由此形成了一个被连接起来——基于可靠事实并相互依赖的全球可靠品牌生态系统。

品牌是有等级的，来自不同的国家的品牌具有可靠性的国家品牌等级，也有每一种品牌具体的可靠性等级，这种等级是每个人自我建立起来的快速品牌甄别系统，是以人类共有的自我感知，对社会中的品牌消费环境和各种品牌应用过程发展出的一种——具有品牌分层识别和自我安全保护的甄别系统。人们不断将新出现的品牌、历经验证的品牌加入到自己的可靠品牌清单中，既包括对品牌输出国认可度的区分，也包括对具体品牌的可靠性认可，每个人自己还建立起来了一套简易对品牌认可级别进行区分的等级系统，以快速的品牌可靠性认定与鉴别、防御系统。这是出于每个人在有限的生命中，需要快速对人生中所使用的不同品牌进行快速甄别、依赖的安全本能。每当一个国家人口的消费能力增长时，人们就开始追求品牌意境方面的享受了，这种特征成为继可靠性要求之后发展出的重要精神文化上层需求。

4.1.4 人类享受和品牌的可持续发展

随着各国人口收入的不断增长，人们的消费层次不断提升，相对应的人们在日常生活中对品牌化消费要求也就增长了，这部分增长将主要体现在激发性增长的文化需求上。当人们在各个消费或支出领域寻求最好的产品、服务、体验时，人们开始注重生活，得以享受生活，品牌被普遍理解为在精神文化方面的上层需求。品牌的需求和品牌的供给相对是平衡的，这种平衡相当于品牌的生产者和需求者之间存在相当微妙的一种心理共鸣。

经由品牌的传递，品牌创始人的思想、品牌设计师的理解、品牌价值创造链上的每一个细节，都可以通过品牌为介质完美传递给品牌用户。为追求更美好的生活，品牌使用者们也在不断升级美学、时尚、潮流、个性、品位、休闲、营养等方面的文化涵养，会注重身份、地位、荣耀、荣誉、生态、健康等品牌价值方面的追求，而供求双方这种共同的精神升级，被共同体现为品牌意境方面的追求，这是理性的品牌价值选择。即便消费者一时还没有上升到对等的文化境界，但至少在他所属的社会交往阶层和朋友圈中，他清楚需要用什么样的品牌来表达自己所处的社会阶层和所到达的生活方式。

品牌因此上升为一种纯粹的人类享受，包括了"我"和"他"的社会文化表达，"我"是品牌用户为表明自己的文化内涵和个性文化需求表现出来的品牌选择，"他"是品牌用户为让他人在观察、了解中获得自己的身份地位、社会阶层和生活特点所表现出来的品牌选择。随着人类在自我精神世界的不断提升，"我"会表达得越来越多，而"他"作为一种群体范示在一定时期的品牌需求增强以后，会逐步减少，越来越多地体现为"我应该这样"的自我品牌享受需求状态。

品牌所扮演的正是人类不断增长的消费需求主角，无论在开拓全球市场或扩大国内内需消费市场的发展过程中，品牌都是不断替代的社会经济发展主要角色，也是国家经济的重要战略储备资源。一个国家的未来长足发展能力，取决于一个国家的品牌保有量。而当一个国家对品牌的需求不断爆发式增长时，说明一个国家的经济需求在持续增长，人口从满足基本生存条件的状态正在迈向迫切需要品牌化的消费享受时代。

至少在整个 21 世纪，都是新兴品牌仍然能够发展的一个世纪，但 21 世纪以后，随着全球人口经济收入的增长以及全球范围的品牌竞争逐步完成，在人类生活消费各个领域的品牌将基本完成定型并成熟稳定地发展起来，新的品牌发展空间将越来越少，这主要是由于人类享用的品牌已经足够丰富了，在各个具体市场领域被沉淀下来的品牌已经成为人们一生固定的依赖了。

如果说 20 世纪全球品牌的重点是发展企业责任，专注于产品、服务本能的责任，那么 21 世纪的品牌发展重点将是企业社会责任，关注人类共有的地球环境经绿色生态、消除人类贫困、抗击流行疾病等方面的社会化责任。但任何一个国家如果要发展本国的品牌经济，不可跳过从"企业责任"到"企业社会责任"的发展阶段，而全球市场竞争结构的复杂性要求 21 世纪的企业必须兼顾好"企业责任"与"企业社会责任"的双向责任，品牌社会化的推动也是消费者应该共同支持的普遍认知，这是品牌可持续性发展的未来，也是人类可持续性发展的自然生态发展秩序。

4.1.5　世界品牌的市场地位分类法

从任何品牌的发展格局与市场表现上，我们以品牌市场地位分类法将品牌分为世界品牌、国际品牌、国家品牌、国内品牌、地方品牌、小众品牌六种典型类型。这种分类法主要是以一个品牌从创始之日起的未来发展方向和实际实现的市场结构来分解的。

首先，当一个品牌决定开始发展时，品牌创始人必定对自身品牌的未来发展有一个市场范围的目标，这个目标可能是全球性的，也可能是小众化的，他的发展格局再加上良好的发展方式最终就决定了一个品牌在全球范围会发展出什么样的品牌市场地位。新的世界 500 强仍然会不断诞生，任何人都有可能成为下一个世界 500 强的创始人，都有可能成为一个享誉世界的品牌创始人，都有可能写就自己不朽的百年品牌传奇。

就品牌发展格局而言，品牌无大小，任何人、任何国家、任何时间都有可能创始新的世界品牌或国际品牌，只要你想，就有可能。特别是在这个全球平民化大众创业的时代，没有什么不可能，但前提是遵循品牌发展的科学规律、遵循品牌规则，并注意从一开始就建立、根植并发展强有力的品牌思想力。

未来全球市场竞争是一种高度知识化的专业竞争，不经过系统品牌学学习的创业者很难成为未来耀眼的品牌明星。并且，有一种重要的趋势已经在世界各地被普遍注重到——未来公司首脑可能是 CBO（首席品牌官），而不再是 CEO（首席执行官），或者这两者之间会高度融为一体，但品牌在前，经营事务在后，是 21 世纪整个世纪高度纵深发展的品牌化——人类全面发展的国际化、专业化、职业化发展方式所决定的。

全球品牌竞争是激烈的全球品牌竞争联赛，品牌在全球市场地位中的排名、生存发展都在不断接受着来自各方面的挑战，从品牌整体进步而言，任何品牌的市场地位最终都会处于世界品牌、国际品牌、国家品牌、国内品牌、地方品牌、小众品牌六种品牌市场地位分类法中的一类。

其中发展主体是国际品牌，一少部分国际品牌有机会上升为世界品牌，对世界品牌的判定条件是其品牌至少活跃在三个洲际以上的全球市场（如北美洲、欧洲、亚洲），并在其专业市级市场中拥有领先的市场地位，在品牌 LOGO 主显示区、包装及说明书等主要部位的品牌文字标注（品牌名称、产品名称、原产地等重要信息）不少于三种，以全球所使用的文字人口量排序为准，依序排列。

国际品牌的保有量是一个国家是否作为品牌输出国的重要体现，国际品牌至少是三个以上国家的专业市场领域主要代表品牌，品牌 LOGO 主显示区、包装及说明书等主要部位的品牌文字标注不少于两种，包括母语、一种国际语言或所在经营区域国家的语言。

国家品牌是一个国家的象征性代表品牌，是具有本国重点经济发展角色或文化特色的品牌，也是提升国家品牌整体溢价能力的重要发展方式，但要注意这些品牌一定是高度品牌化、品牌溢价能力高的品牌，否则可能因这些品牌在国际市场上经常出现的不良声誉或廉价形象拉低整个国家的品牌溢价能力，让一个国家的所有品牌处于尴尬的发展地位上。在全球消费者看来，首先会进行品牌的国别识别，从一个国家整体所处的品牌溢价能力和品牌发展力水平判定来自这个国家的品牌溢价水平，国别溢价能力是有溢价等级的，决定了人们会以加价多少幅度或以怎样的信任程度来判定任何来自这个国家的品牌，是潜在的国家品牌输出货币价值，也是未来全球国家与国家经济竞争中最重要的国家经济竞争实力。

国内品牌、地方品牌、小众品牌由根据一个品牌在全国性市场、本地化区域市场、某一领域的小幅需求市场为发展特征的品牌市场地位，也是本国以内各类新兴企业和成熟经营的企业主要的品牌市场发展方式，是 90% 以上的企业和人口的主要经济收入来源。

品牌还具备一定意义上的文化遗产品牌属性，这主要是品牌在人类史上的发展作用所决定的，当一些有代表性具有特色文化属性的品牌被发展起来，无论其以后是存在还是逐渐消亡，都有可以列入非常重要的物质文化遗产或非物质文化遗产范畴，对这些品牌的保护或保护性发掘是人类未来在发展品牌过程中重要的文明延续过程。一些早期的品牌创始人档案、品牌诞生地原址等已经陆续被列入各国的国家文物、国家文化遗产中。

在 20 世纪世界和平与发展、21 世纪人类为谋求可持续性生态发展秩序的总前提下，品牌在人类发展中所扮演的角色将越来越重要，不仅在今天已经成为人类最重要的主导性社会经济力量，是社会中最普遍的日常生活需要，也是经济发展中的重要经济支柱，是科技、文化、教育的发展引擎，也是标志着人类进入高等文明的表现形式，更是人类文化遗产。

第 4.2 章　品牌与企业文化

品牌与企业文化到底是一种怎样的统一或分布关系，这个问题一直困扰着全世界的企业界，我们现在的重点是对这两者进行一致性分析，以便找到他们的发展规律，为从事品牌和从事企业文化的两个不同部门做出一些科学解释，以便使品牌与企业保持高度协调一致的发展脉络。

4.2.1 品牌和企业文化在组织中的属性

为做出品牌和企业文化的判断，我们必须注意两者之间的一致性共同点与职能性的不同点，就双方的形成路线和作用力进行解释，其中人们比较容易理解品牌中的文化环节——品牌文化，人们用品牌文化与企业文化似乎更好理解一些，毕竟这两者都从属于文化的范畴，当然这两者都是在企业中同时并存，且相当重要的文化因素。

但是如果仅仅从品牌文化和企业文化的文化角度来理解品牌与企业文化的关系，就会发生极大的错误认识，因为这两者本身严格地说——都不从属于文化的范畴，它们是有别于社会文化并高于社会文化的一种特殊文化能力。从全局观念而言，品牌文化和企业文化都属于组织发展学这个学科，无论品牌的文化，还是企业的文化，其目的都是为了品牌服务，进而为所有的品牌用户服务、品牌发展服务，因此品牌从本质上是大于企业文化的，是统领全局的重要发展方式。

任何企业文化都不可能脱离于品牌本身，特别是在品牌化高度发展的未来社会经济形态中，品牌在企业中的发展高度是唯一性的、战略性的、全局性的，企业的文化只能与品牌的文化进行对等，分别承担不同的发展任务，这是对品牌与企业文化最为客观的理解，所有一切努力都应上升到品牌的高度，一致性看待"分"还是"和"，"和"还是"分"的思维局限问题。

品牌是一个企业的主体灵魂，也是总体发展战略，这一点不需要做出特别解释，当一个企业的品牌发展力水平越强，品牌对企业一切工作、任务、市场的统领作用就越强，体现为高于一切的品牌价值目标。当一个企业的品牌能力严重不足，品牌容易被割裂为市场和组织两个不同的部门级领域，各自发展，缺乏统一性，这是由于品牌文化和企业文化的外在属性、内在属性所决定的，容易被视为两个不同的发展领域，也会承担起截然不同的发展使命和工作任务。但无论品牌文化还是企业文化，当一个企业的品牌发展到一定程度，企业品牌升级到品牌组织阶段，品牌发展所需的组织发展学和组织生态学，会将两者自然统一起来，这是全球任何一个企业在品牌发展史上的历史性必然，所有的文化最终会走向统一，并有机会发展出高等的品牌文明。

4.2.1.1 品牌与企业文化的全局发展方式

为更清晰地解释品牌与企业文化在一个企业发展历程中的重要作用，以及未来全球企业品牌的发展走向，我们建立了一种新的组织文化理论，来明确品牌、品牌文化、企业文化三者之间的发展关系，以及品牌或企业文化本身在发展过程中将会出现的发展路线，详见图4-2-1。

品牌文化和企业文化都从属于组织发展学的内容，品牌组织是企业品牌的高级阶段，是品牌的生态化组织化阶段，同时也是一种稍纵即逝的组织状态，为满足企业向品牌组织升级的发展目标，组织发展学就成为代表一个品牌的发展力水平、发展力结构和生态发展秩序的重要发展方式。

理性的品牌组织，是以品牌的组织文化为一致性的组织发展任务的，而品牌组织的发展目标是组织生态学对品牌组织化过程的发展要求。由于组织的本质是将个体向群体的组织转移过程，无论品牌用户作为个体，还是企业中的员工作为个体，都存在同样的组织转移任务，其组织化过程都是高度一致的。

组织文化的任务是将企业内部、外部所有的组织单元——领导人、投资者关系、供应链、企业员工、品牌用户都统一组织起来，成为协调一致发展的高度组织化状态。组织文化在这里是高度一致的，企业的品牌发展使命、主要价值观、企业责任、企业社会责任都是由组织文化层面总体设计和管理的，并不会将品牌文化或企业文化人为地割裂为不同的意识形态、价值观或行为导因。特别是在社会化和网络化的社会网络时代，社会与品牌，企业组织与社会化之间、服务与网络之间的界限已经相当模糊了，不能再用"我们"和"他们"的排他性对立关系来对待一切与企业组织相关的各种社会关系，所有人都必须是"我们"。

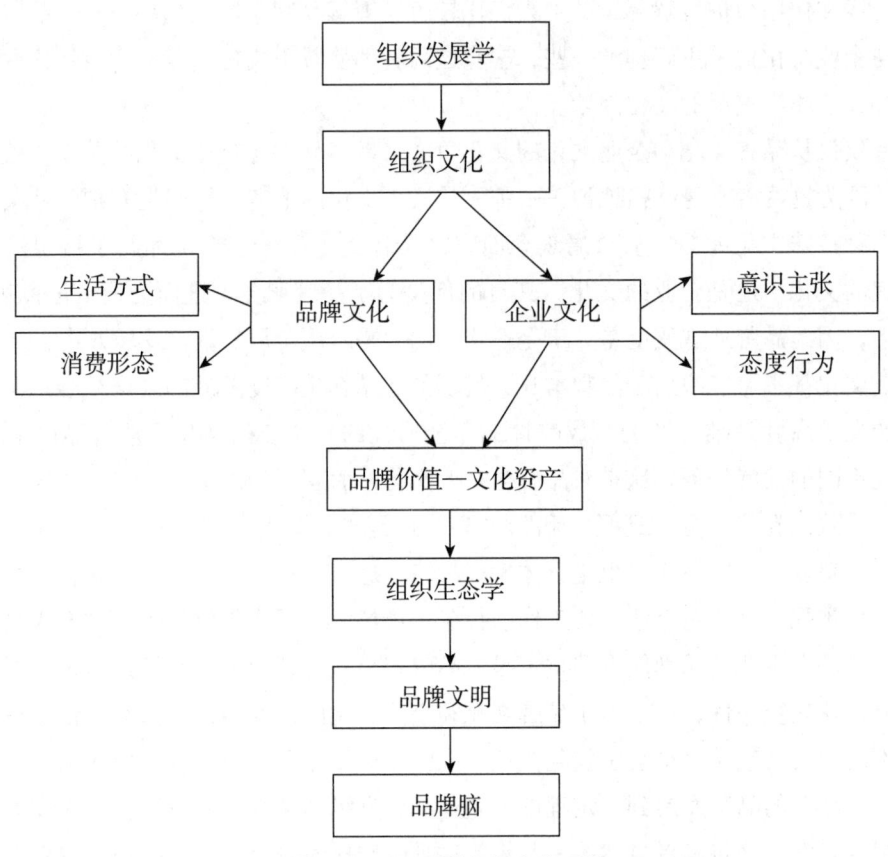

```
              ┌──────────┐
              │ 组织发展学 │
              └─────┬────┘
                    ↓
              ┌──────────┐
              │ 组织文化  │
              └─────┬────┘
         ┌─────────┴─────────┐
┌──────┐ ↓                   ↓ ┌──────┐
│生活方式│←┌──────┐    ┌──────┐→│意识主张│
├──────┤  │品牌文化│    │企业文化│ ├──────┤
│消费形态│←└───┬──┘    └──┬───┘→│态度行为│
└──────┘     │           │     └──────┘
             └─────┬─────┘
                   ↓
          ┌──────────────┐
          │品牌价值—文化资产│
          └───────┬──────┘
                  ↓
            ┌──────────┐
            │ 组织生态学 │
            └─────┬────┘
                  ↓
            ┌──────────┐
            │  品牌文明 │
            └─────┬────┘
                  ↓
            ┌──────────┐
            │  品牌脑  │
            └──────────┘
```

图 4-2-1　品牌组织文化理论

组织文化是一个企业中品牌或者企业文化的统一发展思想，这种高度统一性是品牌组织发展所需的高度和格局决定的，是长远战略和最高决策要求。而未来人类品牌经济、国民品牌财富的发展，国家、社会、企业和消费者之间都会呈现高度的品牌化发展方式，品牌作为一个企业组织发展力水平的代表性标志，其高度从本质上而言，是高于企业文化的，企业文化必须为品牌服务，这种认识是正确处理品牌与企业文化发展矛盾的重要依据和先决条件。

4.2.1.2　品牌文化与企业文化的双向发展目标

品牌文化和企业文化在品牌组织中承担着不同的任务，一个由外向内，另一个由内向外，存在双向发展路线，是可以并列分布又进行相互协调的两种文化。

品牌文化是具体对品牌进行系统诠释、文化解释、文化开发的文化要素，其作用重点是针对品牌用户的生活方式和消费形态进行研究、分析、开发，对文化成因进行破译，确立一个品牌最主要的官方诠释和解释，并根据品牌用户所需进行的文化和价值进行识别设计和管理，因此发展出一种特定的只属于该品牌的消费文化形态。这是品牌由外向内的作用力，同时品牌文化也赋予企业员工所需的品牌价值认同——包括但不限于标识、主要精神、品牌故事、文化传承、风格延续、品牌荣誉感、品牌感观认识、品牌文化主旨要求、品牌文化展现要求等基本的品牌认识，这是建立企业文化的成因、起源、灵魂和品牌化要求、品牌价值的主导部分。

企业文化是具体解决企业的组织力，发展企业员工的意识水平，培育企业素养，消除企业文化抗力，并通过努力促进员工产生积极正面的工作态度、产生价值行为的重要组织化过程。企业文化的作用力是发展企业的实际意识形态水平、主要行为意识主张，使企业的整体市场行动和员工个体都能产生积极的态度和行为。是具体落实品牌发展使命、发展目标的行动能力和行为保障。

企业文化是由内向外发展并扩展，经由价值链进行传递，由于现代品牌的发展更加具备社会化与网络化特征，在社会网络运行的品牌中，其每一个员工的劳动价值、与公众的直接接触面都扩大了，甚至企业的高管和主要员工不仅从工作流、服务流上与品牌用户直接发生接触，也通过各种新媒体介质，如移动互联网拥有自己的自媒体和沟通交流环节，随时可能与任何人、任何事发生关联或互动，但所有人的一举一动都被意味着在向公众直播一个品牌应展现出的形象和魅力，因此企业文化在未来发展方式已经不再局限于企业内部，是一个品牌组织内部及关联各方所有人都需要对品牌负责的发展状态，因此企业文化必须在品牌化基础上运行，纳入品牌发展力水平和品牌发展力结构的范畴，进行对应的文化开发、文化管理和文化监管，保证企业文化转化为品牌文化并高质量地对外输出文化。

4.2.1.3 品牌的文化资产与组织生态发展终极目标

从投资价值和财务等经济角度而言，无论品牌文化或企业文化，其所发展的作用和发挥出的文化效应，最终都会被纳入企业的文化资产进行计算，隶属于品牌价值的重要组成部分，既是一种企业可以对外展现的发展前景、竞争实力和资本存量，又是可以被计算为投资价值、市值的交易产物，在公司上市、并购、出售时发挥着重要的资本作用。

组织发展学的目标是组织生态学，这是将品牌文化与企业文化两个进行对等发展的学科，也是企业塑造品牌价值，发展文化资产的具体结果。品牌组织的生态发展结构意味着品牌的自适应发展能力获得了成长，能够保障有秩序地良性运转起来，并拥有可持续性的自然生态发展能力，是企业的品牌文化与企业文化高度发展后形成的，不仅具有统一、协调、融合、开放、互动的发展特征，还运用由外到内、由内到外的组织化过程使品牌员工和品牌用户之间的价值发展达到了生态可持续性发展的高水平阶段，组织的生态秩序发展便保护了一个品牌的持久生命力和有机平衡运转。

一个企业在完成品牌化、组织化、社会化、网络化发展任务后，最终有机会上升到品牌文明阶段，使一个品牌从外到内，从内到外形成一种特定的文明形态，而品牌文明既是一个品牌发展所到达的高度，更是企业的品牌化和企业文化发展到一定程度所体现出的高度统一的文明形式，品牌文明是企业发展出的一系列特有的、特定的、独立的、固定的、可传承的、相当明显的文化形态后产生的，而文明具有极强的未来发展价值、文化遗产价值和高度的竞争力水平。

最终，企业品牌可能发展到的最高阶段是品牌脑阶段，品牌的文化、企业的文化最终因此转化为社会网络中自适应发展、自动化升级的发展品牌脑学，品牌员工与品牌用户完全融合并产生记忆、智慧、知识、思想、创造及高等文明的阶段，品牌神经网络和脑智慧作用将会把品牌推向前所未有的智力发展高度。

4.2.2 品牌文化的科学表达

品牌的文化表达体现在三个方面的重要职能性价值，这三大价值因素决定了品牌文化与企业文化不仅不一样，并具有统领一切文化的社会性和经济性价值，是企业品牌价值资产中最重要的一笔投资和可持续性收益。

①品牌文化的生态发展生命价值：品牌文化的首要任务是对一个企业的整个品牌做出文化层面上的品牌价值结构性设计，对企业的品牌进行整体性的品牌诠释和官方解释，并设计、推进和监管文化层面的品牌化元素、行为和方式，这是企业在发展到高度一致的品牌化过程中——品牌文化所必然承担的职能性使命和责任，是品牌能否成为百年品牌的可持续性品牌生态发展秩序负起最高责任，并为品牌资产的增值和所有的品牌用户服务，这种文化作用是社会文化或企业文化所不能取代的。

②品牌文化高于企业一切文化地位：品牌文化本质上高于企业一切文化形态，是所有品牌意识、品牌精神、品牌化过程和品牌员工态度与行为的最高文明规则，是企业品牌发展为品牌生态组织进而发展到品牌文明阶段，建立持久牢固的品牌用户族群，保证品牌价值链在员工端的创造和用户端的发现双向价值表达并实现的核心载体。

③品牌文化作为资产属性的货币价值：同时，品牌文化是促使品牌产品产生品牌意境，增加品牌文化含量，产生品牌感观性能和品牌员工荣耀感，提升品牌溢价水平的重要过程，是作为品牌价值在资本市场上发挥重要的资产交易价值的货币性、金融性有价财产，是可以被评估、计算、买卖的财务计价方式。

这些特性使品牌文化的表达，具备科学和哲学的双重形态，既要注重品牌科学与品牌技术的有效运用，又要注重哲学美学的完美表达。一个品牌最重要的环节，是文化赋予一个品牌整体印象、品牌产品、品牌服务的感观认知，使品牌脱胎于原有的产品或服务基本物理形态，呈现出高价值的文化感应和精神追求的品牌思想完美表达。

4.2.2.1　品牌印象理论

在具体的理解和解释上，我们称之为品牌印象理论，即：人们认知品牌，建立对一个品牌基本的印象来自于至少三次以上接触或者至少三个立体面的维度，即品牌拉伸理论发挥出的作用。从LOGO、命名、品牌产品美学表达、品牌视觉形象、品牌故事、服务体验过程等多个维度纵深性拉伸出人对品牌的立体化整体性印象感知，这种感知是直观的，是直接产生的，是足以穿透人的内心，达到消费者心灵共鸣，满足消费者的期望值、拥有欲和精神文化层面需求的深刻品牌印象，并且这种印象是持久的、深层次的，对一个品牌进行感知的新接触者会在大脑中保存这种珍贵记忆，永远挥之不去，以此达到品牌创始人的心灵追求与消费者的心灵追求跨越历史时空，保持同步同频的心灵交互。

品牌印象理论是品牌文化在深层次上建立的特定品牌印象形式，也是建立品牌文化的真正追求，一个典型的例子是企业聘请专门的品牌设计公司设计并制作的VI系统，VI不光是制作成手册，必须进行高质量的实物化、实体化、可视化分解执行，并在各种实物实体表现上必须保持一致的品牌形象。潜在的消费者通过对一个品牌的品牌主页、品牌内容、品牌员工服装、品牌员工精神面貌、品牌广告和品牌车体等综合感官印象的立体化系统建立，才能完成一个潜在品牌用户对品牌所产生的肯定心理和追求感，而这种追求恰恰是品牌的科学、文化、美学、精神、思想的表达部分，作为一种明显的文化特征具体被体现出来。

无论是涉及的一个品牌的文字、语言、广告、宣传品，都应能够建立在品牌意境的表达上，让用户感知到意境的重要成分，品牌才是"活"的。如果一个品牌的任何接触点、接触面表达不出品牌所有者对意境方面的追求，那么一个企业品牌是"死"的，它始终只是一种被误认为是"品牌"的商标、企业名称和产品组合、业务形式——大家熟悉的商标、有一定知名度的名称、物理意义上的产品、推广业务宣传品而已，根本不是真正意义上的品牌，也丝毫达不到品牌的科学与哲学要求。

品牌文化还将具体赋予品牌以生命，高度发展的品牌文化是将品牌的灵魂与生命注入产品和服务中，让品牌表现出鲜活的生命迹象，触动着每一个人与之发生的心灵感应，并且经由广告、名片、网站、画册、声明、内部文件、服务政策、说明书等一系列实体表达形式向外传递，代表着精神、科学、艺术、身份等文化价值方面的属性，由此形成品牌的溢价水平、排他性竞争实力、品牌市场空间，并且这种文化价值是持久的、高竞争性的，甚至永久的。正如考古学者不断从古代遗址、历史文物中寻找到的——消失的文明和人类艺术表达的作品，以及品牌大师们的设计作品，它们都视为人类重要的文化遗产被珍藏保护起来，好的品牌所具有的收藏价值和记忆价值体现了这种品牌文化的特征。

4.2.2.2 多样品牌文化的形成原理

品牌文化不仅有着明显的中心化特点，也具有中央化特征。全世界文化本来就有中心，不同的文化中心发源组合成不同的文明或文化谱系，这种多中心的文化形态成为今天人类文明发展中不可或缺的重要组成部分，也是今天世界多元文化的来源，对文化的探源、承继和发展是人类认识自我、发展文明、发掘文化的母体。

任何一种存世的文明，都有多个文化中心及其文化谱系组成，或是历史，或是传统的，或是现代的，或是时尚的，或是未来的，或是国际的，这些文明和不同的文化、亚文化、子文化组合，既是人类多元文化的溯源、成因和发展力，也是任何品牌得以汲取的文化因子和文化源头，是进行文化溯源的"朝圣中心"和发展论的"未来中心"。例如，美国乡村音乐文化、硅谷文化、好莱坞文化、太空探索文化，法国风情文化，英国英伦血统、爱尔兰竖琴文化、凯尔特的奇幻传奇文化，或中国汉学文化、中国结文化，都可能发展出新的品牌及品牌文化。

从总体而言，品牌文化是人类多样文明的承继光大。人类各个文明中的文化中心以母体孕育了人类的品牌文明，发展了每个品牌独立的文化信仰、文化风格和文化追求。要么追溯已经有的文明、要么发展新的文明、要么组合发展成新的文化特征，要么演绎出文化的味道，要么创造一种新的流行文化，在全世界文化与文化的交织、碰撞、连接、开放、融合过程中，形成了多样的人类文明、多样的国际文化、多样的品牌文明。

品牌文化有其文化发源、承继与文化创造的母体，这是一个品牌的文化能够比企业文化更容易获得全球认同、国际交流的原因，也正是全球范围反文化侵略的"拒绝同化"的普遍意识，才得以使各种不同的文化在全球间能够互相尊重、互相并存、互相保护、互相影响、互相流行，从而使世界上每一个品牌发展出的品牌文化可以得以流行于全世界，每一种文化都有其或多或少的追求者、追随者、喜好者，进而使国际品牌的市场得以遍及世界各地，在地球上每一个地区或角落，都能遇到尊重某种文化、喜爱某种品牌文化的人，这种多元交错、相互并存的多元文化发展本质——加入到人类文化频谱中，是构成品牌发展的理论基础和事实基础。

4.2.2.3 品牌文化的中央化系统结构

品牌文化的中央化特征，具体表现为一个品牌对世界多元文化中心的具体提炼和统筹发展上，也就是每一个品牌在全球范围，都有其固定的中央品牌化系统（CBS）承担文化的溯源、聚合、提炼、发展、贯彻、指挥、协调七大作用，并且始终具有由外向内的传递轨道，这是一个品牌形成并发展自身独立的品牌文化谱系的重要组织过程，也是品牌使命、品牌故事等品牌诠释形成的中心。

品牌文化的发展肯定不会凭空而来，品牌的创始人和主创者们会决定采用哪一种文化的组成，是选择继承某种文明整体、某种亚文化，还是在多元文化基础上吸引不同的文化创立自己的文化，每一个品牌的文化必须是独立，且在保持独立存在的同时，又不断被加入新的文化元素，进而发展出一个由亚文化、子文化所形成的系统化文化谱系，这样一个品牌才能作为一种典型的、足以区别于竞争对手或其他品牌的品牌文化特征存在。

由于品牌文化的成功缔造是一种孤独和艰难的过程，许多企业在创立品牌文化的过程中都失败了，最终也只有极少数量的品牌才能得以系统地完成品牌文化的发掘、创始、诞生过程，接下来是品牌组织需要以品牌文化为中央孵化出更多大量认同这个品牌文化的人——品牌骨干群体和员工群体，来承担品牌的发展、承继、保护、传播、传递过程，这个过程类似于蚁群中的——蚁后的形成并发展出具有专门分工和独立繁衍性质的大规模蚁群的自然规律。

但这仅限于一个品牌及其员工群、用户群的发展，如果一个品牌还想要创造出大量新的独立品牌，形成集团品牌集群，由每个品牌承担不同市场领域的专业级市场分工，那么就必须使用品牌秩序体的品牌发展科学原理。凯尔特人曾经一度占领大半个欧洲，最多时同时拥有几百个不同的品牌，有序地在欧洲大陆上运转凭借的正在是秩序体，世界最早也最成功的集团品牌集群样板——P&G宝洁，其创始人就来自凯尔特文明区域，运用了能够同时管理多个品牌的娴熟秩序思想，发展出了事业部制和品牌经理制来成功管理着规模庞大、品种繁多、技术复杂的品牌家族，并且在2015年，已经拥有了26个年销售收入超10亿美元品牌——10亿美元俱乐部。

品牌的中央化特征及其以中央性的品牌化运行方式会形成一个品牌的中央化系统结构，每一个品牌及集团品牌集群都有一个品牌中央，承担中央品牌化的系统发展任务，体现为品牌成熟、清晰、稳定、有秩序的品牌秩序体。此前，全球企业普遍会遇到的品牌发展问题、品牌多元化问题，一直是困扰全球品牌稳步规模发展的主要难题，但这种中央品牌化发展方式事实上却是任何一个希望发展大品牌、发展集团品牌集群的企业创始人和领导人绕不过去的管理视野和管理思想，同样有其科学规律和发展力结构。企业品牌迫切需要这种中央化的特征来完整、有秩序、结构合理并清晰的发展方式来发展品牌。

品牌文化传递，是从品牌中央直接到品牌用户，再从品牌用户直接跳跃回品牌中央的过程，这种直达的特征是具有特定轨道的，它直接跳过了员工，在品牌化程度高、高度发展的品牌组织中，企业领导人与品牌用户之间的交互是零距离的、是直接的。现代联网科技发展也进一步在佐证这种非常直接、直达的品牌传递、品牌感应、品牌响应过程。今天的企业都希望以更直接的方式通过联网发展与品牌用户之间的社会化网络互动关系，而这一点也回到了建立品牌的本质——品牌是为品牌用户服务的，从品牌创立之日起，就是以品牌用户的喜好和消费服务的，是为人类拥有更好的生活方式、更快乐的感觉体验、更完美的享受服务的，相互间传递的正是精神、思想、文化。

4.2.3 品牌文化与企业文化的一致性与文化冲突

品牌文化与企业文化既有相互交叉的品牌使命、品牌价值、品牌精神等意识形态和文化传承的紧密关系，这种一致性体现在品牌文化是构建企业文化的源头和成因，正如品牌的文化来身来自具有某种或系列典型文化的传承、组合与光大，是有其根源、来源的，品牌文化是以本心论、本源论、本位论、本质论来发展的，任何品牌的文化必有其渊源和溯源。

但企业文化通常缺少渊源和溯源，而企业文化也不可能脱离品牌的文化独立出来，单独形成精神、价值观。意识形态和思想层面的不一致将导致严重的文化冲突，品牌是将梦想与现实紧密结合起来的产物，而企业文化中的矛盾主要发生在梦想与现实之间相互纠结的冲突。一个高度品牌化的企业，必然是品牌文化与企业统一高度、协调一致的结果，一个没有品牌化的企业，必然是品牌文化与企业文化之间频繁发生不一致的意见，且导致各种冲突和矛盾并严重制约了企业中员工的意识、心态和行为。

集体主义在一些国家可能被视为文化的主体，但事实上并不是，品牌文化的创立相对要容易得多，只需要在各种文明或文化因子中进行有效的组成、有机创造，并赋予其使命、意识、故事和意境、美学方面的表达就容易形成，但企业文化却是复杂的社会文化变因对企业加载的文化形态。企业文化受社会文化制约，各种社会思潮、社会现象、社会矛盾以及不同的宗教、政治、文化影响着人们的思想意识发生了剧烈的复杂性变化，因此要创立企业文化则必须使企业文化高于社会文化。

要在企业中消除社会文化中那些弊病、矛盾、烦恼加载给企业文化的消极因素，企业文化才能变成积极的文化，进而发挥出员工主动的意识、态度与行为从而达到企业文化的任务目标。还要注意的是——在自由主义和今天互联网环境下社会网络中每个人以自我为中心的个体化形态趋势中，集体主义是很难存在的，并且在一些强调自由精神和个人主义的国家和社会环境中，尊重个体、发展个体、组织个体、协同个体、服务个体已经成为全球趋势，这是个体与个体进行互动，并以文化为纽带进行连接与协同的"组织形态"，组织的结构、内容已经使原来社会形态中的"集体"发生了巨大变化，这是一种建立在社会文化形态之上，以组织社会化和组织协同为代表的新的生态组织秩序，这种改变是发展现代企业文化的重要基础。

企业文化在现代企业中具体承担着意识形态、价值观念、工作态度、行为方式的责任，是负责将品牌文化转化为企业秩序井然、积极正面、协同努力、承担双向责任的员工普遍文化状态，通过员工意识水平、员工素养、积极主动表现出来，使之产生群体性的积极认识、主动行动和负责任的态度，并特别是在每一个能够直接让员工与投资者、供应商、服务商、品牌用户进行接触的接触点上，转化出这种理性的良好的企业文化形态，使企业文化成为一个整体，对发挥一个品牌文化的展现和补充作用，帮助品牌用户建立起对一个品牌完整形象、完整服务、完整接触过程的认知、感知、价值发现与价值认可，如此企业文化方能达到企业对其职能化的任务要求。

4.2.3.1 企业文化的服务对象

品牌文化的服务对象是直达品牌用户，处理好品牌用户认知、感知、响应，企业文化的服务对象是激发员工更好地服务品牌用户。两者的主体作用不一样，在企业中的价值也不一样，但在服务对象和结果上是完整一致的。

我们建立品牌文化与企业文化发展结构，以便更清晰的识别这两种文化因素和文化结果对品牌用户所带来的文化效应，详见图4-2-2。

如果要对文化的传递过程进行分层，我们可以将之分解为品牌文化、企业文化、品牌用户、社会公众四个层次。从品牌文化角度上理解，是品牌文化孕育了企业文化，特别是在新的人力资源招聘中，优秀人才主要是受品牌的实力和品牌的发展前景所吸引的，一些优秀的人才志愿加入这些品牌，并通过在品牌的表现和表达中贡献自己的力量，这种贡献是纯粹的、美好的、真实的、专业的，在许多时候与金钱或物质条件无关，它是一种精神追求、一种价值体现、一种生命哲学、一种发自内心的志愿行为，是高尚的美德，也是人与人相互之间应该被尊重的人类社会文明基本形态。而企业文化作为一种精神表达因素、氛围环境和态度、行为的转化方式，发挥着对每个人个性文化的尊重、劳动价值的承认、主动意识的鼓励、良好行为表扬、仪式感的凝聚等基本任务性作用。

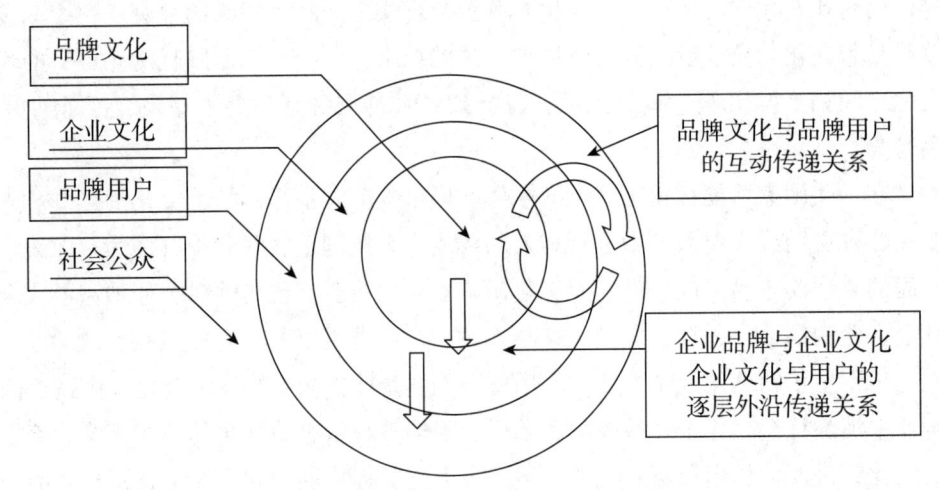

图 4-2-2　品牌文化与企业文化传递层次

从企业文化角度上理解，一个企业中的文化，是先由品牌文化产生基本的文明形态，传递至企业文化，然后经由企业文化进行企业文化力的转化，将是对品牌价值的具体落实、品牌行动的具体执行，再由企业文化传递至品牌用户进行感知、感觉、感受的完成。最后通过品牌用户向社会公众进行传递，影响和触发更多的新的品牌用户加入这个品牌的品牌用户族群，这个传输本身还会存在巨大的文化冲突问题，需要加以思考。

从品牌用户及社会公众角度上理解，由于品牌面向的是品牌用户，品牌文化与品牌用户之间是直接的互动传递关系，如品牌领导人接受记者采访时发出的有关品牌的最新发展目标和服务政策，都会通过社会媒体直达品牌用户及社会公众，而用户遇到品牌产品使用麻烦也可能经由个人在网络上的自媒体发布后，第一时间被企业的品牌监测系统发现并上报给高层。

4.2.3.2　企业文化再造与文化冲突

品牌文化的起源、核心价值文化一般经久不变，随着时间的推移和历史的发展是不会被磨灭的，人类从最早结绳记事开始，就非常注重对各种文化创作、文化人物和文化事件的记录、保存、保护与延续，并将之作为人类文明的重要组成部分始终珍藏在各种博物馆、史料和档案库中，并不断被人们重复提出来重新吸引人们的关注，人们用这种特有的方式来保存和发展文化。品牌文化变化部分通常只是其表达形式是否符合最新的美学需求，决定是某种艺术化形式来呈现品牌，并决定用某种最新技术来发展品牌的市场。

但企业文化与品牌文化最大的不同之处在于企业文化随时可能发生老化，是不断受到各种社会思潮、社会文化、社会观念、社会现象、社会潮流、社会问题冲击，是断代性发生剧烈变化的，过去是以一代人（每隔 30 年）为一个社会文化断层，现在是以 N 世代（每隔 10 年）发生一个社会文化突变。

每当企业运行一段时间，经历不同的发展阶段，不会社会文化的断层和突破就影响了人的思维观念、意识形态发着变化，每个领导层成员和员工的工作方式和人生都在发生变化，每个人的思想意识和价值判断能力都在随着社会文化改变，社会变化是引发人的思想意识发生变化的主要动因，而企业中的企业文化抗力也在影响着真实的文化发生改变，这就需要每隔一段时间必须进行企业文化再造，以便在企业文化发生老化——企业文化衰竭症状发生之前，通过企业文化再造恢复企业敏捷竞争能力。

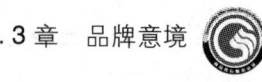

企业中的文化冲突是多样性的，包括了品牌文化与企业文化之间的冲突，也包括了组织层面出现的组织间文化冲突，还包括了企业文化在逐层传递过程中发生的自然损耗降能。这个过程中至少存在两个相当突出的问题：

一是企业是否存在真正意义上的品牌文化，如果企业中的品牌文化不够强大、彻底、深远，就会发生企业文化强于品牌文化的结果出现，品牌组织也随之降为一般企业、品牌产品随之降为一般产品，品牌引力降为普通的市场营销业务发展，企业回到品牌帕金森疾病中，企业精神、价值观等一般性的企业发展需求取代了品牌发展力水平。

二是企业文化在逐层传递过程中，会出企业意识和行为逐层降权、降级的问题，电力、声波、无线信号、火车等在传输过程中都会出现大量损耗，因此必须在每隔一段距离架设接收、放大、发射或补给的系统才能维持其正常传输，企业文化需要经过企业中过多的层级（领导层、执行层、员工层）再到用户层、公众层，文化本身在传递中的损耗如何处理？企业中的非正式组织、员工压力和情绪、社会不良现象等产生的企业文化抗力又该如何消除？

因此这就需要对企业文化的理论本身进行进一步的研究、科学实验与理论确立，新的企业文化的理论则包括了企业文化力、企业文化再造、企业事业理论、企业秩序体、企业素养、企业文化模因等方面的研究，从而使企业文化在发展、传递和价值系统中发挥出积极主动的文化自发理论过程。任何企业都有文化，要么是建立积极主动的企业文化，要么是形成沮丧压抑的被动文化，这是文化复杂性所决定的，这些复杂性成因造成企业文化的塑造在多数情况下是失败的。

第4.3章　品牌意境

人类的心境总是会被自然美好的事物所触发，沉浸在一种感觉和感观的享受之中，这是国际品牌诞生演绎的根源，这一章我们将探讨品牌的灵性话题——品牌在哲学与美学方面的深入思考。

品牌意境揭示了三个重点：对大自然唯美事物的一种追求；对人生真理感悟的哲学思考；对三元秩序平衡思维的理解。

4.3.1　人类最终都会进步为品牌人

我们将人类划分为原人、经济人、工业人、社会人、品牌人，这是人类现存的主要形态，最终地球上所有的人类，都会进步到品牌人阶段。国家由品牌输出国和品牌输入国组成，最终的品牌人，一小部分是品牌创始人，其余的是品牌组织的成员或品牌消费者。

原人体现为以物质交换为特征的人类，汽车、不动产以及金银珠宝等贵金属和宝石的原始经济交易大量存在，这取决于重商主义在一些国家的流行，原人依托经济人存在，一部分人口将以原人为主要特征。

经济人是指进一步以货币财富作为衡量或取决事物标准的人口，如果经济人在一个国家的比重过高，或过多占据经济主导地位，则该国会成为严重的品牌输入国，该国的国际品牌崛起数量和质量会遭遇巨大的冲击。

工业人是指拥有社会化专业大分工特征的人类，经历过欧洲工业革命，或深刻理解专业分工的国家已经在100年前完成工业人的集体进步。相反，未经历工业革命的国家，则在很长一个时期难以完成顺利过渡。专业分工具体会体现在国民的普遍思想上，也会体现在社会经济的分工方式上，即企业的核心竞争能力专业化，释放大量的周边业务和就业空间，实现全社会分工专业化，占一个国家企业数量最多的小型企业因此获得勃勃生机，这是一个国家成为品牌输出国的重要前提。

从原人、经济人到工业人的进步，在世界上任何一个国家以及任何一个国家的人口中都会存在，一个国家主要国民到达工业人阶段，专业化分工的社会将全面形成。

4.3.1.1　以社会贡献值衡量的未来社会

社会人是指具有社会属性的人口，当一个国家居民在社会参与、社会力量、社会贡献方面占有极大比例，将全面形成有责任的社会，公民和企业积极履行公民义务，国家的公民普遍拥有尊重感、责任感，社会人所组成的群际网络覆盖全国，高度渗透于所有社会事务，成为人与人之间进行交往、互信、尊重、理解和贡献的基因。由于社会人普遍具有爱和奉献的特征，国际品牌崛起的数量和质量将得到空前提升，国家将会成为世界上重要的品牌输出国，国民则享有品牌输出国所带来的巨大品牌溢价红利。

世界上的国家主要是共和国政体，共和国是指国家为全体公民所有，以社会人为主导性人口特征是全球努力的目标。我们认为在未来所形成的社会，必定是以人口的社会贡献为母体的，即社会贡献成为衡量一切的准则，无论教育、职务升迁、银行贷款、政策扶植、医疗养老乃至从国家及公共机构获取的各种公共或私人服务，皆以社会贡献值为评估、考量、授信、给予服务的一切基准，良好的信用社会是贡献型社会的初级阶段。

对原人、经济人、工业人、社会人及品牌输入国、品牌输出国之间关系的论述，是站在国家、公民、社会三者的三元关系角度上看待的。一个国家的主导人口是原人、经济人、工业人还是社会人，决定了一个国家的国际品牌繁荣程度，也深层次地描绘出一个国家及国民的经济收入主要形态、经济结构和主要创造力与消费特征。

4.3.1.2　品牌人的进步

在未来全面品牌社会的形成中，最终会形成两类品牌人：一类是品牌组织者，另一类是品牌消费者，以品牌为主体进行的创造、服务或消费，构成了整个全球品牌经济综合结构。其中，起到最重要作用的是品牌创始人，包括了品牌创始人、品牌领导人和品牌官，其次是品牌组织中员工、品牌供应链、品牌经营网络和各种类型的品牌服务商，他们收获来自品牌的溢价。

我们每一个人都相当清楚，未来世界上所有的产品和服务都会完成品牌化的阶段，所有的市场都会成为品牌市场，每一个地球上的人最终会在世界各地、各个领域、方方面面进行品牌的消费。品牌伴随着每一个人从出生、成长、学习、工作乃至一生，每一个人类的大脑中将只会记忆对各种品牌的识别，用户对一些强势品牌会具有排他性品牌选择特征。

而全球品牌人进步的焦点，则是到底谁可以成为品牌创始人，到底怎样成为品牌创始人，一个国家或一个民族的希望就集中在品牌创始人的培养和孕育上，特别是自强自立、自主创新、敢为天下先的新生代创造者，无疑需要所有人给予尊敬。

4.3.2　品牌精髓：品牌意境的追求

人类总是试图在哲学和科学之间寻找一种平衡，而这种平衡，显然是对人生、事业或产品的更高一层理解，我们称之为品牌意境（品牌的哲学过程）和品牌再造（品牌的科学过程），两者的作用是相互的，品牌创始人极力寻求感性与理性的完美统一。

品牌意境——品牌在哲学方面的表现过程：对大自然唯美事物的一种追求，对人生真理的感悟和深刻理解，对大自然平衡的充分思考被融为一体。品牌创始人都是极力在品牌灵性、品牌经营哲学、品牌语境、品牌设计思想、品牌美学等方面进行全新突破，以开创式创造一种前所未有的品牌极致享受，这种追求是具有开创性的、前人所未有的、独一无二的。

品牌意境是指品牌用户从心理、视觉、触觉、味觉等各方面对品牌进行感知的过程。人类在科学研究中发现，人体的效应器官会在观察事物时产生反应动作，或神经冲动在反应过程中，都将对有机体实现一种刺激，引起一定的神经冲动，沿传入神经返回传导到中枢，这个过程就是人体感观"反馈"的过程。品牌创始人良好地应用了"神经冲动"过程，在品牌用户的大脑感观中建立一种强烈的印象，使用户确信一种品牌所展示出的特征是独一无二的，是一种完美的感观享受，是完全超值的选择。

由于意境本身是一种玄妙的追求，人类极力在品牌享受中完成这种美的需求，体验对一个品牌的追求过程或拥有乐趣，从而为品牌释放了大量的追求空间和溢价空间。

接下来，国际品牌会通过感觉使用户对一个品牌的各种特征进行适应，这是一种自我品牌学习过程，经由学习后的品牌用户，会对品牌建立一种稳定的依赖感、信任感、荣耀感、拥有感，这是随着时间的推移，国际品牌对品牌用户的感观系统所进行的一种恒定刺激，使之适应一个品牌。

国际品牌存在的基本条件，是品牌创始人通过实现品牌意境来完成消费者教育，这个认识过程也是品牌用户们相当重要的心理改变和心理适应过程，品牌创始人从一开始就相当清楚这样做的意义。

品牌创始人非常清楚的是，需要为品牌用户构建一系列全新的感官习惯和使用习惯，这个过程是品牌用户，乃至整个用户品牌族群所进行的一种自我学习，通过品牌用户在使用和体验中获得独有的知识、信息和使用习惯，深度认识品牌，从而将品牌根植于每个人的内心深处。品牌用户在使用过程中，会迅速掌握到品牌的主要特征、优势，提高对人、事物、产品的认知水平，使品牌用户在不知不觉间建立起对品牌意境的追求，并建立起一系列新的排他性品牌使用习惯。

4.3.2.1 品牌意境——品牌信念的产生

人类通过对大自然、文明、文化、人生等引发的一系列感悟，会上升为品牌哲学化的思考，以此构成品牌精神、品牌理念、品牌文化等新的品牌语言，但这显然还不是品牌的最高境界。

国际品牌的品牌创始人极力追求品牌意境上的完美诠释与表达，由此创造出独一无二的品牌思想，这些思想层面的表达会具体体现为品牌经营哲学、品牌灵性、品牌语境、品牌设计思想等更高层次的极致追求。

一些品牌创始人通过冥想、宗教和艺术探寻品牌的境界，一些品牌创始人通过对未来科技和梦想的潮流趋势来预测设计品牌的思想，一些品牌创始人则通过对人生哲理和真理的思考与寻找来呈现品牌想要表达的完美意境。无论何种表达，都是要为品牌构建新的、创造性的、原生的、鲜活的生命力，无论何种表达，都从自然出发，都从心境出发，将伟大的思想与梦幻的理念倾注于品牌之上。

这是一个为品牌塑造灵魂的伟大过程，品牌因此产生伟大的生命力，可以与每个人的生命进行完美融合，成为人们梦想中的品牌。这些品牌生命鲜活而奔放，纯美而精髓，品牌用户从中可以得到美好、幸福、快乐、开心等种种内心涌起的热情与极致享受，品牌与每个人的内心连接，深深地触动着每个人并为之喝彩，每个人自发地传播，品牌从而深层次地与每个人的工作、生活、快乐连接起来，成为每个人生命中不可分割的一部分。

把梦想变成生意、把快乐变成事业、把完美享受变成纯粹使用乐趣——品牌意境最终形成强大的品牌信仰，即整个品牌组织内部的员工愿意为品牌做出贡献，每天开心地工作、幸福地为梦想的品牌付出努力，品牌经销商网络也愿意将这种美的享受传递给千家万户，而品牌用户也自愿自发地集结成品牌用户族群，成为一个品牌最忠实的拥护者。

4.3.2.2 品牌灵性的产生

品牌灵性是人类对品牌意境的深入挖掘，作为对大自然和人生的一种境界，灵性是完美表达品牌灵魂的直接体现，品牌创始人通常是很纯的人，一部分相当单纯的人将从大自然和人生中获得的一切美好感悟，倾注于品牌作品之上，使之构筑起品牌的灵魂，从而使品牌梦幻般生动地展现在世人面前。

森林、河流、碧野、蓝天、岩石、树林、花草、鸟兽都带给人们纯美的感观享受，因此品牌创始人、摄影师、艺术家们都从大自然中寻找灵性灵感，让心灵和自然深切相通，让感性与理性完美融合，让一切美好事物与品牌连接相通。

所有的品牌都可以是现代时尚潮流品牌，只有与时俱进的品牌才能得以永生，而灵性作为品牌的点睛之笔，赋予品牌以灵魂、灵性，典雅的设计、流畅的曲线、完美的弧度、硬朗的直线、爽朗的风格、梦幻的色彩、科技的点缀、巧夺天工的精巧表达、独具声韵的完美诠释……都与品牌深度融合，都是品牌创始人极力追求的灵性享受，都是品牌设计师们千锤百炼的精心杰作。

灵性作为一种天性的表达，贯穿于品牌的完美缔造与设计过程之中，产品由内到外，由外到内，需要浑然一体的品牌灵性化设计，其中包装、外形、手感、质感、内核相当关键，未来品牌必须通过对用户创造良好的感受、感觉和纯美的用户体验来浓缩表达设计思想。

回归自然、寻找纯美意境是现代社会城市人口最具代表性的潮流追求，而年轻化的 Y 世代（"80 后""90 后"）则代表着最主流消费群体的崛起，因而品牌年轻化、时尚化、潮流化、动感性的品牌灵性将成为今后品牌组织细心考究的重点趋势。

4.3.2.3 品牌用户族群的设计

当今世界，是一个以潮流催生可信品牌的"粉丝"经济时代，这里体现了三种经济特征：一是以时尚潮流和先进科技交相辉映的品牌溢价时代；二是以可信交易为基础的品牌安全消费时代；三是以品牌吸引为特征的"粉丝"营销时代。

这三种经济特征构成了国际品牌存在的三种基本条件：一是品牌的高溢价、高附加值产生于品牌本身所具有的领先流行特征，是发达的、先进的科学技术与现代美学时尚设计相兼容的完美结合；二是品牌交易本身是一种相当可靠的可信交易环境和交易介质，人们信赖品牌，没有任何后顾之忧，在购买心理上是完全安全的；三是品牌通过吸引或吸附大量的常客户追随者，构成一个支撑品牌长久经营的强大品牌消费族群。

任何国际品牌都不会以取悦消费者为目的，不以满足客户各种需要为目标。国际品牌的任务是制造流行潮流，制造最新的先进技术，给世界制造出最新的追随风向，因而他们创造出最新的、前所未有的新需求，并以创造出的新需求为圆心，构建吸引潮流的风暴中心，或者以自己为世界最新的标杆标准构建全球追随的舞台中央。

接下来的事情就简单了，国际品牌从来不需要满足所有客户的需要，它们只需要牢牢抓住一小部分核心追随者，它们会列出少有的一部分满足购买条件的客户群体，只有满足某种苛刻条件才可能成为其客户。

于是国际品牌们列出了自己的客户群体特点，例如，男士为主，多数已婚并有孩子，受过高等教育，他们需要能彰显其身份的产品、能够有足够的安全感。例如，"男性为主，18～35岁，成功人士，一线及二线城市，随着收入的增长，购买先进设备的意愿和能力较强"或者"我们的用户比较注意外在形象，偏好时尚元素设计，追赶时尚潮流，从开始使用就要对品牌产生强烈的依赖"。

一个国际品牌的成功，在于其累积了数量可观的品牌用户族群，这为品牌的基业长青奠定了可观的可持续经营保障。品牌只深耕自己中意的一部分用户，这些用户构成了品牌的用户族群，非相关用户并非品牌所招揽的目标，品牌广告的投放、品牌的传播宣传都被严格界定在与自身密切相关的媒体和资源上，甚至于许多顶尖的国际品牌本身对于非专业用户或公众而言，是完全陌生的，没有公众知名度。

4.3.2.4 品牌联想的构建

当一个国际品牌横空出世之时，就已经为自己界定了品牌联想的层级，将品牌演变为一种特有的世界元素，与相等价值观的物品、环境或社会元素融为一体，成为构成这个精彩世界多元文明的一个重要组成部分。

一个典型的新品牌诞生之时，就可能将自己列入世界顶尖的时尚符号体系中，成为一种全新的流行畅销时尚的符号，使品牌具有社会身份价值和情感价值。在品牌意境的设计阶段，就可能将自己与Nike、摇滚、BONO、LV、BMW、GUCCI、OPTAH、第五大街、苹果等联系起来，构筑成品牌联想的阵营，使之匹配或组合起来。

在知识经济时代，品牌的联想会发生更深刻的演变，无形知识产品的数量会大幅增多，因此新兴的品牌可能与知识系统挂钩，知识品牌可能与布鲁金斯学会、梅奥医院、美国陆军知识在线、兰德公司、贝尔实验室、林肯实验室、杜邦实验室等世界级研究机构或实验室构成全新的研究或技术品牌联想系统，这是知识经济前沿裂变的最重要品牌发展趋势。

文化品牌的联想则会更具梦幻色彩和主题性，现代光电技术的应用，流行文化时尚的组合将使古老的或新兴的文化衍生出新生态的文明，好莱坞、纽约中央公园、哈利波特、指环王、魔兽世界、迪士尼、可口可乐、麦当劳、万宝路、李维斯、棕榈海滩、墨西哥玛雅古迹、马尔代夫、迪拜等之间会进行更快速的文化融合，进行更进一步的品牌联想，产生新的全球化品牌文明。

品牌联想的构建，使品牌派生了一系列全新的变革，如耐克与奥运会的联想组合、Billabong与冲浪运动的组合、Google与卫星的组合、微软与未来智能城市智能银行的组合，以及近视老花镜与太空材料的发明组合、家电与智能网络的组合、建筑与绿色城市景观的组合、可穿戴设备与现代生活的组合、《霹雳游侠》中奈特工业3000与喷气歼击机的梦幻联想，现代化的品牌不断构筑未来科技概念，模拟未来前景，力推概念产品，从而创造全新的品牌联想结构。

而更多品牌联想的构建，还通常出现在品牌的命名和应有特征上，诸如飘柔与发质柔顺的组合、舒肤佳与清除细菌的组合、海飞丝与清理头屑的组合、汰渍与洗涤污渍的组合、碧浪与洗衣机洗涤动作的组合、迅驰与芯片处理速度的组合、维也纳与音乐的组合、巴比伦与空中花园的组合、中国香港与国际都市的组合、迪拜与超级建筑的组合、华尔街与金融的组合、迪士尼与童话世界的组合、百慕大三角与神秘的组合，或者公路勇士与越野汽车的组合、未来勇士与最酷的可穿戴技术进行组合、矿山王的命名与矿山专用机械的组合，等等。

4.3.2.5 品牌语境的表达

品牌语境是对品牌语言表达的一种境界，即通过文字和图像表达出品牌的深层感觉。品牌事实上是在制造一种感觉，而这种感觉除了通过 LOGO、外观设计等来表达，文字与图像的表达则起着至关重要的作用，通过广告画面和文字描述的意境，让品牌用户产生直接的联想，以极强的代入感将受众引入品牌的意境中，产生强烈的内心共鸣，而这种共鸣体现为人类对品牌的一种极致追求，只有渴望并实现对一个品牌的拥有，才能完成这种追求过程。

为此，品牌语境会做出多方面的探索，在品牌广告、文案、手册、宣传中广泛使用彰显意境的画面、声音或文字，在品牌广告和宣传品诉求主题会体现："全新 X 系列，驾驶世界不断向前""纯粹驾驶乐趣""引领时代永不止步""绝美工艺、顶尖品位""尊贵风范、高效动力"等绚丽感觉享受。

在具体的文案描述上，品牌语境则极力使用充满激越热情、极致品位的纯美意境化文字，来促进阅读者进入意境化的感观体验，一些典型的描述示例如下：

"无论您在何处畅饮小酒，都注定会给周围的人留下深刻持久的印象。由外到内，大面积明亮、通透的设计突显酒的品质，也代表着光明磊落、堂堂正正的人品风格。晶莹透亮的内心将使胸怀更加宽广，通体透明的敞亮将使人生行走得更远。"

"一缕阳光须穿越约 1.61 亿千米才能抵达我们的星球。因此，您的顶级轿车理应获得如此礼遇。精选的百叶窗式全景天窗便是为您专门打造的。只要轻触按钮，您就会从与天空的亲密邂逅中忘记日常琐事，尽享大自然阳光与您的亲密接触。"

"穿行在世界屋脊、城市地铁、跨海大桥，现代城市、田园风光、宁静海景融入了每个现代人的生活……现代之时，是文化内涵与现代生活的交相辉映，精彩纷呈。"

所有成功的品牌都起源于高瞻远瞩的诠释理念，无与伦比的内涵演绎成品牌与人们心灵沟通的语言，借助具有深度代入感的意境画面与优美文字，从每一个接触点向外宣扬扩散，国际品牌因此深深触动着人们的内心，涌起在人们心底，深入人们的内心，根植在人们内心，久久激荡不已。

4.3.2.6 品牌意境的灵性进步

灵性是人类与大自然和精神世界中所具有的独特关系，被认为是超越身体感官、时间和物质世界的一种极致追求，品牌创始人极力地创造出一系列新的超然信仰和信念，并使品牌组织演变为一个新的以品牌为依托的品牌精神组织。

社会科学家对灵性的定义是"神圣的"，而神圣本身会产生崇拜，从古代到近代，灵性始终与宗教合一，人们通过宗教和世俗主义的对立来明确灵性的产生方式。20 世纪初，科学与宗教分离，灵性的意境追求使"精神"一词发生了变化。人们开始在东西方的灵修文化中学习修行对灵性的感悟，在灵性导师的引导下获得灵性的成长，寻找并感悟人生的真理。

第二次世界大战以后，灵性和宗教彻底断开，彻底演变为人类在精神世界的积极探索，人们通过真实的自我表露、自我创造、自由表达来演绎出新的冥想与思考。

在 20 世纪后期，创造新时代、新思潮的自我实现、品牌的精神体验、心灵体验、产品用户体验成为新生代创造者们对设计、演绎、发展品牌的重要内容，人们将消费选择与灵性选择作为品牌产品结构互补的重要特征，使品牌意境拥有了更为广阔的视野。

人们从此不再局限于有神论还是无神论，将品牌的精神体验扩大到更大范围的思考实践中，精神体验可以包括个人、人类社会、大自然或宇宙，或与神的境界进行的全面思考，以此产生更全面的自我表达和自我实现。

未来品牌的缔造和再造必然越来越依赖于品牌意境的表达，而表达本身是由品牌创始人的自我实现来完成的。品牌创始人要完成这个进步过程，首先需要成为社会人——拥有对社会有贡献、有爱、热情、善良和包容的内心，这是品牌进步所需要的前提，随后的自我实现——自我价值的创造与奉献过程——就是品牌进步的伟大基因。

4.3.3 品牌理念：品牌价值观的哲学思考

品牌理念：品牌核心价值是对服务目标、技术创新和产品质量的全力追求。许多品牌从创立之日起，或经历重大的品牌再造时，都会为品牌界定出经营哲学方面的思考，从而明确一定意义上的品牌使命、责任、原则、立场、信念或风格。

一个典型的品牌经营哲学是松下幸之助的"自来水哲学"，松下幸之助在经营松下的过程中，确立的企业责任是：把大众需要的东西，变得像自来水一样便宜。即以优良的品质，用消费者能购买的价格，让商品像自来水一样源源不断地为顾客提供出来，让顾客常受益，就是企业获益的最大源泉。

典型的品牌理念是老沃森为IBM定下的三条品牌哲学：我们尊重每个人；公司的唯一目标是服务消费者；追求卓越，超越他人。

品牌理念是贯穿企业研发、生产、技术、用人、产品、服务、营销、广告等全方位所有环节的一种倡导和执行，一个没有自己独有理念（经营哲学）的品牌不可能获得持久发展，仅有理论但没有严格贯彻执行的品牌也难以获得空前的发展。

确切地说，品牌所兜售的恰恰是其特有的、独一无二的价值观，这些价值观使品牌组织的全员努力融为一个整体，成为人们共同奋斗的目标。正如全球寿险精英的最高盛会——百万圆桌会议（The Million Dollar Round Table，MDRT）是全世界寿险营销人员的向往和追求，同时也是出色的寿险销售服务象征的精神品牌行动。

MDRT鼓励所有的人寿保险业者在专业发展、技术竞争力、销售业绩诸多方面发挥出最大的潜力，提升人寿保险销售人员的专业标准与职业声望，将人寿保险营销界人员引导到重信誉、讲质量、崇尚服务的职业化轨道上，对人寿保险业的健康发展产生了积极而深远的影响。

品牌理念经由品牌组织全员努力，向消费者传递，以品牌独有风格为载体实现。因此，各个品牌组织都在积极制定自己独有的品牌理论，如杜邦公司：为更好的生活制造更好的化学产品；通用电气：进步是我们最好的产品；IBM公司：IBM就是服务。

这些品牌以强有力的方式塑造了自己极力追求的经营目标，我们综合发现，享誉世界的国际品牌通常拥有超乎人们想象的坚定信念，都是以全球化、无止境的方式制定超然的独有价值观，这种明确清晰的、哲学层面的追求是国际品牌成就斐然的重要保证。偏财务目标或现实主义风格的品牌理念，通常难以推动公司以更快或更大规模的方式取得成就，相反，品牌老化速度相当快。

第4.4章 品牌美学

品牌美学是用来表达品牌感观感受的重要学科，以审美角度研究品牌的感觉与情感规律。为体现品牌的设计思想，品牌创始人和天才设计师们通力合作，以寻找创造最新的审美流行趋势。

4.4.1 品牌美学的设计思想

最典型的设计思想是第二次世界大战以后崛起的意大利现代设计，被认为是"现代文艺复兴"，意大利设计师将文化、哲学应用在设计中，不再拘泥于理论或实践过程。从空心粉到法拉利跑车，从家具到建筑，从产品到服饰，意大利设计师以其设计魔力形成了"把建筑、美学、技术和人类关系融为一体"的设计新思想。

意大利家具在世界史上占据着举足轻重的地位，其设计能力闻名全球。意大利家具是奢华高端的代名词，不仅因为它拥有正宗的欧洲古典风格，更重要的是把每件家具都当成艺术品的那份认真与浪漫，极尽完美地呈现出独有的设计思想，流行全世界。

美国设计师则将科技与艺术完美融合，以呈现未来、现代、概念、潮流、科技、艺术的完美表达，德国设计师则将精湛的艺术与现代制造技术紧密结合起来，法国设计师则将浪漫与时尚进行了完美的融合，英国设计师则强调了产品设计思想中的英伦纯正血统，日本设计师则注意实用、动感与严格的现代企划技术在设计思想中淋漓尽致地广泛应用。后起之秀、异军突起的韩国创意设计，以其精湛、多彩的创造力倾注于品牌创意过程。

上述国家较好地发掘了设计思想的纯正与意境感观享受，成为全球现代设计潮流中心，使本国文化有机地演绎成现代品牌设计思想，对这些国家成为全球最重要的品牌输出国产生了深远影响。每当一个国家的一种文化经过伟大复兴演绎成现代流行文化符号，品牌大国的地位就会发生深刻变化，这种流行是全球化的，一国之品牌也因此流行于世界每一个角落。

对于品牌组织而言，品牌设计思想需要与时俱进，创造设计潮流的企业将是创造新一代品牌销售奇迹的流行风暴中心。具有梦幻元素设计的"酷"品牌将成为21世纪的品牌设计思想的重要方向，将比以往显示尊贵身份的品牌风格追求来得更加猛烈，正如安全不再成为汽车品牌广告的中心，概念汽车成为人们对汽车品牌设计思想的最新期待。

4.4.2 品位：品牌审美的心理距离

人们总是将一个人的审美层次与其所购买使用的品牌产品款式、质量、设计与风格结合起来，从而判断一个人的品位，人们也将对品位的追求与国际品牌进行一定程度上的匹配。

品位既是品牌设计思想中的首要设计前提，也是人们在选购消费、追求品牌的品牌溢价体现。一杯咖啡的成本可能是一美元，但一杯星巴克咖啡在中国的售价是四美元，许多在高档写字楼中工作的白领习惯在每个工作时间购买一杯星巴克咖啡带回办公室，以显示消费档次和生活品位，星巴克成功地将现磨咖啡的饮用环境设计与现代都市人口的生活品位享用方式完美结合，完成了品牌审美的心理对接。

人们将国际品牌视为艺术品般的审美享受，这就构成了品位的形成，尽管人们的审美方式不同，但不同消费层次的消费者和不同审美感知层次的消费者中间的交叉环节，就构成了品牌圈——品牌用户族群的核心用户群体。

心理距离（审美距离）的起源研究产生于20世纪初，在21世纪初成为国际品牌表达的重要核心，在品牌设计和市场营销中，在跨国公司的国际市场经营和企业开拓海外市场中扮演着重要角色。国际品牌较好地应用了消费者"自我需要与审美感知"之间的心理差距，使品牌意境层面的设计思想在品牌消费者的内心全面释放。

心理距离最早是指"头脑和灵魂"的距离，在全球竞争中，也体现为母国品牌与跨国、跨文化、跨消费层次之间的审美感观认知差距。这种基于心理距离结构的设计被视为跨文化品牌设计思想的主题。

任何一家企业或一个国家的品牌在决定进入全球市场时，都应注意人们对品牌审美方式的心理距离，这是一个重要的文化变量，一个品牌或一个国家批量诞生的品牌之所以能够流行并畅销全球，首先在于世界各国不同的文化圈都能接受这种文化。全球年青一代消费者的接受程度同样是国际品牌解决审美心理差距时需要格外考虑的重点，因为年轻代表了品牌设计思想的未来流行方式，下一代消费者的审美需求喜好决定着一个品牌的未来走向。

4.4.3 品牌流畅性：始终如一的要求

品牌产品设计的流畅性是以往容易被忽视的一种重要设计感觉，即产品的研发、外观、包装、内核、部件、质量、交付、服务全过程是否流畅，既体现在品牌产品设计本身上，也体现在整个消费交付和服务管理过程。品牌感观、产品瑕疵、质量稳定性、交付环境、服务迟滞都可能损害到品牌流畅性，造成用户的消费不满是次要的，造成品牌用户的感观与感受体现不佳才是品牌流畅性极力追求的目标，确切地说，品牌流畅性决定了一个品牌的溢价性能。

与以往的质量管理不同，传统的质量观认为产品质量是检验出来的，其达到的质量要求是"合格"，但品牌质量则有更高要求，产出的质量结果必须是优秀的，这就促进制造与用户全程体验都应满足流畅性的要求。

品牌流畅性是靠知觉感觉和使用体验来感受的，是通过用户的感观对品牌产品做出的判断，例如手感，产品表面的平滑感会产生一种触觉享受；产品外观的流线型设计可能增强品牌产品的视觉刺激，促进用户立即做出购买决策；质量稳定性则是用户长期使用后做出的综合判断，并进一步由用户进行品牌产品性能质量对比后进行判定。

鉴于越是高端、贵重、高额价格的品牌越是通过人们之间的口碑进行传播，品牌流畅性就成为品牌组织在品牌设计过程中的最高追求。

四种方式可以提高品牌流畅性：一是重视研发过程和制造过程显得格外重要，研发的专业性、先进性、发达性、精密性，以及制造过程的严格性决定了品牌进入市场以后的完美流畅呈现；二是以完全意义上的品牌标准化对整个研发到交付、服务全过程的严格科学管理，企业通过提升管理水平完成这一目标；三是品牌美学设计的全面应用，促进品牌从整体到核心部件，再到所有部件以及迷人色彩的完美设计，使品牌像艺术品一样具有神韵和动感体现；四是通过施加用户使用经验，将品牌流畅假设转变为高度的流畅体验经验。

前三种方式通过刺激用户的感观享受、首次信任设计、流畅的购买体验来完成，并通过重复刺激进一步增强品牌流畅性，我们可以统称为"高度感观体验品牌流畅性设计"——品牌用户的预感知。

人类每天都在进步，每一个人每天都会增加新的学习经验。经由首次信任设计后的品牌流畅性，会促使用户受到即时刺激立即产生购买欲望，但这种购买仅仅是品牌流畅性的假设，因为用户未使用，或未向可信任的朋友咨询。冲动型理性购买的前提是用户假设一个品牌产品能够接受各种考验，他购买的是一个令他足够满意并长期消费的品牌产品。

从品牌流畅性假设到品牌流畅性熟悉，需要一个很长的使用过程，从而累积成为可信任的品牌流畅性设计。但接下来的使用过程中，质量不稳定性随时可能造成信任失败，用户体验瑕疵可能造成用户使用不愉快，此时购买行为就会演变为一个经验教训，使用户决定今后不再消费该品牌，并极力劝阻他人不要购买，至此品牌流畅性中断。公司设立的品牌实验室可以通过实验测试并研究假设事件的发生频率和发生环节来改变流畅性设计，促使其满足 A 级品牌流畅性设计性能。

人类的脑波会记录流畅事件，识别品牌流畅性的真假，判断这是一个经验教训还是可信事实并熟悉这种品牌流畅性，是人类对感受美好事物并判断真理的共同基本经验，即处理流畅性信息的能力。只有当熟悉一种品牌的流畅性，熟悉度持续增加，用户对一个品牌的积极经验就会转化为高可信任的情感体验，当情感产生，品牌流畅性才会真实存在，持续购买一个品牌的行为不断发生，品牌企业从而获得用户一生的重复购买，并经由这些品牌用户进行快速扩散，从而提高品牌指名购买率。

品牌组织永续经营的经济效应秘诀：靠高品牌流畅性感应的品牌用户进行重要购买以及持续推荐新用户产生。与此相反，低品牌流畅性的公司需要花费更多时间和营销成本处理招揽客户的问题，品牌流畅性在用户中频繁发生中断，预感知失败。品牌流畅性是品牌产品与品牌之间的自适应互动过程，这是 A 级品牌成功的基本品牌原理。

4.4.4 隐喻的品牌哲学

品牌哲学的感知，并非一定要靠品牌组织的明确宣传由品牌用户感觉到的，我们称为前营销和后营销两个阶段的品牌哲学中都能有所感知。

在前营销阶段，品牌组织通过投放品牌广告、用户体验、品牌新闻、品牌观察、竞争产品比较等多种途径，明示品牌的产品卖点和优势性能，以促使潜在的品牌用户对市场中的竞争品牌品牌做出品牌比较，从而通过品牌用户做出的预感知完成交付。

但事实上，多数品牌哲学是无法通过前营销阶段的预感知来完成传递的，用户在多数情况下的购买行为是不清楚详细的指标性能、质量稳定性、售后服务安全性等各种对比因素的，大量品牌设计中的哲学思考是通过用户长期使用过程被体验出来的，而整个后营销过程，就是隐喻的品牌哲学被用户不断发现、惊喜、反复肯定购买决策正确性的过程。

隐喻的品牌哲学是通过事实真相——真实情况下的用户体验发生的，这是一个相当精确的感知体验过程，是完成高可信任品牌流畅性的探索过程。隐喻的品牌哲学是对品牌感观享受、品牌使用体验、品牌质量稳定性的完美诠释，使品牌成为一种购买乐趣，一种使用确信，一种购买推荐信任，一种融入工作、生活和社会的全方位思想设计和思想境界的释放与感应。

大部分人类使用的是二元对立思维来判断事物，即正确或错误，好或不好，成功或失败，非正即反，这是一种相当矛盾的思维方式，这就容易造成即便是微不足道的品牌质量瑕疵都会使品牌用户对一个品牌失去信任，或者产生厌恶。

在绘画中，我们经常会看到画家用三维锥体来表示画面，而不是用二维结构在画布上表达，审美习惯事实上非常好理解，3D 电影和 3D 打印技术可以呈现立体图像物体，只是大多数人并没有意识到，他们在观察画面或品牌产品时，正在使用三维思维进行审美解读，用户眼中的品牌本身——也是一种立体呈现的平衡抽象审美概念。

品牌创始人和品牌设计师需要解决这一难题，使用的必将是三元平衡思维，以用户使用过程中的自适应平衡来完成品牌使用体验。通常情况下，需要以理性与感性并重的品牌流畅性来完成品牌产品整体设计，品牌组织必须从品牌用户的理性冲动购买角度入手，来表达品牌设计思想，让用户在使用过程中发现美，发现便捷性和使用乐趣，发现技术领先性，发现品牌设计思想与生活方式的完美融合。因此，隐喻的品牌哲学是用户的一种自我发现过程。

4.4.5 从品牌实验美学到品牌体验美学

艺术品具有极佳的艺术欣赏价值，但艺术品不能直接演变为品牌的美学应用，从意境、抽象、构思、概念出发，艺术的美学设计进入了品牌应用美学领域。人们在各种日常社会应用中发挥美学设计思想，使美学与品牌进行了紧密的结合，从而使艺术设计不再仅以艺术品的形式展现，或被博物馆收藏。

品牌美学的应用相当广泛，在工业设计、建筑、室内设计、时尚设计、时装、电影、美食、城市景观设计、市场营销、包装、演艺、网站设计、灯光、音乐、数字技术展现等各个应用领域淋漓尽致地进行发挥。所有这些美学应用设计相互影响，创造出丰富多彩的现代生活方式，使商品完全脱离了原来的功能原始形态，经由原生研发、产品化、品牌化、市场化的路线蜕变为现代品牌流行潮流，从而使每一种品牌产品演变为像艺术品一样精美绝伦的艺术杰作，大幅提高了品牌的感观享受意境。

品牌的实验美学和体验美学就成为完成产品品牌化必经的核心过程，经由实验研究和创造，品牌组织拥有了化腐朽为传奇——将品牌从原始的产品功能毛坯升华为艺术品般的品牌创造过程，人们谈论的话题不再是产品，而是品牌。

反之，人们谈论的则是产品本身，不是品牌，人们会在产品的价格、质量、服务等各个环节进行挑剔对比，以自我为中心审视产品的各种功能属性和附加管理能力。品牌有效降低了用户挑剔，并衍生出品牌溢价，人们认为品牌值得花费更高额的金钱去购买，人们会按照品牌所界定的使用规则进行学习并加以使用，形成新的品牌使用习惯，这种强有力的、潜移默化的品牌教育过程进一步有效地抗击了竞争对手的市场策略，抬高了竞争品牌的市场争取成本。

一切实验的目的，是为了创造最佳的品牌用户体验，即发明创造出新的品牌体验美学，并制定成最佳标准固定起来，从而使实验美学下一步进入到批量的产品制造、质量检测、市场行动和销售之中。品牌的实验美学正式进入品牌体验美学阶段，经由品牌用户的使用过程，由品牌用户自己完成最佳品牌体验，品牌体验美学最终创造出品牌的传奇神话。

4.4.6 品牌设计思想的完美表达

品牌设计思想主要通过品牌的使用习惯设计、性能设计、工业设计、包装设计、项目管理技术、首次信任设计、交付设计、传播设计、网络技术等来完成品牌的完美表达。

使用习惯设计排在首位，通过改变用户的使用惯性，教会用户的思考和行为方式，并使之形成惯性思维。

性能设计是对品牌的物理、化学或技术性能、功能等进行系统设计，通过强度、化学成分、纯度、功率、转速等指标完成，性能设计需要通过对多个结构、多种材料、不同工艺的表达来实现。

性能设计也是独立的要素品牌和技术许可品牌经营方式，如音响技术、汽车轮胎防抱死技术、服务管理技术的独立研发等。

工业设计在以"工业化思维"进行批量制造方面起着至关重要的作用，包括了生产线技术设计、批量制造流程设计和工业外观设计等，并不仅局限于工业制造领域，在任何一种可能批量管理或批量服务的业务领域，都可以采用工业设计思想。

尽管可定制的个性化产品是未来制造的重要趋势，但可定制的前提必然是更为专业化的工业设计细分，经由网络化的电子商务即时性订单与工厂生产数据同步来完成，但实际仍然只是工业化生产的敏捷制造方式，只要存在批量，就必然会存在工业化分工。

在工业产品的形态和外观设计上，现代和未来制造则依赖于现代创意美学、后现代美学与精神来完成，设计师需要以超前方式考虑许多审美因素，为提高制造产品的畅销程度，对产品的平滑度、光线反射、纹理、图案、曲线度、颜色、简洁性、易用性、速度、对称以及自然、环境保护、气候、现代主义、未来梦幻等超现实因素的感观和美学应用进行设计。

品牌组织的品牌创始人、品牌官和工业美学设计师，需要花费一定的精力专注于产品和部件的外观，根据人们感知产品的任何可能方式进行设计，跨社会和跨文化因素也是设计需要考虑的方面。针对外观的工业设计则将重点放在研究和教育品牌用户的感官形式，经由每一个接触点触发品牌用户的审美感应。此外，还需要注意从系统设计角度来整体规划、细致表达每一个环节和售后服务的便捷性，让设计良好的匹配性能帮助品牌用户正确使用和应用。

包装设计是另外一个重点，通过包装的质感、色彩、质量和形态来表达品牌的最终外观，是品牌消费者第一眼直观看到的外在形象，直接用于刺激消费者的购买欲望。现代包装设计所要表达的设计思想，通常以现代、创意、简约、鲜亮的色感，或低纯度色彩来表达，非常注意色彩所表达的色感对视觉审美产生的深刻影响，简洁且鲜亮明快的色彩在现代美国、韩国等包装设计中成为主流色彩表达形式，现代创意包装设计正在向梦幻未来的时尚感发展，低沉的色感给人以压抑感、落后感和廉价感，在全球现代包装设计中被广泛弃用。

项目管理技术也是品牌标准化中一种重要的表达方式，这取决于以项目制分解各个设计环节、管理作业流程、服务流程，做到管理流畅的无缝衔接，每个项目质量管理的先进性、可靠性以及所有项目的系统性对品牌溢价起着至关重要的作用，许多品牌之所以无缘成为国际品牌，主要是由项目管理的基础管理水平存在瑕疵弊病，流程不畅造成的。而未来的可定制化品牌产品个性时代，将主要依赖于项目制管理对工序的准确划分、精细管理和敏捷制造，尽管项目管理技术属于品牌科学研究的内容，但却是贯穿品牌设计思想始终，是保证品牌设计思想高效完美呈现的作业流。

首次信任设计是用户意外发现、寻找、听说等各种传播因素下试图对一个品牌进行了解、现场接触、发生兴趣、产生消费的过程设计，其设计的核心是如何解决任何一个潜在消费者在有意识或无意识的情况下完成对品牌进行首次购买的信任问题。品牌消费安全属性将产生重要作用，品牌组织结合品牌美学所产生的消费欲望刺激，经由高可信任设计，营造安全购买心理，强化服务接触反应，消除客户疑虑，成功地将每一个新用户的首笔品牌消费圆满完成。

交付设计是针对交付过程所进行的研究设计，包括客户交付心理、交付流程、交付服务等，与首次信任设计不同的是，首次信任设计针对第一次购买，而交付设计则是长期的连贯性交付，适用于品牌用户的重复多次消费，交付中断意味着公司不仅将损失一位常客户，还损失这位常客户向更多用户的推荐权，在品牌利润"金三角"中，可以观察到这种损失的严重性。

传播设计是现代品牌推广的主要方式，品牌的传播需要进行精良设计，以确保公司将品牌的消费安全性、品牌卖点等各种品牌信息有效地传递给指定的品牌用户族群，并在品牌消费教育中扮演重要角色。品牌传播并不一定是使用品牌广告，品牌广告投放仅仅是品牌传播的一个分支，品牌传播是一种媒体化人际网络传播，经由媒介如人与人之间、人与信息网络之间、媒体与媒体之间进行传播扩散，品牌用户间的人际传播、品牌用户对媒体的扩散传播两项传播方式是整个品牌传播的核心。

现代及未来网络技术包括了品牌组织的经营与服务网络技术、在线离线和移动的互联网技术、人际网络传播技术、产品功能联网连接、下一代物联网技术等多种联网技术，未来品牌电子商务必然是企业级电子商务，即以企业的部门、管理流程和供应链为中心，以服务流、传播网、品牌用户族群为连接，进行逐层扩散又紧密连接有机组合的动态知识网络组织，这是未来品牌组织的终极进步形态。

现场及未来的市场营销是一种市场设计、市场行动和系统销售，需要进一步思考人类头脑的思考方式，研究品牌用户心理，创造全新的美学体验，人类的好奇心、欲望、审美观是推动品牌市场发展的主要方向。

4.4.7　新未来：超现代概念品牌的美学

概念品牌是围绕概念产品创造进行品牌设计的一种形态，概念产品代表着世界未来流行趋势，品牌组织通过大量创作概念产品探索未来流行方向，进行产品概念实验，分析市场趋势数据，预测品牌设计走向，挑选重要概念完成成熟化的产品设计。以主推概念产品的品牌组织通常拥有领导趋势走向的特征，位于潮流品牌的最前沿。

概念的形成是一种艺术表达形式，通过艺术中的概念思考，将创造性创意想法转变为未来创意设计图或新兴的品牌产品形态，以概念形态表达设计思路。

英特尔公司的研发设计部门需要针对未来十年后的计算机性能、流行特征来预测性设计下一代芯片，世界汽车品牌通过在国际汽车展中展示概念产品测试用户喜好，家电品牌通过主推概念产品主导市场流行风向，经由品牌再造的企业通过完成概念产品实现整个品牌组织的市场销售转型，日本企划书的第一页通常写上"概念"，然后再展开企划构思。

概念品牌组织所要解决的是下一代、未来的、现在的、科技的、梦幻的、创造性的产品形态问题，概念产品本身可能是与现实产品拥有巨大区别、完全断代、与众不同、别具一格的产品形态，通过概念测试实验，找准品牌组织的下一代产品主攻方向，因而概念产品本身在改变世界。

概念品牌组织通过对大量概念产品的研发和设计，完成品牌组织的不断自我裂变，概念品牌组织的挑战目标是自己，通过不断淘汰旧的设计思想、设计款式、设计表达形式，保持潮流领导地位，或创造新的世界流行潮流。

概念品牌是一种完全理想化、可能不能实现的创造性创意设计，通过提出一系列新概念，为全球品牌组织的进步提供了值得探索的思考空间，充分发挥了人类创造力，也为人类的进步提供了可供参与的未来样本，为人类带来了丰富多彩的梦幻般的想象力，帮助人类生活得更好。

概念品牌也是全球科技创造力与品牌美学创作能力的集中展现，为多种多样的未来产品走向提供了丰富的遐想，也为全球研发、品牌美学设计和创业活动提供了全新的改革、创造、再造机会。

没有概念品牌存在的市场领域是一个"死"的领域，是一个封闭过时老化的市场，缺少鲜活的挑战活跃元素。当然，这是针对概念产品的未来前瞻性而言的，尽管今天看起来是新的或者拥有成熟商业模式和生意形态的市场，由于没有概念品牌的存在，整个市场将因缺乏创造力而快速老化，当革新概念品牌组织出现时，所有的商业模式和产品形态都将被深深改变，这也是市场格局洗牌之时的到来。

4.4.8 品牌引力的美学吸引规律

品牌组织通过发展品牌吸引力得以争取市场并基业长青，品牌吸引力是品牌所散发的独有魅力，吸引潜在用户注意，吸引一切可能的人成为品牌用户，并吸附大量的品牌追随者，形成强大的品牌用户族群。

品牌引力包括了视觉吸引力、可靠吸引力、品牌兴趣吸引力、指名购买率等引力元素，品牌引力是未来品牌营销的主流方式和核心战略能力。品牌吸引力是未来全球市场营销的主要实践方式，品牌组织经由品牌吸引力设计来完成用户兴趣的触发，使品牌营销变成一种主动的、系统的、自适应的青睐或追随。

视觉吸引力来自用户对品牌审美接受程度，人类总是在追求美好事物，品牌作为一种消费欲望，需要通过品牌美学的设计完成用户对品牌产生的购买或拥有欲望，刺激用户加速做出购买决定。

可信吸引力是指用户对品牌产品购买的可信交易环境，确保用户购买的品牌产品是一种安全的消费行为。首次信任设计完成了用户的首次购买过程是值得信任的、交易环境是安全的，品牌的使用体验过程是一种完美的享受。未来品牌产品，特别经由电子商务交易的品牌产品，必须是在高可信电子商务全球框架中运行，这种可信将是远程的、不能见的、以充分信任为基础的安全消费。品牌的安全消费心理是用户选择品牌并排斥非品牌、低品牌产品的主要竞争防御壁垒，品牌因此将拥有更好的持续溢价能力，非品牌或低品牌产品招揽客户的成本未来将持续翻倍增长。

品牌兴趣吸引力是指品牌用户在自发的、自我的、原生的状态下对一个品牌产生的浓厚兴趣，从而使品牌用户拥有比一般人更多的主动对品牌产生发现、了解、掌握、感情、依赖、高度依赖等心理行为。品牌兴趣拥有规模经济价值和高溢价能力，也拥有独有的主动性和自我传播性，是品牌组织赖以取得市场成功并永续经营的重要保障。

品牌指名购买率是统计分析品牌用户消费行为方式的一种竞争产品综合对比，一个品牌的指名购买率越高，品牌在同业市场中占据市场份额越大，新品牌的指名购买率则决定了品牌的市场进攻能力。品牌指名购买率具有排他性特点，对品牌进行指名购买的用户有强烈的排斥同类其他品牌的特征。

品牌吸引力的营销主要通过品牌传播和品牌发现完成，强有力的品牌传播将使品牌用户拥有更强的触发能力，经由触发模式触动用户内心，使用户自发地注意到一个品牌，自我学习一个品牌的相关知识。品牌发现能力是通过无意识的现场环境、品牌广告、朋友介绍等形态，发现一个品牌，并触发一个新用户对一个品牌产生兴趣。

4.4.9 品牌审美的进步

人类的审美方式在不断进步，每一个人的审美角度在不断进步，而品牌组织的审美进步能力则必须超越竞争品牌的进步速度。随着人类生活水平的不断提高、全球化速度加快，人们的审美会发生许多改变，而每一个人本身随着收入增长，对品牌审美的偏好、消费情况都会发生变化。人类都希望充满热情、温暖、激情奔放地活着，因而人类对美的理想、美好事物的追求有着强烈的渴望，进而人类对品牌的审美方式就处于飞速进步之中。

典型的例子是色彩的应用，红色在一些国家可能被视为主流色彩，但研究表明人类最喜欢的颜色是蓝色，其次是绿色，这就导致了红色的外观设计在市场的销售中难以取得良好的销售成就。随着环保以及人类对回归大自然的追求，绿色可能会比蓝色更容易引起人们的注意，毕竟蓝色的LOGO和包装设计使用过多，太过于普遍，而绿色LOGO、包装和设计本身会少很多，相反会比较抢眼。

同样，一些调查发现，人类最喜欢的是水、树木、花草、人类（尤其是美丽的女性、儿童以及著名历史人物）和动物（尤其是野生和国内的大型动物），人类喜欢让人赏心悦目、纯净、安静的色彩，不喜欢低沉、躁动、杂乱的色彩，这就对品牌广告、品牌网站、品牌宣传册的设计提出了原则性的要求。

唯美意境是高品位的人类对哲学思考和生活方式的一种追求，人们会花更多的时间旅游度假，内心会对唯美的大自然、植物产生非常愉快的感应，特别是在现代城市工作生活中的紧张繁忙之余，唯美成为人们对审美进步的新要求。

由于人类的现代生活中充满许多枯燥无趣的情景，特别是许多人会经历现实生活的无奈，因为人类中的一大部分选择了逃避现实，特别是年轻的Y世代（"80后""90后"）更喜欢充满挑战、科技、未来、幻想、奇特的超现实文学艺术环境。诸如凯尔特文明复兴则必将对全球Y世代产生巨大影响力，使之成为下一代全球潮流设计思想的重要源泉。

科幻、奇幻、情感和励志影视作品已成为全球瞩目并流行的文明主流，21世纪的审美方式已经在世纪之初发生了深刻变化，审美将转向未来化、时尚化、梦幻化、数字化、超现实感的虚拟真实美学领域，人类对未来的期待远远大于对古代历史的兴趣，传统审美方式正在被年轻人所淘汰，因为他们更关心自己的未来和世界的未来。

如今人类的审美方式已经发生了翻天覆地的变化，品牌组织的审美进步速度接下来将显得举足轻重，品牌组织要么进步，要么在不远的将来惨遭淘汰。

第4.5章　品牌文化消费

人类品牌的消费是以文化消费为主要特征的高等文明发展阶段，从工业革命以来大规模生产的发展促进了商品种类和数量的高速成长，人口的收入也在不断提高，最终在20世纪集中孕育诞生了品牌。

人类在积累了数千年文化能力发展以后，当商品遇上消费，当生活必需品得到满足，很快，人类消费就脱离了原始的商品实物形态进入了带有文化消费属性的品牌时代。从1950年以后，消费主义的发展本质就是以非功能性文化消费含量的增长为代表的，而人类超级消费社会的发展本质就是品牌文化消费的经济。

4.5.1　社会文化演进

社会文化的演进是以生活作为人类文化形态为代表的，文化存在社会分层性质，不断从富裕人口中出现，并从富裕人口向非富裕人口迁移，并由此形成了文化演变、文化富集和文化迁移。

人类文化的形成经历了漫长的历史阶段，早期形成了凯尔特贵族文化、罗马欧式风格、中国礼乐文化与人文主义情怀等深刻影响人类历史发展的典型文化，7世纪中国唐朝的文化开放与包容、11世纪欧洲的游吟诗人和骑士精神、13世纪意大利的文艺复兴、19世纪德国和英国的浪漫主义、20世纪美国文化的繁荣等都构成了文化成为人类普遍生活方式的基本形式。

文化是人类生活方式的全面体现，它包括了科学、艺术、知识、风格、习俗、信仰以及宗教、政治、艺术、道德、法律等人类物质生活与精神生活的总体概貌和组成元素，随着各文化圈、文化中心及分支文化发明创造、发展组合，历史沉淀不断被固定下来，形成了人类丰富繁荣的多元文化形态。

最初文化是在王室、贵族、官员中间等形成的，各种带有文化属性的物质以及文化艺术形式主要被用于富裕阶层的各种基本物质之上的精神需求，最初文化被用于判定产权、表示身份地位、体现富裕生活方式，并随着人类对物质发展的历史变迁不断发生从形态到形式上的各种变化，许多用于表达物质的文化属性或者流行于一个历史时期，或者被作为物质的基本文化形态被保留下来，具有明显的历史变迁时代特征，或者具有持久的文化生命力。

人类以命名、符号、分级、分类为基本形式对人类所处的地球自然环境、空间、状态、物质、地理等进行区分，并以命名和符号进行文化富集，不断为之融入语言、文学、绘画、音乐、舞蹈、祭祀、仪式、建筑、技术、工艺、材料、神话、传说以及历史事件、历史人物等表达方式，从而富集性创造了人类丰富的物质文化和非物质文化，并随着人口中富裕阶层的持续更替延续、财富变化、身份地位变迁，成为人类普遍的生活文化形态以及基本文化条件。例如，一名新的贵族应该吃、穿、用哪些物质，在哪些场合必须遵循哪些文化要求都有相对固定的规则。

人群中的上流阶层、富裕人群最初是用高雅文化来与平民文化和低俗文化进行文化的区隔，同样也用文明方式来区分文明与野蛮，这是为体现社会阶层和文明程度的文化优越性所作出的群体性分层要求和习惯。

全人类都是被各种人际网连接起来的，亲友、师生、同学、贸易交往、商业活动、生产、交付、生活等各种环境与条件下的交流、交往、交易、外交等活动中的关系发展连接形式是人类共同生存与发展的基本形式，而物质与精神文化的丰富是在多种多元的交往关系中发展起来的。

人类始终不断地在创造各种多样文化，除了每个历史时期形成的固定或流行的主流文化形态以及多样个性化的文化，都是人类不断对文化进行革新、创造、复兴、复古、反传统、消费等主动进行的文化变化演变过程，源源不断的改变性创造力极大地丰富了人类品牌文化内容，并使文化的特征更加明显。

人类文化频谱和文化模移是始终存在的，人类中已经创造并形成的成熟文化形态不仅在地球上的国家与国家、人口与人口、民族与民族之间进行往复式、交叉式、共享式文化流动，并因具有典型特征的文化以文化模因的形态在世界范围发生文化模因整体模移，而文化模因保存了固定的文化基因与文化元素，又因文化模因与模因之间的文化交流、文化发展不断创造衍生出新生的文化模因，最终构成了人类丰富多彩多元发展的文明形态。

4.5.2　品牌文化的形成

人类文化以不同的基本文化圈、文化中心和支线文化形式构成了人类文化的总体结构，文化影响范围一般以文化圈为代表，如欧洲文化圈、亚洲文化圈、非洲文化圈或美国文化圈、印度文化圈、盎格鲁文化圈，具有固定文化形态的文化系统一般是以民族或文化集中区域、文化中心为主，比如阿拉伯文化、汉文化、藏族文化或硅谷文化、好莱坞文化、泰晤士河文化，物质的种类、生活方式的形态、特色文化集中的区域还将形成不同的支线文化，如珠宝文化、咖啡文化、茶文化、体育文化、收藏文化、蓝色文化、乡土文化、沙滩文化、海港文化、城市文化、旅游景区文化等，从而构成人类丰富的文化组合关系和纵深发达的文化脉络，形成了人类的文化频谱。

品牌文化的形成并非偶然，包括了品牌从文化中继承文化、从文化中发展文化、创造新的文化三种典型类型，继承文化是对文化的一种保护和继承，品牌把自己归属到一种已有的特定文化形式之内，通过维护其原有文化的形态永恒发展下去，许多品牌如韩国正官庄红参、中国龙井茶、美国新奇士橙、北京全聚德烤鸭等品牌的发展重点都是维护其品牌价值、保持其市场地位、顺延市场渠道，使品牌文化成为世界文化圈或文化中心的传统文化、稳态文化中重要的固定组成部分。

为寻找到新的市场机会，一些品牌选择从历史文化或已有文化形态中重新发掘文化，使之成为一种有特定来源和特定市场的文化品牌，通过在该文化范畴和原有市场的发展过程中获得新的品牌机会，例如中国的王老吉凉茶是从1828年的古老配方中重新进行文化发掘发展起来的品牌，发展了其在凉茶文化领域的地位。高乐雅咖啡立足咖啡文化，自创立以来持续通过连锁经营扩大市场规模。创造文化则相对要难得多，但勇于挑战的品牌创始人们通过不懈的努力，创立了耐克、维珍等新兴的品牌文化，并不断以发展的姿态大阔步进行市场发展。

品牌文化作为人类文化中不同领域的分支文化，不仅承担了文化的保护、延伸和发展问题，还从文化中获得了自己的品牌市场地位和文化消费供给能力。对于任何一种品牌文化，无论其发展的形式有何不同，但都是在文化的继承、发展和创造中形成，并根据发展方式处于不同的发展阶段。

咖啡文化可以追溯至17世纪，伦敦等地区的咖啡馆大量出现使咖啡文化成为一种流行的群体时尚，艺术家、作家和社会名流等都经常在咖啡馆聚会，政治家和学者也在咖啡馆结交新朋友、交流新观点和新发现。起先咖啡文化是作为一种社会文化氛围出现的，在随后的历史发展中，出现了高乐雅咖啡、毕兹咖啡、星巴克、柯克兰、宝拉丁、雀巢、爱尔兰咖啡、拿铁等众多咖啡文化品牌及咖啡文化形式，这些品牌文化及文化形式构成了全球主要的咖啡业消费市场，许多新出现的品牌在该市场中延伸性经营咖啡文化。而咖啡文化还囊括了三明治、糕点、咖啡研磨机、咖啡壶、咖啡托盘等一系列的咖啡食品及咖啡用具，并延伸了咖啡豆种植、加工、渠道等品牌。

4.5.3　品牌文化发展论

品牌文化的发展，是以品牌作为文化符号为核心，通过品牌文化概念、品牌文化富集、品牌文化扩散来完成，从而创造品牌文化优越感的过程。

品牌文化的核心是以品牌作为文化符号出现的，这些符号可能仅仅最初只有名称或图形，需要通过文化挖掘进行文化创造使之明确化，也可能是经历了很长一段时期发展和积淀的名称、图形或有一定发展基础的成熟品牌，需要进行品牌文化层面的再造赋予其新的品牌文化内涵。

文化以各种文化符号作为人类发展过程中的代表性象征，包括了血统、文化传统、起源神话、穿衣风格、日常习惯等单一表达形式或多元组合形式，当品牌以文化符号出现时，需要加载文化内容使之具体化、具象化、直观化、立体化。例如，一座古老的城市因为文化富集使其具有了文化的特征，进一步则需要通过品牌化的文化发掘、文化提炼、文化塑造、文化再造使其成为识别清晰、特征明显、内涵丰富的城市品牌。

为实现品牌文化的发展，首先需要对品牌概念进行明确，是具体针对品牌方向的，对品牌定义、品牌描述、品牌使命、品牌责任等进行梳理、塑造、明确。品牌在创始阶段需要极强的明确指向性，从品牌发展走向、发展战略和商业模式来落实品牌概念的单一性、准确性和独立性描述。一个品牌通常只能做一件事，以此清晰品牌识别、明确发展路线，促使品牌尽快成长并成熟地发展起来。当品牌结构发展到一定程度时则需要重新对品牌进行结构性调整，根据需要重新对品牌拆分、组合，剥离相关联的产品和业务内容，品牌再造务求品牌概念的再次清晰化。

品牌文化富集是以品牌符号、品牌概念为中心的集合，构成了品牌诠释系统、文化表达方式的文化内容。品牌文化富集是以想象力和创造力发展文化，对品牌元素进行组合的结果，通过对品牌赋予一定意义和形式上的表达，增强人类对品牌文化的理解。品牌文化富集的内容包括了品牌故事、品牌风格等核心文化内涵；也包括照片、视频、文学、音乐、故事、传说、电影、统计分析数据等与品牌发展相关联的周边历史史料档案、发展事实记录、文化延伸以及品牌产品形态、品牌工业设计、品牌包装、品牌服务规范等品牌化的物质和非物质形式。品牌诠释系统的统一性、清晰性和文化表达方式的载体性、丰富性是准确的解释品牌，帮助人们认识和理解品牌文化的重要环节。

品牌文化扩散，是以品牌文化的文化交易、文化交流、文化交集为主进行的，人类在文化交易、交流和互动发展过程中，通过文化选择和文化迁移，品牌以文化模因方式成为人类的流行文化、小众文化，使品牌成为人类多元文化的主要组成形式，又反过来促进了文化的创造、创作，丰富品牌文化内容的同时增加了品牌文化选择的机会，最终演变为人类丰富的品牌文化世界和多样化的品牌文化选择时代。

通过人类对品牌文化的发展，许多品牌通过发展优秀的品牌文化形式从而成为杰出的品牌，这些品牌带给人们品牌文化享受的优越感，凝结了人们对品牌文化的情感，从而使品牌文化优越感和品牌文化情感被转化为以品牌文化为载体的品牌产品和服务，并因此发展出了品牌在社会经济和市场竞争中的经济发展前景、经营经济效应、长期稳定经营形式等，也最终以一系列的人类文化集结为品牌的内容，并成为全球企业的主要经营活动、业务形式和品牌价值的体现。

4.5.4 超级品牌消费主义

20世纪以来，世界人口的购买力随着人口的财富增长，可支配收入的增加，社会中日常消费需要的品牌越来越多，带有文化含量的品牌消费不断取代并淘汰基本的商品形态，产品因此获得了发展，并因不断增加的文化含量而强化了非功能性消费的能力。

随之，全球许多国家成为品牌输出国，发展成为现代品牌消费文化的创造中心或交互中心，品牌文化融合了国家特征、民族特色、语境、风格、历史、传统、现代、经历、期望等文化表达形式和文化价值含量，品牌促进了全球化的文化融合与文化并存，最终成为代表人类消费力和购买力的终极产物。

今天，品牌是人们普遍所知的为追求美好生活所进行的日常消费行为，品牌不仅成为世界经济发展的主力，成为跨越国家、民族、宗教、阶层、性别的文化载体，也是代表全球人口日常生活方式水平和消费能力的标志。

人类正在或已经进入超级消费时代，而超级消费就是品牌的超级消费主义，消费的核心是品牌，购买力发展的本质是以品牌的发展驱动社会需求增长和经济发展，品牌经济是21世纪及以后人类社会经济文明最主要的发展方式和发展力水平的标志。

在这种消费过程中，人们对品牌的认识和理解在不断发展变化，许多品牌由于人们频繁的消费量和使用程度的深入，使人们深深依恋这些品牌，从而在市场上和生活中深刻地影响了人们对这些品牌的普遍泛认同，使品牌取代了产业分类、产品类型和企业名称，并使消费发生了趋向集中并且持续的产生固定性、周期性、常年性消费，一些品牌因此发展成为基业长青的百年持续常销品牌——百年品牌。

21世纪，消费主义作为典型的生活方式在全球所有市场领域和生活场景中得到了全面的蓬勃发展，并迅速成为世界各国社会经济发展的主体结构。消费主义性的大发展彻底地释放了人们的购买热情以及不断上涨的购买力，"买、买、买"——逛街、购物、网购、爆买的情况在全球范围相当流行，成为生活在21世纪的全球人口最主要的典型生活方式，人们已经很难将品牌与生活分开看待了，与流行生活方式和品牌消费指南类相结合的各种刊物同期获得了高速发展，人们在互联网等各种媒体以及朋友圈中谈论最多的内容是对各种品牌的消费选择和品牌使用经验。

在消费主义形成与发展的过程中，品牌文化以模因形态成为全球消费文化的重要购买方式，消费体现的并不是产品如何极力满足不同的消费需要，也不是解决某一个人的消费要求，品牌文化所针对的是拥有共同文化需求的某类典型类型的品牌用户，即便该品牌用户群体只是人数非常少的非主流小众文化群体。

大型品牌会注重全球市场大规模群体性的普遍需求，从而创造发展出严格的定型化、类型化、潮流化的高品质集成产品或专门产品、系列服务，小型品牌则以吸引拥有共同文化类型特征的小范围群体达成品牌文化共鸣作为发展方式。无论大型品牌与小型品牌的市场体量规模大小，其本质上都是为市场提供具有希望、普遍共同需求的一种文化特征，并将这种文化特征以具体的品牌产品和服务形态来表达。即便是在21世纪个性化定制需求增长后，对于企业而言，所提供的是可定制、可组合、可个性化调节的规模化品牌文化产品，只不过是分解了生产、加工过程，将组合产品所需的生产工序、组成元素、组织环节和服务交付方式做了可伸缩可调节式的自适应敏捷生产变化组合，从而使品牌可以自由匹配多元需求。

4.5.5　品牌消费文化大变革

人类仍然处于飞速发展变化的品牌消费文化大变革时期，这种变革主要体现在品牌文化时代性变迁、品牌文化生命周期和品牌文化自由选择三个方面。

品牌文化发展总体呈时代性变迁形态，不同历史时期的流行品牌风格有着明显区别，从历史照片、图片、历史电影和文化史学研究中就可以随时发现，服装、发型、电器、生活用品、社会活动等都有明显的时代文化特征，人们很容易区别出这些文化环境属于某一个具体时代的某一个主要国家。这是人类对文化追求发生的整体模因化变迁，由固定形态的品牌流行文化组合形态组成的时代文化特征，反映了某一个时期人们对品牌美学的审美观念所发生的集体性、集中性、集合性变化。

品牌文化的时代性变迁与人类各主要文化圈的历史朝代周期的巨大文化变迁发展有关，与当时的社会及人口所追求的审美主义和时代精神相关。在历史上某一个新的历史时期，为了和旧的文化以示区分，展示新文化特征，各社会阶层会流行一系列新的文化符号化、文化诠释化的新兴系列文化模因。早期是以物质为文化模因特征的具体体现，在品牌经济兴起后，则以社会中流行的主要品牌为文化模因作为具体特征，从而构成了每一个历史时期每一个主要国家的具有明显文化特征的品牌文化变迁带，并以文化断代史的形式成为人类文明发展的阶段性历史性文化标记和文化印象。

品牌文化的加速集中发展是从18世纪以后开始的。18世纪以后，人类不断增长的奢侈文化需求大幅增长，品牌在此时经历孕育后陆续诞生，最早诞生品牌文化领域的是富裕阶层的需求，主要是从高价值特殊商品的原产地、精湛的加工制作工艺、稀有物质的文化赋能、经由文化艺术创作的手工制品等领域出现，此时的品牌文化带有交易性、手工业、稀有性的特征。

歌剧、绘画、表演等非物质文化领域的创作也不断发展出新的艺术形式，成为上流社会的主要文化消费需求，构成了丰富品牌文化的重要来源，品牌文化形态与生活开始紧密结合起来。在这一时期，咖啡、糖、茶、贵金属、服装、香水、制鞋等文化消费属性开始增长并形成不同的文化形式，与非特质文化需求一起，呈现出上流社会文化、绅士精神、茶文化等深层发展的具体文化形式，以物质或非物质形式进行品牌化的文化赋值。

一开始品牌文化的发展是生产者与需求者之间的交易、交流与交互，因而发展出了人类的劳动分工与新兴文化形态，工业革命使大规模的工业化商品生产和商品销售成为消费品供应的主要形式，为加强人们的区分性识别、印象和记忆，品牌以标识形式出现并拥有了法律意义上的产权归属性质，工业革命的发展促进了实用性消费的崛起，生活中的必需品大量涌现并持续改变人们的日常生活方式，快消品是主要的消费内容。

人类购买需求的飞速增长、商品的流通性发展以及同类产品供应量饱合而产生的激烈竞争，最终催生了20世纪的品牌崛起时代。1950年以后随着世界战争的结束，购物不仅成为一种流行的生活方式，购物便利性也成为普遍消费的主要途径，品牌的文化消费属性此时开始得到全面增强，并迅速脱离了必需品的功能性需求——从生活必需品向生活享受转变，浪漫型消费大量增长，品牌中的文化消费需求迅速成型，从而进入了品牌所有者与消费者的发展关系时代，此时品牌消费文化周期成为品牌文化为主的周期性消费特征。

4.5.6 品牌文化消费生命周期

到了21世纪，品牌文化创造速度加快，品牌文化创意创作形式飞速发展，促进了品牌的时代变迁性属性演变为N世代的品牌生命周期，N世代是以每10年新增的人口文化消费变化为代表的整体品牌生命周期，有许多产品和服务的形态、文化需求的方式和文化消费的特征会以N世代的周期性变化为变化形式，人们对流行时尚、审美方式、品牌风格的需求不断发生快速变化。

流行时尚文化属性的加速创造已经成为全球竞争的一种重要表现方式，一方面是品牌方加快品牌文化的创造速度；另一方面是消费者不断追求新奇、新鲜的文化体验。这使品牌文化处于相当快速的弹性变化、动态发展的品牌文化态势中，相当多的品牌文化消费领域都处于以快品牌方式急速的变化，品牌市场处于高速运动的状态，这些领域的品牌生命周期被大大缩短，如时尚消费电子产品的品牌文化生命周期只有18个月，而处于潮流最前沿的服装品牌设计领域，全球服装设计师不断推出新的品牌设计风格，前款设计很快就会过时，市场前端竞争环节的品牌生命周期只有几周，市场后端竞争环节的全球生活消费市场，其设计风格流行的生命周期只有一年到两年。

品牌文化消费生命周期也是品牌经济有别于商品经济的重要特点，全球市场中的主流品牌为追求其文化流行性，会合理运用品牌文化生命周期来强化产品淘汰的速度。人们以往对商品的判断思维是物美价廉，对产品的耐用性要求高，使用寿命周期长，但在品牌经济中，人们对品牌文化消费的判断思维是紧跟时尚潮流，这使得品牌化产品的实际使用周期大为缩短。

电脑和手机的正常产品寿命周期是3～5年，但受到品牌文化消费生命周期的冲击后，实际使用寿命周期缩短至1～2年，人们不断追求品牌发布的新款品牌化产品，而品牌则将每一次的产品发布视为大规模冲击市场、高强度刺激文化消费的重大市场利好机会，除了扩充品牌市场影响力和市场容量，还加速了人们更换和丢弃旧品牌产品型号的速度。

随着每一年品牌新产品的发布，引发的购买潮既是品牌文化的革命性变化式发展阶段，也是引发购买狂潮的重大品牌经济机会，更是品牌在物质过剩时代所采取的重要竞争方式。一些热门市场领域的品牌文化消费的变化性淘汰速度正在从 25% 向 50% 的淘汰率进行发展，即市场及用户中以 25%~50% 的跟进速度淘汰旧产品形态和产品文化结构，更新到最新文化款式的品牌产品上，而这一点也成为品牌和资本市场上的重要商业模式，品牌用户保有率和更新量构成了这些品牌主要的循环利润结构，典型的品牌市场是手机业和电影业的品牌文化消费，手机市场只保持几个月热销的品牌文化生命周期，而电影业则只有 2~3 周全球票房相当集中的热门文化消费周期。

品牌文化自由选择在此发挥了重要作用，人们可以自由地从多元品牌文化中选择自己最喜爱的潮流时尚流行品牌，也可以只钟情于自己喜爱的品牌风格，更可以进行叛逆性的自由品牌文化或品牌文化个性化选择，这些市场消费的自由选择与多元品牌文化的自由选择是一致性的，不同的品牌以自适应市场方式自由弹性伸缩发展，不断有新的品牌加入进来扩展新兴的品牌文化消费需求，从而为全球丰富的品牌市场、人类城市动感时尚文化形态，以及各种以快制胜的品牌项目提供了空前的发展机遇，构成了全球品牌如群星般璀璨的多层次、多元化市场结构。

4.5.7 品牌文化增强

世界人口的社会分层始终是存在的，只有人口的同步富裕、共同富裕发展到一定水平后社会分层才会逐渐消失。品牌文化最初始于上流社会，也最终形成于富裕阶层，人口增长中最显著的消费就是不断为新的品牌期望买单，B 理论已经揭示了这种品牌化购买决策特征。

在现有社会经济发展情况下，品牌文化消费是以每个独立的个体形式存在的，品牌即是每个人的购买力阶层化身份象征，也是消费力的具体表现形式，品牌承担了最典型的身份象征、生活方式和消费水平等价值的全面体现。

上流社会富裕阶层的消费始终是品牌中最有溢价价值的体现领域，品牌所有者通常认为富裕阶层消费是市场中最有吸引力的消费市场，这与上流社会富裕阶层的文化性品位、生活体现方式和喜好习惯性的品牌偏好是一致的，从而使之成为品牌所服务的重点市场。这种群体化的品牌选择模因，占据了全球消费文化的主流市场，随着人口收入的增长和消费升级，不断加入到中产和富裕阶层的新增人口的消费需要——不断创造并引领了生活消费全面品牌化的时代——产品全面被文化物化的时代。

尚未富裕的人口也有追求品牌文化消费的权力渴望，是通过群体化的品牌模仿来完成文化消费的，不富裕的人口除了购买生活必需品，他们也可以追求品牌，群体进行品牌模仿的过程主要是对品牌产品形式的模仿，这些模仿使市场产生了许多品牌文化的替代品，也增加了品牌在普遍消费市场上的供给。市场中的品牌替补产品充分体现了人们对品牌文化消费需求的渴望，并且不断刺激人口通过创业、劳动等形式提高收入获得更多的品牌消费机会，因而整个全球市场在 21 世纪演变为以消费品牌文化属性为特征的后物质时代。

品牌以特有的品牌引力形式存在于全球消费市场上，全球品牌的市场发展主要以品牌引力模式存在，消费者有能力时购买品牌，不具备消费能力时也在极力追求品牌，从而使品牌成为一种表达强烈需求的感知状态。人们不断通过了解、谈论交流、购买或观察的形式对各种品牌的产品和服务表现出体验、思考、渴望的态度，从而使品牌最终发展成为代表具体消费文化的感知状态、消费水平、消费需求形态和满足需求所表现出的极力渴望，这是由每个人自我对品牌文化的消费需求决定的。

品牌文化消费满足了三种典型的需求，即对他式需求和自我式需求或者混合需求，对他式需求包括了他人给予的普遍承认、身份体现、赞扬、好评，是消费水平的代表和自我追求程度在他人能够看到的价值体现。自我需求则是消费能力发展程度、品牌文化享受以及满足、愉快、幸福等心理因素。混合需求则满足了两种不同的需要，如豪华轿车、名牌时装、珠宝、食品等既满足向他人展示的需求，又满足了舒适等需求。

除了上流社会富裕阶层的自身品牌文化需要，品牌还具有炫耀型消费的特征，这种需求被体现为公开展示经济能力和消费水平的社会文化特征，人们以对某种文化品牌产权拥有或使用来表明自己所处的消费阶层身份和社会地位、现代潮流感。有些品牌文化消费还会成为特定国家代表普遍消费水平的社会文化形式，如中国人在结婚时将房产、汽车、珠宝、红酒等品牌的持有量及使用层次作为一项基本的社会文化需求。

为达到紧跟品牌文化潮流的炫耀、攀比性非理性消费已经成为社会文化中的代表性消费特征，这一点大幅增加了人类消费能力的透支。从1920年全球出现大量的分期消费、信用卡消费方式以来，透支性消费成为全球品牌文化消费的主要购买力体现，而这些消费主要发生在品牌市场上，品牌文化消费成瘾在社会文化中相当普遍。

品牌经济发展到21世纪，正在全面取代商品经济，成为体现物质财富的拥有程度和个体文化享受的方式。当物质消费能力成为社会共存的普世价值观，品牌就已经不仅仅是身份的象征和消费水平的代表，还被体现为品牌文化消费的扩展和延伸，如对汽车进行改装、对品牌文化进行个性化私人定制等。

第4.6章　品牌文化内涵

品牌冰爆周期是任何一个国家从非品牌输出国迈向品牌输出国的发展过程中所必然出现的一个品牌发展"井喷"时期，其主要体现在企业对品牌长远治理需求和品牌文化内涵需求普遍处于上行通道性需求的急速变化上，从而使大量品牌因此进入品牌文化消费的重要发展阶段。

品牌文化消费主要消费的是品牌文化内涵，品牌文化内涵经由品牌内核、品牌内涵、品牌外延的品牌文化基因组、品牌文化模因、品牌文化模态的发展过程完成，是品牌命名并具象以后，经由品牌象征、品牌演绎，从品牌内涵向品牌外延的扩展，发展品牌感知并最终完成品牌实现的完整品牌科学化、品牌哲学化过程，是运用品牌三元秩序结构进行品牌文化赋值的深层品牌文化奠基方式，也是品牌产品物化的文明形态。

绝大部分品牌只发挥了不到10%的品牌文化能力，品牌必须是由内向外通过强烈且丰富的品牌文化内涵，加载到具体的物质上，完成外延物化的文化内涵展现的过程，也是品牌运用品牌符号将丰富的品牌文化内涵模因，以品牌模态形式传导给品牌用户并被品牌用户精确解码的模移过程，品牌在完成内涵挖掘、演绎、呈现之后的品牌模因、模态、模移化后，品牌才会成为真正意义上有正式生命意义的品牌。

4.6.1　品牌冰爆周期

品牌冰爆周期是指一个国家发展品牌过程中出现的周期性品牌集群式孕育诞生阶段，各种品牌最初都是以休眠状态存在，只完成了基本的命名、标识、VI系统然后就进行长时间的休眠封冻期。当处于孕育的品牌数量累积到一定程度，竞争激烈到一定强度，国内消费水平升级后，该国品牌将

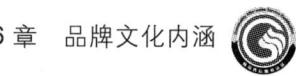

集群式集中进入品牌冰爆周期，品牌的竞争将密集地转移到企业与企业之间在品牌长远治理结构和品牌文化内涵的竞争上。

这种短期之内、突然之间大量企业从封冻休眠状态中觉醒，以井喷式爆发出对品牌的深层次追求效应，将使一个国家的企业品牌建设需求集群式急速进入上升的上行通道状态称之为品牌冰爆周期，将发生类寒武纪品牌生命大爆发，一个国家开始出现真正意义上有品牌生命迹象的品牌，同一时间将有大量国内品牌密集进行品牌升级，向国际品牌甚至世界品牌过渡。

品牌冰爆周期一般会持续 10~20 年，品牌冰爆周期既是一个国家集中孕育诞生品牌的最佳时机，也是品牌配套产业链急速淘汰性重构，达到足以支撑品牌冰爆周期内各种品牌服务需求急速上升状态的最佳时机，当一个国家社会经济中基本完成国家品牌经济为主要代表品牌的稳定市场结构性建构，国家品牌经济转变为品牌输出国，品牌冰爆周期宣告结束。

最初，在任何一个国家出现的品牌都是以休眠状态存在，因为品牌的发展都需要庞大的品牌配套产业链支撑，单一经济体和市场需求不足以支撑单个品牌迅速发展成为世界品牌，品牌消费市场也没有进入整体性的品牌文化消费的形态。需要等到整个国家所有处于休眠的品牌数量积累放量到一定程度，纵深发展的品牌化市场需求和发达的品牌产业链发展到一定程度，满足品牌休眠状态激活的四个条件后，整个国家的品牌发展进入品牌冰爆周期，出现类寒武纪品牌生命大爆发，品牌将大规模集群式爆发并集中完成孕育诞生。

在非品牌输出国，品牌之所以从一开始都会处于休眠状态，主要体现为品牌最初都只完成了品牌具象化方面的工作，完成命名、标识设计和简单的 VI（品牌视觉形象设计）后，基本就停滞下来，极少进入品牌文化内涵的挖掘和展现阶段，此时品牌并没有死亡，而是进入了休眠封冻状态，被停滞下来发展市场关系。

和世界范围的品牌诞生需要具备四个条件一样，品牌从休眠封冻状态被激活也同样需要具备四个条件：①回归原生的品牌梦想，品牌有能力从追求现有市场经济利益转变为追求未来长远发展的结构性组织化竞争，品牌注重品牌治理层面的结构性发展，开始集中探索永恒品牌之路和金钱以外的使命追求；②一个国家的国民普遍对品牌文化消费意识的升级促使竞争加剧，品牌不再注重短期生存目标，转变为注重文化内涵的强烈发展需求，从二元市场发展关系转向三元品牌文化发展结构；③品牌文化中增加了民族自信、品牌信念等丰富的文化内涵，并成为一个国家的品牌集体性表现出来的文明竞争意识；④企业品牌向品牌组织升级，为解决长期发展问题，开始增加了品牌顾问等品牌发展协同体，建立起长期的品牌学习机制，迈向品牌科学与品牌哲学双向结合的品牌发展力水平时代。

世界上的主要国家从开始创建品牌到发展成为影响世界的品牌输出国，都经历了品牌冰爆周期阶段，在 10~20 年很短的一个周期性时间内集中诞生了大量国际品牌，其中不少跃居为世界品牌，这种转变是巨大的、规模性的、爆发式的，一个国家的品牌经济结构因此完成以高度发展的品牌经济体为代表、以品牌经济结构体量化主动参与竞争的品牌输出国结构。

正如我们在品牌概论中所提出的，任何国家不会单一出现第一个世界品牌，品牌是根植于一个国家的文明基因进行整体文明复兴或文明开创的发展过程，品牌是文明体与文明体之间的竞争，因此任何品牌以及整个国家的品牌都会经历一个较长时间期的休眠状态，直至该国进入品牌冰爆周期，类寒武纪品牌生命大爆发将会发生。

数量众多且多样化的企业品牌会在这一周期集群式大规模出现，并迅速集中升级到国际品牌的竞争层面，所有的品牌和品牌经济体也在经过长时期孕育后重新进行一轮深层次淘汰式竞争，物竞

· 313 ·

天择，集中批量诞生正式品牌，并且呈现出一个国家主要代表品牌正式奠基的历史性社会经济文化特征，国家主要代表性品牌将在品牌冰爆周期的品牌化同期完成重要的文化漂移，这是一个伟大的品牌崛起的历史机遇时期。

4.6.2 品牌文化内核的塑魂

品牌文化内核是一个品牌运作系统最核心的组件，是承担品牌文化基因组的核心、品牌系统管理的诠释核心，而品牌文化内核需要进行总体设计，是对一个品牌文化整体内核进行文化挖掘、构思和设计的塑魂过程，无论一个品牌的管理系统多么复杂，其市场规模多么庞大，品牌文化内核都是从长远治理结构出发，采用总体设计精心部署、系统组织的中央品牌化操作系统核心，以分层分级形式向外扩延成整个品牌系统。

对品牌文化内核的发展，也是一个品牌真正意义上具有生命力价值的伟大诞生过程。品牌必须溯源，有源方有品牌，也才有品牌形象，任何一个品牌元素的出现都不可能是凭空而来，必然都有其重要的历史性出现过程、出现原因、变动记录。一个品牌的未来发展实际上是该品牌发展的历史性浓缩，是从品牌创始之日起的历史印迹和历史发展过程，是每一个发展阶段上的历史延续、发展演变和层层递进。一个品牌没有历史性的溯源就没有未来，忘记历史就是忘记品牌所应坚守的来源、使命与责任，将导致品牌无法承继光大，而百年品牌的发展正是一代人又一代人接过父辈的旗帜发扬品牌精神、承继光大的历史延续。

品牌文化内核是品牌文化及总体形象的核心，是在长远治理层面（至少30年或100年以上）不能轻易变动或需要定向更新的核心内容，而任何变动则根据市场发展需要进行高层重大决策后才能变更总体关键品牌文化元素和品牌形象扩展源头，由需要定向更新的母品牌简介、母品牌编年史和不能更新的母品牌故事、母品牌描述、母品牌名称、母品牌标识、品牌总体发展结构七部分组成。

母品牌简介是根据历史和未来发展需要进行正式确定的内容，是为统一品牌对内对外传播而制定的主要内容，是根据每一重大发展历史的发展阶段结果定向增补调节的内容，每次增补或更新都应刊载时间及修订人记录。必须严格保持在各种传播渠道上品牌简介的统一性、完整性、规范性使用，如许多出现在互联网维基和百度百科上的企业品牌简介信息就不一定是准确的、统一的，解释相当混乱。母品牌编年史是以年度为序列即时增补更新的品牌大事记，按时间轴排列。

母品牌故事和母品牌描述一经确立，是不能轻易变更的，母品牌故事是一个品牌最重要的灵魂，是品牌名称的具体来源，是母品牌标识设计或演绎的核心，是解释为什么叫这个名称、品牌标识设计灵魂思想层面总体要求是什么的官方文件，该品牌到底是来自某种文明、某种传播、起源自某个历史典故，是品牌创始人创始该品牌时的思想表达、是某个历史名人赋予的，还是某种原因下诞生的词语。

没有任何品牌的命名和标志图形可以跨越品牌渊源凭空设计，品牌的名称和LOGO也不可能来自于某个企业领导人或LOGO设计师的自由发挥，来自于凭空想象和解释。品牌故事作为一个品牌灵魂和一切品牌文化内涵的起源，必须以朝圣般崇敬的态度和内心对品牌文化进行深入挖掘、分析、思考后，并正式赋予其历史价值、科学价值、哲学价值和伟大的意义与内涵，结合品牌创始人最真实的内心想法和思考、发展方向与期望后才能正式确立。一切品牌形象元素的设计依据以品牌为中心才能依次展开设计，因而品牌总体设计实际上是塑魂的过程，将之演绎成一种文化、一种传说、一种梦想、一种澎湃、一种动力、一种可以为之奋斗、为之努力、为之魂牵梦绕的品牌文明，这是一个品牌之所以能够演绎、传承、发展的生命真理，不好的品牌设计恰恰是有形而无魂，也就失去了其企业品牌全员上下为之全心尽职努力的使命感以及历史延续性。

品牌描述是品牌的标准描述标签，用于品牌方向的准确指向、官方解释以及用于各种途径的标准使用标签，品牌描述由一句话和一段简述文字组成。母品牌名称、母品牌标识则包括母品牌的名称英文、中文、韩文等主要语言标准文字、母标识图形和知识产权保护内容。

品牌总体发展结构是一个发展壮大的品牌组织长远期的结构性发展力核心，由未来将发展的品牌集群结构组成，包括现在及未来品牌发展过程中已经规划的子品牌计划和相关名称、图形，从一开始就要明确规定以后将要发展的专业品牌组合结构、分工以及提前完成的品牌知识产权保护，由于商标命名资源和广告语知识产权登记注册量飞速增长，品牌命名和商标图形资源已经出现枯竭前兆，当名称和图形重复性冲突大量出现，未来品牌将为起不到一个好名称而发愁，因此有必要提前纳入发展战略进行保护。

品牌总体发展结构是一经确立后除非遇到重大需要才能变更的总体纲领性重大品牌治理结构和重大品牌战略决策，是品牌脑的灵魂，是一个不断扩大并足以保持百年品牌未来发展格局的历史性品牌文明遗产，更是指引一个品牌能够做到总体溯源、不断开拓进取的品牌旺盛生命力源泉。

4.6.3 品牌文化赋值

劳动赋能、文化赋值是一个品牌真正意义上的诞生的基本条件，品牌文化赋值的本质是以文化力塑造品牌价值、提升品牌价值、发展品牌价值并最终实现品牌价值终极溢价能力的价值体现过程，品牌文化的赋值是基于品牌文化内涵展开的一系列品牌文化具象、象征、演绎、感知的系统文化发展结果。

品牌文化赋予人们对一个品牌所做出的基本认识，是以认识论发展品牌的科学，通过品牌的象征性行为运用完成品牌抽象性文化概括的价值提炼。人们最初对品牌的追求是其知名程度和市场规模，当一个品牌长期进行大量推广、营销，品牌 LOGO 被人们相当熟悉并容易识别，会错误地被人们认为这就是品牌正常的市场发展行为，而这一阶段，品牌会附庸在市场部门中。但实际上此时的品牌只有存在的意义，不能代表有价值的存活，不具备生命的迹象和特征性含义性的意义。从严格意义上而言，该品牌尚不能称之为品牌，只是人们熟悉的拥有一定公民知晓程度并能够准确辨识的企业名称、LOGO 图形，也只是品牌有形而无魂的阶段。

只有加载大量有特殊意义的文化属性，品牌通过创造性地与文化融合，使之具有一种品牌文化体的象征，有代表该品牌的主营机构能够与其骨干、员工、用户形成紧密依恋的公共品牌化关系，创建起符号性的典型角征，品牌才会正式形成，并有机会成为一个国家或地区的代表性国家品牌符号。

品牌通过价值观、使命、意义、目标、历史、故事等完成品牌文化的塑造，品牌才能展现出品牌梦想中的思想抱负、团结的队伍、品牌的生命真理、人生的哲理等深层次的需求，并与国民不断上升的品牌文化消费需求形态对应，具有代表性、包容性、经典性，以及对所有人负责的持续态度，品牌文化才能脱胎于原始产品和服务的商品经济形态，转变为带有品牌文化价值的重要市场消费的产物，这是人类从消费层、企业品牌层同步对品牌重新认识的品牌化意识基础。

品牌文化赋值是一个系统、完整、复杂的发展过程，是当品牌发展之初或品牌发展到一定阶段，为品牌市场的发展做出一种长远的决策。品牌需要从心理、行为和方式上建立起一系列的文化程式，使品牌在完成定向的品牌文化富集后，整体模移到品牌文化模态，在市场上保持高速的市场运动。

4.6.4 品牌文化消费溢价

品牌的发展是需要运用符号学、诠释学、社会学和文化学进行系统研究、总体设计的一种人类发展力思想。品牌具体在文化层面的表达，首先是符号化的，泛品牌通常是指人们常见并认识的那些熟悉的品牌名称和图形，这并不是正式意义上的品牌，正式的品牌必须具有文化内涵上深刻认识和符号化的理解。

品牌文化内涵，是指公众或品牌用户群体对一个品牌所显性或隐含文化价值和感知方式能够进行准确判断的高度品牌化产物，是人类在普遍的文化立场上所体现出一种对品牌的意境追求、美学体会、附加事物进行清晰识别判断，并与每个人自身所理解的文化融为一体，使之成为社会普遍理解，并能够进行情感关联的文化模因和文化模态。

当人类处于不同的社会层面和文化状态，对任何一种物质或现象都会产生二元对立性的文化判断，如文明与野蛮、文化与粗俗、精致与粗糙、品质与劣质、喜爱与厌倦。在具体的文化判断中，受一个人所处文化阶层和自身涵养的决定，人类会对同一种物质、行为等文化做出不同的判断：如非文化性时体现的固执性，在文化性表现的是意志坚强，这是一种同频、高频直观的文化反映，取决于文化判断者和判断对象之间的同频文化或高频文化，当判断对象低频时就变成了野蛮，当同频时就是可以接受，当高频时就会成为美学，在不同的环境下，不同的人会得出不同的文化感知及文化角度上的判断，并随之转化为文化性质的决策，这是形成品牌溢价的重要文化基础。

人们对一个国家的品牌溢价或一个企业品牌产品的品牌溢价所做出的判断，同样是取决于这种判断性文化结构。当一个国家的文明表现出先进性或者古老的特征，人们就会给出高频文化判断，认为来自这个国家或古老文明的产物应该给予正常价格基础上的加价，人们认为愿意按一定加价幅度来接受来自这个国家这个文明的产物。同样当具有品牌文化内涵的物质出现在消费市场上，人们认为价格高于同类产品也是可以接受的，因为它值得人们多付出一些货币。

人们对这种溢价性能是站在普遍对不同文化形式的理解上所建立起来的共识，这种由品牌文化内涵所体现出的溢价性能是构成品牌消费市场竞争主体结构以及品牌溢价水平的关键。这一点也是区分品牌与一般意义上产品的具体赋值内容，更是区别品牌经济与商品经济的重要特征，如果一个国家不具备品牌文化内涵的属性，该国出产的产品将以商品为形式处于严重的价格对比中，消费者认为这些泛品牌化的同质商品不存在品牌文化内涵，那么就应该以同类、同质、同价对待。

在现代全球经济中，品牌文化内涵是普遍化品牌价值的体现方式，也是任何一个国家的消费者在消费水平升级以后的必然选择，消费的主要形式就是消费品牌的文化，随着人口收入的增加，这种显性作用将越来越明显，而全球市场的品牌与品牌竞争，将最终都体现在品牌文化的竞争上。

4.6.5 品牌文化内涵原理

品牌文化内涵是品牌的整体符号化、诠释化、模移化发展过程，其本质是使品牌的名称和图案象征模因化，在人类文化系统频谱中进行系统演绎，是品牌文化内涵、外延的形态物化，是形成丰富内涵后外延模态化的科学发展结果。最初品牌只有命名、标识和规范性的品牌视觉系统，此时品牌不会产生文化，品牌需要认真对其符号、诠释做出深入的定义性和深刻的定向性解释，然后将之形成的模因整体以模态呈现，最终实现品牌文化的整体模移。

品牌需要通过名称、图像和物质等符号化唤起记忆性意义、概念或联想，人们通常通过象征来

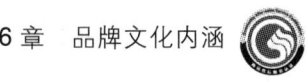

理解一个事物的价值。人们对任何名称、图形或物质的普遍反映来自于文化象征性的赋值，如绅士代表优雅、礼貌，钻石曾经只是属于珍稀天然矿物，与贵金属同价，但进行文化内涵象征性加工后，钻石就成为代表爱情和忠贞的象征，从而大幅升值。

花在不同领域会产生不同的价值判断变化，在功能性需要上，花属于绿植，在内涵性需要上，花被赋予不同的含义，如玫瑰象征爱情、浪漫，玫瑰花还是美国国花，代表美丽、芬芳、热忱和爱情；菊花则代表隐士、正直、吉祥、高雅、清丽。

不同类型的感知在不同领域会发生内涵转移，从而引发人们对事物在认识上和价值上的不同判断。例如"那是一只狗"，会在不同的领域发生内涵上的变化，会被称为犬类（动物医学中的狗）、亲密的朋友（体现乖巧亲善的宠物狗）、亲人（体现忠诚、情义的狗）、安全警戒（承担护院的狗）、专业训练领域（作为警犬、猎犬的狗）、汪星人（网络语言和动画中卖萌的狗），这些内涵转移使人们对不同的狗做出了不同的情感和价值判断，并成为人类多元文化中的重要组成部分。

泛品牌与品牌化的最大区别是：泛品牌没有内涵，没有文化价值属性。如果没有内涵，词语、命名、产品都是没有意义的，就不可能产生暗示，只能被用于准确描述一般意义上的物质或特征区分，如黑色的头发、搜索引擎的公司、一家手机品牌商，不存在任何拉伸和语境、意义上的变化，是一种僵硬地表达，缺乏情感、态度和价值上的判断，也无法进行纵深的文化引申和延伸。

品牌的文化是通过"内涵+外延"模式来实现的，如"热情+人=热情的人，玫瑰花+11朵+网上订花=送给心上人一心一意的爱"，表示友爱的"心形+图案符号=友爱的符号"。

这种文化通过具体含义、清晰化的方式，将品牌文化的基因组进行文化性组织提升为品牌文化模因，使品牌具有具象清晰化的含义性理解，使之从对实物的实指演变为代指、特指的阶段。许多品牌的命名都来源于某一种原有的文化基因组，许多产品也是在建立在文化基因组上的模因化，例如爱尔兰及苏格兰的酿酒技艺文化先后演绎出法国轩尼诗、芝华士威士忌、美国杰克丹尼等世界名酒品牌，法国酒庄文化演绎出拉斐、拉图庄等品牌，而现代珠宝首饰的设计又从古老的经典图案等作为创意创作灵感的重要来源。

这些共识性文化内涵是由一个符号到另一个符号之间的文化连接，是从人类文化系统频谱中调用，进行发展的文化基因组，从而形成了品牌文化的价值倍增。尽管许多品牌的名称出现时都是新词，但由于共属于人类文化频谱中已经共识的文化元素组合，就很容易被人们接受，例如从中国人讲究的"天人合一"中调用文化；例如阿波罗计划，使用古希腊神话中的光明之神的名称；而创造性文明如《星球大战》则通过创造固定的新角色、服装、标识来让人们获得共识性的文化理解。

4.6.5.1 品牌符号化

符号是将一个品牌的复杂性发展形式通过系统解释浓缩到简单化理解的方式，品牌是一种符号，它必须是一种象征，具有深刻的象征性含义。人类主要用符号来传输各种复杂信息，符号是代表一个品牌或明示、暗示来代表一种思路、思考方式、视觉形象、行为或物质实体的概念化认识。

人类运用符号来表示特定的意识形态和社会结构，在各个方面代表其特定的文化方式。最典型的使用是地图，人们在地图上用各种符号来标识河流、道路、城市的位置、走向和形态，而地球上每个人的大脑就相当于地图，通过品牌符号来解码不同的文化消费需求，通过这些符号导出人们对不同品牌所存储的记忆、安全、心灵等方面先验或后验的评估结果。

符号本身是复杂的信号系统，每一种品牌符号都包含着对应的有形清晰意识、精神梦想和绝对意义，由一种符号调动人的思考和人的行为响应去形成一种追求、一种好的感知体会。尽管品牌的标识是从符号中分离出来的，但它从属于人类符号系统，只有具有特定含义特征的符号才能促进人类通过这些符号来快速判定各种选择、采取各种行动，如同交通图上的符号指引人们前进或左转、停止。

品牌符号中加载了各种象征性行为、品牌性能和品牌的文化特征，如科学研究、先进产品、服务能力，人们在使用品牌的过程中通过学习，掌握各种品牌符号用以理解我们这个世界，成为我们赖以做出各种判断的依据，由通过品牌"符号"来确认购买物质的级别、文化层次和安全性等重要信息。

人类社会是以大量使用符号让我们拥有了生活的意义，也通过创作各种符号来寻找我们在社会中的更好的存在感，品牌的符号是连接人与人、解决各种消费需求的引导线索，人们根据这些品牌符号来判定自己的喜好、偏好、消费方式、消费水平和消费具有哪些特征的文化需求。

4.6.5.2 品牌诠释化

品牌的内涵是需要做出准确诠释的，诠释最早来自于哲学表达和宗教经文文本解读的方法，是以本位论进行解释和注解的诠释系统，具有史学、考古学、考证学、文献学、社会学、文化学、传承学等文化系统化的特征，是众多古典著作、宗教得以在历史中长期流传传承的文化基础。在品牌学中，品牌的诠释化是指对品牌哲学层面的理解和认识，是具体演绎品牌文化内涵的方式。

无论是一条宗教中的神圣信息，还是一个品牌的文化溯源，都必须进行准确解读才能确保人们准确理解并上升到认识状态。这些信息需要经过道理、故事、哲理向不确定的对象传递，需要转化为具体人群在生活中的各种思考性应用，并与人们实际生活问题的思考结合起来，从而才能构建起人们对这些信息的起源、版本、人物产生真实的信仰和信念体会，并成为倡导人们生活的基本思考方式。

例如，维纳斯（Venus）在品牌命名中经常出现，是古希腊神话中爱与美的女神，是掌管人间一切爱情的女神。松下相机的图像处理系统名为"Venus Engine"，显示其对图画之美的追求；一种除斑技术被称为"Venus 吸斑"，并因此建立了 Venus 品牌，其无疑寓意使女性更加美丽动人；一款立足于绘画和建筑设计专用铅笔被命名为 Venus Pencils。品牌借助于人们对女神的理解来解释品牌的文化内涵。

这些品牌诠释可以出现在任何领域，人们出于对各种品牌的理解，将品牌诠释发展到每个人认识的各种社会文化环境中，但真正意义上的诠释并不仅仅局限于命名，还需要以完整的诠释系统来表达，这是解构主义和建构主义双向发展所显示的品牌文化内涵。首先需要解构文化，对原有的命名、图形符号化的文化元素进行系统分解和研究式的文化挖掘，再运用建构主义建立出新的文化模因，不经过解构与建构的系统文化诠释很难将品牌文化运用到极致，也无法以将品牌文化整体性建构于全球消费者对品牌真实的理解上，从而转化为消费端人们真实的品牌认识，使之成为新的人类文化频谱，作为每个人自己的主观意愿、情感、历史、生活中自我文化的运用。

例如，一个自然界中普通的山，已经在地球上存在上万年，本身可能没有任何意义，但当它被加载了一定神话或神圣的意义，并通过大量的文学、艺术所作出的象征性描述以后，它就成为一处重要的人类历史遗产，最终演变成为人类文化频谱中的重要组成部分，被赋予了文化的价值，奠定其文化基础，山也就上升到精神世界中，获得了人们对它的深刻理解，成为一种普遍文化共识——有名的景点，拥有其来源、象征、艺术、历史、传说等具体的文化模因。

而认识论的本质，是对认识知识、合理信仰进行运用的过程，将知识的专有性、特征性、文化

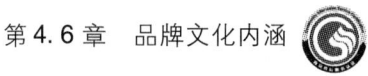

性解释成为人类共识的一种文化认知，它既需要发展其特定的知识本质，也需要运用诠释学构建成一个完整的、足以自适应传播的文化概念组合系统，使之成为人类真理、信仰的一部分。

在此过程中，基于理由、信念所形成的独立文化系统就成为品牌文化在诠释学方面的发展重点。品牌组织对内，需要运用法律解读学和《圣经》经文阐释学的特殊形式，通过向投资者和员工进行反复诠释来完成品牌文化的根植，并与同类品牌企业做出区分，从而结构性塑造起品牌特有的文化，成为人们愿意为之努力奋斗、继承和发扬品牌文化的精神世界，品牌才能得到有效传承。

基于文化模因所形成的品牌文化内涵只有成为感知、信念性的独立文化系统，成为一种结构性的品牌诠释系统，才能准确的解释品牌，只有丰富文化内涵，才能让品牌用户准确分清竞争产品间的文化区分，并将之转化为对一个品牌信赖、依赖、支持的信念，从而运用品牌诠释学在社会环境中对品牌产生各种持续性的永续消费行为，达到企业对品牌永恒经营的愿望。

今天，在品牌产品的研发领域，品牌设计师也最常运用诠释方式来表达创造灵感、设计思想、产品使用理念，从而构建起人们对一种品牌产品的全面认识，这是品牌设计师站在用户立场，对于人和世界进行的哲学性思考和文化理解，最终将这些理解通过符号转化为品牌灵魂性和精神性的情感，并由此使品牌用户对一个品牌产生深刻的——"不可错过、不可放弃"的坚强信念。

品牌诠释的方式一般是显性化、明示性的，较少使用隐性化、暗示性的解释。通过品牌文化内涵的明示化塑造，品牌最终会成为一种显性文化特征，随时能够唤起人们记忆中存储的涉及一个品牌的象征、传说、做工、服务等全方位的品牌文化系统认识或使用经验。

没有品牌诠释系统的品牌，就没有品牌意识的传承关系，也是未成型的思想反应模式，是"未被用于提炼表达的原型＋待被具体描述的品牌毛坯"，这些品牌是没有生命力，是处于休眠封冻中的品牌，没有人愿意对这些品牌燃起热情，也唤不起用户对这些品牌的深刻理解。典型的情况是品牌对人才的吸引，没有梦想和文化内涵的品牌无法吸引到高水平的人才，这无关于薪酬，他们认为自己不值得为这些品牌工作，既没有灵魂也没有乐趣，当然也无法体现自己的追求与未来。

只有品牌加入了特定的意义，人们才能认为这是一项充满意义的工作，符合高水平人才心灵上的需求。品牌要获得文化内涵上的发展，其本身就需要将品牌原型创造成为一种共同的文化遐想、共享的文化价值、蓬勃发展的文化前景与快乐美好的文化氛围。正如两个苹果改变了世界，一个是砸到牛顿头上的苹果，一个是被乔布斯咬了一口的苹果，苹果的文化内涵，是从苹果出发，而演绎发展建构起的品牌文明。

4.6.6 品牌文化内涵过程

品牌文化内涵的具体过程包括了命名、具象、象征、演绎、外延、感知、实现七个过程，由三分法组成：①符号化与内涵化分工：命名、具象、象征是符号化过程，演绎、外延、感知是内涵化过程；②模因化与模态化分工：命名、具象、象征、演绎是模因化，外延、感知、实现是模态化；③模移化：实现是模移化。

命名：命名的品牌文化内涵包括了语义、语态、语境，这也是构成品牌文案和艺术表达的引申源头。①语义：该命名字面上的解释上什么、实指什么、代指什么、特指什么。②语态：该命名及关联主题词语，其语言的动态发展的状态和形势、特征，是品牌命名一旦在市场上高速运动起来所表现出和达到的运动状态。③语境：该命名及其辅助描述语言让人感受到什么意识、体会、感观、感悟和认识上的意境，是品牌生命力的体现，是流畅的语言美学表达，是能够让人感受到的境界感。

具象：具象是品牌图形的成像系统，包括了标识、品牌形象系统、应用图形系统、文化关联符号和图像，是具体对品牌成像化的过程，是构成品牌符号化的主体。标识（LOGO）是符号化的主标识、标志、徽记。品牌形象系统是以 CI（企业形象识别系统）为主，由 VI、BI、MI 等组合的形象规范识别和动态管理系统；应用图形系统包括了数字符号、数字标识图形系统、UI 界面系统等图形化的系统；文化关联符号图像系统包括了符号、摄影、手绘、桌面、背景等用于帮助人们延伸理解品牌形象，对应品牌特征，增强感知的一系列关联品牌具象，如带有品牌主标识的科幻或史诗风格的手绘作品。

象征：象征是为品牌做出具体指向的含义，用于表达品牌到底代表什么意义。通过具体的意义性描述，明示品牌的特殊意义，以此表达品牌的真挚感情和深刻寓意、象征含义、主体品牌风格，象征是品牌文化内涵中的核心。

演绎：品牌的演绎是通过史料、考古、神话、传说、故事、诗歌、表演、电影、游戏、建筑等各种史学研究和文学艺术表现手法对品牌文化内涵进行的系统挖掘，并进行表达、表现和再现的系统过程，是运用多种技艺、手法、先进科学技术对品牌文化实施保护性发现和发展的过程，其作用是丰富品牌文化内涵，展示品牌文化，也是品牌文化最主要的表现形式，是人类理解、认识、记录并记忆一个品牌，将自己的精神、情感、意识融入一个品牌中的文化贯通过程。

外延：外延是具体的产品和服务形态，任何品牌产品和服务，都是通过内涵附加到具体产品和服务形态上体现出来的。产品的物质形态或虚拟形态，都不可能独立存在，否则不具备品牌属性，只是一般意义上的"物"，而品牌内涵经由"物"体现出来，"物"才会上升到精神层面，从而完成文化内涵到外延的物化，从内到外使之成为品牌的扩展化塑造。

感知：品牌感知主要体现在品牌性能特别是品牌产品的感知体验体会上，是品牌用户运用自身的视觉、触觉、嗅觉、声觉、体觉等和心理感观，综合感受到一个品牌及其产品和服务的具体形态——体察性感知、反应和记忆过程，这是品牌在完成文化内涵以后，通过物化感知来完成外延文化表达的实现方式。

实现：实现是最终完成的品牌产物，在经历命名、具象、象征、演绎、外延、感知六个过程之后，品牌具有了文化意义上的赋值，从而在终成产品、市场终端及消费者感知上才能完成最终的品牌化，使之成为真正意义上的品牌，具有了品牌文化消费的价值和品牌投资、品牌物质收藏、品牌推荐购买等多种形式的最终结果实现。品牌因此在资本市场上体现出其具体的品牌价值。无论一个品牌市场规模或大或小，实现后的品牌就具有了生命迹象，达到品牌一代代可以进行传承、长远发展所需的品牌内涵要求。

4.6.7 品牌三元文化结构

一般层次上，品牌专家或企业家、企业管理者和投资者将品牌视为二元的市场表现结构，即品牌是在企业方和市场端消费者之间的发展过程，品牌存在利润等经济化要求，是供应给市场，并产生在产品和消费者之间的关系。只有极少的品牌学者和品牌创始人发现品牌以三元文化结构存在，即品牌是在品牌梦想、文化内涵和品牌用户之间的一种稳定平衡的三元秩序，是一种以模因化模态化结构进行整体品牌模移的自然生态可持续性发展的系统。

人们主要生活在二元世界，判断各种问题的视角主要是由二元对立性质决定，这就造成了多数品牌专家和企业家对品牌学本身的判断出错，从而造成了一系列的品牌建设重大失误。

一般的品牌和产品通过二元表达，在品牌上只完成了品牌标识和 VI 视觉形象规范上的具象就结束了，不进行任何品牌文化内涵和外延上确立。随后，将品牌的标识标识到具体的产品上进行静态定义，此时其品牌所指的是具体的"物"，品牌由外部外质形态向内部质量等性能延伸，产品研发变化仅是功能、外观、包装、形式上的变化，其品牌广告等解释仅限于对产品和对消费对象进行的解释。这种解释是针对实体化产品物质的解释，并且主要是在材质、工艺、用途上所做出的功能性解释，只向市场发展用于识别品牌的信息，指示人们识别该产品从属于某个品牌旗下，品牌部门一般隶属于市场部门之下，企业重点研究市场竞争形式、消费者购买习惯，进行产品的促销、统计销售结果，并以财务数据来评估经营业绩。

真正意义上的品牌是三元世界的产物，品牌是通过三元表达的，其品牌组织具有三元秩序体结构，品牌被作为一种特定的信息传导符号出现，对品牌符号的理解是深入理解，不仅会涉及语义、语态、语境及全球多元化背景下不同地区的语言变化，也要从象征、意义和演绎方式上不断对品牌进行深入的文化挖掘、文化梳理与文化表达。品牌通过对人类文化系统频谱的研究，对品牌符号所涉及的种种迹象和印象的文化组织，使这成为一种形态上的动态感知形成，即便是在静止的静态画面中也能让人们如艺术般感受到品牌的生命迹象、生命力和旺盛的生命状态，以一种精神结构呈现出哲学化美学化的意境。

品牌则是由内向外，通过强烈且丰富的品牌文化内涵，加载到具体的物质上，完成外延物化的文化内涵展现，是以元认识模式，从自由、自主性、文化性的创造力以及对人和世界、人和自然、人和消费者的理解、对美好事物的认识和奉献精神以三元秩序结构来完成品牌产品的创作。这种文化共识性的物质创造和美学创作，取决于品牌设计的理解感知、体会和对生命的理解，由于人类文明和每个人的文化感知一半是虚拟的，一半是现实的，所以具体体现在品牌产品上，一半是具体表现、一半是精神世界，一半是物质，一半是文化，一半是形体，一半是追求，由虚实一体、信息相连，融会贯通的结构，从而创造出了品牌物质的物化感知心理和精神世界。

4.6.8 品牌文化模移

品牌是通过符号进行传导的发达文化系统，经由品牌整体模移作用，将品牌文化的所有内涵努力，完整地传导到品牌用户端进行解码，是将品牌文化模因以模式化整体模移到消费品牌文化的品牌用户的过程，是将品牌整体迁移到品牌文化模态，并在品牌市场上与高速市场运动保持一致性运动的模移过程。

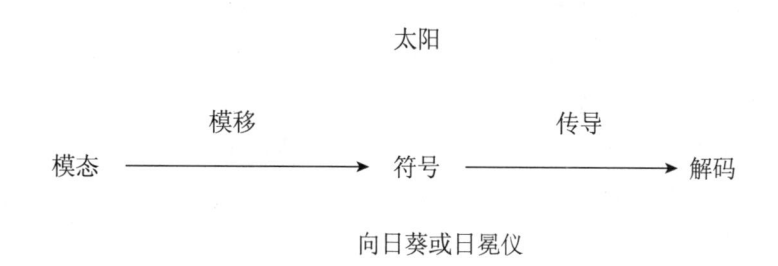

太阳

模移　　　　　　　　传导
模态　——————→　符号　——————→　解码

向日葵或日冕仪

无论向日葵或日冕仪，都是以太阳的整体性运动进行动态投射，从而成为动态化模态的对应方式，光线承担了连接信息并进行解码的同步动态运动过程。品牌文化内涵在完成系统梳理、挖掘、富集以后，会以品牌标识为符号化的传输载体，将复杂品牌文化信息的输出进行集结，向品牌用户端传输信号，品牌用户端识别标识符号时会自动对输入的复杂文化信息进行解码，从而完成全部品牌文化内涵的整体动态模移。用户因此会感受到多维度立体化的丰富品牌文化内涵，这一过程是品牌文化赋值的结果，也是品牌用户将消费到的品牌文化，并非在消费某种局限于物质功能性的产品需求，品牌文化消费的增长正在逐步取代并淘汰产品功能性消费，直至最终完成全球范围全面的品牌化消费升级。

凯尔特：符号——→象征（意义）——→文化（游吟诗歌、音乐、影视）——→重复传播

而这一过程，是通过品牌命名和标识作为符号来完成传导的，即品牌文化信息富集后，将标识作为载体发出编码的消息，品牌用户通过品牌符号触发消息，并进行消息的接收和自动解码，传导出丰富的品牌文化内涵信息。基于符号的传导，完成了人类之间的消息交换过程，无法创造一个高水平的品牌文化系统，这种传导作用将无法发生。凯尔特文明是世界公认的现代品牌奠基起源，一直以来就是通过创造符号、赋予符号象征意义、用文化演绎（游吟诗歌、音乐、影视）以后，大量重复传播，从而构成了品牌的基本原生发展程序。

品牌的符号是根植于人类对社会的原则、结构进行了系统设计后的产物，是人类对世界理解的无限文化拓展，是人类社会所有符号中的重要组成部分，这种理解通过丰富的品牌文化内涵演绎后，至少会在人们的头脑中和心灵中对符号化产生触动，头脑决定了决策，心灵决定了感知，人的心灵在被符号触动时，会发生强烈的心灵响应和心理活动。

品牌文化所研究的重点内容，是从三元秩序的交叉性理解上，研究的是人类对文化的追求，重点是研究自然或文化背景、规则和参照物、人类感知水平，并不是心理学、语言学，或市场学研究。品牌要实现的是对各种有意义的文化进行组合，通过品牌标识被加载并连接彼此的信息，是创造一组有意义的连接图标和消费密码索引系统，将文化模因转化为可视化图像——具象到标识上向茫茫市场分发性传输，然后接收品牌对象域那些信息接受者回应的过程，从而以品牌引力模式在市场中发挥强有力的品牌市场冲击波。

任何消费者都喜欢一个封闭的系统，在该系统内运行，将所有东西视为一个整体和完整的系统状态看待，因此在品牌端，需要有连续性的文化，通过命名元素、语义结构和明确含义关系，运用美学、符号学等使品牌成为一个自适应弹性的整体概念，将视觉、触觉、味觉、动觉等各种信息和图表、示意图、指数等各种迹象以及音乐、产品性能、科学研究的先进水平等集结成由多模因组合的模态化感知系统，传导给认知对象——拥有共同认知的品牌生态系统用户，当这一组信息编码被实现给可以感知到的用户，模态就会进行归因并被解析成完整的文化内涵。

品牌与用户之间的符号化传导和转变作用并不是一开始就有的，它需要品牌与用户之间不断就品牌符号传导的关系进行创造、建立、增强、发展，从而不断通过提升品牌文化内涵，让相应的符号与用户识别对应起来，从而确定出足够精确的品牌符号传导作用。

品牌推广的作用，就是阐明其品牌文化内涵模态的组件，运用品牌标识作为符号系统，使之成为一种品牌用户可以接收、解码并转化为用户自己经验模因的过程，从而使品牌产生积极的意义，并成为全球范围的品牌文化消费决策。

品牌三元文化关系所解决的是：第一，品牌方：品牌符号能传导出什么有效的系统文化内涵信息；第二，对象域：能否在品牌用户端呈现出完整的品牌拉伸性立体感知；第三，品牌之魂永远不可磨灭的发展本质。因此，品牌三元文化关系所对应的是品牌组织和用户之间的决心，一方努力做好品牌，一方乐意接受品牌，在共同的生态秩序可持续发展的环境下发展出品牌的永恒哲学。

第 4.7 章　品牌形象升级

一个企业的品牌形象往往并非一次性到位，常常会随着不同的发展阶段进行品牌再造周期性升级过程，通过每一个阶段对品牌形象冗余进行梳理、调整从而明确下一个品牌化发展阶段所需要的完整品牌形象，从而突出市场竞争主体作用。品牌形象的设计和实施过程也是决定一个品牌能力水平是否达到 C 级、B 级、A 级品牌能力水平的重要标志性发展阶段。

品牌形象的提升涉及了品牌形象效应增强、品牌形象总体升级、品牌形象设计原理、品牌形象化规范、品牌形象总体管理的具体内容，其本质是通过品牌形象的提升，提振品牌投资者、员工、品牌用户等关联各方的品牌发展共识过程，并达到品牌组织结构性治理、品牌市场调整、增加社会公共信任、增加经济效益等多种品牌系统优化的目的。

品牌形象升级还是发展品牌文化内涵的重要核心，通过品牌文化内涵的发展，将促使品牌史中长期沉淀累积形成的品牌文化含量、品牌发展前景与品牌文化消费价值平衡起来，从而全面增强品牌效应，提高品牌溢价水平，保证更长远的阶段性品牌发展结果，为永葆鲜活旺盛的品牌生命力做出积极的努力。

4.7.1　品牌再造周期性提升

品牌形象的提升是一个系统工程，世界上任何一个企业从成立之日起的第一天，就在进行起始的品牌准备，为企业确定名称，经由商业部门注册保护其商业主体合法性，设计标志图形，印制名片，装修办公室，制作印刷品，并根据需要注册商标、给员工配置服装、举行开业仪式。这些企业的名称和商标会伴随这些企业发展的始终，数月或长达数年、数十年、数百年，尽管任何企业从成立之日起就做了品牌起始性的工作，但极少有人认识这就是品牌，99% 的企业没有认真正式开启品牌化之路。

当一个企业决定发展品牌，将会经历品牌化的各个发展阶段，并且当一个品牌在市场中运行多年以后，每隔一段时期，在面临阶段发展时期、市场结构进行重大调整时和品牌出现老化时，还需要进行品牌再造。品牌的发展之路实际上就是由不断进行的品牌再造所完成的周期性品牌提升过程，回顾每一个百年品牌或已经发展数十年的品牌历史，都会发现其一路走过的品牌再造历史片段，这是每一个品牌重大历程的缩影和珍贵记忆，也是构成并丰富品牌内涵的重要历史性变更记录。

当我们将目光放到更长远未来的发展上，我们会发现品牌形象的提升在品牌历史发展阶段中相当重要，并且每一个品牌在其早期三十年的历史发展过程中都曾进行了一次或几次重大的品牌形象升级工程，这种周期性调整从一定程度上为品牌的长远发展奠定了发展的事实基础。

品牌形象的建设是经由"名称及标识、有效识别、品牌知名度、品牌影响力"四个阶段进行发展的，分别对应"区分市场竞争主体、市场化分解、专业化分工、品牌信任增强"四种重要作用。

品牌先有了名称及标识，并确立了基本的品牌发展方向，一般是由"名称＋市场描述"或"名称+产业"作为品牌命名组合的，用于在高度竞争的市场中区别其市场主体作用，明确其品牌基本识别态势。随后品牌会通过品牌形象的统一视觉标识建设进行品牌形象的塑造，并通过各种宣传推广方式和营销方式强化品牌形象的有效识别，用于加速其在目标市场中的市场化分解。

随着品牌用户数量的增长及品牌传播的辐射，品牌在市场中的主要作用转移到对市场的专业化分工阶段，用来强调品牌的专业性，巩固专业级市场地位。随着品牌知名度转化为品牌影响力，品牌不断取信于用户，品牌名称及标识在市场和用户之间将建立起公共性的共识契约关系，通过品牌与用户不断在交付产品、服务用户过程中发生互动，此时品牌的任务将集中在品牌信任的增强方面。

但是随着市场周期性变化，品牌市场老化或品牌印象老化时，品牌需要重新进行品牌再造，以便彻底性或渐进式实施品牌改革。一种典型的情况是品牌增补将频繁发生，在品牌市场扩张期最容易出现，主要是由于品牌的市场扩张阶段为了根据产品的功能和性能直接参与市场竞争，使品牌的专业性发展变化，品牌产品增多导致出现了泛品牌冗余，品牌投资和并购过程中出现了品牌识别混乱，以及品牌形象长期管理不到位造成的品牌形象混乱。

此时的品牌再造的内容将会涉及品牌治理层次的结构性变化、品牌性能的整体提升、品牌识别方式的更新或实施集团品牌集群化发展结构性调整，以使市场更为清晰地识别品牌分工、提升完整品牌形象，并在品牌产品端与可能性竞争产品拉开差距化竞争。

阶段性的品牌形象升级是企业品牌意识提升的结果，是强化品牌科学发展方式，将系统品牌学语言转化为自身的品牌语言，通过品牌技术和品牌艺术促进品牌专业化发展的重要过程，是品牌从早期的内部化认同、自我定向、竞争希望和前沿地位期望发展常识化的普遍认可，从而到达公共意识阶段，将品牌发展力最终转化为用户期望、前沿地位和决策性竞争力，是品牌发展力水平和产业市场领导力地位的全面体现。

品牌形象升级的发展要求是：将一个企业的发展结构从短期周期性组织结构转变为长远品牌治理结构，将品牌印象从泛品牌化转变为具象化、将市场结构从综合市场转变为专业级市场，从而使品牌形象展现出科学精神，浓缩精湛技艺，体现专业水平，呈现极致主义风格，展现细节美学等品牌哲学，体现品牌在新的未来发展阶段中的全面发展格局。

任何品牌发展所要经历的品牌形象升级，其重要阶段将体现在品牌从区域品牌、产业品牌向国际品牌跨越，或者升级为世界品牌两个重大历史性标志阶段。有些品牌还将因此肩负作为品牌输出国的国家品牌总体形象和国家品牌全球溢价能力的重要组成部分，成为品牌强国开拓精神的杰出代表。而品牌形象升级还体现在开创新的品牌文化中心，巩固和发展其自身的品牌文化圈，在市场中建立强有力的品牌文化区隔，达到彻底性的品牌差距化竞争发展力水平。

4.7.2 品牌形象效应增强

全球普遍市场调查反映出当前消费者已经将品牌形象看作购买的第一要素，一方面消费者最看重品牌形象，而另一方面企业亟待提升品牌形象，品牌用户指名购买率已经成为未来全球企业品牌发展和品牌学术界、品牌估值、资本市场认定品牌的决胜要素。

品牌形象的创建和升级，并不是仅仅起个名称、换个LOGO、更换产品包装、重新装修门面，并由企业隆重举行品牌换标仪式就完成了品牌形象的升级工作。

品牌实则是"字符之间，价值无限，方寸之间，自有天地"，由几个文字组成的名称留给人们的深刻印记，由一个图形符号给予人们折射出的无尽遐想，是一切历史浓缩与未来发展壮观前景的心潮澎湃，而一切品牌文化内涵乃至品牌文明都以品牌符号化象征形式为中心展开、延伸、延展，既是消费者和投资者所能给予的高度信任，也是品牌发展的思想前沿与实践智慧，更是品牌完美的科学表达与哲学思考。

对消费者和投资者而言，消费者只需要识别一个简单的品牌符号，而这个品牌符号背后则高度浓缩着一个品牌组织的精神、态度、质量、原产地、生产、服务等一切物质和非物质的文化综合，企业的一切努力正是基于这个符号展开的。

因此品牌既具有公共契约特征：是公众和用户信任的基础，是唤起信任的心灵触动，是可以发生信任转移的最佳介质；也是品牌体现其品牌产品性能、文化含量、发展水平、市场等级、意境和美学诠释的中心；更是品牌为表达其消费安全、福利受让、价值传递、理智选择、购买结果的市场价值。品牌是表达企业责任、使命、价值的主体，还是品牌文化属性延伸，体现保护、激励、振奋，以及优越感、民族意识、美德、社会声誉乃至社会威望的文明图腾——是一种独立思想、一种主义、一种文明或一种超现实的图像。

一切丰富文化内涵和超现实感知最终都是以品牌为符号进行集结的，这是一种利他性质的公共品牌表现，具有明确产权归属方的高价值资产，既是品牌实力，也是品牌的社会价值和经济价值的具体体现。

品牌形象是品牌拥有者的发展实力体现，包括了品牌所处的专业立场、市场地位和竞争实力；品牌是品牌拥有者的社会价值体现，包括了品牌象征、社会分层和文化选择；品牌是品牌拥有者的经济价值体现，包括了投资价值、溢价水平和关联各方的共识。

品牌形象还是品牌分类技术的有效运用，突出了关键业务的组织形式，将抽象概念明确化，将隐性价值显性化，将技术特征优先化，将主要功能性能突出化，从而使一切价值因素集结于品牌形象所要表达的符号之上，作为品牌推广的前提和品牌传播的主体，成为品牌自然、自动、自适应吸引品牌用户的关键文化模因，不仅对市场开发加速促成，也对市场促进增效，既与市场中的竞争产品良好地体现了差别化的竞争关系，也与品牌用户良好地保持的品牌用户关系的维护。

在全球品牌发展出现"井喷"的集中发展时期，深刻发展品牌形象、运用品牌效应、提升品牌价值将被以后的历史证明这是一项最有价值的投资，是一个品牌在其发展史上所取得的阶段性成就。此外，品牌形象升级还将可能成为品牌增加收入的机会，通过提高品牌组织结构性效率，增强品牌产品和服务能力的市场供给，增加品牌收益结构和溢价能力，实现品牌消费层次的转移。

需要提醒的是：在许多品牌发展史中，都出现过品牌发展早期频繁的出现形象变化的情况，并因此发生了多次品牌形象升级的事实，这是品牌治理层面和品牌战略格局的不完整性所导致的。由于缺乏远见和对市场未来摸索的过程，品牌可能因市场变化和重要领导人变更，出现频繁的品牌形象升级，多次重返品牌用户及公众对一个品牌所发生的逆识、认识、再认同过程，这是品牌最大一笔战略设计失误的成本，当一个品牌已经在全国或国际市场中形成了一定的品牌影响力，仅仅更换标识的开支就是一笔巨资的耗费。

品牌研究人员通常认为：过于频繁地换标一般被认为是缺乏有效的品牌治理结构、缺乏企业战略远见、存在不确定成长的风险、存在品牌内涵真空的体现，企业处于不稳定的间歇性顿挫性发展状态，其未来历史发展轨迹并非一条完美的直线递进，会呈现出几经曲折的曲线发展轨道。

4.7.3 品牌形象总体升级

品牌形象升级必须符合品牌总体思想的三大原则：品牌总体设计原则、柳叶刀原则、自然生态发展原则。因此，品牌形象升级必须是品牌形象的总体升级，是在品牌总体思想指导下的品牌形象系统提升工程。

品牌形象总体升级主要由品牌规则制定、品牌技术应用、品牌认证三方发展关系组成的稳定秩序结构，通过全球通力合作以三元秩序结构形式促进全球品牌有序科学的发展，有效抑制企业品牌建设和品牌再造过程中的决策失误，减少企业盲目实践过程中造成的时间和经济成本的损失。

品牌规则的制定由国际规则的制定和标准化组织、品牌学科研究机构和各国国家品牌标准化组织、产业代表企业及消费者代表团体等组成，主要进行品牌学理论总体设计、品牌标准制定工作，承担品牌总体技术指导层面的工作，通过发布规则性标准、指南等形式促进品牌技术实施的科学性。例如，中国第一部品牌国家标准《商业企业品牌和企业文化评价》（GB/T 27925—2011）在中国全国范围内的宣贯。

品牌技术应用层面包括企业品牌方及对应的品牌顾问机构、品牌咨询机构、品牌研究机构、品牌管理软件公司等品牌技术系统研发机构、品牌服务商，自愿依据系统的品牌规则开展品牌实践，主要承担品牌形象总体设计的具体技术实施工作，企业可以根据需要自行实践或者以外包形式交由品牌顾问来管理执行。

企业完成品牌形象升级后应争取通过品牌认证获得权威品牌背书，从而提升品牌形象的权威性、公认性和背景性。品牌认证通常是各国政府或研究机构推行并具有国际互认资格的第三方品牌认证，是产品质量国际互认的必由之路。根据企业自愿需求对品牌技术的具体实施情况以及品牌整体管理的市场表现实施认证，中国国家认监委首次批准的第三方品牌认证机构为北京五洲天宇认证中心。品牌认证纳入了中国政府推行的国家品牌发展政策支持范围，如国家和地方财政提供的用于支持企业开展品牌战略发展经费、品牌建设经费、品牌推广费用及品牌认证补贴、税收减免等政策性支持，此外还包括了国家和省市地方政府采购等政策优先支持项目，除了对中国企业品牌实施第三方认证外，目前正在逐步展开美国品牌认证等国际互认工作。

同样，品牌形象总体升级的具体实践也是由品牌形象设计原理、品牌形象设计规范、品牌形象总体管理三元秩序结构来有序实现，品牌形象设计原理界定了一些品牌形象设计方面的具体原则性品牌规则，作为品牌形象设计过程中实际需要的科学规律。品牌形象设计规划提出了品牌形象设计过程中所遵循的一些具体技术要求，是具体实施品牌形象设计的思考方向、工作方法和设计要求。品牌形象总体管理则提出了对品牌形象实施全局性、全域性完整管理的理论和方法。

品牌形象总体设计不同于一般意义上的品牌视觉形象设计（VI）手册的制定，VI仅是品牌形象总体设计中的一个重要组成部分，总体而言，品牌形象总体设计具有总体设计、整体使用、系统开发的特点，重点是对品牌形象的长远发展提出要求，任何品牌都有机会发展为百年品牌，品牌形象的设计必须符合企业品牌长远发展所需的稳定成熟的竞争能力，并要求品牌形象在设计过程中注重品牌形象的系统呈现、系统管理，并与企业中进一步的品牌文化内涵发展、品牌艺术表达、品牌价值评估以及品牌管理中涉及的各项品牌技术系统相匹配，无缝嵌入完美融合，也要与品牌市场战略的结构性设计、品牌管理系统IT化，达到平移性能的要求。

在全球市场的市场竞争层面，品牌的竞争主体已经从大而全的泛品牌向集团品牌集群系统内的品牌组件和市场中的独立专业级品牌转移，品牌形象发展重点从品牌形象集成效应转向具有品牌发展结构的品牌化专业系统效应。从品牌治理所需的未来长远发展来看，品牌形象设计需要从前瞻战略级市场结构性设计出发，全面品牌化的重点是对母品牌的总体形象强化，并对单个的专业品牌进行优化。

未来全球品牌的总体设计思想是品牌形象系统的开放性，即品牌形象的开放系统，该系统要注重独立自主的品牌发展能力、品牌聚焦业务核心以及全球品牌协同合作效应三个方面，为品牌市场全球合作建立规范性的事实基础，并为互联网及移动互联网品牌传播者自由的联网取用、品牌间组合运用等提供规范来源性基础。

品牌形象总体设计过程由规则、诊断、设计和检测四个环节，需要遵循一定的品牌规则和技术要求，诊断品牌是对品牌形象管理的梳理，在开放品牌形象系统基础上完成品牌设计，制作并封存品牌形象实物样本，根据品牌拉伸理论，还应检测品牌形象伸缩性应用方式，必要时还需要注重品牌形象的跨文化属性的研究，作为品牌设计的依据。

品牌形象的提升是一个共识过程，是提振投资者、消费者、人才、员工、用户、合作资源等对品牌未来前景达成共识、发展普遍共识的重要过程。品牌形象总体设计还要注意网络效应增强和数字化视觉等新兴品牌形象设计与品牌形象应用领域的发展。

品牌形象升级体现出了品牌发展的崛起事实，使之能对资源和公众中对该品牌感兴趣的人产生吸引力，并创造了公众或目标用户群间的自适应传播价值，从而达到品牌引力效应。

4.7.4 品牌形象元素的塑形

品牌形象元素是一组高度品牌化的核心元素组件，不仅具有统一规范性的特点，还具有实施性、伸缩性、开放性、跨媒体性特点。并且，品牌形象主要元素还应具备组件化、符号化、诠释化用于品牌文化内涵和品牌艺术表达的可延伸特征。

品牌形象元素是品牌的符号化象征性结构，是品牌用户消费决策的识别和感知核心，是品牌市场的购买力要素，是品牌文化的消费富集中心，其表达形式和组合方法决定了品牌是否能够呈现出用户喜爱、愿意支付更高价格、消除价格敏感的重要经济价值，是品牌价值实现的基础载体。

品牌形象元素包括了品牌文化内核、品牌重点形象元素、品牌核准形象元素三类。由此形成一个具有总体内核、骨干环节、规范范围的高度品牌化品牌形象管理系统，将未来品牌发展过程中所需要的一切可能变动都纳入严格秩序运转范围之内，着眼于企业品牌化的长远未来，实现随时根据实际发展需要可延展进行的动态发展结构，按照总体设计、整体规范、系统开放、弹性应用、动态更新五项基本品牌规则形成高质量的品牌形象系统。

品牌形象的发展需要按照母、子品牌的序列进行系统化分布设计，因此各品牌元素之间需要有相当清晰的承继关系、分层关系和分布式系统结构，且必须注重溯源。品牌形象元素本身不包括品牌文化内核总体设计中的母品牌故事、母品牌命名、母品牌图形和母品牌发展结构，这些内容需要极高水平的总体设计和文化发掘，通常意义的品牌形象元素只能是依据母品牌文化内核确立以后才能演绎和延伸，即内核总体设计负责塑魂，定方向定结构，品牌形象元素设计负责塑形，做延展做细节。

品牌重点形象元素是对品牌在发展过程中所需要的重要品牌形象环节，做出具体界定，以母品牌为主，包括母品牌的具体文字规范、色彩规范、图形规范、品牌使命、品牌广告语、品牌形象代言人、品牌形象体验店、品牌简介、品牌故事以及子品牌序列的重点形象元素等结构组成。

品牌重点形象元素设计手册的首页内容，必须是品牌史形象重点元素的沿革页，依据品牌史进行排列，在品牌重点形象元素表展开以前，以品牌史档案形式记载品牌发展过程中历史重大战略性调整以及品牌重点形象元素的重大变动。例如，品牌使命、品牌广告语的变更、品牌形象代言人的更换、品牌主要形象店面的历次重要设计变动的历史沿革。

在品牌史之后才能排当前正在使用的品牌形象重点要素，形象元素包括长期不变动（5～10年）或根据市场发展需要经重大品牌决策方才改变的品牌形象元素环节，最新变动还应及时将其记录，将原有元素转入品牌史档案，将当前变更后的内容进行更新。

品牌核准形象元素则是长期固定或根据实际发展需要进行动态变更的品牌形象元素，也是母品牌和品牌重点形象元素的扩展、补充、富集。主要包括对母品牌名称和标识的弹性伸缩设计、品牌辅助语言和图形组合设计、应用进行展开设计，并且具有格式化、制式化、制品化、尺寸化、嵌入化等品牌化制式要求。

品牌名称和标识图形不仅需要应用于印刷、数字等各种技术实现形式，还会按不同使用需求和文字及图形大小的使用习惯，与子品牌、协同品牌的文字图形组合方式等方面的惯例性应用规范综合考虑，要根据各种可能使用环境的不同惯例性要求做出规范性设计，把各种可能的使用环境和应用场景充分考虑在内，以免具体实施过程中出现各种使用不便、使用不当出现的变形和错误应用。

品牌辅助语言和图形组合设计是指母品牌广告语、分支机构等文字与母品牌的组合图形、排列位置设计规范性要求，凡是与母品牌搭配出现的辅助文字格式都应考虑到并进行规范。品牌形象的应用设计包括了品牌文件、品牌办公用品、品牌办公环境和品牌数字形象、品牌形象包装、品牌形象衍生品、品牌形象传播七种类型。

品牌文件包括了标准文件格式、档案格式、新闻稿格式、品牌记录表格、品牌证书等，是一种严格标准制格式化的品牌形象应用内容。品牌办公用品包括了笔、记事本、纸杯、工作牌、办公家具、桌签、工作服装等，是一种严格标准制品化的品牌形象应用内容。品牌办公环境包括了门迎、前台、绿植、门牌、玻璃防撞条、办公区位图、导路牌等，也是一种严格标准制式化的品牌形象应用内容。

品牌数字形象包括了各种数字应用界面、数字图形、数字图标、数字符号、数字标签应用等严格标准格式化的要求。品牌形象包装包括了进行产品化所需的标准标签、纸袋包装、包装盒等严格标准格式化制作要求。品牌形象衍生品包括了徽章、图册、仪式服装、装饰物、礼品等严格标准制品化要求。品牌形象宣传物料包括了各种新闻、广告、图书、摄影、视频、电影等可出现的品牌名称、品牌标识、品牌形象场景拍摄等各种传播制作所需做出的具体尺寸、嵌入要求、拍摄角度等规范图形和规范要求，根据需要制定严格的格式化、制式化、制品化、度量化、嵌入化等品牌化制式要求。

对子品牌也应设立对应的品牌形象系统，在品牌核准形象元素中具体表现，按品牌核准形象元素要求独立进行品牌形象的规范性设计，每一个子品牌都应进行专门的形象化规范，不可忽略对其严格的规范性使用要求。大量事实表明企业通常最容易忽略这个环节，但这些子品牌恰恰是当前一个时期的品牌推广和品牌营销重点，其不规范性导致品牌陷入低水平建设阶段。通过品牌系统化、完整性的规范化努力，使一个集团集群品牌内的品牌形象保持有序发展、科学规律、系统开放的发展基础。

所有品牌形象元素都需要根据品牌动态发展的总体设计思想设计，不同的品牌形象元素具有长期性、及时性的规范特点和制式要求，有些品牌形象元素永远不变或长期不变，一旦制定将使用很长一段时间，有些品牌形象元素的表达将受历史影响必须按传统保持，有些品牌形象元素将用于展现未来需要超前设计，有些品牌形象元素则需要与时俱进，有些品牌形象元素则与突发社会热点话题结合具有即时性要求。在品牌发展过程中，许多品牌形象元素要保持与时俱进，也会有不断新增的品牌形象元素被加载进来，总体而言，品牌形象元素是处于动态变动中的开放式系统，并非永远固定不变的，需要根据发展递进式更新，这是品牌形象发展所需要的发展格局。

4.7.5 品牌形象设计原理

品牌形象的设计并非品牌艺术设计，它是建立在品牌科学与品牌哲学基础上的品牌意境、品牌文化内涵和品牌艺术表达，具有古典、科幻、时尚等风格化的实用美学表达追求。品牌形象的设计必须注重公共意义和社会化传播环境，从而使之最终发挥强有力的品牌引力作用和公众中的自传播价值。

品牌形象的设计需要遵循规范伦理学、跨文化学等方面的原理，注重系统发展、开放性创作、开放性使用的要求，其本质是以开放性分布式设计原则来完成并保持发展的动态化品牌形象系统。

品牌形象的设计灵感来源于品牌符号树（人类自诞生以来的经典符号图形）和对自然万物的感触理解、对品牌梦想的无尽追求、对品牌诠释演绎的思想境界、对知识经济所掌握的智慧精华，从而才能完成对品牌形象的完美创作，既是思想，也是境界，更是追求，还是贡献服务于人类社会的纯粹内心、真挚情感与美德。

最终完成的品牌形象设计作品，要具有分布式手册化特点，根据品牌发展结构的分层、分布来完成系列品牌形象规范手册的设计制作，内容结构复杂时则以分册呈现。任何品牌设计作品必须具备可溯源性、可管理性、可发展性要求，需要坚持正规化、严格化、系统化、完整化的原则，是建立在广泛共识基础上的品牌形象演绎。

品牌形象的设计拥有历史性价值，因为每一个品牌在其百年之后都是珍贵的历史印迹，而那些历史中曾经发生的故事、所表达的精神、所演绎的传说、所承担的责任、所体现的文化才是品牌能够真正继续演绎传递传播的灵魂，是一个品牌的生命之树在历史百年千年人类演绎发展过程中久久鼓舞人、吸引人、催发人们继续经营这个品牌、自发地保护这个品牌、自发地传播并购买这个品牌的永恒经营之道，因而品牌的溯源性和可追溯性是一个品牌有如赛场上的接力棒一棒又一棒连续传递下去的发展史——未来的也是即将的历史。

品牌形象系统一旦确定，必须明确界定，并定期审查，及时增补更新。要注重系统设计方法，要符合设计顺延性、组合性、扩展性要求。品牌文化应注意互补原则，要注重品牌协同发展（如与战略合作伙伴的标识组织的协调性检测）、注重品牌使用场景发展（户外广告的位置和远视情况）、注重多元文化原则（核心主题文化风格）、符合品牌市场分级原则（葡萄酒等级要求）、注重心理感知原则（色感）、注重品牌识别技术变化原则（二维码的使用），注重字符和图形表达方式（常用缩写名称和新闻传播中的习惯叫法）、注重跨文化原则（不同民族间的文化抵触与矛盾）。

品牌形象设计完成后，要进行系统检测，以便每种组合形式能灵活应用于各种环境、场景和市场组合中，保持品牌形象高度一致，展现品牌最美的一面，不能失真。不经过系统检测程序，品牌形象不等于完工，因为还需要根据不同方式的检测情况进行调整核校，校正设计稿以后，还需要转入品牌形象规范制品试制阶段，根据各种品牌形象设计稿制作制品的成品后继续进行设计稿校正。

4.7.6 品牌形象化规范

品牌形象化规范的过程，是对品牌形象进行具体的排中性规范过程，无论任何一企业的品牌在发展过程中，都必须以品牌设计排中性原理进行发展，排中性的意思是只能明确确定过程和结果是对或错，没有中间含糊的界线；是为避免视觉识别错误、视觉错觉、应用方法错误、制品成品质量偏差、使用环境变化所做出的一系列系统规范试制实验过程；是为了最终保护总体品牌形象的完整统一、形象一致和品牌形象在品牌用户端的高质量感知和高价值认可所做出的相当严格意义上的品牌化的重要过程，该过程是不可逾越也不可含糊的严格秩序过程，只有经历该过程，一个品牌在形象上才能宣布有能力正式迈入 A 级品牌水平，否则将只能处于 B 级品牌水平。

品牌设计排中性原理强调了全球品牌的任何一个细节，都必须站在公平之心的立场，以排中性、同一性和非矛盾性的态度来完美完成品牌化，这是做品牌的基本意志和心态，是三元秩序思维中承担秩序层的中立性分割隔离思维。

排中性要求一个品牌事物要么对要么错，没有中间含糊模糊的界线，也不存在差不多。同一性要求任何品牌事物的本质都不会因条件和环境发生变化，它永远只能是它自己，也永远只能代表它自己，任何人在竞争中只要努力去做努力做好事物的本质，没有人可以取代你。非矛盾性则要求同一命题不会同时存在、或对或错、似是而非、模棱两可的混淆概念和答案，必须用准确语言和准确结论来判定事物。品牌是一个总体性的整体表达，该整体来自各个品牌元素组件的完美组合、协调一致，必须对品牌形象中的每一个细节都独立分离出来，进行组件剥离，零件化精制每一个细节，达到完美要求后纳入到整体设计思想之中，与品牌形象的总体结构融为一体，绝对不会追求任何折中与调和的因素。

品牌形象化的规范将严格到对品牌形象的所有制品成品质量、制品所使用的材质、品牌虚拟环境和品牌数字形态下的各种应用可能及各种品牌形象变体形式都要做出试制、检测、校验，并严格甄选供应商、制定各相关管理规范，从而才能完成品牌形象化的规范阶段，对规范过程中完成校正的设计稿最终定版，进行品牌形象正式发布前的准备阶段，必要时还应由品级鉴定机构和自然生态学者参与。

品牌形象规范是一种严格的强制性执行要求，是符合长远品牌治理结构、长期品牌发展战略和完整性品牌形象表现、规范性社会化识别、系统化品牌技术运用和灵敏市场组合条件的统一性、一致性品牌形象系统。

品牌形象规范应在品牌顾问指导下进行，要考虑品牌秩序层的长远发展力结构、品牌长期方向性战略方式，并具有品牌未来发展长期宏观层面和品牌形象细节执行指导层面的双向品牌规范表达内容。品牌总体形象系统一旦确立将在很长时期发挥重要的总体纲领性作用，将在几十年或数百年一直延续下去，主体结构不会发生变更，动态调整与时俱进，每一次品牌形象元素的更新都必须以全局优化形式做系统更新。

品牌形象规范是一切企业所切实掌握的品牌科学、品牌学科、品牌技术与品牌文化思想和知识在品牌规则、品牌规划和品牌规范之间的具体运用和实践结果，是一个品牌能否切实取得品牌成就的品牌学习成果。

品牌形象规范过程，完成了品牌从品牌创始梦想出发，脱离个人意识形态，将品牌思想演变为社会化公共服务思想的深刻认识阶段，是一种非个人理想化的表现，它是品牌组织化的一种伟大创造，是将品牌实现公共视觉化，成为时代印记的一种符号化、诠释化品牌文化内涵演绎的基础。

品牌形象规范还是在考虑长远目标、经营特征的基础上，实现视觉外在层次整体外观和直观感知层次的品牌科学与品牌哲学化过程，是对品牌故事进行溯源，运用起源与未来的历史感和未来感塑造品牌整体形象的美学，运用品牌拉伸理论，拉伸出品牌感观立体感知水平的科学方法。

从创建品牌形象到维护品牌形象全过程，品牌形象将在创造品牌感知水平、保持用户关系和公共信誉累积方面发挥作用，是将品牌形象脱离于原始意义的传统品牌形象识别，实现品牌印象增强，发展出品牌溢价水平和品牌资产增值能力的资本升级过程。例如，一些具体的品牌创作元素，还包括了原产地、历史文化、技术等级等方面的原生元素形态，需要发掘、总结、提炼、上升并融入品牌形象的组合中，才能使每一个品牌形象元素经由每一个点滴的提炼、总结、升级，深深触发人们心灵深处的触动，使品牌与品牌用户一起融入文化、感知文化、发展文化。

品牌形象规范包括了设计前作品规范、设计作品过程规范和设计作品成果规范三个环节，每一个品牌形象设计的总过程都以作品制体现，是品牌形象设计的创作成果，只有通过规范性创作、规范性设计才能完成品牌形象总体管理所需的高质量品牌形象展现事实基础，并使之成为接下来进行品牌传播的前提和具体执行指南。

品牌形象设计前规范阶段应进行必要的品牌学习，品牌学习是品牌形象需求方、品牌形象总体设计主持方和品牌形象设计分层分包商、品牌形象管理方四方共同认识品牌形象的同步学习过程，掌握品牌形象的基本规则、原理和技术要求，四方才能更好地融入品牌形象设计过程中，共同创作出杰出的品牌形象设计作品。

品牌形象设计过程规范，要遵循总体设计规则、系统开放规则、品牌形象规划以及具体的质量要求、准确定义、印刷制品和数字化制品视觉要求，进行多轮次广域创意、细节优化，以最佳惯例性规范方式完成品牌所需的各项品牌形象元素设计，并需要对所有需要规范表达的明确环节，做出相应的规范技术要求。

品牌形象设计结果，是对正式规范的语言、字体、图形等各种组合元素的应用范围进行最终确认审过的结果，并且所有主要阶段的设计，还应对创意创作过程进行记录、整理并归档。

品牌形象规范还应注重自主性、匹配性、扩展性、伸缩性、完整性、系统性、系列性、流程性和知识产权方面的原则性要求。品牌形象规范的结果是为了满足品牌未来很长一段时期的前沿市场发展需要，以品牌史为主轴展开，实现全球表达、全域表达、全程表达的规范性品牌形象完美表达。

4.7.7　品牌形象管理

品牌形象的管理是一种具有严格性、强制性、历史溯源性要求和规范性执行的管理过程，之所以全球许多品牌有名无实，只有知名度而无实质的品牌发展水平，主要是不能严格遵循品牌化的科学规律和品牌技术要求、品牌文化意境与美学层面的完美表达所导致的管理失控和管理失常。

品牌形象不规范的频繁使用行为是导致品牌形象表达和表现混乱的根源，它包括了为实现品牌形象表达所需要的创作过程和常规管理中所要实现的表现过程。造成品牌形象可变因素过多的弊病，主要由于不追求品牌溯源性、不按复杂系统的科学方式认识品牌、不能尽心尽职于品牌化过程的完美表达表现的坚定心志，存在大量管理问题所导致。坚定心志是做品牌的基本思想境界、状态态度、完美主义精神的体现，人与人在这方面的差异最大，所以品牌成就也就不同，而管理问题则是纯粹的科学管理水平和管理技术系统发展能力在实际运作中的具体体现。

品牌形象管理是为了实现品牌文化内涵化、品牌文化同步化、企业文化向心化的科学管理思想和管理技术运用。在品牌管理实际运行中，具体涉及了品牌形象管理机制、品牌形象系统研究、品牌形象设计过程管理、品牌形象应用管理四个过程的动态管理。品牌形象管理的总要求是：只有先规范过程，才能规范出结果，只有预防品牌形象失控，才能有效实施品牌管理，科学有序严格执行的品牌形象管理过程是使品牌效应和品牌价值放大倍增的基础，是将品牌形象从系统想象转化为发展事实结果的高价值贡献。

品牌形象管理机制是企业要发展品牌，首先要有固定的品牌秩序层部门和人才配置，品牌秩序层部门是指品牌化委员会，一个企业必须具有由企业战略层、执行层、作业层、供应链、用户层等各方组成的品牌化委员会，承担企业品牌总体建设任务和品牌组织升级的发展重任。品牌形象的管理作为秩序层的重要管理内容，还需要第三方品牌顾问的支持，必要时还需要以外包形式委托与企业内部没有直接从属关系的第三方品牌管理公司承担品牌形象日常管理工作。

首席品牌官是具体负责承担品牌管理工作的管理者代表，必须由企业最高领导人书面授权决策具体品牌管理事务，对应的品牌形象管理文件及品牌形象总体设计项目都需要首席品牌官签字，完成后的品牌形象设计要正式执行，则需要在全部品牌形象管理手册、品牌形象规范手册、品牌视觉形象手册等品牌文件前言位置公布品牌形象的《颁布令》，由企业最高领导人或首席品牌官正式签署，从而使一个企业的品牌形象以律令性的正式文件严格执行。

品牌形象管理必须从以前的不成文规范时代迈向严格意义上的最高成文规则性文件，才能避免品牌形象因不当使用、混乱管理、规范不力所造成的严重管理失误，企业为此所付出的必然是惨痛代价，设计过程还要防止因过于信任设计师水平和企业中的个人意识在品牌形象设计中出现的水平错位和个性化偏差，因此需要从品牌秩序层结构进行系统管理。

品牌形象的管理是企业最重要的一笔品牌资产，是代表投资价值、溢价水平、品牌市值、发展力水平和品牌长远生命力的重要资本实力，没有人可以轻视它的价值，一个品牌能否实现百年梦想、一个品牌创始人或再造者能否被历史记录、一个品牌百年后还是否存在都取决于这一点做得好不好，是否下足了工夫、下足了本钱，这是品牌发展史上最值钱的一笔重大投资。

品牌形象系统研究是为品牌形象确立所进行的多重调研、历史材料分析、考古现场实证、品牌创始人梦想、品牌员工希望、用户偏好分析等大量专业研究过程，从而确立出品牌的基本形态、发展原点和文化增强。

品牌形象设计过程管理包括了以项目制对品牌设计全流程的管理，包括总体设计、分层分布式设计，具体则需要进行多元创意，多次审议。在品牌形象设计稿完成后，要对品牌形象中出现的各种主要物品进行实物化试制，对样品评级，对供应商甄选及确定，完成品牌形象制造的成品化，且每一批次实物要进行封存，品牌数字化方面的应用也要进行应用试验和校验。

全球许多品牌之所以无法完成真正意义上的品牌化，主要是忽视了形象的实物化过程，导致品牌设计要求与品牌最终形象实物不符、材质不符、使用混乱，从而彻底地粉碎并拉低了品牌形象的实际形象，对具体承担品牌形象物品制作的厂商没有进行严格甄选，每一个批次的印制偏色、大小不一等情况相当突出，而品牌形象设计过程与品牌实物化过程没有对接，设计稿本身存在大量设计缺陷，各种交叉性的混乱使用使品牌形象失去了其管理意义。

在品牌形象设计完成中，还要同步完成各种法律意义上的知识产权保护工作，如商标注册、广告语注册。同时要制定关于品牌管理的各种法律意义上的文件，如品牌使用授权书、品牌使用标准协议、品牌维权程序等，主要管理文件系统包括了具体使用规范、管辖权分工、常规规范。

各种品牌形象规范化文件和法律文件完成，并经最终确认、审议和评级后，由品牌管理者代表签字颁布。品牌形象规范是一种具有使用限制性的作业执行领域，所有标准件（印刷版、电子版、数字版）都应随时准备到位。

为达到品牌形象印象增强目的，品牌形象的发布还需要进行品牌仪式性新闻发布，使之作为品牌史的重大变迁记录，并产生进一步的社会影响。品牌传播将从原点投放开始，设定各投放点，不断强化品牌形象从原点到终端的自由自发扩散过程。

品牌形象的日常管理是对品牌使用情况的常规性校验和监测，具体包括品牌推广前审查、品牌应用扩展记录、动态品牌使用情况监测、品牌竞争防御。品牌监测重点是品牌形象变种监测，如名称叫法被变更、用户使用途径变更、市场卖点陈列自发变化、使用习惯性的变形，有些变种可以进行变种利用，使之成为新的品牌形象元素。

为进行品牌形象的增强，品牌可实现品牌形象母标识或主体标识组件化——根据节日、国家或民族文化元素、消费者个人喜好自适应调整组合需要由品牌官方或用户自发组织并合作，品牌形象的竞争性与市场自适应弹性匹配，达到品牌标准形象内核统一性，品牌形象表现多样性、组件模块化、灵活性。

此外，在品牌发展中，要注意快速满足品牌对市场变动、品牌用户活跃周期、紧密性关联关注热点、多样性兴趣组合的应对水平，并为快速推出新产品、更新服务品牌，强化集团品牌集群规模化效应，鼓励开放性设计做出积极努力。

品牌官是企业品牌中职业序列，也是严于律己的稽查纪律部队和完美主义追求者群体，所有品牌使用方式都应纳入品牌管理范围，所有品牌形象环节的变动都应由对应的品牌官签字，并进行完整的品牌形象管理档案记录。此外，对于各种展会赛事等市场活动中涉及品牌形象展现的环节，都应实施严格的品牌形象现场管理机制，包括物品陈放位置和方向等细节，都应由品牌官现场核查，一丝不苟。

为防止因领导忽视、人事变动等因素导致的品牌形象管理中断，品牌形象管理中应用预防性的"中断—顺延程序"及相应机制，以便发生中断休眠后，品牌能够适时重启再造或合理延续。此外，品牌管理应具有品牌市场竞争防御措施，包括品牌的品牌危机快速反应机制，当政策性影响、召回要求及负面信息出现时迅速变化，当竞争产品的竞争手段及方式出现变化时迅速反击。

第4.8章　品牌艺术表现

品牌艺术表现是由品牌哲学表达与品牌美学设计思想所最终体现出的表现形式，是以品牌为介质改变人们的意识和观念进而改变人们基本认识的艺术化发展过程，是品牌终极产物中的哲学、美学、思想、主张、形态、流派等一切文化模因集结于品牌所完成的最终艺术表现结果。

品牌艺术表现是以现代主义哲学和现代美学表达方式所演绎的国际设计时尚和流行文化形态，是人类运用艺术创作和创意感觉所呈现出的美好生活文化享受乐趣，是所有品牌官、品牌设计师们作为完美主义者贡献于人类发展的物质和精神产物，是全世界一切品牌语言演绎为完美语境的生命乐章。

4.8.1　品牌语境

品牌语言是全球品牌所有者的共同语言，是连接着世界各地市场中各种品牌的品牌语言生态环境，没有人会告诉你品牌语言是什么，品牌语言必须是每一个真正意义上的品牌所有者来自内心和灵魂深处对品牌最真实的理解和表达，而这种表达的结果是——品牌语言成功塑造品牌语境，使每一个品牌从真正意义上获得生命的感知创造，从而将品牌升华到艺术般的体现层面。

一块石料、一张纸、一块铁板、一个造型、一个包装……所有的万物之间都能折射出生命的迹象，都有其生命信息的万物相通，而品牌所有者提取、组合、组织并发展了这些品牌的生命，从而构建起了我们人类丰富多彩的品牌世界。

品牌是品牌所有者运用品牌语言，所塑造出的超然物外，历经千年万年也不会褪色的品牌生命力，正如人们在考古现场发现的那些深埋于厚土之中的文物或图案，即使经历数千年，它们依然能够告诉你几千年前发生的故事，你可以通过那些物质表面、纹理等任何细节寻找到品牌创始人在物质上所表达的意义和意境，你可以倾听到他们跨越数千年以后仍能发出的来自心灵深处的思想、意识、技艺的品牌语言。

一个真正意义上的品牌所有者都懂得品牌与泛品牌之间的真正区分，他们通过品牌语境的塑造，让品牌可以溯源，可以未来，可以与生命连接，可以与万物相通，可以让品牌经过数万里的远征到达你的手中时，传递出他们内心对品牌的真正理解，让你在使用各种品牌产品时，能够深刻体会到品牌创始人的心志、心意和心灵。

品牌语言是世界上最伟大，也是最微妙的语言，它来自于心的交织，是所有品牌创始人内心对美最诚挚纯粹的追求，是对品牌用户最真诚友善的问候。因而品牌所有者都可以运用他们所掌握的品牌语言，在品牌产品的任何外形、质感、触感、颜色、纹理、视觉等方面创造出美学体会，并与品牌用户的品位、使用环境结合起来，展现优美的生态结构美学，如自然风光、赛场、家庭等各种场景下使品牌的动作、形态、神韵、体会、荣耀，从而使品牌产生了心理、欲望、情感等各方面的心理化需求，品牌融入自然万物、融入万千场景、融入每个人日常运作、融入每个人的内心与灵魂深处。

人们可能知道品牌是时尚、流行、专享和生活极致享受的虚拟和物质、心理和实体感知，但却很少有人认真体验或溯源过那些品牌所有者的内心，以及表达对他们的敬意。作为人类万物品牌语境的最终创造者，品牌所有者将一切思想、思考与源自内心本心的实践，都转化为美学追求，例如发动机引擎的声音被定义为追求悦耳的音乐般享受，乔布斯的完美圆角等。全世界的品牌所有者运用彼此共通的品牌语言，从而使人们对品牌产生心灵、欲望、情感方面拥有和享受需求，并以感知在品牌用户端模移了品牌语境事实。

品牌所有者的这种追求，最终使品牌语言发展出"灵感来自于自然、思想起于结构、形式追随功能、美学塑造意境"的品牌哲学与品牌美学表达形式，并最终以品牌艺术表现的品牌语境形式，通过品牌产品的和服务的结果呈现给全世界，贡献于人类。

4.8.2 品牌境遇论

品牌是经由品牌语言发展出的品牌语境表达，品牌语境的实现是品牌用户在不同的环境中的一种境遇状态，品牌设计所应遵循的原则是品牌境遇论，以"形态意境化、创意可视化、知觉感知化、美学体会化"为品牌美学设计灵魂。

品牌一开始不是艺术，是将品牌产品的形态转化为艺术，是追求好、更好、更完美、更美好的美学演绎追求，20世纪的品牌实现是以结构本位论，即"功能—行为—结构"形成，21世纪的品牌境遇则是"性能—情境—感知",品牌所有者的追求与品牌用户期望最佳性能最佳观感体验是双向发展的。必须回答：还有没有更好的，需要考虑：品牌用户在什么情景环境中体现出优越感，如何体会感知到品牌产品里所蕴含所萌动的生命。

品牌境遇论是一种三元交互的品牌设计秩序思想，其核心是根据情境环境构建，实现"预计世界→体察世界→改变世界"的品牌设计最高使命。

预计世界：品牌设计师的行动，是为预期和假设的世界环境设计的，是任何可能极致展现品牌美学美感的环境，通过各种使用环境的烘托，展现品牌与众不同的完美极致追求。

体察世界：感触品牌使用者在各种世界环境中经意或不经意间从各个环节发现品牌之美，无时不在地折射出品牌带给所有者的优越感，烘托出品牌使用者超凡脱俗的气质和生活追求水平，以及使用品牌时的愉悦感。

改变世界：什么是最好的，什么是最完美的，什么样的设计更能展示出品牌设计师对品牌境界和美学表达的追求。每当这些品牌产品被运用起来，又如何从设计风格、应用方式、经典程度上改变了世界。

品牌境遇论的结果是创造难忘的美好记忆：品牌根植于人们的内心，品牌带给人的是一种深刻的记忆，是基于人类记忆方式所进行的建构，使品牌用户在使用品牌的精彩瞬间成为一生中难忘的美好记忆。品牌创始并发展的目的是让品牌用户对一个品牌产生"不可错过、不可放弃"的坚强信念。

品牌境遇论要求品牌为其用户创造愉悦、愉快、幸福、荣耀、赞赏等深层美好文化享受，从心理感知和心情角度来设计品牌，因此品牌所有者的情商相当重要。这就不难解释为什么所有取得重大成就的企业家多为情商高，他们运用对感知的敏感性来创造品牌，而品牌官则是完美主义者，他们替一切品牌用户严谨地把关每一个品牌细节的完美表达。

4.8.3 品牌分层艺术形态

品牌分层是指人类社会分层、品牌消费分层、品牌设计分层三者之间的模移发展关系，从而构建起来社会分层化的全球品牌消费市场，不同阶层间的不同品牌文化需求发展了品牌艺术的多元形式，构建了各种品牌在全球市场的生态化主体。

品牌的形成是从高阶需求向大众需要的过渡性模因组合过程，这一过程使品牌占据了全球主流市场、高消费市场和高利润环节，最终形成了全球品牌经济形态，并在全球市场发展和全球消费升级中扮演日益重要的社会经济主体竞争地位。

艺术最初是以高阶文化需求为主体的，上流社会、贵族或知识分子，是具有超越类的文化系统，受过良好教育或经常接触高阶文化形态的人，会对艺术产生高阶化需求，同时会注意从文化消费与艺术层面上与普通公众拉开差距，从而使艺术出现一些特定的变化。艺术表达和品牌的需求从一开始就是一种特定的层次化需求，如 12 世纪的游吟诗人，歌剧和交响乐则被定义为高雅艺术，再如中国书法绘画，自古被定义为文人和绅士之间的特定爱好，品牌本质上同步模移了这种分层。

高雅文化是绅士文化教育的一部分，从而发生了礼仪、举止、服装、美食、游历等各方面不同的文化分层变化，品牌也因此分化为针对不同阶层的艺术表现形式。品牌文化始终处于上升通道——与公众的普遍消费需求上升有关，中产阶层是主要迈向品牌化消费的群体，高阶则是特定品牌文化消费的群体。

具有文化艺术性的产品通常是被视为高阶社会层次的一部分，是高阶社会群体长期以来形成的一种特定的文化结构和审美框架中的自适应品牌文化变化，该文化范式会自动集合世界各国艺术精华，体现为具有特别消费环境、消费形态的高等的纯艺术化品牌文化消费市场。14世纪到17世纪的文艺复兴时期和11世纪到13世纪的中国宋代，这种从社会分层转变为文化消费分层的情况开始出现，并形成了人类社会东西方文明典型的消费形式，是品牌文化消费分层结构彻底出现的早期基因时期。

音乐艺术并非通俗意义上的音乐，是专指具有艺术创作特征的经典音乐形式，如高雅音乐或民乐，与通俗音乐有一定区别。特别是在电影出现以后，音乐艺术和电影艺术的紧密组合以及高雅音乐的流行在世界范围形成了音乐艺术的主流发展形态。

文艺的雅俗之分主要体现在社会分层的审美层面，高阶需求构成了古典音乐、文学名著、电影大片所必须应用的发展环境，当然，除了有高雅文化与通俗文化之分，也有贵金属文化（高价格趋同文化消费）与青铜文化（平民化文化消费）之分，如古希腊早期使经典知识成为贵族理想的一部分，上层阶层的文化熏陶等。在为不同层次的公众服务时，艺术家的创造工具、表现手法、艺术风格和精致程度不同。

艺术区隔化在全球范围相当明显，例如公民文化是通俗文化，包括电视真人秀、逃避现实的小说、媚俗、打闹、幽默和反映普遍公民及家庭的文艺创作。低文化需求领域，是公式化的，而流行的范围受一国政策、理解程度、社会断层等限制，分为积极的、消极的、中性模棱两可的文化，也因此在这个区间形成了许多非真实品牌的泛品牌，并使之成为人们认识到的泛品牌——大家熟悉其名称和产品类型，但本身并不具备品牌文化内涵。其实质是对品牌经济的效仿、模仿，或者假想为自己已经是品牌——从上至下的品牌模移从众效应扩散边际。

并不是所有大众市场的大家熟悉的品牌就一定不是真正意义上的品牌，积极的品牌是另一种意义上的大众品牌——第二次世界大战以后，从美国开始流行的品牌平等思想，促使大众文化、媒体文化、形象文化、消费文化与文化艺术发展、文化消费的全面大众重叠，美国成为首个社会大众文化流行形态的中心，并随之产生了大量大众化品牌，并影响了欧洲文化向大众倾斜，从而出现了一批大众品牌，风险投资和金融市场有力地支持了这些品牌向大众化发展。

如果品牌决定向大众化模移时，需要大笔的品牌投资和高昂的研究和研发成本，这使得具有大众性质的品牌只能集中于高资本含量、高投资价值和大规模进行生产及服务的品牌化企业。更多的品牌则仍然坚定立场，保持高价格和维护其品牌地位，这些品牌通常是私人资本掌握，以有限市场保持、永不上市为发展特征，从而保证百年品牌生命的延续性。

4.8.4 品牌现代主义

全球主流品牌的设计形态发展主要取决于现代主义哲学运动，随着20世纪全球文化大文化大发展的趋势发生变化，从西方开始发生了现代主义设计思潮的大规模深远变革。现代主义使人们在品牌设计表现方式、生活方式、审美方式发生了深刻变化，"传统的就是落后"成为一种典型的社会审美思潮，"西方的就是先进的"成为全球品牌消费市场上的普遍社会共识，从而形成了全球创造、追赶、模仿的多元国际文化普世品牌语境，这种主体设计思想的发展并非偶然。

东方文明理解的现代，是一种历史时间概念，是按历史时间段进行划分的古代、近代和现代。但西方文明理解中的现代是一种普遍意义上的设计文化和消费文化思想哲学、美学表达方式，而这种理解上的巨大偏差造成了国际品牌主要设计中心、发展中心、研发机构出现在欧洲和北美，亚洲只能在很长一段历史时期作为品牌潮流追随者。

在品牌学中，现代是一种哲学思想和设计美学，最早出现于5世纪的宗教形态文化区分，到公元6世纪出现于文学作品中，在17世纪是欧洲具有古典人思维与现代人思维的争吵用法："是不是现代文化一定就优越于古典文化"，到1900年前后成为世界的文化艺术表现哲学和设计美学思想。

1900年前后出现的现代主义哲学，是世界风格之变的开始，新表现形式、新艺术、新学说、新思想、新市场、新机遇都在同一时期得到了空前发展，世界各地都出现了以设计新风潮为主要风格变化的相关科学、文化、教育运动，基于快速的技术进步和社会的现代化，从而形成了人类对现代主义的普遍追求，并发展为现代主义设计、后现代主义设计、未来主义设计和新古典主义设计等设计思想分支。具体的品牌形态表达则取决于品牌设计思想流派、设计师之间追求的设计风格，从而创造创作并形成不同的多元品牌流行概念。

现代品牌设计风格已经是全球品牌文化内涵的基本模态，从而在思想、意义、态度、观点、图像等特定文化领域被组合为跨国际跨文化的主流文化结构，并进而在各种虚拟或实体物质上具体表现，从而构成由不同品牌分工的人类主流生活方式，这一点完全有别于人们意识中的以历史时间划分的近代、现代之区分。

全世界的设计思想演变和品牌设计风格发展都受到了现代主义的深刻影响，都是以现代设计为主流表达表现形态的基本物语，无论建筑、工业设计、包装、服装、形体、语言、艺术都受到结构性的主体设计风格走向影响，也因此使这些国家的品牌具有国际流行所需的品牌文化模因，并转化为全球能够普遍接受的文化。

这种主导性的主流品牌文化特征深层次决定了一个国家的文明及品牌文化能否融入全球化的关键，决定了能否成为被国际社会普遍接受的文化潮流最基本的结构性形态，东方文明中的品牌如果不能以现代主义表达或超越这种品牌文明的哲学理解，就不会被西方文明所接受，从而成为享誉世界的国际品牌。

我们可以从现代家具、现代建筑、现代家电、机器美学、智能环境中发现，现代设计的特点是节省材料，运用轻便化、简洁化、风格化、线条美、流畅性、科技感的特点，剥离复杂装饰元素，注重快生活节奏中的舒适化，重点在回归线条本身的美感，通过结构和功能提供的逻辑性来体现设计思想。现代设计是在寻找新奇、创意、技术创新的过程中，连接现代与未来、科技与古典和品牌文明形态，是不断以新的理念和设计思想不断进行变革演进的主流设计趋势。

4.8.5 现代的新古典主义

现代主义之所以飞速发展，被全球普遍认同接受，还有一个主要成因是风格现代主义——良好地处理了传统与现代的关系，是以发展力的使命将传统整体模移到现代主义中的重要组成部分。现代主义与传统文化是明确的对立关系，但又不相互矛盾，是以现代国际时尚风格发掘、发展古典文化，从而形成隔代性文化递进，通过新技术、新材料和设计风格的运用再将古代文化以时尚形态表现出来。

全世界的主流品牌设计师大多具有现代设计思想的美学追求，而全世界的品牌则由现代设计师和制造商们都在不断发展的前沿设计中，创作新风格，寻找新材料，研制独特工艺，追求简洁和样式化形式化，以适应快速生产和运输机制和消费文化接触的点变模式所创造的。品牌设计师们努力超越已知视觉体验，并随着全球化成为国际性的现代潮流设计竞赛场以后，形成多个全世界的前沿设计中心，聚集并发展更为先进的现代品牌设计思想和品牌设计表达、表现产业链组合结构化发展中心，如意大利家具设计、法国时装设计、美国硅谷科技设计、韩国首尔创意设计。

同时，现代主义中也形成了许多以品牌主张的风格化设计潮，如极简主义——以各种解释为先导，以创作形态为风格的设计潮，中国风——以现代时尚立场表现中国古典文化的风潮，但所有的品牌设计师都避免提及传统文化或者只发展传统——他们都从不同时的设计思想上对传统文化进行了更为深刻的演绎。

一些杰出的品牌设计师们认为文明中的国粹、文化经典符号和形体艺术等，都应该在保护性发掘的立场上，以现代时尚感观来演绎古代精彩文明符号和印迹，中国香港和西安曲江文化聚焦区以及韩国、日本、新加坡的很多品牌产品都良好地运用了这种设计思想，从而发展出具有现代感并与国际时尚流行文化相交融的新古典主义。

品牌同时也具有一种民族主义特征，在民族主义强烈的地方，传承和保护古老的民族成为这些民族普遍共识，因此以民族内部数千年流行的文化为表达方式，结合当地的风土人情、习俗仪式、古代传说、山川地貌、自然景观、文明遗址、图腾象征，在全世界范围形成了一系列具有民族风格展现的文化圈。在文化圈以内——文明得以保存、文化得以保护、古典得以发展、品牌得以传承、风俗得以尊重，并因此发展出了带有国际文化交流和旅游性质的文化圈，带有浓郁民族文化特征的品牌在本文化圈以及全球范围的少量文化偏好者中流传，是全球多元文化品牌的组成部分之一，也是重要的人类文化遗产。

4.8.6 现代的时尚主义

早期西方人士就发现东方文明中的中国、日本、印度等国家基本是没有时尚变化的，中国的文化几千年来固守传统，日本的服装超过一千年没有变化，但欧洲则是以跨代性时尚潮流变化作为现代主义文化消费普世价值的，通过一段时间的故意改变来引发全球文化潮流变动，从而拉动一轮又一轮的重复性消费。西方文化界按这种结构性变化来重新定义文化，并形成全世界范围海潮般的品牌时尚变代效应和阶变型消费潮。

时尚的产生是以欧洲为中心进行发源的，在文艺复兴以后，欧洲设计师从14世纪起开展进行亦步亦趋的周期性时尚设计运动，让社会随着时尚潮进行断代性变化，随后陆续演化为社会文化的整个潮流遵循着当前时尚演进步伐。

在20世纪现代主义哲学思想发展以后，欧洲设计师和企业界发现时尚在现代文化消费中的重要经济价值——是创造连接重复性消费的品牌市场实现方式，从此时尚被作为重要的经济活动，各种时尚杂志和生活杂志纷纷成立起来，对最新时尚进行追捧不断，而时尚产品的周期性淘汰同步加快。

全世界因此发展为以时代化动态展现的现代社会、现代文明、现代时尚潮流变化性的市场，正在流行时尚风格构成了潮流带，出现时尚变代、风格区域、周期性变化等典型品牌文化消费特征，是现代国际时尚的主流形态，是多语境国际化品牌设计艺术交流的国际语言。

时尚是对品牌设计风格风向和流行款式的具体实践，特别是在服装、消费电子、化妆品、小家电、家具、汽车等流行消费领域，有许多习惯性的款式变动趋势，主要来源于设计师最新作品创造的流行风，流行时尚具有周期性，创造了追求时尚款式的潮流，使世界处于急速的潮流风向变动状态，在全球快速的媒体化品牌传播环境下，品牌产品的款式生命周期短则几周，多则只有1~2年。

品牌时尚设计的主要发展方式是——以快速更迭的时尚变化驱动消费文化潮流化，品牌设计师以多款多形式设计风格不断向全球时尚市场投入最新款式风格，这一点类似于风险投资商对投资项目的押注，从而实现时尚改变潮流，以消费拉动文化变奏的海潮式消费文化迭仪和消费市场层次风格走向性变化。

而时尚的变化系统在这个过程中发生了重要使用，其变化结构是在风格和元素组合上的刻意改变，追逐流行形式的新颖款式。设计者们将在预测时间改变消费者的口味，如配件上发生的重要改变，关键部件的重要升级，从而使消费者跟随潮流，果断丢弃旧款式、旧的元素和性能组合。

从欧洲到美国再到韩国，许多时尚品牌企业家和设计师们熟谙此道，并将之运用于一切可能的市场领域，最典型的时尚变化被应用在手机、笔记本、游戏等热门消费电子和虚拟产品领域，通过时尚变代的结构，科技企业向市场推出一代又一代的更革性的新品牌，运用产品升级来使人们完成潮流性的时尚消费升级。流行趋势具有从众效应，人们可能跟随了流行趋势，但却忽略了为什么忽然流行，这是品牌设计在设计和市场结构发展之间的信息级关联效应，通过三层次的信息源、信息触发和信息自发完成了传播和交互影响，这些品牌因此迅速完成了大规模品牌消费的快销市场营销结果，又迅速进入下一代产品（下一轮、下一阶段）的时尚品牌和产品发布准备中。

掌握时尚变化的是设计师，设计师通常以个人或团队方式工作，以设计工作室命名，他们通过个人或小组团队形式来变化风格，呈现小型多样化、风格形式化、潮流式化的特点。同一公司可能有多个设计工作室，设计一般采取项目制，从数天到数月不等。大型品牌设计项目会以设计组件化的系统设计来分层分布式工作，各工作室形成分工不同的环节。一些设计和制作团队可能会发展为独立品牌，并因作品的成功而享有业界盛誉。

4.8.7 现代的大众文化和小众文化

大众文化被动地受到现代主义和时尚主义影响，与文化交流交互区域为中心集结，文化交流越紧密、媒体化越集中的区域，时尚消费越集中，潮流变动周期短，距离文化交互中心越远，潮流变动周期越长，时尚断代性的变化越显著，有时会是几次时尚潮流历经漫长的传播影响辐射后才会同时抵达时尚文化边际市场。一个品牌决定处于品牌分层市场的某个环节，取决于品牌领导人对品牌市场的结构设计和最终决策，从而最终决定品牌在某一个市场层次中的发展方式。

未来品牌是大众与小众专业品牌共同存在的市场。大众品牌作为主流品牌的地位将长期保持，由于真正意义上的品牌发展以品牌现代时尚的普遍共识为特征，需要高资本、高技术、高性能的研究、研发、市场投入等方面的规模性要求，这种高要求限制了许多品牌无法成为主流品牌，也无法撼动并取代主流品牌的主体市场竞争地位，从 Windows 和 Apple、Luixus 电影系统的竞争可以观察到现代品牌的发展是复杂系统结构，一个大型主流品牌需要保持极高的竞争水平，需要大量专业化的操作。

品牌在向大众市场推进中，其变化是对面料、材质、生产技术等发生一系列调整，采用降低成本、替代材料、减少组件、仿制等形式提供时尚产品的衍生品，最终产品以便宜的价格出售。市场中的一些潮流跟随企业则通过模仿主要时尚元素、复制产品形态等形式推出时尚替代产品进入中低端消费市场。

小众品牌的形成是一系列小众化的概念进行发展的结果，是在一个很小的市场范围内发展的品牌市场，是为彰显艺术化个性而形成小范围文化认同，体现品牌设计师自由天然的个性追求，尽享品牌设计和品牌应用乐趣，是需要通过专属的介质、途径完全表达创造者的创作意图，并获得一定小范围认同的品牌发展方式。

许多当代概念艺术家成为小众品牌的主要品牌设计师，最初主要是以自由的想法对抗主流艺术形式和主流品牌款式，从而演绎并形成了一些具有个性的代表品牌。在此过程中，许多企业家和设计将市场发展转向为以小众需求和非主流性审美条件为特征的个性化品牌时尚。其中，酷文化也因此而来，酷文化是更快速的流行，迅速以其新奇性在一定人口中流行，受到追捧式欢迎，很快因新奇感觉的消失而消失。

但品牌分层已经决定了小众品牌是全球品牌的一个潜层领域，不是品牌的主流，大型品牌的发展主要是随着公众普遍性审美方式的成长而整体模移的。小众品牌时尚并不一定是全球品牌市场的主流，主要是小众品牌存在主流市场的文化排斥性风险等因素无法获得大量投资，个性追求与规模化发展无法兼顾，从而使其发展空间只能保持在一个有限特定环境和范围之内。

4.8.8 品牌工业设计与包装设计

工业设计源于几千年来工匠对手工技艺的美学设计追求，在实用功能基础上增强形体设计、镶嵌珠宝、雕刻花纹等装饰，用来提升作品的货币价值和美学鉴赏价值。现代工业设计是从传统工艺和工业规模结合起来，是系统性能设计、产品造型、工艺美学、用户界面设计、艺术设计的结合，并最终集中在技术概念、产品形体、艺术风格的表达上形成的交互设计、跨代设计、感官设计等环节的一系列现代设计美学。

品牌设计进化论是指品牌随着创造消费文化需求而渐进式改变的过程，1907年的德国慕尼黑，一批艺术家、设计师和制造商们成立了一个推动设计和新理念的组织，这个20世纪初发展起来的工业乌托邦，激发了艺术家和设计师们的现代创作灵感，并使工业设计成为德国现代主义设计的基石。该同盟的本质是一个积极推进工业设计的舆论集团，提出了"通过艺术，工业与手工艺的合作，用教育宣传及对有关问题采取联合行动的方式来提高工业劳动的地位。"随后20世纪20年代工业设计思想在德国确立并迅速演变为欧洲的工业设计共识。

许多现代设计思想在20世纪之初发展起来并最终与各种设计思想相融，成为全球范围的现代设计的普遍思想，如"形式追随功能"是20世纪从建筑学中发展出来，要求设计对象的形态主要根据其预期的功能或目的，由于建筑可能存在百年，必须运用未来美学思考来进行设计，以便符合今后很长一段时间人类随时代变化而发生的审美变化。设计理念认为设计应主要追求功能，而使物质的表现形式随功能而改变，形式与功能上进行协调，这一设计思想也成为工业设计思想的重要组成部分。

现代工业设计要求完美体现美的感知，注重对消极体验——设计缺陷的研究，通过不断的实验测试来逼近完美状态，运用感官设计——触摸、光洁度、配饰等，以及人的不同动作情况下使用状态，来完成产品展现环节的多维设计，要求不同视野角度下看待物质的平滑性等性质的微妙变化，运用创意哲学、设计美学、审美态度来增强品牌感知，从而达到"形态意境化、创意可视化、知觉感知化、美学体会化"的品牌美学设计思想灵魂。

包装是封装和保护产品的装载、储存、运输、销售、交付、搬运和提取等一系列动作集合为任务的技术，也是进行艺术设计，为用户展现品牌包装设计追求的视觉和触觉体会。包装设计包括材质、做工、标签、印刷、封装、提取等重要美学设计和设计实现内容。

最早的包装来自于天然材质，如木制、陶罐、青铜器皿，通过运用天然纹理、绘制或雕刻纹饰、标记徽章印迹、刻写铭文等注明所有权人、赠与方式、品质级别。包装的大规模出现是与品牌的出现是同一时期，工业革命中的香皂为了扩大销售并将产品运送到更多地区，正式意义上的品牌包装随之出现，并带有品牌识别标识、广告语和产地等标签信息，以便减少运送中淋雨受潮等风险，增强品牌用户的识别和选购时的外观体验，方便人们携带。

随着人们对品牌消费需求的增长，品牌包装也发生了深刻变化，在设计表达、标签规定、存储形态、印制工艺、开取方式、环境需求上发生了多层次多元形态上的变革和包装艺术塑造上的探索，使之成为今天品牌艺术表达的重要内容，甚至包装在一定程度上成为品牌在市场发起的重要挑战。

4.8.9 品牌艺术元素与创意组合

艺术被定义为表达、情感或思想交流的内容，是创作者心灵的体现，艺术创作是运用艺术体现于品牌内涵的演绎和产品艺术化表达之处的哲学。

艺术不等于品牌，但所有品牌所有者都是实现品牌的艺术家，这种艺术追求意味品牌所有者在能力训练中对感觉的把握，需要拥有体察其生命力的能力，拥有表达感情、思想和深刻意义和对制造过程、思维过程的理解。许多产品都用需要艺术化思维来研制和生产，特别是手工业品牌领域。品牌创始人需要对想象力的表达、象征功能、仪式化体现和艺术启发等多种方式上运用艺术，如乐队通过表演艺术来有序地调节人们情感和情绪的变化，从而让人放松或紧张，品牌者将这些艺术手法运用在品牌感觉设计中。

艺术从最古老的视觉艺术发展而来，包括了绘画、雕塑、版画、摄影等创造图像的才艺和技术，后来慢慢加入各种历史形成的表现形式而演化成一种对美、思想、境界表的综合意识形态，包括文学、书法、绘画、雕塑、建筑、音乐、舞蹈、戏剧、电影、曲艺等，在全球品牌发展以后，艺术迅速地融入品牌，并成为品牌文化的一系列重要内容。

艺术具有写实主义和想象主义两种形式，如同全世界的电影发展至今，只有路易斯·卢米埃尔和乔治·梅里爱两种形式一样，通过艺术来实现、表现、表达人们给予物质和虚拟世界的世相，沟通情感，发展人类心灵对一切美好事物的思考。

品牌艺术是品牌表现的艺术和品牌艺术参与的活动，是指基于品牌的艺术表现形式和艺术活动总称，艺术作品可以是任何一种利于传播或表达的形式，其特征是沟通品牌与用户之间的相互作用。

面向大众的品牌艺术审美趋向于公共表达，而非个人意图，不能超越人们对美的普遍追求，它是一种来自于普遍审美素养基础之上的艺术表现，品牌艺术吸引了人类与物质之间的情感连接，唤起人们的审美感知，牵动情感发生变化，是从沟通意识到催发行为的方式，品牌因此产生品牌强大的引力。

这种品牌艺术是对实用应用美学领域的发展，是表达真与美的意境，其发展于自然主义，是运用对自然界的灵感产生创作意识、创作形式与基于真理的沟通方式，通过对品牌物质的物化，使其审美价值产生原生的、公共性的，非艺术过度加工的品牌语境。其品牌艺术不同于公共艺术表现方式，品牌艺术标志着对物质的艺术创作实践，强调品牌参与和协作，通过品牌艺术的变革者来领导其表现形式，作为品牌维护其长期可持续性发展的互动机会。

面向小众市场的品牌艺术，并非让一定要由公众接受，品牌只对它所明确的用户群体——品牌用户族群负责。品牌艺术不一定尽善尽美，需要将品牌艺术与品牌用户需求对应。正如社区艺术是针对社会基层的艺术领域，品牌艺术也具有固定的艺术表现领域，是对品牌用户族群所要表达的艺术形式，通过艺术过程表达品牌对用户的理解、关切，反映品牌中的互动关系，将问题转化为机会，这一点会更多地涉及针对品牌文化内涵的设计和艺术创造。

品牌文化内涵中的艺术会由多种艺术元素如绘画、音乐、影视等来组合实现，但75%以上的品牌艺术来自于绘画视觉层面的表现，美学或美工基础相当重要，这涉及了大量的设计工作，如VI的设计等，需要对美学构图、美学思想、主流流派、创作形式有一定的掌握。线上品牌艺术和数字品牌艺术是重点发展区域，通过虚拟品牌社区或数字艺术形式实现与品牌用户之间的互动。

一些品牌艺术，还会少量涉及对品牌用户沟通时的艺术演出，但因注意——品牌市场活动中大量使用的演员演出，可能与品牌关联性小，这一点应该注意，有些艺术形式可能存在诉求方式上的排斥性风险，如通俗音乐和高雅音乐接受者之间不同的品牌感知层次判断。这些方式可能包括投资于公共艺术形式如赞助音乐电视节目、支持摄影大赛，来获得该类艺术爱好者了解品牌，争取品牌用户转移。

总体而言，品牌艺术是基于社会实践的，来源于生活，发展于实践，致力于应用社会实践涉及知识创造、理论化和系统知识发展的问题，任何科学应不止在大学或实验室中进行，这是基本的规则。实践涉及背景研究、管理现场、社会体察、群体感知、文献研究、实践量级等内容，教育中的品牌学习、服务学习都是通过社会实践来完成，成于实践，服务于实践，社会实践艺术是增强艺术理解的过程，通过美学、伦理学、协用、人物、新闻等接近品牌艺术实际对应群体。艺术家、企业领导人、都要从社会实践中感知真正意义上的品牌艺术形态。使自由模糊的对象创造清晰化、准确化，使艺术有效参与品牌社会发展。

4.8.10　21世纪超现实概念设计

1900年的世界现代主义风格之变，深刻影响了整个百年的品牌文化走向，20世纪的品牌文化是理想与现实之间的交互，现代主义开启了现代文明的纪元，是跨越的时代，是以流行文化作为社会经济活动的主要因素，运用游戏、电影、音乐等艺术传播形式快速的发展的品牌潮流流动形态，一些主要设计思想到今天仍然在影响着各个领域的设计师们。

21世纪则是超现代主义，或者新未来主义的现实，其实质是放眼新的千年，全面实现虚拟与现实、历史与未来的时空超越，这时一个全新的千年，也是品牌文化思想之于人类文明发展挑战想象极限的千年。

现代主义是合理变化，超现代主义是假想性变化，在虚拟世界里无所不能，一切没有见过的造型艺术、服装款式、未来用品都可以出现，可以随时穿梭于历史、现代、未来的时空之旅，可以自由来往于任何星际文明的太空漫步，打开了人们无限的想象空间，激发了各种文化艺术的创造、创意与创作的超级形态，并引领了科学、文化、产品和服务的变革步伐。

21世纪的超现实概念设计是更为纯粹的乌托邦——空想的世界，是现代主义影响逐渐减弱、超现代主义和反现代主义并存的品牌文化世界。这是一个品牌梦想发展的新千年，梦幻品牌将大量出现并聚焦在充满足够想象力的主题风格设计思想上，一次又一次挑战人们所知所想的极限。

超现代主义，以更空前的想象、更美好的梦想，将未来想象世界与真实环境的设计连接，关注太空、地球自然生态、情境的主题文化场景以及新材料、新技术驱动的前沿，人们可以在未来城市、未来手表、未来机器人、未来汽车等领域发展想象科学，发展概念产品，让品牌思想融入万物，这将是一具产品与艺术超现实融合，快速进步的时代，是人类在想象、科技与文化发展领域将品牌与奔腾不息的生命、对自然万物的感应、生态可持续发展秩序中所完成的伟大品牌创意杰作。

一切属于未来，品牌的世界才刚刚开启。

第5篇 品牌再造

第5.1章 DID品牌再造原理

我们现在需要探讨品牌为爆发式成长的问题，作为一种特有的力量，品牌再造是品牌发展的力量，而这种强大的品牌发展力显然比起其他已知的管理力量，诸如领导力、执行力、影响力、魅力等，更加综合、强大和持久。

在贯穿人类史的品牌学研究中，在过去、现在、未来的全球经济活动和企业发展中，品牌力要比人们想象的对经济产生的影响大得多、重要得多。

尽管世界各国的研究人员已经对品牌力做出了许多有意义的研究，诸如对知名度、美誉度、品牌传播等方面的维度进行了积极探索，但我们认为——这些仍然不足以代表品牌发展力的强大特征和深厚底蕴，甚至无法代表品牌再造过程在全球市场中的运动规律和潜在能力，最终我们界定品牌核爆力这一概念，作为品牌再造原理的象征性发展力方式代表名称。

5.1.1 品牌为什么是核爆力

人类一直很着迷——究竟是在什么情况下诞生了享誉世界的国际品牌？世界上许多国家都希望本国能批量诞生世界级的国际品牌，使品牌的产生不再是偶然。

但是，国际品牌从来都不是随意产生的，国际品牌的诞生不仅需要具备一系列的品牌科学原理，也需要存在一定条件的品牌培育环境。

任何一个强大的国际品牌的诞生过程，与核弹爆炸的原理类似：核弹在几微秒的瞬间释放大量能量，整个弹体在反应区变成高温高压等离子体，向外迅猛膨胀，发出光辐射，形成强烈的冲击波（激波），向外急速扩散，当人们惊叹于核爆炸时，新的国际品牌也诞生了，世界上新的品牌大国也因此可能诞生。

5.1.1.1 品牌核爆力的运动规律

国际品牌并不是在条件良好的温室中诞生的，这样的品牌相当脆弱，无力抗击市场逆境，更无法高速成长为参天大树。良好的孕育环境不一定成长出国际品牌，相反，逆境最有机会诞生优秀的国际品牌。国际品牌通常始于伟大的梦想，历经千锤百炼的品牌锻造过程，准确的品牌战略思想、科学的品牌设计和扎实的品牌实践过程才可使完美品牌完成华丽转身。

我们将品牌核爆力的阶段，划分为品牌梦想阶段（核潜力）、品牌诠释阶段（核子力）、品牌设计阶段（核运动）和品牌再造阶段（核冲击波），这四者之间，都能产生核爆力，即品牌核爆力并非一次性发生，相反，会连续发生，许多国际品牌取得的重大成就受益于这一次次的核爆过程。

5.1.1.2 品牌核爆力 DID 科学原理

我们设计了 DID 科学原理，用以解释新品牌发布时——品牌核爆力的运作规律，品牌核爆力的原理贯穿于品牌发展的始终，通过科学的运动规律，实现品牌在市场中的强势行动，品牌组织全员都应了解这一过程，从而发挥品牌发展的整体组织效应，见图 5-1-1。

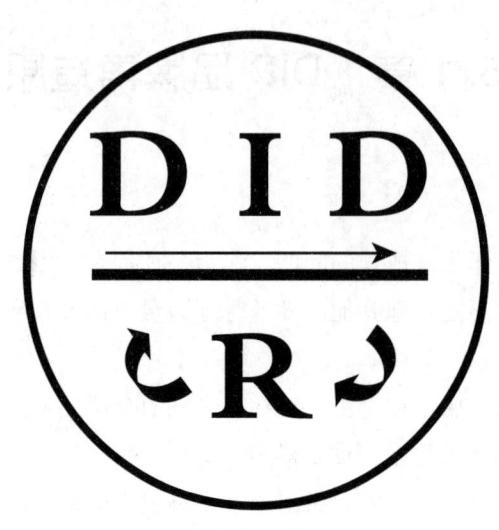

图 5-1-1　DID 科学原理

品牌核爆力由品牌梦想阶段（D）、品牌诠释阶段（I）、品牌设计阶段（D）、品牌再造阶段（R）组成，每个阶段都能产生品牌核爆力，品牌再造阶段（R）是一个可反复的循环过程（2014年提出）。

D（Brand Dream）——品牌梦想阶段（核潜力），国际品牌的诞生、强大梦想所产生的冲击力。

I（Brand Interpretation）——品牌诠释阶段（核子力），品牌的诠释系统、品牌发布和品牌蓝图的冲击力。

D（Brand Design）——品牌设计阶段（核运动），品牌运动周期产生的持续冲击力。

R（Brand Reengineering）——品牌再造阶段（核冲击波），已有品牌的全面再造对市场产生的强势冲击力。

DID 阶段表达了一个全新强势品牌的诞生及演变规律，从品牌诞生到市场强势进入，强势拉升市场，取得品牌成就的全过程。

R 阶段（品牌再造）则是对已有品牌在做出重大战略改变时，以全新品牌形象和科学的品牌流程再造再次强势进入市场，重新改变市场版图，改变其市场地位和竞争优势。

所有国际品牌，都适用于 DID—R 全过程。R 过程是一个循环，不断演绎一个国际品牌的一次次奇迹裂变史。而 DID—R 全过程，则包括四种不同的品牌核爆力发展规律。

5.1.2　品牌梦想阶段（核潜力）

人类的所有成就始于梦想，有梦想的地方就存在核潜力，尽管任何一家新公司的成立都始于梦想，但并非所有的梦想都能诞生品牌。观察所有取得非凡成就的国际品牌就会发现，IBM、Google、HP、LV、三星、松下、法拉利……最初都起源于梦想，即使有些品牌如可口可乐，在最初没有因梦想而取得成就，但在发展过程中不断加入新的品牌创始人，从而演绎出品牌梦想的旷世传奇。

研究品牌梦想是一个国家非常重要的新兴经济战略，决定了一个国家能否成为品牌输出国，意味着一个国家是否能够批量创造出国际品牌。为更加准确地描述品牌梦想，我们将品牌创始人明确为"新生代创造者"。新生代创造者是集中产生国际品牌的主力，脱离这一结构的经济活动很难被称为"创业经济"，即创业活动本身是否处于"创造性破坏"这一国民经济结构。

品牌梦想也建立于拥有品牌产业集群的大型国际品牌企业，这些企业不断推出全新的品牌加速占据不同领域的专业级市场，典型的品牌集群包括宝洁公司、可口可乐公司、微软公司、LV 公司等，由大量分布于不同市场领域的专业级品牌活跃在各个细分市场领域，并占据该市场的主导地位。这些企业不断推出新的品牌对市场进行更加快速的切分，并且以新品牌的全新竞争力，不断替代自身旧品牌的老化速度，以新兴的品牌技术加速公司内部新陈代谢——品牌淘汰速度。而这种品牌梦想是建立在企业高层对品牌梦想的战略布局上。

5.1.2.1 品牌大国的诞生：新生代创造者

任何一家公司、任何一个国家，都处于不断地进步中，为成为强势品牌、为成为品牌大国而全力以赴。我们在这里重点强调"新生代创造者"——品牌经济的主力军所应具有的共同特征，并以"新生代创造者"来区分以往的创业经济活动和创业者，即新生代创造者是新兴的、新鲜的、新梦想的拥有者，他们以原生的、野生的创造力来完成品牌梦想的构建，独立创造显然至关重要，这一点与熊彼特企业家精神理论是完全一致的，我们必须分清楚，并析解出这一类创业者。

新生代创造者们的品牌梦想并不简单，尽管最初可能只是粗略的轮廓、简单的结构性框架，但品牌梦想大部分是宏大的，品牌的品牌创始人总是试图改变什么，制造世界上最快的汽车，制造世界上最好的书写笔，制造世界上最好用的手机，制造下一代计算机，创造最舒适的咖啡享用环境，或者，让人们体验并习惯一种全新的生活方式、使用感觉，再或者是极力想让一种新产品畅销全世界。

品类在这个过程中并没有出现，相反，单品成为多数品牌创始人的首要选择，即使没有创造出崭新的单品，一些全新的独立创造的商业模式也成为品牌梦想的起源。

接下来，我们观察品牌输出国的典型特征，一个国家的经济、政策、银行、贷款、天使投资、金融是否都能够围绕前所未有的新梦想而建立，一个国家因此有机会成为品牌输出大国，如果相反，一个国家肯定沦为品牌输入大国。

品牌必定是沿着狂野式的原生创造之路诞生的，这是品牌梦想起始的地方，品牌投资者——无论国家政策投资还是天使投资人或投资金融机构，他们对新生代创造者的品牌梦想支持程度，促进了一个国家 A 级品牌阶段的国际品牌集中、批量、大规模诞生；反之，很难有国际品牌或品牌大国诞生。

5.1.2.2 品牌核潜力的形成

决定品牌核潜力的，是新生代创造者们的天才创造力，是这些新的品牌创始人对品牌的完美追求。这种品牌追求会相当苛刻，因为品牌必须是完美的，必须是世界上最好的，必须在全世界范围内独一无二。因此，新生代创造者们怀揣着惊人梦想，并将梦想付诸努力，他们在有意或无意间使用了一种特殊的思维方式——结构思维。

框架思维是对品牌梦想的全局界定，是从战略层面对品牌的未来、品牌的发展结构、品牌的市场布局、品牌的扩张速度、品牌的完美表达程式等要素所做出的一种完美勾画，这些蓝图最终成为品牌成长的关键路线，并指导着品牌实践在全球市场中的具体实现。

在品牌输出国，从品牌梦想到品牌发布的过程会相对容易，在品牌输入国，从品牌梦想到品牌发布的过程会相对困难,不恰当的品牌经济环境可能妨碍一个国家的国际品牌批量自然发育。

5.1.2.3 国际品牌最初是怎么诞生的

国际品牌的诞生本身是一个艰苦的过程,而这种艰苦通常不为人知。人们通常只会看到后来,一个国际品牌闪亮光彩的身影和锋芒毕露的荣耀,却常常忘记了关注品牌背后的故事,研究并破译国际品牌诞生前的阵痛与艰难过程,体察新生代创造者的品牌创造科学规律,将使品牌的诞生更加具有科学性和批量规模经济效应。

我们注意到,许多媒体的报道和传记通常忽略这些国际品牌诞生前的艰难过程,由于没有好的品牌诞生范本、科学规律,以及真正写实的品牌前传,全世界前仆后继的创业者和新兴的品牌创始人,都无法从中获得有价值的重要信息,因此新的国际品牌创立速度总体而言是迟滞的,总是难有让人眼前一亮的新品牌、新梦想出现在世界范围,国际品牌的发迹史——通常被人们认为是一种偶然现象,纷纷被当作个案处理,或者成为一种很少有人了解到的励志故事。

华特·迪士尼曾经破产过七次,不得不一次又一次地拎起行李箱四处漂泊,停业、破产、倒闭一度困扰着他的梦想。亨利·福特破产过多次,到四十多岁仍然是人们眼中的一个只会白日做梦的工程师。恩佐·法拉利为坚持制造最快最好赛车的梦想,从13岁时的孩子开始,用尽了一生,奋斗了一生。品牌的伟大基因根植于这些新兴创造者们一生对品牌梦寐以求的梦想追求,雄心勃勃的品牌梦想从来不会被改变,从而缔造了一个又一个的品牌传奇。

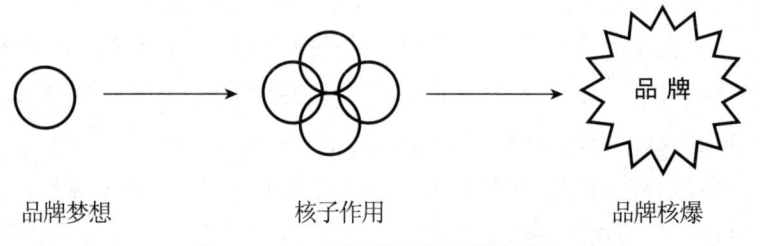

5.1.2.4 品牌梦想的核爆力原理

品牌梦想的核爆力原理,见图5-1-2。

品牌梦想 → 核子作用 → 品牌核爆

图5-1-2 品牌梦想的核爆力原理

之所以品牌梦想拥有核潜力,取决于品牌梦想本身所具有的特有核子作用。品牌梦想会在一定环境中形成强大的核能量,品牌梦想本身就会感染人,在爱情、事业、家人、朋友、同事、社会间进行快速传递感染感应,或者在一个群体中获得强大的感应,从而产生强大的相互吸附作用,将所有的力量汇聚到品牌梦想之中。

人类在描述核子相互作用时认为,核子相互作用的成功之路是建立一个潜在的细胞核,形成核子源,并不是考虑所有核子组成部分,品牌的缔造过程与公司成立相反,多数企业在成立时会注意部门的组成和人员的搭配,诸如财务一定要安排信得过的人员监管,被当作中心。

显然,品牌的核子作用并不是这样的,品牌创始人本身需要建立的是核子中心——核子能量源,经由品牌梦想的宏大程度、能量和质量,在更广泛的范围中获得快速爆炸性感应扩散,品牌组织第一时间要建立的是以宏大品牌构想所构筑起的品牌梦之队骨干队伍,短期的财务表现、部门组成并不是早期的战略中心,投资者此时也不是重点,梦幻性品牌组织会将重点放在重要技术的研发、核心产品的定型,以及品牌全面进入市场爆发时的强大冲击力上。

人们可以理解为：品牌梦想所产生的核爆力，是当品牌梦想吸附了大量相互作用的核子，从而聚集起足够强大的能量，当这些能量积聚到一定程度和强度，便会产生足够强大的爆发威力。品牌在这种核爆飞速裂变的过程中正式诞生，而这种品牌核爆力还将持续贯穿在该品牌的整个发展历史之中，不断演进裂变—演进裂变—再演进裂变，使之成为威力强大的国际品牌，从强大品牌梦想到举世瞩目的惊人品牌成就，是一个令世人不可思议的奇迹裂变进取过程。

5.1.3 品牌诠释阶段（核子力）

品牌诠释包含了一个典型过程：品牌诠释系统—品牌发布—品牌蓝图。

观察市场中大量的企业品牌，甚至是城市品牌，会发现大部分品牌是没有诠释系统，也未经发布，更没有品牌蓝图的。这一点导致了品牌本身就是紊乱的，没有统一的一致的对外解释口径，人们不清楚这些品牌究竟会做到多大，投资者对品牌没有信心，公司的员工也不清楚自己企业的品牌未来是什么，品牌总体是失败的，品牌发展路线陷入严重的 C 阶段，情况稍好一些可以进入 B 阶段，但根本无力进步至 A 级阶段。

许多中型或小型企业的员工，在向朋友解释自己所在的企业时，通常使用"我们公司是做某某业务的"来代替企业的品牌，他们知道自己的企业没有品牌，或品牌能力表现得相当弱，当做出解释时人们并不知道这个品牌，因而他们只能常常以从事某种业务或生意来表达。

事实上，新品牌进入市场时是相当脆弱的，即便一些公司已经运营多年，但市场和公众对这些品牌依然无所得知，这就造成了企业的员工自己也不愿去谈及有关自身品牌的话题。

而在市场上，全球市场这种情况是类似的，新品牌的接受程度普通极低，人们对从来没听说过的新品牌持有强烈的怀疑和抵制消费态度，要让人们或客户接受一个新品牌是一件相当困难的事情，这对创业的早期而言无疑是致命的，但并不是所有的新企业创办者都了解这一规律，以至于每天大量开业的新公司不久就会发现市场疲软，甚至无力去谈及品牌，在勉强维持一段时间的运营后黯然失败。

一种错误的想法是：品牌是大企业的事情，是需要花费许多资金才能实现，初创小型企业是没有能力来做品牌的，显然——这是对品牌最错误的认识。最早的一批世界 500 强集中诞生于 1860—1921 年前后，第二批世界 500 强集中诞生于 1975 年以后，和所有的人理解相反，波音、松下、IBM、杜邦、惠普、Google、苹果、雅虎、Facebook 等称雄世界的国际品牌大多诞生于车库、地下室、实验室、宿舍、小零售店中，许多纳斯达克上市的公司起家成本低于 1000 美元。品牌梦想加上合理的品牌诠释演绎了国际品牌梦想的蓬勃发展与高速成长之路。

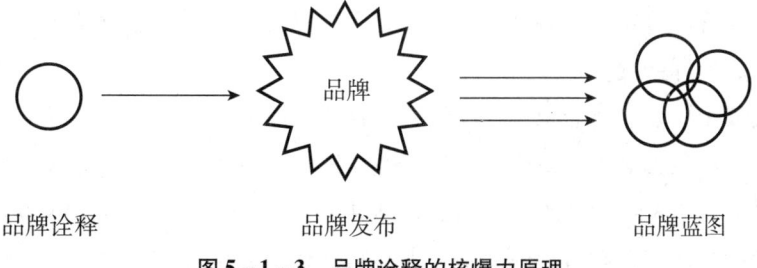

5.1.3.1 品牌诠释的核爆力原理

品牌诠释的核爆力原理，见图 5-1-3。

品牌诠释　　　　　品牌发布　　　　　品牌蓝图
图 5-1-3　品牌诠释的核爆力原理

我们将品牌诠释分为"品牌诠释—品牌发布—品牌蓝图"过程，以此来表达品牌诠释将对市场产生的冲击力。

品牌诠释系统（Brand Interpretation System），严谨科学的品牌诠释系统是品牌发布前最重要的环节，也是统领整个品牌发展史的最高战略和指导思想、原则立场，是企业品牌必须注意的品牌灵魂性结构界定。

品牌发布（Brand Released），是宣布品牌进入市场的主动进攻，是品牌第一次向世界正式亮相的隆重洗礼，是奠定强势品牌的重大典礼，是品牌组织全员的冲锋姿态和誓师仪式。

品牌蓝图（Brand Blueprint），是宣告品牌未来发展前景的主要措施，是向新的品牌经销商、品牌组织骨干和全员宣布的崭新未来梦想，是展示给投资者、用户和公众的强大信心。

品牌诠释过程的构建和实践在整个品牌发展过程中始终是相当重要的关键一步，即便已有品牌的企业在进行重大品牌再造时，都要重新经历品牌诠释过程，任何品牌集群在发布新品牌时也需要重新启动这一程序。在全球市场多样化、市场激烈的竞争环境下，品牌诠释比以往任何时期都显得格外重要，我们很难相信，一个未经品牌诠释的新品牌或再造的品牌能够有效抗击市场竞争压力。即便是新创立的企业，如果未经品牌诠释过程，在开发经销商和客户时也很难有说服力，任何未经品牌诠释的品牌进入市场以后，市场表现都是很难乐观的。

5.1.3.2 品牌诠释系统决定整个品牌发展过程

人们一般将公司上市IPO（首次公开募集股票）视为一个公司最重要的成功过程，事实上，品牌诠释系统的完美发布才是一个品牌发展史上最核心、最动人、最具冲击力的精彩时刻，品牌的未来一切成就始于这一天，一个国际品牌的旷世传奇在这一天奠定，全世界品牌追随者们、前仆后继的创业者们津津乐道的就是这一天发生的故事。

到底品牌诠释过程发生了什么？为什么世界各国如此众多的企业都因缺少品牌诠释系统而惨遭失败，或在市场中屡屡不振，最初的雄心梦想也化为泡影或痛苦的记忆？

品牌诠释是对品牌的官方解释，即这个品牌究竟是什么，品牌的定义是什么，品牌的口号是什么，品牌的使命是什么，品牌的发展目标是什么，品牌发展过程中最重要的原则是什么，品牌的立场是什么，品牌的起源是什么，品牌的故事是什么，品牌的组织结构是什么，品牌的组织文化是什么，品牌传播中禁止什么……这些品牌结构性框架，决定了品牌的未来走向，也决定了品牌组织的发展战略、表达方式和品牌行为。

品牌诠释系统是整个品牌贯穿始终的最高战略，是统领整个品牌发展走向的官方解释中心、思想中心、指导中心、原则立场中心。人们在商业品牌策划中，往往会注意到品牌概念的应用，通过为品牌确定一种概念来定义品牌，但通常忽视了整个品牌诠释系统的构建。我们在观察中发现：多数企业品牌或城市品牌尽管付出许多努力，也无数次花费巨额的品牌建设费用，但通常缺少一个完整统一的一致性品牌诠释系统。

在接下来的实践中，人们就会发现，品牌的解释是混乱的，品牌的行动是混乱的，缺少一个足够有高度、有深度、有强大潜力和发展前景的灵魂性统领思想指导中心，品牌的口号不断在变，品牌组织中所有人没有一个统一的中心，从而导致品牌失去凝聚力。品牌的表达方式千差万别，人们在不知不觉的过程中就发现品牌力被分散了，很快品牌梦想就失去了耀眼的光芒，公司领导集体意志消亡，而员工也失去了对品牌前景的期待，有关品牌发展的问题也就无从谈起了。

5.1.3.3 品牌诠释系统作用不可取代

我们已经明确提出，品牌诠释系统是整个品牌发展过程的核心，现在进一步对品牌诠释系统进行析解。

严谨科学的品牌诠释系统是品牌发布前最重要的环节，是企业对内对外进行品牌解释的官方准确信息，是为整个品牌所定出的基本战略基调，是统领品牌未来高速发展的总体指导思想。品牌诠释系统包括对品牌的定义、品牌广告语、品牌使命、品牌故事、品牌精神、品牌文化要素等，它既是构成整个品牌识别手册的核心，更重要的是成为品牌战略和精神层面的指导，这种作用不可取代。

需要特别注意的是，CI（企业形象识别系统）并不是品牌诠释系统的核心内容，CI 只是品牌诠释的扩延，是品牌识别手册中的重要组成部分，是建立在品牌诠释系统核心内容之后所进行的一种品牌形象的标准识别表达形式，明确这一点非常重要，以 CI 取代品牌诠释系统的情况非常普遍，常见的情况是换一个名称，改一个 LOGO，发布一个 CI，就被错误地认为是品牌系统的全部。

事实上，品牌诠释系统与 CI 的不同之处在于，品牌诠释系统界定的是战略层面、精神层面、未来远期的总体品牌思想，在很长一个品牌发展时期，贯穿品牌生命始终。它是由企业高层在战略层、品牌技术专家的建议中，通力对品牌所做出的最高层面的界定，高度和深度、持久度决定了整个品牌的生命力，整个品牌组织必须严格执行，丝毫的懈怠都可能导致品牌失败。

此外，品牌诠释系统并不一定必须是完整的品牌文件，可以仅仅是最初为品牌界定的结构性战略描述，初步为品牌的定义、使命、品牌责任等做出的描述，在品牌发布以后，可以继续围绕品牌诠释的核心进行扩延，以便完成整个品牌诠释系统。企业新任的首席品牌官一般对品牌诠释系统负全责，一些年轻、大胆、富有冒险精神的首席品牌官可能将品牌诠释系统带到更高的高度，他们改良并进一步完善品牌诠释系统，使品牌焕发出更强劲的生命力。

5.1.3.4 品牌发布的核爆力

品牌的发布并不仅仅是举行一次品牌新闻发布会，向全世界告知一个新品牌正式诞生。在品牌诞生以后——通常品牌最初是在一个小群体、小范围中诞生。接下来需要为品牌的正式亮相做一系列的精心准备。即便是以品牌集群运营的品牌以及品牌再造后的品牌，也应格外重视品牌发布的过程。

品牌的发布是一件相当慎重的事情，任何一个品牌的正式发布都标志着在全世界范围内，一个新的品牌正式诞生。在品牌正式发布前，有许多工作需要准备，以保障品牌的发布成功且隆重。

尽管已知的许多国际品牌都诞生在不为人知的环境中，即使许多年后这些品牌已经享誉世界，但现代及未来，这种情况发生了改变，特别是在现代社会媒体化时代，一个品牌默默无闻地出现，则意味着一个品牌从正式诞生之日起，就白白浪费了进入市场的最佳时机，多数情况下，默默无闻的品牌也最终以默默无闻的方式谢幕。

相反，全世界的财富新贵往往是那些富有雄心，甚至连品牌新闻发布会都无力召开，但敢于打出世界第一旗号的新生代创造者们。那个曾打出"下一代搜索引擎""世界上最好的图片搜索引擎"条幅的 Google 等传奇故事可能激励着一代又一代的新生代创造者。那些试图改变世界，持有"一个人两个人也能改变世界"坚定梦想的新生代创造者们，用他们特有的方式向世界展示着他们雄心勃勃的蓬勃品牌未来，品牌的发布对他们则意味着深刻的未来，尽管他们对品牌的发布不拘形式，但品牌的发布对他们而言——对整个世界而言，都是意义非凡的。

· 349 ·

5.1.3.5 品牌发布是品牌组织的第一次核爆发

如果将品牌梦想的核爆力称之为核潜力,那么品牌的正式发布,则是核子力,即整个品牌组织所发生的前所未有的第一次重大核裂变,品牌将以更快、更强大的能量全面进入市场。如果准备得当,盛大的品牌新闻发布会将是对指定的目标市场发动一场全面主动进攻的行动,品牌的强大冲击波将为品牌冲开足够的市场容量;反之,市场将迟迟不会接受这个新品牌的进入,致使企业在投入市场运作的前期蒙受许多不必要的工作负担和经济损失。

鉴于全球市场各个领域都已经大量饱和,C级和B级品牌能力的公司从成立之日起,市场问题就变得相当棘手,新的品牌在短期内无法释放品牌效益,因而品牌发布和接下来的品牌蓝图就变得相当重要了。

根据我们的多项对比发现,无论是一个品牌正式举行的第一次整体亮相发布,还是品牌组织的本地化品牌经销商的市场启动,品牌新闻发布会比一般意义上的各种开业、新品上市、品鉴会、体验展览都要重要得多,效果要好出很多,这取决于相当集中的爆发会使一个品牌成为相当重要的新闻。

无论在全球市场、全国市场还是城市本地化市场,品牌新闻发布会对品牌市场进入、品牌影响力、短期销售成就、长期品牌化经营都具有相当深刻的意义和价值,采用声乐、环境、氛围所形成的现场隆重震撼感对销售达成有着非常重大的价值,将多对多的市场开发转变为一对多的一次性销售。我们在品牌发布实验中发现,这种方式被拥有长远眼光的品牌经营者、品牌经销商们深度认可,他们热衷于这种典礼式的仪式,以期一次性彻底解决市场启动问题。

5.1.3.6 品牌新闻发布会与市场启动的捆绑

品牌新闻发布会本身会产生强烈的媒体效应和市场反应,品牌新闻发布会也是一个聚集品牌渠道商、经销商、战略合作伙伴、品牌消费意见领袖进行集中体验,使用声音、语言、重要人物、形象、现场氛围进行集中招商合作的重要机会。组织得当、恰到好处的品牌新闻发布会将一次性完成新品牌进入市场的快速启动目标,从而避免了日后需要雇用大量市场和销售人员,进行烦琐、多频次客户开发的过程。鉴于多数市场中的品牌经销合作意向和主流品牌消费者数量有限,对新品牌的认可度低,品牌新闻发布会的权重被不断提高,但凡有这种可能,新兴企业和新的品牌组织都希望采取品牌新闻发布会方式。

但我们需要格外注意,品牌新闻发布会与市场启动的捆绑必须严格执行,如果市场销售人员未能深刻理解品牌新闻发布会的重大意义和作用,新品牌的招商和市场开发将被大打折扣,我们在品牌发布实验中已经发现多例由于市场销售队伍没有良好的配合而造成的市场销售远远低于预期的糟糕情况,品牌新闻发布会的市场效益没有得到彻底释放。为取得最佳销售成就,严格的新闻发布会准备和培训、现场跟单、会后跟进格外重要,任何企业高层或市场销售全员都需要全力以赴,齐心合作取得重大市场成就。

从着手召开品牌新闻发布会开始,市场人员就应集中起来开发早期经销商和客户,集中以品牌新闻发布会的全面邀请来实施对市场进行的第一轮强力冲击。特别是新品牌进入市场的早期,市场接受程度低,品牌溢价能力弱,品牌管理的标准化尚未完成,运用品牌新闻发布会将极大地增强首批经销商和合作伙伴的信心,以更强势的方式完成对市场的冲击。

如果没有条件举行大规模的品牌新闻发布会,也要以发布品牌新闻等简便低廉的形式,对外正式宣告品牌的诞生。我们注意到,大量的新品牌往往都是在品牌进入市场的前期,没有做好充足的准备,导致品牌尽管已经入市,但没有足够的说服力,经销商或客户对品牌的信任度差,迟迟不愿下单购买，尽管公司试图在早期大量招聘市场和销售人员，靠人力频繁奔波，但徒劳无功，公司整体的市场销售业绩不尽如人意。

今后的新市场，只属于强势品牌的天下，强势入市的品牌拥有最强的战斗力，特别是对于正在选择品牌的经销商而言，最青睐于强势品牌，超大订单和快速回款是品牌新闻发布会的直接回报。

5.1.3.7　品牌发布的核爆效应

品牌的发布是一个精心策划、细心运筹、战略协调、总控指挥的组织筹备过程，以期达到最强核爆力。为此，为取得最佳品牌发布效果，必须以倒计时方式进行大规模的媒体预热，并在品牌目标消费群体进行大量品牌预热，新品牌未上市先火通常是品牌新闻发布会的重点目标，从而聚集起人气与关注率、意向订单量。

奥运会的发布会长达十年之久，从十年前开始预热，申请成为主办城市，申奥就让一座城市或一个国家沸腾起来，"期望""期待""期盼"就转化成为品牌核潜力。当一座城市当选主办城市，接下来的八年，一系列的奥运活动，由大活动套小活动，小活动组合大活动，从城市到国家，从国家到全球，进行轮番预热、升温，调动一个国家乃至全世界的热情，凝聚集结成强大的核潜能。

直到最终的沸腾瞬间，全世界的期待——现场直播的奥运会开幕式，盛大的仪式成为全世界媒体、公众、国家、社会聚焦的核爆中心。而一共只有短短十几天的赛事，牵动着全世界的心。

同理，召开品牌新闻发布会是一次非常有必要的重大战略行动，是整个品牌诞生过程中最重要的一个盛大仪式，标志着一个品牌正式向世界发布，品牌所承载的产品将迎接世界的洗礼。《品牌全球宣言》的发布是一个品牌向全世界发出的庄严宣言、承诺与强大自信，是品牌进入市场的冲锋号角，公司在任何时候，都不能忽视这种典礼仪式的重大作用。

5.1.3.8　品牌发布的重点策略

完整的品牌发布过程，如图5-1-4所示。

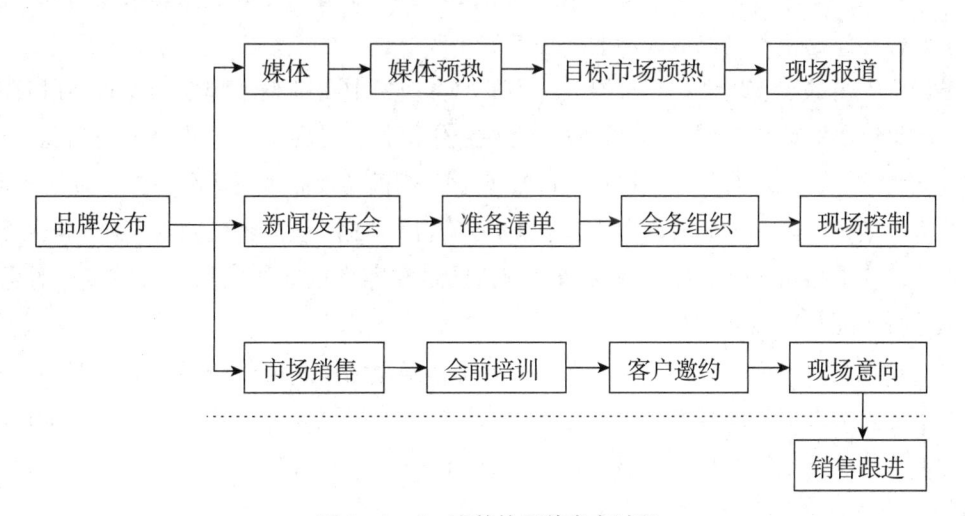

图5-1-4　完整的品牌发布过程

一个完整的品牌发布包含了三个方面的核心内容：一是媒体，二是新闻发布会，三是市场销售。三个领域的工作应同步进行。品牌新闻发布会全程都应以清单化操作为主要方式，即设计制作各环节的清单，严格按清单推进执行，系统地完成各项指定工作，使整个品牌新闻发布会的举办取得最大可能的成功。

媒体方面：应在品牌新闻发布会正式举办前一个周期（至少 1~3 个月），进行大量的媒体预热，包括但不限于网络媒体、平面媒体和移动微媒体。随后是对目标市场进行的大规模预热，包括新闻发布会 DM 传单、品牌猜想活动、品牌发布倒计时广告等，锁定要重点进入的专业级目标市场，进行准确密集的推广。

现场媒体报道也是一个相当重要的环节，应事先邀请指定媒体记者，开放媒体专栏，新闻发布会现场一般应设立新闻中心，指定具体的新闻官。所有新闻采访一律以新闻官为准，其他人员均不得参与采访，特别是对于上市公司来说这一点尤为重要。现场报道可采取现场直播、现场报道、现场采访等多种形式强化传播效果。

新闻发布会方面：根据需要成立品牌新闻发布会的筹备组委会，按行政组、秘书组、安保组、后勤组等成立相应的工作组，分派任务，指定责任人，定期举行筹备工作会议。会务组织是一个严格预演的重要过程，对场地勘察、路线图、桌位图、主持人串场词、会务礼仪、会场布置等进行专业预演，把具体时间和分工分解到分钟或秒。

根据需要进一步成立新闻发布会现场所需的签到组、现场新闻组、道具组、礼仪组、布展组、摄制组等更专业、分工更明确的工作小组，指定相关责任人。整个新闻发布会的成功举办，是由新闻发布会总指挥、现场总控总体负责，各小组通力合作、指挥协调一致地共同努力，如果准备得当，分工明确，预演得当，新闻发布会举办现场会井井有条，各时间点和现场推进将自动有序衔接起来，实现自适应系统管理。

5.1.3.9 品牌发布的重要营销策略

市场销售应同步推进，市场销售全员都应将品牌新闻发布会的召开视为一次最重大的销售机会，这是集中发掘销售线索、集中完成招商销售任务、企业品牌成功启动并进入市场的一次最重大机会。任何错过或忽视这个销售机会的市场开发、销售人员都应被淘汰出局，任何在品牌新闻发布会之前或之后发表负面意见、怀疑品牌发布效果的人员都不能出现在本次品牌市场销售队伍中，这一点相当重要，高昂的士气是取得成功的唯一有效保证。

对市场销售人员的会前培训相当重要，培训的内容应集中在围绕品牌新闻发布会以及新上市的产品、经销政策、品牌蓝图等环节中经销商及潜在合作伙伴、潜在客户可能问及的问题，形成问题清单并反复演练掌握，统一对外答复口径，PAO 科学分析模型及品牌对比分析技术能有效帮助会前培训取得重大成效，与此无关的培训均应节制，市场销售人员应该能够娴熟地解决现场咨询者的任何问题和看法，应严格按照品牌诠释系统和品牌蓝图告知客户重要的信息，引导客户的思路走向，帮助客户迅速做出明智准确的判断。

在严格的培训之后，市场销售人员所做的重要工作是邀约潜在的品牌经销商、客户、品牌消费意向领袖等参加盛大的品牌新闻发布会。通过网络查找、网络报名、行业协会名单等排查出可能成交的潜在意向客户，向他们发出《品牌新闻发布会邀请函》，并对邀约名单进行严格登记，换发正式的《品牌新闻发布会请柬》。

另外一个邀约的重点环节是媒体中的目标市场预热，至少提前一周至四周，向目标市场中的经销组织、重点客户群体大量派发电子版和印刷版《品牌新闻发布会 DM 邀请传单》，可以由礼仪小姐、临时日工、网络兼职人员、合作伙伴等通过不同的渠道、不同的媒介、不同的地点进行大量派发，几十万份或几百万份的电子版或印刷版 DM 传单派发量将起到至关重要的品牌市场推广作用。品牌组织者需要对自发前来报名登记参加品牌新闻发布会的人员进行逐一登记，根据身份重要程度以确定参与网上直播的品牌新闻发布会还是进入品牌新闻发布会现场，每一份制作精美的电子请柬和正式的印刷版请柬，都对参加者是一种尊重和重视。

5.1.3.10 品牌发布中最重要的资产

在品牌发布会现场，有一个非常重要的环节——为每位参加者准备电子版或印刷版的《品牌经销意向单》和第一版品牌手册，线下的品牌新闻发布会环节还应备好笔，这个环节格外重要，是整个品牌新闻发布会的核心所在。品牌新闻发布会最重大的作用是一次性大量集中收集意向订单，品牌新闻发布会最具价值的部分就是集中大量收集到的销售线索。在品牌新闻发布会之前已经完成的签约意向，可以选取品牌经销商代表在新闻发布会现场举行签约仪式。

在新闻发布会之后，市场销售人员应第一时间严格根据《意向单》上的销售线索对有明确意向的经销商（合作伙伴、大客户）进行联络或拜访式跟单，以便完成销售线索的成交，一般在品牌新闻发布会两个月后，这些名单会陆续失去效应，因此市场进度的管理是跟单的重点。

此外，品牌新闻发布会的视频录制和摄影相当重要，这些视频和照片，是见证一个品牌从无到有，强势进入市场的最有力证据，是证实一个品牌有强大市场进取能力的证实性材料，在接下来的客户开发中，品牌新闻发布会视频、照片和媒体报道是说服潜在客户时最重要的"营销武器"。

没有举行品牌新闻发布会的新企业通常在市场销售中缺乏有说服力的证实性宣传材料，从而导致市场开发困难，潜在客户信任度低，这些企业的市场销售人员会将大量时间和成本浪费在寻找销售线索以及费力地来回说服客户上，但市场接受程度还是很低，不信任和不安全的品牌感是多数经销商（客户）的普遍心理。

5.1.3.11 品牌蓝图：品牌的未来是什么

品牌新闻发布会除了以相当隆重的方式宣告了一个新品牌的正式诞生，企业要发布品牌时，还有一个相当重要的信息需要公布——品牌蓝图。品牌蓝图用来告知一切品牌组织内外的成员——品牌组织的员工、有意向的品牌经销商、未来的品牌用户族群——品牌的未来是什么。

除了品牌投资者、股东、董事会成员都迫切地想知道一个品牌的未来是什么，品牌组织的全员成员，包括员工、品牌经销商、品牌用户族群、新闻媒体，以及一切关心和支持这个品牌发展的人，都想急切地知道答案——这个品牌的未来是什么。

按照我们提出的创业公司九月理论，多数创业的新公司在成立三个月以后，就会出现股东间纠纷、财务问题、企业内部人心浮动、员工开始出现离职等情况，这意味着公司开始进入创业失控阶段，但多数情况下企业领导人是不会察觉的，也不会认为这是严重的创业失控，公司在朝着不利的情况发展，越来越糟糕，到新企业成立六个月以后，股东层和员工中就会出现大量的离职，到第九个月，大约有超过一半的新企业进入倒闭潮，终结了品牌梦想，宣告创业失败。

造成上述糟糕局面的主要原因——就是人们无法得到想要的答案——品牌的未来是什么。由于品牌领导人未能及时绘制出品牌蓝图，明确清晰地告知所有品牌组织相关者品牌未来将怎样发展，公司未来的前景是什么，通过什么时间，通过哪些方式达到品牌经营的全盛时代，从而导致经销商、合伙人、员工等对品牌失去了信心。

当品牌的缔造者（品牌创始人和首席品牌官）都无法清晰地回答这一问题时，局面将会相当糟糕，人们没为之奋斗的目标，人们看不到品牌的前景，人们也无法在这个品牌中找到自己的前途，那么一切不利于企业发展的糟糕情况随之就爆发了。潜在的目标经销商和客户也怀有同样的态度，他们谨慎地观察一个新品牌的诞生，他们更关心与这个品牌合作的长远利益是什么，未来前景是什么,品牌究竟能够做到多大,品牌的成活概率到底有多大,怀着这些疑问以及忐忑不安的心理,他们在这个品牌中找不到安全感,因而他们大多持观望或等待态度,迟迟不愿意下单。

5.1.3.12 品牌蓝图的推荐结构

品牌蓝图是品牌所做出的整体规划,告知企业内外一切人员,包括新闻媒体、意向经销商、合作伙伴、潜在客户、未来员工等——我们这个品牌的未来到底是什么,如何来科学地完成品牌的建设,让梦想付诸行动。

我们设计了一组标准的品牌蓝图结构,见图 5-1-5,可以适用于任何组织或企业。

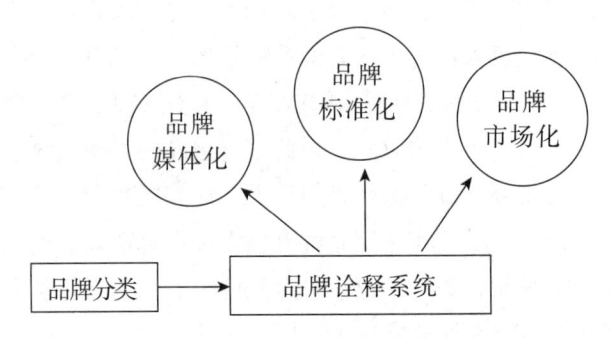

图 5-1-5　DID 科学原理推荐的品牌蓝图结构

品牌蓝图的推荐结构,以品牌诠释系统为中心,明确品牌分类,衍生品牌媒体化、品牌标准化、品牌市场化三部分组成。

品牌诠释系统可能是一个持续完善的动态系统,明确基本的品牌官方诠释基调,并不断加入品牌的企业文化、品牌识别文件、原则立场文件等动态增加的要件。

品牌分类是对品牌所进行的准确分类,具体可根据品牌分类技术,选取确定企业的品牌具体属于某一类或几类品牌分类的组合。品牌分类除了用来明确具体的品牌战略路线之外,更重要的目的是明确告知一个品牌归属于哪个类别,是专业品牌、可信品牌还是潮流情感品牌,或者是国际品牌,清晰地界定品牌分类将有效帮助企业员工、经销商和客户清楚品牌发展的战略重点。

如果一家公司的领导人或员工都不清楚自身公司的品牌归属于哪一个具体类别,对品牌的表达和对品牌的行动,都是混乱混淆的,企业和员工都不会清楚应该发展具体哪些品牌能力,公司也将耽误很多时间并浪费大量成本用于反复摸索品牌路线。摇摆不定的品牌战略、频繁更换品牌策划公司等情况在公司早期发展中将屡屡再现。

对于有意向的经销商而言,对于潜在的合作伙伴和客户而言,对于未来可能加入品牌组织并为之贡献力量的骨干人才和新员工而言,品牌蓝图的公布让所有人对一个品牌的未来产生的憧憬,科学合理地预演了达成品牌梦想的道路,并赋予所有人以强大的信心,特别对于早期需要发展经销商和大客户、获取投资者青睐的品牌而言,品牌蓝图绘制出了所有人对未来的希望和期待。

曾经,爱德华·迪士尼绘制出迪士尼乐园的构思图来告诉人们一片贫瘠的土地上将生长出的旷世梦想;曾经,CNN 初创时用一张世界地图来描述哪些地方将建立 CNN 记者站,CNN 将拥有遍及世界各地的新闻采访报道网络。今天,人们使用 3D、4D 技术来模拟未来可能出现的商业项目景象,房地产开发商和室内设计师使用建筑模型、3D 效果图等预演未来将实现的景象。而对于任何一个品牌来说,品牌的未来远景描绘和实现方法才是勾起所有人为之行动、为之努力、为之投资、为之立即做出决定的关键首选。

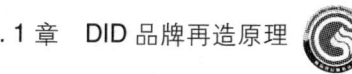

5.1.3.13 品牌媒体化

品牌媒体化是以现代媒体、新媒体为主体的传播战略，品牌传播是整个品牌媒体化运作的最主要方式，见图5-1-6。

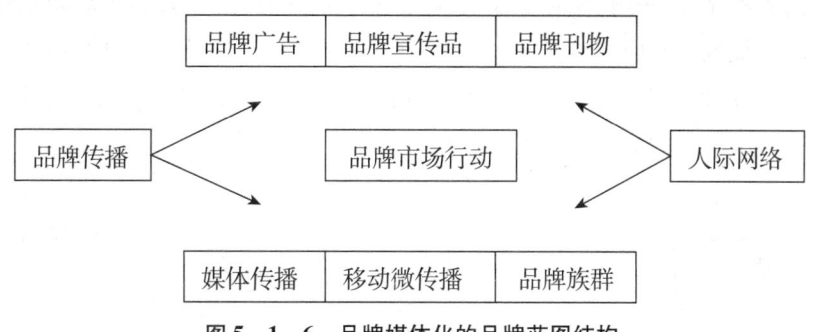

图5-1-6 品牌媒体化的品牌蓝图结构

品牌传播第一个重点，是制定品牌市场行动方案，以有效的市场行动（活动）来拉动市场，促进市场集中签单。在企业早期，有准确进攻目标和行动力量的品牌市场行动，对品牌的市场进入起到决定性的重要作用，即品牌传播应该是有目的、有针对性、有挑战性、有乐趣、能够影响市场和潜在目标群体高度关注并参与的大规模行动（活动），一切品牌传播都应以品牌市场行动为主轴展开。

第二个重点是实体传播介质：通过品牌广告（电视广告、视频广告、互联网广告、报纸广告）、品牌宣传品（品牌手册、DM单、品牌招贴画、消费者指导手册）、品牌刊物（品牌用户简报、品牌经销商简报、品牌员工关系简报）进行的大批量广域投放传播。企业视需求根据成本及条件选择制作传播方式，其中制作品牌刊物是一个非常重要的传播领域，特别是在企业早期，需要指定专人为一切潜在经销商、投资者、客户制作传播专门的内容，及时告知各种动态消息，加深接触，促使目标营销人群快速做出决策。

第三个重点是泛媒体传播介质：通过媒体传播（品牌新闻在互联网、报刊、电视等媒体中的大量投放，以及主题网站、辛迪加栏目、投资专业刊物等）、移动微传播（官方微媒体、微电子刊物、微互动传播、微意见领袖传播、微专业市场传播、微故事、微粉丝管理与传播）、品牌用户族群（定向的品牌兴趣圈子、网络和用户集中区域的密集传播，品牌消费者教育），企业适需要根据成本和传播安排，指定专人负责内容的制作与传播，实施内容营销。

品牌传播的核心事实上是——人际传播，即建立密集的人际传播网络，在人与人之间进行口口相传，按照品牌传播三层次原理，品牌组织和外包的品牌传播机构应集中围绕第一层"源发层"（原话题源、策划源）、第二层"软链层"（软传播链、引导式扩散链层）进行集中密集准确的传播策动，充分调动第三层"自发层"（自响应、自适应、自媒体扩散传播）效应。

人际网络是世界上最大、最核心的传播网络，在指定或固定环境、条件、背景下的经销商或大客户，都有其固定的圈子、兴趣点、专业领域和人脉网络，只针对专门的人际网络进行的专业级媒体传播，才是最准确且最节省成本，产生最佳效果的传播方式。传统的广告是从漫无目的的公众中筛选可能有意向的客户，绝大部分的成本浪费在漫无目的的公众身上，现代传播则强调精准传播以及针对争取常客户的密集传播计划，将事半功倍。

5.1.3.14 品牌标准化中的品牌建设规划

品牌标准化是指"品牌+管理标准化",品牌标准化需要列出一个品牌建设周期的规划和实现方法的指导规划,见图 5-1-7。

鉴于进入市场的新品牌在进行品牌建设时需要一个较长的周期,我们将品牌建设周期规划为三年,第一年完成品牌规范化阶段(规范品牌的一切手册和文件、实现管理的规范化),第二年完成品牌系统化阶段(使品牌组织发展为自适应的高效管理系统),第三年完成品牌精细化阶段(品牌组织纵深发展,完成市场中的品牌全面覆盖,精耕市场)。

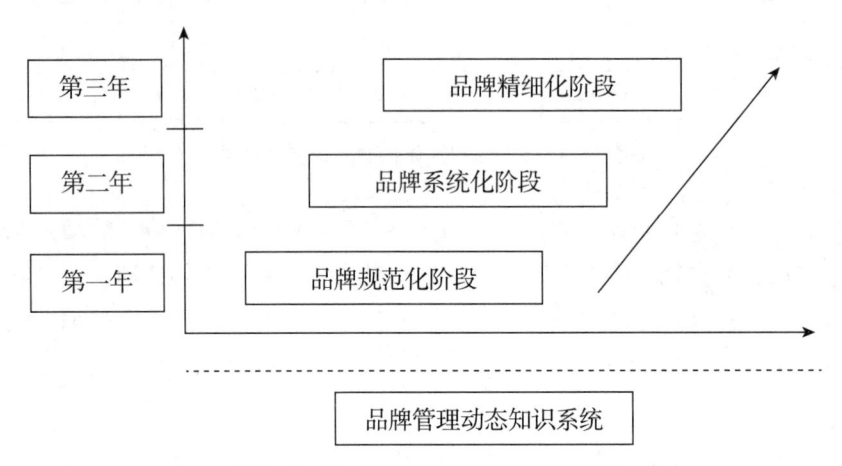

图 5-1-7　品牌标准化时间蓝图结构

以三年时间完成整体品牌建设是一个相当理想的品牌发展过程,过长或过短都很难高效完成一个品牌的整体建设过程,品牌无法深入人心,而科学地将时间和具体工作划分在三年完成,每年都有不同的侧重点,由粗到细,由框架结构到具体落实,是比较合理的。

需要特别提醒:品牌建设的完成,使用的是"品牌管理动态知识系统",即以动态知识管理作为整个品牌系统建构的基础。在知识经济时代,知识是最有价值的财富,通过对品牌组织内外产生的动态知识快速提取、荟萃分析和科学应用,是现代公司、未来企业在品牌管理方式上的重大变革,特别是未来企业的管理只有一种特定方式——以动态管理知识系统进行运转的公司才能在全球市场中存活。

5.1.3.15 品牌标准化中的品牌技术实施

我们反复提出,品牌标准化是"品牌+管理标准化",需要使用一系列的品牌技术,包括品牌科学原理、品牌技术、品牌工具、品牌文件系统等,如图 5-1-8 所示。

品牌科学原理包括了 B 理论、品牌 CBA 水平划分、品牌利润金三角、DID 科学原理等一系列不断发明衍生的品牌原理,这些品牌学科学原理构建了品牌学的基本科学规律。

品牌技术包括了品牌分类技术、PAO 科学分析模型、品牌人员甄别技术、品牌培训技术、品牌建设技术、品牌营销技术、品牌传播技术、品牌实验室技术等一系列不断发明衍生的技术环节,我们认为未来企业品牌的发展,进入了全面强调品牌技术的时代,品牌技术的应用比以往更为重要。

品牌工具包括树型图、波浪图、市场进度表、品牌建设方案、企划书等一系列的图形、表格和标准文案,作为一系列的开源程序,品牌工具不断被发明和衍生。

品牌文件系统是需要进行手册化、文件化的管理系统,任何一个有效进行品牌管理的企业,都应该有明确的、详细的、规范的各种手册和文件，以便对各种品牌细节进行详细规定，并对品牌的使用、管理流程进行科学的指导，严格督导。

```
┌─────────────────────────────┐  ┌─────────────────────────────┐
│ 品牌科学原理                │  │ 品牌技术                    │
│ B 理论、品牌 CBA 阶段、品牌 │  │ 品牌分类技术、PAO 科学分析  │
│ 利润金三角、DID 科学原理……  │  │ 模型、品牌人员甄别技术……    │
└─────────────────────────────┘  └─────────────────────────────┘
                         （品牌+管理标准化）
┌─────────────────────────────┐  ┌─────────────────────────────┐
│ 品牌工具                    │  │ 品牌文件系统                │
│ 树型图、波浪图、市场进度表、│  │ 品牌识别手册、品牌实验室手  │
│ 品牌建设方案、企画书……      │  │ 册、品牌媒体报道手册、品牌  │
│                             │  │ 纠错报告……                  │
└─────────────────────────────┘  └─────────────────────────────┘
```

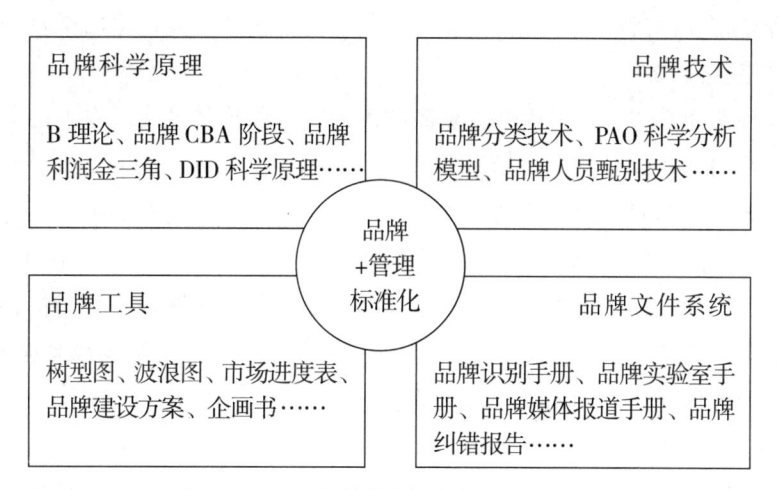

图 5-1-8　品牌标准化的技术实施结构

品牌文件系统可能包括了公司所需要使用的任何手册，包括但不限于品牌识别手册、品牌实验室手册、品牌媒体报道手册、品牌渠道手册、品牌终端手册、品牌用户手册等。品牌纠错报告是一项特殊的管理文件，用于品牌建设周期中的各种品牌督导、偏差纠正。

和以往的 ISO 等标准化文件对各项工作进行规范不同，品牌标准化所需要达到的结果是"最优"，然后作为标准固定下来。

在品牌标准化中，我们设计并使用了一系列新的品牌科学原理、新技术和新工具，作为一种全新的动态知识管理系统，许多技术、工具和方法都是前所未有的，有些以往使用的旧工具如 PDCM 质量循环在品牌标准化中是不能使用的，因为它会导致重大管理失误出现。

5.1.3.16　品牌市场化蓝图

品牌市场化是根据市场建设的一些重点目标，建立具有特色的市场结构，如图 5-1-9 所示。

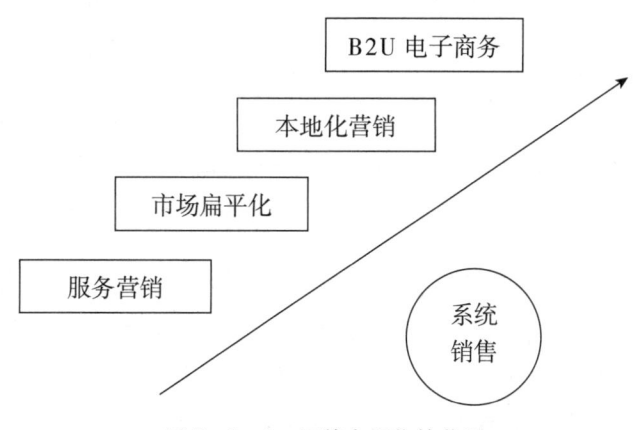

图 5-1-9　品牌市场化的蓝图

品牌市场化包括了企业主导的市场概念模式，既要保持潮流和新颖，满足最新的市场流行趋势，也要勇于创造新的市场模式，具有前瞻性和系统化。

一些典型的市场模式包括：服务营销（建立以售前、售中、售后"服务流"为主体的营销工作流程），市场扁平化（渠道下沉，以市、县等二级、三级、四级市场为中心的市场管理结构，市场开发和服务前置），本地化营销（切实以本地化经销为主体建立的营销网络），B2U电子商务（品牌对用户电子商务）等，品牌组织可适需根据产业特点、行业特征设计适用于自身优势的典型市场概念结构，鼓励创造新模式。

品牌创造的一种典型方式，是勇于创造全新的市场结构和营销模式，在过去若干年，在不同的市场领域，一些新锐的企业或管理（市场）研究人员创造了一系列前所未有的新兴模式，并使之成为品牌扩张的重点方法，如麦当劳最早创立的连锁经营模式、戴尔创立的无门店零售模式、中国白酒业曾创造的盘中盘模式、中国的小米手机创造的在线预售模式等。

品牌市场化的目的是最终完成系统销售，今天的市场已经不再依赖于某个销售人员或销售部门的销售方式，销售本身就是一个完整的系统，是企业全员参与的营销结构，品牌部门、市场部门、销售部门、客户部门等各部门通力合作的系统销售时代。

典型的系统销售是对整个网络进行了周密部署，分解成Facebook、Twitter、YouTube、搜索引擎竞价、在线游戏等不同的任务组，由专人专业分工、协同工作，将打电话、上门拜访、组织活动、募捐、新闻传播、视频制作等各环节有机组合，构建了系统性销售网络，每一种社交元素和任务系统都是为促进销售而努力的，我们不应忽视这些工作组所做出的杰出贡献。未来销售必须是由一组人、一个品牌组织整体分工协作、整合营销的综合结果，系统销售能力是未来对品牌销售能力做出评级的最主要因素。

5.1.4 品牌设计阶段（核运动）

品牌设计，见图5-1-10，通常是一个容易被忽视的重要阶段，最常见的弊病是企业仅仅将品牌市场行动的整体工作交付市场部门和营销部门负责，致使品牌的市场发展演变为仅仅只有市场（营销）部门某一个部门的工作，品牌组织中的其他部门，如研发、质量、生产、服务都与品牌彻底分离，最终使企业全员对品牌漠不关心，缺少了品牌链之间的紧密关联，人人不参与品牌贡献，也不对品牌负责。

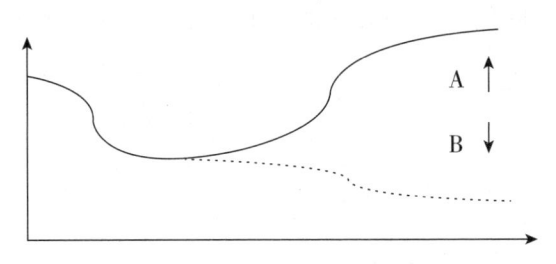

图5-1-10 品牌设计的作用

品牌新闻发布会举行以后，品牌正式进入了市场，但接下来品牌的关注度和影响力会进入一个下滑期，向B端下滑，如果企业不采取一定的措施，持续拉高品牌的影响力，没有大的品牌动作，品牌不会在市场中产生溢价，甚至多数品牌因此直接下滑一蹶不振。我们观察过许多品牌，都没有经过精心的品牌市场设计，导致品牌在进入市场后不久，就回到原来的产品性能比价、促销配销、折扣回报等极力取悦客户的销售局面，强势入市的品牌迅速演变为弱势销售，品牌效应失去光芒。

在B理论中，我们强调消费者的苛刻要求通常只会发生在中等能力的品牌企业中，处于C级、B级阶段的品牌，会处于激烈的市场竞争之中，为极力招揽客户从而放下身段，与产品、服务、销售政策等各个环节火拼。在同质化市场竞争环境中，这种糟糕的局面越显著，就使品牌越没有意义。我们在市场中观察发现，绝大部分新诞生的品牌就很容易滑入 B 端，甚至于品牌从此无从谈起，在新兴的创业型企业中，这一点需要特别注意。

最理想的情况是经由合理的品牌设计将发布后的品牌拉升到 A 端，持续增加产生品牌溢价。在实际的品牌经营中，品牌不仅仅是一种长期经营的结果，更重要的是——品牌是有效设计出的产物，由品牌负责长线发展，由短期的市场行动负责短线业务，长期目标与短期目标相结合，战略与实践协调一致，品牌才能产生其深远影响，并极大地促进短期销售等市场目标的达成，这是品牌设计核爆力被提上重要日程的主要原因。

5.1.4.1 品牌设计的核爆力原理

品牌设计的核爆力原理使用了品牌工具——波浪图来表达，见图 5-1-11。

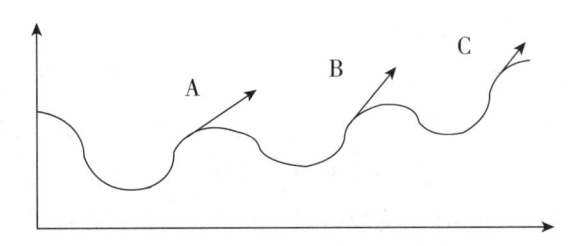

图 5-1-11 品牌设计核爆力原理

海潮定律（波浪图），是我们发明并用于进行品牌市场设计的一种工具，以明确品牌进入市场以后的多次市场拉升设计。

拉升战略在品牌进入市场以后的运营中起到至关重要的作用，通过有效科学的设计出一系列的品牌市场行动，不断将品牌组织内外的一切人员、财力、资源、品牌用户族群的注意力拉动到品牌上来，使品牌一次又一次持续产生足够强大的影响力，使品牌吸引大量的固定关注人群，并促使整个市场尽快全面接受品牌。

我们将这一过程称之为"品牌设计核爆力"，事实上这个品牌运作过程是我们之所以推出品牌核爆力的主因。即每三个月或每一段时间，品牌组织都应该全力以赴，设计一项足以影响整个目标市场的重大行动，通过大规模的品牌新闻预热和投放，通过将品牌组织的所有力量集中起来，轮番实施核爆发，对市场形成足以强大、震撼的影响力，快速突击进入市场，这种运动方式也称之为"核运动"，运动中的品牌组织将以其强大的能量快速占领市场主导进位。

在企业创立早期，品牌设计的核爆力几乎是唯一正确的品牌战术。为此，品牌组织在创立之日起，就应该明确这种核运动，整个品牌组织都应为之努力。而对应的是，整体品牌组织在早期需要机动作战，围绕更为快速的市场运作建立一系列敏捷管理方式，并采取一些特殊策略。

5.1.4.2 品牌市场设计能力

品牌设计能力体现为品牌波浪图中的波峰拉动设计，定时通过大规模、大影响力的品牌行动拉动吸引到市场对品牌的注意力。以往没有进行品牌设计的市场运动过程，品牌活动推出后，不久市场的注意力就会下滑，企业员工的积极性也会出现下滑和疲劳，一个太过于平静发展的公司，市场上的用户会感到绵软无力，员工会感到非常枯燥。

因而，必须每隔一段时间设计让人热血沸腾、激情澎湃、大胆创造的新鲜新颖活动，凝聚起所有人的力量，每一个波峰的推进，以及具体每一个品牌市场行动项目中的波峰拉升，都体现了高超的品牌设计水平，一波一波的波峰持续将一个品牌推向高速扩张、飞速发展的巅峰。而这样一个高度活跃的品牌组织，无疑在市场中精彩夺目，赚足所有人眼球的同时也超越常规高速运转，我们建议每个品牌市场行动项目时间为三个月，一轮一轮推向市场的核能量大爆发是所有人期待的荣耀与盛典，而梦幻式的品牌行动设计，将使品牌因此不再平凡，品牌将因此超越常规形成强大的品牌溢价能力。

品牌设计具体体现在一系列的市场行动和服务项目的设计上，这些行动的命名可能包括："蓝色风暴""绿盾计划""好货进万店""门票大礼包""万里送祝福""金扳手工程"等一系列规模大、影响力大、对市场冲击力大、感染力强的市场行动。但这些行动必须体现强势品牌风格，以大手笔、大气魄、大动静来运作，以往许多品牌的市场活动可能很多，但往往设计不当，主要是力度过小，影响力过弱，市场活动内容太过于普通，无法对市场形成强有力的震撼性的冲击力，市场活动也与企业的员工无法达成合力。

需要注意的是，管理活动、销售活动、公益活动都可以在品牌设计中淋漓尽致地体现，但需要企业通力执行，尽可能将活动覆盖到全员参与、全员行动，并以大规模高影响力的品牌市场行动带动各种社会资源的组合，将品牌带入更高一个层次的发展平台。一场全员并没有参与其中的品牌行动，注定是失败的。品牌领导人应给予品牌行动充分的授权，强调品牌行动的执行效率和执行效果。

商业赞助活动应该与品牌市场行动分开，品牌市场行动必须是以品牌运作为主体，以拉动品牌关注率为核心的一场行动，是整个品牌组织最重要的关键品牌核心运动。广告的投放也应尽量与品牌市场行动结合，以品牌行动为主打，对市场构成足够强烈的刺激，仅投放产品广告是不科学的，会陷入产品级竞争混战，起不到强势品牌溢价效应。

5.1.5 品牌再造（核冲击波）

每当一个已经存在的品牌开始出现市场老化，或者当一个已经运行成熟的品牌决心对市场重新洗牌时，品牌再造行动将发挥重大作用。企业启动的品牌再造行动再一次重新释放品牌组织的能量，重新激发所有人的信心，对市场划分的版图将重新界定，企业宣告进入第二次创业、第三次创业、第四次创业阶段……

品牌再造的核心是企业将决定重新执行 DID 阶段，品牌再造并不仅仅是重新设计一个名称、更换一个 LOGO、举办一个品牌新闻发布会那样简单，品牌再造的意义更加深刻，必须是对整个品牌组织从上到下、从内外到的一次深刻变革。

流程再造是整个品牌再造的核心，为适应全新的竞争需要，公司需要下定决心对产品线进行改造，对组织结构进行重新设计，对所有工作流程中不合理的环节进行重组，公司应着眼于更长远的未来，着眼于下一轮的管理进步，从而进行一番彻底的改造。

品牌再造的力度决定了品牌再造成功与否，品牌再造最大的对手、最难战胜的对手是自己，由于品牌组织经历多年发展，业务与职位、工作都趋于稳定，反对改变的声音是品牌再造中最大的阻力。企业如果不能经历品牌再造，将日渐老化，在运作体系、商业模式和生产制造与销售各方面低于整体市场运行效率，终被淘汰。

始终保持市场领先地位的国际品牌，不断通过品牌再造获得重生，这种再造随时进行，除了以前瞻判断和前沿科技保持先进地位，更应注重对产业链的重组再造，随时保持最新的最先进的姿态，组织内部和项目间的品牌再造同样处于不断进步之中，果断淘汰旧的技术、旧的思想、旧的方法是再造的一个重点内容。

企业经由品牌再造，当以全新的形象、姿态和市场进攻能力出现在市场中，通过全员努力，市场版图将重新划分，这是品牌组织实施品牌再造所要达到的首要目标。产品间的品牌再造也在不断进行，公司通过不断研发全新的产品以替换上一代产品，每一次产品的盛大发布都将意味着品牌又一次进行再造。

5.1.6 单品是品牌核爆力的重点

单品战略在品牌核爆力中显得尤为关键，世界上有许多品牌在市场进入时得益于单品所创造的销售奇迹，经由品牌再造的企业也应集中以单品大规模冲击市场，由此品牌组织也因此被称为超级工厂，完全以制造超级梦幻品牌产品而闻名世界。

福特T型车是最早创下销售奇迹的一个单品，1908年9月27日第一辆成品T型车诞生于密歇根州底特律市的皮科特（Piquette）工厂，福特T型车的面世使1908年成为工业史上具有重要意义的一年。T型车以其低廉的价格使汽车作为一种实用工具走入了寻常百姓之家，美国因此成了"车轮上的国度"。亨利·福特的数项革新发明为T型车创造了巨大的成功神话，1908年至1927年，T型车一度占据了世界汽车产量的半壁江山，为世界汽车工业带来了腾飞。

美国可口可乐、中国王老吉、苹果iPhone、AK47、星球大战、阿凡达、邦迪等刷新世界的销售纪录，都演绎了单品或单系列产品的传奇。单品的魅力是品牌组织可以集中全力研发一种梦幻产品，将力量集中于一款产品的全面营销，使一切资源集中，保证以最强的力量冲击市场。

许多企业，可能因涉足经营领域过多、产品类型和型号过多、产品线过多而导致资源过分分散，为了满足市场中不同需要的多样化经营战略通常会弱化品牌核心竞争能力，导致公司品牌在市场上表现乏力，缺少振奋人心的重量级产品出现，对市场无法构成足够强大的震撼性影响力，品牌的核爆能力严重不足。

即便已经存在多年的品牌，当品牌力处于弱势时，可选战略是果断实施品牌再造、变卖、停止非核心业务，削减人员，将精力集中在主营业务上来，经由品牌再造→强化单品能力→完成自身品牌史上的华丽转身。

5.1.7 品牌实践的执行力

品牌组织的实践需要极强的执行力，这取决于品牌组织领导人的决心和毅力，取决于品牌创始人对品牌自始至终的极力追求，以及不打折扣完美实施品牌战略的坚定风格。如果一个企业的最高领导人也没有魄力和强大的信心，企业没有严格实施品牌实践过程的执行，会出现震荡和曲折，而品牌也将最终沦为C级、B级品牌，无力进入A级品牌阶段。

精神比实力更为重要，品牌的精髓在于对组织灵魂的塑造，使品牌拥有前所未有的吸引力，吸引所有的杰出骨干人才加入品牌组织，吸引所有的品牌用户族群对一个品牌爆发出强烈的热情，这种精神动力驱使着品牌不断再造梦想，不断冲击更高的目标。

管理风格是品牌组织执行力的主要表达方式，即采取什么样的管理风格来实施品牌实践，依靠前景与梦想的驱动、依靠灵活自由的创造环境、依靠严格科学的管理方式、依靠品牌人对完美主义的苛刻追求……都可能成为成功的品牌组织所具有的典型管理风格。

品牌实践的执行力还在于对科学管理的深刻认知，每当企业的规模越大，管理标准化就成为管理的核心。企业越小，可能越依赖于营销增加业务；但当企业越大时，则越依赖于管理的作用。管理分析师是管理中最重要的一支管理支持力量，应用系统学和IT技术等实施的管理系统是品牌组织得以无极限发展的重要基因。

执行力不是靠人，靠的是各管理系统的有序自适应运转，是任何公司最终完成向强势品牌组织转变的唯一正确道路。任何没有科学管理作为保证的品牌化发展，终将因管理水平跟不上发展而导致惨痛失败。

5.1.8 强势品牌时代：强势入市

世界是强势品牌的时代，今天已不同于往日，只有强势品牌——更强的品牌，才能在市场中立足，迅速取得重大的品牌成就。

强势品牌组织会吸引、吸附全世界最核心的强势资源，吸引全世界的目光，在自适应的品牌传播过程中，取得先天优势，人们因熟悉这些品牌而大量增加消费可能，而强势品牌作为一种品牌消费欲望，对市场的吸引能力将大大增强，品牌溢价水平将使强势品牌获得前所未有的高回报。

强势品牌组织活用媒体效应，经由品牌新闻的大量投放，经由品牌产品的千锤百炼，经得起市场的验证，更容易取得市场成功，在大量减少漫无目的的高额品牌广告费用投放的同时，以最低营销成本占据市场制高点。有许多公司诸如Google、星巴克、苹果、奔驰、宝马、LV、海尔等品牌皆以强品牌传播能力取得巨大成功。

强势品牌组织也必将带动强企业文化的形成，强企业文化是一种企业的事业文化，即经由强势品牌，创造出"事业、事业心、干事业"的强烈文化环境，对人才的吸引和招揽才能起到重要作用，强势品牌组织的人员流动率通常是最低的，强企业文化所释放的强大核能量不仅聚拢了所有的人心，也将使品牌组织爆发出强烈的创造力，当每一个人的创造欲望被激发出来，强势品牌组织将会更强大。

现在就成为一个强势品牌组织，通过品牌创造或品牌再造，开始你的国际品牌梦想，或者重新焕发品牌梦想，以更强的姿态、更强的信心、更强的决定，开启你的品牌之战，品牌是你——是你的品牌组织所有人的荣耀，你的品牌——世界将因你而精彩！

第5.2章 品牌组织再造

对于一个已经长期存在多年的品牌而言，品牌老化每隔一段时间就会发生，而新的颠覆性品牌随时可能出现，多变的竞争时代，全球公司都在通过品牌再造的方式，重新焕发组织上下的创业热情，重新改写市场版图，因而品牌再造本质上是一个品牌组织的自我进步过程。每当一个品牌组织下定决心重新对品牌进行革新，一场声势浩大的品牌再造的运动就开始了。

5.2.1 品牌再造：品牌组织的自我进步

今天的全球竞争，面临大竞争、大危机、大挑战、大变局、大机遇的时代，群雄并立，烽烟四起，各国各大品牌之间混战不休，品牌再造与企业改革此起彼伏。并不是每一个企业的品牌再造都会取得成功，相反，只有少数公司的品牌再造会取得重大成功，多数品牌尽管积极改变，尝试各种改革，但不久就销声匿迹了，并不是只有小品牌会消失，全球大品牌同样存在破产消失的危机。

在长长的全球国际品牌阵亡名单上，我们可以看到摩托罗拉、诺基亚、康柏电脑、柯达、黑莓、悍马、萨博、大宇、泛美航空、读者文摘……

"推倒重来"是品牌再造最重要的战略决策，只有坚决否定自己，下定决心将一切推倒重来，才能使一个品牌组织彻底凤凰涅槃，浴火重生，不要留恋过去的已经成熟的市场和模式，不要放不下过去已有的储备，不要停留在已做的任何努力上，完全通盘否定自己，从头做起才会完成品牌的彻底再造。

"推倒重来"并不仅仅是一种决定，也是最重要的一种管理方法。中国的航天运载火箭事业以低失误率闻名世界，而俄罗斯航天事业经常发生重大事故或发射失败，这得益于钱学森为中国航天制定的"归零管理"，即在运载火箭研发试制中，如果发现失误偏差或偶然出现的问题，立即推倒重来，重头再做一遍，直到所有偏差消失，然后继续研发，再次遇到偏差或问题，再次推倒重来，继续重做一遍，如此反复推倒重来，直到所有问题和隐患消除。

软件研发中的BUG、汽车设计和制造中的缺陷、家电发生的售后服务问题，都存在类似的问题，没有推倒重来的决心和最佳管理方式，使产品带"病"推向市场。零缺陷率的前提是归零管理——推倒重来，一个强大的品牌组织进步过程，正是一次次推倒重来的自我否定、自我再造、自我进步。

品牌组织的再造过程并不是在原有基础上稍作改良，或者在现有战略基础上的大幅改进，更不是更换LOGO或产品型号。没有人会告诉你必须推倒重来，还有更多人会告诉你已经付出的努力可惜了，但如果没有推倒重来的决心，品牌组织的再造过程永远是不彻底的。

5.2.2 品牌崛起：创造式破坏

1912年，熊彼特提出"创造式破坏"——企业家精神。他认为创业是通过原生的、野生的、具有冒险精神的创造力，破坏旧的生产资料组合形式、旧的竞争秩序、旧的产品结构，从而诞生新的经济。熊彼特指出：企业家是一种稍纵即逝的现象，当一个企业家从事创造，他就是企业家；当他停止创造，他就不再是企业家。

美国上下信奉这一观点，于是美国的银行、天使投资人、投资公司、金融机构都是围绕新想法而建立的，整个美国都是围绕新想法、新梦想而建立的，美国的教育都是围绕创造力实施教育，从来没有人去压制任何天才的梦想，他们只有赞许、鼓励并投资于任何不可能实现的梦想，美国经济由此一跃成为世界第一，美国品牌、美国科技、美国文化成为全球之冠。

这个年轻的国家没有多少历史，于是美国人很少谈及历史，他们谈论更多的是未来。美国人思考的是未来的人类、未来的世界，他们憧憬未来并着眼于更久远的未来，于是科幻、超级畅想、天才梦想、概念产品、领先科技、先进技术在这个国家大量衍生，带动全球的追随者滚滚向前，每一个人都渴望改变世界，每一个人都坚信自己的梦想将引领世界潮流，每一个企业都从开张第一天起就认为自己是全球公司，业务将很快遍及世界各地。

相反，还有一种创业理论——柯兹纳主张，只要有利可图，稍作改良就是创业，发展中国家，如印度、中国主要遵循柯兹纳主张，抄袭复制或稍作改良的微创新成为创业经济的主流特征，知识产权的保护相当不理想以及糟糕的反垄断竞争环境,从而全面抑制了创造力的崛起,创造能力被严重削弱,即使些许的梦想也很快就会被现实主义瓦解,人们更多地谈及悠久的历史和眼前的现实,并以历史上的知识和过去的经验作为经济发展的生存取胜之道,"未来是什么?"却很少有人谈及。

我们必须正视这个问题,即深刻理解创造力产生的根源,国际品牌也好,企业的全球核心竞争力也好,必然来自于创造力——创造式破坏的力量是全球品牌经济形成的伟大基因,这也是品牌再造成功的最基础保障。

我们无须在意一个品牌因何而失败,就像我们没有必要去谈及中国的秦朝因何而灭亡,我们的注意力应集中在最基本的原点——品牌是如何崛起的,而品牌再造的过程,就是品牌一次次重新崛起的伟大裂变过程,只有以更快的速度自己对自己宣判死刑,品牌才能得以重新再造,品牌的成功必然是一次次再造一次次推倒重来一次次重新焕发蓬勃新姿的裂变之旅。只有这样,品牌才永远都是年轻的,对世界而言,品牌永远是新鲜,永远都是活力四射、充满朝气的。

5.2.3　品牌组织的再造

品牌的发展是以组织形态存在的,并非单纯的企业形态或公司,仅仅局限于企业内部的全员,品牌组织包括了品牌创始人、品牌组织者(品牌领导人、品牌官、品牌顾问、品牌组织骨干、品牌组织员工)、品牌经营者(品牌经销商、品牌服务商)、品牌供应链、品牌用户族群五种典型组织成员,它是一个由内向外无限扩大的组织。

今天和未来的品牌组织形态变得日益复杂、抽象和动态化,连接的形式五花八门,跨越了传统渠道、人员接触、人际网络、互联网、移动媒体、社会网络,已经不再是传统的金字塔式组织结构所能左右的了。

企业在发展品牌的过程中必须深刻理解品牌组织的重要性,只有品牌所涉及的所有人员资源都被有效组织起来,才能发挥最大效应。品牌组织的结构并不是人们一般理解中的企业金字塔式的垂直组织结构,品牌组织在组成结构上更像一个足球场或枪靶,以品牌创始人或品牌领导人为核心,呈圆心状向外扩散,于是这就产生了"战略层—执行层—作业层"的层级组织结构。

组织学一直以来是一个深刻的话题,比"公司制"显得更为引人深思,这主要取决于品牌组织并不等于企业,品牌组织是"扩大的公司结构",是一个围绕品牌被组织起来的"公司+经销商+供应链+用户"的组织形式,而企业文化则隶属于组织发展学的内容,是企业中的组织文化、事业文化,都是由内向外、覆盖并连接内部与外部,直到全部品牌利益相关者权益被扩大的组织形态。

因此我们在提到品牌组织时,表示品牌是以组织形式存在的,包括了内外组织链所连接的一切结构性网络,而"企业"则指"有限公司"——企业的特定法律形式,很显然,品牌组织是远远大于企业形式的,而企业并不一定代表品牌也不一定拥有品牌。多数情况下,人们以"公司"或"企业"来代表品牌是不科学的,这种说法忽视了品牌在全社会的存在价值和意义,品牌既属于一种经济形态,也属于一系列的企业集合所共同拥有,也是一种社会经济的未来集合走向,有数以千计的法人有限公司可能从属于一个"品牌",而"品牌"也是一个国家的战略经济资产,属于全球公民所共同享有的一种特定经济形态,因而"品牌组织"所存在的特定价值意义要远比"有限公司"大得多。

我们还应注意到,品牌组织的再造也是组织专业化和敏捷机动能力进行大规模提升的一个重要时刻,由于长久固定日复一日重复枯燥的工作,品牌组织的员工热情和创造力老化速度加快,公司

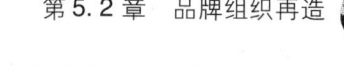

将面临员工鲜活度下降和创造力枯竭的危机,因而品牌组织需要将组织活力激发和员工创造力的全面释放在一个核心位置上。企业需要创造更科学的敏捷机制来完成这一再造过程。

我们坚信每一个员工都是创造体,而一个品牌组织就是创造力集结的创造体,只有不断地创造——不断从组织内部大量实施创造式破坏行为,组织再造才会更加完美,肌体的再造促进整体的再造,让整个品牌组织焕发青春朝气,品牌组织将因此与时俱进,以其年轻鲜活的旺盛生命力始终保持全球竞争优势。

5.2.3.1 从领导力到领导层

以往的领导学研究,侧重于领导力的实现,领导力是品牌领导个别的领导能力。但相对于品牌组织而言,则必须使用新的概念——领导层,即领导是以层级形式存在的,所有的领导工作是一个整体。

我们有必要区分领导和管理的不同,以便深刻考察领导层的出现对品牌组织所产生的深刻变化。领导是用思想意识、观念来引导人,领导所给出的是方向,而管理则使用具体的管理方法,公司从上到下的领导意识、领导风格决定了整个品牌组织的走向,领导层支持什么、鼓励什么、倡导什么成为整个公司前进的方向,这并非公司某个领导的单一喜好,而是整个品牌组织一致性的领导环境。非领导层建设的组织,公司内部可能许多不一致,甚至出现前后矛盾、上下不一的领导意识,从而导致组织内部处于矛盾与对立之中,至于公司内部形成的对抗性非正式组织,则是瓦解公司努力、造成糟糕混乱管理局面和巨大内耗的主因。

我们将公司分为领导层、管理层、作业层三个主要层次,与以往相比,领导层、管理层和作业层的工作内容将发生一些变化,领导层是指担任领导职务,以领导方式为主要工作内容的成员,包括临时授予领导职责的管理活动或市场活动组织者,在被临时授权时也担任了领导职责;而管理层则是具体从事管理工作内容的成员,诸如管理经销商、管理生产物料记录,其主要工作内容以管理为主,管理具体化的工作事项;作业层则从事基本的工作内容,按公司人要求从事具体化的工序或工作步骤。

公司应将重点放在领导层和管理层的具体分工不同上,注意区别领导和管理工作,以避免领导不足和管理过度。领导重在起到引导、指导、协调的作用,侧重于意识上的导向,激活组织活力和效率;管理则重点起到具体执行作用,按要求完成执行的工作,侧重于微观的行为方式,优质高效地完成任务分工。

品牌组织领导层的整体意识培养,对整体的品牌化认识和贯彻主要是通过领导层来完成的,领导层也是品牌骨干的中坚力量,整体品牌组织的高速高效发展,主要依赖领导层的统一意识、统一倡导与统一行动。一支思想、意识、行动高度统一性的品牌组织领导层是品牌取得非凡成就的基本保证,反之,领导层意识的溃散、散漫,或内部时时存在的矛盾与对立则是品牌组织最大的危机。

5.2.3.2 品牌集群

全球品牌竞争格局具有非常明显的品牌集群特点,全球品牌均为专业品牌,每一个集群品牌由若干个单品品牌组成,大而全的跨领域品牌极其罕见。

为满足深耕不同市场或不同层次的用户需求,品牌组织发展到一定程度,会分解为若干种不同产品部门组成的事业群,或由不同子品牌组成的品牌集群组成。品牌组织的再造,通常会放在组织机构或品牌集群的调整上,鉴于今后的市场将越来越专业化,专业品牌必然增多,每一个专业品牌将专攻一个专业级市场并占据领导地位,品牌集群化的大型品牌组织将会越来越多。

专业品牌的重点应放在创造新的专业级市场上，解决一个核心问题，例如同为洗发水市场，宝洁公司的海飞丝用于解决头屑问题，飘柔用于解决头发柔顺体现自信优雅的形象问题。微软的产品则包含了网页浏览器（Internet Explorer）、计算机操作系统（Windows）、办公软件（Microsoft Office）、多媒体播放软件（Windows Media Player），Office又包含了Word（文档处理工具）、Excel（表格处理工具）、Powerpoint（演示处理工具）等。

在对全球品牌的观察中可以发现：苹果、可口可乐、宝洁、丰田、联合利华、强生等，均由不同的品牌组成企业品牌集群。

苹果的品牌集群包括：iPhone、iPad、iPod、iTunes；可口可乐的品牌集群包括：可口可乐、雪碧、醒目、芬达、美汁源；谷歌的品牌集群包括：Gmail、Blogger、Chrome、Panoramio；麦当劳的品牌集群包括：吉士汉堡、巨无霸、麦趣饭、McCafe；英特尔的品牌集群包括：Solo、Core、Pentium、Celeron、Atom；丰田的品牌集群包括：丰田、雷克萨斯、大发、赛恩、皇冠；奔驰的品牌集群包括：梅赛德斯-奔驰、迈巴赫、斯马特、AMG；吉列的品牌集群包括：速三、超级感应、威锋、飞鹰、犀牛；LV旗下品牌包括轩尼诗、纪梵希、CD、玉宝、豪华、茨尼特、迪奥、娇兰、丝芙兰、先力表等。

5.2.3.3 网状组织的形成

从最早阿莫金形成的人际网络开始，世界上最早的秩序网诞生，公元前5世纪~公元1世纪，欧洲大陆上最多时同时拥有几百个凯尔特国家，覆盖了爱尔兰、英伦和高卢，每一个国家都有一名德鲁伊，所有的德鲁伊连接起来构成了人类最早的以人际网络连接的秩序网络。中国则在公司前三世纪建立了世界上最早的路网，由秦驰道和秦直道组成，公元前2世纪建立的从长安出发，通往整个欧洲的贸易网——丝绸之路是世界上延续历史时代最长、影响力最大的跨国贸易路网。

美国南北战争时期，美国大陆上发展速度最快的是铁路网和电报网，1867年美国人约瑟夫·格利登发明有刺铁丝网。整个美国就是建立在网状组织的思维方式上，系统和网络是美国科技与经济发展最典型的组织思想。随着广播网、电视网、互联网、移动通信网、社交网、物联网、数字网的全速发展，人类快速步入了21世纪的网络时代。

而网络组织的飞速形成以及现代互联网对人类产生的深刻变化，又反过来促进拥有卓越远见的企业领导人将目光放在网络化变革之上，将组织网络形态回归到人类早期的网络变迁史，回归到以人际网络连接为特征的网状组织形态，积极创造新型的网状组织。而大部分的企业领导人还可能仅仅停留在互联网及移动互联网、物流网的思维基础上，被美国网状组织带动，并被迫使用网状组织思维。

从早期的秩序网开始，到网状组织的深刻变革，都意味着品牌组织必须有一个强有力的品牌领导核心，聚拢和吸引所有的品牌骨干（那些对品牌热衷并高度信任的人），然后带动所有的品牌爱好者和对品牌感兴趣的人。

我们可以清楚的事实是，品牌组织对内对外的连接则是以更复杂的网状组织结构形态存在，以柔性组织形态存在，无限进行立体化网状连接，组织的任何一个环节都可能产生品牌溢价，也可能接触并吸引到新的品牌用户。

5.2.3.4 立体指挥链

我们现在需要认真考察的是另一个深刻的话题——品牌组织的立体指挥链，这一点可以通过大自然的食物链以及现代军事指挥系统来得到验证。

食物链是一组相互捕食、相互寄生、相互依存的自然生态系统，例如青草→野兔→狐狸→狼，或者禾谷类植物→昆虫→食虫鸟→鹰，或者小藻类→虾（蟹）→鱼→食鱼的鸟类，更多更复杂的食物链组合起来构成了大自然的自适应生态秩序网，对食物链构成破坏，如捕杀某种野兽，一直以来被认为是对大自然有序生态环境的破坏式犯罪。

军事指挥系统在现代军事中显得尤为突出，如陆基导弹系统、防御导弹系统、空中打击系统、海陆空立体联合作战系统等，通过一组指挥链将空中、地面、海洋上存在的各种卫星、雷达、侦察机、战斗机、自行火炮、装甲运兵车、航空母舰、驱逐舰、潜艇等连接起来，形成有序运转、协同作战的整体战斗系统，每一件武器、每一个人、每一个打击目标、每一个作战单元都可以根据作战指令单独行动，又从属于整体作战指挥系统中不可分割的有机作战单元。

从食物链和军事指挥链的观察中我们可以发现，品牌组织不仅是以网状形态存在的，且品牌组织的骨干网则是更加高度发达、统一协调、高速高效运转的品牌指挥链，特别是当一个品牌组织在进行大规模重组时，品牌指挥链将发挥至关重要的快速指挥协同作用。

品牌移动管理系统、品牌营销行动指挥系统的部署是现代品牌组织要保持高速运转时必须开展的市场竞争机动作战能力系统，通过指挥协调遍布全球不同城市、陆地、海洋的不同组织分支单位和管理作业人员，品牌组织将具有高速反应的机动作战能力，例如快递公司建立的以卫星扫描快件追踪系统、海洋或地震网监测系统、石油危险品物流运输系统、卫生或城市管理现场执法系统等，都大量应用了指挥链作为主要管理方式，未来的大规模现代企业管理和市场行动将会通过更多的使用IT和移动技术系统来进行部署。

5.2.4 品牌组织的价值观与价值创造

价值观是品牌组织秩序的核心，是整个品牌组织及其成员对各种价值的识别判断能力，价值观的形成依赖于价值创造，品牌组织的管理秩序高于企业社会秩序治理，各种企业不应受到各种社会问题、社会现象、社会矛盾的影响，从而形成独立的、有意义的、领先的、积极的、有条理的、系统的价值观。

我们将价值观分解为价值判断、价值感知、价值观念三个价值观系统，作为价值管理秩序，以帮助品牌组织有效理解并应用价值观系统。品牌组织群体整体对未来的看法、品牌组织个体成员的学习、成长、进步与成就都必须统一协调起来。价值观系统是完成引导员工工作态度、工作责任、情绪与压力的管理秩序。品牌组织价值观系统示意见图5-2-1。

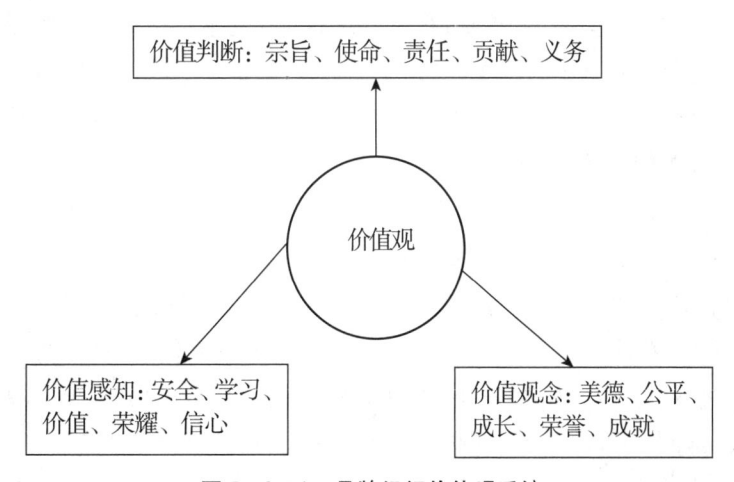

图5-2-1 品牌组织价值观系统

品牌组织的价值观系统具体表示如下：

价值判断：宗旨、使命、责任、贡献、义务；

价值感知：安全、学习、价值、荣耀、信心；

价值观念：美德、公平、成长、荣誉、成就。

价值判断是对一个品牌组织及其成员如何明确判断价值观念的要求，价值判断包括了组织的宗旨、使命，这两者是构成品牌组织价值认定的主体；责任、贡献与义务强调了责任的承担，既是品牌组织的精神素养，也是问责和判责的依据，贡献是品牌组织所倡导的重要意识，品牌组织成员的贡献与回报必须是对等的，义务强调了品牌组织中所应履行的基本职责。

价值感知是组织力的体现，也是品牌组织成员加入或成为骨干成员所需要的必备要求，首先是基于心理和行为安全的需求，其次是满足学习进步的需求；价值是个人价值的体现方式以及品牌组织对价值的判定逻辑；荣耀是品牌组织成员所能获得的一种群体感应，他认为在一个品牌组织中是幸福的、快乐的，是光彩光荣的；信心是品牌组织赋予的意志和精神感受，是个体自信与组织信心的完美结合。

价值观念是品牌组织所须根植的主要意识观念和所能够达到的组织环境。品牌组织崇尚并引导成员拥有哪些美德，是否致力于建设公平竞争的环境，在各方面体现公平性；个体的成长是否与组织成长一致，每个成员在组织中得到成长的动力、鼓励什么样的实质性进步；成员能够获得哪些荣誉，而品牌组织的荣誉系统是如何设计的；当成员参与到一个品牌组织，如何实现成功与成就，成功是完成每一个项目或工作的喜悦感，而成就则是品牌组织群体或个体在参与组织过程中取得的重大成绩，品牌组织鼓励什么样的成就获得方式和结果。

价值观的创造是运行秩序与道德意识的双重结果，也是品牌组织与个体之间的群体互动，经由合理、完善的价值观系统创造的品牌组织秩序，企业将能够进步为更加完美、更加理性、更具有吸引力的理想品牌组织，并发挥强大的品牌组织力作用。

5.2.5 品牌组织管理秩序

品牌组织的管理秩序机制包括管理秩序结构、群体决策系统、管理进度系统、管理报告系统、委员会设立、品牌宣言、管理现场、组织契约、学习进步计划、成长晋升计划、组织联盟等具体内容。

管理秩序结构与以往意义上的组织结构有极大的不同，也不是以职位和职责为基础的直线管理结构。管理秩序结构包括品牌骨干和成员的角色、地位、荣誉、规模、人际网络链设计，包含企业内部、外部一切有关品牌组织的正式、非正式角色等一致性统一结构，是产生品牌组织有效管理秩序体并发挥组织活性和组织力的结构性战略产物。

品牌群体决策系统是以管理秩序结构，强调各环节的群体参与、群体决策、群体行动指导和引导的结构性方案。在品牌组织中，群体决策的参与规模、参与数量、参与程度相当关键，也是解决"我们和他们"这个群体分裂问题的重要方式，无论从新产品的款式、颜色还是产品的未来构思、售后服务系统、品牌活动的设计，只有让更多的相关或非相关品牌爱好者极力参与进来，每个人的意见、建议、声音才会转化为"我们共同的劳动成果"——这个产品是我们一起制定的、这个方案是我们一起设计的，群体决策将一切可能的社会人口转化为品牌组织的坚定支持者。

品牌管理进度系统是品牌组织推进各种管理项目、管理活动、市场收益和市场活动的秩序核心结构，品牌组织将各项管理任务详细分解成项目组、指标项、考核方案，通过设计进度办公室及各层级的进度管理员，来协调各方面工作进展，进度管理是品牌组织的重要业务推进和业绩成效管理手段。

品牌管理报告系统是以研究报告、事实报告、管理现场报告等为主题报告系统，明确了向谁报告、如何报告、侧重于哪方面管理，如何提升管理水平和效率的管理方法等问题。而品牌标准化纠错报告等报告系统则起到组织发展校正的作用。

委员会设立在品牌组织中占有重要位置，通过设计不同的专业委员会来制定、协调、督导各项管理内容，有效提升品牌组织的管理水平，防止管理失误和管理失控、管理损失出现。例如设计高层次的质量审查委员会，专门负责各种工作质量、采购质量的整体审查，将有效提升工作质量与效率水平，在反采购腐败中有效防止各种采购出现不必要的经济损失。

品牌宣言是品牌组织向全球发布品牌、推进品牌时的一种重要宣言，也是向公司内外如供应链、全社会公示品牌组织宗旨、使命、纲领等新秩序的一项重要文件，至少品牌战略层、品牌技术层、品牌执行层必须向品牌宣言宣誓，品牌成员应自主选择向品牌宣言宣誓，宣誓是一种重要的仪式，是履行品牌责任和义务的重要意志力、自控力和道德保障。

管理现场的管理，是品牌组织重要的管理内容，一切管理问题只会发生在管理现场，无论工厂、办公室、经销网点还是对客户进行售后服务的现场，都称之为管理现场，品牌组织应相当注重管理现场的科学管理研究，管理现场报告是最重要的管理改进方式。

组织契约是品牌组织集体与成员之间约定俗成的一系列契约关系，包括了文件契约与意识契约。文件契约是以合同、协议、公告、规章等明确的法律文件或有形文件形成的契约关系，意识契约是以观念、意识形态形成的一种品德和价值观契约。

5.2.6　品牌组织的事业文化

与以往的企业文化有不同之处，品牌组织的企业文化本身是一种品牌化的组织事业文化。

首先，是品牌化，这是以明确的品牌为中心的品牌文化，并不是单纯意义上的企业文化，品牌文化对企业内部、外部都产生巨大的、积极的文化辐射和影响作用，以品牌组织管理秩序的价值观系统和管理秩序机制为主干，形成特有的品牌意识形态文化，甚至建立起强大的特有的品牌文明。

其次，品牌组织的企业文化是明确的品牌组织文化，它是被组织起来的文化力量，是一种集体性的、整体性的、系统性的完整而独特的文化。组织工作本身就是新秩序的建立、形成、再造与扩散。

最后，它是事业文化，是事业心、干事业，是以事业的形成、扩大和发展为主体的文化形态，有明确的、积极的、主动的、阳光的、成就的、荣誉的文化感知作用，它是人们对远大事业的梦想和希望，能凝聚起所有人的精神、热情、意志、力量和贡献。

综上所述，品牌组织的企业文化早已脱胎于以往旧式的企业文化，从而形成独有的，且对品牌组织的发展起到巨大推动力的文化形态，甚至是一种全新的品牌文明。品牌文明所产生的魅力、感染力、传播力、影响力将把品牌组织的蓬勃发展推向一个全球性的伟大的历史高度。

5.2.6.1　企业文化抗力对品牌组织的破坏

品牌组织的企业文化首先要研究的重点是文化抗力，即什么样的文化会被哪些人接受，不要试图一种文化能够让所有人都接受，这是极其错误的，全球拥有不同的宗教信仰、社会意识和个体好恶，一个品牌的文化通常只可能是一部分人接受，而另一部分则反对。

即便一家企业内部的企业文化也是一样的，文化抵触随时发生，抵触就表现为工作懈怠、抵抗问责、反对意见等，抗力的存在使企业文化无力发挥企业高层所能期待的文化效应，而企业抗力的存在也无法让一个企业的文化升格为品牌组织的企业文化，甚至无法成为品牌组织文化。

品牌组织需要切实研究文化抗力，找准自己的品牌用户群体和员工文化属性，这是使品牌能够在一定群体中形成流行时尚并最大限度地保证员工全员发挥企业组织活力的重要因素。

这就如同物理中"力"的作用，摩擦力会大大减缓并削弱力的效果和作用，而企业文化抗力正是品牌组织的企业文化中所存在的巨大摩擦力，加强对企业文化抗力的研究和重视有助于发挥品牌组织力，并形成品牌组织的独有文化。

5.2.6.2 从约束理论至激励理论

约束理论是以"约束"因素为主体进行管理设计的主要管理方式，但在企业文化表现上，"约束"可能会形成鞭策管理、惩罚管理等以意识或行为强加所代表的管理风格，"禁止""严禁""不许"等字样会在管理规章、文件条文中经常出现。

与以往的情况不同，Y世代（"80后"及"90后"）更加注重自由、理想化、减压放松、虚拟真实等思维意识形态，会极力保护自己避免受到压力的阻碍，也极力寻找更加理想化的生活方式，如果在这种情况下仍然使用约束理论作为企业文化管理方式，会造成不可避免的文化抗力，甚至引发非常严重的管理事故发生。

学习进步计划、晋升激励计划和品牌荣誉系统的设计，是建立有效激励的主要措施，分别满足了品牌组织学习、锻炼、成长的需要，满足公平竞争、合理晋升、增加薪酬、获得正能量的机会，以及通过品牌荣誉系统完成个体和群体性的价值观体现与证明、承认。

合理设计激励系统是品牌组织的企业文化所应具备的基本文化管理能力，完整并系统的激励系统才能够满足品牌组织的个体成员在品牌组织中所起的重要作用，将价值体现、价值创造与价值承认、价值回报对等起来，这才是21世纪及今后未来企业的重要文化变革方向。

5.2.7 品牌组织的行动者网络

行动者网络是品牌组织中形成和扩大品牌文化效应的重要支柱，是动态的、行动的、积极的、主动的行动与支援网络，是品牌组织企业内外各种骨干支持力量的全面集结。

品牌组织积极开展各项行动，并有效管理这些行动项目，通过企业内部外部的品牌骨干和积极行动者——行动起来，达成品牌组织的快速发展、快速扩张、快速成就的目的。

品牌行动者网络是现代人际网络社交关系中的重要支柱，除了互联网上的社会网络形态，线下也存在更大范围的人际社会网络，人与人之间的互动、鼓励、推荐与价值观传播，使行动支援构成了品牌组织活性的、活动的、不间断的活跃环境与氛围。

品牌行动者网络是充分应用网状组织结构和成员个体社会关系，从而发挥品牌组织效应的现代管理方式，应被纳入到品牌组织重要的研究方向和管理实施方向，让所有品牌关联者高度互动起来，就是品牌行动者网络所产生并发展的重要目的。

品牌行动者网络由品牌组织统一指挥，品牌组织在品牌行动者网络中发挥战略指挥、协调作用，并全面应用互联网、移动互联网、电子商务、新媒体等多种形态，为品牌组织做出重要的品牌广域传播、品牌用户族群建立及系统销售作用。

5.2.8 品牌敏捷组织再造

敏捷组织是围绕企业创立早期而特别设立的组织形式，和成熟稳定的品牌组织结构有极大不同。敏捷组织要求公司全员处于快速机动状态，要求对市场进行快速反应，组织的一切目标都是围绕企业初创早期的快速市场运作而建立的。

敏捷组织更类似于一支快速机动作战的部队，由一个指挥协调中心、快速机动的部门、快速反应的人员组成。敏捷组织的领导人和骨干应当相当精干，避免烦琐的业务流程、省去一切不必要的繁杂环节，将人员缩编至少有的几个部门，如品牌传播中心、研发部、市场部、销售部等。

其中，品牌部门负责总体实施品牌设计，其主要任务是完成早期的市场标准化和大规模的品牌传播，该部门可以独立或外包，应高于其他部门的层级结构，保障其独立快速运转特征，最好由公司最高层直接挂帅，或直接向最高领导人汇报工作。

公司中还应有一个特别设立的市场进度控制办公室和相应职位，以指挥和调控公司创立早期的各项市场任务目标，按项目制分解并落实各项工作任务，及时布控、收集并督导各项目进度，全速加快市场推进速度。

品牌进入市场后，企业早期可能需要加快推动市场销售业务，因此对市场销售人员的管理则成为重点，建议使用大批招聘滚动淘汰的方式，每月淘汰市场开发能力不强的市场销售人员，补充新人，以保留并激发一支高效率高速开拓市场的精英队伍，培育优秀骨干人才，作为日后的市场销售骨架。

在企业初创早期，设立首席培训官是非常有必要的，以品牌标准化为中心的培训在公司早期相当重要。早期市场开拓不力的主要因素是培训不到位所造成的，市场销售人员没有良好的市场开拓方法，各部门管理人员对品牌管理的标准化没有深刻认识，以后新进入的人员对品牌没有产生热情和信仰，都会导致企业早期的业务萎靡不振。

5.2.9 品牌文明形态

优秀的品牌组织会最终形成其特有、强大、固定的品牌文化形态，其品牌形象、品牌元素、品牌特征将形成独立的一系列潮流文化。

20世纪以来，许多品牌通过实施一系列的品牌文化创造和再造，形成了独有的、非常有特点且非常容易识别的独立文化形态，并因此衍生了21世纪高速发展的文化创意产业。

文化作为品牌，甚至文化创造本身作为品牌的情况将在21世纪大量涌现，品牌文明已经作为世界多元文明中的一种主流文明创造表达形式，活跃在人类史的进步中。

实体的品牌文明是创造一种生活方式、工作方式、人生乐趣，甚至这种方式或乐趣形成一系列的文明形态和潮流。

21世纪的品牌文明还将主要形成一种特有的虚拟现实文明——另一个地球，即与现代的现实的生活方式可能完全不一样的文明形成，而文明中的仪式典礼、建筑物、主人公、特定形象元素、造型外观商讨、生活环境、生活方式、意识形态等都是创造性的，是地球文明中原本可能没有的一系列新文明。

电影、动画、小说、游戏、主题公园等文化创意产品会大量制造出这些全新的品牌文明形态，而原有的实体品牌也将吸收这些文化元素，创造出新的品牌文明，"虚拟+现实"组成的"虚拟现实"将是21世纪孕育崭新品牌文明形态的主要实现方式，也是全球年青一代新生品牌用户群体的共同需求趋势——年青一代希望逃离现实生活的压力，从虚幻的精神世界中找到自己的存在。

第5.3章 品牌管理系统再造

品牌是需要进行总体设计的一种复杂的系统工程，品牌管理系统化再造是品牌组织在管理技术上的突破，也是品牌运用系统管理水平将企业品牌升级到品牌生态组织状态，运用品牌三元秩序层结构成熟稳定地发展品牌，并保持品牌长远生态要持续性发展的问题。

5.3.1 品牌战略级的管理再造

品牌战略层面的再造是从品牌长远治理思想和治理结构出发，结合中长期发展战略所采取的重要管理再造过程，使品牌管理系统足以支撑未来很长一段时期品牌运行所需要的战略结构。品牌战略性再造取决于三点重要思想：核心梦幻产品的推出；强大的品牌自信；专注于梦想和研发。

企业家的远见周期通常是10~30年，同样，品牌再造的周期是10~30年，但这个品牌再造周期并不是指品牌经历10~30年发展后必须进行品牌再造。品牌再造的周期专指对未来梦想的10~30年，即接下来主推的核心产品能否比现有同类竞争品牌产品流行趋势提前10~30年，由此推出下一代核心梦幻产品，颠覆整个产业产品形态。

苹果的缔造者乔布斯在第一次推出电脑产品时对投资者说，我们要推出的是下一个流行趋势，我们考虑的是什么能够改变电脑业。乔布斯在推出智能手机后，摩托罗拉、诺基亚等移动通信业巨头应声倒下。曾经开创移动通信业的摩托罗拉、诺基亚并非没有创造力，而是当任何一个品牌在推出核心梦幻产品后，强大的破坏式创造力会使原有的产业生态瞬间土崩瓦解。

柯达因误判数字影像时代的到来，坚持胶片技术而导致瞬间解体。曾经每年生产3000辆重型卡车的中国陕西汽车集团，在完成品牌再造以后，打造黄金供应链，密集布局销售战役，隆重推出超值版F3000重卡产品，引发市场轰动，销量一举突破年10万辆"重型卡车"，攻入中国"重型卡车"市场第一阵营。

强大的品牌自信来自于品牌创始人改变世界的梦想，而品牌创始人的战略布局决定了品牌的最终成就，强大的信心为品牌再造创造着奇迹，而更多取得非凡成就的国际品牌则坚定地认为——我就是世界第一，制造世界上最先进的、最好的产品。

正如迪拜的缔造者拉希德·本·赛义德·马克图姆酋长坚信"人类只会记住第一个登上月球的人"，以其不可思议的狂想制造了梦幻城市——迪拜的繁荣。

Google开业之时，在位于加州的一栋二层楼房顶上，用一块白色旧床单做成的横幅，打出："Google——The Next Generation of Search Engine"（下一代搜索引擎），写着"Grand Opening""隆重开业"的字样，引发的是业界嘲笑。Facebook创始人马克·扎克伯格在出席活动时喊出的第一个口号是——"我们改变世界，我们改变宇宙。"

霍华德·休斯的梦想依次是拍摄世界上最宏大的电影、制造世界上最快的飞机、制造世界上最大的飞机，并最终在 1966 年，其旗下的公司用创造性的研究技术将无人驾驶的宇宙飞行器送上了月球，从此拉开了人类登月这一宏伟计划的序幕。IBM 从创立之初，老沃森就将公司命名为——国际商业机器公司，奠定了 IBM 的世界格局。

当我们依次研究取得非凡成就的国际品牌，我们会发现品牌的成就并非偶然，这些品牌始终专注于梦想，始终专注于研发，他们以科学管理——科学的思想方式不断实施品牌再造，研究世界上最先进、最好的管理技术——并将此用于品牌组织的高速成长和日益庞大的规模性发展中。

国际品牌通常将研发放在首位，纷纷设立实验室、研究中心，甚至于有些国际品牌诸如杜邦、杜比音响、飞利浦、强生公司、贝尔实验室等，都以研发作为整个品牌发展的核心，专注于各项核心技术的攻关与研发。为研究下一代电动汽车，全日本汽车公司的汽车电池研究人员被集中起来，研发下一代汽车电池技术，共享研究信息。

知识经济的时代，知识的创造力是最大的财富，研发将比以往任何时候都能产生最强大的创造性破坏力。相反，投资者过去相当青睐的商业模式，将在未来越来越显得微不足道，没有独立研发核心技术的企业或产业，将永远被排挤于全球一流竞争阵营之外。而国际品牌部署的全球研发中心，通常也分为四个等级，一级二级核心研发通常只会在本国进行，第三级、第四级应用及周边全球研究中心则设于世界各地，实施本地化差异研究或外围研发。

未来企业将大量以协同企业存在，每一个注重研发的国际品牌都专注于自身的核心研究，专业于自己所在的领域，例如许多核心部件都由世界上最专业的公司来完成研发制造，战略协同。手机和家电的各项技术也可能来自于不同的专业研发公司，各专业公司通过协同管理，以协同企业的形式联合竞争，不参与协同的综合性企业将因多项核心技术能力不强最终被淘汰出局。

未来全球竞争中，每个产业都可能出现 1000 强，即 1000 个专业而细分的企业发展为顶级的国际品牌，专攻不同的专业级市场领域，大而综合的多元化经营企业将因产品线过多、研发能力弱被动参与竞争并很容易导致失败，只有当一个专业级市场领域没有专业级品牌时，大而综合的公司才有机会存活。

5.3.1.1 管理进步的力量：管理专业化

明日管理，是管理专业化的时代，也是全球管理学发展最重要的一支进步领导力量。

今天的管理学已经发生了深刻变化，现代管理是科学与管理的完美融合，艺术在管理中所扮演的角色微乎其微，管理学是面向未来的一门科学，管理学内容并不是解决过去遗留、现在发生的问题，管理学更重要的意义是建立自适应的管理规则，着眼于更长远的未来，进行科学设计、颠覆式创造、专业化实施，根据对未来管理发展和市场前沿竞争的预判，使公司的管理水平领先一步，适应未来很长一段时期的管理进步。

在现代管理和未来管理中，人工智能、人体工学、意识上传、新材料发明、太空探索、无人系统、工业萃取、服务智能、敏捷制造、计算机系统、星际互联网、未来物联网、可信电子商务、数字网、传感网等未来科技都在改变今天和未来的管理方式和管理内容。

管理专业化包括了管理科学化、管理系统化、管理知识化、管理网络化和管理职业化五方面的内容。管理专业化是对管理学的科学研究、流程设计、动态知识管理、网状组织发展到人才和资源建设，提出了更高的前瞻性要求，全球公司管理水平的提高将越来越依赖于管理专业化的快速进步。

品牌标准化是"品牌＋管理标准化"，我们在这里将管理专业化所涉及的五个内容，以品牌科学化、品牌系统化、品牌知识化、品牌网络化和品牌骨干人才集中起来进行表述，他们分别代表着管理专业化的五个内容，既是品牌组织的重要管理支柱，体现了管理进步的水平，也是以"品牌"为龙头所实施的企业管理变革方向。

5.3.1.2 管理专业化：品牌学的未来

管理专业化要解决：什么是最先进的、什么是最完美的、什么是最有差异的、什么能代表管理水平四个问题。

品牌经由惊人的梦想出发，每当品牌梦想被孕育，接下来就需要过硬的管理专业化过程完成品牌的创造或再造，最终实现巨大的品牌成就，否则再伟大的梦想、再好的期望、更多的投资，都将付诸流水，变成惨痛或消逝的记忆。

什么是最先进的、最发达的？这是品牌管理首先要考虑的问题，为了完成品牌组织的高速扩张成长，为了管理日益庞大的品牌组织，企业必须将组织规模性管理放在首位，编制发展大纲，提前设计管理系统，为即将来到的规模扩张化管理做好一切管理准备，只有先进、科学、发达的管理基础能够满足超常规的发展需要，成为公司全球化扩张、高速运转所必需的承载母体。

什么是最完美的？品牌组织和一般公司经营所不同的是，品牌组织无论对品牌的完美追求，还是对品牌组织管理的完美追求都同等重要，为了创造更完美的管理方式，品牌组织大量聘请管理顾问、进行管理培训、培养管理分析师，以保持公司始终处于管理潮流的最前沿，大胆创造并应用最先进的管理概念，发明或引进最先进的管理系统，从而使组织减少管理缺陷和管理漏洞，减少管理事故的发生，品牌组织通常认为自己应该是一个高度发展的学习型组织，管理学习在大型品牌组织中被列在突出重要的位置，这一切的目的都是希望自身在各个管理方面都更加完美。

什么是最有差异的？品牌组织的管理重点是制造差异，如何在管理上、营销上与其他竞争对手看起来不一样，如何做到不一样，看看还能改变什么。国际品牌组织的差异化战略是其发挥竞争优势地位的主要战略方式，这一点和品牌追随者是完全不同的管理态度，品牌追随者会极力地模仿品牌组织的管理方式和产品优势，只有品牌组织主动或被动地不断进行新的研究创造，才能保持领先的竞争优势，但主动创造总是比被动创造效果更好。

什么能代表管理水平？管理本身是一种重要的先进生产力，大型企业通常关注系统化的管理能力，小型企业则关心营销，两者有着本质的区别，也因此使公司出现了大小不同的类型，但高度注重管理的企业一定可以快速发展成为大型企业。而保持竞争优势的大型品牌组织，则更为注重管理水平的体现，力图在每一个管理环节体现其先进的管理思想，先进的管理方式，系统的管理运行能力，管理水平的全面高效提升是几乎所有大型企业一致努力的目标，品牌组织深刻理解管理水平在企业运营中的重要性，力求体现更加领先和更强大、更系统的管理生产力。

5.3.2 品牌科学化

品牌的产生是发明的过程：发明一种感觉或方法。例如：口感、质感、外观感觉、制造技术、化学品、物理方法；具体实例为：海德堡印刷机的发明、PDF 文档阅读技术的发明、美国油炸洋葱圈的发明。

品牌科学化的另一个重点是管理科学化，通过系统发明管理方法，实现品牌的全面发展。管理科学化在中国古代的秦朝、美国泰罗制时代，以及戴明对日本的影响时期就已经确立，科学管理始终是现代管理学进步所必须遵循的方式，脱离管理科学化的管理是不可能成功的。

首先是科学思想在管理学中的主导地位确立，公司的管理必须以科学思想的进步为原则，以科学的方式、科学的思考、科学的研究为企业管理进步的依托；其次是管理学的科学实验，必须是企业管理中最重要的环节。品牌标准化本身，是以管理方式的科学化实验为核心的，不经实验方式诞生的管理方法是经不住考验的。最后是秩序——管理规则的建立，Order——秩序，是管理进步的终极目标，企业必须建立自适应的管理秩序，使各项管理工作和管理内容全面实施自动化运转，摆脱"人"为因素在管理中的干扰，以"人"作为主导企业管理方式和管理工作内容的思想是站在错误的起点上，是不科学的。

5.3.2.1 品牌实验技术

品牌组织通常在科学实验状态下产生新的产品和新的管理方法。

品牌实验就是一个重大的研究过程，品牌实验是一个严格的发明创造过程，也是严格反复尝试、试制、试验过程。研发过程需要足够的未来前瞻预判性，需要一定的投资和足够深入的研究能力，但这笔投资绝对是明智的，发展中国家的企业则容易忽视这个关键环节，从而导致品牌溢价能力过低，削弱了品牌在全球市场的整体竞争能力。

人们很早就放弃了以经验主义来完成品牌研究的方法，转向通过严格的科学实验方式，实验、测试、研究在不同的光线、色彩、造型情况下会对品牌产品产生的各种感观变化和应用变化，如汽车的外形与空气气流形成的速度影响，产品外形与消费冲动的变化，品牌实验中对食物口感与外观的实验过程可能出现新的王牌流行食品。这些品牌实验基于某种主题，分解为不同的研究项目，由不同的科学家和艺术家通力合作完成，其中品牌的审美实验是围绕感性为主进行研究的，品牌的理性实验则针对各种理性或应用特征或性能属性，品牌实验室会在感性与理性双结合的前提下，在最佳理想状态下进行各种对比实验。

在实验中，现代品牌的实验以自然科学为主，特别是以心理认知、行为方式、神经科学等研究为主体，基于品牌用户可能发生的各种直观和体验中所产生的感观判断、理性判断、行为方式进行研究，会采用成对比较、次序方法、生产方法、外观测试、群体统计比较、反应时间测量，也可能采用更复杂的方法，例如人体工学实验、眼动追踪、脑电图和功能磁共振成像。

5.3.2.2 管理方法的科学实验

品牌实验的另一个重点则是对管理方法进行的科学实验，这一点从中国古代秦朝的兵器制造以及泰罗及其追随者所进行的各种科学管理实验——如搬运生铁实验、金属切削实验、动作实验中可以找到，这些科学的管理实验方式不仅改写了一个时代，也是当今或未来企业更要注意的管理进步方法。

以科学实验的方法来获得先进的管理技术、获得系统的管理方法是相当重要的管理进步过程。1924—1932年在美国芝加哥西方电气公司开展的霍桑实验是人类距今最后一次有影响力的管理学科学实验，此后管理学领域没有再开展过类似有影响力的实验，而在全球企业层面的管理实验也相当稀少，这一点应该引起全球管理研究同行及全球企业管理者的高度关注，管理科学实验是管理进步过程中不可分割的重要组成部分，只有以科学实验方法获得的管理方法，才将对全球企业的管理进程产生深刻影响。

我们认为，今后的全球管理学研究机构和企业管理层，都应该大力发展管理学的科学实验研究，广泛通过科学实验、对比分析、数据集合、实地校验等途径来实施管理进步，管理学的科学实验和研究是全球共同努力的结果，实验结论对全球管理进步有突出的重大意义，我们倡导振兴管理科学实验，并在全球范围内分享实验结论，鼓励全球具有远见的管理研究机构和研究型大学、企业共同建立致力于科学管理方法实验的大联合，资助专业化的管理科学实验项目，共同推进科学的管理研究事业。

管理的科学实验和化学、物理实验一样重要，管理学中的实验科学派始终是主导管理学进步的最主要力量，每一次重大的管理实验科学成果的发明与应用，则往往是人类管理进步的最重要的里程碑之一，任何一家希望加快管理进步步伐的企业都应该极力地加入到推动管理的科学实验、发明创造系统管理方法的行动中。我们认为，未来不能融入管理科学实验和管理发明过程的企业，必定会被管理进步的全球浪潮所淹没。

5.3.3　品牌系统化

旧的管理规范化、管理体系化、管理信息化，最终都会升级到更高层次的管理系统化，即以品牌为核心的品牌管理系统。

品牌的管理系统化是管理科学化的成果，管理是以系统存在的，即通过建立一系列自适应的管理规则，完成管理系统的设计和管理的自适应运转。今天的管理内容由大量密集而发达的管理系统来完成，火星飞行器的太空探险、火箭和卫星的发射及自适应运转、无人工厂的自动制造、机器人的自我工作、高铁列车的电气和信号系统、自动检票机对车票的验证，都是管理系统化的产物，对"人"的大量劳动进行了淘汰，管理系统的出现使许多过去依赖"人"的职业演变成历史，例如机床操作工、汽车装配工、售票员、检票员、检验员等都被分批淘汰。

未来是管理系统的时代，企业的各项管理流程也因管理系统的出现而转变为IT、移动、系统、网络技术的系统管理。公司的行政管理、生产管理、制造管理、设备管理、质量管理、仓储管理、市场管理等各项管理内容正在以管理系统的方式进行大面积改革、淘汰。企业以前奉为至宝的管理体系作为旧的管理方式正在处于加速淘汰中，转而崛起的必然是管理系统的再造，所有的管理环节、管理节点都被有机组织起来，以现代化方式有机运转，而每一个人的工作是节点上的工序，工作不会因"人"而改变，而"人"是千百个节点上的控制点。

事实上，企业管理中根本没有"人"的存在，"人"作为创造体承担创造的任务，只有当没有秩序或需要替代时，"人"才会在一家企业中大量出现。红绿灯就是最好的秩序代表，红绿灯以自适应的规则来指挥有序的交通，只有当进行交通管制或意外发生时，交通警察才会出现在现场，靠"人"来指挥交通；只有当创造性的工作不能被机器取代，或者企业没有高度的自动化生产条件时，"人"替代机器从事大量基础工序的运转工作。但最终，大量的"人工"工作都会退出历史舞台，区别只是时间早晚的问题，大量更复杂更智能更加自适应的管理系统将大批诞生。

5.3.3.1　管理系统的发明

系统管理技术以戴明被邀请到日本以后，日本管理技术产生的深刻变革为代表，5S现场管理、TQC全员质量管理、丰田现场管理、本田4S店管理、精益管理思想、鱼骨图发明等管理技术全面兴起，美国的6σ管理的发明、宝洁品牌管理系统的引进、SA8000企业社会责任、ISO管理标准、美国卡耐基·梅隆大学CMM软件成熟度等都是系统管理技术的典型代表。

随着现代计算机软件技术的崛起，美国的系统管理技术得到空前发展，以EPR（企业资源计划）、CRM（客户关系管理）、SCM（供应链管理）等为代表的管理软件的发展成为系统管理技术新的典型代表，全球企业深刻认识到管理软件的全面兴起对现代管理发展所带来的积极作用。

但是，与前者相比，软件化时代的系统管理技术存在一定的不理想性，主要体现在公司管理水平参差不齐，管理流程本身可能存在大量缺陷和流程不畅，导致公司自行研发或引进第三方软件外包公司研发的管理软件不成熟，此外，软件技术公司作为IT产业的代表，并非精通管理技术的专家，这两种矛盾导致了整个管理软件产业整体处于非专业化管理时代，管理软件的重复性开发、来回修改现象非常普遍，优秀成熟的系统管理软件相当罕见。

美国的国家信息化和军方信息化也曾经历漫长的挫折期，损失了大量IT投资，有过沉痛的教训。最初的信息化由各单位自行组织研发，管理方式不一、参数不一、接口不一，导致管理信息系统相当混乱分散，无力统一起来协同工作，最后重新从顶层设计入手，才逐步缓解了管理系统一致性的协同问题，整个管理系统才充分标准化应用起来。

一些典型的管理技术发明推动了管理进步，例如：沃尔玛的电子数据交换技术（EDI）、有效客户反馈系统（ECR）、快速反应系统（QR）。希尔顿先后在1977年设计预订系统，1985年设计希尔顿网络，这两个系统创造性地实现了酒店、营业部和预订中心的同步预留与报告服务。麦当劳则发明了营业标准化以及以加盟融资管理方式解决扩张资金问题。

现代管理迫切需要更多的系统管理技术发明，各个专业管理领域的管理技术自成系统，对优化更多环节的管理内容起着举足轻重的提升作用。成套成熟的管理系统技术的发明是一个相当迫切的难题，主要是知识产权（特别是发明专利权）、管理系统技术发明投资、管理系统技术科学应用普及要被高度重视起来，拥有科学的、系统性的顶级管理技术发明前沿领袖是今后很长一段时期全球管理进步迫切急需的一支重要进步力量。

我们有必要声明的是，管理技术不应只是企业内部个别先进的管理方式，好的管理技术发明应该适用于更广泛意义上的全球企业管理进步。全球企业应善加投资、善加发明、善加研究、善加推广先进系统的管理技术。全球范围内的管理技术学习与分享必将推动全球企业级管理水平的全速进步，各种已有的新兴管理技术发明将演绎裂变出更多更大范围的系统管理技术发明，全球企业在参与研究与发明过程中，必会获得更多的发明思路，应用更好的管理技术，为社会提供更好的产品和服务，让人类生活得更加美好。

5.3.3.2 品牌管理技术的进步

一套完整的品牌管理技术系统，需要从四方面着手，即品牌原理学、品牌技术、品牌工具、品牌文件系统，技术系统的设计并不是封闭的，它应该是一套开源知识系统，不断进行发明、增补、衍生更新的系统。

品牌原理学是用来界定品牌学基本科学规律的开源系统，是用来研究品牌与各种应用之间相互作用和作用机制的学科，可按独立学科予以发展。品牌原理学的研究对象是品牌设计和管理现场，前者确立了品牌设计时应遵循的基本科学规律，后者研究在研发、生产、营销、用户接触点、用户反应等各个管理现场环节可能出现的基本科学规律，以品牌术语、品牌科学模型、品牌能力评级等方式形成。

品牌技术是技术层面的管理方法研究，品牌技术是用于指导或实施品牌管理的系统知识，注重具体化的工作训练和操作作业。品牌技术有一系列具体的明确分工，一方面是整体技术，如品牌分类技术、品牌建设技术、品牌传播技术、品牌协同技术；另一方面是具体的操作技术，如PAO科学分析模型、品牌实验室技术、品牌人才甄别技术等。品牌技术的大量研究发明及应用，是品牌组织能够将品牌管理具体化的表现，是提升品牌能力的具体实践。

品牌工具是用于品牌管理的实用方法，用于简单化操作，反复使用，提高品牌工作的作业能力。研究发明的品牌工具可能用于品牌设计、品牌分析等品牌具体管理环节，品牌工具的使用可以大大提高品牌管理的效率，具有便捷性、指导性、可操作性、准确性的特征。典型的品牌工具包括树型图、波浪图、三元图等。

品牌文件系统由一组（系列）文件化的标准文本、手册等书面材料、记录和报告组成，要求具备标准化、指导性和便捷性特征。品牌文件系统包括指导文件（品牌全球宣言、品牌建设方案、品牌企划书）、品牌手册（媒体手册、传播手册、品牌活动手册）、品牌作业（品牌作业指导书、品牌记录、品牌纠错报告）组成。

品牌原理学、品牌技术、品牌工具、品牌文件系统是有效实现品牌管理的基本保证，使品牌管理形成一个有机整体，达到自适应管理的目标，极大丰富了品牌学的研究领域，也切实保障了每个企业品牌发展的有效性。品牌管理技术的发明与应用实施，是全球品牌学发展和全球公司品牌实践的重要进步，标志着品牌全面进入品牌管理技术实验室状态，技术支持成为全球企业品牌发展的核心支柱。

5.3.4　品牌知识化

最容易被忽视的管理进步问题是品牌管理的知识化，因为旧的管理过多依赖于管理者的经验，多数情况下，管理经验扮演并取代了大部分的管理内容。人们可能过度依赖于某一个人的管理经验，注重他过去做过什么，也会通过学习借鉴其他企业或他人经验来改变自己的管理方法，人们还会特别留意成功的企业家是怎样管理的，人们像明星一样追捧并试图学习寻找到这些成功企业家的管理秘方，即便只是只言片语也会变成流行的管理方法。但是——这显然并非管理的真谛，也不是管理学进步的方式。

管理学的未来进步，将高度依赖于发达的动态知识管理系统的运转。首先我们需要区分经验管理、静态管理与动态管理的不同，目前管理学习的主流方式仍然是经验管理和静态管理。

经验管理主要是指依赖主观意识和过去所掌握的工作经验和管理经验，经验来自于个人多次实践中得到的知识或技能，公司在人员招聘和管理人才的选拔上会过度关注应聘人员过去的产业从业经历、同类工作成就，并限制非相关从业经历的人员进入一个组织。静态管理则认为管理本身是恒定不变的，管理学习的内容是前人所掌握的被认可的经验和规律，通过对已有管理知识对个案进行分析以增加知识应用能力，大学教育和图书内容主要是静态管理，公司可能过度关注大学学历教育、大学继续教育中的知识系统，这都将使品牌管理知识系统产生重大缺陷。

21世纪的知识经济时代，是动态管理高速发展的时代，经验管理和静态管理作为20世纪的主流管理学习和实践时代已经一去不复返，如果公司与个人的知识管理系统不能与时俱进，很快就会被淘汰，知识老化速度全面加快。

动态管理假设知识在随时发生变化，并以假设社会、组织、人都在处于高速变化中，以动态敏捷反应的机制来应对知识变化的快速知识更新系统。处于全球市场竞争前沿的公司，都以动态知识的创造、动态研究、动态更新和动态应用作为企业知识管理系统的核心内容。

在21世纪以及更远的未来，由于企业和每个人的管理内容、工作内容随时在发生变化，新科学技术、新流行趋势、新管理方法、新市场营销都在瞬息万变，新的管理、市场和营销内容使管理工作的内容、每个人的工作方式随时发生深刻改变，新的管理问题每天都会发生，解决快速变化的唯一方式就是快速变化，以更快的快速变化应对瞬息万变的世界。

企业需要着眼于未来趋势的前瞻预判，以更快速的敏捷反应快速调动企业的管理做出改变，企业领导层应随时保持最敏锐的判断力，随时掌握前沿知识发生的变动，并快速领会新知识、新思想、新趋势，用更新的思考与知识力让组织变化得更快。

5.3.4.1 动态管理知识系统

在知识经济时代，动态管理就显得尤其重要，不仅是企业的管理应处于动态知识管理运行框架中，大学、研究机构和正在接受培训和教育的未来管理型人才，都应以动态知识管理系统的高速运行作为知识经济时代的主流管理学习和知识应用方式。

知识管理系统是现代公司必须建立的收集、处理、分享一个组织全部知识的集成系统，构建公司的知识库，负责公司的知识更新，并作为组织学习的主要方式。动态管理知识系统则是建立在动态管理运行基础上的知识系统，强调动态管理知识的搜集、荟萃分析、研究设计和应用。

现代全球发达国家诸如美国陆军知识在线（AMO）、美国农业专家系统、循证医学 Cochrane 协作网等都是以现代动态管理知识系统方式运行的知识网络，知识管理的内容不再局限于知识的收集和使用率，更重要的侧重于针对快速更新的知识和新问题进行最快的知识搜集、荟萃分析、知识制作、知识提取、知识分发、知识应用，从知识应用到知识搜集，又是一个连续的知识更新循环。

在未来全球竞争中，核心竞争力将不再仅仅取决于谁拥有最强大的经济实力，小企业打败大企业的例子比比皆是，更重要的是取决于更全面、更有效、更强大、更快速敏捷反应的知识优势，知识应成为引导企业决策的核心优势，这是品牌组织全员进行学习并快速应用的管理优势。

一个发达的动态管理知识系统是未来任何组织变革的焦点，是保持公司最佳品牌行动能力的前提，从信息化到知识化的跨越是任何公司转型发展的必经之路，以知识为基础的"知识化品牌组织"是实现主动学习、主动竞争和自我优化的能动力，以动态知识管理系统为基础来发挥高速市场竞争机动能力是一切前沿竞争领军企业极力追求的目标。

5.3.4.2 全球品牌知识系统

在品牌标准化的研究中，我认为应设计四组全球品牌知识系统的模型，分别是：企业级品牌知识管理系统、PAO 品牌开源知识系统和国际品牌联赛系统、国际品牌指数系统，并进一步研究设立一个全球化的品牌技术委员会，我认为这将对全球品牌技术的发展和企业管理技术的进步发挥重大的贡献。

企业级品牌知识管理系统的重点是品牌组织层面建立的知识系统，用于本公司内外的品牌动态知识管理，以公司的管理部门、上下游知识协同、供应链和品牌经营网络向外扩张的知识系统结构，强调了知识的获取、知识生产、知识加工与快速的知识分发过程。

PAO 品牌知识中心模型见图 5-3-1。

PAO 品牌开源知识系统是通过建立全球化的品牌动态管理知识中心，形成知识引擎、知识仓储和知识提取系统。通过系统运转：一是搜集全球各地自愿参与品牌知识协同的品牌组织和品牌研究生、品牌官的品牌问题，进行大规模 PAO 动态知识管理的科学分析，将知识回流到全球品牌知识中心；二是以 PAO 科学分析结果建立品牌知识和品牌文件的开源程序，向全球更大范围进行知识分发，全球收集各企业应用过程中产生的动态品牌知识。PAO 品牌开源知识系统进行双向分发、双向收集，从而加快品牌知识的全球进步。

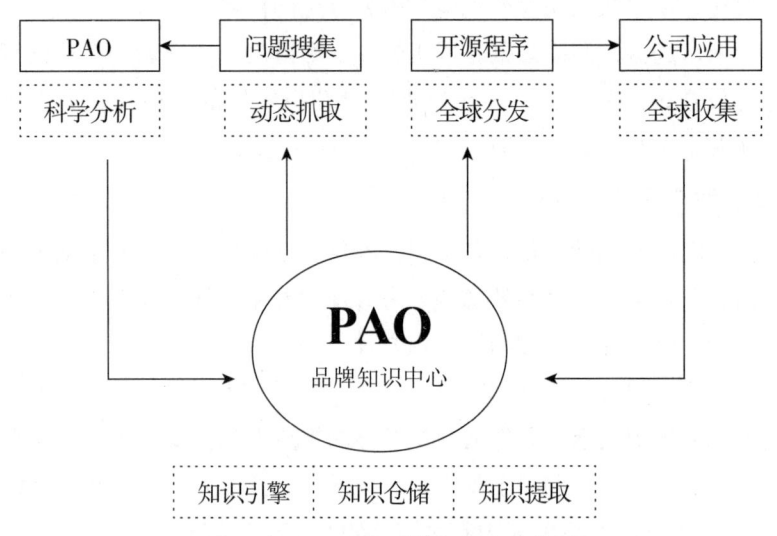

图 5-3-1　PAO 品牌知识中心模型

　　国际品牌竞赛系统，是通过对全球品牌组织、品牌官、品牌供应商、品牌研究生之间自愿参与的联合竞技比赛形式，竞技品牌知识应用、品牌广告设计、品牌建设方案、品牌传播方案、品牌企划书、品牌手册等各项品牌能力的评级，通过 BRP（品牌能力评级）来显示综合或专项品牌能力指标。

　　国际品牌指数系统则是针对市场环节的各个品牌组织能力表现，综合或专项进行品牌指数的测算和发布，为品牌组织提供管理进步参考，为全球品牌消费者提供品牌选择的指南，品牌指数包括了品牌性能、品牌质量、品牌用户满意度、品牌指名购买率、品牌竞争优势等指标项，国际品牌指数以定期报告方式发布，是第三方客观、公正的品牌能力评估方式。

　　作为一种蓝图，我们认为全球品牌的发展，需要建立更为客观、公正、纯粹学术和纯粹市场化的最佳品牌研究和品牌知识化行动，从而对全球各品牌组织的管理进步发挥深远影响，这是全球品牌竞争秩序有序发展的科学形式，全球品牌知识化有赖于全球各品牌组织的通力合作与相互支持。

习题及答案

课后习题

第1篇　品牌概论

第1.1章　品牌概论

一、填空题：品牌包括_____、国家品牌化战略、企业_____三个结构性发展层次。

二、判断题：品牌学以及管理学是以研究对象为主的以想象科学、前沿探索、动态实时为主体的人类发展力科学，要解决的是未来方向、结构性治理、战略发展前景以及实时动态管理中出现的问题。（　　）

三、简述题：品牌为什么是人类的极致追求。

第1.2章　品牌定义

一、填空题：正是人们对"品牌（Brand）"的理解不同，品牌定义的发展出现了_____、_____、_____、_____、_____共五种认识。

二、填空题：2011年，中国国家标准《商业企业品牌评价与企业文化建设指南》（GB/T 27925—2011）标准中对企业品牌的定义：企业品牌，企业（包括其商品和服务）的_____、_____、_____、_____和_____等要素共同形成的综合形象，通过_____、_____、_____等相关的管理和活动体现。

三、问答题：品牌意识分哪九个层次？

第1.3章　品牌标准化

一、填空题：_____是指拥有规模化生产、服务和商业模式运营思想的人。人类品牌的发展事实上以是_____、_____、_____三种品牌标准化思想为主要发展脉络的人类品牌进步过程。

二、判断题：品牌化过程的实验室状态包括了产品研发和测试过程、生产和装备准备过程、产品用户体验过程、管理流程运行过程的全面实验和研究。（　　）

三、问答题：人类标准化的结构分为哪五种？

第1.4章　品牌力

一、填空题：A理论中品牌思想力由_____、_____、_____三大品牌力学结构组成。

二、填空题：品牌三元关系，是对B理论的一个延伸，界定了_____、_____、_____三者之间的共生关系。

三、问答题：品牌 B 理论的主张共有几条组成，主张的详细内容都是什么？

第1.5章　品牌用户族群

一、填写题：品牌塔基是指以"Tagee"为主体发展的品牌用户族群，是构成一个品牌_____、_____、_____的基本保障和品牌基业长青的事实基础。

二、选择题：品牌社群本质上是一种社会化组织方式，是以_____的科学发展路线形成的，并不是_____的形式。（　　）

1. "先发展社群，再发布产品，然后再升级为品牌"

　　"先发展社群，再发布品牌，然后发展产品"

2. "先发展社群，再发布品牌，然后发展产品"

　　"先发展社群，再发布产品，然后再升级为品牌"

三、论述题：品牌用户族群的发展是建立在哪几个理论基础之上的？并描述相关理论。

第1.6章　品牌性能

一、填空题：品牌性能由_____、_____、_____、_____、_____五种基本性能和_____的品牌性能共六种组成。

二、选择题：品牌效用性能包括了品牌的_____（　　）

1. 功能、使用效果、使用频率、使用结果

2. 应用场景、效用提升、效用解决方案延伸

3. 服务开发方面的效能、效用、应用和评估

4. 1、2、3

三、论述题：论述全球协同网络中的品牌性能。

第1.7章　前沿地位

一、填写题：品牌是面向未来的，品牌_____的目标是确立前沿地位，这是针对品牌_____、品牌_____所做出的最重要的战略选择，也因此决定了一个品牌未来的最终成就。

二、选择题：前沿地位设计包括了哪些?（　　）

1. 品牌背书、前沿表达、首选品牌、品牌印象感知、市场表现

2. 品牌背书、前沿表达、首选品牌、品牌印象感知、市场表现、品牌地位

3. 首选品牌、品牌印象感知、市场表现、品牌地位

4. 品牌背书、前沿表达、首选品牌

三、问答题：如何成为首选品牌？

第1.8章　决定性竞争力

一、选择题：品牌管理设计能力包含哪些因素？（　　）

1. 管理系统所能支撑的市场规模量

2. 管理系统所能支撑的市场规模量、管理设计人才本身的能力

3. 组织结构设计、人力资源大纲、薪酬结构设计

4. 组织结构设计、人力资源大纲、薪酬结构设计、管理流程设计、产品生产设计、批量服务设计

二、问答题：品牌概念系统是什么？

三、论述题：品牌的管理设计能力从哪几方面体现？

第1.9章 联网品牌时代

一、填空题：互联网最大的改变，是"＿＿＿＿、＿＿＿＿、＿＿＿＿、＿＿＿＿、＿＿＿＿、＿＿＿＿"六大要素，分别对应的是"＿＿＿＿、＿＿＿＿、＿＿＿＿、＿＿＿＿、＿＿＿＿、＿＿＿＿"，所有一切的企业在联网品牌化过程中都会体现出的六种要素特征进行运转的。

二、判断题：品牌媒体化属性集中发生于互联网和移动互联网高速发展的时期，这种改变使全球企业、人口和新兴媒体公司都以史无前例的方式关注互联网、应用联网技术，发展基于互联网和移动互联网进行品牌传播的媒体事实。（　　）

三、问答题：企业品牌在联网中的发展以什么发展方式为特定的发展规律？

第2篇 品牌学科

第2.1章 品牌史学

一、填空题：品牌具有＿＿＿＿、＿＿＿＿、＿＿＿＿、＿＿＿＿、＿＿＿＿、＿＿＿＿六大特征。

二、判断题："标识"并不是品牌真正意义上的发展方式，商标只是完成了一个"图形或命名的标识"法律意义上的产权界定关系，除此之外没有任何品牌的要素和意义。（　　）

三、论述题：如何理解品牌史探源？

第2.2章 品牌原理学

一、填空题：品牌利润金三角解释了"＿＿＿＿、＿＿＿＿、＿＿＿＿"三者之间的转化关系，即品牌利润的来源和长期保障，品牌利润的长期来源主要是通过"＿＿＿＿、＿＿＿＿"三者之间的转化关系。

二、判断题：品牌原理学的研究方法包括：第一步是建立品牌原理树，第二步是品牌术语、品牌理论概念与品牌科学模型的建立，第三步是注重对品牌实践的科学总结提炼。（　　）

三、论述题：如何理解伞型和火箭型品牌战略设计？

第2.3章 品牌病理学

一、填空题：品牌病理学是研究品牌疾病＿＿＿＿、＿＿＿＿、＿＿＿＿以及＿＿＿＿的一门专门的品牌学科分支。

二、问答题：全球企业品牌发展中出现的异常状态有哪些共性，表现形式是怎样的？

三、论述题：如何理解企业常见品牌疾病——品牌帕金森？

第2.4章 品牌战略学

一、填空题：品牌战略思维包括了＿＿＿＿、＿＿＿＿、＿＿＿＿、＿＿＿＿、＿＿＿＿、＿＿＿＿、＿＿＿＿、＿＿＿＿八种思维方式。

二、判断题：合理的品牌组织秩序结构必须是三元结构，三元管理关系是最稳定的也最基本的管理秩序，也极大地减轻了公司战略高层的领导工作，并有效保证组织的顺畅有序运转。（　　）

三、问答题：什么是品牌战略思想？具体体现在哪些方面？

第 2.5 章　品牌组织学

一、填空题：品牌组织是一种特定的组织秩序，包括"＿＿＿＿、＿＿＿＿、＿＿＿＿、＿＿＿＿"四个发展阶段。

二、判断题：公平问责是品牌组织内部必须保证的责任环境，问责模糊与责任判定的失败，将使品牌组织的成员失去信心，进而失去人心。（　　）

三、论述题：品牌到底改变了什么？

第 2.6 章　品牌消费学

一、填空题：全球品牌生态链理论指出，全球范围的品牌生态链由＿＿＿＿、＿＿＿＿、＿＿＿＿组成。

二、判断题：品牌消费者本身在使用过程中自然降解过程就是重复性进行消费的自然循环发展本质，也是品牌利润的核心来源。（　　）

三、问答题：品牌消费需求有几种主要发展形式，都是什么？

第 2.7 章　品牌产品学

一、选择题：品牌产品发展设计思想包括哪几条：（　　）

1. 结构性设计、突破性设计　　　　　　2. 品牌性能设计、防失误设计

3. 生态设计、差距化设计、产品组协同设计　　4. 1、2、3

二、判断题：品牌产品的发展机制，包括了品牌产业组合、品牌产品规划、品牌主营产品、品牌产品线、品牌产品要素方面的战略化设计。（　　）

三、论述题：论述一下品牌产品化过程的优势。

第 2.8 章　品牌服务学

一、填空题：品牌服务价值链是＿＿＿＿、＿＿＿＿、＿＿＿＿三者之间共同发展，相互协调并达到高度重合水平的价值动态产生的品牌生命价值水平线。

二、判断题：如果一个国家不进行普遍意义上的服务学习，国家的服务经济将面临结构性断层，企业中所需要的服务人才也将会严重不足并且面临服务人才枯竭的危机。（　　）

三、问答题：什么是品牌售后服务思想？

第 2.9 章　品牌质量学

一、填空题：品牌质量学发展的目的是追求＿＿＿＿、＿＿＿＿和＿＿＿＿，被视为最基本的企业责任，体现为对品牌自我追求的完美表达。

二、选择题：品牌质量学的发展与一般意义上的常规质量学彻底从＿＿＿＿拉开了明显的距离。（　　）

1. 自响应、自感应、自传播

2. 思想上、认识上、战略上、管理上

3. 文化内涵、艺术呈现、意境与美学的哲学化质量

4. 权重最高、比重最大、影响力最深远

三、问答题：什么是品牌质量，在企业中的作用是什么？

第 2.10 章　品牌体验学

一、选择题：具体的品牌产品体验过程中，品牌体验又包括了＿＿＿＿等几种形式。（　　）

1. 品牌体验设计（BXD）、品牌参与营销（BPM）　2. 品牌体验管理（BXM）
3. 互动感知性增强（IPE）　　　　　　　　　4. 1、2、3

二、判断题：品牌是建立在人类对感知水平发展基础上的一门前沿科学，感知是建立在人类感受器官和感觉心理基础之上的科学与哲学双向发展过程。（　　）

三、论述题：如何理解品牌体验给企业带来收益？

第2.11章　品牌策划学

一、填空题：品牌策划的文件文体包括＿＿＿＿、＿＿＿＿、＿＿＿＿三种，其格式和作用都是不同的，应有效区别使用。

二、选择题：企划过程需要收集产品＿＿＿＿＿＿＿，然后就品牌产品所需要的各品质环节问题点展开分析，如要求的＿＿＿＿＿＿＿等具体要求。（　　）

1. 销售指标、经营指标、达到的品质
2. 产品性能、达到的品质
3. 经营指标、产品性能、达到的品质
4. 销售指标、经营指标、产品性能、达到的品质

三、问答题：品牌策划学的发展由几个部分组成？

第2.12章　品牌新闻学

一、填空题：品牌获得潜在的投资者的支持，取得公众的普遍认同，是"＿＿＿＿→＿＿＿＿→＿＿＿＿→＿＿＿＿"的发展过程。

二、判断题：品牌新闻的发布通过新闻发布会预热、新闻发布会现场报道、新闻发布会会后跟进报道三个报道阶段组成。（　　）

三、问答题：什么是品牌新闻，它的作用是什么？

第3篇　品牌技术

第3.1章　品牌技术系统

一、选择题：一直以来，管理中的非科学性因素过多，主要体现在＿＿＿＿方面，管理中的科学技术比重相对极少，这一点必须通过全球努力——改变共识。

1. 经济表现、意识形态　　　　　　　　　　2. 意识形态
3. 管理科学技术　　　　　　　　　　　　　4. 经济表现

二、问答题：品牌技术系统是什么？

三、论述题：简述一下品牌化委员会的职责。

第3.2章　品牌技术准备

一、填空题：无论要开展品牌建设或品牌再造，具体包括了＿＿＿＿、＿＿＿＿、＿＿＿＿、＿＿＿＿四个阶段。

二、选择题：品牌建设或品牌再造技术的具体技术准备内容，包括了＿＿＿＿＿＿等几个方面。（　　）

1. 品牌学习准备、品牌组织准备、品牌系统准备

2. 品牌系统准备、品牌状况排查、品牌建设方案（品牌再造方案）准备、品牌技术依据

3. 品牌学习准备、品牌组织准备、品牌建设方案（品牌再造方案）准备、品牌技术依据

4. 品牌学习准备、品牌组织准备、品牌系统准备、品牌状况排查、品牌建设方案（品牌再造方案）准备、品牌技术依据准备

三、问答题：什么是品牌战略资源储备机制？都包括哪些储备？

第3.3章 品牌建设技术

一、选择题：编制《品牌建设方案》有几个作用：＿＿＿＿＿＿＿

1. 它是提交给企业中高层的一份建议文件

2. 它是一份指导企业品牌建设高质量实施的指南文件

3. 它是一份控制品牌建设推进时间、预算、成效的受控文件

4. 1、2、3

二、判断题：品牌建设要满足三个管理升级问题：粗放式管理升级到管理专业化，管理体系升级到管理系统，管理信息化升级到管理知识化。（　　）

三、论述题：品牌建设分几个科学步骤，都是什么？

第3.4章 品牌分类技术

一、填空题：品牌分类技术对全球品牌进行的科学专业划分，将品牌能力具体划分为以下七种品牌＿＿＿＿、＿＿＿＿、＿＿＿＿、＿＿＿＿、＿＿＿＿、＿＿＿＿、＿＿＿＿。

二、问答题：品牌分类技术对品牌是从几个因素进行分类的，都是什么？

三、论述题：为什么说品牌分类技术能够解决海量品牌培育问题？

第3.5章 品牌识别技术

一、选择题：品牌识别虽有明显的"自品牌"特征，＿＿＿＿＿＿＿是最典型的四种品牌印象识别手段，品牌的＿＿＿＿＿＿＿已经是一种高度的自我行为，不再是以往的被动品牌推广。（　　）

1. 看到、听说、想到、自我发现、自我寻找、自我识别、自我推介、自我判断

2. 听说、想到、意识、自我寻找、自我识别、自我推介、自我判断

3. 看到、听说、想到、意识自我发现、自我寻找、自我识别、自我推介、自我判断

4. 看到、听说、想到、意识自我识别、自我推介、自我判断

二、判断题：品牌消费安全是一种心理安全，包括了购买渠道安全、合理溢价安全、产品性能安全、使用状态安全、再推荐安全、情绪安全等多重安全心理的综合体现，使品牌用户在完全没有任何顾虑的情况下放心、轻松、愉悦地重复生购买一个品牌。（　　）

三、论述题：如何做到品牌首次信任设计？

第3.6章 品牌管理技术

一、填空题：品牌管理系统由六个环节组成，分别是＿＿＿＿＿＿、＿＿＿＿＿＿、＿＿＿＿＿＿、＿＿＿＿＿＿、＿＿＿＿＿＿和＿＿＿＿＿＿。

二、选择题：品牌管理技术的实施包括：＿＿＿＿＿＿＿等几个方面。（　　）

1. （1）创造最好的产品；（2）发明最好的管理方法

2. （1）创造最好的产品；（2）发明最好的管理方法；（3）实施品牌诊断和纠错

3. （1）发明最好的管理方法；（2）实施品牌诊断和纠错

4.（1）创造最好的产品；（2）实施品牌诊断和纠错

三、论述题：简述什么是 MA 报告？

第 3.7 章　品牌营销技术

一、填空题：现代营销环境更多地体现了系统销售、直接响应和自动销售的整体营销观念，它的演变划分为四个阶段，分别是_____阶段、_____阶段、_____阶段和_____阶段。

二、判断题：品牌引力方式的过程是专注于产品和服务本身→创造一种工作或生活方式→大规模扩大使用者数量→追加对常客户的投资。（　　）

三、论述题：你如何理解品牌系统销售？

第 3.8 章　品牌传播技术

一、填空题：品牌传播的主要方式包括_____、_____、_____、_____、_____等。

二、选择题：现代品牌传播是基于_____等全网、全范围的传播方式，是基于_____等为一体的传播形态。（　　）

1. 品牌新闻、品牌视频、新闻、宣传、公共关系、销售文案
2. 品牌新闻、品牌文章、品牌视频、宣传、公共关系、销售文案
3. 品牌文章、品牌视频、新闻、宣传、公共关系、销售文案
4. 品牌新闻、品牌文章、品牌视频、新闻、宣传、公共关系、销售文案

三、问答题：什么是品牌知识系统，它的作用有哪些？

第 3.9 章　品牌协同技术

一、选择题：品牌协同企业的进步包括（　　）。

1. 共享数据、透明运转、创造需求、消费力生产
2. 共享数据、透明运转、创造需求、优化经营结构、精确运转、协同地位
3. 优化经营结构、精确运转、协同地位
4. 1、3

二、问答题：品牌协同企业委员会如何组建，主要体现在哪几方面的协同？

三、论述题：简述品牌协同心理契约，有几种主要形式？

第 4 篇　品牌文化

第 4.1 章　世界品牌格局

一、填空题：品牌的"认知——认同——认可"过程，本质上就是品牌的"_____→_____→_____"发展过程。

二、判断题：品牌的需求和品牌的供给相对是平衡的，这种平衡相当于品牌的生产者和需求者之间存在相当微妙的一种心理共鸣。（　　）

三、问答题：人类文化变迁中什么成为普世价值的文化追求，发展结构都包括哪些？

第 4.2 章　品牌与企业文化

一、填空题：中央品牌化系统（CBS）承担文化的_____、_____、_____、_____、_____、_____、_____七大作用，并且始终具有由外向内的传递轨道。

二、选择题：品牌文化是具体对品牌进行_____的文化要素，其作用重点是针对品牌用户的

生活方式和消费形态进行_____，确立一个品牌最主要的官方诠释和解释。（   ）

1. 系统诠释、文化解释、文化开发、研究、分析、开发，对文化成因进行破译
2. 系统诠释、文化开发、研究、分析、开发，对文化成因进行破译
3. 系统诠释、文化解释、文化开发、研究、分析、开发
4. 系统诠释、文化解释、文化开发、对文化成因进行破译

三、简述品牌文化与企业文化的一致性与文化冲突。

第4.3章　品牌意境

一、选择题：从品牌意境能把人类的进步划分为几个形态_____。（   ）

1. 原人、工业人、社会人、品牌人
2. 原人、经济人、工业人、社会人、品牌人
3. 原人、经济人、工业人、社会人
4. 经济人、工业人、社会人、品牌人

二、问答题：什么是品牌语境？

三、论述题：简述品牌意境如何升华到品牌信念？

第4.4章　品牌美学

一、填空题：_____、_____、_____、_____、_____都可能损害到品牌流畅性。

二、判断题：品牌美学是用来表达品牌感观感受的重要学科，以审美角度研究品牌的感觉与情感规律。（   ）

三、论述题：简述四种提高品牌流畅性的方式。

第4.5章　品牌文化消费

一、选择题：品牌文化的形成并非偶然，包括了_____三种典型类型。

1. 品牌从文化中继承文化　　　　　2. 从文化中发展文化
3. 创造新的文化　　　　　　　　　4. 1、2、3

二、问答题：品牌消费文化大变革体现在几个方面，过程是怎样的？

三、论述题：简述品牌文化是如何发展的。

第4.6章　品牌文化内涵

一、选择题：品牌文化的塑魂由需要定向更新的_____和不能更新的_____组成。（   ）

1. 母品牌简介、母品牌编年史、
   母品牌故事、母品牌描述、母品牌名称、母品牌标识、品牌总体发展结构
2. 母品牌简介、母品牌故事、母品牌描述、母品牌名称
3. 母品牌编年史、母品牌标识、品牌总体发展结构
4. 母品牌编年史、母品牌故事、母品牌描述、母品牌名称、母品牌标识

二、判断题：品牌冰爆周期是指一个国家发展品牌过程中出现的周期性品牌集群式孕育诞生阶段，各种品牌最初都是以休眠状态存在，只完成了基本的命名、标识、VI系统然后就进行长时间的休眠封冻期。（   ）

三、论述题：简述品牌文化赋值。

第4.7章　品牌形象升级

一、填空题：品牌形象的建设是经由"名称及标识、有效识别、品牌知名度、品牌影响力"四个阶段进行发展的，分别对应"_____、_____、_____、_____"四种重要作用。

二、选择题：品牌形象的应用设计包括了_____和_____等几种类型。（　　）

1. 品牌文件、品牌办公用品、品牌办公环境
2. 品牌数字形象、品牌形象包装、品牌形象衍生品、品牌形象传播
3. 品牌办公环境、品牌形象包装、品牌形象衍生品、品牌形象传播
4. 1、2

三、问答题：什么是品牌化专业系统效应？

第4.8章　品牌艺术表现

一、填空题：品牌语言是全球品牌者的共同语言，是连接着世界各地市场中各种品牌的品牌语言生态环境、品牌者的追求，最终使品牌语言发展出"_____、_____、_____、_____"的品牌哲学与品牌美学表达形式。

二、判断题：全世界设计思想演变和品牌设计风格发展都受到了现代主义的深刻影响，都是以现代设计为主流表达表现形态的基本物语。（　　）

三、论述题：简述时尚变化系统。

第5篇　品牌再造

第5.1章　DID品牌再造原理

一、选择题：品牌的发布是一个_____的组织筹备过程，以期达到最强核爆力。（　　）

1. 细心运筹、战略协调、总控指挥、最强核爆
2. 精心策划、细心运筹、战略协调、组织筹备
3. 精心策划、细心运筹、战略协调、总控指挥
4. 精心策划、战略协调、总控指挥、组织筹备

二、问答题：品牌再造是什么？对企业发展的意义是什么？

三、论述题：简述海潮定律。

第5.2章　品牌组织再造

一、选择题：品牌组织对内对外的连接则是以更复杂的_____形态存在，以_____存在，无限进行_____连接，组织的任何一个环节都可能产生品牌溢价，也可能接触并吸引到新的品牌用户。（　　）

1. 网状组织结构　柔性组织形态　立体化网状
2. 立体化网状　网状组织结构　柔性组织形态
3. 柔性组织形态　立体化网状　网状组织结构
4. 1、2、3都不正确

二、判断题：品牌组织的企业文化本身是一种品牌化的组织事业文化，品牌组织的企业文化首先要研究的重点是文化抗力。（　　）

三、论述题：如何看待企业文化抗力对品牌组织的破坏？

第5.3章 品牌管理系统再造

一、选择题：一套完整的品牌管理技术系统，需要从几方面着手，即_____，技术系统的设计并不是封闭的，它应该是一套开源知识系统，不断进行发明、增补、衍生更新的系统。（　　）

1. 品牌原理学、品牌技术、品牌工具
2. 品牌原理学、品牌技术、品牌工具、品牌文件系统
3. 品牌技术、品牌工具、品牌文件系统
4. 品牌原理学、品牌工具、品牌文件系统

二、问答题：什么是品牌实验技术？

三、论述题：简述动态品牌管理知识系统。

课后习题答案

第1篇　品牌概论

第1.1章　品牌概论

一、人类品牌经济、品牌生态组织。

二、×。

三、参见1.1.3.2小节。

第1.2章　品牌定义

一、标识论、职能论、经济论、价值论、社会论。

二、能力、品质、价值、声誉、影响、企业文化、名称、标识、形象设计。

三、经济意识　产品意识　营销意识　服务意识　社会意识　组织意识　国家意识　全球意识　人类意识。

第1.3章　品牌标准化

一、工业人、手工业人、工业人、个性化工业人。

二、√。

三、以秩序为主的标准化、以优化为主的标准化、以规范为主的标准化、以评级为主的标准化、以系统网络为主的标准化。

第1.4章　品牌力

一、品牌意识力（高度）、品牌组织力（深度）、品牌引力（广度——品牌吸引力的通称）。

二、品牌、消费、企业。

三、(1)品牌是人类对某种欲望发生的安全消费行为；(2)人类会为品牌支付更高的消费代价；(3)品牌所满足的欲望是某种特定需求；(4)品牌具有消费等级，人类极力完成这种消费过程；(5)人类对品牌非常依赖，并强烈排斥其他品牌；(6)消费者从不识别品牌所属的商业类型，

从来不会识别企业；（7）消费者很少购买新品牌，只接受可靠信息来源的推荐；（8）消费者通常对新品牌的购买只是试探性购买，并怀有强烈的消费安全防范心理；（9）激烈的品牌竞争通常发生在中等品牌能力企业中，品牌能力越弱消费要求越苛刻。

第1.5章 品牌用户族群

一、早期发展、市场扩张、长期稳定可持续经营。

二、2。

三、参见第1.5.3.2小节。

第1.6章 品牌性能

一、品牌感知性能、品牌呈现性能、品牌价值性能、品牌实质性能、品牌效用性能、全球协同网络中。

二、4。

三、参见第1.6.8节。

第1.7章 前沿地位

一、创造或再造、发展方向、未来前景。

二、2。

三、首选品牌是企业品牌为获得前沿地位所做的一种重要战略选择，即假定自身品牌足以成为某一领域的首选品牌，为品牌所做出的一系列市场准备和市场行动。首选品牌同样是品牌组织确立前沿地位的一个重要缩影，从一个品牌经由品牌创始或再造准备进入市场的第一天起，首选品牌的战略目标就已经被确定，接下来就是进行一系列的大规模变革，这些新品牌将肩负首在消费者内心建立起首选品牌定义的目标，从一开始就确定了对消费者要根植的心理定式效应，通过市场行动完成从构想到落实的伟大裂变过程，而当这些品牌举行新闻发布会正式发布时，对市场产生的强烈颠覆性变革其实早就已经开始了，充足的准备和战略部署通常是在黎明太阳升起前完成。

第1.8章 决定性竞争力

一、2。

二、概念系统是品牌组织整体运用前沿思想所设计的一系列有效竞争策略，这些策略包括了对未来的构想、对现状挑战的决定、对市场分化的策略，作为每一个阶段每一个时期的主导思想，完成品牌长远发展所需的思想和行动支撑。概念本身是一系列的意识形态，用于指导品牌组织行动的中心思想和行动路径。

三、参见第1.8.3.1小节。

第1.9章 联网品牌时代

一、信息、时间、沟通、使用、知识、生态，信息源、时间簇、沟通方式、使用方法、知识系统、品牌生态组织。

二、√。

三、企业品牌在联网中的发展，以斜坡发展方式为特定的发展规律，引力来自以品牌新闻、品牌软文、频道运营、微视频、机器智能等为主的内容营销，在互联网上极度活跃的品牌，只有持续实施并快速更新品牌内容营销策略，才有可能发展成为互联网上影响力较大的联网品牌。推力由各种互联网解决方案组成，包括统计分析、竞价系统、微商系统、支付系统、CRM、影视植入广告等各种形式。

第2篇　品牌学科

第2.1章　品牌史学

一、全球到达、全球溢价、拥有印记、原产地、质量等级、质量稳定性。

二、√。

三、参见第2.1.1节。

第2.2章　品牌原理学

一、用户、客户、常客户；用户到客户，再到常客户。

二、√。

三、参见第2.2.5节。

第2.3章　品牌病理学

一、发生原因、发生机制、发展规律、病理状态。

二、普遍性、集中性、共发性三个原因产生。

一是企业品牌发展普遍缺乏系统科学的发展路线和对品牌科学管理发展规律的总结，品牌管理的科学化严重不足；二是长期存在的案例式管理教学问题导致企业在遇到管理问题时被当视为案例或个案处理，科学管理的发展能力严重不足；三是管理现场"临床"式管理能力严重不足，企业普遍缺乏快速有效处理管理现场各种动态管理问题发生的频率和科学诊断能力，企业中的管理问题存在多发性、共发性特征。

三、参见第2.3.5节。

第2.4章　品牌战略学

一、结构思维、预判思维、秩序思维、领导思维、科学思维、创造思维、主题话题或路线思维、作战思维。

二、√。

三、品牌战略思想用于指导企业基本的品牌行为思想，战略思想会起到统御全局工作，指导战略布局部署的作用，是企业品牌战略的重点思想灵魂和价值观塑造方式。

品牌强国、品牌强企、品牌经济体、品牌集群、品牌国际化、品牌专业化、品牌感觉、做专做强、品牌能力、精益品牌、品牌安全、品牌学习、品牌指名率、品牌利润链、品牌用户族群等。

第2.5章　品牌组织学

一、企业、品牌、品牌组织、品牌生态组织。

二、√。

三、参见第2.5.1.1小节。

第2.6章　品牌消费学

一、生产者、经营者、消费者。

二、√。

三、品牌消费需求的发展包括五种主要形式：生存条件的发展（吃、住、行的自然环境享受水平）、品牌基本需求的发展（品牌性能的本身发展水平，使用时长、质量稳定性、性能要素等）、品牌特殊需求的发展（个性、身份、荣耀、营养、健康、快乐、放松等）、品牌用户族群需求的发展（归属感、成就感、认同感、价值感、参与接受感、情感、长期性需求等）、品牌消费安全的发展（食品安全系统、购买渠道、可靠电子商务、新品牌认知方式、品牌的首次信任设计）。

第2.7章 品牌产品学

一、4。

二、√。

三、参见第2.7.6节。

第2.8章 品牌服务学

一、品牌服务需求链、品牌服务补给链、品牌服务利润链。

二、√。

三、品牌售后服务思想专指品牌所应建立的长远服务战略思想，这包括了生产者的责任延伸、重新思考服务的目的、服务化思想、前沿探测、服务利润链、服务升级和服务营销，是品牌组织建立服务价值链，开展品牌服务流系统设计的主体竞争思想来源。品牌售后服务是作为一种服务思想的形式出现的，这种思想建立的关键是以"售出以后的服务作为再销售"的服务利润链发展结构。

第2.9章 品牌质量学

一、更好状态、最佳体验、质量稳定性。

二、2。

三、品牌质量不是被承诺或保证出来的，也不是靠检验检测识别的，更不是靠PDCA质量环进行改进的，品牌质量是作为一个品牌的总体结构性设计来完成的，并通过总体设计、质量追求和整体提升来完成阶段性的品牌质量进步，是稳步提升的品牌质量可靠性、稳定性、先进性和发展性质量系统的整体进步，是针对一个品牌未来发展的长期性保障性的基本发展思想和发展结构，是系统解决品牌发展未来任何可能出现质量问题的总体前瞻性的预设计和前沿地位保障能力，是决定性竞争力发展能力的关键事实基础。

第2.10章 品牌体验学

一、4。

二、√。

三、参见第2.10.3节。

第2.11章 品牌策划学

一、品牌策划书、品牌策略要点建议书、品牌企划书。

二、4。

三、由三个部分组成：（1）品牌是以建设以长期稳定的发展战略为走向的总体品牌治理思想，品牌策划往往只能适用解决短期市场开拓和增长问题；（2）21世纪品牌的发展主要依赖高度的品牌科学化过程，品牌策划是艺术化思路，如同军事被认为既是科学的发展也是艺术的运用；（3）品牌的发展需要以脚踏实地、勤奋务实、稳步发展的姿态一步步进行系统发展、自适应扩张，不存在任何捷径或借助于某种偶然出现的幸运机会。

第2.12章 品牌新闻学

一、品牌印象→品牌声誉→品牌情感→品牌公信力。

二、√。

三、品牌新闻与一般新闻所不同的是，它是由品牌方、新闻方、品牌关联方共同产生的新闻形式，并且是在多网互联的媒体介质中共同产生、交叉传播、生态链式交互影响的特殊传播形态，也是考察一个品牌从企业品牌升级到品牌组织状态的基本能力。并且，品牌新闻的发展目的是建立品牌印象、维护品牌形象、发展品牌声誉，并因不断提高的品牌影响力获得品牌效应、品牌溢价能力、品牌资产价值增值速度。

第3篇　品牌技术

第3.1章　品牌技术系统

一、1。

二、品牌技术系统是整个管理学中以品牌为中心进行运转的最重要的一种再造技术。品牌技术首先确立了在未来企业发展中品牌管理所应占据的统领性地位，以品牌为核心，发展其他管理技术，从而形成未来企业系统性的"管理一体化"。

三、参见第3.1.4.4小节。

第3.2章　品牌技术准备

一、品牌梦想阶段、品牌构想阶段、品牌总体设计阶段、品牌技术准备阶段。

二、4。

三、当任何一个企业决心发展品牌，都会经历一个系统完整、符合科学规律和品牌技术要求的品牌化过程，企业为了未来发展品牌，应平时做好的品牌技术建设能力和资源上的全面准备，一个国家为本国企业全面实施品牌化所做出的品牌技术准备系统工程。品牌战略资源包括了品牌技术资源储备、品牌人才资源储备、品牌资金储备、品牌合作资源储备和品牌应急战略资源储备五项。

第3.3章　品牌建设技术

一、4。

二、×。

三、参见第3.3.6节。

第3.4章　品牌分类技术

一、工匠品牌、专业品牌、可信品牌、溢价品牌、潮流品牌、领导品牌、国际品牌。

二、品牌分类技术的发明，主要取决于以下五种因素。

（1）类化学元素周期表的作用；（2）实施基准管理；（3）选取品牌战略路线；（4）快速实施品牌诊断；（5）建立品牌评级、估值和品牌指数依据。

三、参见第3.4.1节。

第3.5章　品牌识别技术

一、3。

二、√。

三、参见第3.5.3.10小节。

第3.6章 品牌管理技术

一、制定管理规则、开展管理实验、编制管理手册、作业指导书、管理品牌记录文件、完成品牌报告。

二、2。

三、参见第3.6.5.4小节。

第3.7章 品牌营销技术

一、推销、强行销售、市场营销和品牌引力。

二、√。

三、参见第3.7.2.1小节。

第3.8章 品牌传播技术

一、品牌新闻传播、口碑传播、预热传播、主题传播、话题传播。

二、4。

三、品牌知识系统是针对品牌识别和品牌传播所建立的一整套知识树、知识点、知识资料等构成的现代知识库，知识系统应该是动态的，不断收录最新的技术研发、产品应用等各种知识进入系统中，做到随时更新、随用随取、随时应用的收集与传播状态。品牌知识系统更重要的是包括了与品牌史、品牌所在市场领域、产品使用方法、产品应用案例等在内的知识，这些系统的品牌知识对于传播品牌有极佳的传播效果。

第3.9章 品牌协同技术

一、4。

二、为建立协同企业，各参与协同企业的各方应建立一个协同委员会或协同办公室，负责所有协同企业的联合事务和协调，协同委员会（办公室）由各企业派出高层次的代表和工作人员参加，也可能需要协同技术专家、产业研究专家、管理顾问和管理分析师等参与协同工作。分为接术和数据集成协同、生产计划协同、敏捷制造同步协同、品牌市场协同四个方面的协同。

三、参见第3.9.2节。

第4篇 品牌文化

第4.1章 世界品牌格局

一、功能性→文化性→境界性。

二、√。

三、全世界的主要品牌创始人和负责任的全球企业，都有一致性的发展目标：改变世界，让人类生活得更好。（1）以平民为主的大众文化需求的发展；（2）让人类生活更美好的普遍文化境界追求；（3）为人类展示更先进的科技、更精湛的技术、更完美的品牌、更好的产品、更好的服务等社会价值贡献意识；（4）人与人之间友善友好、和平共处、共同进步、共享发展成果的发展力思想。

第4.2章 品牌与企业文化

一、溯源、聚合、提炼、发展、贯彻、指挥、协调。

二、1。

三、参见第4.2.3节。

第4.3章 品牌意境

一、2。

二、品牌语境是对品牌语言表达的一种境界，即通过文字和图像表达出品牌的深层感觉。品牌事实上是在制造一种感觉，而这种感觉除了通过LOGO、外观设计等来表达，文字与图像的表达则起着至关重要的作用，通过广告画面和文字描述的意境，让品牌用户产生直接的联想，以极强的代入感将受众引入品牌的意境中，产生强烈的内心共鸣，而这种共鸣体现为人类对品牌的一种极致追求，只有渴望并实现对一个品牌的拥有，才能完成这种追求过程。

三、参见第4.3.2.1小节。

第4.4章 品牌美学

一、品牌感观、产品瑕疵、质量稳定性、交付环境、服务迟滞。

二、√。

三、参见第4.4.3节。

第4.5章 品牌文化消费

一、4。

二、这种变革主要体现在品牌文化时代性变迁、品牌文化生命周期和品牌文化自由选择三个方面。品牌文化发展总体呈时代性变迁形态，不同历史时期的流行品牌风格有着明显区别，从历史照片、图片、历史电影和文化史学研究中就可以随时发现，服装、发型、电器、生活用品、社会活动等都有明显的时代文化特征，人们很容易区别出这些文化环境属于某一个具体时代的某一个主要国家。这是人类对文化追求发生的整体模因化变迁，由固定形态的品牌流行文化组合形态组成的时代文化特征，反映了某一个时期人们对品牌美学的审美观念所发生的集体性、集中性、集合性变化。

三、参见第4.5.3节。

第4.6章 品牌文化内涵

一、1。

二、√。

三、参见第4.6.3节。

第4.7章 品牌形象升级

一、区分市场竞争主体、市场化分解、专业化分工、品牌信任增强。

二、4。

三、在全球市场的市场竞争层面，品牌的竞争主体已经从大而全的泛品牌向集团品牌集群系统内的品牌组件和市场中的独立专业级品牌转移，品牌形象发展重点从品牌形象集成效应转向具有品牌发展结构的品牌化专业系统效应。

第4.8章 品牌艺术表现

一、灵感来自于自然、思想起于结构、形式追随功能、美学塑造意境。

二、×。

三、参见第4.8.6节。

第5篇　品牌再造

第5.1章　DID品牌再造原理

一、3。

二、品牌再造的核心是企业将决定重新执行DID阶段，品牌再造并不仅仅是重新设计一个名称、更换一个LOGO、举办一个品牌新闻发布会那样简单，品牌再造的意义更加深刻，必须是对整个品牌组织从上到下、从内外到的一次深刻变革。每当一个已经存在的品牌开始出现市场老化，或者当一个已经运行成熟的品牌决心对市场重新洗牌时，品牌再造行动将发挥重大作用。企业启动的品牌再造行动再一次重新释放品牌组织的能量，重新激发所有人的信心，对市场版图重新划分的版图将重要界定，企业宣告进入第二次创业、第三次创业、第四次创业阶段……企业经由品牌再造，当以全新的形象、姿态和市场进攻能力出现在市场中，通过全员努力，市场版图将重要划分，这是品牌组织实施品牌再造所要达到的首要目标。产品间的品牌再造也在不断进行，公司通过不断研发全新的产品以替换上一代产品，每一次产品的盛大发布都将意味着品牌又一次进行再造。

三、参见第5.1.4.1小节。

第5.2章　品牌组织再造

一、1。

二、√。

三、参见第5.2.6.1小节。

第5.3章　品牌管理系统再造

一、2。

二、品牌实验就是一个重大的研究过程，品牌实验是一个严格的发明创造过程，也是严格反复尝试、试制、试验过程。研发过程需要足够的未来前瞻预判性，需要一定的投资和足够深入的研究能力，但这笔投资绝对是明智的，发展中国家的企业则容易忽视这个关键环节，从而导致品牌溢价能力过低，削弱了品牌在全球市场的整体竞争能力。

三、参见第5.3.4.1小节。

总复习题

一、填空题

（一）品牌学的形态是以发展对象为主的学科，品牌学的性质：作为_____的品牌学。

（二）品牌用户族群经由_____、_____、_____三个发展阶段来实现。

（三）品牌感知性能是建立在品牌反向反应模式基础上品牌用户_____、_____、_____、_____、_____、数据分析和报告过程。

（四）前沿探测是为了让企业品牌拥有前沿地位所进行的_____、_____、_____、_____。

（五）品牌的决定性竞争力因素包括了_____、_____、_____、_____、_____、_____、_____七种典型的竞争实力。

（六）品牌发展的三种主要品牌文明形态包括：_____、_____、_____。

（七）B级（摸索级）：品牌_____、_____、_____的阶段，但实际上并不成熟。

（八）_____、_____、_____一起并称品牌学三大关键基础学科。

（九）品牌产品总体设计思想的三个发展阶段：_____、_____、_____，此外，还需要遵循新的_____、_____、_____。

（十）品牌组织发展的品牌体验设施包括了_____、_____和_____等典型的品牌体验形式。

（十一）全球各种管理技术系统，都包括了_____、_____、_____、_____四个技术系统环节，结构系统是对未来_____、_____和_____等所做出宏观长远展望，围绕未来10~30年可能出现的前沿探索与构想。

（十二）高质量的《品牌建设方案》应满足以下四个要素：_____、_____、_____、_____。

（十三）品牌识别系统包括：_____、_____和_____。

（十四）品牌战略协同的形成存在各种可能形式，其主要包括：_____、_____、_____、_____和_____等。

（十五）品牌意境是指品牌用户从_____、_____、_____、_____等各方面对品牌进行感知的过程。

（十六）品牌文化消费满足了三种典型的需求，即_____和_____，或者_____。

（十七）品牌文化塑魂是对一个品牌文化内核整体进行文化_____、_____和_____的完整过程。

（十八）品牌核爆力由_____、_____、_____、_____组成，每个阶段都能产生品牌核爆力，品牌再造阶段（R）是一个可反复的循环过程。

（十九）全球品牌竞争格局具有非常明显的_____特点，全球品牌均为专业品牌，每一个_____由若干个_____组成，大而全的跨领域品牌极其罕见。

（二十）品牌的产生是发明的过程：发明一种感觉或方法。例如，_____、_____、制造技术、_____、_____和_____。

二、选择题

（一）品牌既是人类发展社会经济的核心能力，也是人类对_____本能的极致追求体现，还是代表人类文明发展水平的进步标志。（　　）

1. 社会与经济发展　　　　　　2. 精神与物质创造
3. 科学与文化发展　　　　　　4. 产品与服务创造

（二）品牌认证的依据是中国第一部品牌评价国家标准《商业企业品牌评价与企业文化建设指南》（GB/T 27925—2011），企业通过认证，可获得_____四个等级的星级品牌评级。（　　）

1. 一星、二星、三星、四星　　2. 二星、三星、四星、五星
3. 三星、四星、五星、六星　　4. 四星、五星、六星、七星

（三）旧式的以"品牌定位"为中心的品牌管理弊病主要体现在以下_____点。（　　）

1. 品牌实际上只由市场营销部门单一部门
2. 品牌管理与全员无关

3. 除市场及营销以外的部门外全员不参与品牌贡献

4. 1、2、3

（四）_____理论正在全面快速淘汰_____理论，最终成为人类超级品牌生态链网中一个稳定成熟运转的自适应品牌生态链。（　　）

　　1. 品牌消费者　生产者　　　　　2. 生产者　品牌消费者

　　3. 1、2

（五）服务流管理是建立在_____基础之上的科学化服务发展力组织形态最终被总体升级"服务流"。（　　）

　　1. 高度伸缩性、跨网性　　　　　2. 融合性发展

　　3. 1、2　　　　　　　　　　　　4. 1、2、3

（六）无论_____都会基于品牌新闻塑造出的品牌声誉直观地判断一个品牌的价值，并做出相应决定。（　　）

　　1. 员工、人才、投资者、竞争对手、第三方分析师

　　2. 投资者、竞争对手、第三方分析师

　　3. 第三方分析师、员工、人才

　　4. 第三方分析师、竞争对手

（七）品牌分类技术结构是按树型图结构进行划分，分为一级、二级、三级分类，其中一级分类为"_____"，二级分类为"_____"，三级分类为"_____"。（　　）

　　1. 品牌建设速度、品牌关键能力、品牌重要能力

　　2. 品牌建设速度、品牌关键能力、品牌能力元素

　　3. 品牌关键能力、品牌重要能力、品牌能力元素

（八）品牌系统销售是指将企业的销售视为一个完整的系统，由_____等组合而成，针对定向的销售项目实施全员销售。（　　）

　　1. 市场子系统、传播子系统

　　2. 传播子系统、销售子系统

　　3. 市场子系统、传播子系统、销售子系统

　　4. 市场子系统、销售子系统

（九）世界品牌的市场地位以品牌市场地位的分类法将品牌分为：_____、_____、_____、国内品牌、地方品牌、小众品牌六种典型类型。（　　）

　　1. 世界品牌、国家品牌、地方品牌

　　2. 世界品牌、国际品牌、国家品牌

　　3. 国际品牌、国家品牌、全国品牌

　　4. 2、3

（十）品牌引力包括了_____等引力元素，品牌引力是未来品牌营销的主流方式和核心战略能力。（　　）

　　1. 视觉吸引力、可靠吸引力、

　　2. 可靠吸引力、品牌兴趣吸引力、指名购买率

　　3. 视觉吸引力、可靠吸引力、指名购买率

　　4. 视觉吸引力、可靠吸引力、品牌兴趣吸引力、指名购买率

（十一）品牌境遇状态，品牌设计所应遵循的原则是品牌境遇论，以"_____"为品牌美学设计灵魂。21世纪的品牌境遇则是"_____"，其核心是根据情境环境构建，实现"_____"的品牌设计最高使命。（　　）

1. 形态意境化、创意可视化、知觉感知化、美学体会化
2. 性能——情境——感知
3. 预计世界——体察世界——改变世界
4. 1、2、3

三、判断题

（一）人类对品牌定义的发展史，是从标识论、职能论、经济论、价值论迈向社会论的发展史，是人类在社会经济活动中对品牌不断加深印象、进行理解所形成的发展演变过程。（　　）

（二）品牌思想力A理论主张：品牌思想力的形成是一个伟大的人类智慧创造过程，品牌思想力是创造世间万物的基础，品牌思想力创造了人类需求，品牌思想力是品牌意识力、品牌组织力、品牌引力高度协调发展的必然结果，品牌思想力是人类社会经济发展的重要里程碑，品牌思想力是一种宝贵的人类精神追求行为，品牌思想力是人类不可多得的核心发展力共七条。（　　）

（三）品牌呈现性能反向决定了品牌价值性能，品牌价值性能最重要的问题是以最佳方式和角度直观立体地呈现品牌价值。（　　）

（四）品牌传感网是任何新品牌进入市场时所需进行的探测部署，品牌传感网的部署周期一般为3个月至6个月，随着品牌传感作用的完成，品牌传感网将升格到高级阶段——品牌人际网。（　　）

（五）品牌性能的表现是通过以下几点：例如好品牌、好产品、好寓意、好原料、好形象、高质量、更安全、国际化、有品位，等等。（　　）

（六）品牌发展异常状态突出表现为各种管理问题，其主要会体现为品牌错误。（　　）

（七）品牌质量的完美表达，通过总体设计、质量追求和整体提升三个角度的品牌拉伸理论的立体结构来实现的。（　　）

（八）现代理性的品牌策划学在是服务于品牌治理、品牌战略的运筹学发展范畴。（　　）

（九）明日管理必然由产业级、企业级两个级别的管理技术结构组成，任何产业都在高速市场发展中最终形成一批具有决定性竞争力的品牌企业占据市场领导地位。（　　）

（十）品牌技术准备遵循：总体品牌设计原则、柳叶刀原则和自然生态发展原则三大总体品牌思想原则。（　　）

（十一）专业品牌定义：一个品牌只用心做好一件事，清除不必要的环节。（　　）

（十二）未来的全球管理进步必须高度依托管理学科的完整"发育"、管理技术的进步、管理实验的发现和成熟成套管理系统的新发明。（　　）

（十三）品牌自媒体应不报道大事件，品牌自媒体的内容主要以报道品牌新闻和品牌用户为主，它有一种强烈的归属感。（　　）

（十四）品牌用户协同主要表现在品牌参与、品牌互动，品牌将高度依赖于协同建立更长远的品牌未来，基于协同技术发展。（　　）

（十五）如果要对文化的传递过程进行分层可将之分为：品牌文化、企业文化、品牌用户三个层次。（　　）

（十六）品牌意境揭示了三个重点：对大自然唯美事物的一种追求；对人生真理感悟的哲学思

考；对三元秩序平衡思维的理解。（ ）

（十七）品牌文化富集是以品牌符号、品牌概念为中心的集合，构成了品牌文化表达方式的文化内容。（ ）

（十八）品牌官是企业品牌中的职业序列，也是严于律己的稽查纪律部队和完美主义的追求者群体。（ ）

（十九）单品战略在品牌核爆力中显得尤为关键，世界上有许多品牌在市场进入时得益于单品所创造的销售奇迹。（ ）

（二十）动态管理知识系统则是建立在动态管理运行基础上的知识系统，强调动态管理知识的分析和应用。（ ）

四、问答题

（一）什么是品牌用户存疑原理？

（二）品牌的价值发展水平无法发展到品牌与用户对等价值网络级别的原因有几点？

（三）品牌学之前没有形成完整学科的表现及原因是什么？

（四）什么是品牌组织的动机？

（五）品牌产品的发展结构有几种，都分别是什么？

（六）品牌产品的体验过程有几种形式，都是什么？

（七）为什么说品牌建设的最终结果可能是失败的？

（八）品牌的发展进入一个分水岭，不同的发展形态是什么？

（九）品牌流程再造的核心是什么？

（十）品牌文化的科学表达体现在几个方面，都是什么？

（十一）如何判断一个人是否有品位，是如何体现的？

（十二）如何理解品牌符号化？

（十三）什么是21世纪的超现实设计？

（十四）什么是品牌组织再造？对企业发展的意义是什么？

（十五）什么是品牌管理系统化？

五、论述题

（一）品牌B理论的主张共由几条组成，主张的简要内容都是什么？

（二）如何理解对新媒体的重新定义？

（三）试论企业品牌战略的层次。

（四）如何理解品牌发展力？

（五）如何理解品牌质量系统设计和品牌官在企业品牌发展中的作用？

（六）品牌策划学的策略与战术在市场行动中是如何运用的？

（七）如何理解品牌新闻的价值？

（八）简述品牌技术准备的目的。

（九）品牌的主要营销方法都有哪些？

（十）简述品牌的三层传播。

（十一）简述文化巨变时期品牌的社会价值？

（十二）简述品牌形象的塑形及需要的条件。

总复习题答案

一、填空题

（一）前沿科学

（二）品牌社群、品牌塔基、品牌用户族群

（三）感知水平、感知程度、感知方式、感知响应的探测研究、感知测量

（四）前沿思考、前沿发现、前沿实验、前沿研发、前沿带动

（五）决胜思想、知识系统、管理设计、概念路线、品牌性能优势、全域作战、即时反应

（六）一是以想象为基因的品牌文明；二是以现实为基因的品牌文明；三是以象形、抽象、构图、平面、立体、装饰等艺术式表现为基因的品牌文明

（七）建设阶段、中级阶段、品牌看似成熟

（八）品牌原理学、品牌病理学、品牌组织学

（九）总体设计思想、经典产品设计思想、品牌产品发展设计思想、品牌产品发展机制、品牌产品发展结构、品牌产品化过程设计

（十）品牌体验馆、品牌虚拟场景、在线品牌体验技术和品牌体验活动开发

（十一）结构、秩序、行动、技术实施，竞争环境、产业变革、运行方式、市场设计、市场探测

（十二）（1）When——什么时间、（2）What——做什么事、（3）Who——谁来做、（4）What quality——达到什么质量

（十三）品牌思想识别、品牌形象识别、品牌印象识别

（十四）产业价值链协同、核心竞争力协同、产品核心价值协同、联合竞争协同、多元协同

（十五）心理、视觉、触觉、味觉

（十六）对他式需求、自我式需求、混合需求

（十七）文化挖掘、构思、设计

（十八）品牌梦想阶段（D）、品牌诠释阶段（I）、品牌设计阶段（D）、品牌再造阶段（R）

（十九）品牌集群、集群品牌、单品品牌

（二十）口感、质感、外观感觉、化学品、物理方法

二、选择题

（一）2，（二）2，（三）4，（四）1，（五）3，（六）1，（七）3，（八）3，（九）2，（十）4，（十一）4。

三、判断题

（一）√，（二）√，（三）√，（四）×，（五）√，（六）×，（七）×，（八）√，（九）×，（十）√，（十一）√，（十二）√，（十三）√，（十四）×，（十五）×，（十六）√，（十七）×，（十八）√，（十九）√，（二十）×。

四、问答题

（一）用户常常会带有强烈的防范抵抗心理来看待新品牌。人类与生俱来的品牌消费安全感对人进行的一种自然保护，人类对一切未知事物一开始都会保持警惕，一旦发现即便非常微小的风

险，人们也会停下前进的脚步，全世界的人类普遍对新品牌所采取的是一种相对保守的防御姿态。

（二）主要是三点：①品牌价值输出方单方面感觉良好，有品牌价值链，没有建立用户端的品牌价值发现系统；②品牌价值链与品牌价值发现系统不一致，价值输出信息混乱混淆，少输出或超许诺性输出，品牌价值输出功率低质低效；③基于多网互联的品牌价值发现系统不够发达，设计能力不足，发展水平低。

（三）主要表现在：品牌学作为人类基础学科，在缺乏系统的科学研究和系统理论的形成之前，品牌无法正式成为人类知识领域重要的学科分工。品牌学仍然大量缺少基础科学理论、研究精神以及足够专业的科学研究人员，这导致品牌学的实际应用此前是以业务形态为主。

（四）组织动机是人们决定参与一个品牌组织的创办或加入一个品牌组织时最初的动机，同时也用于明确整个品牌组织存在和发展的整体动机，良性动机会促进品牌组织快速发展，而非良性动机会对品牌组织产生不同程度的破坏力。

（五）六种，分别为系统化产品、功能化产品、产业生态化产品、形态化产品、跨代产品、N世代产品。

（六）品牌体验设计（BXD）、品牌参与营销（BPM）、品牌体验管理（BXM）和互动感知性增强（IPE）四种形式。

品牌体验设计（BXD）主要体现在品牌产品全过程的用户感官和使用过程，品牌参与营销（BPM）是鼓励让用户参与到品牌体验设计、服务和应用过程中的一种交互发展方式，品牌体验管理（BXM）则是系统性地建立在品牌体验过程的不断升级优化、动态发展过程的管理模式，互动感知性增强（IPE）则重点通过研究品牌与用户直接或间接互动过程的接触点部署、价值发现方式、品牌价值表达方式、品牌消费教育方法。

（七）多数情况下，企业实施品牌建设的结果，是失败或低效的。这是由于知识阶层的差别所造成的，《品牌建设方案》的建议者通常是中层或低一层次的品牌经理，或企业外部的品牌公关（策划、咨询）公司，他们并不是公司高层，对品牌战略的长远规划能力不足，无法领会并代替公司高层的战略思想，这导致《品牌建设方案》本身就缺乏战略眼光。

（八）品牌的发展目前已经进入一个分水岭，即重品牌和轻品牌的发展形态。重品牌是指主要以电视广告、户外广告、杂志广告、电视节目赞助等巨额广告投入进行发展的品牌；轻品牌是指通过互联网传播、移动传播、口口相传的人际传播等投入方式进行发展的品牌，人们一般无法在电视上看到轻品牌投放的任何广告。

（九）品牌流程再造的核心是制造用户期望，是以品牌价值链的再造为核心的一场再造行动，它也不是仅仅以业务为中心的再造，而是整个品牌组织管理全局、全员、全流程的再造。新的品牌流程再造的核心是——"价值"在整个品牌流程中的重要性，价值会通过核心价值主张、企业责任、工作价值、服务价值体现，价值链的构成明确了每个部门、每个工序、每项工作、每个人在品牌组织中的价值贡献和价值输出，而价值的输出就是品牌利润的实现，是决定品牌最终溢价能力的利润链。

（十）品牌的文化表达体现在三个方面的重要职能性价值。①品牌文化的生态发展生命价值；②品牌文化高于企业一切文化地位；③品牌文化作为资产属性的货币价值。

（十一）人们总是将一个人的审美层次与其所购买使用的品牌产品款式、质量、设计与风格结合起来，从而判断一个人的品位，人们也将对品位的追求与国际品牌进行一定程度上的匹配。品位既是品牌设计思想中的首要设计前提，也是人们在选购消费、追求品牌的品牌溢价体现。

（十二）是将一个品牌的复杂性发展形式通过系统解释浓缩到简单化理解的方式，品牌是一种符号，它必须是一种象征，具有深刻的象征性含义。人类主要用符号来传输各种复杂信息，符号是代表一个品牌或明示、暗示来代表一种思路、思考方式、视觉形象、行为或物质实体的概念化认识。

（十三）21世纪的超现实概念设计是更为纯粹的乌托邦——空想的世界，是现代主义影响逐渐减弱、超现代主义和反现代主义并存的品牌文化世界。这是一个品牌梦想发展的新千年，梦幻品牌将大量出现并聚焦在充满足够想象力的主题风格设计思想上，一次又一次挑战人们所知所想的极限。现代主义，以更空前的想象、更美好的梦想，将未来想象世界与真实环境的设计连接，关注太空、地球自然生态、情境的主题文化场景以及新材料、新技术驱动的前沿，人们可以在未来城市、未来手表、未来机器人、未来汽车等领域发展想象科学，发展概念产品，让品牌思想融入万物，这将是一个产品与艺术超现实融合、快速进步的时代，是人类在想象、科技与文化发展领域将品牌与奔腾不息的生命、对自然万物的感应、生态可持续性发展秩序中所完成的伟大品牌创意杰作。

（十四）品牌组织的再造也是组织专业化和敏捷机动能力进行大规模提升的一个重要时刻，由于长久固定日复一日重复枯燥的工作，品牌组织的员工热情和创造力老化速度加快，公司将面临员工鲜活度下降和创造力枯竭的危机，因而品牌组织需要将组织活力激发和员工创造力的全面释放放在一个核心位置上。企业需要创造更科学的敏捷机制来完成这一再造过程。每一个员工都是创造体，而一个品牌组织就是创造力集结的创造体，只有不断地创造——不断从组织内部大量实施创造式破坏行为，组织再造才会更加完美，肌体的再造促进整体的再造，让整个品牌组织焕发青春朝气，品牌组织将因此与时俱进，以其年轻鲜活的旺盛生命力始终保持全球竞争优势。

（十五）品牌的管理系统化是管理科学化的成果，管理是以系统存在的，即通过建立一系列自适应的管理规则，完成管理系统的设计和管理的自适应运转。今天的管理内容由大量密集而发达的管理系统来完成，对"人"的大量劳动进行了淘汰。未来是管理系统的时代，企业的各项管理流程也因管理系统的出现而转变为IT、移动、系统、网络技术的系统管理。公司的行政管理、生产管理、制造管理、设备管理、质量管理、仓储管理、市场管理等各项管理内容正在以管理系统的方式进行大面积改革、淘汰。企业以前奉为至宝的管理体系作为旧的管理方式正在处于加速淘汰中，转而崛起的必然是管理系统的再造，所有的管理环节、管理节点都被有机组织起来，以现代化方式有机运转，而每一个人的工作是节点上的工序，工作不会因"人"而改变，而"人"是千百个节点上的控制点。

五、论述题

（一）参见第1.4.2节。

（二）参见第1.9.1.2小节。

（三）参见第2.4.1节。

（四）参见第2.6.3节。

（五）参见第2.9.6节。

（六）参见第2.11.3.2小节。

（七）参见第2.12.1节。

（八）参见第3.2.4节。

（九）参见第3.7.1.5小节。

（十）参见第3.8.1.2小节。

（十一）参见第4.1.1.3小节。

（十二）参见第4.7.4节。

《品牌总论》的理论设计方法、学习方法和系统解决的重大问题

《品牌总论》的理论设计方法

《品牌总论》的研究与成书过程历时十年,是对全世界品牌系统研究的结果,可以说是古今中外品牌及相近、相似关联学科的集大成者。具体著述则使用了"源、论、律、构、类、法"六种方法,系统地结构性解决品牌学的未来发展方向、方式、方法问题。

源是指探源、溯源、源流考,品牌学首先必须探源,明确人类的品牌究竟从哪儿来,是如何发展演变至今的,未来的品牌经济究竟是什么样子,这包括了对重要词源的研究、品牌史学研究、起源的渊源研究、各个时代的品牌设计变代及流派走向研究。必须明确品牌要重视溯源,任何品牌都不会凭空而来,都是人类文化频谱中的重要组成部分,这些高度发展的品牌文化建构了现代社会和现代消费。

论是指专门论述方向、方式的理论,如《品牌总论》中有品牌多象论、品牌风险存疑论、品牌文化发展论等论述,就某一个理论方向提出一种简洁的系统思考方式,帮助企业理解并运用。

律是指自然法则、科学原理、基体理论等自然规律,《品牌总论》中典型的理论有 A 理论、B 理论、箭式定律、01 法则等,为企业直观领会并掌握具体理论方法提供支持。

构是指理论中的结构性划分,即品牌社会经济的建构主义和结构分布方式,如人类标准化结构。构成品牌未来发展力的《品牌性能》,则明确了品牌未来性能结构中的所应具备的品牌感知性能、品牌呈现性能、品牌价值性能、品牌实质性能、品牌效用性能五种基本性能和全球协同网络中的品牌性能共六种品牌性能,从而使品牌具备未来跨网、跨域、跨人际的运行结构,是未来品牌发展的核心。

类是指分层、分类方法,如《品牌定义》中划分了品牌意识的九个层次,用品牌分层艺术形态将品牌发展所需的人类社会分层、品牌消费分层、品牌设计分层进行设计,揭示模移发展关系。

法是指具体的系统方法,如品牌技术系统中界定了企业组建品牌化委员会的方法,品牌建设六步明确了品牌建设的具体实践步骤。

《品牌总论》的学习方法

《品牌总论》是实践性很强的科学,会随时间的推移和使用者的大量应用证明其先进性,经得起人类历史长河的考验。《品牌总论》有七种学习方法,学习者可按自己的实际需要情况来合理安排学习周期及学习进度。

第一种：系统学习。从前至后，逐步按理论结构分布系统掌握。

第二种：主线学习。以应用主题为准，着眼于解决具体一个方面的品牌问题。

第三种：即时学习、抽部学习。适用于现用现学，可随意跳章。

第四种：方向学习。按品牌具体发展需要的方向方式方法，直接套用相关品牌科学原理和品牌规则、品牌技术要点。

第五种：问题学习。带着具体要思考的问题，进行疑难注解式学习，如同典籍查阅方式。

第六种：释疑学习。以实例对照为准，带着理论对照现实中需要解决的具体品牌问题，或将现实中发生的品牌问题、各品牌实例与品牌原理规律进行对照，从而验证理论的实际应用价值和解答疑难的科学权威性。

第七种：专用教材。可用于大专院校、职业学校，还可用于专业培训，特别是品牌总监、首席品牌官培训等。

《品牌总论》系统解决的重大问题

每当学习者需要系统解决某一方面的品牌发展问题时，相关章节的有机组合将科学解释各种品牌问题，破解疑难，好的科学理论会提前预知任何可能出现的品牌问题发生的方式、发病的机制、出现的过程、失误的结果，从而为品牌的具体实践指明总体发展方向和科学路线，并且专治品牌疑难杂症。

《品牌总论》列举了当前企业会集中出现的七个热点焦点难点问题，设计了理论学习的分支结构，当学习者希望解决相关问题时可以直接按提示和顺序对相应的章节进行学习，加粗字体为重点学习内容。

1. 系统解决品牌发展方向问题

要掌握品牌科学的基本科学规律时，要学习**品牌概论**、**品牌定义**、**品牌力**、**品牌史学**、**品牌原理学**、**品牌病理学**、世界品牌格局。

2. 系统解决当前中国企业品牌发展重要难点的三大问题

解决品牌治理结构问题：**前沿地位**、**决定性竞争力**、**品牌技术系统**、**品牌战略学**、**品牌组织学**、品牌产品学、品牌服务学、**品牌质量学**、**品牌体验学**、**品牌策划学**、**品牌与企业文化**。

解决品牌文化内涵问题：品牌意境、品牌美学、**品牌文化消费**、**品牌文化内涵**。

解决品牌形象升级问题：**品牌文化内涵**、**品牌形象升级**、**品牌艺术表现**。

3. 系统解决品牌发展方法问题

解决品牌性能问题（基于联网时代的未来品牌竞争）：**品牌性能**、**互联网+品牌**、**品牌消费学**、**品牌用户族群**、**品牌文化内涵**、品牌新闻学、品牌传播技术、品牌管理技术、品牌协同技术。

解决品牌建设方法问题：**品牌技术准备**、**品牌建设技术**、**品牌分类技术**、**品牌标准化**、**品牌管理技术**、品牌传播技术。

解决品牌再造方法问题：**DID品牌再造原理**、**品牌组织再造**、**品牌管理系统再造**、**品牌标准化**、**品牌管理技术**。

后记
为品牌强国的梦想共同奋斗

《品牌总论》的研究起始于十年前，谭新政、朱则荣、杨谨蜇三名作者从不同的专业领域开始品牌理论的探索，纵观世界品牌的历史发展，经过长期实践写出了这本著作。而在本书成书前，中国第一部品牌评价国家标准已经诞生。《商业企业品牌评价和企业文化建设指南》（GB/T27925—2011）于2011年颁布，是中国第一部品牌评价的国家标准。它的评价模型是品牌建设的要素，以企业的"品牌战略管理""商品质量""服务质量""企业文化""用户忠诚""诚信""社会责任""影响力"等多个方面进行评价，与ISO组织制定的《品牌价值评价》标准具有完全不同的视角，它也是世界第一部对品牌建设进行评价的国家标准。

这部具有历史意义的国家标准也是在我们三人研究基础上诞生的，谭新政、朱则荣、杨谨蜇分别作为《商业企业品牌评价和企业文化建设指南》（GB/T27925—2011）的起草人和执笔人，为该标准的发布做出了重大的贡献。目前在中国，依据这项标准，经中国国家认证认可监督管理委员会批准，正在由北京五洲天宇认证中心开展第三方品牌认证，一批中国各行业最顶尖的企业已经通过了品牌认证。

历经十年，《品牌总论》的系统研究与理论设计工作宣告阶段性研究成果完成，但这不是终点，仍然是一个新的起点。我们深知，品牌学科的开创刚刚开始，还有大量的理论思考、发展走向、具体实践仍需我们继续深入进行研究，以使不断扩展的分阶段品牌理论研究成果贡献于全球读者。

人类正在迈向高度发展的品牌经济，这种经济成就的竞争本体是以品牌为核心建构起的人类新兴社会经济发展结构，其本质是对现有人类商业化经济活动发生的一次根本性改变，这种深刻巨变体现在品牌业正在作为人类的基础产业加速形成。从品牌产业化结构的形成到品牌业作为人类基本基础建设产业业态的发展，将如同铁路业、电力业的出现一样会深刻改变现有的经济学科结构和企业品牌实践方式，从而将原有以商学为主体的广告、产品、营销、商品等内容统一到品牌理论总体发展力结构中形成系统的全面品牌化、品牌管理、品牌服务业、品牌服务商完整业态机制。

品牌研究在全世界是年轻的，品牌学科的开创也是崭新的。2015年，国务院印发《统筹推进世界一流大学和一流学科建设总体方案》国发〔2015〕64号文件，该文件明确指出："建设世界一流大学和一流学科，是党中央、国务院作出的重大战略决策，对于提升我国教育发展水平、增强国家核心竞争力、奠定长远发展基础，具有十分重要的意义"，而开创世界一流学科需要雄厚的理论研究基础，并保持学科研究的世界前沿地位，《品牌总论》的研究写作过程深入考虑到了品牌学科的结构设计，为此做出了许多准备工作，我们希望在不久的将来有许多高等院校和职业院校能够在《品牌总论》的基础上形成新兴的品牌学院、品牌专业，从而为升级我国产业经济结构、提高企业竞争水平，培养我国新一代品牌战略领军人才和专业品牌职业人才做出积极贡献。

《品牌总论》是以"学以致用"作为重要的研究精神，强调理论一定要被用起来才有价值，注

后记　为品牌强国的梦想共同奋斗

重将超前理论与企业实用的具体应用相结合。《品牌总论》对品牌学科的开创目的是：从实践上升到理论，以理论指导实践。《品牌总论》的思想理论是系统解决国家、产业、城市和企业品牌发展问题的科学，以科学理论解决企业最实际的品牌问题，具体对品牌的实践给出思考的方向、发展的方式和解决问题的方法，是以品牌科学原理、品牌学科结构将品牌学发展成为具备理论高度，而且有成套的具体品牌实用技术的科学，从而致力于大幅提高品牌建设成果率和企业品牌管理水平、品牌溢价水平、国际化品牌发达程度。

在研究成书过程中，书中观点以创造为主，是建立在三名作者谭新政、朱则荣、杨谨蜚数十年研究和分析实践基础上的，从历史中总结提炼，从实践中升华出的理论，研究所涉猎的部分书目，总计超过10吨，数千本之多，在通览群书的基础上形成，在消化吸收全球多个前沿学科研究走向之后，写出《品牌总论》，旨在呈现有关全球品牌经济、企业品牌未来发展的新思想、新领域、新竞争与新能力。

回顾十年来所走过的道路，首部品牌评价国家标准的立项、起草、宣贯，进一步推动了我们的理论研究，催熟了《品牌总论》。为了一个共同的梦想——品牌强国的远大梦想，许多单位、机构、企业和个人无私地支持我们，鼓励我们，在此一并致以崇高的谢意！

我们要特别感谢以下机构：国家标准委、国家商务部、国家认监委、中国商业联合会、中国企业联合会、中国认证认可协会、中国消费者协会、中国质量协会、中国保护消费者基金会、中国人民大学、中央电视台、《人民日报》海外版、《现代职业教育》、《商品与质量》、知识产权出版社。

我们特别感谢五粮液、波司登、美的集团、中联重科、远东控股、梦金园等500多家大中型企业的支持。

我们特别感谢薛强、胡剑萍、李党会、王德生、董博、唐元、赵宗勃、陈悦、王孝霞、李凌志、张志刚、姜明、王民、张丽君、梁蓉、曹德胜、步正发、侯贵良、冯并、朱宏任、李明星、生飞、李强、傅瑞云、牛冬波、武高汉、邱建国、卢小宾、钱明辉、褚峻、王寿魁、陆培法、刘力、王建新、刘丰，等等。

我们深知，完整的品牌理论体系并不是一本书、一部标准能解决的。我们的研究工作还在持续深入，并且已经发现：无形资产总值的大小才是企业可持续发展的核心竞争力！在不久的将来，读者会看到我们更多的研究著作。我们也希望，有更多的海内外朋友重视品牌理论、用好品牌理论，共同为品牌强国的梦想而奋斗。

作者
2017年8月

作者简介及内容简介

品牌理论学奠基人谭新政

谭新政先生的人生简评

1. 人生总目标：
   为最高目标奋斗、从最坏结果打算。
2. 一生两不做：
   不做亏心事、不干缺德事。
3. 一生两不欠：
   不欠人钱、不欠人情。
4. 三大方向：
   点亮别人，成就自己，为国争光。
5. 行为准则：
   放眼世界定目标，脚踏实地干实事；学无止境选良师，自成学派不跟风；
   选准行业突破口，水滴石穿功自成；忍让三分有何妨，退后一步天地宽！

谭新政（又名谭兴政）笔名：求实、金山人。中国人民大学研究员，国家标准委技术专家委员（品牌评价，批发与零售），中国商业联合会副会长，中国保护消费者基金会副会长，中国中小商业企业协会副会长，中国少数民族声乐学会副会长兼秘书长，北京五洲天宇认证中心主任，五洲创意营销策划有限公司董事长。

30多年来，谭新政交叉在记者行业、营销策划、标准制定、品牌与服务认证、国家行业协会工作方面摸爬滚打，取得了骄人的成绩。

记者行业十年，硕果累累。发表了消息、通讯、特写、报告文学、论文、诗歌等3000余篇，有十余篇获省级以上好新闻奖，其中，长篇论文《报纸视觉新闻初探》获全国特别奖。

营销策划十年，大型会展项目影响全国。2000年荣获首批"中国十大策划专家""中国十大策划风云人物"称号。策划了《全国糖酒会最佳广告宣传组合》《绿色希望工程春天大行动》《中国房地产策划大赛》《中国美容美发大赛》《中国策划大会》《全国诚信评价活动》《中国企业品牌评价活动》《全国售后服务评价活动》《中国酒类行业评价活动》《全国珠宝饰品评价活动》《中国家居行业评价活动》等100多个项大型项目。

标准制定十年，填补了"品牌、服务"国家标准的空白。发起、组织、起草、宣贯了我国首部《商业企业品牌评价与企业文化建设指南》《商品售后服务评价体系》《酒类行业流通服务规范》《家居行业经营服务规范》《珠宝饰品经营服务规范》《零售商供应商公平交易行为规范》《商务策划评价规范》《进口葡萄酒经营服务规范》《无形资产评价体系》《企业文化评价体系》《商誉诚信

评价体系》《工匠品牌评价标准》等 20 多部国家标准、国家行业标准和团体标准。

创建了首家品牌、售后服务认证机构，开创了"服务认证""品牌认证"先河。"北京五洲天宇认证中心"是经国家商务部推荐，国家认监委批准，国际国内专业从事品牌、售后服务、无形资产和土地认证的专业认证机构，谭新政担任法定代表人。

谭新政先生出版了《人生品味》《中国房地产策划案例》（三集）、《感动上帝——商品售后服务使用指南》（六集）、《品牌总论》《服务总论》《售后服务管理师培训教程》《售后服务认证评审员教程》《媒体组合密码》等 20 多部涉及品牌、服务、标准、媒体、广告、策划、文学、管理等门类的作品。

2001 年以来，谭新政积极参加社会活动，每年都担任营销、策划、标准宣贯、诚信、社会责任评价等方面的专家、评委。2015 年起担任中国红木专业人才评审专家。

电子邮箱：13911159899@139.com。

品牌理论学奠基人朱则荣

朱则荣，本名朱晓辉，陕西岐山人，毕业于陕汽技校，曾在陕西汽车控股集团工作，战略思想家、秩学家、品牌学奠基人、国家标准起草人、Amergin 董事长、明日星球董事长。

朱则荣 1976 年出生于一个工人家庭，从小在汽车企业长大并参加工作，先后参与过 1997 年 7 月 1 日中国人民解放军进驻香港部队、1999 年 10 月 1 日建国 50 周年国庆阅兵式所用越野军车的制造项目，熟悉大型企业运作流程，有重大项目参与经历及丰富的企业基础管理实践经验。

在学校学习和工厂实践中他对管理学产生了浓厚兴趣，逐步掌握了从大型企业具体管理实践中分析研究管理问题、总结提炼管理理论的特殊才能，并决心以理论研究为核心，开创出一系列新兴的系统的管理理念与方法。

他历经 22 年进行高强度的研究与实验，研究并总结了数以万计的自人类诞生以来的各种经典著作和文献，分析了数以千计的品牌发展规律，还亲身进行了大量的各种管理科学实验，寻找隐藏在事物背景下的各种秩序及规律，走访了众多地区和企业，从而为系统发明理论奠定了根基。

如今他在中国商业联合会零供委从事品牌与服务国家标准的相关研究工作，牵头品牌与服务的理论研究，对开创品牌学科做出了重要贡献，并进一步在工匠精神与工匠品牌、无形资产、企业文化、企业家精神等系统管理理论研究上进行前沿研究与探索，提出了一系列新的思想主张与理论结构。目前他正处于人生中理论开创的高产期，同时出版《工匠精神原理与六大原则》等著作。

朱则荣先后应成都市、汕头市、宁波市、佳木斯市、张掖市等市长邀请，指导城市政府的规划、产业品牌的成长及经济发展；为正大集团、鸟巢风采、中钞长城、中铁二局集团、中联重科、五矿地产、五粮液、科宝博洛尼、新浪家居、美团网等世界 500 强企业；以及有关中央企业、A 股上市公司提供了品牌发展战略或服务系统设计。

品牌理论学奠基人杨谨蜚

杨谨蜚毕业于四川农业大学，是中国服务认证和品牌认证的主要开创者，"商品售后服务认证"和"品牌认证"的认证技术牵头人。

杨谨蜚从无到有开创了商品售后服务认证和品牌认证的程序、管理文件、技术规范和评价细则，他还是中国人民大学特聘研究员，商品售后服务认证和品牌认证国家注册评审员课程的开发者和授课老师。杨谨蜚先生是《商品售后服务评价体系》（GB/T27922—2011）、《商业企业品牌评价与企业文化建设指南》（GB/T27925—2011）国家标准执笔人，《珠宝饰品经营服务规范》（SB/T10653—2012）、《酒类行业流通服务规范》（SB/T11000—2013）、《家居行业经营服务规范》（SB/T10903—2013）等国家和行业标准的主要起草人，负责有关标准的认证及实施。杨谨蜚发表论文数十篇，并著有《品牌总论》《感动上帝——商品售后服务实用指南》《现代职业教育（增刊）：售后服务管理师培训》《企业品牌和售后服务体系的建立及审核要素》《企业售后服务能力评价指南》等专业书籍，为上百家大中型行业代表企业进行过服务与品牌标准化体系的建设与提升，他是中国品牌与服务研究、认证领域最杰出的专家之一。

内容简介

2017年1月，《品牌总论》（英文版）在美国等国家及欧洲地区正式出版发行，向美国学术界、工商界和高等学府以及全球英文阅读者推出，作为世界品牌学理论开创史上的里程碑式作品，标志着品牌学在国际上正式完成奠基。美国国会图书馆、纽约图书馆及哈佛大学、斯坦福大学等全美排名前400的大学的图书馆均上架收藏；美国、欧洲地区及中国香港地区等主要大学的管理和营销系主任、教授们正在定向阅读。这也是自明朝末年西学东渐以来，中国人开创的系统管理理论首次正式被美国等发达国家引进，这终结了中国人只能向西方引进学习管理理论的历史。

在中国，为宣贯中国第一部品牌评价国家标准《商业企业品牌评价与企业文化建设指南》

（GB/T 27925），《品牌总论》被选定为中国商业联合会、中国保护消费者基金会、中国国际人才开发中心长期使用的全国企业首席品牌官和品牌总监职业资质培训教材，是国家品牌评价标准、企业品牌认证、职业资质和理论研究四位一体体系的重要组织部分。

《品牌总论》由谭新政、朱则荣、杨谨蜚三人历时十年撰写，该书首次将品牌研究上升到"品牌学科"的高度，并为繁复而庞杂的品牌研究建立了标准和分类法等系统理论。中国商业联合会、中国保护消费者协会为三位作者颁发了"品牌总论研究系统理论开创者奖""品牌学系统奠基人成就奖"的荣誉证书，这是我国首次颁发此类荣誉。

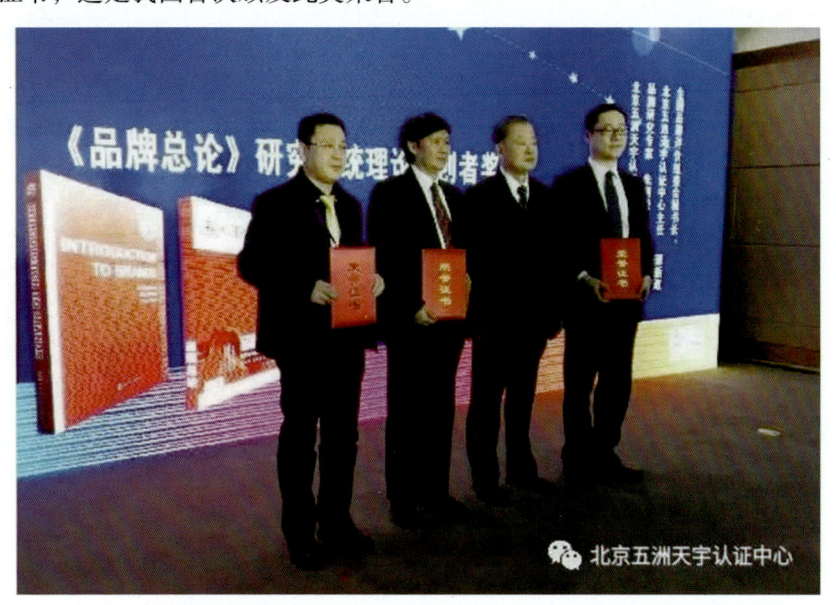

中国商业联合会会长姜明为谭新政、朱则荣、杨谨蜚颁发
"品牌总论研究系统理论开创者奖"和"品牌学系统奠基人成就奖"

《品牌总论》全书约70万字，分品牌概论（品牌学科基本原理）、品牌学科（品牌学发展趋势和研究纲要）、品牌技术（企业品牌实践所需要的系统技术和运用）、品牌文化（经济转型、消费升级所需的品牌文化价值发展和运用）、品牌再造（品牌周期规律和原理、系统、升级方式）五个篇章完整系统阐述了新兴的品牌学科全貌。该书为企业品牌发展所需要的实用技术提供了理论基础，对中国品牌发展实践有极大的实用性帮助，在世界品牌研究领域也属创新。

以品牌评价国家标准，指导企业品牌建设，《品牌总论》以国际领先水平的超前理论、先进思想、系统技术为全国企业品牌的战略发展、学习与运用提供了重要的理论支撑，是政府和企业开展品牌建设过程中必需的、不可多得的重大理论研究成果和宝贵知识结晶，具有划时代意义，刷新了人们对品牌的理解和认识，认真学习、应用《品牌总论》的理论及方法将受益无限。